学校運営便覧

第三版

A Handbook of School Management

花輪 稔 著

教育出版

は じ め に

　学校教育の実践の場において必要とされるものは，各種の事象を前にしたときの実践的，実際的なガイドであり，時には難解とも思われる内容を平易に，かつ必要な知識を簡潔に要領良く知ることのできる資料であろう。

　日常の勤務や実際の児童生徒の指導に際して，問題点を的確な判断のもとに手早く処理できるかどうかは，日頃の研修の成果によるものはもとより，収集された資料の整理やその内容に影響されることが多いからである。

　学校の運営には，管理と指導の両面が適切に作用することによって，効果も期待でき，公教育としての役割も担うことができると思う。しかし，学校運営にとって必要とされる法制面については，関心の持ち方や運用など，立場によってはかなりの違いが見られ，時には敬遠されたり，慣れだけで済まされたり，また思わぬ問題に発展して紛争の種となったりすることがある。当面の実践を「法規の目」で見直したり，その確かめや反省をしたりすることは大切なことであり，また専門職としての研修の手がかりを得るものとなるであろう。

　このようなことから，長年教職にあった者としての経験を通して，具体的な問題等の処理に関係して収集した資料や，諸先輩や多くの学校よりご提供いただいた実践的な資料等を整理し，現在，教職にある初任者から管理職の方々まで，広く活用できるものをと考えてまとめたのがこの書である。

　本書の初版は，1993年4月，筑波大学教授（当時）下村哲夫先生の監修により発刊し，その後，地方分権・規制緩和など行政面の動向や学校週5日制の完全実施，学習指導要領の全面改訂等による学校教育の大転換期に対応して，2001年1月に改訂第二版（『新版』）を刊行するに至った。2004年8月に惜しくも故人となられた下村哲夫先生には，多くのご指導や助言，激励を賜り，ここに改めてご冥福を祈念するとともに衷心より感謝の意を捧げるものである。

　今回，教育基本法の改正（2006年12月）や中教審の答申などを受け，2007年6月に学校教育法の大幅な改正により学校運営組織体制の確立や学校評価の義務化などが図られ，さらに「確かな学力」「生きる力」を標榜する新学習指導要領の完全実施の運びとなった。この変革に合わせて本書の全面的な改訂・増補を行い，所期の目的が達せられるよう第三版を発刊することとなったものである。学校運営の実践書として活用いただければ幸いである。

　　2010年10月　　　　　　　　　　　　　　　　　　　花　輪　　稔

凡例・法規名の略称

＊項目の配列は，便覧の内容を大きく8分類（Ⅰ～Ⅷ）し，第1項目から順に表題番号（整理番号）を付して配列した。
＊表題番号は，すべて一連の通し番号をもって整理してある。
＊項目見出しについては，学校における関係用語を分類して，大項目（8分類）として記載し，大項目の下に関係する小項目を配列した。
＊本文表記は，原則として常用漢字によったが，法令文書等にかかわる慣用語については，この原則によっていない。
＊西洋人名と外来語はカタカナ書きとし，読み方は慣例に従った。
＊年代は，わが国のことは日本年号，諸外国の場合は西暦を使用したが，両者を併記した方が利用上わかりやすい場合は，（　）を用いて併記した。
＊本文は，可能な限り箇条書きとしたため，文体上で省略表現がある。

[法規名の略称一覧]

憲　　法……日本国憲法
教基法……教育基本法
学校法……学校教育法
国公法……国家公務員法
地公法……地方公務員法
特例法……教育公務員特例法
自治法……地方自治法
学保法……学校保健安全法
学給法……学校給食法
免許法……教育職員免許法
社教法……社会教育法
国賠法……国家賠償法
地財法……地方財政法
労基法……労働基準法
労組法……労働組合法

地教行法……地方教育行政の組織及び運営に関する法律
介護等体験特例法……小学校及び中学校の教諭の普通免許状授与に係る教育職員免許法の特例等に関する法律
標準法……公立義務教育諸学校の学級編制及び教職員定数の標準に関する法律
給与負担法……市町村立学校職員給与負担法
給与法……一般職の職員の給与に関する法律
給与特別措置法……公立の義務教育諸学校等の教育職員の給与等に関する特別措置法
人確法……学校教育の水準の維持向上のための義務教育諸学校の教育職員の人材確保に関する特別措置法
勤務時間法……一般職の職員の勤務時間，休暇等に関する法律
育児・介護法……育児休業，介護休業等育児又は家族介護を行う労働者の福祉に関する法律
育休法……地方公務員の育児休業等に関する法律
産休法……女子教職員の出産に際しての補助教職員の確保に関する法律
派遣法……外国の地方公共団体の機関等に派遣される一般職の地方公務員の処遇等に関する法律
センター法……独立行政法人日本スポーツ振興センター法
教育費負担法……義務教育費国庫負担法
教科書発行法……教科書の発行に関する臨時措置法
教科書無償法……義務教育諸学校の教科用図書の無償に関する法律
教科書無償措置法……義務教育諸学校の教科用図書の無償措置に関する法律
「＊＊法施令」……＊＊法施行令
「＊＊法施規」……＊＊法施行規則
「＊＊法Ⅰ①-1」……＊＊法第1条第1項第1号

総　目　次

はじめに

凡例・法規名の略称

I／教育行政と学校 …………………… 1

1. 法の体系的構造 ……………………… 2
2. 国の定める法 ………………………… 3
3. 地方公共団体の定める法 …………… 4
4. 訓令・通達(通知)・告示・公示 …… 5
5. 法体系の解釈 ………………………… 6
6. 法と慣習 ……………………………… 7
7. 教育基本法 …………………………… 8
8. 児童の権利条約 ……………………… 10
9. 「児童の権利条約」と学校の対応 … 12
10. 教育法の領域 ………………………… 14
11. 地方分権 ……………………………… 16
12. 地方分権と教育関係法令 …………… 17
13. 教育の規制緩和 ……………………… 19
14. 義務教育費国庫負担制度 …………… 20
15. 指揮監督行政と指導行政 …………… 22
16. 教育行政 ……………………………… 23
17. 文部科学大臣と教育委員会 ………… 24
18. 地方公共団体と教育委員会 ………… 25
19. 教育委員会相互の関係 ……………… 26
20. 教育委員会 …………………………… 27
21. 教育委員会の権限 …………………… 29
22. 教育委員会事務局 …………………… 30
23. 中核市と特例規定 …………………… 31
24. 学校の種類 …………………………… 32
25. 学校教育の目的・目標 ……………… 34
26. 学校の設置基準と設備編制 ………… 36
27. 「標準法」と教職員定数 …………… 38
28. 指導・助言の見直し ………………… 40
29. 教育委員会と学校 …………………… 41
30. 指導主事と学校 ……………………… 42
31. 学校管理規則 ………………………… 43
32. 学校施設と設備 ……………………… 44
33. 学校施設の使用 ……………………… 45
34. 中等教育学校(中高一貫教育校) … 46
35. 単位制高等学校 ……………………… 47
36. 総合学科 ……………………………… 48
37. 学校備付表簿(法定表簿) ………… 49
38. 学校事務 ……………………………… 50
39. 校内規程(学校内規) ……………… 51
40. 学校図書館・司書教諭 ……………… 52
41. 情報公開 ……………………………… 53
42. 学校評価 ……………………………… 56
43. 学校評価の法制と説明責任 ………… 59
44. 学校における個人情報の取扱い … 61
45. 開かれた学校 ………………………… 62
46. 学校評議員制度 ……………………… 64
47. 学校運営協議会制度
　　(コミュニティ・スクール) ……… 65

II／教　職　員 …………………………… 67

48. 公務員制度の原則 …………………… 68
49. 教育関係職員 ………………………… 69

50. 教職員の身分 …………………70	83. 学校週5日制 …………………110
51. 教員免許制度の弾力化 ………71	84. 夏季休業中の勤務 ……………111
52. 教員免許更新制 ………………72	85. 教職員の休日 …………………112
53. 教職員の任用・採用 …………74	86. 教職員の休暇 …………………113
54. 介護等体験特例法 ……………76	87. 年次有給休暇 …………………114
55. 教育公務員の再雇用 …………77	88. 特別休暇の事由と期間 ………116
56. 校長,副校長・教頭の資格 …78	89. 忌引休暇の姻族 ………………118
57. 校長の責任 ……………………79	90. 職務専念義務の免除 …………119
58. 校長の職務と権限 ……………80	91. 勤務条件の保護 ………………120
59. 権限の委譲 ……………………82	92. 介護休業・休暇 ………………121
60. 校長の意見具申 ………………83	93. 育児休業 ………………………122
61. 職務命令 ………………………84	94. 女性教職員の保護 ……………123
62. 教頭 ……………………………85	95. セクハラの禁止 ………………124
63. 主幹教諭 ………………………87	96. 教職員の福利厚生 ……………125
64. 教諭の職務 ……………………88	97. 服務上の願・届出 ……………126
65. 栄養教諭 ………………………89	98. 出勤簿等の整理 ………………127
66. 学校事務と事務職員 …………90	99. 公務災害補償 …………………129
67. 校務分掌 ………………………91	100. 国家賠償法 …………………130
68. 主事・主任 ……………………92	101. 教職員の研修 ………………131
69. 非常勤講師 ……………………94	102. 初任者研修 …………………132
70. 職員会議 ………………………95	103. 長期研修 ……………………133
71. 教職員の服務 …………………97	104. 10年経験者研修 ……………134
72. 教職員の異動 …………………98	105. 指導力不足教員への対応 …135
73. 政治的行為の制限 ……………99	106. 教職員の出張 ………………136
74. 宗教的中立 …………………100	107. 教職員の給与 ………………137
75. 営利企業等の従事制限 ……101	108. 給料の変更 …………………138
76. 兼職・兼業 …………………102	109. 休職と給与 …………………139
77. 争議行為等の禁止 …………103	110. 現金の取扱い ………………140
78. 教職員の勤務時間 …………104	111. 教職員の分限 ………………141
79. 勤務時間の割振り …………105	112. 教職員の懲戒 ………………142
80. 時間外勤務 …………………106	113. 不利益処分の救済 …………143
81. 変形労働時間 ………………108	114. 職員団体 ……………………144
82. 休憩・休息時間 ……………109	115. 職員団体の交渉 ……………146

116．管理運営事項 …………………148
117．不利益取扱いの禁止 …………149

Ⅲ／児童・生徒 …………………151

118．児童生徒の就学 ………………152
119．就学義務 ………………………153
120．就学校の指定と就学相談 ………154
121．心身障害児の障害程度と
　　 教育措置 ………………………156
122．就学奨励・援助 ………………159
123．小・中学校の入学・進級・
　　 卒業等 …………………………160
124．中学校卒業程度認定試験 ………161
125．高校の入学・退学・転学等 ……162
126．帰国子女と外国人の就学 ………163
127．特別支援教育 …………………164
128．特別支援教育の制度 ……………166
129．特別支援教育の充実 ……………167
130．認定就学者 ……………………170
131．発達障害者支援法 ………………171
132．特別支援学校 …………………173
133．訪問教育 ………………………176
134．特別支援学級 …………………177
135．特別支援学級への入級 …………179
136．通級指導 ………………………180
137．交流教育 ………………………181
138．知的障害児の特性 ………………184
139．自閉症 …………………………187
140．学習障害(LD) …………………191
141．注意欠陥／多動性障害
　　 (ADHD) ………………………195
142．学校経営 ………………………196

143．学校が設定する教育目標 ………199
144．学年経営 ………………………203
145．学級経営 ………………………204
146．学年・学期 ……………………206
147．授業日・休業日 ………………207

Ⅳ／教育課程 …………………209

148．学習指導要領 …………………210
149．学習指導要領の変遷 ……………212
150．学習指導要領改訂の方向性 ……215
151．学習指導要領改訂の要点 ………216
152．新学習指導要領の移行措置 ……218
153．移行期間中に追加される
　　 指導内容 ………………………219
154．学年別漢字配当表 ………………220
155．教育課程 ………………………222
156．教育課程の用語と解説 …………224
157．教育課程の編成とその構造 ……225
158．教育課程編成の一般的手順 ……226
159．教育課程に関する法制 …………227
160．教育課程の評価 ………………229
161．カリキュラムの類型 ……………231
162．特別支援学校の教育課程 ………233
163．新学校像の構築 ………………234
164．教育の政治的中立 ………………236
165．教育の宗教的中立 ………………237
166．基礎・基本 ……………………238
167．国旗・国歌の指導 ………………240
168．小学校での「選択」……………241
169．教科用図書(教科書) …………242
170．補助教材 ………………………245
171．時間割の弾力化 ………………246

172.	道徳教育 …………………248	202.	6段階の学習過程例 ……………295
173.	環境教育 …………………250	203.	発見的思考を練る指導過程例 ……296
174.	心の教育(豊かな心) ……252	204.	発達段階 ……………………297
175.	自己教育力の育成 ………253	205.	幼児期の発達特徴と指導 ………300
176.	個性の重視 ………………254	206.	小学校低学年の特徴と指導 ……301
177.	特別活動の授業時数 ……256	207.	小学校中学年の特徴と指導 ……302
178.	総合的な学習の時間 ……257	208.	小学校高学年の特徴と指導 ……303
179.	体験的学習 ………………262	209.	中学校1・2年の特徴と指導 ……304
180.	ふれあいの教育 …………263	210.	中学校2・3年の特徴と指導 ……305
181.	福祉・健康教育 …………264	211.	青年期の特徴と指導 ……………306
182.	国際理解教育 ……………265	212.	思考能力の構造 …………………308
183.	情報教育 …………………267	213.	現代学力観 ………………………309
184.	ボランティア活動 ………270	214.	系統学習と問題解決学習 ………311
185.	地域の人材活用 …………272	215.	問題解決的学習 …………………313
186.	部活動 ……………………273	216.	学習課題の選択と自己理解 ……315
187.	合科的・関連的指導 ……274	217.	学習意欲と態度 …………………316
188.	領域・教科を合わせた指導 ……275	218.	感性にうらづけられた学習 ……319
189.	習熟度別指導 ……………276	219.	一斉学習と授業 …………………321
190.	生活科の指導 ……………277	220.	小集団学習と授業 ………………322
191.	知的障害学校の生活科 …279	221.	チーム・ティーチングと授業 ……323
192.	「遊び」の指導 …………280	222.	オープン・スペースの活用 ……325
193.	自立活動 …………………281	223.	プログラム学習と授業 …………326
194.	対外運動競技 ……………282	224.	バズ学習と授業 …………………328
195.	特色ある学校づくり ……283	225.	個別学習と授業 …………………329
		226.	個に応じた指導 …………………330

Ⅴ/学習指導 ……………………285

		227.	学習資料 …………………………332
196.	学習指導 …………………286	228.	教材・教具 ………………………334
197.	指導案の作成 ……………287	229.	視聴覚教材 ………………………336
198.	教材研究 …………………289	230.	教育工学 …………………………338
199.	教材の精選 ………………290	231.	ICT活用の学習指導 ……………341
200.	教材精選の観点 …………292	232.	ワークブック ……………………343
201.	指導過程 …………………293	233.	話し合いの指導 …………………344
		234.	話し合い活動の具体例 …………348

235. 発問・助言・指示 …………352
236. 良い発問の技術 ……………357
237. 板書 …………………………358

VI／保健・安全 …………361

238. 学校保健法等の改正 ………362
239. 学校保健 ……………………363
240. 学校保健の領域と内容 ……364
241. 保健委員会と保健主事 ……365
242. 養護教諭と
　　 保健カウンセリング ………366
243. 肥満症 ………………………367
244. 学校の環境衛生 ……………369
245. 学校における感染症 ………370
246. インフルエンザの臨時休業 …371
247. 学校給食法の改正 …………372
248. 学校給食 ……………………373
249. 「食育」と栄養教諭 ………374
250. 学校給食と食中毒 …………375
251. 学校安全の法令施行 ………376
252. 学校安全 ……………………377
253. 学校安全の留意事項 ………378
254. 学校安全の全体構造 ………380
255. 交通安全教育 ………………381
256. 学校プールの安全管理 ……382
257. 学校の防火管理 ……………383
258. 防災教育 ……………………384
259. 学校の危機管理 ……………385
260. 学校事故 ……………………387
261. 学校事故への対応 …………391
262. 学校の危機対策 ……………393

VII／生徒指導 ……………395

263. 特別活動の改訂 ……………396
264. 生徒指導 ……………………397
265. 生徒指導の推進 ……………399
266. 生徒指導主事 ………………400
267. 生徒理解 ……………………401
268. 学級(ホーム・ルーム)指導 …403
269. 進路指導 ……………………404
270. 進路・キャリア教育 ………406
271. 教育相談 ……………………407
272. 面接法 ………………………409
273. 検査法 ………………………411
274. 人権教育 ……………………413
275. 問題行動の理解と指導 ……414
276. 学校をとりまく社会の変化 …416
277. スクール・カウンセラー …418
278. 学習におけるカウンセリング …419
279. 不登校 ………………………420
280. 適応指導教室 ………………425
281. 児童虐待の防止 ……………426
282. 「いじめ」とその対応 ……427
283. いじめ・自殺問題 …………434
284. 基本的生活習慣 ……………435
285. 校則 …………………………438
286. 携帯電話と情報モラル ……440
287. 学年・学級通信 ……………441
288. 学級担任と保護者との対応 …443
289. 校内暴力 ……………………448
290. 器物損壊 ……………………450
291. 教師の正当防衛 ……………451
292. 問題行動と教師の対応 ……452

293．非行と教師の守秘義務 ……453
294．所持品検査 ……454
295．喫煙と飲酒 ……455
296．服装・髪型 ……457
297．非行防止 ……458
298．性非行 ……462
299．性に関する指導 ……463
300．エイズに関する指導 ……465
301．児童生徒の体罰 ……466
302．児童生徒の懲戒 ……467
303．児童生徒の出席停止 ……469
304．PTAと生徒指導 ……470
305．災害共済給付 ……471
306．社会教育三法の改正 ……472
307．社会教育指導者 ……473
308．青少年保護育成条例 ……475
309．年少労働 ……476
310．児童相談所 ……478
311．少年鑑別所 ……479
312．児童自立支援施設 ……480
313．少年院 ……481

Ⅷ／指導要録・評価・研究 ……483

314．指導要録 ……484
315．指導要録の扱い ……486
316．通知表 ……487
317．内申書(調査書) ……489
318．観点別学習状況 ……490
319．学習評価の考察 ……491
320．評価と評定 ……492
321．形成的評価 ……493
322．相対評価と絶対評価 ……496
323．授業評価 ……497
324．教育評価 ……499
325．学校の自己評価 ……501
326．学力テスト ……502
327．業者テスト ……504
328．授業研究 ……505
329．研修と研修活動 ……507
330．教育研究の進め方 ……509

Ⅸ／内容索引 ……518

Ⅰ／教育行政と学校

1. 法の体系的構造 …………… 2
2. 国の定める法 ……………… 3
3. 地方公共団体の定める法 …… 4
4. 訓令・通達(通知)・告示・公示… 5
5. 法体系の解釈 ……………… 6
6. 法と慣習 …………………… 7
7. 教育基本法 ………………… 8
8. 児童の権利条約 …………… 10
9. 「児童の権利条約」と学校の対応… 12
10. 教育法の領域 ……………… 14
11. 地方分権 …………………… 16
12. 地方分権と教育関係法令 …… 17
13. 教育の規制緩和 …………… 19
14. 義務教育費国庫負担制度 …… 20
15. 指揮監督行政と指導行政 …… 22
16. 教育行政 …………………… 23
17. 文部科学大臣と教育委員会 … 24
18. 地方公共団体と教育委員会 … 25
19. 教育委員会相互の関係 ……… 26
20. 教育委員会 ………………… 27
21. 教育委員会の権限 ………… 29
22. 教育委員会事務局 ………… 30
23. 中核市と特例規定 ………… 31
24. 学校の種類 ………………… 32
25. 学校教育の目的・目標 ……… 34
26. 学校の設置基準と設備編制 … 36
27. 「標準法」と教職員定数……… 38
28. 指導・助言の見直し ………… 40
29. 教育委員会と学校 …………… 41
30. 指導主事と学校 …………… 42
31. 学校管理規則 ……………… 43
32. 学校施設と設備 …………… 44
33. 学校施設の使用 …………… 45
34. 中等教育学校(中高一貫教育校) … 46
35. 単位制高等学校 …………… 47
36. 総合学科 …………………… 48
37. 学校備付表簿（法定表簿）…… 49
38. 学校事務 …………………… 50
39. 校内規程（学校内規）………… 51
40. 学校図書館・司書教諭 ……… 52
41. 情報公開 …………………… 53
42. 学校評価 …………………… 56
43. 学校評価の法制と説明責任 … 59
44. 学校における個人情報の取扱い… 61
45. 開かれた学校 ……………… 62
46. 学校評議員制度 …………… 64
47. 学校運営協議会制度
　　（コミュニティ・スクール）… 65

1．法の体系的構造

憲法98条「この憲法は，**国の最高法規**であつて，その条規に反する法律，命令，詔勅及び国務に関するその他の行為の全部又は一部は，その効力を有しない」とあり，憲法を頂点とする法の体系的な構造を明確にしている。

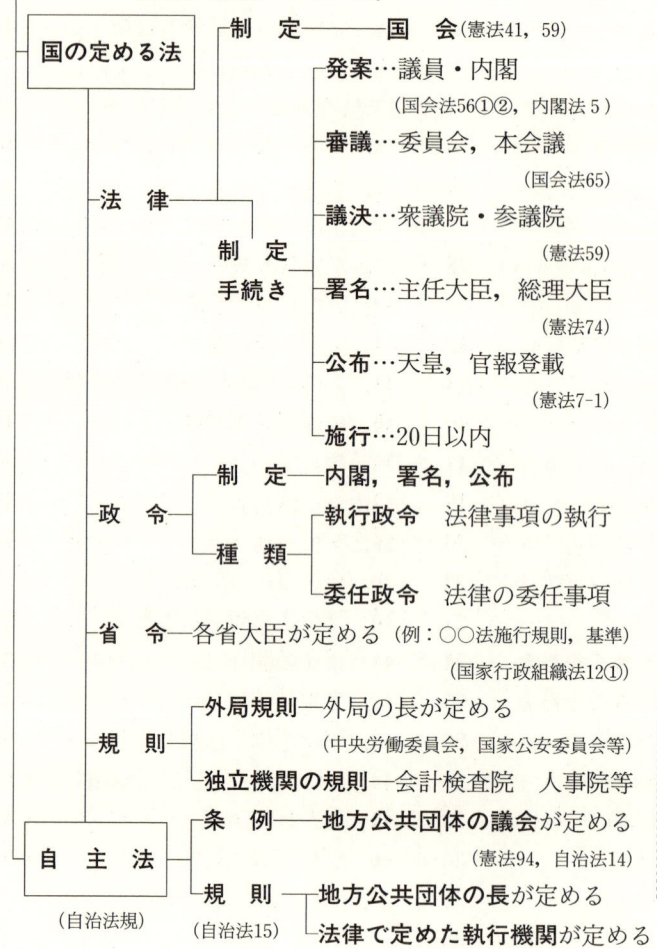

2．国の定める法

国の定める法

- **憲法**
  - ①**国の最高法規**…国政の方向性を規定するため，国家の組織や運営に関し国家統治の基本を定めたものである。
  - ②**法体系の頂点に立つ**…前文と11章103条の条文で成り立ち，法律，政令，省令，規則等が憲法を頂点として体系的な構造になっている。

- **法律**
  - ①**制定は国会で行われる**…憲法の定める手続きにより国会において定められる法をいう。
  - ②**法律の発行手続き**…発案，審議，議決，署名，公布・施行の手続きを経て発行される。施行は20日以内とされる。
  - ③**憲法に適合しているかの判断**…法律，政令，省令，規則，処分が，最高法規の憲法に適合するか否かを決定する権限は，最高裁判所であり，これを「**違憲立法審査権**」という（憲法81）。

- **政令**
  - ①**制定は内閣による**…一種の命令を政令と呼び内閣で制定される。
  - ②**政令の意義は**…憲法，法律の規定を執行するために制定される。
  - ③**閣議の決定で成立される**…法律と同様に天皇が公布する。署名は主任の国務大臣で，内閣総理大臣が連署する。
  - ④**政令の種類**
    - **執行政令**…法律の規定の執行に必要な補充事項を規定する命令。
    - **委任政令**…法律の委任に基づいた事項を内容とする命令。
  - ⑤**政令の形式**…「○○法施行令」などという形式で公布される。

- **省令（府令）**
  - ①**行政事務につき制定する命令**…内閣府令，各省令のことで，各大臣が所管の行政事務につき，法律，政令の特別の委任に基づき制定する命令である。
  - ②**法律の特別な委任が必要**…政令や省令は，法律の特別な委任がなければ罰則を設け，義務を課し，国民の権利を制限する規定は設けられない。
  - ③**省令の形式**…「○○法施行規則」「○○基準」「○○規則」など。

- **規則**
  - ①**外局の長や独立機関が設ける**…政令，省令のほか，外局の長や独立機関が法律の定めにより発する命令及び規則である。
  - ②**規則の形式**…「全国選挙管理委員会規則」「人事院規則」等

◎国の定める法規の多くは「**法律**」「**政令**」「**省令**」の3部作から成る。

3．地方公共団体の定める法

地方公共団体の定める法
- 条例
  - ①議会の議決により定める…地方公共団体が議会の議決による。
  - ②法令の規定に従う…法令の規定によって条例で定められる。
  - ③執行機関の専属権限とされる事項…地方公共団体の長及び法律で定めた執行機関の専属権限とされている事項について制定できる。ただし，国の法令に違反しない限りで制定できる自主法である。
  - ④地方公共団体の事務の全分野…地方公共団体が執行する事務の全分野にわたり制定できる。
  - ⑤地方公共団体の区域内限定が原則…一般に地方公共団体の区域内に限定されるが，図書館設置条例などの例では，区域外の者をも拘束する。
  - ⑥公布は原則20日以内にされる…公布の日から起算して20日を経過した日から施行される。
  - ⑦違反者には刑罰もある…条例に違反した者には，2年以下の懲役等の刑罰も科する旨の規定を設けることもできる（自治法14③）。
- 規則
  - ①地方公共団体の長が制定…地方公共団体の長がその権限に属する事務について制定する法令の形式をいう。
（国が定める法の中にも外局の長や独立機関が設ける規則がある）
  - ②法令に違反しない範囲で制定…法令に違反のないことが原則で，違反者には過料を科すことができる（自治法15①②）。教育委員会規則は地方公共団体の長が定める規則に違反できないし，またほぼ同等の効力を有するが，過料を科すことはできない。
  - ③地方自主立法として…住民の権利義務に関する法規を定めるものと，地方公共団体の部課の設置を定める行政規則があるが，規定する事項はその根拠法によって定められる。

◎「規則」は，地方公共団体の長が自らの権限事項につき，独自に定めるのに対し，「条例」は議会の議決により定められることが異なっている。
◎地方公共団体の機関の一つに教育委員会がある。教育委員会はその地域の教育に関して規則を制定することができ「学校管理規則」はその代表的なものといえる。

4．訓令・通達（通知）・告示・公示

訓令
- ①**職員の職務運営の基本に関する命令**…一般的には，下級官庁又は職員の職務運営の基本に関係する命令事項を内容としている。通常の形式は，1条，2条…と法文的に表現される。
- ②**訓令と通達の違いは必ずしも明確でない**…その差は明確ではない。
- ③**発令可能な範囲**…国家行政組織法14条2項に掲げられた各大臣，各委員会，各庁の長官の所属する行政機関及びこれ以外の行政機関でも，その下級行政機関及び部下職員に対して，また地方支・分局の長が部下職員に発することも可能である。

通達（通知）
- ①**一般的性質**…訓令の①とほぼ同様である。
- ②**訓令と通達の内容**…「**訓令**」は通例，下級官庁又は職員の職務運営の基本に関する命令事項であるのに対し，「**通達**」は，これらに関する細目的な事項，法令の解釈，運用の方針に関する示達事項が多い。通達は現在は「**通知**」と呼ばれることが多い。
- ③**通達（通知）の形式**…通常，法文式の構成で法令の解釈，適用の一般方針を内容とするものや，個々具体的な問題についての上級官庁の見解を示すために発せられるものがある。

告示
- ①**国家行政組織法14条1項による**…「その機関の所掌事務について，公示を必要とする場合においては，告示を発することができる」に基づいて行われる。
- ②**告示は官報で**…官報の告示欄に掲載。例：文部科学省告示等
- ③**多く見られる内容**…通常一定の事実や官庁の意思，希望等の表明
- ④**国民の権利義務の拘束**…権利義務を拘束するような法的性格を持たないのが通例であるが，上位の法令を補充する性格のものは，法規命令の性格を持つことがある。（例：学習指導要領，教科書検定基準など）
- ⑤**事の規制を主管大臣に譲っている場合**…文部科学省令等で「その他文部科学大臣の定める場合」としているときは，定め方の形式として省令または告示が用いられる。

公示
- ○**告示と公示は使い分け**…例：衆議院議員選挙の場合は公示，最高裁裁判官の国民審査は告示等がある。

5．法体系の解釈

◎法は憲法を頂点として統一的な体系を持っているが，多数の法が相互に矛盾なく適用されるためには，法の解釈に混乱を生じない解釈が必要である。

法体系の解釈
- ①形式的効力の原理─○**段階的構造からの原理**…憲法を頂点として，法律，政令，省令，規則，さらに地方公共団体の定める条例，規則などの系列がある。この系列の順を形式的効力の段階と見て，上位法，下位法の関係で解釈するのがこの方法である。
- ②後法優先の原理─○**後から公布される法を優先する原理**…後から制定された法は，前に制定された法より優先する原理である。仮に一つの法律と矛盾する法律が後から施行された場合，後から発せられた法がその矛盾した面では優先するということである。
- ③特別法優先の原理─○**特例法（特別法）が優先する原理**…特別法とは，法律を適用する対象や，人または地域が特定のものに限って用いられる法律である。例えば「教育公務員特例法（特例法）」は，国家公務員法，地方公務員法に対する特別法であるが，職員の採用を例にとると，地方公務員法では「競争試験」とし，教育公務員特例法では「選考」とされており，教員の採用では特別法が優先されて選考とされるなどがそれである。
- 法の大別
  - ①**成文法**…わが国の行政法は成文法主義をとっており，成文による法律の行政原理を確立している。
  - ②**不文法**…成文法をとっても，その細部までをもれなく規定することは困難であるので，不文法がこれを補充する役割を果たしている（**慣習法**など）。ただし，法令に基準等があるにもかかわらず，慣行をもって法令の上位に置くことはできない。

○**法例**（明治31.6.21 法律第10号）**第2条（慣習法）**
「公ノ秩序又ハ善良ノ風俗ニ反セサル慣習ハ法令ノ規定ニ依リテ認メタルモノ及ヒ法令ニ規定ナキ事項ニ関スルモノニ限リ法律ト同一ノ効力ヲ有ス」とある。この規定からみても法治国においては成文法が慣習法に優先する立場に立つ。

6．法と慣習

◎個人的慣習ではなく，村や地方，学校または職業など様々な社会的集団の中で行われる常習的行動様式の中には，集団的にも是認や擁護を受けているものがある。法令や条例等により規制を受けるものもあるので留意したい。

法と慣習
- 慣習法の成立要件
  - ①**法例第2条（慣習法）**…（明治31年6月21日　法律第10号）
    ・法律の規定により特に慣習による旨を定められた事項
    ・法令に全く規定のない事項に関するものに限る
    ・公の秩序や善良な風俗に反しない慣習であること（趣旨）
  - ②**法律に規定のない事項に関する慣行**…その内容が成文法規に抵触しない場合においてのみ慣習法となり得る。よって成文法の法の規定に抵触する慣行は，例えその成文法が強行法規でなくても慣習法では対抗でき得ない。
  - ③**慣行事項が長年月の間反復継続のとき**…(1)慣行が存在し，慣行の事項が相当年月の間，同一行為で反復継続され，当該の場合には一般的に同様行為が行われると認められる状態にあるとき。(2)当事者において，当該慣習が法律的に束縛するものであると観念するに至る意思を持つと認められるとき，当該慣習によることと定め法的効力を認めている（民法92）。
- 労働慣行
  - 民間の場合
    - ①**労働慣行**…法令用語ではないが，通常労働条件や労働組合活動等で慣習又は慣習法という意味で用いている。
    - ②**労働関係において**…労使双方が労働慣行を遵守し又は承認しているような場合，当該慣習と異なる労働契約や就業規則を変更する法的効力が認められる。
  - 公務員の場合
    - ①**公務員の労働関係では**…公務員の勤務条件等は，法令等により，公務員と行政主体との関係を規定しているので民法92条は適用されず，労働慣行が法令や条例に優先することはない。
    - ②**公務員の勤務条件では**…公務員の勤務条件については法令や条例に詳細な規定があり，法例第2条（慣習法）の適用の場合は極めて少ない。従って法令と異なる労働慣行は法的拘束力を持たない（勤務条件法定主義）。

7．教育基本法　①

◎民主主義を基本原理とする憲法を受け，教育理念と教育制度の基本を宣明した教育諸法の総則的地位にたつ法律で，昭和22(1947)年3月31日施行された。平成18(2006)年12月15日改正教育基本法が成立，同年12月22日に公布・施行された。

教育基本法

教育の目的及び理念（第1章）

① **教育の基本**(教基法前文趣旨・概要)…「民主的で文化的な国家」の発展と「世界の平和と人類の福祉の向上」に関する貢献を掲げ，旧法と同様に「個人の尊厳」「公共の精神」の尊重とともに「豊かな人間性と創造性」を備え「伝統の継承」を規定した。

② **教育の目的**(教基法1)…「教育は，人格の完成を目指し，平和で民主的な国家及び社会の形成者として必要な資質を備えた心身ともに健康な国民の育成」を期して行われなければならない。

③ **教育の目標**(教基法2)…改正教基法の新設規定で，第1条「教育の目的」の実現のため重要とする5項目を規定した。
  1．「幅広い知識と教養」を身につけ「真理を求める態度」と「豊かな情操と道徳心」を培い「健やかな身体」を養う
  2．「個人の価値を尊重しその能力の伸長」「創造性」と「自主自律の精神」を重視し「勤労を重んずる態度」を養う
  3．「正義と責任」「男女の平等」「自他の敬愛と協力」を重んじ「公共の精神」を基に「主体的な社会形成」に寄与する
  4．「生命の尊重」「自然の愛護」「環境の保全」の態度を養う
  5．「伝統と文化の尊重」「我が国と郷土愛」及び「他国の尊重」「国際社会の平和と発展」に寄与する態度を養う

④ **生涯学習の理念**(教基法3)…国民一人一人が，自己の人格を磨き，豊かな人生を成就できるよう，その生涯のあらゆる機会や場での学習が可能であり，その成果を適切に生かす社会の実現を図らなければならない。

⑤ **教育の機会均等**(教基法4)…すべて国民は，ひとしくその能力に応じた教育を受ける機会を与えられるものであって，人種，信条，性別，社会的身分，経済的地位又は門地によって，教育上差別されない。また，障害のある者にも教育上の必要な支援を講ずることを新たに規定し，差別の禁止や国・地方公共団体の奨学措置について規定した。

7．教育基本法 ②

教育基本法
- **教育の実施に関する基本**（第2章）
  - ①**義務教育**(教基法5)…国民はその保護する子に，別に定める法律により普通教育を受けさせる義務を負う。
  - ②**学校教育**(教基法6)…法律に定める学校は「公の性質」を有し，国又は地方公共団体及び法律で定める法人のみが設置できる。前項の学校は心身の発達に応じ体系的な教育を組織的に行う。
  - ③**大学**(教基法7)…大学の役割や自主・自律性などの特性を尊重。
  - ④**私立学校**(教基法8)…私立学校の有する公の性質及び学校教育に果たす重要な役割を考慮し，その自主性を尊重しつつ助成その他適当な方法によって私学教育の振興に努める。
  - ⑤**教員**(教基法9)…法律に定める学校の教員は，自己の崇高な使命を自覚し，絶えず研究と修養に励み職責の遂行に努力する。
  - ⑥**家庭教育**(教基法10)…保護者は，子の教育に第一義的責任を有することを明確にし，家庭教育の役割の明記とともに国・地方公共団体の家庭教育への支援についての規定を設けた。
  - ⑦**幼児期の教育**(教基法11)…人格形成の基礎を培う重要性を認識国・地方公共団体は健やかな成長に資する環境の整備等に努める。
  - ⑧**社会教育**(教基法12)…個人や社会の需要に応える社会教育の重要性を認識し，国・地方公共団体は社会教育施設等の設置や利用促進，学習の機会及び情報の提供等の教育の振興を規定。
  - ⑨**学校・家庭・地域住民等の連携協力**(教基法13)…教育におけるそれぞれの役割と責任を自覚し，相互の連携，協力に努める。
  - ⑩**政治教育**(教基法14)…良識ある公民として必要な政治的教養が尊重されるとともに，法律に定める学校は特定政党を支持，又は反対の政治教育その他政治的活動をしてはならない。
  - ⑪**宗教教育**(教基法15)…宗教に関し寛容な態度，一般的教養等は教育上尊重されるが，国・地方公共団体の設置学校は特定宗教の教育・宗教活動をしてはならない。
- **教育行政**（第3章）
  - ①**教育行政**(教基法16)…不当な支配に服さず公正，適正に行う。
  - ②**教育振興基本計画**(教基法17)…必要事項を国会に報告と公表。
- **法令の制定**（第4章） ── (教基法18)…法律の実施に関し必要な法令の制定。

8．児童の権利条約　①

児童の権利条約
┃
┣━ 条約の制定・批准・対応
┃
┗━ 権利の理念とその構成

①**条約制定の経緯**…『児童の権利に関する条約』制定の直接の契機となったのは，国連が「児童の権利宣言」20周年に当たる1979年を国際児童年に制定したことに始まる。それから10年に及ぶ条約起草等の作業を経て，1989年11月「児童の権利宣言」の30周年を期して『児童の権利に関する条約』が国連総会で満場一致で採択，翌年の1990年9月発効した。

②**我が国での発効**…平成4(1992)年3月批准案が国会に提出され，平成6(1994)年3月29日衆・参両議院の全会一致で可決された。その後4月22日に批准書が国連本部に寄託され，5月22日に国内発効となった。

③**国際法規範**…条約の国内発効は，法的には憲法に次ぎ法律を超える強い効力を持ち，子どもの権利保障を国家に対して法的に義務づけた国際法規範であって，裁判等においても重要な法的根拠として扱われる。

④**文部省の対応**…条約の国内発効に伴い，文部次官名の通知を出し「学校においては，本条約の趣旨を踏まえ，教育活動の全体を通じて基本的人権尊重の徹底を一層図っていくことが大切であること。また，権利及び義務をともに正しく教えることも重要であること」などを通知した(平成6.5.20文初高149)。
（9．「『児童の権利条約』と学校の対応」参照）

①**18歳未満のすべての子ども**…条約では「child」とあり，訳語について「子ども」か「児童」かの対立もあったといわれるが，「18歳未満のすべての子ども」をいうと規定している。

②**「児童の最善の利益」**…この条約のキーワードといわれるもので，条約3条1項に示す総則的権利で「公的若しくは私的な社会福祉施設，裁判所，行政当局又は立法機関のいずれによって行われるものであっても，児童の最善の利益が主として考慮されるものとする」とある。

③**「生存・発達・保護・参加」の権利**…供与による実質的権利，法的保護を求める権利，自立・参加・表現の自由等がある。

8．児童の権利条約 ②

[条約にみる子どもの権利と内容構成]　　　　　　　（　）内数字は条文番号

生　存	①健康・医療への権利 (24)		
	②医療施設の措置児への定期的審査 (25)		
	③社会保障への権利 (26)　　④生活水準への権利 (27)		
発　達	①教育への権利と目的 (28) (29)		
	②休息・遊び・文化的・芸術的生活への参加権利 (31)		
	家庭的な環境への権利	①親からの分離禁止 (9)	
		②家族再会・出入国の自由 (10)	
		③国外不法移送防止 (11)	
		④親の第一次養育責任 (18)	
		⑤代替的養護 (20)　　⑥養子縁組 (21)	
保　護	①親による虐待・放任・搾取からの保護 (19)		
	②経済的搾取・有害労働からの保護 (32)		
	③麻薬・向精神薬からの保護 (33)		
	④性的搾取・虐待からの保護 (34)		
	⑤誘拐・売買・取引の防止 (35)		
	⑥他のあらゆる形態の搾取からの保護 (36)		
	⑦自由を奪われた子どもの適正な取扱い (37)		
	⑧少年司法に関する権利 (40)		
	特に困難な条件下の子ども	①難民の子どもの保護・援助 (22)	
		②障害児の権利 (23)	
		③少数者・先住民の子どもの権利 (30)	
		④武力紛争における子どもの保護 (38)	
		⑤犠牲になった子どもの心身の回復・復帰 (39)	
参　加	生活参加	①意見表明権 (12)	
		②プライバシー・通信・名誉の保護 (16)	
	社会参加	①表現・情報の自由 (13)	
		②思想・良心・宗教の自由 (14)	
		③結社・集会の自由 (15)	
		④マスメディアへのアクセス (17)	

9．「児童の権利条約」と学校の対応　①

児童の権利条約と学校の対応
- 条約の概要
  - ①「児童の権利に関する条約」のめざすもの…平成6(1994)年5月22日に国内発効した「児童の権利に関する条約」は，先進国，発展途上国の別を問わず，世界の多くの児童が今なお貧困，飢餓，虐待などの困難な状況に置かれていることに考慮し，世界的な視野から児童の人権の尊重，保護の促進をめざしたものである。
  - ②条約の掲げる精神…基本的人権の尊重を基本理念に掲げる日本国憲法，教育基本法並びに我が国が締約国となっている「経済的，社会的及び文化的権利に関する国際規約」及び「市民的及び政治的権利に関する国際規約」等と同じ精神に基づくものである。
- 学校対応の留意点（文部事務次官通知）
  - ①基本的なとらえ…各学校においては，条約の趣旨を踏まえ，その精神を生かし，今まで以上に児童生徒の一人ひとりを大切にした教育の実現をめざすとともに，教育活動全体を通じて基本的人権の尊重の精神の育成に努めること。また児童生徒には権利・義務についてともに正しく理解させること。
  - ②いじめ・校内暴力…児童生徒の心身に重大な影響を及ぼす深刻な問題であり，本条約の趣旨を踏まえ，学校は家庭や地域社会との連携を一層深め，その実態を的確に把握し，望ましい人間関係の育成に努めること。
  - ③不登校（登校拒否）…児童生徒個々の悩みや不安などをよく聴いて，児童生徒理解に努め，生きる喜びや希望が持てるよう指導の充実を図ること。
  - ④体罰…学校教育法11条により厳に禁止されており，たとえ教育熱心による行為であったとしても，児童生徒の人格や人権を尊重する観点から許されるものではなく，校内の体罰禁止の機運を醸成すること。
  - ⑤出席停止…学校教育法35条の出席停止の措置を適用する際には，当該児童生徒や保護者の意見をよく聴く機会を持つように配慮すること。

9．「児童の権利条約」と学校の対応 ②

児童の権利条約と学校の対応

学校対応の留意点（文部事務次官通知）

⑥**校則**…学校においては，教育の目的を達成するために必要な合理的な範囲内で，児童生徒に対して指導や指示を行ったり，校則を定めたりすることができる。校則の見直しに当たっては，児童生徒や保護者の意見を十分反映するよう配慮するとともに，社会常識に照らして検討すること。

⑦**懲戒処分**…学校における退学，停学，訓告などの懲戒処分に当たっては，真に教育的配慮を持って慎重かつ的確に行わなければならない。その際には，当該児童生徒から事情や意見をよく聴く機会を持つなど，個々の状況に十分留意し，その措置が単なる制裁にとどまることなく，真に教育的効果を持つものになるよう配慮すること。

⑧**国旗・国歌**…この指導は児童生徒等が国民として必要とされる基礎的・基本的な内容を身につけるために行うものであり，もとより児童生徒の思想・良心を制約しようというものではないこと。従って今後とも国旗・国歌に関する指導の充実を図ること（「児童の権利に関する条約について」平成6.5.20. 文部事務次官通知）（8．「児童の権利条約」参照）。

条約の背景を考える（参考）

◎**ユニセフの1994年版「世界の子ども白書」の推定**…過去10年ほどの間でも150万人以上の子どもが武力紛争で殺され，400万人が負傷（手足を失い，失明，脳損傷など）を負い，500万人が難民となり，1200万人が村を追われた。そして，貧困，人口増加，環境の悪影響のもとで，年間約800万人の子どもが5歳の誕生日をまたずに肺炎や下痢で病死している。

子どもの悲惨な境遇は，発展途上国だけのことではない。米国のようないわゆる先進国の大都市でも児童虐待，麻薬，性的搾取，少年犯罪等この10年ほどで3倍近くになるという。我が国でも校内暴力，いじめ，体罰，少年犯罪など，憂慮すべき状況にあり，この問題解決に真剣に取り組まなければ，我が国の未来は閉ざされてしまうのではないか。全世界的なこうした危機感がこの条約を生み出した切実な契機をとらえ，従来の意識を総点検して取り組みたいものである。

10．教育法の領域　①

教育法の領域（憲法・教育基本法）
- 教育行政組織
  - ①国　…国家行政組織法　文部科学省設置法
    　　　　国立学校設置法　文部科学省組織令
  - ②地方…地方自治法　地方教育行政法(地方教育行政の組織及び運営に関する法律)
- 教職員の身分
  - ①国家公務員法（国公法）
  - ②地方公務員法（地公法）
  - ③教育公務員特例法（特例法）
  - ④教育職員免許法（免許法）
  - ⑤労働基準法（労基法）
  - ⑥一般職の職員の給与に関する法律（給与法）
  - ⑦一般職の職員の勤務時間，休暇等に関する法律（勤務時間法）
  - ⑧労働組合法（労組法）
  - ⑨地方公務員等共済組合法等
- 教育行政の作用
  - 学校教育
    - ①学校教育法（学校法・学教法）—施行令—規則・基準
    - ②標準法…公立義務教育諸学校の学級編制及び教職員定数の標準に関する法律
    - ③高校標準法…公立高等学校の設置，適正配置及び教職員定数の標準等に関する法律
    - ④教科書に関する法律—施行令・規則
      　教科書発行法，教科書無償措置法，教科書無償法
    - ⑤学校図書館法—施行令—規則
    - ⑥学校保健安全法—施行令—規則
    - ⑦学校給食法—施行令—基準
  - 学校教育の振興
    - ①就学奨励法…就学困難な児童及び生徒に係る就学奨励についての国の援助に関する法律
    - ②特別支援学校就学奨励法…特別支援学校への就学奨励に関する法律
    - ③産業教育振興法（産振法）—施行令
    - ④理科教育振興法（理振法）—施行令
    - ⑤定通教育法…高等学校の定時制教育及び通信教育振興法—施行令—規則

10．教育法の領域　②

```
教育行政                    ┌⑥へき地教育振興法（へき振法）―施行令
の作用                      ├⑦独立行政法人日本学生支援機構法―施行令
      ├私立学校―┬⑧独立行政法人日本スポーツ振興センター法―施行令
      │         └○私立学校法（私学法），私立学校振興助成法（私学助成法）
      │         ┌①地方財政法，地方交付税法
      │         ├②義務教育費国庫負担法
      ├教育費──┼③市町村立学校職員給与負担法
      │         ├④義務教育諸学校施設費国庫負担法
      │         └⑤公立学校施設災害復旧費国庫負担法　など
      │         ┌①生涯学習振興法
      │         ├②社会教育法
      ├社会教育┼③図書館法
      │         ├④博物館法
      │         ├⑤スポーツ振興法
      │         └⑥文化財保護法　など
      │                      ┌①生活保護法
      │                      ├②児童福祉法
      │         ┌①教育福祉関係┼③児童虐待防止法
      │         │              ├④障害者基本法
      └その他──┤              └⑤発達障害者支援法　など
         関連法 │              ┌①職業安定法
                │              ├②少年法
                │              ├③少年院法
                │              ├④災害対策基本法，消防法，水防法
                └②その他の諸法┼⑤国家賠償法
                               ├⑥行政事件訴訟法
                               ├⑦年齢計算ニ関スル法律
                               ├⑧国民の祝日に関する法律
                               └⑨国旗・国歌法　など
```

11. 地方分権

地方分権

- **地方分権の推進**
  - ①**地方分権とは**…できるだけ多くの権限を地方に分散することをいうが，地方分権は，規制緩和とならんで行政改革の重要なテーマである。
  - ②**地方分権改革推進法1条**…「この法律は，国民がゆとりと豊かさを実感し，安心して暮らすことのできる社会を実現することの緊要性にかんがみ，……地方分権改革の推進について，基本理念並びに国及び地方公共団体の責務を明らかにするとともに……地方分権改革を総合的かつ計画的に推進することを目的とする」
  - ③**地方分権の推進**…平成7(1995)年に地方分権推進法を制定，これに基づいて発足した地方分権推進委員会から勧告が行われ，平成8(1996)年12月20日教育に関し次の内容がある。
    - (1)教育課程の大綱化・弾力化
    - (2)教育長の任命承認制の廃止
    - (3)機関委任事務の廃止など

- **中央教育審議会の報告**（平10.3.31）
  - 「今後の地方教育行政の在り方について」（要旨）
  - ①**教育行政の国の役割を明確化**…教育行政における国の役割を明確化するとともに，国の行う事務・業務を基本的なものに精選し，スリム化する。
  - ②**行政段階での認可・指導等の縮減**…自主的・主体的な地方教育行政を展開するため，国，都道府県のそれぞれの段階で認可・指導等の関与を縮減する。
  - ③**教育長の任命承認制を廃止**…議会の同意制を導入する。
  - ④**校長権限の拡大**…教育委員会の学校に対する関与（許可・承認）を縮減し，学校の予算，人事等にかかる校長の権限を拡大する。
  - ⑤**校長・教頭の任用制度見直し**…校長・教頭に幅広く人材を確保するため任用制度を見直す。
  - ⑥**保護者等の意向把握と責任ある学校運営**…学校が保護者や地域住民の意向を把握し，学校運営に反映するための仕組みを導入する。

12. 地方分権と教育関係法令　①

地方分権と教育関係法令

- **地方分権の動き**
  - ①**地方分権推進の推移**…1980年代後半から本格化した地方分権改革の流れは，平成7(1995)年に地方分権推進委員会を発足させ，その委員会の勧告を受けて閣議決定された「地方分権推進計画」(平成10(1998).5)の内容を踏まえた関連法の改正に関する法律(平成11(1999).7.8)が成立，いわゆる地方分権一括法によって実現することとなった。
  - ②**新しい法概念が必要**…関連法の中でも地方自治制度の根幹をなす地方自治法は戦後最大ともいえる大改正が行われ，新しい基本的法概念を必要とするほどの内容を持つものとなった。国と地方公共団体との関係，都道府県と市町村との関係をめぐるこれまでの行政システムは変わり，地方公共団体の自己決定，自己責任の範囲は拡大され，重いものとなった。

- **地方自治法改正の要点**（平成11年）
  - ①**国と地方公共団体の役割の明確化**…国と地方との対等・協力の新しい関係を構築するため，それぞれの役割を明確化，地方公共団体は「住民の福祉の増進を基本として，行政を自主的かつ総合的に実施する」を担い，国はその趣旨を達成し，身近な行政は地方にゆだね，国際社会に国家として存立に係わる事務，全国的に統一を必要とすることや全国的視点で行うことなどを重点的に担うなど，国の役割をこれまでより強く限定し，地方公共団体の自主性を拡大する方向で改正した。
  - ②**機関委任事務の廃止**…地方公共団体を国の包括的指揮監督下においてきた機関委任事務を廃止し，事務を自治事務と法定受託事務とに再構成した。法定受託事務は機関委任事務と違って対等・独立の立場で地方公共団体に事務の委任執行を行うものであるため，執行に対して国等からの関与は法的根拠を要し必要最小限となる。
  - ③**事務に対する関与**…国と地方公共団体の対等・協力の関係とはいえ，国の行政の統一性は必要であるため，国が地方の，都道府県が市町村の処理する事務にある程度関与できる仕組みを新たに創設した。それらの関与の類型は次のようになる。

12. 地方分権と教育関係法令 ②

地方分権と教育関係法令

- 地方自治法改正の要点（平成11年）
  - (1)自治事務に対する関与
    - 助言又は勧告，資料の提出要求，協議，是正の要求
  - (2)法定受託事務に対する関与
    - 助言又は勧告，資料の提出要求，協議，同意，許可，認可又は承認，指示，代執行
  - ④係争が生じた場合…対等・協力関係にある国と地方公共団体，あるいは都道府県と市町村との間で関与等の在り方や，内容をめぐる係争が生じた場合は，前者に対しては「国地方係争処理委員会」，後者には「自治紛争処理委員」により係争・紛争を処理する仕組みが作られることになった。

- 教育関係の改正の要点（平成11年）
  - ①地教行法の「特別法」的内容の後退…文部科学省と教育委員会の関係は他の行政領域と比べて，国の関与・管理が強いと指摘されてきたが，その論拠には地方自治法に対する地教行法の「特別法」的な内容があった。そうした内容を後退，一般法である地方自治法に基づき地方教育行政を運営する方向を明示した。
  - ②「監督庁」を改めた…学校の施設設備や教育内容の基準設定の事務の主体を「監督庁」と規定，「監督庁」は「当分の間」文部大臣などとしていた規定を改め，各条項の事務の主体を文部科学大臣等と明確に規定した。
  - ③委員規定等の簡素化…社会教育及びスポーツ行政の国の関与を見直し，社会教育委員等の委員規定の簡素化や審議会の必置規制の見直し，組織，名称規制の弾力化等が行われた。
  - ④主体的・積極的な教育の展開…教育行政制度，運用の改善に関し「指導行政の改善」「地域住民の意向把握・反映」等が具体的に明示された。
  - ⑤学校の自主・自律性の確立…責任ある学校運営の実現等を図るため，学校評議員制度の導入とともに，各学校の教育活動に対する自己評価の実施，学校の教育計画等の住民への説明等，開かれた学校運営について教育委員会の取組みを促した。

13. 教育の規制緩和

教育の規制緩和

規制緩和推進の意義
- ①**教育の規制緩和**…(1)公教育体制の内部の問題，(2)学校とその利用者の問題，の二つの点から考察できるが，(1)では，例えば学校裁量の拡大という面があり，(2)では，学校選択の自由ということが例としてあげられる。
- ②**学校の自主・自律性を高揚**…世界における教育改革の趨勢も，学校の自主・自律性を高める方向にあり，ともすれば，中央集権的で官僚的といわれるような教育制度の中では，児童生徒とその保護者や地域社会の両者からの多様性と変化に富む教育要求には応えることができないからである。
- ③**従来の公教育の運営**…教育上の平等主義，機会均等の確保ということを理念としてきたが，このことは，必然的に各種の規制を必要とし，そのことが制度の画一化，硬直化をもたらし，何らかの機能障害を生じさせたと考えられる。

規制緩和に関する提言
- ①**教育の公的規制の緩和**…臨時教育審議会は「従来の教育行財政全般に，ともすると過度ともいわれる画一性，閉鎖性等を打破して，教育の実際の場での創意工夫による教育の活性化と個性重視の教育が実現できるよう，許認可，基準，助成，指導助言の在り方の見直しなど，大胆かつ細心な規制緩和を進める」(第二次答申)と提言。個性重視の教育と教育の自由化の観点から，公的規制の緩和を求めている。
- ②**規制緩和の推進に関する意見**…行政改革委員会は，平成8(1996)年12月に「現在の教育制度は，平均的な教育水準の向上と効率性の確保に力を発揮してきたが，学校は一般的に画一的，硬直的，閉鎖的な状況にある」として，「学校選択の弾力化・教育内容の多様化・中学校卒業程度認定試験の弾力化・学校設置の弾力化」を提言している(「第二次」提言)。
- ③**中教審答申**(平成16(2004)年3月4日)…答申の趣旨を活かし，横並びの学校から特色ある学校への充実を図るため，その前提となる保護者・地域住民の参加とも関連する「学校評価」をツールとした教育活動の検証と改善を促すものや「学校運営評議員制度」などの方策が見られる。

14．義務教育費国庫負担制度　①

義務教育費国庫負担制度
- 義務教育費国庫負担に係わる法律
  - ①**日本国憲法**…憲法26条に，すべての国民は法律の定めるところにより，その能力に応じて，等しく教育を受ける権利を有し，その保護する子女に普通教育を受けさせる義務を負う。義務教育は，これを無償とするとある。
  - ②**義務教育費国庫負担法**…この法律は，義務教育無償の原則に則り，国民すべてに対しその妥当な規模と内容を保障するため，国が必要な経費を負担することによって，教育の機会均等とその水準の維持向上を図る責任を負うことを定めている。この法律に基づき，公立義務教育諸学校の教職員給与費等の義務教育費について，都道府県が負担した経費の一部を国が負担する制度である（義務教育費国庫負担法1）。
  - ③**県費負担教職員**…任命権は都道府県教育委員会に属し，給与負担者と任命権者の一致が図られている（地教行法37）。
    また，法制上の設置者負担主義の例外として，都道府県が市町村に代わって市町村立小・中学校の教職員給与を負担することになっている（市町村立学校職員給与負担法1）。
  - ④**公立義務教育諸学校の学級編制及び教職員定数の標準に関する法律**（標準法）…義務教育段階の教育内容・水準を確保するためには，どの地域でも優れた教職員の一定数の確実な配置が必要である。このため，法律により学級編制及び教職員定数の標準を設定した法律である。この標準法により公立小・中学校の学級編制基準・教職員定数を設定する権限は，給与負担者である都道府県教育委員会にある（標準法3②）。
  - ⑤**教員給与制度**…これまで基準としていた国立学校教員の俸給表が廃止に伴い，教育公務員特例法が改正され，公立学校の校長・教員の給与は条例で定められることになった（特例法13）。
  - ⑥**教員人材確保法**…義務教育諸学校の教職員の給与は「教育職員の人材確保特別措置法」により，同じ地方公務員の一般行政職の給与水準に比較して必要な優遇措置が設けられている（人確法3）。

14．義務教育費国庫負担制度　②

義務教育費国庫負担制度
├ 国庫負担制度の見直しと特定財源
│
├①**義務教育費国庫負担制度の見直し**…平成14(2002)年義務教育に関する国と地方の経費負担の在り方につき，地方分権改革推進会議が見直しを提言，その結果，国庫負担金の一般財源化を視野にいれて，教育費国庫負担金の国庫負担率は，2分の1から3分の1に変更された（義務教育費国庫負担法2）。

②**一般財源と特定財源**…国庫負担対象の見直しと制度自体の見直しを進め一般財源化について検討された。**一般財源**とは，地方公共団体の裁量で自由に使える財源で，地方が課して徴収する**地方税**や，地方の財源不足を補うために国が交付する**地方交付税**がある。これに対し，事前に使途が決まっている財源を**特定財源**といい国庫負担金はその代表格といえる。

├ 総額裁量制の導入と弾力的運用

①**総額裁量制の導入**…義務教育費国庫負担制度の見直しの一環として，平成16(2004)年度から負担金総額の使途については地方裁量とし，国は大枠をきめるが具体的な取組みは地方に任せるべきとし「**総額裁量制**」の導入となった。

②**総額裁量制の内容**…都道府県ごとに国庫負担額の総額を定めその総額の範囲内で教職員の給与や配置について，各都道府県の裁量を大幅に拡大を図ろうとするものである。

③**上限額等の撤廃**…上記のことから，従来国庫負担額の算定に当たって設けられていた給料・諸手当（期末勤勉手当，教職員調整額，義務教育等教員特別手当，管理職手当，特殊勤務手当，住居手当，通勤手当等）ごとの上限額，教職員の種類ごとの上限定数はすべて撤廃となった。条例により定められる校長・教員の給与に前項の諸手当を上乗せした月額を経験年数ごとの教員数を掛け合わせた金額を合計し，教員定数で割った金額が都道府県の「月額」となり，国庫負担率により計算される。事務職員等も同様に算定される。

④**加配定数の弾力的運用**…総額裁量制とあわせて，平成16(2004)年度から加配定数の弾力的運用が可能となり，都道府県の自主的な判断で少人数学級を実施の場合でも加配定数を活用でき，都道府県の経費負担が軽減されることとなった。

15. 指揮監督行政と指導行政

指揮監督行政と指導行政
- 指揮監督行政(管理的行政)
  - ①指揮・命令・監督が中心…行政機関が法律に基づき基準等を設定，その基準及び法律による規定に従って，指揮，命令，監督等の機能を中心とする行政を執行する。
  - ②法的拘束力を持つ執行…一般に，行政の執行が上下関係のもとにおいて，法的拘束力を伴って行われる。
- 指導行政(指導助言的行政)
  - ①指導・助言，援助等が中心…非権力的作用を中心的な機能として行政が執行される。
  - ②法的拘束力を伴わない執行…対等の関係にある行政主体や機関等の間で，法的拘束力のない形で行われる。
  - ③行政の対象により…高度の自主性や専門性を必要とする場合に，指導，助言，援助の形で行われる。
- 教育行政の在り方
  - ①地方分権…我が国の教育行政は，憲法の保障する地方自治の原則に基づき，地方分権を建前とする。
  - ②指導行政が基本…民主主義の原則と自主性の尊重，教育の専門性を生かす方向から，指導行政が基本となる。
  - ③法律や規則は無視できない…自主・自由が尊重されても，法律・規則等を，全く無視するものではない。
- 中央教育行政機関(文部科学省)
  - ①地方公共団体やその機関に対して…教育，学術，文化，宗教等に関し，必要な「指導，助言，又は援助」を行う。
  - ②大学その他の教育機関に…教育，学術，文化等の機関に対して，運営に関する「指導と助言」を行う。
- 都道府県教育委員会
  - ①市町村教委に…「指導，助言，又は援助を行うものとする」とあったが，「指導，助言，又は援助を行うことができる」(地教行法48)に改められ，都道府県や市町村教育委員会の自主・自律が一層期待されるものとなった。
  - ②地方分権一括法の成立…地方自治法の大改正とともに地教行法の改正が行われ，平成12(2000)年4月より国と地方公共団体の関係，都道府県と市町村をめぐる行政のシステムは大きく変わり，地方教育行政や学校経営の在り方にも自立の尊重による自己決定・自己責任の範囲は拡大した。

16. 教育行政

教育行政

- 定　義
  - ○**教育行政**…包括的な権力団体としての国家または地方公共団体が公的に承認された教育政策を現実化する作用または行為をいう。

- 教育行政の性格
  - ①**法律主義**…戦前教育の多くは，勅令以下の命令で実施され，中央集権的な色彩が強く，戦後は法律主義が基本とされ，設置者管理主義のもとに，諸法律の執行という形態で行われる。
  - ②**地方自治の尊重**…都道府県教委が市町村教委に対し一般的監督権がないことや，教育委員の解職請求ができる。
  - ③**教育の自主性を尊重**…宗教的勢力や特定の権力等で，自主性の侵害がないよう宗教・政治的中立性の確保を尊重している。
  - ④**福祉行政への志向**…福祉的な特色を濃くし，義務教育費・教科書の無償，奨学措置，教材備品の整備等がある。

- 行政の主体と客体
  - ①**行政の主体**…行政とは，行政主体の行政客体に対する作用であるから，国・公立学校は，そこに学ぶ児童生徒に対して教育行政の主体となる。
  - ②**教育行政の客体**…学校が行政主体とすれば，そこに学ぶ児童生徒は行政の客体となる。また，教育事業を行おうとする者の他，学校法人，財団法人，公法人も客体である。

- 行政の作用
  - ①**教育を享受する者に対する行政**
    規制作用…義務教育の就学を法定し，具体化する。
    教育の提供…国・地方公共団体の教育機関の設置等
    援助作用…経済的理由・心身障害児者等への必要経費の給付，教科書等の無償措置など。
  - ②**教育事業を行う者に対する行政**
    規制作用…サービスの質の維持向上を図るため，地方公共団体や学校法人に対し，設置基準による設備，標準法による教職員の配置，法定の教育内容や教科書使用等を規制している。
    助成作用…学校設置者に対し補助金を交付，教育の水準維持・向上の他，学術・文化等の研究援助，文化財の保護，著作権関係等に対し援助がなされている。

17．文部科学大臣と教育委員会

文部科学大臣と教育委員会 ─ 文部科学大臣 ─
- ①**都道府県・市町村に対し**…教育に関する事務の適正な処理を図るため必要な指導・助言又は援助を行う(地教行法48)。
- ②**基準の設定**…法令の定めに従って，文部科学大臣の定める学校の設置基準等の必要な基準を設定する(学校法3)。学校の教育課程に関する事項は，文部科学大臣がこれを定める(学校法25, 33, 48, 52, 68, 77)。
- ③**是正要求**…従来の地教行法52条（措置要求）は，平成11年の改正で削除されたため，地方自治法245条1号ハ（是正要求）により，地方公共団体の担任する教育事務の処理が，法令の規定に違反していると認めるとき，又は著しく適正を欠き，かつ明らかに公益を害していると認めるときは，文部科学大臣が当該都道府県に対し，当該自治事務の処理について違反の是正又は改善の必要な措置を講ずべきことを求められる。
- ④**調　査**…地方公共団体の長又は教育委員会が管理，執行する教育に関する事務について必要な調査を行うことができる(地教行法53①)。また，前項の特に指定する事項の調査を行うよう指示することができる(地教行法53②)。
- ⑤**資料および報告**…都道府県又は市町村の区域内の教育に関する事務に関し，必要な調査，統計その他の資料または報告の提出を求めることができる(地教行法54②)。
- ○**教育長任命の承認**…都道府県および指定都市の教育長に関し行われていた任命に関する文部科学大臣の承認は削除され，当該教育委員会が任命することになった(地教行法16②)。

○**地教行法から措置要求規定の削除**…地方自治法を根拠とする是正措置の要求は，旧地方自治法246条の2（内閣総理大臣の措置要求）の手続きを見直し，措置要求の主体が総理大臣から各大臣となり，より実効的な主務大臣の権限行使が期待され，同時に国と地方の係争処理手続き等に備え，関与の責任の所在を明らかにしたものである。また，国から違法な是正要求に対しては「審査の申出」(自治法250の13①)があり，不服の場合は高等裁判所に提訴することもできる(同法251の5)。また国と地方，地方公共団体相互の対等の関係を保障し，是正の要求を行う際の書面主義(同法249)を徹底，地方自治の自主，自律を促すものとした。

18．地方公共団体と教育委員会

地方公共団体と教育委員会

地方公共団体

①地方公共団体の長…都道府県知事並びに市町村長を指し，教育行政に関して職務権限を有し，教育委員会との関係や議会を通して教育行政に関係する。

②地方公共団体の議会…議会は行政機関ではなく意思決定の議決機関である。従って，その面を通じて教育行政に関係する。

議　会（自治法96）

［意思決定機関］
- ①**教育委員の選任の同意**（地教行法4，7，10）
- ②**条例の制定，予算の決定**
- ③**財産の取得，処分，営造物の設置・廃止**

地方公共団体の長の職務権限（地教行法24他）

①**教育委員の任免**（地教行法4，7）
　教育委員の任命，罷免は，地方公共団体の長が議会の同意を得て行い，辞職については，地方公共団体の長と教育委員会の同意を必要とする（地教行法10）。

②**教育委員会の事務機構等**（自治法180の4）
　教育委員会事務局の組織，職員の定数等につき，教育委員会に勧告を行うほか，教育委員会規則の制定につき，教育委員会から協議を受ける（地教行法33①）。

③**教育委員会の所掌事務に係わる財務事務**（地教行法24-3，28）
　教育財産の取得・処分は地方公共団体の長が行い，その管理は，長の総括の下に教育委員会が管理する。教育委員会の所掌事務に係わる契約の締結，収入・支出命令は，地方公共団体の長が行う（地教行法24-4，5）。

④**議会提出議案の作成**（地教行法29）
　地方公共団体の長が歳入・歳出予算のうち，教委の事務に関する議会提出議案作成に当たっては教育委員会の意見を聴く。

⑤**教育委員会と地方公共団体の長との相互援助**
　地方公共団体の長の所掌事務の一部につき，教育長に委任・補助執行，地方公共団体の長の補助職員に教育委員会の事務を行わせることができる（自治法180の2，3，7）。

［学校法14］（設備・授業等の変更命令）

⑥**大学・私立学校に対する事務**（地教行法24-1，2）
　私立学校には，学校法14条の規定は適用しない（私立学校法5）。

19. 教育委員会相互の関係

教育委員会相互の関係

都道府県教育委員会

①**市町村に対し…**（地教行法48）
市町村の教育に関する事務の適正な処理を図るため，必要な指導・助言又は援助を行うことができる。

②**高等学校の通学区域の指定**（地教行法23-4）
公立高等学校の通学区域については，旧地教行法50条により，都道府県立又は市町村立のいずれかを問わず「高等学校教育の普及と機会均等を図るため」，市町村教委の意見を聴いて都道府県の教委が設定することになっていた。しかし，学校法で定められた「設置者管理主義」の趣旨から，旧地教行法50条（高校の通学区域）が削除され，設置者である地方公共団体の教委が通学区域指定の主体となり，都道府県教委との協議を経て決定できる。特別な事情等での調整や変更の場合も同様である。

③**資料および報告書の提出**（地教行法54）
市町村長又は市町村教委の区域内の教育に関する事務に関し，必要な調査，統計その他の資料又は報告の提出を求められる。

○**市町村教育委員会教育長任命の承認**（地教行法16②）
（平成11年の改正で「都道府県教委の承認を得て」が削除）
当該教育委員会の委員のうちから教育委員会が任命する。

○**基準の設定**…旧地教行法49条は，平成11年の改正で削除

都道府県教育委員会と県費負担教職員の人事

都道府県教育委員会と県費負担教職員

①**教職員の任免その他の進退**（地教行法37, 38）
市町村立学校の県費負担教職員の任命権は都道府県教育委員会にある。任免等の進退は，市町村教委の内申をまって行う。

②**県費負担教職員の定数**（地教行法41①②）
市町村別・校種別の定数は都道府県条例で定め，定数の範囲内で市町村教委の意見を聞き定める。

③**県費負担教職員の給与，勤務時間，勤務条件**（地教行法42）
給与，勤務時間・条件等は都道府県の条例で定める。

④**県費負担教職員の勤務評定**（地教行法46）
都道府県教委の計画のもと市町村教委が行う。

20. 教育委員会 ①

教育委員会 設置と組織
- ①**教育委員会**…地方公共団体の執行機関として，教育の地方分権と中立性を守り，教育行政の安定を確保するため，法律の定めるところにより委員会又は委員を置く(自治法138の4①)。
- ②**教育に関する事務**…法令又は地方公共団体の条例若しくは規則に違反しない限りにおいて，権限に属する事務に関して規則，その他の規程を定めることができる(自治法138の4②)。
- ③**設置場所**…都道府県，市（特別区を含む）町村及び教育委員会の職務権限の全部または一部を共同処理する地方公共団体の学校組合に教育委員会を置く(地教行法2，60)。
- ④**教育委員会の組織**…「5人の委員をもつて組織」する。ただし，条例の定めにより，都道府県若しくは市又は地方公共団体の組合のうち，都道府県若しくは市が加入するものの教育委員会にあっては「6人以上の委員」，町村又は地方公共団体の組合のうち町村のみが加入するものの教育委員会にあっては「3人以上の委員」をもって組織することができる(地教行法3)。

教育長と教育委員長
- ①**教育長の任命**…当該教育委員会の委員（委員長を除く）である者のうちから教育委員会が任命する。教育長は委員としての任期中在任する。教育長は委員の職を辞し，失い，又は罷免された場合はその職を失う(地教行法16)。
- ②**教育委員長の選出**…教育長に任命された委員を除き，委員の中から委員長を選挙する。委員長の任期は1年，再選されることができる。委員長は委員会の会議を主宰し，教育委員会を代表する。委員長に事故，又は欠けたときは，あらかじめ委員会の指定する委員がその職務を行う(地教行法12)。

○**改正された地教行法**：市町村（指定都市を除く）の教育長は，当該教育委員のうちから互選され，教育委員の一人が教育長を兼任していたが，法改正により都道府県と指定都市の教育長にも兼任制が導入された。また文部大臣による都道府県教育長の承認，都道府県委員会による市町村教育長の承認制度（旧地教行法16条②）は削除された。教育委員の構成については，年齢・経歴等に偏りのない配慮と，保護者が含まれるよう努めることとした(地教行法4)。

20. 教育委員会 ②

教育委員会

- **教育委員の任免**
  - ①**教育委員の任命**…地方公共団体の長の被選挙権を有する者で，人格が高潔で教育，学術及び文化に関し識見を持つ者の中から地方公共団体の長が，議会の同意を得て任命する（地教行法4）。
  - ②**教育委員の任期**…委員の任期は4年。ただし補欠の委員の任期は，前任者の残任期間とする。再任ができる（地教行法5）。
  - ③**委員の兼職禁止**…委員は地方公共団体の議会議員若しくは長，地方公共団体に執行機関として置かれる委員会，委員又は地方公共団体の常勤の職員と兼職はできない（地教行法6）。
  - ④**委員の辞職**…当該地方公共団体の長及び教育委員会の同意を得て，辞職することができる（地教行法10）。
  - ⑤**委員の罷免**…地方公共団体の長は，委員が心身の故障のため職務の遂行に堪えないと認める場合，又は職務上の義務違反その他委員たるに適しない非行があると認める場合においては，議会の同意を得て罷免できる（地教行法7）。その他法令で定める事項に該当する場合を除き，その意に反し罷免されない。

- **会 議**（地教行法13）
  - ①**会議の運営**…会議は公開。必要事項は教育委員会規則で定める。
  - ②**会議は合議制，多数決方式**…出席委員の過半数で決する。
  - ③**会議の招集・主宰**…当該教育委員会の委員長
  - ④**会議の成立**…委員長及び在任委員の半数以上が出席

- **会 議 規 則**（地教行法15）
  - ○**会議規則を制定**…会議その他議事に必要な事項は規則で定める。会議の場所・日時・議案の公示，定例会・臨時会の日の公示，公開会議と秘密会の決定，議案・裁決の順序と方式，会議録の作成と記載事項，傍聴人に関することなどが含まれる。

- **教育委員会と教育機関**
  - ①**教育機関の設置**…地方公共団体は，法律の定めるところにより，学校，図書館，博物館，公民館その他の教育機関を設置する他，条例で教育に関する専門的，技術的事項の研究又は教育関係職員の研修，保健，福利厚生に関する施設その他必要な教育機関を設置できる（地教行法30）。
  - ②**学校その他教育機関の管理**…大学は地方公共団体の長が，その他学校と教育機関は教育委員会が所管する（地教行法32，33）。

21. 教育委員会の権限

教育委員会の権限
- 職務権限 ─ ○教育委員会は…当該地方公共団体が処理する教育に関する事務で，次に掲げるものを管理し，及び執行する(地教行法23)。
- 物的管理面
  - ①**教育機関の設置・管理・廃止**…法律により定める学校その他図書館，博物館，公民館，その他条例で教育に関する専門的，技術的事項の研究又は教育関係職員の研修，保健，福利厚生に関する施設その他必要な教育機関の設置，管理，廃止に関する事務を行う(同法23-1)。
  - ②**教育財産の管理**…学校その他教育機関の用に供する財産(同法23-2)
  - ③**施設設備及び教具**…校舎その他の施設・設備の整備(同法23-7)
- 人的管理面
  - ①**教育機関の職員の任免その他人事**…(同法23-3)
    県費負担教職員の任命権は，都道府県教育委員会に属し，市町村教育委員会の内申をまって行われる。なお，校長その他教育機関の長は，その職務上所属職員の指揮監督をする地位にあるので，職員の任免その他身分上の異動について，任命権者に意見具申ができる(同法37，38，39)。
  - ②**教育関係職員の研修**…校長，教員その他職員の研修(同法23-8)
- 運営管理面
  - ①**学齢児童生徒の就学**…幼児児童生徒の入退学，転学等(同法23-4)
  - ②**学校の組織編制**…教育課程，学習指導，生徒指導，職業指導(同法23-5)
  - ③**教科書その他教材**…取扱いに関する事項(同法23-6)
  - ④**教育職員，幼児児童生徒の保健・安全・厚生・福利**…(同法23-9)
  - ⑤**教育機関の環境衛生**…学校その他教育機関(同法23-10)
  - ⑥**学校給食**…(同法23-11)
- 社会教育関係面
  - ①**社会教育一般**…青少年・婦人教育及び公民館事業その他(同法23-12)
  - ②**体育・スポーツ**…(同法23-13)
  - ③**文化財の保護**…(同法23-14)
  - ④**ユネスコ活動**…(同法23-15)
- その他
  - ①**教育に関する法人事務**…(同法23-16)
  - ②**教育に関する調査・統計**…指定統計その他の統計関係(同法23-17)
  - ③**所掌に関する広報**…(同法23-18)
  - ④**当該区域内に関する教育事務**…(同法23-19)

22．教育委員会事務局

教育委員会事務局
- 教委事務局の設置（地教行法18①②）
  - ①**教育委員会事務局**…教育委員会には，その権限に属する事務を処理するための事務機構として，教育長の統括のもとに事務局が置かれる。事務局は都道府県教育委員会，市町村教育委員会ともに必ず置かなくてはならない。
  - ②**内部組織**…教育委員会の内部組織は，委員会規則で定める。
- 教育委員会
  - ①**教育委員**…任命による委員で組織され，合議制の執行機関である（地教行法3，13）。委員は通常5人，ただし，都道府県若しくは市又は都道府県若しくは市の加入する学校組合にあっては6人以上，町村又は町村のみが加入する学校組合では3人以上で組織することができる（地教行法3）。
  - ②**任命・任期・会議等**…（20．「教育委員会」を参照）
- 教育長
  - ①**教育長の地位**…教育委員会の委員としての立場と，事務局の長として事務を統括し，所属職員を指揮監督する立場の二面性を持つ公務員である。給与等には特例がある（特例法16）。
  - ②**教育長の職務**…教育委員会の指揮監督の下に，教育委員会の権限に属するすべての事務をつかさどる。また，教育委員会の会議のすべてに出席し，議事について助言する（地教行法17①②）。
  - ③**委任事務の処理**…教育委員会は，その権限に属する事務の一部を教育長に委任，又は臨時に代理させられる（地教行法26①）。教育長は26条1項の委任された事務その他の権限に属する事務の一部を事務局の職員，又は所管する学校その他の教育機関の職員に委任又は臨時に代理させられる（地教行法26③）。
  - ④**事務局の統括**…教育委員会の権限に属するすべての事務と事務局の事務を統括し所属職員を指揮監督する（地教行法17，20）。
- 職員（地教行法19①②）
  - ①**都道府県教委の事務局**…都道府県教委に指導主事，事務職員，技術職員その他所要の職員が置かれる。
  - ②**市町村教委の事務局**…前項の規定に準じて所要の職員を置く。
- 指導主事（地教行法19）
  - ○上司の命を受け，学校における教育課程，学習指導その他学校教育に関する専門的事項の指導に関する事務に従事する。指導主事は，教育に識見を有し，専門的事項について教養と経験のある者を教育長の推薦により教育委員会が任命する。

23. 中核市と特例規定

中核市とは
- ①**中核市**…平成6 (1994)年の地方自治法改正により誕生した制度で、人口30万人以上、面積100平方キロメートル以上の要件を満たす市（自治法252の22）の中から、市と都道府県の議決を踏まえて政令で指定され、これまでの政令指定都市に準じる事務権限を有するものとなる。
- ②**地域の拠点都市**…周辺市町村全体の振興や地方分権の推進力となるよう期待される拠点都市で、中核市相互の連携と地方分権の推進を目的とする「中核市連絡会」が設けられて、先導的役割を果たしていくことを宣言している。

中核市の事務
- ①**中核市の事務**…「広域的な地方公共団体」として、都道府県が一体的に処理することが効率的と考えられる事務（例：県費負担職員の任免や道路の管理等）、事務量から見て中核市独自で行うことが非効率と思われる事務（例：児童相談所の設置等）以外の事務（自治法252の22）で、主に福祉、衛生、まちづくり等に関する事務を処理することができ、より迅速な事務処理が可能となる。具体的内容は政令で定められる。
- ②**教育行政の特例事務**…地教行法59条（中核市に関する特例）が設けられ、都道府県教委と連携を図りながら、県費負担教職員の研修は中核市の教委が行うこととなった。今後は段階的調整を経て、研修に対しての全面的な権限委譲と実効ある成果を期待できよう。

研修特例規定の課題
- ①**研修施設・設備の整備**…研修権限の委譲により、これまでの周辺市町村との連携基盤をより強固なものとして、新しい教育の責任ある推進を図る拠点となる必要がある。
- ②**研修内容の選択と独自性の発揮**…都道府県の実施する研修との関連、対象となる教職員数に対応する研修内容・方法の工夫・調整等の他、地方の独自性など多くの研究課題がある。
- ③**人的配置と財政的負担**…研修の企画、実施には効率的で魅力が期待される。人材配置と財政負担は急務の課題であろう。

24. 学校の種類　①

学校の範囲と設置者

①**学校とは**…法律により設置され運営される教育機関であり，特定の人的要件（校長，教員その他の職員）と物的要件（校地，校舎，校具等）を備え，一定の目標の下に教育計画や教育課程をもって組織的・継続的に教育に当たる機関をいう。

②**学校の設置者**…国（国立大学法人及び独立行政法人），地方公共団体（地方独立行政法人及び公立大学法人）及び私立学校法人のみが設置することができる（学校法2①）。学校法2条1項にかかわらず放送大学学園は大学を設置できる（放送大学学園法）。

③**設置者による学校の呼称**…学校法でいう学校は，国が設置する学校を国立学校，地方公共団体が設置する学校を公立学校，学校法人が設置する学校を私立学校という（学校法2②）。

④**学校法で定める学校**…学校法1条で定める学校は，幼稚園，小学校，中学校，高等学校，中等教育学校，特別支援学校，大学（短期大学も含まれる），高等専門学校とする。

学校の種類と目的（学校法1）

幼稚園…適当な環境を与え心身の発達を助長する。入園は満3歳から小学校就学始期に達するまで（学校法22, 26）。

小学校…心身の発達に応じ初等普通教育を施し，修業年限は6年。保護者はその子女に対し就学義務を負う（学校法17①, 29）。

中学校…小学校教育を基礎に，心身の発達に応じ中等普通教育を施し，修業年限は3年。保護者は就学義務を負う（学校法17②, 45）。

高等学校…中学校教育を基礎に，心身の発達に応じ高等普通教育及び専門教育を施す。全日制，定時制課程のほか通信制課程があり，修業年限は全日制課程3年，定時制・通信制課程は3年以上。卒業と同程度の者は専攻科及び別科に入学することができ修業年限は1年以上とする（学校法51, 53, 54, 56, 58）。

中等教育学校…小学校教育の基礎の上に，心身の発達に応じて中等普通教育並びに高等普通教育及び専門教育を一貫して施す。修業年限は6年とし，課程は，前期課程3年，後期課程3年に区分する（学校法63, 65, 66）。

特別支援学校…視覚障害者，聴覚障害者又は知的障害者，肢体不自由者，病弱者（身体虚弱者）に対して，幼稚園，小・中・

24. 学校の種類 ②

学校の種類

学校の種類と目的
（学校法1）

高等学校に準ずる教育と障害による学習・生活上の困難を克服し自立を図る知識技能を授ける。寄宿舎を設置する（学校法72, 78）。

大　学…学術を中心に広く知識を授け，深く専門の学芸を教授研究し，知的，道徳的及び応用的能力を展開させる。学部の設置を常例とし，夜間，通信の学部を設置できる。大学の修業年限は4年，ただし特別の専門事項を教授研究する学部等は4年を超えることができる。医学，歯学，薬学，獣医学の課程は6年とする。大学卒業又は同等者は専攻科，別科に入学でき，修業年限は1年以上とする（学校法83, 85, 86, 87, 91）。

短期大学…修業年限を2又は3年，学部を置かず学科のみとし深く専門の学芸を教授研究し，職業・実際生活に必要な能力を育成する（学校法108）。

高等専門学校…深く専門の学芸を教授し，職業に必要な能力を育成する（学校法115）。学科を置き修業年限は5年，ただし商船に関する学科は5年6月（学校法117）。高専を卒業又は同程度の者には専攻科を設置，修業年限は1年以上（学校法115, 117, 119）。

教育施設
（専修学校：学校法124）
（各種学校：学校法134）

①**専修学校**…学校法1条に掲げる以外の教育施設で職業や実際生活に必要な能力を育成。修業年限1年以上，文部科学大臣の定める授業時数以上を持ち，常時40人以上の受講者を有す。
　(1)**高等専修学校**（高等課程）…（学校法125②, 126①）
　　中学校の卒業者，又は同等以上の学力認定者に，中学校の基礎の上に専修学校の目的とする教育を行う。
　(2)**専門学校**（専門課程）…（学校法125③, 126②）
　　高等学校の卒業者，中等教育学校又は同等以上の学力認定者に高等学校を基礎に，専修学校の目的とする教育を行う。
　(3)**一般課程**…高等課程，専門課程の教育以外の専修学校の目的とする教育を行う（学校法125④）。

②**各種学校**…学校法1条に掲げる学校以外で，学校教育に類する教育を行うもの（法律に特別の規定のあるもの，及び専修学校を除く）は，これらを各種学校とする。

25. 学校教育の目的・目標　①

学校教育の基本法制

①**日本国憲法**…個人の尊重，公共の福祉(13条)，法の下の平等(14条)，思想，信教，集会，結社，言論，出版，居住，移転，職業選択，学問の自由，教育を受ける権利 (19～23条, 26条①)

②**教育基本法**…前文…憲法の精神に則りこの法律を制定する。
○個人の尊厳を重んじ，真理と正義を希求する人間の育成。
○伝統を継承し新しい文化の創造をめざす教育の推進。
○「教育の目的」…教育は人格の完成をめざし，平和で民主的な国家・社会の形成者として必要な資質を備えた心身ともに健康な国民の育成を期して行われなければならない (教基法1)。

学校教育の目的（学校教育法）

①**幼稚園の目的**…適当な環境を与えて発達を助長する(学校法22)。

②**小学校の目的**…心身の発達に応じて，義務教育として行われる普通教育のうち基礎的なものを施す (学校法29)。

③**中学校の目的**…小学校の教育の基礎の上に，心身の発達に応じて，義務教育として行われる普通教育を施す(学校法45)。

④**高等学校の目的**…中学校の教育の基礎の上に，心身の発達及び進路に応じて高度の普通教育及び専門教育を施す (学校法50)。

⑤**中等教育学校の目的**…小学校の教育の基礎の上に，心身の発達及び進路に応じ義務教育として行われる普通教育並びに高度な普通教育及び専門教育を一貫して施す (学校法63)。

⑥**特別支援学校の目的**…視覚障害者，聴覚障害者，知的障害者，肢体不自由者，病弱者（身体虚弱者を含む）に対して，幼稚園，小・中学校又は高等学校に準ずる教育と，障害による学習や生活上の困難を克服し自立を図るために必要な知識技能を授ける (学校法72)。

⑦**大学の目的**…学術の中心として広く知識を授け，深く専門の学芸を教授研究し，知的，道徳的及び応用的能力を展開させる。その成果を広く社会に提供，発展に寄与する (学校法83)。

⑧**高等専門学校の目的**…専門の学芸を教授し，職業に必要な能力を育成。その成果を広く社会に提供，発展に寄与する(学校法115)。

25. 学校教育の目的・目標 ②

学校教育の目的・目標

- **幼稚園教育の目標**(学校法23)
  - ①身体諸機能の調和的発達…健康・安全の基本的習慣を養う。
  - ②集団生活への参加…自主・自律・協同の精神，規範意識の芽生えを養う。
  - ③生命や自然に対する興味…身近な生活で理解と態度，思考力の芽生えを養う。
  - ④言葉の使い方と相手の話の理解…日常会話，絵本等に親しむ。
  - ⑤豊かな感性と表現力…音楽，身体表現や造型等に親しむ。

- **小学校教育の目標**(学校法30)
  - ①義務教育の目的実現…必要程度に応じて，学校法21条に掲げる義務教育の目標が達成するよう行われる。
  - ②生涯にわたる学習の基盤を培う…課題解決に必要な思考力，判断力，表現力その他の能力と主体的な態度を養う。

- **中学校教育の目標**(学校法46)
  - ①義務教育の目的実現…必要程度に応じて，学校法21条に掲げる義務教育の目標が達成するよう行われる。

- **高等学校教育の目標**(学校法51)
  - ①普通教育の成果を更に発展拡充…豊かな人間性，創造性及び健康な身体を養い，国家・社会の形成者としての資質を養う。
  - ②社会における使命の自覚…個性に応じて将来の進路の決定と一般的な教養を高め専門的な知識，技術，技能を習得させる。
  - ③個性の確立…社会について広く深い理解と健全な批判力を養い，社会の発展に寄与する態度を養う。

- **中等教育学校の教育目標**(学校法64)
  - ①豊かな人間性，創造性と健やかな身体…国家・社会の形成者として必要な資質を養う。
  - ②社会における使命の自覚…個性に応じて将来の進路の決定と一般的な教養を高め専門的な知識，技術，技能を習得させる。
  - ③個性の確立…社会について広く深い理解と健全な批判力を養い，社会の発展に寄与する態度を養う。
  - ○各課程の目標…上記の目標の他，学校法67条に前期課程及び後期課程の目標が示されている。

- **特別支援学校の教育責務**(学校法73)
  - ◎特別支援学校の教育責務…文部科学大臣の定めるところにより，視覚障害者，聴覚障害者，知的障害者，肢体不自由者又は病弱者（身体虚弱者を含む）に対する教育のうち，当該学校が行うものを明らかにするものとする。

26. 学校の設置基準と設備編制　①

学校の設置基準と設備編制
- 学校の性格
  - ①**学校の法的性格**…教育基本法6条1項「法律に定める学校は，公の性質を有するものであって，国，地方公共団体及び法律に定める法人のみが，これを設置することができる」
  - ②**法律に定める学校**…学校教育法3条「学校を設置しようとする者は，学校の種類に応じ，文部科学大臣の定める設備，編制その他に関する設置基準に従い設置しなければならない」
  - ③**「公の性質」**…法律の定めるところにより，広く国民の教育を受ける権利を保障する(憲法26)べき性質を有する。
  - ④**法律に定める学校の設置者**…国(国立学校)，地方公共団体(公立学校)，法律に定める法人（私立学校）に限定される(学校法2)。これらの学校は，共通に教育基本法や学校教育法の定めに従うとともに，それぞれ別個の教育法規の適用を受ける。
- 設置基準
  - ①**幼稚園**…設備，編制その他設置に関する事項は，学校法施規3章に定めるほか，幼稚園設置基準(昭和31年文部省令32号)の定めによる(学校法施規36)。
  - ②**小学校**…設備，編制その他設置に関する事項は，学校法施規4章1節に定めるほか，小学校設置基準(平成14年文部科学省令14号)の定めによる(学校法施規40)。
  - ③**中学校**…設備，編制その他設置に関する事項は，学校法施規5章に定めるほか，中学校設置基準(平成14年文部科学省令15号)の定めによる(学校法施規69)。
  これまで小・中学校については，学校法3条に基づく設置基準としてそれぞれ独立した省令はなかったが，私立学校等を含め多様な学校を設置する観点から，必要とする最低基準として省令を制定，平成14年3月29日公布，平成15年4月1日より施行された。
  - ④**高等学校**…高等学校の設備，編制及び学科の種類は，学校法施規6章1節に定めるほか，高等学校設置基準(平成16年文部科学省令20号)による(学校法施規80)。
  - ⑤**中等教育学校**…学校法施規7章ほか，別に定める(学校法施規105)。
  - ⑥**特別支援学校**…特別支援学校の設置基準並びに特別支援学級の設備編制は，学校法施規8章に規定するもののほか，別に定める(学校法施規118)。

26．学校の設置基準と設備編制　②

学校の設置基準と設備編制

小学校の設備編制

①**学級数**…12学級以上18学級以下を標準とする。ただし，地域の実態その他により特別の事情のあるときは，この限りでない(学校法施規41)。**分校の学級数**は，通例5学級以下とし，前条の学級数に算入しない(学校法施規42)。

②**学級編制**…同学年の児童で編制するものとする。児童数が著しく少ないか，特別な事情がある場合に政令の定めにより，数学年の児童を1学級に編制できる(小学校設置基準5)。

③**1学級の児童数**…同学年で編制する1学級の児童数は法令に特別な定めのある場合を除き40人，第1学年の児童で編制する学級にあっては35人とする。二の学年の児童で編制の学級は16人(第1学年の児童を含む学級は8人)，学校法81条2項及び3項で規定する特別支援学級は8人とする(標準法3。平成23年4月22日改正)(標準法附則：公立小学校の第2学年から第6学年及び中学校(中等教育学校前期課程を含む)に係わる学級編制の標準を順次改定，その他の措置を講ずることに検討を行い，その結果に基づき法制上その他の必要事項を講ずるものとする)。

編制する児童数の標準は，法令の示す区分により都道府県の教委が定め(標準法3②)，これにより当該校を設置する教委が毎学年都道府県の教委と協議，同意を得て行う。学級編制の変更についても同様とする(標準法4，5，地教行法2)。

④**教諭の配置**…校長のほか，各学級ごとに専任教諭1人以上を置く。特別な事情のあるときは教頭が教育をつかさどる。具体的な配置数は「標準法(標準法6，6の2，7，附表)」による。

中学校の設備編制（中等教育学校の前期課程を含む）

①**学級数**…12〜18学級を標準とする。ただし，地域の実態その他特別の事情のあるときは，この限りでない(標準法3)。

②**学級編制**…同学年生徒で編制の1学級の生徒数は，法令に特別の定めの場合を除き40人。二の学年の生徒で編制の学級は8人，学校法81条で規定の特別支援学級は8人とする(標準法3)。

③**教諭の配置**…1学級当たり教諭1人以上とする(中学校設置基準6)。具体的には「標準法(標準法6，6の2，7，附表)」による。

高等学校の設備編制

①**学級編制の標準**…公立の高等学校(中等教育学校の後期課程を含む)の1学級の生徒数は，特別な事情がある場合を除き，全日制の課程又は定時制の課程における40人(高校標準法6)。

②**教諭の配置**…「公立高等学校の適正配置及び教職員定数の標準等に関する法律」による。

27.「標準法」と教職員定数 ①

「標準法」と教職員定数
- 「標準法」の見直し提言と一部改正
  - ①**中教審答申**(平成10(1998)年9月)**の概要**
    - (1)国の学級編制標準は，国の給与負担分教職員数を算定する上のものであることを確認し，地方は学級編制基準を自由に定め，教職員配置も弾力的に運用できることをはっきりさせること。
    - (2)標準法が算出する教員定数を有効に活用して，必要がある場合は非常勤講師を配置できること。
  - ②**平成11(1999)年の法律改正**…答申を受けて平成11(1999)年通常国会に提案された法律改正では，「公立義務教育諸学校の学級編制及び教職員定数の標準に関する法律」における市町村教育委員会の学級編制の決定は，都道府県教育委員会の「認可」を受ける，とある旧規定を，「都道府県の教育委員会に**協議し，その同意を得なければならない**」(標準法5)と改正した。
  - ③**認可規定から協議・合意制度へ**…平成13(2001)年「標準法」の改正で新しく但し書きを付加し「ただし，都道府県の教育委員会は当該都道府県における児童又は生徒の実態を考慮して，特に必要があると認める場合については，この項本文の規定（＝40人学級）により定める数を下回る数を，当該場合に係る1学級の児童又は生徒の数の基準として定めることができる」(標準法3②)と，制度の基本は維持しつつも特例的な学級編制の基準の弾力化を可能とした。
  - ④**1学級の児童・生徒数**…学級の編制は「同学年の児童又は生徒で編制する」(標準法3①)とあるように，小規模校等の事情を除き通常年齢主義がとられ，小・中学校の1学級の児童・生徒数については，小学校設置基準4条及び中学校設置基準4条により，法令に特別な定めがある場合を除き「40人以下」と規定している。「特別な定め」とは，標準法3条2項を指し，当該都道府県の児童・生徒の実態を考慮して，特に必要があると認める場合には，標準以下の学級編制も可能である。この基準の弾力化により，多様な工夫のもとに各都道府県単位で「30人学級」などの基準設定が行われている。

27.「標準法」と教職員定数 ②

「標準法」と教職員定数

特例を認める事例

- ◎**特に必要と認める場合の例**…児童・生徒の実態を考慮して特に必要と認める場合の具体的な例示（教委月報01年7月）。
- ①児童の発達段階を踏まえ，学校生活への適応を円滑に行う観点からの小学校低学年に係わる学級編制基準の引き下げ。
- ②いじめ，不登校，学級崩壊等の児童・生徒の問題行動等の状況を踏まえ，これらが多発している学校について行われる学級編制基準の引き下げなど。

一層の弾力化推進

- ①**学級編制の一層の弾力化**…標準法の一部改正に係わる特例的な基準について，平成15(2003)年4月1日文部科学省初等中等教育局長名により，地方の自主性を高める観点から「学級編制の一層の弾力化について」を通知，現行法の範囲内でさらなる弾力的取扱いが可能になるよう各都道府県教委に送達した。これにより一定の条件を満たせば全県一律，また全市町村，全学年で実施することも可能となった。
- ②**都道府県教委が定める学級編制基準**…標準法3条2項及び3項の標準は都道府県教委が一般的な場合によるべき規範の性格を有し，各都道府県教委はこれを尊重する義務を負う。
  - (1)この学級編制の標準は一定の弾力性が認められ，都道府県の児童・生徒の状況，教育条件向上の必要性等により標準法の定める数を下回る数で基準を定めることが可能である。
  - (2)各都道府県の判断で，一般的基準として標準を下回る数の基準を定めた場合でも，同法3条2項及び3項の但し書きに基づき当該一般的基準として定めた数を下回る数を特例的な基準として定めることは可能である。
- ③**加配制度の弾力的運用**…平成16(2004)年度から義務教育費国庫負担制度の見直しの中で，加配定数の弾力的運用が可能となった。これまで都道府県独自の基準引き下げで増員が必要になる場合の費用負担は，基本的に都道府県の負担であったが，少人数学級を実施するため教員を加配する場合は，関係学校を研究指定校とすることにより加配定数を活用できる。

28．指導・助言の見直し

指導・助言の見直し

- **用語の定義**
  - ①指示・命令…指揮・監督とほぼ同趣旨であり「上級機関が下級機関の行為に関して監視し，あることを許可，認可，取消しなどを行う権力的作用」であり，それに従う義務を伴うものである。
  - ②指導・助言…強制力や法的拘束力を伴わない非権力的作用である。従って，これを受けてどのような決定を行うかは，校長の主体的判断にゆだねられる性格のものといえる。

- **指導・助言の見直し**
  - ①指導・助言の在り方…戦後の教育行政は「指揮監督行政」から「指導助言行政」に転換されたといわれるが，その指導・助言の在り方については，教育行政にかかわらず他の行政領域についてもいえることではあるが，指導・助言があたかも指示・命令のごとく受けとられている実情について，地方分権推進の観点から見直しが問われている。
  - ②教育行政の系列から…文部科学大臣から教育委員会へ，都道府県教育委員会から市町村教育委員会への「指導，助言又は援助」が規定(地教行法48)され，その対象領域の包括性とともに実際上の「拘束性」が問題として取り上げられている。
  - ③指導・助言の拘束性…指導・助言については，それに伴う法的義務は伴わないものであるが，これまでの運用においては，従わざるを得ない規範のごときものとして，受け止められているのが実情である。特に教育委員会制度という一般行政から独立した系列の組織構造になっていることが，指導・助言関係をより拘束的にしてしまったともいえよう。

- **第16期中教審答申の論点趣旨**（平成10.9.21）
  - ①指示・命令と指導・助言の混同…教育委員会の学校に対する指示・命令と指導・助言の実際の運用が，教委の担当者（指導主事等）等と校長，教員等との間で，その区別が必ずしも明確にされないまま運用されていたため，学校の主体性が発揮されず責任の所在も明確にはならなかった点がある。
  - ②学校の管理運営…主体性を尊重するとともに，その責任を明確にする観点から指示・命令と指導・助言を見直して運用する。

29．教育委員会と学校

教育委員会と学校

- 学校設置者と管理
  - ①**学校の設置者**…学校の設置が認可されると，その運営管理は設置者の責任であり，これを設置者管理主義の原理という。このことは，学校教育法5条「学校の設置者は，その設置する学校を管理し…」とされていることでも明らかである。
  - ②**公立学校の場合**…設置者の運営管理は，都道府県・市町村といった地方公共団体が関連部局・機関を設けて行われるが，中でも教育委員会がその中心である。教育委員会は，地教行法23条の1号「学校その他の教育機関の設置，管理及び廃止に関する」権限を有するとされている。
  - ③**教育委員会の学校管理作用**…教育行政機関としての規制作用のほか，指導・助言・援助などの作用をもって，学校がその本来の目的に従って，それを効果的に達成するよう継続的に維持・運営する作用である。

- 教委と学校
  - ①**学校運営**…学校は人的要素と物的要素とを一体とした総合的な施設であり，教育の目的を達成するために運営されるものである。従って，その管理は人的，物的，運営管理を含みつつ，その維持運営を図る作用であるということができる。
  - ②**委員会の学校に対する管理**…地教行法23条の2～19号（教育委員会の職務権限）の内容を中心として行う物的，人的，運営管理を行うことになる。
  - ③**学校教育活動の効果を高める**…学校は法令等にそいながら自律性を持って教育活動に当たる教育機関である。従って，教委の管理作用は，学校に対していかなる程度や方法をもって働くかは重要なことであり，地教行法33条において「学校管理規則」を定め教委と学校の関係を明らかにしている。
  - ④**市町村の学校管理規則**…都道府県の教委が委員会規則として設けた「教育水準の維持向上に必要な基準」（旧地教行法49）に基づき制定されたものがモデルとなっていたが，この条項は削除された。しかし，都道府県教委の基準設定は，別個の法律又は条例に基づくものまで廃止されたわけではない。

30. 指導主事と学校

指導主事と学校

- 指導主事と職務内容
  - ①**指導主事**…指導主事は，教育委員会が学校教育に関する指導・助言という行政を行う立場から，教委の権限に属する教育長の職務を補助・執行する役割を担い，学校におけるよりよい教育活動のために，校長と職員に対して協力し，指導・助言・奨励・援助することをその内容とする。
  - ②**指導主事の職務内容**…「指導主事は，上司の命を受け，学校における教育課程，学習指導その他学校教育に関する専門的事項の指導に関する事務に従事する」（地教行法19③）とある。なお，指導主事の学校等への訪問については，教委の学校管理権により，学校の教育に関する事務の適正な処理を図るため，指導主事の派遣を行うものである（地教行法48②-8）。

- 指導主事と学校訪問
  - ①**学校設置の教育委員会の指導主事が学校を訪問する場合**…都道府県の指導主事が，都道府県立の学校を訪問，又は市町村の教育委員会の指導主事が市町村立の学校を訪問し指導・助言する場合は，学校の管理機関としての教育委員会の職員が，自己の設置・管理する学校に対して行うものであり，学校管理権の行使の一環と考えられる。
  - ②**都道府県の指導主事が市町村立の学校を訪問する場合**…学校管理権の行使ということではなく，都道府県教委の市町村に対する指導・助言・援助の一形態である。すなわち，地教行法48条による都道府県教委の市町村教委に対する広範な教育事務に関する必要な指導・助言，援助を行うもので，この場合には市町村教委ないし校長の要請又は了承が必要となる。

- 指導・助言と訪問対応
  - ①**指導・助言の行政**…指導・助言の行政は，命令や指示と異なり強制ではなく，あくまでも相手方の任意の意思にまつものである。従来，指導・助言の受け止め方が指示・命令のごとく扱われたことを反省し，発展・創造的な教育を推進する。
  - ②**派遣・訪問の拒否**…教委の学校管理権の行使として指導主事を派遣する場合，法令に定める指導・助言権に基づくことから，その拒否はできない。

31. 学校管理規則

学校管理規則
- **教育委員会規則**
  - ①**学校管理規則**…地教行法33条1項は「教育委員会は，法令又は条例に違反しない限度において，その所管に属する学校その他の教育機関の施設，設備，組織編制，教育課程，教材の取扱その他学校その他の教育機関の管理運営の基本的事項について，必要な教育委員会規則を定めるものとする」と規定している。
  - ②**法的には「行政規則」**…学校管理規則は，地方公共団体の行政機関（教育委員会）が，その権限に属する事務に関して制定する自主立法の一形式で，法的には「行政規則」と呼ぶ。学校管理規則は，行政機関内部の職務分掌や職務執行に関する定めであり，法律と同様に法的規範力を持つところの，いわゆる法規命令とは異なるものであって，教委の職務命令を文書化したものと解される。
- **内容の構成**
  - **主旨**
    - ①**学校管理の体系を明確にする**…取締り的，規制的なものではなく，教育委員会と学校・校長の関係，校長と所属職員との関係等を明確にし，学校の自主的活動を促進するとともに，秩序を確立して学校運営の適切な処理が行えるようにする。
    - ②**委員会と学校との事務分担**…学校の主体性を尊重し，校長限りで処理するものや，教委の指示をまつものなど，学校運営に秩序と能率をもたらせ，適正かつ効率的なものにする。
  - **制定**──**規則案**(教育長)──**議決**(教育委員会)──**公布**(公報等)
  - **内容**
    - ①**物的管理**…施設設備の管理保全，貸与，利用，日宿直等
    - ②**人的管理**…主任等の組織，校務分掌，職員の休暇，出張等
    - ③**運営管理**…教育課程，児童等の取扱い，教材教具，休業日等
  - **効力**
    - ①法令・条例に反しない限度で規定（地教行法14①，33①）
    - ②地方公共団体の長の定める規則に違反できない
    - ③行政規則の一面的拘束性を有する
    - ④懲戒罰の適用がある（地公法29，地教行法43③）

○旧地教行法49条による都道府県教委の市町村教委等に対する「基準の設定」は，地方分権に係わる法改正（平成11年7月）により削除されたため，各市町村教委が独自に管理規則の見直しと制定が行われている。

32．学校施設と設備

学校施設と設備
- 用語の定義と使用範囲
  - ①**学校施設の範囲**…一般には「施設」は「設備」に対する概念として用いられることが多い。従って，学校施設とは，建物，建物以外の工作物及び土地であると定義することができる。
  - ②**学校設備の範囲**…直接，間接に，教育の用に供される動産（消耗品を除く）といえる。具体的には，机・椅子，戸棚，ロッカー等の調度品や教材・器具，標本，図書等をいう。
- 学校施設の種類
  - ①**建　物**…「義務教育諸学校施設費国庫負担法」等による建物の定義によると，校舎，屋内運動場，寄宿舎をいう。
    校舎とは，普通教室，特別教室（理科，音楽，美術，技術，家庭，職業）等の授業を行う部屋の外，校長室，職員室，保健室等の管理関係の部屋，更に特別室の付属室，玄関，階段等をいう。屋内運動場には，これに付属する更衣室等を含む。
  - ②**建物以外の工作物**…独立した自転車置き場，土地に固着した塀，水泳プール，野球の固定ネット，固定鉄棒などをいう。
  - ③**土地及び施設**…校舎，屋内運動場，寄宿舎，建物以外の工作物の敷地，校庭，テニスコート，バレーコート，農場・実験実習地，花壇・芝生，構内道路等のほか，排水溝等がある。
- 施設の管理
  - ○**学校施設の管理**…地方公共団体の財産管理の条例等に従い，常に良好な状態に管理し最も効率的に運用する（地方財政法8）。
- 設備・備品
  - ①**学校設備・備品**…消耗品とは異なり，その形状・性質を変えることなく長期間使用に耐えるものであり，通常，備品台帳に登録され，分類別に一貫記号・番号を付した備品表示標を取り付け，台帳との照合を行うとともに，児童生徒等の安全に留意，効果的な使用と保管を行う。
  - ②**教材備品（標準教材品目）**…公立義務教育諸学校において，標準的に必要とする教材品目と数量を決め，各学校が教材の整備状況等に応じて特色を生かすよう弾力的に整備を図る。
  - ③**整備の財源**…平成3年より地方交付税により措置される。

33．学校施設の使用

学校施設の使用
- 学校施設の使用
  - ①**学校の使用目的**…学校施設の使用目的は，学校教育の目的達成のために使用されるのが原則である。しかし，学校法137条には「学校教育上支障のない限り，学校には，社会教育に関する施設を附置し，又は学校の施設を社会教育その他公共のために，利用させることができる」と規定，同様趣旨の規定は，社会教育法44条やスポーツ振興法13条にも見られる。
  - ②**目的外使用の防止**…「学校施設の確保に関する政令」に規定し，その第3条「学校施設は，学校が学校教育の目的に使用する場合を除く外，使用してはならない」と規定している。ただし，次の各号に該当する場合はこの限りではない。
    - (1)法律又は法律に基づく命令の規定に基づき使用する場合
    - (2)管理者又は学校長の同意を得て使用する場合

- 許可を受けての使用
  - ①**社会教育等の使用**…教基法12条2項，学校法137条，社教法44，48条，スポーツ振興法13条等に学校使用についての規定がある。特に学校開放の観点からも学校の有効利用は大きな流れとなっている。
    許可権者は，その学校を管理する管理機関（公立学校の場合は地方公共団体・教育委員会）であるが，利用が一時的な場合は，許可権を校長に委任（社教法47）できる。
  - ②**私権の食堂・売店等の学校内設置**
    行政財産の目的外使用は，すべて行政上の許可処分として取り扱われる。

- 特別立法の規定による使用
  - ①**選　挙**…（公職選挙法39，63，161）
    ○公職選挙法に基づく使用で投票所，開票所，立会演説会場，個人演説会場等に使用する場合
    ○当該校長に学校業務や諸行事について，支障の有無についての意見を聞かなくてはならない。
  - ②**緊　急**
    - (1)災害救助法26条，消防法29条，水防法21条
    - (2)道路法66，68条
    - (3)土地収用法等（緊急と公共の利益）

34．中等教育学校（中高一貫教育校）

中等教育学校

- 中等教育学校の設置
  - ①**学校体系の位置づけ**…中等教育の多様化を一層推進し，生徒の個性をより重視した教育を実施するため，現行の義務教育を前提としつつ中学校と高等学校の制度に加えて，中高一貫教育制度を選択的に導入し学校教育上新たな校種として創設されたものである（平成10(1998)年学校法改正による）。
  - ②**修業年限と課程**…同一の設置者が設置する中学校，高等学校において，柔軟な教育課程の編成等を工夫し中高一貫教育を施す。前期課程3年及び後期課程3年に区分される（学校法66）。

- 学校の形態
  - ①**一つの学校型**…一般にいう一つの学校としての中等教育校。
  - ②**併設型**…高校入試を行わず同一の設置者が中高をつなぐ。
  - ③**連携型**…地域の結びつきが強い高校に周辺中学から簡単な入試で進学できる。ただし「受験エリート校」化に注意する。

- 中等教育学校の目的・目標
  - ①**中等教育学校の目的**…小学校における教育の基礎の上に，心身の発達及び進路に応じて，中等普通教育並びに高等普通教育及び専門教育を一貫して施すことを目的とする（学校法63）。
  - ②**中等教育学校の目標**（学校法64）
    - ①豊かな人間性や創造性と健やかな身体を養い国家・社会の形成者として必要な資質を養う。
    - ②社会に果たす使命の自覚に基づき，個性に応じて将来の進路を決定させ，一般的な教養を高め専門的な知識，技術・技能を習得させる。
    - ③個性の確立に努めるとともに，社会について広く深い理解と健全な批判力を養い，社会の発展に寄与する態度を養う。

- 一貫教育のメリット
  - ①**6年間の継続指導**…高校入試の影響が少なく，6年間の計画的，継続的な教育指導が創造的に展開できること。
  - ②**集団活動の効果**…異年齢集団など多様な教育活動が可能となり，社会性や豊かな人間性の育成が考えられること。
  - ③**特色ある才能の発見**…生徒の個性を伸長させ，優れた才能の発見と発展が期待されること。

35. 単位制高等学校

単位制高等学校

- **単位制高校制度**
  - ①**単位制高等学校とは**…学年による教育課程の枠を設けず、また、各学年ごとの進級認定も行わず、卒業に必要な単位数を修得すれば卒業を認定する制度の高等学校である。
  - ②**単位修得の柔軟な制度**…従来の高校は、制度的には単位制であるが、学年ごとに履修すべき単位数を定めて進級認定を行い、事実上の学年制であった。しかし、原級留置や進路変更の増大や中途退学者の増加という問題が生じ、この対応策として、生徒の実態に合わせた柔軟な制度、すなわち学年制や特定の教育課程には拘束されない単位制高校が設けられた。

- **単位制高校の制度導入と期待**
  - ①**生涯教育の観点からの導入**…臨時教育審議会（第一次答申）は、生涯学習の観点から単位制高校の導入を提案、昭和63(1988)年度から定時制・通信制課程に導入され、平成5(1993)年度から全日制課程にも導入された。
  - ②**単位制は一般に好評**…単位制は好評で、その設置校も増加の傾向にあり、特に中途退学者に対しては、他の高校で取得した単位も認められることで有効に機能している。また、この制度は、社会人の受入れにも弾力的に運用される利点がある。
  - ③**高校教育の多様化に期待**…高校教育課程は多様な選択科目を開設、生徒の自由選択を拡大の方向にある。単位制が単に中退者の受け皿としてのみでなく、硬直的な高校制度を柔軟・弾力的なものにしていく役割を果たすことを期待されている。

- **単位制高校の関係法規**
  - **学校教育法施行規則103条**（単位制高等学校）
  - ①高等学校においては、学校法施規104条1項で準用する学校法施規57条（各学年の課程の修了に係わる部分に限る）の規定に係わらず、学年により教育課程の区分を設けないことができる。
  - ②前項の規定により、学年による教育課程の区分を設けない場合における入学等に関する特例その他必要な事項は、単位制高等学校教育規程（昭和63年文部省令第6号）の定めるところによる。

36. 総合学科

総合学科

- **総合学科の主要事項**
  - ①**総合学科**…高等学校設置基準の改正（平成6(1994)年）によって創設された学科で，高校の普通科でも，専門学科（職業科）でもない，いわゆる第三の学科として設置された。
  - ②**総合学科の特色**…生徒は普通科や専門学科の枠を超えて，それぞれの科目を自分の進路や興味・関心に基づいて選択が可能で，進学や就職のいずれにも対応できる学科である。
  - ③**原則として単位制**…開設科目のうちから自己の興味・関心，希望する進路に応じた科目を選択し，自己の学習計画によって学ぶことができる。特に，生徒の要求に応えるため，学校間の連携による学習機会の拡大に努めることになっている。
  - ④**開設科目**…「高校必修科目」「産業社会と人間」「情報に関する基礎科目」「課題研究」のほか，自由に選択ができる「総合選択科目」と「自由選択科目」とがある。

- **関係法規**
  - ①**高等学校設置基準5条**…高等学校の学科は次の通りとする。
    1. 普通教育を主とする学科
    2. 専門教育を主とする学科
    3. 普通教育及び専門教育を選択履修を旨として総合的に施す学科
  - ②**高等学校設置基準6条3項**
    前条第3号に定める学科は，総合学科とする。

- **総合学科設置の意義と経緯**
  - ①**高校教育の改革**…高校進学率の上昇は，生徒の多様化をもたらし，学校間格差の問題を生み，中途退学者の増加など多くの問題を投げかけてきた。このため，単位制高校や総合学科等の新しい導入を図り，また，入試改善，教育課程の弾力的編成など，生徒の実態に対応した改革が行われてきた。
  - ②**高校教育の多様化**…第14期中央教育審議会において，従来の普通科と職業科の区分をゆるめ，総合的な選択が可能な新しい高校の設置の必要性が提案された。これを受けた高校教育改革推進会議で「総合学科」として具体化され，生徒の進路決定に柔軟な構造を持った高校教育の多様化を図った。

37．学校備付表簿（法定表簿）

学校備付表簿

表簿の意義と保管管理

①**学校備付表簿**…公の施設である学校は，定められた目的を持って児童生徒の教育を行うところである。従って，その運営のため必要な表簿が用意され，記録されて，一定の期間残されることにより，運営に万全を期すことが期待される。学校備付表簿は，「表簿」と呼ばれたり，基本的なものは法令で定めているため「法定表簿」と呼ぶことがある。

②**表簿の保管・管理**…責任者が，日常から教職員への取扱い上の留意点について指導を徹底し，定期的な点検等を通して紛失，遺漏，記入ミスなどに注意する。特に教育情報の公開等に当たり迅速な対応にも役立ち，非常時に備え持ち出し順など定めておくことが大切である。また，個人情報の保管・管理に万全をつくす体制が必要である。

表簿の種類と保管年数

①**法定表簿**…「学校法施規28条」の規定表簿と保存期間
　(1) 学校に関係のある法令(5年)（数字は保管年数）
　(2) 学則(5)，日課表(5)，教科用図書配当表(5)，
　　　学校医・歯科医・薬剤師執務記録簿(5)，学校日誌(5)
　(3) 職員名簿(5)，履歴書(5)，出勤簿(5)，
　　　担任学級・担任教科・科目，時間表(5)
　(4) 指導要録の学籍の記録(20)，写・抄本，出席簿(5)，
　　　指導要録の学籍外の記録(5)，健康診断の表簿(5)
　(5) 入学者の選抜・成績考査に関する表簿(5)
　(6) 資産原簿(5)，出納簿(5)，予算決算帳簿(5)，
　　　図書機械器具・標本・模型等の教具の目録(5)
　(7) 往復文書処理簿(5)

②**管理表簿**…「学校管理規則」等に示す表簿と保存期間（例）
　(1) 学校沿革誌(永年)，卒業証書授与台帳(永年)
　(2) 旧職員履歴書綴(永年)，辞令交付簿(永年)
　(3) 職員人事記録簿(20)，公文書綴(10)，文書件名綴(5)
　(4) 調査統計資料綴(2)，賞罰記録簿(5)，警備日誌(5)

③**一般表簿**…校務分担表，諸会議録，施設利用簿，養護日誌等その重要性により保存期間を決めて，表簿と合わせ整理する。

38. 学校事務

学校事務

- **学校運営と事務**
  - ①**学校と事務**…学校においては，校長が校務の全般についての権限と責任を持っているが，広範な校務を校長のみが遂行することは当然困難なことであり，教育部門と事務部門に分けて，それぞれ所属職員に分担させることが必要となる。
  - ②**経営理論からの学校事務**…教育活動を含めた学校全体の校務を事務と見る考え方により，従来の狭義の事務以外に，経営管理者層の活動を含め，計画，組織，教育活動，評価，改善から，それらの調整・統制などに関しても，学校の事務と見る広義の解釈が一般的となってきている。

- **文書管理と研修**
  - ①**文書管理の徹底**…情報公開条例や個人情報保護条例の制定にあわせ，学校における文書管理は必須の業務となる。文書の起案，決裁，保管の規程を明確にし，文書件名の一覧，文書内容の点検，保管期限の厳守・破棄などは重要な職務となる。
  - ②**学校事務職員の加配**…平成10年10月の「公立義務教育諸学校の学級編制及び教職員定数の標準に関する法律施行令」改正により，同法施行令5条3項特例事項に「事務処理の効率化」が加わり，教員の長期研修や特別な研究と並び，標準法9条の事務職員数に加えられ，内地留学等の研修が事務職員にも拡大された。

- **事務の分担**
  - ①**校長の事務**…校長の事務は，書記的な仕事（狭義の事務）と考えるより計画的な情報活動（広義の事務）と考えられる。個々の校務は所属職員に分掌させて処理する。従って実際的には「事務の指示，指導，決裁」が校長の事務と考えられる。その中でも教頭の事務と対比すると決裁が中心となる。
  - ②**副校長・教頭の事務**…「副校長は校長を助け，命を受けて校務をつかさどる」（学校法37⑤），「教頭は，校長を助け，校務を整理し」（学校法37⑦）とあることから，校内の事務分担組織を確立し，担当者に処理の指示，問題点等の指導・点検を行い，校長決裁の補佐をする。特に，情報公開や個人情報の保護等に留意し，学校評価等にも文書の処理・管理は重要となり，適正な処理と効率化に努める。

39. 校内規程（学校内規）

校内規程とその性格

① **校内規程（学校内規）**…学校がその円滑な管理を行っていくために，校長が定める内部的な規程のことを通常「校内規程」と呼んでいる。校内規程は，学校における日常の諸活動を律していくための内部規範として，児童生徒や教職員などを拘束することになる。また，校内規程は，学校内規や学校管理規程と呼ばれることもある。

② **校内規程の性格**…学校規程（内規）も行政規則の一つであって，校長の職務命令のうち一般的，抽象的，かつ恒常的なものを法条の形で制定したもので，行政規則の一面的拘束性を有する。また，公教育の機関であれば「法令，条例，規則等に違反しない限度」で定められるものである。

③ **校内規程の手続き**…これらの諸規程は，校長の内部管理権に基づいて制定されるもので，制定の最終責任は校長にあるが，制定の過程では職員会議に諮るなどして，所属職員の理解・協力を得ながら進めることが望ましい。

校内規程

［学校内部規程の例］

- 服務
  - 勤務時間…勤務時間の割振り規程
  - 服務…教職員服務規程，事務職員服務規程，警備員服務規程
- 校務
  - 組織…校務分掌規程，各部分掌規程
  - 運営…〇〇委員会規程，〇〇会議規程，研修規程
- 教務
  - 教務規程…単位修得・修了・卒業，成績評定，出欠席，編・転入学，退学，教科書採択
- 生徒指導
  - 生徒指導規程…学則，生徒心得，週番規程，賞罰規程，遠征・合宿規程，キャンプ・登山規程，校外行事参加規程等
- 事務・庶務
  - 文書処理管理…文書処理規程
  - 施設設備管理…施設管理規程，備品管理規程，防災規程，消耗品使用規程，薬品管理規程
  - 利用…校舎使用規程，図書館使用規程，部室使用規程等

40. 学校図書館・司書教諭

学校図書館・司書教諭

- **法制上の位置づけ**
  - ①**学校教育の基礎的設備**…学校図書館が，学校教育において欠くことのできない基礎的な設備であることにかんがみ，その健全な発達を図り，もって学校教育を充実することを目的とする(学校図書館法1，3，学校法施規1)。
  - ②**学校図書館の設置**…小・中・高等学校，中等教育学校及び特別支援学校において，図書，視聴覚教育の資料，その他学校教育に必要な資料を収集，保存，整理し，それを児童生徒，教員の利用に供することによって，学校の教育課程の展開に寄与するとともに，児童生徒の健全な教養を育成することを目的として設けられる学校の設備であり，学校図書館法でその設置が義務づけされている(学校図書館法2，3)。
  - ③**学習指導要領　総則**…学校図書館の計画的利用とその機能の活用を述べるとともに，教科における利用指導をあげている。

- **図書館運営と利用指導**
  - ①**児童生徒及び教員の利用**…常時図書館資料を収集し，分類・配列を適切にして，その目録を整備すること。
  - ②**活用のための催しの開催**…図書館資料の利用・活動促進のため読書会，研究会，鑑賞会，映写会，資料展示会等を開催，また，新購入・借入図書等の広報など工夫すること。
  - ③**児童生徒への指導**…図書館資料の利用その他学校図書館の利用に関し児童生徒への指導を行うこと。
  - ④**他の学校や類似施設等との連携**…他の学校図書館，地域図書館や図書館関係類似施設との連携を強化，相互活用を図る。

- **司書教諭と運営組織**
  - ①**学校図書館司書教諭**…図書館の専門的職務を掌らせるため，司書教諭を置く（11学級以下程度を除く）こととされ，司書教諭の講習を修了した主幹教諭，指導教諭，教諭をもって充てるとされている(学校図書館法5)。
  - ②**運営組織**…学校図書館の機能を発揮するため，学校運営全般の中に図書館の分掌組織などの位置づけが必要である。また運営には司書教諭を置くことが効果的である。

41. 情報公開 ①

情報公開

情報公開制度と2側面

①**学校の情報公開**…社会の変化とともに、情報公開の制度化が進められ、学校に保管されている情報を公開又は開示せよという要求が出てくるようになり、学校開放とともに学校においても各種情報の慎重な取扱いが必要となってきている。

②**情報公開制度**…行政運営の公開性を確保するため、公文書の公開を住民側から要求できる制度である。これにより住民が行政の監視・参加を民主的なものとし、公平・公正な進め方を行おうとするものである。国の「行政機関の保有する情報の公開に関する法律」をはじめ都道府県・市町村においても、多少の違いはあるが情報公開条例の制定が進んでいる。

③**情報公開制度の二つの側面**

(1) **公文書公開制度**…行政機関が保有している情報に対して、国民（住民）が「知る権利」を根拠としてアクセスするもので、住民に情報を求める権利を保障し、行政当局に当該公文書の公開を義務づける仕組みである。

(2) **個人情報保護制度**…行政機関等によって収集され、蓄積されている個人情報に当該個人がアクセスし、誤りがあれば訂正を求め、収集の目的以外の利用を禁止するなど、個人の権利を具体化するものとしている。蓄積する情報の流通をめぐって生ずるプライバシーの侵害から個人を保護しようとする仕組みである。

情報公開と学校教育

①**情報公開制度と学校教育**…情報公開制度の制定の動向は教育界にも及び、内申書、指導要録、職員会議録の開示要求など、これまでにない対応が迫られている。公文書の開示を求める権利を法的権利として認める状況から、学校教育が公共性の原理に基づく公教育の場としての性格上、学校として積極的に受け止め主体的に対応する必要がある。

②**「開かれた学校」として**…家庭や地域の理解を求め、連携・協力を図りながら、学校教育を共同責任のもとで展開させていく考えに立脚すれば、必然的に学校教育の取組みを知ってもらう必要があり情報公開は開かれた学校の必要条件である。

41. 情報公開 ②

情報公開

情報公開の請求事例

①県立高校中退者数の公開…平成2(1990)年，県立高校別の中退者・留年者数の公開を求める訴訟に「公文書の開示を求める権利を法的権利」として福岡地裁が判断を示し，控訴審もこれを支持している(確定)。情報公開の範囲が教育情報にも及ぶことが確認できる。

②職員会議録の開示請求…平成4(1992)年，神奈川県相模原市教委が請求に応じ，小・中学校の国旗掲揚・国歌斉唱を議題とした職員会議録を開示した。また，これに呼応したように他の市教委でも，同様な対応をとっているのが見られる。

③指導要録の全面開示…平成5(1993)年，川崎市教委は，指導要録の全面開示の制度化に踏み出しており，教育情報もまた自己情報の調整権の対象となっている。この種の情報流出は人権侵害の問題で背中合わせでもあり慎重さが要求されよう。指導要録の問題に関し，東京高裁判決(平成6.10.13)は「指導要録の児童の全体的評価の開示は認められない」としている。ただし，その後大阪高裁は指導要録の全面開示を認めた(平成11.11.25)。

[学校としての対応をいかにするか]

学校としての対応(例)

①指導要録・調査書の開示…慎重な立場にたてば，指導要録は外部への証明等の原簿となる目的で作成されたものであり，公開を前提としていないこと。調査書（内申書）は入学の合否判定を合理的に行うための内部文書で公開にはなじまない。従って，公開により，本来的機能が損なわれ，信頼感を失うことになるというものである。

しかし，指導要録・調査書の開示請求は，個人の自己情報のコントロール権に根拠を持つものであり，それを保障するためには何時でも自己の情報にアクセスし，誤りがあれば直ちに訂正・削除を求めることのできる仕組みは極めて重要なことでもある。評価の公平さや客観性は，これを公開し子や保護者の意見を聞くことによって，公平で客観的な評価が生み出され，また行動の記録も，公開によって事実の誤りや評価

41. 情報公開 ③

の偏りを防ぐことにもなる。公開によって信頼関係が損なわれるというよりは、公平な基準等の欠如がそうした事態を招くということも考えられる。従って、大切なことは、学校・教師がその専門性を研鑽、発揮し、客観的で納得できる評価基準を確かなものにする営みを進めていくことである。

学校としての対応(例)

②**職員会議録の開示**…会議録の開示に関しては、自由な意見交換の妨げになるという反論も多い。しかし、職員会議は学校の全教職員が参加する討論の場であり、討論による意思決定の仕組みでもあるので、開示により問題に対する学校の考え方や、公教育としての立場や責任の所在もわかるものである。もし、その結果に対して理解が得られなくても、保護者や地域の対話のきっかけとなって「開かれた学校」の実践につながる可能性が生まれると考えることもできるであろう。

③**各種報告書の開示**…学校事故等に関する各種報告書についても同様、非開示の意見が強いものがあり、それは、往々学校側の見方から作成されたものとされ、公平性の確保がゆるぎかねないことが心配されるからであろう。

しかし、公開等を前提と意識することで、一方的な見方は制約され、公平、公正な見方で記述しようとする自覚と努力を促すものになるとも思われる。体罰報告書に例をとっても事故の背景、経過、被害の程度など詳細に振り返ることにより、学校自体も反省の機会となって、よりよい教育活動を進めることに役立つことが考えられる。

学校教育の公共性と情報公開制度の精神に立ち返るとき、開示請求に対しては、可能の限り公開の方向で取り組むべき事態に至っていると思われる。閉鎖性の強い学校から「開かれた学校」への実現のため、保護者や地域との連携・協力が、これからの学校の成否に係わることを考えると、学校への理解は不可欠であり、情報から隔離されていたのでは不可能であろう。教師個々の自覚と責任に期待するものが大きい。

42. 学校評価 ①

学校評価

- **学校評価をめぐる動き**
  - ①**法律の整備**…平成19(2007)年6月学校教育法が改正され，学校評価に係わる法整備により各学校は学校評価を行い，その結果に基づき学校運営の改善を図り，教育水準の向上に努めることが規定されるとともに(学校法42)，学校の情報提供に関する規定も新設された(学校法43)。更に，学校教育法施行規則が改正され，当該学校の関係者によって行われる「学校関係者評価」が努力義務として位置づけられ，評価の結果等につき当該学校の設置者に報告するとした(学校法施規66，67，68)。
  - ②**学校評価ガイドラインの発表**…文部科学省は平成18(2006)年3月(平成20(2008)年3月改訂)，評価の目的，方法，評価の項目，評価指標，結果の公表等について記載した「義務教育諸学校における学校評価のガイドライン」を発表した。
  - ③**ガイドライン作成の観点**…学校運営の自律的・継続的な改善・充実と地域住民，保護者の学校運営への参画を促進するとともに，学校の設置者等が学校に対する支援や条件整備等の改善を行うことにより，全国的に一定水準の教育の質を保障しその向上を図ることを作成の観点としている。

- **学校評価の目的**
  - ①**教育活動に対する目標設定**…各学校が自らの教育活動その他の学校運営についてめざすべき成果やそれに向けた取組みについて目標を設定し，その達成状況を把握・整理し取組みの適切さを検証することで，組織的・継続的に改善すること。
  - ②**自己評価と外部評価の実施**…各学校が自己評価と外部評価の実施とその結果の説明・公表により，保護者や地域住民から自らの教育活動その他の学校運営に対する理解と参画を得て，信頼される開かれた学校づくりを進めること。
  - ③**一定水準の教育の質の確保と保障**…各学校の設置者等が学校評価の結果に応じて，学校に対する支援や条件整備等の必要な措置を講じて一定水準の教育の質を保障するとともに，その向上を図ること。特に学校評価の結果を保護者や地域に公表するのが目的ではなく，改善に向かう継続的な計画・実施・評価のサイクルの定着が重要なのである。

42. 学校評価 ②

学校評価

- **自己評価**
  (学校法42)
  (学校法43)
  (学校法施規66)
  (学校法施規68)

  - ①**各学校の教職員が行う評価**…学校評価の最も基本的，重要なもので，教職員が設定した目標等につき自らその達成状況や達成に向けた取組み状況を評価，学校の現状と課題について把握し，今後の学校運営の改善に活用することを目標とする。
  - ②**全教職員の参加で行う**…校長のリーダーシップのもとで当該学校の全教職員が参加，予め設定した目標や具体的な計画等に照らして，その達成状況の把握や取組みの適切さなどについて自らの評価を行い，結果を公表することを基本とする。

- **学校関係者評価**
  (学校法施規67)

  - ①**保護者，地域住民等による評価**…当該学校の教職員以外の者であるが，当該学校と密接な関係のある者（保護者，地域住民，学校評議員，接続する学校の教職員等）が自己評価結果を評価することなどを通して結果を公表，学校と保護者が学校の現状と課題について共通理解を深めて連携をうながし，学校運営の改善に協力してあたることを目標とする。
  - ②**当該学校関係者等による評価**…保護者（PTA役員等），学校評議員，地域住民，接続する学校等の教職員その他の学校関係者等の評価者により構成された委員会などが，当該学校の教育活動の観察や意見交換等を通じて具体的かつ明確な目標等に関する自己評価の結果を踏まえて評価を行うことを基本とする。

- **スパイラルな進化を**

  - ①**特色を活かす学校経営計画の立案**…その学校特有の役割，使命，存在意義等を明らかにしてその上で，短期・中期（3年程度）・長期（5年程度）的な学校経営計画を全職員の共通理解のもとに策定する。そしてその計画を各年次ごとに着実に遂行する目的・目標を明確にして，職員や保護者等に説明することになる。
  - ②**計画的で順序性のある職務遂行**…学校評価は組織の目標実現に向けて，最も効果的な人・物・経費を活かしめざす成果の最大化を図るために行うものである。組織内の色々な活動・業務に関して，計画的で順序性のある業務遂行を実現に向け計画立案することが重要となる。

42. 学校評価 ③

学校評価

学校評価の意義と性格

- ①**学校評価のねらい**…学校評価は，それ自体が目的ではなく，学校の実態把握と問題点を発見し，それらに検討，批判を加えて改善の方策を提起する最も包括的な概念の評価で，学校改善への取組みに対して大きな価値を生むものである。
- ②**個々の学校が対象**…他校と比較する目的で行う評価ではなく，個々の学校が，その地域性，児童生徒や教職員の実態，施設設備等の諸条件のもとで教育活動を行っている。従って，学校の目的達成は，これら諸条件を前提に提示される実態把握に基づく改善点であり，他校のものと比較しても意義は薄い。
- ③**個々の学校の自己評価が基本**…自己評価を第一義とすることは，学校事情に最も精通した立場であり，しかも自校の教育に直接の責任を持つ当該学校の教職員が，一致協力して自主的に行うことにより本来目的である「学校評価」の価値を発揮できる。
- ④**計画・実施・評価の有効活用**…学校評価を学校運営の全般にわたって反映させ，マネジメント・サイクルの循環過程に位置づけて意図的な改善に有効な活用を図ることが可能である。

活用上の留意点

- ①**先入観を持たない**…あくまでも，初めから決めてかからないことが大事である。評価基準とそのための観点に沿い，冷静客観的な態度で実施する必要がある。
- ②**観点に照らして実態を見る**…都合の良いところは見えても，都合の悪いところは故意に見落とすことがある。都合が良いとか悪いの判断は，評価や診断の後のことである。受容の姿勢で，見つけられるだけ多くの要素を見ることが大切である。
- ③**要素の関係づけから原因を探索する**…原因は，評価の観点やその要素を関係づけて考察する。関係のなさそうな要素には目が向きにくいことに注意する。
- ④**自主・客観性を活かす**…学校自らが評価することが原則であり，学校の人的，物的，環境，伝統，地域社会等の条件が用意された評価基準は，設問の解釈が容易であるという長所を活かし客観的な判断ができるよう工夫・努力する。

43．学校評価の法制と説明責任　①

学校評価の法制と説明責任

学校の責任

①**成果に対する期待が大きい**…近代的な学校が制度化されてから130年もの歴史が過ぎ，国家あげての困難や試練を経ながらも，多くの関係者の献身的な努力によって整備されてきた。しかし組織や内容が発展・進歩し，諸外国の情勢等も容易に手に入るようになった今日，これまでになかった新しい課題も生じ解決への成果に期待するものが大きくなっている。

②**理解と協力を得る営みが必要**…学校の教育活動について協働体としての教師は，問題解決のために共通理解にたって，日頃の教育活動をわかりやすく具体的に説明する責任が必要となる。学校教育に必要となる諸経費や施設・設備，教育方法等に関して，どのような目標を設定し，どのように教育活動を実践し，どのような成果が得られているか等について，具体的な資料を駆使しながら説明をする責任が生じてきた。

③**公共的機関としての学校の役割**…学校は社会的・公共的な機関として，その持つ性格から誠実にその組織的活動内容の質を保障し，その水準の維持・向上について努力する責任を明確にすることが求められている。

学校教育法の規定
（平成19法96）
（中学校他準用）

①**学校運営評価**…学校教育法42条…「小学校は，文部科学大臣の定めるところにより当該小学校の教育活動その他の学校運営の状況について評価を行い，その結果に基づき学校運営の改善を図るため必要な措置を講ずることにより，その教育水準の向上に努めなければならない」

②**学校運営情報提供義務**…学校教育法43条…「小学校は，当該小学校に関する保護者及び地域住民その他の関係者の理解を深めるとともに，これらの者との連携及び協力の推進に資するため，当該小学校の教育活動その他の学校運営の状況に関する情報を積極的に提供するものとする」

学校教育法施行規則の規定
（平成19文科令40）

①**自己評価と結果公表義務**…学校教育法施行規則66条…
　1項「小学校は，当該小学校の教育活動その他の学校運営の状況について，自ら評価を行い，その結果を公表するものとする」

43. 学校評価の法制と説明責任　②

学校評価の法制と説明責任

- **学校教育法施行規則の規定**（平成19文科令40）（中学校他準用）

　2項「小学校は，自己評価を行うに当たつては，その実情に応じ，適切な項目を設定して行うものとする」

　②**保護者等による学校評価**…学校教育法施行規則67条…
　「小学校は，自己評価の結果を踏まえた当該小学校の児童の保護者その他の当該小学校関係者（当該小学校の職員を除く）による評価を行い，その結果を公表するよう努めるものとする」

　③**学校評価結果の報告義務**…学校教育法施行規則68条…
　「小学校は，自己評価の結果及び学校関係者評価を行つた場合はその結果を，当該小学校の設置者に報告するものとする」

- **学校評価システムの整備と活用**

　①**体系的な整備と効果的な実施**…学校評価の効果的実施には学校自身の自己評価を基軸としてその整備・充実を図ることが大切である。その上で自己評価の結果等を活用しながら保護者や学校関係者が独自に評価を実施することになるであろう。学校としてはアンケートなども工夫し様々な資料を参考にし，組織的に独自の視点から評価活動を準備し推進する。成果の検証は教育活動を行う方と受ける方の両方向の確認が重要であるからである。

　②**システムの精度と価値を高める**…学校教育活動の質を高め向上させるには，可能であれば専門的立場の機関や評価者により客観的，専門的な評価が必要で，第三者の資格や手法が関係者の間に確立し，より質の高いものが期待できよう。

　③**学校の教育力を向上させる**…目標実現に向けての課題解決に対して相互理解を欠いたり，必要以上に時間を費やしたりし過ぎることや，資料や説明不足のためにいらぬ誤解や対立を生まないよう当初からの工夫や努力が求められる。そのためにも日頃からの意思疎通や情報の処理が欠かせないことである。学校のような専門性の高い組織においては，校務分掌上思い切った権限委譲が必要となろうし関係者間の納得と同意による業務の遂行を尊重したいものである。

44．学校における個人情報の取扱い

学校における個人情報の取扱い

個人情報保護の意義と法律

①**個人情報とは**…生存する個人に関する情報で，当該情報に用いられる氏名，生年月日，所在などの記述によって特定の個人を識別できるもの，また，他の情報と容易に照合することができ，それによって特定の個人を識別可能となるものをいう。

②**個人情報保護の必要性**…世界的にも急速に進展するIT化により電子化された個人情報が，ネットワークを媒体として大量かつ迅速に処理することが可能となっている。それだけに，個人情報の保護が必要度を増している。

③**個人情報保護法の成立**…個人の権利，利益を保護し個人情報の適切な取扱いの確保を目的として，平成15(2003)年5月「個人情報の保護に関する法律」が成立，平成17(2005)年4月より全面施行された。この法律は民間部門において私立学校を設置する学校法人等においても適切な対応が求められる。

文部科学省の指針

①**教育分野におけるガイドライン**…文部科学省は私立学校を設置する民間事業者を対象に「学校における生徒等に関する個人情報の適正な確保のため事業者が構ずべき措置に関する指針」を作成している(平成17(2005)年4月作成，平成18(2006)年2月改訂)。

②**国公立学校の設置者には**…上記指針は国公立学校の設置者に直接適用されるものではないが，個人情報保護法及び上記指針，更には各地方公共団体が定める個人情報保護条例等に基づき，児童生徒の個人情報の取扱いについて適切な処理が望まれる。

漏洩の防止

①**個人情報の持ち出し**…情報管理者の許可を得るなど，ルールを明確化し漏洩等への防止対策を徹底する。

②**電子メール等による学外への送信**…非公表の情報を学校外へ送信する場合も，当該情報にパスワードを設定した上で送信するなど，必要に応じて保護対策を行う。

③**漏洩の危険性に常時対応**…教職員一人ひとりへ的確な周知を図り全教職員の共通理解を得る。

④**必要な教育研修の充実**…必要に応じて教育研修を実施，新任者への徹底とマンネリ化への防止を図る。

45. 開かれた学校　①

開かれた学校

- 開かれた学校への転換
  - ○**学校経営改革のキーポイント**…いずれの学校においても，家庭や地域と連携・協力しながら，学校の活性化を図ろうと努力しており，教育行政においても，規制緩和と地方分権の動きが進む中で，21世紀において閉ざされた学校から「開かれた学校」にどれだけ転換できるか，まさに学校経営改革の成否を担うものになってきているといえる。

- 90年代の各種答申の提言(趣旨)
  - ①**中教審第一次答申(第15期)**…「21世紀を展望したわが国の教育の在り方」の中で「学校は，自らを開かれたものとし，地域のコミュニティにおける役割を適切に果たすため，保護者や地域の人々に，自らの考えや教育活動の現状について語るとともに，それらの意見を十分に聞く努力を必要…」と提言。
  - ②**中教審答申（第16期）**…「今後の地方教育行政の在り方」の提言においても，「学校が地域住民の信頼に応え，家庭や地域が連携協力して教育活動を展開するためには，学校を開かれたものにするための取組が必要である。…学校の教育目標と具体的教育計画のほか，その実施状況についての自己評価を保護者や地域住民に説明することが必要…家庭や住民等の意向を把握し反映するとともに，その協力を得て学校運営が行えるような仕組みを設けることが必要(要約)」としている。
  - ③**教育課程審議会答申**…「関連事項」の中に「開かれた学校」づくりを取り上げ，「学校は，家庭や地域社会とともに幼児，児童生徒を育てていく視点にたって，開かれた学校づくりを一層進めるため，休業日を含め学校施設の開放や，地域の人々や幼児，児童生徒向けの学習機会の提供を積極的に進める必要がある」と述べている。

- 教育改革の新しい課題
  - ○**21世紀を展望した教育改革**…上記いずれの提言を見ても，「開かれた学校」の実現が提起されており，これからの学校が地域の持つ教育力をいかに培い，いかなる理解を得ながら学校とともに教育指導を進めるかが，重要な課題として位置づけられていることがわかる。

45. 開かれた学校 ②

開かれた学校
- 開かれた学校は創造的である
  - ○**開かれた学校とは**…教育の在り方に対する提言に応えるために、「開かれた学校」とはどのような学校か、また「開かれた学校」の条件はいかなるものなのかを、明確にすることが望まれる。各学校の状況や地域の実態による違いもあるため教職員の総意をあげた知恵と創造的な行動が必要である。
- 実践例
  - ①**学校開放**…まず学校の施設・設備を地域の利用に供すること、いま一つは、学校が教育機関として持つ専門的な機能を地域の利用に供することである。学校週5日制に伴う学校機能の発揮・活用についての企画・運営など、学校開放を生涯学習機関としての役割を果たす意味で、構想することもできるであろう。学校と地域の垣根を取り外し、より身近なものとする副次的効果も期待できよう。
  - ②**学校と地域間の相互交流**…コミュニケーションの活発化を考えることで、例えば、学校の広報、広聴機能を充実し、学校の考えていることや目標、現状、さらには、いかなる成果をあげているかなど、率直にしかもわかりやすく「語る」ことである。このような仕組みの中から理解をベースに、保護者や住民の知りたいこと、疑問に思っていることなどを引き出し、納得ずくの協力を可能なように進める手立てを講ずることである。また、PTAの在り方などを真剣に見直して、保護者の協力と積極的な参加が得られる改善策を講ずる必要があろう。

    PTAは学校と地域の掛け橋となり得る位置にあり、児童生徒との関係も強いものがあるので、活動の在り方によっては力強い組織として教育活動を進めることができよう。
  - ③**地域に根を張る教育の実現**…地域教材の開発や地域人材の活用による教育活動の展開、地域に生きる子どもに地域の歴史、文化、伝統など、調査や活動を通しながら郷土愛を育てる効果もあり、地域教材も生きたものとなろう。特色ある教育課程の編成実施の一要素として、全校、保護者、地域あげての取組みなども、構想の在り方によっては実現できそうである。

46. 学校評議員制度

学校評議員制度

- 学校評議員制度の背景
  - ①**保護者や地域住民の学校参画**…学校・家庭・地域社会の連携の必要性は，各方面から強い要望となっており，学校が自らの役割を適切に果たすためには，学校を開かれたものとして保護者や地域の人々，関係機関の意見を十分聴くとともに，地域社会が学校の教育方針の樹立や計画の作成・評価等に参画することが必要となってきている。
  - ②**様々な病理を抱える学校**…いじめ，不登校，暴力，薬物乱用等から教員の破廉恥行為まで，学校は様々な病理を抱え，しかも，その内実はブラック・ボックスとも言うべき中にある。日本の学校教育が所有する閉鎖性ともいえるものが，今や社会の批判に晒されはじめ，これまでの長い間培って得た信頼までもがゆらぎ崩れようとしている感である。学校と児童生徒の保護者・地域社会との信頼の絆をどのようにして再構築していくかが急務の課題となっている。
  - ③**学校の自主・自律性の確立**…地域社会の実情に応じた学校の自主・自律性の確立は，地域社会に根ざした学校運営なしには実現不可能である。地域社会に開かれた学校づくりを目指すことの延長線上に学校評議員制は位置している。
  - ④**第16期中教審答申**(平成10(1998)9.21)において，学校が地域の専門的教育機関として教育活動を展開するためには，学校は保護者や地域に対して開かれたものとし，学校運営に参画する「学校評議員制度」の導入が必要と提案している。

- 学校評議員の関係省令
  - **学校教育法施行規則49条** (平成19(2007)文科令40) （中学校他で準用）
    - 1項「小学校には，設置者の定めるところにより，学校評議員を置くことができる」
    - 2項「学校評議員は，校長の求めに応じ，学校運営に関し意見を述べることができる」
    - 3項「学校評議員は，当該小学校の職員以外の者で教育に関する理解及び識見を有する者のうちから，校長の推薦により，当該小学校の設置者が委嘱する」

47. 学校運営協議会制度（コミュニティ・スクール） ①

学校運営協議会制度

- **学校運営協議会の意義**
  - ①**地域の特色を活かせる**…保護者や地域住民が一定の権限を持って学校運営に参画することを通じて，学校の教育方針の決定や教育活動の実践に地域のニーズを的確，かつ機動的に反映させ，地域ならではの創意や工夫を活かした特色ある学校づくりが進むことが期待される。
  - ②**学校運営の成果に対しての自覚と意識が高まる**…学校においては，保護者や地域住民に対する説明責任の意識が高まり，保護者や地域住民においては，学校教育の成果について一人ひとりも責任を負っているという自覚と意識が高まる。
  - ③**相互のコミュニケーションの活発化**…コミュニケーションの活発化を通じた学校と地域との連携・協力の促進により，学校を核とした新しい地域社会づくりの広がりが期待される。

- **協議会制度の関係法令**
  （地教行法47の5）
  - ①**教育委員会の指定学校に置く**…教育委員会規則の定めるところにより，教委の所管に属する学校のうちその指定する学校の運営に関して協議する機関として，当該指定学校ごとに学校運営協議会を置くことができる。
  - ②**教育委員会が委員を任命する**…当該指定学校の所在する地域の住民，在籍する生徒，児童又は幼児の保護者その他教委が必要と認める者について教委が任命する。
  - ③**校長の学校運営に関する基本的方針の説明と承認**…指定学校の校長は，当該指定学校の運営に関して教育課程の編成その他教育委員会の定める事項について基本的な方針を作成し，当該指定学校の運営協議会の承認を得なければならない。
  - ④**協議会の教委や校長に対しての意見**…当該指定学校の運営に関する事項（次項に規定する事項を除く）について，教委又は校長に対して意見を述べることができる。
  - ⑤**当該指定学校の職員採用，任用に関する意見**…協議会は，当該指定学校の職員の採用その他の任用に関する事項について，当該職員の任命権者に対し意見を述べることができる。この場合において当該職員が県費負担教職員であるときは，市町村教育委員会を経由するものとする。

47．学校運営協議会制度（コミュニティ・スクール）②

学校運営協議会制度
└ 協議会制度の関係法令（地教行法47の5）

- ⑥当該職員の任用に関する意見は尊重する…指定学校の職員の任命権者は前項の規定により述べられた意見を尊重する。
- ⑦協議会の運営が著しく適正を欠く場合の指定取消し…教委は協議会の運営が著しく適正を欠くことにより，当該指定学校の運営に現に著しい支障，又は生ずる恐れがあると認められる場合には，その指定を取り消さなければならない。
- ⑧指定学校の指定取消しの手続き…指定学校の指定，指定取消しの手続き，指定の期間，協議会委員の任命の手続き，任期の期間，議事の手続きその他運営に関し必要な事項は教育委員会規則で定める。
- ⑨市町村教委の都道府県教委に対する協議…市町村教委はその所管に属する学校（職員に県費負担教職員を含むものに限る）について地教行法47条の5の1項の指定を行おうとするときは，あらかじめ都道府県教委に協議しなければならない。

└ 学校運営協議会制度と学校評議員制度の対比

	学校運営協議会制度	学校評議員制度
根拠	法律（地教行法47条の5）	省令（学校法施規49条）
設置	任意設置	任意設置
位置づけ	合議制の機関	各委員が個人としての意見
委員	保護者，地域住民，教委が必要と認める者	教育に関する理解・識見を有する者
任命等	教育委員会規則により教委が任命	校長権限により教委が任命
権限	①学校運営に関する基本的な方針について承認 ②学校運営に関し教委や校長に対し意見を述べることができる ③教職員の採用等に関し意見の陳述。任命権者はこれを尊重	具体的な権限はなく，校長の求めに応じて学校運営に関し，校長に対して意見を述べることができる

Ⅱ／教　職　員

- 48. 公務員制度の原則 …………… 68
- 49. 教育関係職員 ………………… 69
- 50. 教職員の身分 ………………… 70
- 51. 教員免許制度の弾力化 ……… 71
- 52. 教員免許更新制 ……………… 72
- 53. 教職員の任用・採用 ………… 74
- 54. 介護等体験特例法 …………… 76
- 55. 教育公務員の再雇用 ………… 77
- 56. 校長，副校長・教頭の資格 … 78
- 57. 校長の責任 …………………… 79
- 58. 校長の職務と権限 …………… 80
- 59. 権限の委譲 …………………… 82
- 60. 校長の意見具申 ……………… 83
- 61. 職務命令 ……………………… 84
- 62. 教頭 …………………………… 85
- 63. 主幹教諭 ……………………… 87
- 64. 教諭の職務 …………………… 88
- 65. 栄養教諭 ……………………… 89
- 66. 学校事務と事務職員 ………… 90
- 67. 校務分掌 ……………………… 91
- 68. 主事・主任 …………………… 92
- 69. 非常勤講師 …………………… 94
- 70. 職員会議 ……………………… 95

＜服務関係＞
- 71. 教職員の服務 ………………… 97
- 72. 教職員の異動 ………………… 98
- 73. 政治的行為の制限 …………… 99
- 74. 宗教的中立 …………………100
- 75. 営利企業等の従事制限 ……101
- 76. 兼職・兼業 …………………102
- 77. 争議行為等の禁止 …………103
- 78. 教職員の勤務時間 …………104
- 79. 勤務時間の割振り …………105
- 80. 時間外勤務 …………………106
- 81. 変形労働時間 ………………108
- 82. 休憩・休息時間 ……………109

- 83. 学校週5日制 ………………110
- 84. 夏季休業中の勤務 …………111
- 85. 教職員の休日 ………………112
- 86. 教職員の休暇 ………………113
- 87. 年次有給休暇 ………………114
- 88. 特別休暇の事由と期間 ……116
- 89. 忌引休暇の姻族 ……………118
- 90. 職務専念義務の免除 ………119
- 91. 勤務条件の保護 ……………120
- 92. 介護休業・休暇 ……………121
- 93. 育児休業 ……………………122
- 94. 女性教職員の保護 …………123
- 95. セクハラの禁止 ……………124
- 96. 教職員の福利厚生 …………125
- 97. 服務上の願・届出 …………126
- 98. 出勤簿等の整理 ……………127
- 99. 公務災害補償 ………………129
- 100. 国家賠償法 …………………130

＜職務関係＞
- 101. 教職員の研修 ………………131
- 102. 初任者研修 …………………132
- 103. 長期研修 ……………………133
- 104. 10年経験者研修 ……………134
- 105. 指導力不足教員への対応……135
- 106. 教職員の出張 ………………136
- 107. 教職員の給与 ………………137
- 108. 給料の変更 …………………138
- 109. 休職と給与 …………………139
- 110. 現金の取扱い ………………140
- 111. 教職員の分限 ………………141
- 112. 教職員の懲戒 ………………142
- 113. 不利益処分の救済 …………143
- 114. 職員団体 ……………………144
- 115. 職員団体の交渉 ……………146
- 116. 管理運営事項 ………………148
- 117. 不利益取扱いの禁止 ………149

48. 公務員制度の原則

公務員制度の原則

公私混同の排除
- ①**勤務時間の明確化**…かっての官吏制度下における無定量の勤務と思えるような状態から，勤務時間，職務上の注意力（地公法35：職務専念義務）と私的生活時間は明確に区別された。
- ②**時間外勤務や休暇等を明確に規定**…時間外勤務等を規定し，職務外のことについては職務命令を発することはできない。

機会の公開と成績主義
- ①**公務員の性格を明示**…「公務員は，全体の奉仕者」（憲法15②）であって，「公共の利益のために勤務し，且つ，職務の遂行に当つては，全力を挙げてこれに専念しなければならない」（地公法30：服務の根本基準）
このため，公務員になる機会は，広く一般にかつ公平に公開され任用されなくてはならない（地公法19）。
- ②**任用の条件**…任用に当たっては，競争試験等によって能力を実証して選考しなければならない（地公法15）。

政治的中立と身分保障
- ①**行政の安定，継続，能率性の確保**…「職員の政治的中立性を保障することにより，地方公共団体の行政の公正な運営を確保するとともに職員の利益を保護することを目的」（地公法36⑤）とし，行政の執行に当たって，政治の圏外にあって政治に関与せず，特定の政治勢力の影響を受けることのないように，一定の政治的行為が制限されている（地公法36）。
- ②**職員の利益の保障**…公務に従事する職員の身分は，すべて平等に取り扱われ（地公法13），法律・条例等により保障される。

能率性の原則
- ①**制度を維持するのは税金**…公務員の給与等の財源は国民の税である。従って国民の期待するものは，公務の公正・公平と能率化である。
- ②**人事委員会，公平委員会の設置**…すべて職員は，職務の遂行に全力で専念する（地公法30）と規定し，このため能率増進のために考慮される勤務条件，福祉や利益の保護について各種法令等の処置が講じられている（地公法7）。
- ③**地方公共団体の義務**…給与，勤務時間・その他の勤務条件が社会一般の情勢に適応するように，随時，適当な処置が講じられる（地公法14）。

49．教育関係職員

教育関係職員

- **教育関係職員の呼称**
  - ①**免許法では**…（教育職員）…学校法1条に定める学校の大学，高等専門学校以外の学校に勤務する職員のうち，主幹教諭，指導教諭，教諭，助教諭，養護教諭，養護助教諭，栄養教諭及び講師を教育職員と呼んでいる（免許法2①）。
  - ②**地公法57条では**…（教職員）…校長，教員，事務職員を一括して「教職員」と呼び，教員，事務職員の範囲は明確ではない。

- **教育公務員**（特例法2①～⑤）
  - ①**学長，校長，園長**…国・公立学校の場合の呼称
  - ②**教　員**…教授，准教授，助教，副校長（副園長を含む），教頭，主幹教諭，指導教諭，教諭，助教諭，養護教諭，養護助教諭，栄養教諭，常勤の講師
  - ③**部局長**…公立大学の副学長，学部長，その他政令で指定する部局の長をいう。
  - ④**教育長**
  - ⑤**評議会**…大学に置かれる会議で当該大学を設置する地方公共団体の定めるところの学長，学部長，その他の者で構成する。
  - ⑥**専門的教育職員**…教育委員会の指導主事，社会教育主事
  - （文部次官通知 昭42.2.22）○**身分**…国立学校の学長，校長，教員，部局長は国家公務員，公立学校の学長，校長，教員，部局長並びに教育長及び専門的教育職員は地方公務員としての身分を有する。

- **準教育公務員**（特例法施令9①②，10）
  - ①**大学の助手**…法に規定する大学の教員の規定を準用する。
  - ②**大学以外の学校の助手・実習助手・寄宿舎指導員**…法に規定する大学以外の学校の教員の規定を準用する。

- **補助教職員**
  - ○**産休代替教員**（産休法3），**育児休業代替教員**（育休法6）
    公立の学校に勤務する女子教職員が出産に際し，条例の定めによって，産前，産後の休暇期間中，臨時に任用される。また，育児休業に伴う任期付き採用及び臨時的任用がある。

- **兼務職員**─○全日制の教諭が夜間定時制の教諭を兼ねる場合等
- **事務職員**─○事務長，事務主任，事務職員等（学校法施規46，79，82，135）
- **労務職員**─○給食調理員，学校用務員，学校警備員等（地公法57）
- **非常勤職員**（特別職）
  - ○学校医，学校歯科医，学校薬剤師
  - ○非常勤講師等
  - ○宿日直・夜警代行員等

50．教職員の身分

教職員の身分
- 身分
  - ①**全体の奉仕者**…公立学校の教職員は，地方公共団体の教育活動に従事する地方公務員である(文部次官通達昭42.2.22)。憲法15条2項では「すべて公務員は，全体の奉仕者である」と規定し，また，地公法30条は「すべて職員は，全体の奉仕者として公共の利益のために勤務し，且つ，職務の遂行に当つては，全力を挙げてこれに専念しなければならない」としている。
  国公私立学校を問わず「法律に定める学校の教員は，自己の崇高な使命を深く自覚し，絶えず研究と修養に励み，その職責の遂行に努めなければならない」と規定(教基法9①)。
  - ②**身分の取扱い**…原則として，地公法の任免，分限，懲戒，服務等の諸条件が適用される(地教行法43)。
- 教育公務員としての取扱い
  - ①**県費負担教職員**…市町村立学校は，その設置者である市町村が管理するものであり，市町村立学校の教職員も**当該市町村の公務員**である。ただし，市町村立学校の教職員は，教育水準の確保を図るため給与負担法により国もその費用を負担し，任命権者を都道府県教育委員会とする制度が設けられている。
  - ②**県費負担教職員の特例**…県費負担教職員は，市町村の公務員であるが，その任命権の所在と給与の負担を都道府県に引き上げたことに伴い，職務と責任の特殊性から地方公務員の身分を持ちながら地方公務員法の適用の特例（教育公務員特例法）が認められ，教育公務員として異なった取扱いを受ける。
- 一般公務員との相違点
  - ①**任命**…都道府県教育委員会（指定都市を除く）。
  - ②**校長・教員の採用，昇任**…選考は都道府県教委の教育長。
  - ③**同一県内の市町村間で引き続き異動・勤務する場合**…退職願がなくてもその市町村を退職して他の市町村に採用となる(地教行法40)。
  - ④**懲戒，分限の取扱い**…都道府県条例による (地教行法43②③)。
  - ⑤**給与，勤務時間・条件等**…都道府県条例による (地教行法42)。
  - ⑥**積極的な研修とその機会の供与**…(特例法21,22,地教行法45)。
  - ⑦**政治行為の制限**…国立学校の教育公務員の例による(特例法18)。
  - ⑧**不利益処分の審査機関**…都道府県の人事委員会 (地公法7，8)。
  - ⑨**兼業・兼職，他の事業等に従事**…条件により可 (特例法17)。

51. 教員免許制度の弾力化

教員免許制度の弾力化

- **教職免許法の改正**
  - ①「相当免許状主義」から多様化へ…中教審答申（平成14(2002) 2月）「今後の教員免許制度の在り方」の提言を受けて，教育職員免許法が改正（同年7月施行）。従来の教職の専門性の確保を重要視したシステムに「多様化・弾力化」が図られた。
  - ②免許法改正の要点
    - ①各学校段階の接続の円滑化と小学校の専科指導の充実を図る。
    - ②優れた社会人の一層の登用を図る。
    - ③教員に対する信頼をより強固にする観点から教員免許状の失効及び取上げに係る措置の強化を図る。

- **弾力化の概要**
  - ①他校種免許状による専科担任制の拡充（免許法16の5）
    - (1)中学校又は高等学校の教諭の免許状を有する者が，小学校の相当する教科（国語，算数，理科，社会）及び総合的な学習の時間の教授を担任できるようにする。
    - (2)高等学校の専門教科等（情報，農業，工業，商業，福祉等）の教諭の免許を有する者が中学校の相当する教科（理科，技術等）及び総合的な学習の時間の教授又は実習を担任することができる。
  - ②教職経験を有する者の隣接校種免許状（免許法別表3，8）
    　3年の教職経験を有する小学校等の教員が，中学校等の隣接校種の普通免許状を取得しようとするときに，取得のために必要な単位数を軽減するとともに，その単位を大学だけでなく教育委員会が開設する講習等においても修得できる。
  - ③特別免許状の授与条件の見直し，有効期限の撤廃（免許法5③，9②）
    - (1)学士の要件の撤廃，特別免許状の授与要件を見直す。
    - (2)5年から10年以内とした特別免許状の有効期限を撤廃。
  - ④免許状の失効及び取上げに係る措置の強化（免許法5，10，11）
    - (1)懲戒免職処分を受けた者の免許状は失効とし，免許状を授与しないこととする期間を3年とする。
    - (2)免許状取上げ処分を受けた者について，免許状を授与しないこととする期間を2年から3年に延長する。

52. 教員免許更新制 ①

教員免許更新制

- **中教審答申**（2006年7月）
  - ①「今後の教員養成・免許制度の在り方について」答申により
    - 改革の方向性
      - ①教職課程の質的水準の向上
      - ②「教職大学院」制度の新設
      - ③教員免許更新制の導入
  - ②**教育四法改正**（平成19(2007)年6月）（2009年4月1日より導入）
    「学校教育法」、「地方教育行政の組織運営に関する法律」「教育職員免許法」及び「教育公務員特例法」

- **「教職大学院」制度**（2007年3月創設）
  - ①**制度創設の意義**…近年、様々な専門的職種・領域において、より高度な専門的職業能力を備えた人材が求められている。教員養成の分野でも実践的指導力の育成に特化した教育内容や効果的な教育方法、さらに指導体制など力量ある教員の養成のためのモデルを制度的に提示することにより、より効果的な教員養成のための取組みを促すことが期待できる。
  - ②**新人教員の養成**…学部段階での資質能力を修得した者の中から更により実践的な指導力・展開力を備え、新しい学校づくりの有力な一員となり得る新人教員の養成。
  - ③**現職教員を対象**…地域や学校で指導的役割を果たし得る教員として確かな指導理論と優れた実践力・広用力を備えたスクールリーダーの養成を主たる目的・機能とする。

- **教員免許更新制の導入**
  - ①**導入のねらい**…時代の変化に対応して教員としての資質能力が保持されるよう、定期的に最新の知識・技能を身に付け、教員が自信と誇りを持って教壇に立ち、社会の尊敬と信頼を得ることをめざす。
  - ②**教員免許状の有効期間**…平成21(2009)年4月1日以降に授与された普通免許状及び特別免許状に、10年間（10年後の年度末）の有効期間を定める（免許法9）。
  - ③**有効期間の更新**…(1)満了の際、申請により更新できる（免許法9の2）。(2)都道府県教委は、文部科学大臣の認定を受けて大学等が開設する最新の知識・技能の修得を目的とする免許状更新講習を2年間で30時間以上受講修了した者等について、免許状の有効期間を更新する（同法9の2）。

52. 教員免許更新制 ②

教員免許更新制
- 施行前に授与された免許状の扱い
  - ④**特別な場合は有効期間を延長できる**…災害その他やむを得ない事由があると認められる場合には、有効期間を延長できる。
  - ①**法律施行前**（平成21(2009)年3月31日まで）**に授与された旧免許状**…当該免許状を有している教員等は10年ごとに免許状更新講習を修了したことの確認を受けなければならない。
  - ②**免許状の失効**…法律施行前に授与されている普通免許状又は特別免許状を有する免許状には、引き続き有効期間の定めがないものとする。ただし教員で修了確認期限までに免許状更新講習の修了確認を受けなかった場合には免許状は失効する。
- 更新講習の受講対象者
  - ①現職教員（指導改善研修中の者を除く）
  - ②教員採用内定者
  - ③教育委員会や学校法人などが作成した臨時任用（又は非常勤）教員リストに登録されている者
  - ④過去に教員として勤務した経験のある者
  - ⑤実習助手、寄宿舎指導員、学校栄養職員、養護職員
  - ⑥認定こども園、又は同一の認置者が幼稚園を設置している保育所等に勤務する保育士
  - ⑦その他文部科学省令で定める者
- 更新講習の免除対象者
  - ①優秀教員表彰者
  - ②教員を指導する立場にある者
     校長（園長）、副校長（副園長）、教頭、主幹教諭、指導教諭
  - ③教育長、指導主事
  - ④免許状更新講習の講師となっている者
  - ⑤その他文部科学省令で定める者
     ※①②③に該当する者であっても、知識・技能が不十分であると認められる場合は免除不可
- 更新講習の内容
  - ①教育の最新事情に関する事項（12時間）
  - ②教科指導、生徒指導その他教育内容の充実に関する事項（18時間）

53. 教職員の任用・採用　①

教職員の任用・採用
- 任用
  - 任用の行為
    - ①**特定職員の任用行為**…任命権者が，採用，昇任，降任，転任のいずれかの方法によって，特定の人をもって，特定の職員の職に付ける行為である（地公法17）。
    - ②**行為の実施**…職に欠員を生じたとき，増減員を必要とするとき，行政の能率向上に必要なときなどに行われる（地公法17⑤）。
  - 任用
    - ①**地方公務員**…受験成績，勤務成績その他の能力の実証に基づいて行うとされている（地公法15，17）。
    - ②**公務員の欠格条項がある**…全体の奉仕者たる公務員の本質に照らし，不適格，不適当な条件を持つ者については，採用の制限を定めている（地公法16）。
    - ③**選考による**…学長，部局長の採用，校長の採用，教員の採用・昇任は選考で行う（特例法3，11）。
    - ④**教育長が行う**…公立学校の校長，教員の採用，昇任は，任命権者である教育委員会の教育長が行う（特例法11）。
    - ⑤**条件附採用**…臨時的採用や非常勤職員を除き，地方公務員の採用はすべて条件付きで，6カ月間引き続き良好な成績で勤務したとき，初めて正式採用となる（地公法22①）。公立小学校等の教諭等にあっては，前項の「6カ月」とあるのは「1年」として同項の規定を適用する（特例法12）。
    - ⑥**臨時的任用**…緊急の場合，臨時の職に関する場合や任用候補者名簿がない場合には，人事委員会の承認を得て臨時任用することができる。その期間は6カ月をこえない期間で，6カ月までは更新できる（都合1年間）が再度更新はできない（地公法22②）。
- 昇任・降任
  - ①**昇任**…一定の職についている職員を，同一職種に属する上位の職に任命する場合「昇任」という（特例法11）。
    （教諭又は教頭が校長になる場合は，地公法では『昇任』と呼び，特例法では『採用』と呼んでいる（特例法11）。
  - ②**降任**…職員を下位の職員の職に任命することを降任という。ただし，職員の意に反する降任は法律に特別な定めがある場合を除くほか条例で定めなければならない（地公法28③）。

53. 教職員の任用・採用　②

教職員の任用・採用

- **転任**
  - ①**転任とは**…採用，昇任，降任以外の方法で，ある職にある職員を他の職に任命することで，現在の職と同一の他の職に水平的に異動する場合をいう。
  - ②**国家公務員の場合**…任命権者を異にする他の官職への水平異動を「転任」といい，同一任命権者間の水平異動を「配置換え」といっている。
  - ③**転任処分**…任命権者が，行政目的を効率的かつ適正に遂行するために行う人事行政上の自由裁量行為である。
  - ④**不利益処分**…任命権者の自由裁量行為であっても，任命権者の恣意によって転任させたような場合は，不利益処分の対象となり得る（地公法13，15，27，28，56）。
  - ⑤**県費負担教職員の任免その他の進退**…校長の意見具申，市町村教育委員会の内申，都道府県教育委員会の発令という手続きによって行われる（地教行法37，38，39）。

- **教員採用希望者の条件**
  - ①当該学校の免許状所有者（取得見込みの確実者も可）
  - ②学校法9条（欠格事由）の非該当者
    - ○成年被後見人又は被保佐人
    - ○禁こ以上の刑に処せられた者
    - ○免許状失効又は取上げ後三年以内の者
    - ○暴力革命を主張する団体加入者
  - ③地公法16条（欠格条項）の非該当者
    - ○上記②学校法第9条の非該当者
    - ○当該地方公共団体において懲戒免職処分を受け，当該処分の日から二年以内の者
    - ○人事委員会又は公平委員会の職にあって，第5章（地公法の罰則）に規定する罪を犯し刑に処せられた者

◎**校長職の任用資格**…教諭の専修免許状又は1種免許状を持ち，かつ五年以上の教育関係職経験を必要（学校法施規20）とするが，中教審の「今後の地方教育行政の在り方」（平成10（1998）年9月）において「幅広く人材を確保できる途をひらくこと」が必要と提起され，学校法施規の一部改正（平成12（2000）年1.21）により，同法施規22条を設け「学校の運営上特に必要がある場合」，校長任用資格と同等の資質と認める者を校長として任命し又は採用可としている。

54．介護等体験特例法

介護等体験特例法

- **教員免許状授与条件**
  - ①**介護等の体験**…小・中学校教員免許取得希望者に対して，障害者や高齢者に対する介護の体験を義務づけることにより，個人の尊厳及び社会連帯の理念に関する認識を深め，教員としての資質向上を図ることを目的とするものである。
  - ②**議員立法で制定**…平成9 (1997)年6月上記の趣旨により，議員立法で制定され，平成10(1998)年4月1日施行となった。
  - ③**関連法規**…［小学校及び中学校の教諭の普通免許状授与に係る教育職員免許法の特例等に関する法律（介護等体験特例法）］1条に「この法律は…小学校又は中学校の教諭の普通免許状の授与を受けようとする者に，障害者，高齢者等に対する介護，介助，これらの者との交流等の体験を行わせる措置を講ずるため，小学校及び中学校の教諭の普通免許状の授与について教育職員免許法の特例等を定めるものとする」

- **文部事務次官通知**(要約)
  - ①**七日間の介護体験**…平成10年度以降大学に入学する学生等で，小学校又は中学校の普通免許状を取得しようとする者は，社会福祉施設や特別支援学校などにおいて，文部科学省令で定める期間（七日間）介護等の体験を行い，施設や学校が発行する体験に関する証明書を免許状授与申請の際に提出することとする。
  - ②**七日間の体験内訳**…介護等の体験の，七日間の内訳については，社会福祉施設等五日間，特別支援学校二日間とすることが望ましい。
  - ③**学生の受入れ確保**…学生の円滑な受入れの確保については，社会福祉協議会・社会福祉施設・都道府県教育委員会等の関係者が協力して進める（介護等体験特例法3②）。

- **期待される効果など**
  - ①**期待される効果**…人間関係の稀薄化の中で，いじめ，不登校等の問題を抱える今日の学校においては貴重な体験となろう。
  - ②**関係者の連携協力が必要**…平成10年6月より免許法の改正により，中学校教員免許の実習期間が従来の2週間から4週間となり，さらに介護体験の1週間が加算されることになった。

55. 教育公務員の再雇用

教育公務員の再雇用

- **再雇用制度の経過**
  - ①**年金支給の引上げ**…平成6(1994)年の公的年金制度の法改正により，平成13(2001)年4月から平成25(2013)年までに，三年に一歳ずつ段階的に年金支給年齢を引き上げる。
  - ②**定年退職した公務員の扱い**…定年により退職の公務員を再雇用するために，平成11(1999)年7月「国家公務員法等の一部を改正する法律」が成立し公布された。このことにより，公立学校教員も，平成13年度から「再任用制度」が導入された（地公法28の4）。

- **制度の概要**
  - ①**再任用を希望する者**…任命権者は，再任用を希望する者について，定年前の勤務実績等に基づく選考により，一年以内の任期で再任用できる。
  - ②**任期の更新**…一年以内の任期で，更新は可能である。
    任期の末日は，再任用教員が65歳に達する日以後の最初の3月31日以前としている。すなわち，60歳で定年退職した教員は，65歳を迎える誕生日の年（度内）まで，本人が希望すれば教員としての再任用が可能となる。
  - ③**給与**…給料表及び職務の等級は現行どおりで，昇級制度は，短期間任用等の理由で設定されていない。期末手当等は年間2.5月分で，再任用後の退職手当は支給されない。

- **課題と期待**
  - ①**教員の年齢構成の不均衡**…再雇用制度が実際に学校現場に与える影響の一つとして，教員の年齢構成の不均衡の問題がある。特に，少子化による児童生徒数の減少で，本務教員総数における年齢的な均衡には一層の配慮が必要となっている。
  - ②**学級定数標準**…少人数学級への期待が高いが，現在の調査では公立小学校全体の約半数以上の教室が30人以下，公立中学校も同様に減少している。標準法の改定にも係わるが，学習指導要領による創造的な学習のほか，生徒指導面で教育指導の熟練者が生かされる途があることに期待される。
  - ③**若く優秀な教員の確保**…教員の年齢構成にバランスが必要であり，活気ある教育活動が行える人材確保に一層の努力を望まれる。

56. 校長，副校長・教頭の資格

校長、副校長・教頭の資格
- 校長の資格要件
  - ①民間人からの校長任用…中教審の答申「今後の地方教育行政の在り方について」(平成10(1998)年9月) の提言を踏まえ，原則として「教育免許状を持たず」「教育の職に就いた経験のない者」に対して，校長としての任用の道を開いた。
  - ②校長任用の資格…教育職員免許法による「教諭の専修免許状」または「一種免許状」を有し，かつ「教育に関する職に五年以上あったこと」とされている(学校法施規20①)。
  - ③学校法施規の一部改正による資格要件(20、22条)
    - (1)上記②に示す資格条件を満たす場合。
    - (2)教員免許状はないが「教育に関する職」に十年以上就いた経験がある場合。
    - (3)都道府県教委が免許状を有する者，若しくは(1)(2)と同等の資質を有すると認めた場合。
- 副校長・教頭の資格要件
  - ①民間人からの任用…上記の法改正は，教頭の資格要件としても適用されるところとなったが，当初は校長の場合と異なり「教育に関する職」に全く就いていない者の任用は認めていなかった。
  - ②中教審の答申…「新しい時代の義務教育を創造する」(平成17(2005)年) の提言で「教頭については管理職として民間企業等で培った経営感覚を活かすことが期待されることから，校長と同様に民間人などを登用できるよう，資格要件を緩和することが適当である」を尊重，平成18(2006)年4月から地域や学校の実情に応じ，学校外の民間人など多様な人材の登用が可能となった。
  - ③学校運営上特に必要に応じ登用…国公立の学校の教頭の任命権者又は私立学校の設置者は，学校運営上特に必要がある場合には，学校法施規20条各号（校長の資格）に掲げる資格を有する者と同等の資格を有すると認める者を，教頭として任命，採用することができることとなった。
  - ④副校長にも準用…これらの規定は副校長の場合も準用される(学校法施規23)。

57. 校長の責任

校長の責任
- 経営責任者
  - ○**校長という責任ある地位**…学校の自律性確立のためには，個々の学校が経営責任を十分に果たすことを求められるし，経営責任者としての校長の権限が明確にされることが必要であるが，法律的な責任はもちろん，社会的立場から道徳的評価や，住民の教育に対する期待等から生ずる責任も重いものがある。

- 民事責任
  - ①**学校管理下にある児童生徒の第三者への不法行為**
    - ○第三者が他の児童生徒となる場合もある。
    - ○担任教師が付き添っていた場合等は②となることがある。
  - ②**所属職員が児童生徒に対しての不法行為**
    - ○教員が児童生徒に対し体罰を加えたとき。
    - ○指導計画の不備，指導不徹底による「監督怠慢等の事故」（普通①②の場合，校長に賠償責任が及ぶことは考えられないが，民法には「使用者に代わって事業を監督する者」も場合によっては賠償責任を負う，としている）
    - ○公務員がその職務を行うに当たって，不法行為を行った場合は，国または「公共団体が賠償責任」を負う。ただし公務員に故意又は重大な過失があった場合は，国，地方公共団体がその「公務員に対し求償権」を持つ（国賠法1）。
  - ③**学校施設設備の不備で児童生徒に障害**…通常学校設置者が責任を負う。しかし校長の施設管理の在り方が事故の原因となった場合，校長に求償されることもある（国賠法2）。

- 刑事責任
  - ①**刑事責任は個人の道義的責任を重視する**…所属職員の行為により，校長の刑事責任まで追及されることはない。
  - ②**贈収賄など特別刑事責任**…公務員としては，業務上横領の罪などに問われることのないよう指導と決裁に慎重を期す。

- 公務員法上の責任
  - ①**分限上の責任**…その職を果たし得ないときに生ずる。
    - ○校長の勤務実績不良の場合（免職，降任，休職，降給）
  - ②**公務員の懲戒責任**…条例等の違反，職務義務違反，職務怠慢，奉仕者としてふさわしくない非行等があった場合免職，停職，減給，戒告の処分がある。

58．校長の職務と権限　①

校長の職務と権限

包括的な職務権限

①**校長職の意義**…公立学校の管理権は教育委員会にあるが，学校を主体性のある教育機関として，地域や児童生徒に応じた経営管理を行えるよう校長職を置き，必要な職務と権限を与えることにより，学校設置の目的達成がより効果的となる。

②**校務の処理と監督**…「校長は校務をつかさどり，所属職員を監督する」と規定している（学校法37④，同法49，62，70，82で準用）。

③**校務の内容**…法令で示すほか，教育委員会規則（学校管理規則）等で具体的に示しているものがある（31．「学校管理規則」参照）。

（平成10年9月の中教審答申で「できる限り各学校の判断によって自主的・自律的に特色ある教育活動を展開できるようにするため」学校管理規則の見直しを提言している。今後は法改正により地方公共団体において見直しと制定が行われる）

校務をつかさどる

①**教育の内容**…教育課程をはじめ内部運営管理に関すること。
②**所属教職員の管理**…全般に関すること。
③**児童生徒の管理**…教育指導の全般に関すること。
④**施設設備，教材教具の保全管理**…全般に関すること。
⑤**学校事務の管理**…学校の内部事務全般に関すること。

所属職員の監督

①**所属職員**…その学校に勤務を命じられている職員である。
②**義務違反**…学校が遵守することへの違反の有無，また行為が目的達成に適正か否かを監視し必要に応じて指示命令をする。
③**職務上の監督**…職務執行について必要な監督。
④**身分上の監督**…職務執行に関係なく，職務に関連する行動（公務員身分を伴うもの）について必要な監督をする。

教育長からの委任事務

①**校長に委任又は代理**…教育長が教育委員会規則の委任事務その他の権限を委任・代理させられるもの（地教行法26）。
②**地方公共団体の長の委任**…①と同様（自治法180の2）

行政事務の補助執行

①**補助執行**…校長が，職務上の上司に当たる教育委員会の手足となって，その事務を行うことで，事務処理の通常の在り方の一つである。
②**補助執行に関する場合の責任**…責任は上級行政機関が負う。

58. 校長の職務と権限 ②

校長の職務と権限
├─ 校長の監督（学校法37④）─ ○監督（監視・観察）…日常語では「監視」「観察」の意味とあまり違いはない。通常下記のような態様で行われる。
├─ 監督の態様
│ ├─ ①報告を受ける…文書，口頭など。
│ ├─ ②書類・帳簿類の査閲…教育課程，指導計画，指導要録，出納簿，発・受信簿など各種帳簿類。
│ ├─ ③実務の実際を視察…授業等の学習活動の実際場面。
│ ├─ ④許可・承認…年次休暇，私事旅行，対外競技の参加，対外的文書の発送，学校施設の使用など。
│ ├─ ⑤指示・命令…一般に事前監督の態様の一つであるが，将来方向への職務命令もある。
│ ├─ ⑥取消し・停止…所属職員の違法または不当の行為を取消し・停止させる（法律の明文は要せず）。
│ └─ ⑦権限争議の決定…分掌事務範囲の縄張り争いの解決や疑義についての決定など。
└─ 法規上定められた職務
   ├─ ①公法上の効果を伴うもの
   │ ├─ (1)児童生徒の懲戒…（学校法11，学校法施規26）
   │ ├─ (2)卒業証書の授与…（学校法施規58，同施規79，104，113，135で準用）
   │ ├─ (3)感染症予防の出席停止…（学保法19）
   │ ├─ (4)定期健康診断の実施…（学保法13）
   │ └─ (5)公共職業安定所業務の一部分担…（職業安定法，労基法56）
   ├─ ②学校内部の事務処理
   │ ├─ (1)在学する児童生徒の出席状況の確認…（学校法施令19）
   │ ├─ (2)指導要録・出席簿の作成…（学校法施規24，25）
   │ ├─ (3)授業の終始時刻の決定…（学校法施規60）
   │ └─ (4)非常変災時の臨時休校処置…（学校法施規63）
   └─ ③学校外部に対する通知・連絡
      ├─ (1)進学・転学した児童生徒の指導要録・抄本もしくは写しや調査書等の進学先等への送付…（学校法施規24①②③）
      └─ (2)区域外通学者の退学者，在学中に視覚障害者等になった者，出席状況が良好でない者等の教委への通知…（学校法施令12，17，20）

59. 権限の委譲

- 権限の委譲
  - ○**事務の所属職員への分掌**…校長は，学校運営上一切の事務処理の権限と責任を負うが，広範な事務を所属職員に分掌して処理することはいうまでもない。従って校長は，所属職員の自発性と創意を高め，責任ある処理をする意欲を持たせる必要がある。そのため職務の内容と範囲を明確にして，副校長や教頭以下の職員に対する適切な権限の委譲は学校運営上極めて大切なことである。

- 行政庁権限を他機関に委譲
  - ①**委 任**…教育委員会は，委員会規則で定めるところにより，その権限に属する事務の一部を教育長に委任し，又は教育長をして臨時に代理させることができる（地教行法26①）。
  - ②**代 理**…教育長は事務の一部を，事務局の職員，若しくは所管の学校の職員に委任し，又はこれらの職員をして臨時に代理させることができる（地教行法26③）。

「代理」とは，教育長の権限を他の者が代わって行使することで，事務処理の権限は本来の教育長に帰属する。

- 代理の種類
  - ①**授権代理**…教育委員会の授権に基づいて行われる場合をいう。本来の権限者は代理者を指揮監督できるが，その行為は自らの責任となる。
  - ②**法定代理**…教育長に事故または欠けたときに，教育委員会があらかじめ指定した職員がその職務を行う（地教行法20②）。
    - ○「副校長及び教頭は，校長に事故あるときはその職務を代理し，校長が欠けたときその職務を行う。この場合において，副校長及び教頭が二人以上あるときは，あらかじめ校長が定めた順序で，校長の職務を代理し，又は行う」（学校法37⑥⑧）。
    - ○「**法定代理**」とは…授権代理と異なり，代行の範囲は行政庁の権限の全部であり，代理者は自己の責任においてその職務を行使するが，代行者であることを示す必要がある。その効果は行政庁に帰属する。

- 行政機関が補助機関に事務を補助させる（補助執行）
  - ①**専 決**…内部委任を恒常的に定めた型を専決という。
  - ②**代 決**…校長が不在の場合のみ，緊急の事案について副校長や教頭が決裁するような臨時的な型を代決と呼んでいる。

60. 校長の意見具申

校長の意見具申
- **校長の意見具申の意義**
  - ○**校長の意見具申制度**…学校教職員の任命権者である教育委員会が，各校教職員の具体的事情を熟知するのは困難である。校長は教職員の常に身近な位置にあり，法令的にも所属職員の監督の位置にあるので，教委が校長の意見を聞くことにより，人事管理その他権限行使に万全を期すことになる(地教行法36，39)。

- **意見具申の法制**
  - ①**所属職員の進退に関する意見の申出**…学校その他の教育機関の長は，地教行法及び教育公務員特例法に特別の定がある場合を除き，その所属の職員の任免その他の進退に関する意見を任命権者に対して申し出ることができる(地教行法36)。
  - ②**校長の所属職員の進退に関する意見の申出**…市町村立学校職員給与負担法１条及び２条に規定する学校の校長は，所属の県費負担教職員の任免その他の進退に関する意見を市町村教育委員会に申し出ることができる(地教行法39)。
  - ③**市町村教育委員会の内申**…「都道府県教育委員会は，市町村教育委員会の内申をまつて，県費負担教職員の任免その他の進退を行う」と規定し，「市町村委員会は，教育長の助言により，内申を行う」としている。また地教行法38条４項において「内申を行うときは，当該校長の意見を付するもの」と規定されている(地教行法38①②④)。

- **監督作用**
  - ①**教職員の勤務状況**…教職員の職務上・身分上の服務を監督する。
    - ・法令違反行為　・職務専念の状況　・政治・宗教的中立等
  - ②**教職員の服務状況**…信用失墜行為の有無・秘密事項の厳守
    - ・政治的行為の逸脱　・営利企業等の従事制限等

- **身分上の変動**
  - ①任　用…採用，昇任，降任，転任
  - ②分　限…免職，降任，休職，降給
  - ③懲　戒…免職，停職，(減給)，戒告
  - ④給　与…昇格，昇給，(降給)，給与決定
  - ⑤その他…退職，失職，復職

- **具申の方法**──○判断の正確を期すとともに，意思表示を明確にする。

61. 職務命令

職務命令と法制
- ①**職務命令**…職務命令は，職務遂行上で上司から職務に関する直接必要な命令であって，信用失墜行為等の服務監督の命令指示と職務命令は区別されて用いられる。
- ②**上司の職務上の命令**…「職員は，その職務を遂行するに当つて，法令，条例，地方公共団体の規則及び地方公共団体の機関の定める規程に従い，且つ，上司の職務上の命令に忠実に従わなくてはならない」（地公法32）。
- ③**県費負担教職員の場合**…「県費負担教職員は，その職務を遂行するに当つて，法令，当該市町村の条例及び規則並びに当該市町村委員会規則及び規程に従い，かつ，市町村委員会その他職務上の上司の職務上の命令に忠実に従わなくてはならない」（地教行法43②）。

職務命令の成立要件
- ①**権限ある上司から**…発せられたものであること。
- ②**部下職員の服務の範囲内**…に属するものであること。
- ③**法律上の不能を命ずるものでない**…犯罪行為に当たるものや法律・条例違反に当たるものを命ずることはできない。
- ④**職員の職務上の独立の範囲でない**…裁判官等のように，職務遂行に指揮監督は受けないとする法律上の明文がある職と異なり，教員免許には職務上独立の裏付けはない。

職務命令の態様
- ①**対　象**…職員全体を対象には「校内諸規程」等がある。
　　　　　　職員個々の場合は，各係分担，出張，研修など。
- ②**内　容**…学級担任，主任など包括的に業務を命令する。
　　　　　　日直，時間外勤務など個々具体的に命令する。
- ③**形　式**…規程や心得など文書・条文の形で示される。
　　　　　　出張など一定の書式・口頭で命ずるものもある。
- ④**その他**…主任，舎監等に恒常的な職務を命ずるものもある。

職務命令の効果
- ○**命令の拒否**…職務命令が拒否又は守られないときは，組織体の機能が滞りその存立の基礎を危うくすることになるから，職務命令の違反に対しては，内部規律を維持するため職員を懲戒処分にすることができる（地公法29）。

62. 教　頭　①

教頭
- 独立職としての教頭
  - ①**独立職の教頭**…教頭は，従来から学校においては校長に次ぐ重要な地位として，学校の運営管理に大きな役割を果たしてきていたが，職務の内容も企画，調整，指導等の職務に従事する割合が多いことから，昭和49(1974)年5月に学校法を改正，教頭の地位と職務が明確に規定され「独立の職」として学校に位置づけられた（学校法37⑦⑧，同法49，62，70，82準用）。
  - ②**任用資格**…平成12(2000)年1月21日（文部省令第3号）学校法施規の一部改正により，副校長，教頭の資格（同法施規23）は校長の資格（同法施規20）の規定を教頭資格において準用するとされた。同法施規20条（校長の資格）は学長及び高等専門学校の校長を除き，1「教育職員免許法による教諭の専修免許状又は1種免許状（高等学校及び中等教育学校の校長にあっては専修免許状）を有し，かつ，教育に関する職に五年以上あったこと」とし，2「教育に関する職に十年以上あったこと」と規定している。なお，同法施規21条（私立学校長の資格の特例）の次に新しく1条を加え，同法施規22条に「国・公立学校の校長の任命権者又は私立学校の設置者は，学校の運営上特に必要がある場合には，前2条に規定するもののほか，第20条各号に掲げる資格を有する者と同等の資格を有すると認める者を校長として任命し又は採用することができる」とした。これにより，幅広く人材を確保する途を開いた。
  - ③**都道府県教育委員会による任命**…身分の安定が図られる。
  - ④**給与設定**…特別等級の設定。
  - ⑤**教頭定数の別枠配置**…年次計画で改善してきている。
- 教頭の職務
  （学校法37⑦⑧）
  （中学校他準用）
  - ①**教頭の職務**…「校長（副校長を置く学校は校長及び副校長）を助け，校務を整理し，及び必要に応じ児童（生徒）の教育をつかさどる」（学校法37⑦）。
    - ○「**校長を助け**」とは，文字通り校長の職務を補佐することで，校長の「所属職員を監督する」職務を補佐することも当然含まれる。従って，教頭は校長以外の所属職員の上司としての立場にあり，職務命令を発することができる。

62. 教　頭　②

教頭

- 教頭の職務
  （学校法37⑦⑧）
  （中学校他準用）

　通常は，校長の職務の全般にわたって情報提供，助言・提案・具申等によって補佐し，校長の職務の一部を代決（不在時に急ぎ決定の必要を生じた事案の処理）や専決（校長の在・不在に関係なく校長職務の一部を任されている場合の処理）の形で補助執行することがある。

　○「**校務を整理する**」の整理とは，総合調整機能という高度の職務を意味する。教頭の職務は，学校内のすべてについて必要に応じて指示・命令し，指揮して調整を図ることをその内容とするものである。校内人事，施設管理，教育指導の実施に関して，校長が最終的決定が可能なように，あらかじめ仕事の調整を図り，問題点等を整理した上で原案作成に当たるようなことが期待されている。

　②**校長職務の代理・代行**…「校長（副校長を置く学校は校長及び副校長）に事故があるときはその職務を代理し，校長が欠けたときはその職務を行う」(学校法37⑧)。

　○「**校長に事故**」あるときとは，校長が病気や海外出張，停職，休職等で社会通念上その職務の遂行が不可能な場合。

　○「**代理**」とは，教頭が校長の職務代理者であることを法定により明示したもので，従来法令によって校長が行うことが明記されているもの（卒業証書の授与，入学の許可等）を含め，校長の職務の全部を代理することができる。その行為による効果は，校長が行ったものと同じ効果を生ずる。教頭が処理した仕事の最終責任は，校長に帰属する。

　○「**校長が欠けた**」ときとは，校長の突然の辞職や急死等により後任の発令がないような場合をいう。

　○「**代行**」とは校長が欠けた場合に教頭が校長の職務のすべてを行うことをいう。この場合，最終責任は教頭に帰属する。

- その他事項

　○代理・代行とも…その開始と終了に当たっては，当該教育委員会に届け出が必要である。

　○**2以上の教頭を置く学校**…あらかじめ校長が定めた順序で，その職務を代理し，又は行うこととなる (学校法37⑧)。

63. 主幹教諭

主幹教諭
- **主幹教諭導入のねらいと法制化**
  - ①**主幹教諭導入のねらい**…様々な課題を抱える現在の学校運営組織において，先に指導・調整層として主任教諭の配置が制度化された。それぞれに職務に対しての重要な役割を果たしていることを認識しつつも，現行主任制度の限界を考慮に入れ，経営層である校長・副校長・教頭を助け，命を受けて校務の一部を整理するとともに，指導の実践に当たる教諭等との調整的役割と自らの知識や経験を生かして，教諭等の指導・助言に当たるリーダーの必要性が強調されている。主幹の配置により学校をより組織的に機能させ，今日的な学力問題や不登校，いじめなど様々な問題に迅速・的確に処理し，保護者や地域のニーズに積極的に対応しようとするものである。
  - ②**主幹教諭設置の経緯と法制化**…平成15(2003)年度に東京都が教頭を補佐するとともに，教諭等を指導・監督する新たな職として「主幹」を全公立学校に配置した。これに類似した動きは学校改革の一方法として各地に広がりを見せていた。このような学校運営の動きに対して，学校教育法の改正（平成19(2007)年6月）が行われ学校職員の職として法制化された。
- **主幹教諭の法制**
  - ①**法制上の位置づけ**…学校法37条（中学49，高校62，中等70，特別82で準用）。学校法37条9項「主幹教諭は，校長（副校長を置く小学校にあつては校長及び副校長）及び教頭を助け，命を受けて校務の一部を整理し，並びに児童の教育をつかさどる」学校法37条19項「学校の実情に照らし必要があると認めるときは，第9項の規定にかかわらず，校長（副校長を置く小学校にあつては校長及び副校長）及び教頭を助け，命を受けて校務の一部を整理し，並びに児童の養護又は栄養の指導及び管理をつかさどる主幹教諭を置くことができる」
  - ②**主幹が兼務できる主任**…下記主任等の担当する校務を整理する主幹教諭を置くとき，関係する主任等を置かないことができる。教務主任，学年主任，保健主事，生徒指導主事，進路指導主事，学科主任，農場長，部主事，寮務主任，舎監。

64. 教諭の職務

- 教諭の職務
  - 教諭の職務
    - ○**教諭の職務**…学校教育法では「教諭は，児童（生徒）の教育をつかさどる」と規定している（学校法37⑪，中学49，高校62，中等70，特別82で準用）。
  - 教諭の職務とその範囲
    - ①**授業と指導計画**…教諭の最も基本的な職務といえるもので，教育指導の展開を系統的，能率的に実施するためには，綿密な指導計画が不可欠である。従って，年間，学期，月，週，日にわたる指導計画の作成をはじめ，毎時間の具体的な指導計画が必要で，年間を通じて極めて重要な職務といえよう。また，教育評価のほか諸表簿等に関することなど，教育指導に係わる事務処理が必要となる。
    - ②**学級経営**…学級は児童生徒の学習と生活の場として，集団的な生活規律のための訓育的な機能を果たすとともに，教授活動にとっても欠くことのできないものである。特に，学級指導は，教科指導に対して学級や学校の生活に適応するための指導，保健・安全に関する指導，学業生活に対する充実，進路指導に関する指導を具体的に行うものである。
    - ③**校務分掌事務**…校長の職務とする校務については，所属職員に分担して行われるのが通例であり，校内で分掌された業務については，所属職員それぞれの責任範囲として処理する必要がある。従って，教諭の職務の範囲は，単に教育指導に留まらず，学校の教育事業を遂行するために必要な仕事のすべてに及ぶものと解される。このことについては，多くの行政実例等にも見受けられる。
  - 教諭と職務の独立
    - ○**教諭の職務上の独立**…教諭の職務の範囲と関連して，教諭の職務上の独立が認められるか否かという問題がある。確かに教諭が児童生徒の教育を担当するに当たっては，担当の範囲で創意工夫を加える必要がある場合も多く，その意味で教諭の自由に任される部分が認められるものではあるが，職務権限の独立が認められている裁判官（憲法76③）のような明確な規定はなく，教諭の行う職務の遂行に当たっては，職務上の上司である校長の監督を受け，忠実に従わなければならない。

65. 栄養教諭

栄養教諭

- **食に関する指導体制の整備**
  - ①**制度化への動き**…平成9(1997)年9月の保健体育審議会答申「生涯にわたる心身の健康の保持増進のための今後の健康に関する教育及びスポーツの振興の在り方について」で，食育教育を担う者として学校栄養職員の資質向上が提言された。
  - ②**制度の具現化**…平成16(2004)年1月中教審答申「食に関する指導体制の整備について」によって「栄養教諭」の制度化が具体化された。
  - ③**「食育基本法」の制定**…「食育」を国民の責務と位置づけ，その重要性から食に関する適切な知識を身につけ，地域，家庭，学校における食に関する教育を推進するため「食育基本法」が制定された（平成17(2005)年6月17日法律63号）。

- **栄養教諭の法制**
  - ①**学校教育法37条13項**…小学校には，栄養教諭その他必要な職員を置くことができる。「栄養教諭は，児童の栄養の指導及び管理をつかさどる」とある（高校60）（中学49，中等70，特別82で準用）。
  - ②**教育公務員特例法2条2項**…この法律で「教員」とは，教授，准教授，助教，副校長（副園長），教頭，主幹教諭，指導教諭，教諭，助教諭，養護教諭，養護助教諭，栄養教諭及び講師をいう。
  - ③**教育職員免許法4条2項**…普通免許状は，学校（中等教育学校を除く）の種類ごとの教諭の免許状，養護教諭の免許状及び栄養教諭の免許状とし，それぞれ専修免許状，一種免許状及び二種免許状（高等学校教諭の免許では専修免許状，一種免許状）に区分する。

- **栄養教諭の主たる役割**
  - ①**食に関する指導**…(1)児童生徒への個別的な相談指導 (2)児童生徒への教科・特別活動等における教育指導 (3)食に関する教育指導の連携・調整
  - ②**学校給食の管理**
  - ③**食に関する指導と学校給食の管理の一体的な展開**

- **栄養教諭の配置と身分**
  - ①**配置等**…栄養教諭の配置は義務的には行わず，公立学校については地方公共団体の，国立・私立学校では設置者の判断。
  - ②**身分等**…公立学校の栄養教諭は教育公務員特例法の適用を受け，自らの資質の向上に努める必要がある。

66. 学校事務と事務職員

学校事務と事務職員

事務職員の法制

① **学校事務職員の規定**…学校法37条14項に「事務職員は，事務に従事する」と規定している。この規定は，小学校に係わる規定であるが，同法49条で中学校，62条で高等学校，70条で中等教育学校，82条で特別支援学校に準用されている。

② **事務職員の設置**…「小学校には，校長，教頭，教諭，養護教諭及び事務職員を置かなければならない。但し，特別な事情があるときは，教頭又は事務職員を置かないことができる」としている（学校法37①③　中学校，特別支援学校小・中学部準用）。

○ **高等学校は必置**…「高等学校には，校長，教頭，教諭及び事務職員を置かなければならない」（学校法60　中等教育学校，特別支援学校高等部にも準用）。

③ **事務職員の範囲**…事務主任，事務長も含まれる。
事務主任は，事務職員をもって，これに充てる（学校法施規46②）。
事務長は，事務職員をもって，これに充てる（同法施規46②，82②）。

校務と事務

① **校長の「校務」に含まれる**…校長がつかさどる「校務」に含まれる（学校法37④）ものであり，事務職員の従事する「事務」は「校務」のうち適切な事務を，校長の責任において分掌させるものである。従って事務職員にとり校長は上司となる。

② **教頭の補佐**…教頭は校長の「校務」を補佐することから，事務の管理にも関係する。事務職員の配置のない学校では，事実上教頭が事務職員の役割を兼ねる場合が少なくない。

③ **事務職員の資質向上**…平成11年4月「公立義務教育学校標準法施行令」の一部改正が施行され，教員の長期研修や特別な研究と並び，内地留学等の研修が事務職員にも拡大された。

事務内容と留意点

① **具体的な事務内容の分類**（例）
庶務関係事務…文書収受発送整理保管，調査統計，諸表簿等
人事関係事務…履歴事項，教職員の任免，共済組合事務等
会計関係事務…予算策定，金銭出納，施設・設備の保全等
学務関係事務…在学証明書等の発行，児童生徒の学籍等

② **事務処理の留意点**…正確性，迅速性，効率性，円滑性を旨としながら，教育活動と連動した事務体制の整備に努める。

67. 校務分掌

校務分掌

- **校長と校務**
  - ①**校長の職務と地位**…学校法37条4項に「校長は，校務をつかさどり，所属職員を監督する」とあるが，校務の意味内容は明確に定義されていない。
  - ②**校長の校務とは**…学校は，教育活動を行うことが本来の目的であり，教育活動が校務の主たる内容となることを考えれば，学校管理の権限と責任を持つ校長の校務とは，教育活動，事務活動及びこれに付随する事務一般を含めた目的遂行に必要なすべての仕事（業務）といえる。
  - ③**校務の内容**
    - (1)学校教育の内容…教育課程の編成・実施
    - (2)教職員の人事管理
    - (3)児童生徒の管理・指導
    - (4)施設設備，教材教具の保全管理及び対外折衝
    - (5)その他学校運営の財務・事務管理等

- **校務の分掌**
  - ①**校務を分掌する**…校務の編成・実施は校長に責任（校務掌理権）がある。校長は校務を実施するため教職員にそれを分担させ（校務分掌権），所属職員が分掌した校務をきちんと実施されているか否かを監督する責任がある。学校法37条4項の校長の職務規定はこれを定めたものである。
    - ○**行政実例によれば**，校長の所属職員に対する一般的包括的支配権により，職務命令として分掌させればよいとしている。しかし，人間関係や実態等を考慮した弾力的行為が望ましい。
  - ②**管理のスタイル**…学校管理規則による公法上の規定も含むが，教育事項は指揮命令関係より指導・助言が効果的である。

- **校務分掌の構成原則**
  - ①**教育目標を達成する組織**…全職員の連携を密にして迅速，正確に実行に移されるよう，統一されたものが必要である。
  - ②**明確な責任体制**…特色と調和を保ち，効果を期す。
  - ③**負担の均衡**…全職員が経営の全領域に配置，均衡を図る。
  - ④**経験の拡充と職能成長**…適材適所主義で効率を高め，計画的な配置転換で，経験の拡充と職能成長を効果的にする。
  - ⑤**職員の潜在能力の発見**…個の成長と人間関係を調整する。

68. 主事・主任　①

主事・主任
- 校務分掌の意義
  - ①校務分掌（組織）…学校教育目標達成のため，学校全体の立場から，所属職員が，各種の教育活動を円滑に実施していくための必要な業務について，その校務の種類と範囲を明確にし，分担協力しながら課題解決的に処理していく必要な組織であって，学校の主体性の確立と責任体制による推進は，校務分掌（組織）の在り方いかんによって決まるといえる。
  - ②調和のとれた学校運営…学校法施規43条「小学校においては，調和のとれた学校運営が行われるためにふさわしい校務分掌の仕組みを整える」(同施規79, 104, 113, 135で準用)
    ○「校務分掌の仕組みを整える」とは，学校において全教職員の校務を分担する組織を有機的に編成，その組織が有効に作用するよう整備すること(昭和51.1.13文初地136次官通知)。
- 主任等の法制と職務
  - ①主事・主任設置の法制…昭和50(1975)年の学校教育法施行規則一部改正の規定により，小学校に教務主任，学年主任，事務主任，保健主事等を，中学校ではさらに生徒指導主事，進路指導主事等を，高等学校にはなお学科主任，農場長，事務長等を置く（中等教育学校，特別支援学校にも準用）。
  - ②省令主任以外の主任…学校法施規で定める省令主任のほか，都道府県教委の学校管理規則に示す県単位の主任，市町村教委単位の主任及び各学校で校長が定める校務分掌規定等による学校単位の主任がある。各学校に置かれる主任等はいずれも教諭(保健主事は，養護教諭を含む)をもって充てる。また，主任等は職ではなく，その命課は教諭に対して主任の職務を行うことを命ずる（職務命令・校務分掌命）ものである。
  - ③主任等の職務と地位…学校運営上の内部組織として置かれる職制上の地位であり，中間管理職ではない。業務に関する教育計画の立案，教職員間の連絡調整及び関係職員に対する指導・助言に当たるもので，必要があれば校長の指示を受けて関係職員に伝えたり，円滑な実施のため必要な調整を行う。

68. 主事・主任 ②

主事・主任

主任の種類と命課等

①**学校法施規に規定する主任等**（省令主任）
　教務主任，学年主任（44条：79, 104, 113, 135条で準用）
　保健主事，事務主任（45, 46条：79, 104, 113, 135条で準用）
　その他必要な主任等（47条：79, 104, 113, 135条で準用）
　生徒指導主事（70条：104, 113, 135条で準用）
　進路指導主事（71条：104, 113, 135条で準用）
　学科主任，農場長，事務長（46, 81, 82条：79, 104, 113, 135条で準用）

②**学校管理規則に見られる主任等**（省令主任を除く）
　学科主任，農場長，寮務主任，舎監（寄宿舎），部主事，事務長等を置くことが見られるが，地域により異なる。

③**主任等の任命**…その学校に属する教諭をもって充てる。具体的な命課方法は，教育委員会規則で別に定めている。

④**名称**…主任等には，部長，科長の名称を用いることもできる。

⑤**主任手当の支給**…主任等は中間管理職ではなく，教育指導職であるが，教諭の職務に連絡調整及び指導・助言の職務を付加したものであり，その困難性の程度が高いと認められる主任等の職務を担当する教諭が，その業務に従事した場合には，「教育業務連絡指導手当」（主任手当）が支給される。

中教審答申の提言
（平成10.9）

○**主任制の見直し**…中央教育審議会答申（平成10年9月）「今後の地方教育行政の在り方」で，主任制度化後4半世紀経った今日，新たな問題や課題に対応するために主任制の見直しを提言，今見られる主任制の課題として次をあげている。
　①地域によっては形骸化している。
　②学校の種類，目的，規模等に対応されていない。
　③学校が直面する課題に機動的に対応する上で主任の権限があいまいで中途半端である。
　④職務の規定と実際に行っている職務とが合わない。
この課題について，全国共通に設置するものと，学校の種類や規模，地域の状況に応じて各学校ごとに設置するものとに区別し，その在り方を抜本的に検討する。また，処遇の改善方策を検討する方向で改善を図る必要があるとしている。

69. 非常勤講師

非常勤講師の任用

①**非常勤講師**…公立学校に勤務する非常勤講師は，地方公務員法3条3項3号「非常勤の嘱託員に準ずる者」の職に該当し，特別職に属する地方公務員である。

②**非常勤講師の任用**…地公法上に規定はなく，各地方公共団体の条例・規則により定めることとなる。地方公共団体は，あらかじめ非常勤講師の待遇等について条例・規則・事務執行規程等で定め，任用しようとする際にこれを明示し，周知しておかなければならない（労基法15①）。

勤務条件

①**労働の対価**…非常勤講師には報酬が支給され，職務を行うために要する経費の弁償が受けられる（自治法203の2，204③）。

②**勤務時間・休日等**…一般の教員についての勤務時間条例や休日・休暇条例等の適用は受けず，教育委員会で定める規則や要綱によっているのが通例である。

初任者研修に係わる派遣職員

①**派遣職員の要請**…初任者研修の実施に伴い，都道府県が初任者研修を実施しようとする場合において，市町村教育委員会が市町村の設置する小・中・高・中等・特別支援学校に非常勤講師を勤務させる必要があると認めるときは，都道府県教委に対して非常勤職員の派遣を求めることができる。

②**派遣された職員**…都道府県の身分と，市町村職員の身分を併せ有することとなる。その報酬及びその職務を行うために要する費用の弁償は都道府県の負担となる。また，派遣された職員の服務は市町村教委が監督する（地教行法47の4）。

所有免許状と非常勤講師制度拡大

①**免許状の所有**…非常勤講師も相当免許状を有していることが必要である（免許法3②）が，いわゆるクラブ活動や教科領域の一部又は実習を担当する非常勤講師の場合は，都道府県教委に届出により相当免許状を有しない者を充てることができる（免許法3の2）。

②**特別非常勤講師制度の拡大**…免許法の一部改正（3条の2など）を行い，(1)対象教科を全教科に拡大，(2)採用手続きの簡素化，(3)有効期間制限の緩和，特別免許状は10年間，臨時免許状は3年間に改めた。

70. 職員会議 ①

職員会議

- **職員会議とその法制**
  - ①**職員会議**…円滑で効果的な学校運営が行われるために設置され，校長以下，全職員を構成員とする会議体であり，学校内部組織の中核をなすものである。
  - ②**職員会議の設置根拠**…小・中・高校ともに，従前はその設置に法令上の規定はなく，職員会議は校長の校務をつかさどる権限（学校法37④）により行われていた。
    - ○**「学校法施規の一部改正の省令」** 平成12年1月（文部省令3号）により，新しく学校法施規48条1項「小学校には，設置者の定めるところにより，校長の職務の円滑な執行に資するため，職員会議を置くことができる」と明確に規定し，さらに，同法施規48条2項「職員会議は，校長が主宰する」と定め，運営等に校長と教職員間の意見や考え方の相違のないようにした（中学校，高等学校，中等教育学校，特別支援学校も準用）。
    - ○**学校管理規則において**…職員会議に関する事項を定めている場合には，校長が教委の職務上の命令に従うという意味において，校長は，職員会議の設置，その性格，機能等についても規定に従うことになる。

- **大学教授会と職員会議**
  - ①**大学の教授会**…職員会議の件で，よく引用される問題であるが，大学の教授会は学校法93条「大学には，重要な事項を審議するため，教授会を置く」とされ，同法施規144条で「学生の入学，退学……休学，卒業は，教授会の議を経て，学長がこれを定める」とあり，明確に「教授会の議を経て…」とあるように，教授会が議決機関であることが示されている。
  - ②**法制度前の小・中・高校では**…職員会議の設置や性格等について明確な法制がないため，大学の教授会の解釈と同様とも思えるような状況も地域によってはあった。校内の「最高議決機関」として運用したり，「校内内規」を定めて職員会議を「議決機関」と位置づけ，学校の意思決定の責任が不明確になるばかりでなく，校務をつかさどる校長の責任に係わる権限に関しても支障をきたし，対応に苦慮する姿も見られた。

70. 職員会議 ②

職員会議

中教審答申から(要約)
(平成10.9)

①**職員会議の設置**…学校に設置者の定めるところによる職員会議を置くことができることとすること。

②**校長職務の円滑な執行**…職員会議は，校長の職務の円滑な執行に資するため，学校の教育方針，教育目標，教育計画，教育課題への対応等に関する教職員間の意思疎通，共通理解の促進，教職員の意見交換などを行うものとすること。

③**職員会議は，校長が主宰する**…校長の**補助的機関**として機能するため，職員会議は，校長が主宰し，教員以外の職員も含めて学校の実情に応じ，学校のすべての教職員が参加できるよう，その運営の在り方を見直すこと。

職員会議の性格の諸説

①**議決機関とする説**…学校の運営は職員の総意が反映される職員会議により決定されるべきもので，会議の議決事項は多数決をもって決し，その議決は最高のもので校長をも含めすべての教職員を拘束する。校長は職員会議の決定を実施する代表者であるとするものである（校長は学校法37条4項「校務をつかさどり，所属職員を監督する」のとおり，学校運営の最高責任者であることは明らかで，校長に優先する機関は学校内には有り得ない）。

②**諮問機関とする説**…学校における校長の校務掌理権を認め，校長が学校運営上必要と認めた事項に関して，教職員に諮問してその意見を聴く会議であって，最終決定権は校長にあるとするものである（校長が主宰者として参加し，校長とは別個の存在でないことや，教職員相互の意見の交換や連絡調整等の役割も果たしている職員会議の実態から，単なる諮問機関とはいい難い）。

③**補助機関とする説**…補助機関とは，一般に団体の意思を決定し，これを外部に表示する機関に対し，これに付属してその決定を補助する機関をいう（校長の校務に関する権限に基づき，校長が必要とする校務執行を行うための，内部組織の一つとして補助機関の位置づけは理解できる）。

71. 教職員の服務

教職員の服務
- 服務の意義 ─ ○服務とは…公務員たる地位に基づき，職務上あるいは職務外において，公務員に課せられている規律に服する義務または在り方のことをいう。職務外の義務は，休職・停職中であろうと，勤務時間外であっても必ず遵守しなければならない。
- 服務の根本基準
  - ①**全体の奉仕者**…「すべて公務員は，全体の奉仕者であつて，一部の奉仕者ではない」(憲法15②)。
  - ②**公共の利益に専念**…「すべて職員は，全体の奉仕者として公共の利益のために勤務し，且つ，職務の遂行に当つては，全力を挙げてこれに専念しなければならない」(地公法30)。
  - ③**服務の宣誓**…「職員は，条例の定めるところにより，服務の宣誓をしなければならない」(地公法31)。宣誓書に署名・押印。
- 職務上の義務
  - ①**法令等及び上司の職務上の命令に従う義務**(地公法32，地教行法43②)
  - ②**職務に専念する義務**(地公法30，35)
    (法令等に規定のあるものについては義務免除がある。ただし，自動的な免除ではなく「承認」が必要である)
  - ③**政治的中立の義務**（政治教育）：(教基法14，公職選挙法137)
  - ④**宗教的中立の義務**（宗教教育）：(教基法15)
- 身分上の義務
  - ①**信用失墜行為の禁止**(地公法33)
  - ②**秘密を守る義務**(地公法34)
  - ③**政治的行為の制限**(地公法36，特例法18)
  - ④**争議行為等の禁止**(地公法37)
  - ⑤**営利企業等の従事制限**(地公法38，特例法17)
    (教職員の服務については，上記の法令等に規定するものの他，通常，当該市町村教育委員会規則として制定されている)
- 義務違反(分限)
  - ①**分限の制度**…職務遂行上効率面で不備があり，職員の意に反して不利益処分を受けることで，都道府県の教育委員会が条例により行使(県費負担教職員の服務監督権)する(地公法6①，27)。
  - ②**種　類**…降任，免職，休職，降給，失職処分がある(地公法28)。
- (懲戒) ── ○**職員の服務違反に科する制裁**…戒告，減給，停職，免職処分 任命権者がこれを行使する(地公法6①，27)。

72. 教職員の異動

教職員の異動
- **法的な性格**
  - ①**転任とは**…地方公務員法上，採用，昇任，降任と並ぶ職員の任用の一方法であって，採用，昇任及び降任以外の方法で「ある職にある職員を他の職員の職に任命する」ことをいう。(地公法17①)
  - ②**国家公務員の場合**…人事院規則上は，任命権者を異にする他の官職に任命する場合を「転任」。任命権を同じくする他の官職に任命する場合を「配置換え」と分けている。
  - ③**県費負担教職員の場合**…人事交流の円滑を図るため「地教行法」により任命権は都道府県教育委員会が行使する (地教行法37)。また，同一都道府県内の他の市町村に「異動」させる場合は地公法27条2項，28条1項の適用を除外して，職員の同意なしに一方的な免職・採用ができる(地教行法40)としている。そこで，県費負担教職員の異動も通例「転任」と呼んでおり，機能も地公法上変わらない。
  - ④**法律的には「免職・採用」**…県費負担教職員の場合は，上記のように，職員の身分を切断することなく，同一の地方公共団体の他の職員の職につけることをいうことから，地方公共団体を異にする「異動」は，法律的には「転任」ではなく，「免職・採用」という性格のものである。
  - ⑤**転任処分は任命権者の自由裁量**…(昭和41.9.12岐阜地裁)

- **転任処分の裁量権**
  - ①**転任処分**…任命権者の自由裁量行為であるから，原則として当，不当の問題となることはあっても，適法，違法の問題となることはない。しかし，裁量権の範囲をこえたり，その濫用があった場合は転任処分は違法となる。
  - ②**裁量権の範囲**…その判断要素が多岐にわたるので，一般的基準を定めることは困難であり，地方公務員たる公立学校の教員としての地位を標準として具体的に考慮されるものである。

- **不利益処分**
  - ①**説明書の公布を請求**…転任を不利益処分とする職員は，任命権者に処分事由の説明書を請求できる (地公法49②)。
  - ②**人事委員会に審査・異議申立て**…ができる (地公法49の2)。

73. 政治的行為の制限

政治的行為の制限

- **政治的行為制限の意義**
  - ○教職員の特別な性格…教職員も国民の一人として，思想・表現の自由に基づき，政治的見解を表明しその政治的信条に基づき政党員となったり，また選挙権その他の公民権を行使できるが，教職員の場合は教職員という特別の性格，また，公務員という身分上，一般国民よりも政治的活動が制限される。

- **学校での中立性確保**
  - ①特定政党の支持…法律で定める学校は，特定の政党支持または反対のための政治教育・政治的活動の禁止（教基法14②）。
  - ②政治的中立性の確保…「義務教育諸学校における教育の政治的中立の確保に関する臨時措置法」（昭和29年施行）

- **教職員の中立性確保**
  - ①公務員の服務として…「特定の政治的行為の制限」（国公法102，地公法36，特例法18，公職選挙法136の2，137）。
  - ②教職員の身分として…「特定の政治的行為の制限」
    （特例法18条により，地公法36条の規定に係わらず，国立学校の教育公務員の例によるとされている（人事院規則14-7））

- **制限の適用範囲**
  - ①国立の教育公務員と同じ扱い…地公法36条による制限より強くかつ地域も広範囲（全国規模）にわたる。
  - ②国家公務員法…制限違反に対し刑罰が科せられる。
  - ③地方公務員法…刑罰規定を定めていない。
  - ④勤務時間内・外，休暇，休職，停職中も適用

- **禁止される政治的行為**
  - ①公選による公職の候補者となる（公職選挙法89①，90）。
  - ②政党その他の政治団体に関与する行為…政治団体の結成に参与や役員になること。また，勧誘運動，機関紙の発行，編集，配布，援助は，政治的目的を持ったものであり禁止。
  - ③一定の政治的目的を持った一定の政治的行為
    （人事院規則14-7で政治的目的・行為の該当を解説）

- **違反行為の制裁措置**
  - ①免職，停職，減給，戒告…職務上の義務違反，又は全体の奉仕者にふさわしくない非行があったものとして免職，停職，減給，戒告処分，又は失職（地公法28④，29）となる。
  - ②免許取上げ・効力失効…罪が重い場合（免許法10，11）。

74. 宗教的中立

宗教的中立

- **宗教と教育の関係**
  - ①**日本国憲法**…わが国においては，教育の政治的中立（教基法14②）と並んで，教育の宗教的中立が定められている（憲法20）。
  - ②**公教育の宗教的中立性**…歴史的に見れば，もともと学校教育は，教会の手により始まったといえるが，近代公教育の成立に伴い，教育の宗教的中立性が確立してきた。

- **宗教教育の法制**
  - ①**信教の自由は保障**…信教の自由は何人に対しても保障される。何人も宗教上の行為，祝典，儀式または行事に参加することを強制されない（憲法20①②③，教基法15①②）。
  - ②**政教分離の原則を規定**…国及びその機関は，宗教教育その他いかなる宗教的活動もしてはならない（憲法20③）。
  - ③**公の財産を支出・利用しない**…宗教上の組織・団体の使用，便益，維持のため公金を利用しない（憲法89）。
  - ④**宗教に関する寛容の態度**…宗教の社会生活における地位は，教育上これを尊重しなければならない（教基法15①）。
  - ⑤**特定宗教の教育と活動の禁止**…国及び地方公共団体が設置する学校は，特定宗教のための宗教教育その他宗教的活動をしてはならない（教基法15②）。
  - ○**禁止は宗派的宗教教育**…憲法・教基法の趣旨から，宗教的情操の教育の実施までを禁止するものではない。
  - ○**私立学校は適用外**…私立学校は，宗派的宗教教育をなし得る。（私立学校は道徳の時間に代えて行うことも認めている）

- **行政実例**（例規から）

  ［文部省事務次官通達（昭和24.10.25 文初庶152）］
  （社会科その他初等・中等教育における宗教の取扱い）（抄）
  「公立学校が主催して神社，寺院，教会その他の宗教的施設を訪問することについて」
  ○学校が主催（学校が計画し団体または個人に課して）して礼拝や宗教的行事，祭典に参加する目的をもって神社，寺院，教会その他の宗教的施設を訪問しない。
  ○国宝や文化財研究，その他の文化上の目的で，学校が主催しての訪問は条件により許される。

75. 営利企業等の従事制限

営利企業等の従事制限

- **従事制限の概要**
  - ①**公務員の特殊性**…公務員は，その地位と特殊性から「全体の奉仕者として公共の利益のために勤務し，職務の遂行に当つては，全力を挙げてこれに専念しなければならない」(地公法30)。
  - ②**教育公務員の場合**…その専門的能力を活用するため，教育に関する他の事業・事務に従事する場合には，上記の制限が緩和されている。

- **地公法38条**（営利企業等の従事制限）
  - ①**任命権者の許可**…職員は，任命権者の許可を受けなければ，営利を目的とする私企業を営むことを目的とする会社，その他の団体の役員，その他人事委員会規則（人事委員会を置かない地方公共団体では，地方公共団体の規則）で定める地位を兼ね，若しくは自ら営利を目的とする私企業を営み，又は報酬を得て，いかなる事業若しくは事務にも従事してはならない(地公法38①)。
  - ○**報酬を得て**…職務外において，営利が目的か否かに関係なく報酬を得ることが問題。報酬とは，賃金，給料，手当等の名称を問わず，労働の対価として支払われる一時的なものでも同様である。しかし，旅費のような費用弁償として支払われるものは含まれない(地公法24④)。
  - ○**任命権者が地公法38条1項の許可**…職員の職とその事業又は事務との間に「特別な利害関係」又はその発生の恐れがなく，かつ，それに従事しても「職務の遂行に支障」がなく，法の精神に反しないと認められる場合に限る(地公法38②)。

- **教育公務員の特例**
  - ①**教育関係の事業・事務に従事**…従事することが，本務の遂行に支障がないと任命権者が認める場合，給与を受け又は受けないで，事業・事務に従事することができる(特例法17)。
  - ②**職務専念義務規定の特例**…特例法17条は，地公法35条の職務専念義務規定の特例とみなされ，任命権者（県費負担教職員の場合は市町村教委）の認定で条例の規定は必要ない。
  - ○**学習塾等の講師**…教員が行うのは，児童の校外学習の適正化，保護者の信頼確保等の観点から服務の適正に留意(初中局長通達 昭和52)。

76．兼職・兼業

兼職・兼業

- 用語の定義
  - ①「兼職」とは…職員の職を保有したまま同一の地方公共団体の他の職員の職を兼ねること（法令上の定義はない）。
  - ②「兼業」とは…職員自ら営利企業を営んだり，その役人を兼ねたり，又は報酬を得て何らかの事業，若しくは事務に従事すること（法令上の定義はない）。

- 兼職の概要
  - ①兼職に見られる例…兼職については，本人の希望よりは行政上の必要性からが多い。教職員に「分任出納員」や「出納事務の処理」等の例がある。
  - ②任命権者の同意で…現に任用されている職の任命権者の同意により，他の一般職や特別職を兼ねる場合がある。
  - ③兼職の給与…職員が他の職員の職を兼ねる場合には，兼ねた職に対して支給される給与を受けてはならない（地公法24④）。
  - ④特別職と兼務…職員が当該地方公共団体の特別職との兼務は法令の規定で兼職禁止とされている場合の外は可能である。

- 教育公務員の特例
  - ①教育公務員が教育に関する他の職を兼ねる…職務の遂行に支障がないと，任免権者が認める場合は，給与を受け又は受けないで，その職を兼ねることができる（特例法17）。
    - ○優秀な教員の教育能力を最大限活用が有益との趣旨
    - ○勤務の特殊性から授業時間外など他の勤務も可能と推量
    - ○大学教授など専門性から他に適格者が得られない必要性等
  - ②教育関係以外の職を兼ねる場合…特例法の適用はなく，重複給与支給の禁止の原則が働く（地公法24④）（産業界等から規制緩和の要望が強く検討中）。

- 特別職との兼職の特例
  - ①常勤の職員と兼職が禁止となる
    特別職地方公共団体の長（地自法141），監査委員（地自法196），教育委員会の委員（地教行法6）（教育長は教育委員会の委員を兼ねる（地教行法16）），人事委員会委員（地公法9の2）
  - ②兼職を禁止する規定のない特別職
    選挙管理委員会，地方労働委員会，農業委員会，海区漁業調整委員会，収容委員会，固定資産評価審査委員会等

77．争議行為等の禁止

争議行為等の禁止
┠ 保障と制限
　①**労働三権の保障**…「勤労者の団結する権利及び団体交渉その他の団体行動をする権利は，これを保障する」(憲法28)
　②**公立学校教職員を含む地方公務員に対して**…労働組合の結成及びその諸権利について定めた「労働組合法」と労働争議の予防や解決の方法などについて規定した「労働関係調整法」の2法律は適用されず(地公法58①)，特に，争議行為については，全面的に禁止されている(地公法37①)。

┠ 争議行為等の禁止 (地公法37①)
　①**同盟罷業の禁止**…職員は地方公共団体の機関が代表する使用者としての住民に対し，同盟罷業・怠業その他の争議行為をし，又は地方公共団体の活動を低下させる怠業的行為をしてはならない。又何人もこのような違法な行為を企て，又はその遂行を共謀し，そそのかし，若しくはあおってはならない。
　②**職員で前項の規定に違反する行為をした者は**…その行為の開始とともに，地方公共団体に対し，法令又は条例，規則・規程等に基づいて保有する任命上又は雇用上の権利をもって対抗することができなくなるものとする(地公法37②)。
　○憲法で保障する労働基本権の適用を，なぜ憲法より下位法である地方公務員法等で大幅に制限することができるのかが疑問となるが，公務員に対する争議行為の制限は必ずしも憲法違反ではないとする見解が通説となっている。
　　　　　　　(最高裁の判例　昭和41.4.4，最高裁判決　平成8.11.18)

┖ 禁止の趣旨
　①**公共の福祉のため**…公共の利益に勤務する地位の特殊性と職務の公共性が認められ，住民の共同利益に重大影響がある。
　②**公務員の勤務条件の決定**…国会又は議会においてなされるもので，公務員の争議行為はこれらの議決権を侵す恐れがある。
　③**勤務条件決定の手続きをゆがめる**…公務員の争議行為は民間の場合とは異なり，市場抑制力が働かず一方的で強力な圧力となり勤務条件決定の手続きをゆがめることになる。
　④**勤務条件の保障手段がある**…公務員の場合勤務条件の保障手段として人事委員会があり，制度上適切な代償措置がある。

78．教職員の勤務時間

教職員の勤務時間

- **勤務時間とその用語**
  - ①勤務時間…上司の指揮・監督のもとに職員がその勤務のみに専念し，その職務の遂行に努めなければならない義務を負った時間のことである（地公法35）。
  - ②法令で使用の用語…労基法では「労働条件」「労働時間」の用語を用いているが，地公法や条例では「勤務条件」「勤務時間」の用語を用いている。これらは同義語である。

- **勤務時間の法制**
  - ①地方公務員の勤務時間…「職員の給与，勤務時間その他の勤務条件は，条例で定める」（地公法24⑥）と規定され，当該職員の所属する地方公共団体の条例によって定められる。
  - ②県費負担教職員の勤務時間…市町村立小・中学校教員等のいわゆる県費負担教職員については，地公法24条6項の規定による一般の地方公務員の場合とは異なり，給与負担者である都道府県の条例により定められる（地教行法42）。
  - ③公立学校教職員の勤務時間…完全週休2日制の実施に伴い，条例では1週間につき休憩時間を除き40時間が通例である（労基法32）。勤務時間の割振りについては，日曜日及び土曜日は勤務時間を割り振らない日（週休日）とし，月曜日から金曜日までの5日間において1日につき8時間の正規の勤務時間を割り振る（勤務時間法6）。教員においては，週5日制の完全実施に伴い「ゆとりのなかで児童生徒一人ひとりに応じたきめ細かな指導を展開されること」が望まれる。

- **休憩時間**（労基法34）
  - ①労働時間が6時間を超える場合…最小限45分，8時間を超える場合は，最小限1時間の休憩を与える。
  - ②勤務時間の途中で与える…勤務時間の前や後には置かない。
  - ③一斉に与える…行政官庁の許可を得れば交替制が可能である。
  - ④自由に利用させる…ただし，管理上必要な制限は許される。

- **休日**
  - ①日曜日及び土曜日…いわゆる「まとめ取り方式」は廃止されたので，毎土曜日及び毎日曜日を週休日とする。
  - ②都道府県条例で規定する「休日」…「国民の祝日」と「年末年始」の含まれる日のことで，特に勤務を命じられない限り勤務が免除される日である。給与支給の対象となる。

79. 勤務時間の割振り

勤務時間の割振り

- **時間割振りの意義**
  - ①**個々の曜日の勤務時間を確定する**…勤務条件に関する条例・規則で定められている1週間の勤務時間の枠内で，個々の曜日ごとの勤務時間を確定することである。
  - ②**正規の勤務時間を定める**…勤務時間の割振りは，勤務条件の具体的な決定でもある。従って地方公務員法46条の規定する勤務条件に関する措置要求の対象ともなり，また職員団体との交渉事項ともなり得るものである。

- **時間割振りの必要性**
  - ①**給与と裏腹の関係**…勤務時間は，給与が労働の対価であるから，労働を提供する時間は明確に割り振らなければならない。
  - ②**公正さを守る**…遅刻・早退の扱い，年次有給休暇等の時間計算，時間外勤務，終始時刻や引継ぎなど明確にする。
  - ③**勤務時間の明定**…校外研修など，授業に支障のない限り，本属長の承認により行うことができる（特例法22②）。
  - ④**公務上での災害**…災害等の場合，その災害が公務執行中に生じたかどうかは，勤務時間の問題が重要な要件となる。

- **校長の職務**
  - ①**校長が定める**…（例）「職員の1週間における勤務時間の割振りは学校の種類並びに授業，研究及び指導等の特殊性に応じ校長が定める」（通例学校管理規則等に規定される）。
  - ②**勤務時間の確認**…割振りの規定（内部規則）につき成案を得たならば，全職員に印刷物等を用いて周知させ，自己の勤務時間を確認させておくことが必要である。

- **割振りの手順・方法**
  - ①**勤務を要する日（＝勤務日）と勤務を要しない日（＝週休日）の確定**
    振替措置…週休日に特に勤務を命ずる必要がある場合は，勤務日を週休日に振り替えられる（勤務時間法8）。
  - ②**勤務日における勤務時間数の確定**
    ○勤務日ごとの勤務時間の割振りを確定する。
    ○条例に特別な定めがないときは，8時間を超えない。
  - ③**勤務日における勤務の終始時刻の確定**
    授業終始時刻（学校法施規60）とは別のものである。
  - ④**勤務日における休憩時間および休息時間の配置**

80. 時間外勤務　①

時間外勤務

用語の定義と法制

①**時間外勤務とは**…正規に割り振られた勤務時間を超えて勤務することをいうが，国家公務員の場合は「超過勤務」といい，地方公務員については「時間外勤務」といっている。
時間外勤務には，休日勤務すなわち「国民の祝日」における正規の勤務時間中の勤務，休暇日における勤務も含まれる。

②**時間外勤務の制度**…教員は，原則として割り振られた正規の勤務時間内において勤務すればよいのであるが，教員の職務の特殊性から，場合によっては，公務のため正規の勤務時間を超えて勤務の必要があることから，昭和47(1972)年1月1日より給与特別措置法が施行され，公務のため臨時の必要があるときは，時間外勤務を命じた場合でも時間外勤務手当を支給せずに，本俸の4％の教職調整額を支給することになった。しかし，原則として時間外勤務は命じないとしている。

時間外勤務と変形労働時間

①**原則，時間外勤務を命じない**…あらかじめ予測できるものについては，変形労働時間制を採用するなど，勤務時間の割振りを適正に行う。すなわち，ある1日において，実働8時間以上勤務する必要がある場合には，その勤務を命ずることはできるが，その勤務は原則として，正規の週時間数内の勤務の間に含まれるものとして命ずるものである。

②**都道府県の条例では**…労基法32条の2第1項の規定で，就業規則を条例と読み替え，条例で変形労働時間の採用を認めている。

教職調整額
（本俸の4％）

①**給与特別措置法**（昭和47.1.1施行）
教員の勤務と勤務態様の特殊性に基づき，教員が時間外勤務を行っても，時間外勤務手当は支給せず，その代わりに勤務時間中の勤務と勤務時間外の勤務とを併せて評価するものとして，本俸の4％の教職調整額を支給する。
なお，一般公務員と同様に教員に対して，時間外勤務を命ずることができるものとする読み替えが規定されている。

②**一般公務員と異なり**…教員には，公務のすべてが時間外勤務の対象とはせず，各県の条例で定めた場合に限る（給与特別措置法6①）。

80. 時間外勤務 ②

時間外勤務

時間外勤務の業務基準

①**時間外勤務を命ずる場合**…教員の時間外勤務は，原則として命じないことが建前であるが，文部科学大臣が人事院と協議して定めた業務を基準として，各県の条例で定めた場合のみに限られ行われる（給与特別措置法6①）（昭和46(1971)年 文部省訓令28号）。

②［教育職員に対し時間外勤務を命ずる場合に関する規程］
　　（(3)を省いていわゆる超勤4項目）　（昭和46(1971)年 文部省訓令28号）
(1)**生徒の実習に関する業務**
(2)**学校行事に関する業務**
(3)**学生の教育実習の指導に関する業務**　（国立学校のみ）
(4)**教職員会議に関する業務**
(5)**非常災害等やむを得ない場合に必要な業務**

条例で規定する業務とその内容
（府県により差異がある）

①**生徒の実習に関する業務**…生徒を直接対象とする実習指導であって，農業に関する学科の実習では，家畜の分娩に関する業務，及び天候の急変による作物管理に関する業務，水産に関する学科の実習においては，乗船実習に関する業務

②**学校行事に関する業務**…修学旅行的行事に関する業務（学校種別ごとの各学校において，教育課程として計画される修学旅行的行事に相当するものをいう）。

③**教職員会議に関する業務**…非常災害等緊急に必要な場合の会議に関する業務。この場合の「非常災害等緊急に必要な場合」とは，労基法33条3項「公務のため臨時の必要…」と同意味であり，非常災害の場合及びこれに相当する場合をいう。

④**非常災害に関する業務**…非常災害及び児童生徒の人命に係わる場合の必要な業務，非行防止等で緊急措置が必要な場合

時間外勤務の留意点

①**変形労働時間制を採用**…事前に予測可能なものには，変形労働時間を採用するなどして勤務時間の割振りを適正にする。

②**翌日の勤務で質的軽減**…長時間の勤務にならぬよう注意し，翌日の校務分掌を変更するなど，勤務の質的軽減等に配慮する。

③**健康状況等を勘案**…職務命令は，相手方の同意は必要ではないが，関係職員の繁忙の度合いや健康状況を勘案・尊重する。

81. 変形労働時間

勤務時間とその例外

①正規の勤務時間…労基法32条1項により労働時間は「休憩時間を除き1週間については40時間を超えて，労働させてはならない」，同法32条2項により「1週間の各日については，労働者に，休憩時間を除き1日について8時間を超えて，労働させてはならない」と規定している。

②勤務時間の例外…教育職員について条例・規則で定めた勤務時間を超えて勤務させることはできない。この原則の例外が許容されるのは，公立学校の教職員について，給与特別措置法の規定による特例措置の「超勤4項目」と，いま一つは労基法32条の2第1項に基づく「変形労働時間」を採用した場合の二つである（80.「時間外勤務」参照）。

勤務時間とその割振り

①変形労働時間制の採用…使用者は，就業規則その他により，1カ月以内の一定の期間を平均し，1週間当たりの労働時間が40時間を超えない定めをした場合は，特定の日に8時間または特定の週に40時間を超えての労働も可（労基法32の2①）としいわゆる変形労働時間制を認めている。

②都道府県条例による規定…労基法の規定（労基法32の2①）により就業規則その他の定めが必要とあるが，公立学校の教職員の勤務については，都道府県の条例等において就業規則を条例と読み替え「変形労働時間」の採用を認めている。

③勤務時間の割振り…変形労働時間制は，勤務時間の割振りの一形態であって，勤務時間の割振りは，正規の勤務時間を具体的に確定することであり，給与が労働の対価である性格上明確・公正に割り振らなければならない。

④勤務時間の割振りは校長が定める…都道府県・市町村の条例又は学校管理規則に「職員の1週間における勤務時間の割振りは，学校の種類並びに授業，研究及び指導等の特殊性に応じ校長が定める」と規定されているのが通常である。

⑤管理の適正化…学校運営上，時間外勤務は避け難い状況となる場合がある。このような場合は，勤務を適正に振り替え変形労働時間制を採用するなどして適正な管理をする。

82. 休憩・休息時間

休憩・休息時間の意義
- ①**休憩時間とは**…職員が勤務時間の途中において，心身の疲労回復を図るため，その従事する勤務から離れて休むことができる自由な時間をいう。休憩の時間は正規の勤務時間には含まれず，給与の支給対象とはならない（労基法34）。
- ②**休息時間とは**…目的は休憩時間と同様であるが，休憩時間のように労基法上の制度ではない。給与支給の対象となる。

休憩・休息時間

休憩時間
- ①**勤務時間が6時間を超える場合**…労基法34条1項で，労働時間が6時間を超える場合は少なくても45分，8時間を超える場合は少なくとも1時間の休憩時間を与えるとなっている。
- ②**労働時間の途中に与えること**…労基法や条例の趣旨から考えると，1日の労働時間が8時間の場合は，勤務の始めから終わりまでの時間は最低で8時間45分となる。また，休憩時間は，連続して与えなければならないという性質のものではないので，授業時間の合間とか給食時間の終わりとか放課後等に分割して与え，合計45分の工夫もできる。
- ③**一斉に与えること**…全員一斉が原則（労基法34②）であるが，公立学校の教職員については「条例に特別な定めがある場合」は一斉に与えなくてよい（地公法58④）。
- ④**自由に利用させること**…給与の対象にもなっていない時間であり，仕事から自由に離れ，何に使ってもよい時間である。ただし，職場の規律保持，施設管理上必要な制限を加えても，休憩の目的を損なわない限り差し支えない（昭和23.10.労働基準局長回答）。

休息時間
- ①**休息時間を設ける規定がある**…労基法上の制度ではなく，地方公共団体の条例・規則等で規定している。
- ②**正規の勤務時間に含まれ給与の対象となる**…勤務時間の終わりに休息時間を置き，その休息時間の前に休憩時間を置くのは趣旨に反す。
- ③**4時間に15分程度**…繰り越しはない。

83. 学校週5日制

学校週5日制
- **学校5日制実施の経緯**
  - ①**教育改革プログラム**(文部省)…「平成14(2002)年度から完全学校5日制を実施する」という文部省の方針が示され，これによって，平成4(1992)年9月から月1回，平成7(1995)年4月から月2回で，段階的に進められてきた学校5日制の完全実施のスケジュールが確定した。
  - ②**学校5日制への提言**…臨時教育審議会答申(昭和62(1987)年)で「家庭，学校及び地域の三者が有機的な連携を保って，学習機会の整備を進めていく上で，今日肥大化している学校教育の役割を見直し，その限界を明らかにすることが必要」として学校5日制の移行への検討を求めたことに始まる。
  - ③**段階的導入の提案**…平成4(1992)年，文部省の「新しい学校運営等に関する調査研究協力者会議」が「社会の変化に対応して，学校5日制の段階的導入」を提言した。この報告書に基づき平成4年から学校5日制がスタートした。
- **完全実施への動向**
  - ①**中央教育審議会答申**（平成8(1996)年)…学校5日制を教育改革の重要施策の一環としてとらえ，子どもたちや社会全体に「ゆとり」を確保する中で，三者が相互に連携しつつ，子どもたちに「生きる力」を育むことを基本に展開すべきだとして，21世紀初頭を目途に，完全実施に踏み切ることを促した。
  - ②**生涯学習の観点から**…学校，家庭，地域社会の役割を見直して，子どもの教育を適正に再配分し，学校のスリム化をはかるため，5日制に対応する新しい学習指導要領と教科書の整備が進められ実施されている。
  - ③**学校法施規61条**…公立小学校における休業日は，次の通りとする。ただし，第3号に掲げる日を除き，特別の必要がある場合は，この限りでない (79, 104, 113, 135条で準用)。
    1．国民の祝日に関する法律(昭和23年法律178)に規定する日
    2．日曜日及び土曜日
    3．学校法施行令29条の規定により教育委員会が定める日

84．夏季休業中の勤務

夏季休業中の勤務 ─ 休日の法制と休業日

①**休業日と休日**…休業日と休日は全く別個のものであって，公立学校の場合の休日は，下記に掲げた日がそれに当たり，教員の側からみれば勤務を要しない日である(学校法施規61)。
　1．国民の祝日に関する法律に規定する日
　2．日曜日及び土曜日
　3．学校法施行令29条の規定により教育委員会が定める日
これに対して，休業日は，学校を設置する教育委員会が定めるが，児童生徒には授業のない日であり，休日も児童生徒にとっては休業日になる。しかし，休業日は，法律や条例等に教職員の休日とするという規定はない。従って，休業日といえども原則として教職員は勤務に服さなければならない。

②**夏季休業中の勤務態様**…休業中に「夏季特別休暇」「年次休暇」「自主研修」などを確保するためには，校内研修会や部活動の指導，行事・出張など，校務の精選と事前からの計画的な日程調整を必要とする。
学期期間中へのはみ出し等は新たな問題も生ずるので，全校的に考察し学校運営に支障のないよう調整する必要がある。

休業日における適正な勤務

①**適正な勤務時間の取扱い**…平成14年度から完全学校週5日制の実施に伴い，公立学校教職員の勤務時間の取扱いは適正な対応が必要となった。既に公立学校教職員の勤務管理については，文部科学省初中局教育企画課長通知(平成14.7.4初企14号)にあるとおり，公教育に対する地域住民や保護者から疑念のない信頼を確保することが重要となっている。
特に長期休業期間中においては，給与上有給の取扱いであることなどを踏まえ，教職員の資質向上や教育活動の一層の充実のために有効に活用し，情報公開等においても透明性のある勤務の適正を徹底することが必要である。

②**教師の参加が期待**…青少年を対象の各種の社会教育活動への参加は，自主的，任意のものであるが，保護者や地域の期待も大きく，過重にならぬ範囲で積極的な参加が望まれる。

85. 教職員の休日

教職員の休日

休日の法制と用語

○**休日と勤務を要しない日**…労働基準法35条1項は「使用者は，労働者に対して，毎週少くとも1回の休日を与えなければならない」と規定している。労基法にいう「休日」のことを，休日・休暇等の法律や各地方公共団体の条例・規則では，「週休日」又は「勤務を要しない日」と定めている。

休日と勤務を要しない日

①**「勤務を要しない日」**…正規の勤務時間が割り振られていない日，すなわち本俸支給の対象とならない日のことをいう。通常地方公共団体の条例・規則では，原則として「週休日」（日曜日と土曜日）(労基法35，学校法施規61)を勤務を要しない日と定めている。ただし，学校運営上必要がある場合には，他の曜日に振り替えることができるとされている(勤務時間法6,8)。

②**「国民の祝日」等**…条例・規則に規定する「休日」は，国民の祝日に関する法律に規定する「国民の祝日」のことで，県によっては，これに年末年始の休みを含めている。

○**「休日」と「勤務を要しない日」**…休日は勤務を要しない日とは異なり，正規の勤務時間が割り振られているが，特に勤務が命じられない限り勤務が免除される日である。

○**勤務の免除は**…国民の祝日に関する法律による効果ではなく，条例の規定上における効果である。

③**完全週5日制と週休2日制**…平成14年度より日曜日と土曜日を週休日とし，勤務を要しない日となったため，教職員については週休2日制が完全に適用されることになった。したがって1週間（週休日を除く）の勤務時間は休憩時間を除き40時間が通例であり，1日につき8時間の割振りとなる。

休日等の振替えと勤務

①**勤務を要しない日の振替え**…臨時・緊急の場合は，当該日を勤務を要する日とし，他の日を勤務を要しない日とすることで，いわゆる振り替えて通常の勤務日とすることである。

②**時間外勤務**…公立学校の教職員には，条例で定めた業務を基準とすることができる(給与特別措置法6)が，休日の業務は振替え規定による場合以外，時間外勤務の基準に限られる。

86. 教職員の休暇

教職員の休暇

- **休暇の定義とその種類**
  - ①**休暇とは**…条例・規則に基づき，職員がその所属長の承認により，一定期間その職務を遂行せず，職務以外の事柄に時間を利用することが認められる勤務時間管理上の制度である。
  - ②**休暇の種類**…休暇は条例・規則の定めにより異なるが，有給休暇と無給休暇に大別され，前者には年次有給休暇，病気休暇，特別休暇があり，後者には組合休暇，介護休暇がある。

- **有給休暇**
  - ①**年次有給休暇**…労基法39条1，2項は，最低10日から最高20日までの有給休暇を職員に与えることを義務づけているが，地方公務員である教職員については，条例・規則により原則1年につき20日間の有給休暇を保障している（勤務時間法17）。年次有給休暇は，労働者の請求する時季に与えなければならないが，事業の正常な運営を妨げる場合には，他の時季にこれを与えることができる（労基法39⑤）。
  - ②**病気休暇**…負傷・疾病により勤務できない職員への有給の休暇である。その取扱いは都道府県の条例で異なるが，一般には公務による疾病にあっては治療に必要な期間，私傷病は引き続く90日を限度として，給料の全額が支給，その限度を超える場合は給料が半減される（勤務時間法18）（結核の場合は別途）。
  - ③**特別休暇**…社会通念上妥当と思われる場合の有給休暇（勤務時間法19）。
    天災事変で住居破壊，交通事故等の不可抗力事故，証人等で官公署出頭，選挙権等公民権の行使，不利益処分審査請求，骨髄移植の登録・検査・入院，厚生・レクリエーション行事，結婚，生理，妊娠，出産後通院，産前産後，妊娠障害，育児，忌引・法要，父母の祭日などで，条例により若干異なる。

- **無給休暇**
  - ①**介護休暇**…職員が配偶者，父母，子，配偶者の父母等で負傷・疾病・老齢により一定の期間にわたり日常生活に支障のため介護を要する場合，連続6カ月内に必要と認められる期間とし，給与は1時間当たりの給与額を減額する（勤務時間法20）。
  - ②**組合休暇**…登録職員団体の運営上必要不可欠の業務・活動に要す最小限の時間とし，条例の定めにより年間30日以内。

87. 年次有給休暇　①

年次有給休暇

- **用語の定義と法制**
  - ①**年次有給休暇**…職員の心身の疲労を回復させ，労働力の維持培養を図ることを目的として，原則として職員の請求する時季に与えられる年間一定日数の有給休暇をいう。
  - ②**年次有給休暇の規定**…労基法39条において規定しているが，公立学校教員等の地方公務員については，労基法の規定を下回らない範囲で，都道府県の条例・規則等により定められる。また，年度途中採用者（1年未満）にも勤務月数により有給休暇日数を決めている。

- **年次有給休暇の内容** (労基法39)
  - ①**勤務実績が8割以上**…その雇入れの日から起算して6カ月間継続勤務し，全労働日の8割以上出勤した労働者に対して，継続又は分割した10労働日の有給休暇を与えられる（労基法39①）。
  - ②**最大限20日**…次年度以降は，公立学校教員については，ふつう年間20日限度の付与がある。
  - ③**残日数を翌年度に繰り越せる**…勤続6カ月以上かつ前年度に勤務日数の8割以上勤務した者は，前年度未消化日数分が20日を限度(時効)として翌年に繰り越される(労基法115)。ただし，新任教職員については採用月により日数は減じられる。
  - ④**日を単位とせず時間単位で与える**…休暇日数の計算は，年度のみでなく暦年になるが，休暇日数（又は時間単位の数で計算）の範囲内で付与される。

- **年次休暇の日数**

  [年次有給休暇の年次日数]

1年につき20日。ただし，2月以降に採用された教員の，その年における年次休暇の日数は次による。		
2月採用…18日	3月採用…17日	4月採用…15日
5月採用…13日	6月採用…12日	7月採用…10日
8月採用…8日	9月採用…7日	10月採用…5日
11月採用…3日	12月採用…2日	

  (都道府県・市町村教育委員会の規則等に規定が呈示)

87. 年次有給休暇 ②

年次有給休暇

- **年次休暇の請求と判断**
  - ①**労働者の請求する時季に**…原則として労働者の請求する時季に与える。ただし，事業の正常な運営を妨げる場合には，他の時季にこれを与えることができる（労基法39⑤）。
  - ②**労働者の請求をまって発生する**…法的性格として，一方的に休暇をとる旨を事前に通告すれば，使用者の許可を必要とせずとする「形成権説」と，労働者の申出に対し使用者が承認することで休暇が成立する「請求権説」，そして，使用者の時季変更権の行使がなければ，労働者が指定した休暇が成立するとみなす「時季指定権説」がある。このうち時季指定権説が最高裁判決でも見られ，現在最も有力な説と考えられる。
  - ③**年次有給休暇の届出**…労働者がその保有する年次有給休暇の範囲内で始期と終期を指定し，休暇予定日の前日までに「年次有給休暇簿」等に所定の記載・押印して所属長に申し出る。校長にあっては教育長（海外又は引続き6日を超える場合）に対して申し出る（学校管理規則等に規定）。

- **非常勤講師の対応**
  - ○**非常勤講師の場合**…従来は，年休を与えられる者は，週5日以上勤務する者と解されていたが，最近パートタイマーの増加により，労働日数が週4日以下の者にも労働基準法の改正により年休が与えられるようになった。
  その結果，公立学校の非常勤講師にも，年休を勤務日数に応じて比例付与することになった。

- **休暇の承認**
  - ①**校務の正常な運営を阻害しない**…校務の正常な運営が妨げられるか否かは，個々のケースについて客観的，個別的，具体的に判断すべきで明快な基準等はない。一時季に休暇を請求する者の数が多い場合とか，学校行事の種類により校務の繁忙が予想される場合等は考えられるが，通常の状態が維持可能と判断できるようであれば承認されよう。
  - ②**法律・条例等の趣旨を尊重**…違法行為等の手段としない。
  - ③当該教員が有する年次有給休暇の範囲内
  - ④職務専念義務が存在しない状態と重複しない

88．特別休暇の事由と期間　①

（特別休暇：勤務時間法19条による人事院規則15-14の規定）

	休暇の件名	記　事
1	公民の権利行使	選挙権その他公民としての権利を行使する場合で，勤務しないことがやむを得ないとき…必要と認める期間
2	官公署への出頭	裁判員，証人，鑑定人，参考人等として国会，裁判所，議会，その他官公署へ出頭する場合…必要と認める期間
3	骨髄移植関係	骨髄移植の提供希望者として登録，検査，入院の申出また骨髄液を提供する場合…必要と認める期間
4	無報酬による支援活動	被災地域の支援，心身障害・老人福祉施設等の支援，又は介護活動の場合…1の年に5日内の期間
5	職員の結婚	結婚式，旅行その他の結婚に伴い必要と認められる行事等…5日前から1月後までの連続する5日間
6	出産の予定	6週間（多胎妊娠の場合14週間）以内に出産予定の女子職員が申出した場合…出産の日まで申出た期間
7	出産した場合	出産の翌日から8週間，ただし，産後6週間を経過した本人から申出があり，医師が支障なしとする業務に就く場合は差し支えない
8	生児の保育	生後1年未満の生児を育てる女子職員が，その生児の保育に必要と認められる授乳等…1日2回各30分
9	配偶者の出産に伴う入院付添い	職員の妻が出産の場合，出産に伴い必要と認められる入院付添い等のため…2日以内（分割可）
10	配偶者の出産に伴う幼児の養育	職員の妻が出産の場合，出産した子又は小学生未満の幼児の養育のため…5日以内
11	幼児の看護	負傷又は疾病にかかった小学生未満の幼児の看護のため…1の年において5日以内
12	親族の死亡	配偶者・父母（7日），子（5），祖父母（3），孫（1），兄弟姉妹（3），おじ・おば（1），父母の配偶者・配偶者の父母（3），子の配偶者・配偶者の子（1），祖父母・兄弟姉妹の配偶者・配偶者の祖父母・兄弟姉妹（1）
13	父母の追悼行事	父母の追悼のため特別行事の場合…父母の死亡後15年以内で行事につき…1日
14	盆等の諸行事	夏季の盆等の諸行事，心身の健康維持・増進又は家庭生活充実のため…7月から9月の期間内で週休日，休日，代休日を除き，原則として連続する3日間

88. 特別休暇の事由と期間 ②

15	地震，火災等	地震,水害,火災等による職員の現住居の滅失・損壊…7日以内
16	事故で出勤困難・危険回避	地震等の災害又は交通機関等の事故等で出勤が著しく困難，通勤途上の危険回避…必要と認められる期間
17	地震等の災害時	地震等の災害時における通勤途上の身体の危険を回避するためやむを得ない場合…必要と認められる期間

○**特別休暇には**…法律に基づくものと条例に基づくものとがあり，地方公務員については，条例によって国の基準を下回らない範囲で付与日数と期間が定められる。従って，都道府県等により若干異なることがある。

○**慶弔休暇**（特別休暇）は…所定の様式で事前に届出て承認を必要とする。この場合「年次有給休暇」と異なり事由の記載を可とする。申請事由が所定の要件に該当しないときは取り消される。また，その事由を確認する必要のあるときは，証明書類の提出を当該職員に求められる。

連続して付与される事由の場合には，一度休暇を中断したとしても，その分を付け足すことはできない。また，土日等休業日も日数に含まれる。

○**出産とは**…妊娠4カ月以上（1カ月は28日と計算）の分娩をいい，出産だけでなく，死産，流産，中絶も含むものである。

特別休暇の事由と期間
- 妊娠中の勤務軽減(例)
  - ○**妊娠中の女性職員の特例**…胎児と母体の保護のために，様々な法令による産前・産後の特例が認められている。
  - ①**出勤・退庁時間の軽減**…交通機関を利用して通勤する妊娠中の女性職員で，交通機関の状況から所定の時間での出退勤が，母体・胎児保護から好ましくないと校長が認めたものについて出退勤時間の軽減をすることができる。自宅から徒歩による通勤，自転車・自家用車で通勤する者は対象にならない。
  - ②**軽減の期間と時間**…母子手帳の交付を受けた後，産前の休暇に入る前の期間内で，勤務免除を必要と認められる日とされている。軽減の時間は，1日につき60分範囲内，原則として出勤時刻の30分以内，退勤時刻の30分以内とされている。本人の妊娠・健康状況と本人の希望で60分としてもよい。

89. 忌引休暇の姻族

都道府県・市町村の勤務時間及び休暇に関する条例・規則等において，忌引の休暇を付与される姻族の範囲を例示したものである。

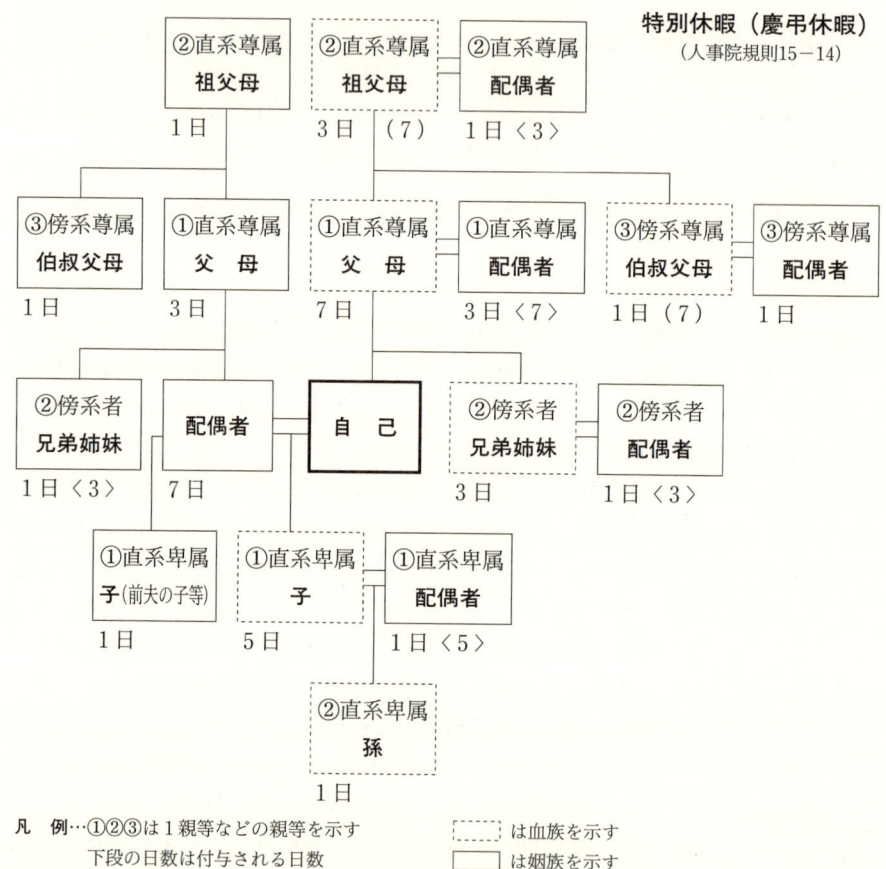

特別休暇（慶弔休暇）
（人事院規則15-14）

```
                   ②直系尊属    ②直系尊属―②直系尊属
                   祖父母        祖父母      配偶者
                   1日           3日 (7)     1日〈3〉

 ③傍系尊属―①直系尊属    ①直系尊属―①直系尊属   ③傍系尊属―③傍系尊属
 伯叔父母    父母          父母        配偶者      伯叔父母    配偶者
 1日         3日           7日         3日〈7〉    1日 (7)    1日

 ②傍系者―配偶者―自己―②傍系者―②傍系者
 兄弟姉妹              兄弟姉妹  配偶者
 1日〈3〉  7日          3日      1日〈3〉

 ①直系卑属  ①直系卑属  ①直系卑属
 子(前夫の子等) 子      配偶者
 1日        5日         1日〈5〉

              ②直系卑属
              孫
              1日
```

凡 例…①②③は１親等などの親等を示す　　□ は血族を示す
　　　　下段の日数は付与される日数　　　　□ は姻族を示す

「姻族」とは…婚姻によって生じた親戚。配偶者の血族と血族の配偶者。妻の親兄弟や自分の兄弟の妻などで姻戚ともいう。生計を一にする姻族は血族に準ず。

「配偶者」…届出はしないが，事実上婚姻関係と同様事情にある者を含む。

「旅行日数」…葬祭のため遠隔地に赴く場合，実際に要する往復日数の加算可。

「休暇日数」…本人の申請で，規定の忌引日数の範囲内で承認を得た最初の日から起算。土日等休業日も日数に含め，中断してもその分を足すことは不可。
　　　　　　（　）内の数字は，職員が代襲相続し，かつ祭具等の承継を受ける場合の日数。
　　　　　　〈　〉内の数字は，職員と生計を一にしている場合にあるときの日数。

「父母の追悼」…特別な行事を行う場合…父母の死亡後15年以内で１日以内。

90. 職務専念義務の免除

職務専念義務の免除

- **職務専念義務と免除**
  - ①**職務専念の義務**…「職員は，法律又は条例に特別な定がある場合を除く外，その勤務時間及び職務上の注意力のすべてをその職責遂行のために用い，当該地方公共団体がなすべき責を有する職務にのみ従事しなければならない」(地公法35)
  - ②**職務専念義務の免除**…本来は，職務に専念するべき勤務時間内であるに係わらず，職務に専念しなくても職務専念義務に違反することを理由とする懲戒処分に付されることはないとする制度で「職専免条例」等と略称されている。

- **義務免除の根拠と給与**
  - ①**職務専念義務が免除される場合**…校務に支障がないとして，職務専念義務が免除される場合として，法律で定められた例としては「在籍専従(地公法55の2①)」「休職(地公法28)」「育児休業(育休法4)」「本属長の承認を受けて研修(特例法22②)」等がある。また，条例による場合として，休日及び休暇の場合等がある。
  - ②**給与上の取扱い**…職務専念義務を免除されることと，その間給与を支払うかどうかは別問題であり，具体的には，条例等の定めるところによる。

- **法律に定めのある場合**
  - ①**休職・停職** (地公法28，29)…処分の性質上当然のことである。在籍専従の許可 (地公法55の2①) を受けた場合は休職になる。
  - ②**自宅研修** (特例法22②)…校長承認で勤務場所を離れた研修時間
  - ③**兼職・兼業** (特例法17)…任命権者の承認を得て従事する場合
  - ④**適法な交渉** (地公法55⑧)…職員団体から指名の職員が，服務監督者の承認を得て当局と適法な交渉に参加している時間
  - ⑤**育児休業・外国派遣** (育休法4，派遣法3)…身分は保有するが職務に従事しないと規定している。

- **条例に定めのある場合**
  - ①**休暇条例で**…有給休暇（年次休暇，病気休暇，特別休暇）と無給休暇（介護休暇）を定めている。
  - ②**給与条例で**…国民の休日に規定する休日，年末・年始の休日
  - ③**厚生計画の実施に参加**…「職専免の特例に関する条例」により，厚生計画の実施に参加する場合，研修を受ける場合など，職務専念義務が免除される場合が定められている。

91．勤務条件の保護

勤務条件の保護

- **措置要求の制度**
  - ○勤務条件の適正化要求…憲法で一般に保障されている争議権が公務員には保障されていない(最高裁昭和28(1953).4.8判示)。そこで教員には，給与，勤務時間，その他の勤務条件を適正化するために，地方公共団体当局によって適切な処置がとられるよう，人事委員会又は公平委員会に対して要求する権利が認められている(地公法46)。

- **保護措置**
  - ①労働基準法の適用…昭和22.4.7，法49制定
  - ②勤務条件を条例で規定…一般労働者が結ぶ団体協約に当たるものとして，勤務条件は地方議会の条例で定められる。
  - ③人事委員会の給与勧告…毎年1回給料表の適否を議会及び長に報告，増減が適当と認めるときは勧告する。
  - ④勤務条件に関する措置要求…人事委員会は，職員の措置要求について審査・判定，実行，勧告する。

- **措置要求権**
  - **措置要求**（地公法46）
    - ①内容
      - ○勤務条件に関するもの
        給与，勤務時間，休日，有給，退職年金等
      - ○事業所の労働に直接関係ある諸条件
    - ②当事者
      - ○請求人…職員個人，個々の職員が共同又は代理人でもよい
      - ○請求先…人事委員会，公平委員会
        人事委員会等の書式により書面で行う
  - **審査手続**（地公法47，48）
    - ①要求書の受理…職員から書面(人事委員会告示第11号)によるもので調査，適当と認めるときは，関係当事者に交渉をすすめる。
    - ②審査…必要に応じ要求者・関係者を喚問して陳述を求めたり，書類提出等によって事実調査を行う。
      要求者はいつでも要求の全部・一部を取り下げられる。
  - **判定結果**（地公法47）
    - ①人事委員会は審査が終了した時…判定を行い措置要求者に書面で送達する。
    - ②判定の結果…必要があれば，当局に必要な勧告をする。

92. 介護休業・休暇

介護休業・休暇

介護休業
（育児・介護法11）

○**介護休業の意義と性格**…近親者の傷病や老齢のため家族の介護が必要となった場合には，肉体的，精神的に勤務と介護の二重の負担となり，職務の遂行にも影響を与え，離職のやむなきに至ることもある。このため男女共同参画社会を志向する環境整備の一つとして，職員が介護や看護に要する一定の期間，職務から離れることを認める制度が介護休業である。

①**介護休業の要件**…職員が配偶者，父母，子，配偶者の父母，祖父母，孫，及び兄弟姉妹その他人事院規則で定める者で，負傷，疾病又は老齢により2週間以上の期間にわたり日常生活に支障があり，介護をするため勤務しないことが相当と認められる場合。条例の定めにより申請し承認を得る。

②**介護休業の期間**…連続する6月の期間内において必要と認められる期間（勤務を要しない日又は休日を除く）（勤務時間法20②）。ただし，やむを得ないと認められる場合は，条例の定めるところによる。

③**給与**…休業期間の勤務しない1時間当たりの給与額が減額。

介護休暇
（育児・介護法16の5）

①**介護休暇の要件**…職員が，配偶者，父母，子，配偶者の父母，その他人事院規則で定める者で負傷，疾病又は老齢により，日常生活に支障があり，介護を要するため勤務しないことが相当と認められる場合，申請により承認される。

②**日数・期間**…1の年度において5労働日（要介護の状態にある対象家族が2人以上にあっては10日）を限度とする。

③**承認申請の条件**…厚労省令の定めにより，対象家族が要介護状態にあること，及び介護休暇を取得する日を明確にする。

子の看護のための休暇
（育児・介護法16の2）

①**子の看護の休暇**…職員が負傷又は病気の小学校就学前の子の看護を行うため勤務しないことが相当と認められる場合。

②**子の範囲**…養育する小学校就学の始期に達するまでの子。

③**日数・期間**…1暦年において5日範囲内（上記②に該当する子が2人以上の場合にあっては10日）を限度とする。

④**給与**…有給（この休暇は，労働基準法39条の規定による年次有給休暇とは別なものとして与えられる）。

93. 育児休業

育児休業

- **育児休業の意義と法制**
  - ①**育児休業とは**…職員が仕事と育児の両立を支援するため，一定の条件で任命権者の承認を受けて，その子が3歳に達する日まで，職員の身分は保有し育児に専念できる制度である。
  - ②**制度の法制**…この制度は，男女を問わず一般職の国家公務員と地方公務員全体に対して認められている「国家公務員の育児休業等に関する法律（平成3年12月24日制定）」，「地方公務員の育児休業等に関する法律（平成4年4月1日施行）」の両法律を合わせて「公務員育児休業法」制度と呼び，3歳未満の子を養育する職員が，育児休業承認申請により承認を受けて行うことができる。育休の期間は給与の支給はない（育休法4②）。ただし，育休中の国家公務員の期末手当，勤勉手当又は期末特別手当の支給事項を基準として定める条例の定めるところにより期末手当等が支給される（育休法7）。

- **育児休業の承認請求**
  - ①**育児休業承認の請求手続き**…育児休業の承認を受けようとする職員は，育児休業をしようとする期間の初日と末日を明記するなど，承認申請書に必要事項を記入し，子の出生等を証明する書類を添付の上，任命権者に承認を請求する。
  - ②**育児休業承認請求書**…承認請求書の様式は「人事院通達1の9」で定められている。なお，育児休業承認請求書は，職員別給与簿等への関係書類と同様に3年間保管される（通達7の2）。

- **短時間勤務と部分休業**
  - ①**育児短時間勤務**…職員は任命権者の承認を受け，当該職員の小学校就学の始期に達するまでの当該子を養育するため，常時勤務を要する職を占めたまま，希望する日及び時間帯において勤務することができる（育休法10。平成19(2007)年8月施行）。
  - ②**部分休業**…労基法では，生後満1年に達しない生児を育てる女性に対して，休憩時間のほかに1日2回それぞれ少なくても30分の育児時間を認める制度があるが（労基法67），育児休業法では小学校就学の始期に達するまでの子を養育するため，1日の勤務時間を一部（2時間の範囲内）について勤務しないことを条例の定めにより男女を問わず認められる（育休法19①）。上記の承認を受け勤務しない場合，給与を減額支給（育休法19②）。

94. 女性教職員の保護

女性教職員の保護

- **女子就労保護規定の撤廃**
  - ①**女子就労保護規定の撤廃**…平成9(1997)年雇用機会均等法の改正に伴う労働基準法一部改正が行われ，同年，女子就労保護規定の撤廃（平成11(1999)年4月施行）がなされた。
  - ②**撤廃された事項**…女性教職員保護の側面でもある下記の事項
    - (1)時間外労働・休日労働の制限
    - (2)深夜労働の禁止
  - ③**撤廃事項の影響**…教職員の場合は，給与特別措置法に基づくことに変わりはなく，各県の条例で定める時間外勤務のほか，原則として時間外勤務は命じず，やむを得ないときは変形労働時間の採用により処理される。しかし，深夜業禁止の撤廃は，修学旅行等の付き添いの女性教職員にも，深夜勤務を可能にするが，この撤廃は，深夜作業を奨励するものではない。

- **女性教職員の保護**
  - ①**女性保護の観点から**
    生理休暇…生理日の就業が著しく困難な女性が休暇を請求したとき与えられ（労基法68），著しく困難な証明は，本人の請求及び同僚の証言程度があればよいと行政指導がある。
  - ②**母性保護の観点から**…女性に，重量物を扱う業務，その他危険有害業務の就業制限，育児時間，育児休業等の保障がある。
    - (1)**産前産後の休暇**…使用者は，6週間（多胎妊娠の場合，14週間）以内に出産予定の女性が休業を請求した場合，休暇を与えなければならない（労基法65①）。産後は8週間を経過しない女性を就業させてはならない（労基法65②）。産前休暇は本人の請求によるが，産後休暇は，本人請求の有無に係わらず与えることが義務づけられており，産後6週間経過した女性が請求した場合，医師が認めた業務に就かせることは差し支えない。また，産前を短く産後を長くして通算14週にすることは可能。
    妊娠中の女性が請求した場合は，他の軽易な業務への転換が必要である（労基法65③）。
    - (2)**育児時間**…生後1歳未満の育児に1日2回それぞれ30分の育児時間を請求できる（労基法67）。（93.「育児休業」参照）

95. セクハラの禁止

セクハラの禁止
- **セクハラ禁止の経緯**
  - ①**セクシュアル・ハラスメント**…セクシュアル・ハラスメント（セクハラ）とは，職員が他の職員・学生等や関係者に対して，不快感を与えるような性的な言動とか，反対に学生等や関係者が，職員を不快にさせる性的な言動をいう。
  - ②**セクハラ禁止の動き**…平成11(1999)年4月1日，改正男女雇用機会均等法（「雇用の分野における男女の均等な機会及び待遇の確保等に関する法律」(昭和47(1972)年，法律113号) の改正）が施行され，職場や学校等における「性的嫌がらせ」(セクハラ) への対応が雇用者の法的な義務として求められている。これに基づき，平成10(1998)年4月労働省が「事業主が職場における性的な言動に起因する問題に関して，雇用管理上配慮すべき事項についての指針」(平成10年労働省告示20号) を告示した。
  - ③**文部省**（現文部科学省）**が規程の制定**…雇用機会均等法32条の適用除外となる国家公務員については，セクハラ防止及び排除の措置等を規定した人事院規則10-10に基づき，文部省が，平成11(1999)年3月国立学校教職員等を対象に「セクハラの防止等に関する規程」を制定（平成11年文部省訓令4）。さらに，同年4月12日「公立学校等における性的な言動に起因する問題の防止」について，各都道府県・政令指定都市教委あてに通知した。
- **セクハラ禁止と学校**
  - ①**公立学校教職員に対する対策**…公立学校教職員のセクハラに起因する問題とその配慮は，学校を設置する地方公共団体の教育委員会が行うべきことである。しかし，このことは法定化されて守られるべきこと以前に，法の下の男女平等を保障する日本国憲法の理念であり，人権の基本原則でもあることを自覚し，行動する問題であろう。
  - ②**学校での留意事項**…処罰規程がない場合でも，信用失墜行為や公務員としての非行等に該当し，懲戒処分を受けることもある。学校の人間関係と不可分であり，個人により，また立場によって考え方や受けとめ方の違いもあり，相手の判断が重要となる性質を持つ問題だけに細心の注意が必要である。

96. 教職員の福利厚生

教職員の福利厚生
- **福利厚生事業の法制**
  - ①**福祉・利益の保護**…(根本基準)「職員の福祉及び利益の保護は,適切であり,且つ,公正でなければならない」(地公法41)
  - ②**厚生制度**…「地方公共団体は,職員の保健,元気回復その他厚生に関する事項について計画を樹立し,これを実施しなければならない」(地公法42)。運動会・レクリエーションの実施,グループ活動の助成などがある。
  - ③**教育機関の設置**…「地方公共団体は,法律の定めるところにより,学校,図書館,博物館,公民館その他教育機関を設置するほか,条例で,教育に関する専門的,技術的事項の研究又は教育関係職員の研修,保健若しくは福利厚生に関する施設その他の必要な教育機関を設置することができる」(地教行法30)。教職員住宅,保養所等の設置,互助会の設立・助成などがある。

- **共済制度**
  - **短期給付**
    - 組合員
      - ①療養の給付,病気・負傷等の療養費
      - ②出産費,出産手当金,育児手当金
      - ③傷病手当金,災害見舞金,休業手当金
      - ④弔意金,埋葬料
      - ○公立学校共済組合の付加給付のものもある。
    - 被扶養者
      - ①家族の療養給付,家族療養費
      - ②配偶者出産費,育児手当金
      - ③家族埋葬料,家族弔意金
      - ○公立学校共済組合の付加給付のものもある。
  - **長期給付**
    - ①退職給付…組合員期間20年以上の者に退職年金支給 1年以上20年未満の者に退職一時金支給
    - ②障害給付…公務上・公務外の障害年金及び一時金支給
    - ③死亡給付…遺族年金は公務と公務外に分け,1年以上20年以内で,公務外の場合,遺族一時金が支給
  - **福祉事業の利用**
    - ①共済組合の実施事業…福祉増進のための各種事業の利用
    - ②保養所,貸付金等の利用

- **公務上の災害補償**
  - ○**職員の公務上の災害補償**…死亡,疾病,障害等の災害を受けた場合の損害は補償される(国公法93,地公法45)。

97．服務上の願・届出

服務上の願・届出
- 身分
  - ①着任
    - (1)**着任届**…速やかに着任する（条例・規則等に規定がある場合は延期届を提出する例もある）。
    - (2)**着任の延期**…やむを得ない事由があるときは，速やかに校長に連絡，承認を受ける（規定等のある場合は延期届や疾病のときは診断書の提出が必要の例もある）。
  - ②**服務の宣誓書**…書式・内容・手続きは条例の定めによる例が多い。
  - ③**氏名変更届**…条例・規則等に定めのある場合が通例
  - ④**健康審査願**…休職等の事由のとき
  - ⑤**証人等で出頭に関する届**…職務に関連した事項で証人，鑑定人等で官公署に出頭のとき
  - ⑥**営利企業等従事許可願**…（例）営利目的の私企業
  - ⑦**私事旅行等の届**…その任地を離れるとき，その連絡先等について届け出る。
- 職務
  - ①**事務引継書**…（文書処理規定のある場合はそれによる）
  - ②出勤関係
    - (1)**出勤簿押印**…所定時刻まで出勤，自ら押印する。
    - (2)**遅参・早退届**…休暇・職免等の処理簿で行う。
    - (3)**外勤の届**…外勤簿をもって行う。
    - (4)**時間外勤務**…時間外勤務簿をもって行う。
    - (5)**年次休暇届・申出**…休暇・職免等処理簿で行う。
    - (6)**欠勤届**…休暇・職免等処理簿で行う。
    - (7)**職務専念義務免除承認願**…休暇・職免等処理簿で。
    - (8)**教育に関する兼職等承認願**…規定の手続きに従う。
  - ③出張
    - (1)**旅行命令確認印**…出張・公務旅行。
    - (2)**旅行命令変更申請**…公務による旅行中，公務上の必要又は天災その他やむを得ない事情で変更の必要があるとき，電報，電話等で速やかに旅行命令等の変更を申請し，帰校後所定の手続きをする。
    - (3)**復命書**…出張から帰校後，速やかに文書又は口頭で上司に報告する（終了後5日以内に提出の例あり）。
  - ④研修──○**校外研修届**…自宅研修等，校外研修処理簿で行う。

98. 出勤簿等の整理 ①

出勤簿等の整理 ─ 出勤簿等の意義

- ①**人事管理の適正化**…学校教育においては，適正な人事管理が行われることによって，その学校の教育活動が実質的に安定したものとなる。人事管理の中心となるものは，教職員の自覚による地方公務員としての厳正な服務規律の確立にある。
- ②**県費負担教職員の服務監督**…地教行法43条に基づく県費負担教職員の服務の監督権は市町村教委にあり，各教育委員会の発する服務規定(規程)，出退勤規程等を遵守しなければならない。
- ③**出勤簿は服務規律の記録**…出勤簿は服務規律の結果として，形を通して出てくるものであり，各教育委員会の規定(規程)による記録でもある。出勤簿は，学校の備付表簿として5年間の保存義務が課せられている(学校法施規28③)。
- ④**出勤簿の整理**…学校における出勤簿の整理は，校長の指示のもとに事務長又は教頭が行い，整理者は，毎日出勤時刻後に出勤簿を点検，押印のないものについては速やかに所定の表示を行う。整理者はゴム印等を使用し明確・鮮明に赤色又は黒色を用いて行う。出勤簿の押印後に他の表示を必要とする場合は，押印の上に他の表示をする(各教育委員会の規定による)。

［出勤簿の整理用語］（例）

	事　　　　　　　　　由	整理用語
1	勤務を要しない日又は休日の出勤	出
2	出張	出張
3	研修　(地公法39条(研修) 又は特例法21条(研修)，22条(研修の機会)若しくは23条(初任者研修)，24条(10年経験者研修)に基づく研修)	研修
4	派遣　(地方自治法 252条の17第1項の規定による他の地方公共団体への派遣又は外国の地方公共団体の機関に派遣される職員)	派遣
5	勤務を要しない日及び休日	休

98．出勤簿等の整理　②

6	代日休暇	代休
7	年次休暇	
	ア．1日単位	年休／全
	イ．時間単位（出勤時限後に与えたときは，押印又は他の表示の上に表示すること）	年休／ （時間数を記入）
8	公民権の行使	公
9	生理休暇	生休
10	妊娠・出産休暇	産休
11	育児時間	育児
	11-2　育児休業	育休
12	慶弔休暇	慶弔
13	勤務の軽減	軽減
14	職務に専念する義務の免除	職免
15	休職　（18に該当する場合を除く）	休職
16	停職	停職
17	職員団体等の業務従事（地公法55条の2第1項但し書きの規定による職員団体等の業務従事）	専従
18	結核休業（特例法14条の規定による休職又は職員の結核休業に関する条例の規定する休養）	結休
19	公務上の傷病	公傷
	19-2　通勤途上の傷病	通災
20	傷病による欠勤（7，19又は19-2を除く）	病
21	交通機関の事故等による遅参又は欠勤	事故
22	看護欠勤	看
23	その他の理由による欠勤(24，25又は26に該当する場合を除く)	私事
24	遅参	遅
25	早退	早
26	無届欠勤	不参

○教職員の出勤簿の整理については，基準を明確にして整理事務を円滑に行う必要から，各都道府県によって出勤簿の整理用語を定めている。

99．公務災害補償

公務災害補償

- **災害補償の法制とねらい**
  - ①**補償制度の設定**…職員が公務により死亡，負傷，疾病にかかった場合には，地方公共団体は当該職員あるいは遺族に損害を補償する制度を設けなければならない（地公法45）。
  - ②**地方公務員災害補償基金**…職員の公務上の災害（負傷，疾病，障害又は死亡）や通勤による災害に対する補償を迅速，公正に実施するための特殊法人の基金を設定（地方公務員災害補償法1）。

- **適用対象者**
  - ①**常勤の一般職公務員と特別職**…地方公務員で常勤の一般職公務員と知事，市町村長等の特別職（地公法3②③）。
  - ②**常時勤務を要しない公務員**…通常の勤務時間以上勤務した日が，22日以上ある月が12ヵ月を超える者は対象となる。

- **補償の内容**（地方公務員災害補償法25）
  - ①**療養補償**…公務上又は通勤上での負傷，疾病で必要な療養（診察，薬剤，処置，手術，看護，移送等）の費用の支給。
  - ②**休業補償**…公務災害により療養，欠勤し給与を支給されない場合，平均賃金の60％支給（労基法76）。
  - ③**傷病補償年金**…公務上の負傷等で，1.6ヵ月を経過後も治癒せず，障害の程度が1級〜3級に該当のとき，1級に平均給与の313日分，2級に277日分，3級に245日分を毎年支給。
  - ④**障害補償**…公務，通勤上の障害により身体障害が残るとき，障害の程度1〜7級に平均給与額の313〜131日を毎年支給，8〜14級に平均給与額の503日〜56日分を一時金として支給。
  - ⑤**介護補償**…③又は④に伴い，介護を要する場合に支給。
  - ⑥**遺族補償**…公務，通勤上で死亡の場合，遺族に遺族数に応じ平均給与額の153日〜245日分を毎年支給。遺族に一時金として平均給与額の1000日分までを支給。
  - ⑦**葬儀補償**…22万5000円＋平均給与額の30日分を支給。
  - ⑧**補装具の支給**…公務，通勤上での負傷，疾病により身体障害の残る場合，義肢，義眼，補聴器の装具を支給。

- **認定の基準**
  - ①**公務遂行性**…当該者が公務執行中であったかどうか。
  - ②**公務起因性**…その災害が公務に起因し，または公務との相互因果関係をもって発生したものかどうか。
  - ○**全国統一的**…具体的な状況把握で全国統一的な認定をする。

100. 国家賠償法

国家賠償法
- **国家賠償法の立法趣旨**
  - ①「何人も，公務員の不法行為により，損害を受けたときは，法律の定めるところにより，国又は公共団体にその賠償を求めることができる」（日本国憲法17　昭和22年11月3日公布）。
  - ②国及び公共団体の公権力の行使に当たる公務員が，その職務を行うについて，故意又は過失によって違法に他人に損害を加えたときは，国又は公共団体が賠償の責に任ずる（国賠法1）。
  - ③民主主義国家においては，このように法規定をしなければ，本当に公権力の受託者としての公務員がその責任を果たせない。また，国家がその賠償責任を任ずることによって，本当に国民をして自分は主権者である。主権は国民にあるという意識を完からしめるもの（当時の鈴木司法大臣が説明）。
- ［国家賠償法の用語解説］

国家賠償法1「…公権力の行使に当る公務員が，その職務を行うについて，故意又は過失 によって 違法に 他人に損害を与えたとき…」

| 「故意・過失」とは，主観的に自分のある行為についてその結果に対する認識をしている場合が**故意**
不注意のため認識しなかったということが**過失**に当たり，純然たる**主観的要件**である | 主観的要件の「故意・過失」に対しその行為が法規に違反しているといった客観的要件としての「違法」とは別個に考え，**故意・過失**があったから「**違法**」な結果となるというように，**原因・結果の関係**に立つものである |

国家賠償法2「… 営造物 の 設置又は管理に瑕疵 があったために他人に損害を…」

| 国又は地方公共団体という行政主体により，継続的に特定の公目的に供せられる人的・物的施設の総合体をいう | 営造物の設置・管理に対して，きず，欠点，完全な条件を欠いている状態をいう。国賠法1条が公権力の行使に過失責任を採用したのに対し，国賠法2は**無過失責任**を規定したもの |

101. 教職員の研修

教職員の研修

- **教員研修の意義と法制**
  - ①**研修とは**…「研究と修養」を意味し，職員が知識・技能を修得し，思考，判断その他の人格的要素を研鑽することにより，職務を適正，能率的に遂行する能力を養うことを目標とする。
  - ②**研修の規定**…「教育公務員は，その職責を遂行するために，絶えず研究と修養に努めなければならない」(特例法21①)。一般公務員にも研修の規定があるが，それは勤務能率の発揮増進のための手段として研修が考えられている(地公法39)。これに対し，教育公務員の場合は，職務遂行に不可欠な要素として研修が考えられていることに注目する必要がある。

- **任命権者の研修奨励**
  - ①**研修に関する任命権者の任務**…一般公務員の場合は「研修は，任命権者が行う(地公法39②)」と簡単な定めであるが，教育公務員の場合は，「任命権者の研修の施設，研修を奨励する方途や研修計画の樹立，実施への努力」を規定し(特例法21②)，任命権者の研修に関する任務を重要視している。
  - ②**県費負担教職員の研修**…市町村教育委員会に対して，自ら研修を実施するとともに，都道府県教委が行う研修に協力を行うことを規定している(地教行法45)。なお，指定都市及び中核市並びに中等教育学校を設置する市町村は特例規定がある(地教行法58②, 59, 61②)。(102.「初任者研修」, 104.「10年経験者研修」参照)

- **研修態様と服務取扱い**
  - ①**命令研修**（勤務としての研修）…研修を勤務そのものとして職務命令により行わせる場合で，勤務場所を離れるときは出張命令により処理される。研修の命令者は，各所属長など教員の服務監督権者で，旅費の支給や公務災害の認定もある。
  - ②**承認研修**（職免による研修）…授業に支障のない限り，本属長（校長）の承認を受けて，勤務場所を離れて研修を行うことができる(特例法22②)。長期休業中の自宅研修もこの規定によるもので，承認研修（義務免）は教員の特例である。自己研修となり，旅費の支給や公務災害の認定はない。
  - ③**勤務時間外の自主的研修**…教師自身の判断と自発性によるもので自由であり，法律上問題とされない。

102．初任者研修

初任者研修の意義と概要

①初任者研修…新たに国・公立諸学校に任命された教員等に，初任のときの重要性と時代の進展に応じた様々の教育課題に対応できるよう昭和63(1988)年新しく制度化された。

②初任者研修の実施計画…公立の小・中・高等学校，中等教育学校，特別支援学校及び幼稚園の教諭・助教諭・講師等に対して，その採用の日から1年間の教諭の職務の遂行に必要な事項に関する実践的な研修につき，これらの任命権者が実施する。任命権者が初任者研修に関する計画に当たっては，教員の経験に応じて実施する体系的な研修の一環をなすものとして樹立されなければならない（特例法25）。

③初任者研修の免除対象…臨時的任用者（期間付任用を含む）。教諭，助教諭，常勤講師として国・公・私立学校で1年以上の勤務者で任命権者がその必要を認めない者。教職免許法改正による社会人登用の特別免許状を有する者（特例法施令2）。

指導教員の対応

①指導教員…任命権者は，初任者の所属する学校の副校長，教頭，主幹教諭(一部を除く)，指導教諭，教諭，講師のうちから指導教員を命ずる（特例法23②）。

②指導教員の役割…初任者に，教諭の職務遂行に必要な事項について指導・助言を行う（特例法23③）。

③非常勤講師の派遣…市町村教委は，初任者研修を実施する場合，当該校に非常勤講師の勤務が必要と認めるときは，都道府県教委に派遣を求めることができる（地教行法47の4①）。

④非常勤講師の身分と報酬…都道府県教委から市町村教委に派遣職員は，市町村職員の身分を併せ有し，報酬及び職務遂行に要する費用の弁償は派遣した都道府県が負担する。市町村教委は派遣された非常勤講師の服務を監督する（地教行法47の3）。

初任者研修の内容

①初任者は…原則として学級又は教科・科目を担当するが，担当授業時数等の校務分掌は軽減できる。校内で主に指導教員の指導・助言で研修（週2日・年間最少60日程度）と，校外の教育センター等の研修（週1日・年間最少30日程度）実施。

②宿泊研修…4泊5日程度の宿泊研修を実施する。

103. 長期研修

長期研修 {
　長期研修の派遣と法制
　長期派遣の研修制度
}

①**現職教員の研修**…学校教育の今日的課題に対応するためには現職教員の研修に期待するものが大きい。そのため教育委員会は教員の体系的な研修について職能に応じた研修や専門的研修等をはじめ，経験に対応した「初任者研修(特例法23)」「10年経験者研修(特例法24)」等，さらに大学，教育研修センター等における長期研修など体系的な研修を図っている。

②**長期にわたる研修**…「教育公務員は，任命権者の定めるところにより，現職のままで，長期にわたる研修を受けることができる」(特例法22③)とあり，各教育委員会により制度上若干の相違があるが，大学等への長期研修が実施されている。

①**新教育大学大学院等へ派遣研修**(昭58.6.3.文初地265初中局長通知)…現職経験3年以上の教員で，大学院修了後も当該都道府県で勤務の意思を持ち，大学院派遣が学校運営上支障がなく有益で，本人の心身が長期研修に耐えられる者などの基準に照らし，都道府県教委と協議して2年間の派遣研修となる。新教育大学大学院として兵庫・上越・鳴門教育大学がある。

○**長期派遣申請の手続き**…例：新教育大学大学院の場合，出願要件として公立学校にあっては教育委員会等の「同意書」が必要となる。同意書の取得後，希望大学を受験する。

②**大学院修学休業の研修**…公立学校の主幹教諭，指導教諭，教諭，養護教諭，栄養教諭，講師で，特例法26条1項の各号に該当する者は任命権者の許可を受け，3年の範囲内で年を単位として定める期間，大学の大学院の課程，専攻科の課程又は外国の大学の課程を履修するために休業ができる(特例法26①)。大学院修学休業中の者は，地方公務員の身分を保有するが職務に従事せず，休業期間中の給与の支給はない(特例法27②)。

③**その他の大学等への長期研修**…(1)修学部分休業(地公法26の2)：条例の定めにより修学のため1週間の勤務時間の一部を勤務しない承認を受けての研修。(2)教育委員会が1年程度の大学等の派遣や社会体験研究制度を設けている。(3)夜間大学院での研修（勤務時間外に自主的に研修）など。

104．10年経験者研修

10年経験者研修

- **特例法の一部改正**
  - ①**改正の趣旨**…学習指導要領のもと，基礎・基本の確実な定着，自主的に学び考える力等の育成とともに，心の教育の充実を図るためには，実際に指導に当たる教諭等にこれまで以上の指導力が必要とされた。
  - ②**教育公務員特例法を改正**…上記のような趣旨から特例法を改正して，教諭等として在職期間が10年に達した者に対する個々の能力・適性に応じた研修を制度化されたものである。
  - ③**法律の公布**…平成14年6月12日法律第63号をもって公布され，平成15年4月1日から施行された（特例法24）。

- **改正法の概要**
  - ①**研修の実施者**…教諭等に対する任命権者が，その在職期間が10年（特別の場合10年を標準）に達した者に実施（特例法24①）。
  - ②**当該者ごとに計画書**…任命権者は，10年経験者研修を受ける者の能力・適性等について評価を行い，その結果に基づき当該者ごとに当研修に関する計画書を作成する（特例法24②）。
  - ③**体系的な研修の一環**…任命権者が定める10年経験者研修の計画は，教員の経験に応じて実施する体系的な研修の一環をなすものとして樹立されなければならない（特例法25）。

- **10年経験者研修の要綱**
  - ①**研修計画の作成**…研修実施の事前に，教諭等個々の能力・適性等を評価し，教諭等ごとに研修計画を作成すること。
  - ②**長期休業期間中**…夏季・冬季の長期休業期間等に，20日程度，教育センター等において研修を実施すること。
  - ③**課業期間中**…20日程度，長期休業期間等に習得した知識や経験をもとに，主として校内において研修を実施すること。
  - ④**研修終了時の評価**…個々の教諭等の能力・適性等を再評価し，その結果をその後の研修等に活用すること。

- **評価・研修計画案作成**
  - ①**能力・適性等の評価基準**…各任命権者において作成する。
  - ②**研修計画の作成**…校長は評価基準により計画書案を作成する。
  - ③**必要な調整と決定**…教委は，校長より提出された評価案・計画案について必要な調整を行い決定する。

105. 指導力不足教員への対応

指導力不足教員

①**市町村立の小・中学校等の教員のうち**…分限処分に至るほどではないが，児童生徒の教育指導や学級経営等がうまくできない，いわゆる「指導力不足教員」に対する対応が問題視されている。(111.「教職員の分限」参照)

②**指導力不足教員の定義**…用語の定義については，平成16(2004)年4月時点で全都道府県・指定都市教育委員会において定められているが，東京都の例では「病気・障害等の理由以外の理由で，指導力不足により児童生徒を適切に指導できないため，人事上の措置を要すると決定された教員」としている。

地教行法の一部改正の内容

①**対象となる教職員**…都道府県教委が任命に係わる市町村の県費負担教職員（教諭，養護教諭，栄養教諭，助教諭，養護助教諭並びに常勤講師）をいう（地教行法47の2第1項）。

②**県費負担教職員の免職及び都道府県の職への採用**…県費負担教職員で次の各号のいずれにも該当する者について，これを免職し，引き続いて当該都道府県の常時勤務を要する職（指導主事並びに校長，園長及び教員の職を除く）に採用することができる（配置転換）(地教行法47の2)。

③**該当する事項**…(地教行法47の2第1項)
　1．児童又は生徒に対する指導が不適切であること。
　2．研修等必要な措置が講じられても児童又は生徒に対する指導を適切に行うことができないと認められること。
　　※分限免職及び分限休職に該当する者を除く

④**事実確認の方法**…上記各号（③の1，2）に該当するかどうかの判断をするための手続きに関し，必要とする事項は都道府県教育委員会規則で定める（地教行法47の2第2項）。

⑤**「研修等必要な措置」とは**…指導力不足教員に対する配置転換は，研修等必要な措置を講じられても，なお指導が不適切な場合の措置であり，研修等必要な措置の具体的事項は，
　　1．学校における校長，教頭等による指導　2．学級担任を外すなどの校務分掌等の変更　3．都道府県・市町村教委による研修　4．他の学校への転任等

106. 教職員の出張

教職員の出張

- **出張の定義と校務形態**
  - ①**出張とは**…職員が本来の勤務場所で職務が果たせないときに，公務のため一時その勤務場所を離れて，直接目的地に赴き職務を行うための旅行をすることをいう。
  - ②**校務遂行の形態**…教職員が勤務場所を離れて校務を遂行する形態はいろいろあるが，引率，指導，付添いなど児童生徒を対象とするものや，連絡，打ち合わせ，協議等，校務分掌に関するものもあり，校務遂行の必要性から行われる命令による研修の場合などは，出張の扱いがなされる（旅費条例による）。

- **旅行命令**
  - ①**出張が職務としての内容を持つもの**…その性格上から職務命令の一種である。従って，当該命令を発するに当たっては，個々具体的な法令の根拠に基づく必要はない。
  - ②**職員は忠実にこれに従う義務**…命令を受けた職員は，法律による義務が生ずる（地公法32，地教行法43②）。
  - ③**命令権者**
    - 校長の専決…（自由裁量行為）
    - 自由裁量（判断資料）
      - ○内容…公務遂行の必要性
      - ○授業時間の確保
      - ○旅費の予算上の措置
      - ○今後の出張予定 など

- **出張旅費の性格と支給**
  - ①**旅費の性格**…旅行の必要経費として支給される金銭で，実費弁償の性格を持つ（役務の対価として報酬的性格を持つ給料とは異なる）旅行の必要経費全体をいう。
  - ②**旅費の負担者**…都道府県の条例で規定する（地教行法42）。都道府県が負担する（給与負担法1，2）。
    - ○当該地方公共団体が旅費支給の義務を負っているので，予算計上のないものや予算額を超過した命令は条例違反となる。
  - ③**旅費の調整**…本来旅費は実費弁償を本質とするが，実際運用では，標準的な実費額を基礎とする定額支給をとる。
    このため，現実に要する費用と，この定額との間に差額が生ずる場合があるので，場合によっては，実情に応じて実費を限度として減額支給することができる。

107. 教職員の給与

教職員の給与
- 給与の性格 ── ○**給与は勤務に対する報酬**…労働の対価という点では，民間企業の労働者の賃金と同様であるが，労働者の賃金は雇用契約又は労働協約により定まり，給与の引上げは団体交渉によって獲得される。これに対し，教職員の給与は，法律，条例によって定められる（地公法24，25等）。

- 給　料（基本給）
  - ①**給料**…給与制度の中核をなし，人事委員会は，毎年最低1回給料表が適当かを地方公共団体の議会及び長に報告，給料額の増減が適当とする場合，必要な勧告が行われる（地公法26）。
  - ②**教職調整額**…俸給表1級，2級の者に給料月額の4％を基準として条例の定めにより支給，各種手当等の基礎となる（給与特別措置法3，4）。3級の者には逆転防止のため定額を支給。
  - ③**給料の調整額**…特別支援学校教育職員と特別支援学級担任に対し，当該職員に適用される俸給表の級に応じ給料の割増加算額（調整額）が条例の定めにより支給される。

- 加　給
  - ①**生活給的な手当**
    扶養手当，特地勤務手当，期末手当，通勤手当，住居手当，初任給調整手当，単身赴任手当
  - ②**地域給的な手当**
    調整手当，へき地手当（準ずるを含む），寒冷地手当
  - ③**職務給的な手当**
    俸給の特別調整額（＝管理職手当），特殊勤務手当，産業教育手当，定時制通信制手当，義務教育等教員特別手当
  - ④**能率給的な手当**
    勤勉手当，超過勤務手当(事務職員に係わる)，休日給(事務職員に係わる)，宿日直手当

- **特殊職員の給与**…休職者，非常勤職員等（別途の規定による）
- **その他の手当**…複式学級における多学年手当，通信教育指導を行う学校の通信教育指導手当，寄宿舎を持つ学校の舎務手当，寄宿舎務を兼務する兼務手当，定時制と全日制を兼務する兼務手当（産業教育手当の支給者にも支給される），養護教諭夜間業務手当，農業水産実習指導手当，採点業務手当，介護業務手当，教育業務連絡指導手当（いわゆる主任手当）等がある。

108．給料の変更

給料表（地公法24⑥，25，特例法13）
- ○校種別の給料表…国家公務員の場合は「俸給」というが，地方公務員については「給料」と呼ばれ，給料の額は校種の特性により大学，高専，高校，中等教育学校，小・中学校，特別支援学校の給料表に分かれ支給される。職員の給与，勤務時間その他の勤務条件は，都道府県の条例の定めによる。

昇格と降格
- ①**昇格とは**…同一給料表の下位の等級から上位の等級に移行することで，通常，必要経験年数と必要在級年数を満たしていることが必要である。また，教頭から校長になる場合，教諭から教頭になる場合などのほか，助教諭，実習助手が教諭になった場合等の昇格がある。
- ②**昇格前給料との比較**…昇格前の給料が，昇格した等級の最低号俸以下であれば，その級の最低号俸に，昇格した級にその金額がないときは，その直近上位の金額の号俸となる。
- ③**降格**…昇格の逆が降格で，例えば，校長の教諭への任用替え等がそれである。

給料表の異動
- ①**小中学校教諭から高校教諭へ**…このような場合は，その者が新任のときから高校教員であったものとして再計算する。
- ②**中学校長から高校長へ**…となった場合は，その者が新任から高校教諭であったものとして計算し，校長になったとき昇格したものとして再計算する（逆の場合も同様方法をとる）。

昇給
- ①**普通昇給**…条例等の定めにより，12月以上良好な成績で勤務したとき，人事委員会の基準に従って短縮でき，また号俸によっては，12月を短縮して運用している箇所もある。
- ②**特別昇給**
  - ○**定数内特昇**…職員定数の15％以内，勤務成績特に優秀者，直近上位の給料月額に昇給。適用制限あり。
  - ○**その他特昇**…研修・勤務成績良好，特に功績があったとき。20年以上勤続し退職，その他特に必要なとき。
- ③**枠外昇給**…等級最高額から特に行う。
- ④**へき地特昇**…へき地2～5級地に勤務する者に適用。
- ⑤**昇給延伸**…懲戒処分を受けた者（停職期間は含まず）。

109．休職と給与

休職と給与
- **休職制度**
  - ①**結核性疾患の場合**…校長・教員の休職期間は，結核性疾患のため長期の休養を要する場合の休職は満2年，ただし，任命権者が特に必要と認めたときは，予算範囲内で休職期間を満3年まで延長できる（特例法14①）。前項規定の休職者には，休職期間中，給与の全額を支給する（特例法14②）。
  - ②**心身の故障の場合**…長期の休養を要する場合（地公法28②）。
  - ③**刑事事件に関し起訴の場合**…（地公法28②）。
  - ○**法により一定の身分が保障されている**…公立学校の教職員の場合には，地公法又は条例で定める事由の場合以外は，その意に反して休職の処分はない（地公法27②）。

- **不利益処分の救済**
  - ①**不利益な処分を受けた職員**…職員は，その意に反し不利益な処分を受けたと思うときは，人事委員会又は公平委員会に対し行政不服審査法による「不服申立て」ができる（地公法49の2）。
  - ②**休職は本人の意に反しても行い得る処分**…このため，公正の原則を掲げ（地公法27①）るとともに，休職事由につき処分説明書を交付する義務（地公法49，分限条例）づけがある。

- **休職の事由**
  - ①**心身の故障で長期の休養**…（地公法28②-1，分限条例）。
    - ○**人事委員会の定める疾病**…高血圧症，動脈硬化性心臓疾患，慢性肝臓病，慢性腎臓病，糖尿病，悪性新生物疾患，精神病，膠原病のうち認定するもの（給与支給規則）。
    - ○**期間・給与**…休職期間3年以内で個々に定める期間。給料，扶養・調整・住居・寒冷地・期末手当の100分の80を支給。
    - ○**普通傷病**…90日間有給欠勤が承認される。この期間を過ぎ休職3年以内のうち始めの1年のみ100分の80を支給。
  - ②**刑事事件の起訴**…（地公法28②-2）　100分の60以内を支給。
  - ③**調査研究に従事**…（分限条例）　100分の70以内を支給。
  - ④**海外派遣**…（分限条例）　100分の70以内を支給。
  - ⑤**所在不明**…（分限条例）　公務以外は100分の70以内を支給。
    （不慮の事故等で生死・所在不明）
  - ⑥**組合専従**…（地公法55の2⑤）　給与を支給しない。

110. 現金の取扱い

現金の取扱い
- **現金取扱いの態様**
  - ①**学校内で扱われる現金**…公金とそれ以外の現金がある。
  - ②**公金である現金とは**…地方公共団体がその行政目的を達成するために用いるものであって，これについては法令，条例，規則等において，その取扱いについての根拠があり，地方公共団体又はその機関が管理するものとされている。
  - ③**公金の違法・不当な支出**…住民からの監査請求や住民訴訟の道が開かれている。
  - ④**公金の忘失等**…職員については，公法上の特別の賠償責任が定められている。
  - ⑤**PTA等の諸会費**…修学旅行費などの現金は，学校・教職員が保管していても，その取扱いに法令的根拠があるわけではなく，関係者間に，私法上の契約により保管している私の金であると考えられる。したがって，忘失等では一般の民法の規定が適用されることになる。

- **公金の処理**
  - **公金取扱い**
    - ①**公金取扱いのできる者**…公共団体の会計管理者，出納員，会計職員である（地自法168, 171）。
    - ②**市町村立学校の教職員に市町村の公金を取扱わせる**…教委の同意を得て，出納員その他の会計職員を命ずることになる。
    - ③**資金前渡**…公金支出方法の便宜を図るため，例外として，職員にあらかじめ資金を交付しておき，支払いをなす資金前渡の制度がある（地自法232の5②）。必要の場合は，他の公共団体職員に対してもできる。
  - **公金の忘失責任**
    - ①**故意・過失は賠償する**…現金取扱い者の故意・過失により，その保管に係わる現金を忘失したときは，生じた損害を地方公共団体に賠償する（地自法243の2）。
    - ②**公法上の損害賠償責任制度による**…一般に民事上の債務不履行責任や不法行為責任にはよらない。
    - ③**賠償責任制度は**…発生した財産的損害に着目し，職員の職務上の義務違反は別途懲戒を受けることあり。

111. 教職員の分限

- 教職員の分限
  - 公務員としての責任
    - ○**全体の奉仕者の責務**…公務員としての教職員は、法令で身分保障があり、安んじて自己の職責を処理する配慮がある。しかし、その職責を果たせない場合には、分限処分、懲戒処分、公法上の賠償責任及び刑事上の責任を負うことがある。
  - 分限の意義
    - ①**身分上の変動を伴う処分**…公務員が良好の成績で、その職務を遂行すべき職責を、十分果たすことができない場合、その意に反しても処分を受けるものである(地公法27)。
    - ②**規定の事由以外は分限を受けない**…分限処分は地公法28条及び条例で規定する以外は行えない。その意味で、分限処分制度は、職員の身分保障制度の機能を併せ持つものといえる。
    - ③**懲戒処分とは性格を異にする**…分限処分は、公務の能率維持の観点から行われるが、職員の非違行為に道義的な責任を追及し、秩序維持の観点から行う懲戒とは性格を異にする。
  - 種類
    - 免職(地公法28①)
      - ①**勤務実績**…不良の場合
      - ②**心身の故障**…職務遂行に支障、堪えられない場合
      - ③**その職に必要な適格性を欠く場合**
      - ④**職制又は定数の改廃**…廃職又は過員を生じた場合
    - 休職(地公法28②)
      - ①**心身の故障**…長期の休養を必要とする場合
      - ②**刑事事件**…事件に関して起訴された場合
      - ③**職務に関連する研究を行う場合**…条例の規定による
        - ○休職期間中の給与は、条例で規定している。
        - ○休職期間中は職務を免除、定数外として扱う。
        - ○病気休職の場合、運用の適正を期すため、任命権者の指定する医師の診断が必要とする。
    - 降任──○**分限免職の事由と同じ**…(地公法28①)
    - 降給──○**基準作成が困難**…などの理由により条例未制定
  - **指導力不足教諭等の配置替え**…県費負担教職員でいわゆる問題教員(地教行法47の2①)については免職し、引き続いて当該都道府県の常時勤務を要する職に採用することができる(平成13.7.11公布)(文部科学事務次官通知:平成13.8.29文科初571)。
  - **条件付採用期間中の職員に対する分限**…公務員の任用に際し、職務能力を判定するために設けた趣旨から、処分は条例で緩和されている。

112. 教職員の懲戒

教職員の懲戒

- **懲戒の意義**
  - ①責任を確認，将来を戒める…「その責任を確認し，及びその将来を戒める」と規定している（人事院規則12-0第4条）。
  - ②公務員の道義的責任に対して行う制裁…公務の能率維持と適正な運営維持の観点から行う「分限処分」と異なり，「懲戒」は法令違反や義務違反に対し道義的責任の意味を持つ（地公法29）。
  - ③刑罰とも性格を全く異にする…社会公共の公益に対する侵害行為として，その責任を追及する刑罰とも異なるものである。

- **法定の事由**
  - ①法定の事由のみに適用…職員は，この法律で定める事由による場合でなければ，懲戒処分を受けない（地公法27③）。
  - ②分限の場合との違いは…免職のように重いものは法律で規定し，降給など比較的軽いものは内容を条例で規定する。
  - ③懲戒処分の処分事由…すべて法律で定めたのは，懲戒はすべて職員の身分に重大な影響を与えると考えられるからである。

- **処分権者と公正の原則**
  - ①任命権者である…法令上の処分権限を有する（地公法6①）。
    教育委員会の所管する学校その他教育機関の職員は，法律に特別な定めの場合を除き，教育長の推薦により教育委員会が任命する（地教行法34）。県費負担教職員については，その任命権者は都道府県教育委員会に属する（地教行法37①）。
    都道府県教委は，市町村教委の内申をまって行う（地教行法38①）。
  - ②職員の分限・懲戒は…厳正・公正であること（地公法27①）。

- **懲戒処分とその効果**（地公法29）
  - ①戒告…服務上の義務違反の責任を確認して，その将来を戒めるための処分
  - ②減給…一定の期間を限り，給料の一定額を減ずる処分
    各県の条例によるが，1日以上6カ月以下，給料及び暫定手当の5分の1以下を減ずる等
  - ③停職…一定期間職員を職務に従事させない処分
    各県の条例によるが，1日以上6カ月以下，給与は支給せず。
  - ④免職…職員としての身分を失わせる処分
    懲戒免職は退職金・年金の支給制限がある。

- ○訓告…懲戒と異なり，職員への矯正措置で制裁の実質を伴わない。

113. 不利益処分の救済

不利益処分の救済
├─ 不服申立て制度の意義
│ ○**不利益処分の不服申立て**…不利益処分を受けた職員に，中立的な人事機関である人事委員会，公平委員会に不服申立てをすることによって，職員の身分保障の実効性を確保するための制度である。
│
├─ 対象となる不利益処分
│ ①**対象となる不利益処分**…不服申立て対象となる不利益処分とは「懲戒その他その意に反する処分」とされる（地公法49）。
│ ○不利益処分
│   (1)**懲戒処分**（免職，停職，減給，戒告）
│   (2)**分限処分**（免職，休職，降任，降給）
│   (3)**転任処分**…不利益処分になる場合もある。
│ ②**職員の意に反する処分の該当事由**…（地公法28）
│ ○免職・降任
│   (1)**勤務実績**…よくない場合
│   (2)**心身の故障**…職務の遂行に支障又はこれに堪えられない場合
│   (3)**職の適格性**…その職に必要な適格性を欠く場合
│   (4)**職員定数の改廃等**…職制又は定数の改廃，予算の減少による廃職又は過員を生じた場合
│ ○休職
│   (1)**心身の故障**…長期の休養を要する場合
│   (2)**刑事事件で起訴**…刑事事件に関し起訴された場合
│
├─ 不服申立て
│ ①**不服申立て権者**…不利益を受けたと思う職員で，現職の職員に限られ退職した職員が在職中の申立てはできない。ただし，免職の場合は，その性質上不服申立てができる（昭和26.11.自治庁）。
│ ②**審査機関**…県費負担教職員の場合は，都道府県・指定都市の人事委員会又は公平委員会が審査機関となる。
│ ③**不服申立て期間**…処分を知った日の翌日から60日以内に，あるいは，処分のあった日の翌日から1年以内（地公法49の3）。
│
├─ 審理
│ ○**審査請求書**…受理（却下）──口頭審理・書面審理（請求があれば公開）──証拠調べ（人的・物的）事実関係確定──法規に適用──事案の最終的判断（裁決・決定）（地公法50）
│
└─ 判定
   ①**承認**…適法・妥当の場合棄却
   ②**修正**…適法だが量定修正
   ③**取消し**…違法であり不当な場合（給与等の回復処置をとる）

114．職員団体　①

職員団体

- **労働基本権と職員団体**
  - ①**団結権，団体交渉権，争議権**…労働に関する諸権利のうち，この三権を指して「労働基本権」といっている。憲法28条はこの「労働三権」を勤労者に保障した規定である。
  - ②**職員団体**…職員がその勤務条件の維持改善を図ることを目的として組織する団体又はその連合体をいう（地公法52①）。
    公務員の場合は，労働組合法は適用されないが，職員団体を結成し，これに加入することが認められており（地公法52），地方公共団体の当局と勤務条件について交渉できる（地公法55）。しかし，交渉には団体協約締結権は含まれない（地公法55②）。職員の争議行為等は禁止されている（地公法37）。
  - ③**公務員**…原則として上記労働基本権の保障は受けるが，実際上これらの権利がすべて保障されているものではない。

- **公務員の実定法上の制限**
  - 種類
    - ①**三権すべて否定**…警察職員，消防職員，防衛省職員，海上保安庁職員，監獄職員
    - ②**団結権は認め，団体交渉権・争議権は否定**
      非現業の国家公務員・地方公務員，
      国・公立学校教職員
    - ③**団結権，団体交渉権は認め，争議権は否定**
      現業の国家公務員，地方公営企業の地方公務員，
      公共企業体の職員

- **教育公務員の団結権と結成の範囲**
  - ①**職員団体の結成が認められる**…労組法の適用除外（地公法58①），職員団体の結成（地公法52）。市町村の公立学校に勤務する職員は，他の同様学校の職員とともに都道府県を一つの単位として職員団体を結成できる（特例法29①）。
  - ②**職員団体の結成，加入を個人の自由と規定**…職員団体が労働組合と異なるのは，結成・加入の方法が個人の自由と法律で規定していることである（地公法52③）。
  - ③**管理職員等と一般職員の区別**…同一の職員団体を結成できない（地公法52③）。管理職の範囲は人事委員会で定め（地公法52④），公立学校では校長，副校長，教頭，主幹教諭，指導教諭，定時・通信制主事，事務長，特別支援学校の主事及び舎監。

114．職員団体　②

職員団体と労働組合

労　働　組　合	職　員　団　体
争議権を裏づけとして，使用者と対等の地位に立ち，勤務条件について団体交渉ができる	争議権がなく，交渉相手の当局とは対等の地位にはない（地公法37）
使用者と団体協約を結び勤務条件を規制できる	団体協約締結権がない（地公法55②）
使用者と協定により雇用労働者を強制的に組合に加入させられる	職員団体の結成・加入は職員の自由意思による（地公法52③）

職員団体

- 職能団体
  - ①職能団体とは…構成員の相互研鑽を通じて職能の向上を図ることを目的とする団体（憲法21①「結社の自由」）。
  - ②意思を同一にする者…相集い，任意に規約を定めて構成員の範囲（例：管理職員等と一般職員，公務員と民間人など）を自主的に決めればよい。
  - ③組織・運営…原則的にその組織・運営は自主性にゆだねられているものであるが，法令や社会的道義等にそむくものは慎むべきである。

- 職員団体の登録（地公法53）
  - 制度の趣旨
    - ①登録…任意で，交渉能力や基本的地位は左右されない。
    - ②登録団体は…自主的な構成として確認・公証される。
  - 登録の要件
    - ①主たる構成員…公立学校教職員で構成
    - ②地方公共団体の職員で構成…連合体としての構成も可
    - ③主たる目的…職員の勤務条件の維持改善を図ることを目的として組織する職員の団体又はその連合体

- 登録団体への便宜
  - ①法人化される…登録団体は人事委員会又は公平委員会に申し出ることによって法人となることができる。
  - ②当局の対応…登録団体の適法な交渉申入れがあった場合，当局は申入れに応ずべき地位に立つものとされている（地公法55①）。
  - ③在籍専従の許可…登録団体に対し，任命権者は職員団体の役員の業務に専ら従事する許可を与えられる（地公法55の2①）。

115. 職員団体の交渉 ①

職員団体の交渉

- **交渉の意義と法制**
  - ○**公務員の職員団体の交渉**…職員団体は，地方公務員法上の団体であり，職員の勤務条件の維持改善を図ることを目的とし，その活動の中心は勤務条件について地方公共団体と交渉することである（地公法55①）。しかし，使用者と実質的対等の地位での交渉は持ち得ず，また，労働組合とは異なり，地方公共団体の当局との団体協約締結権，争議権を含まない（地公法37，55②）。

- **交渉の当局**
  - ①**当局（当事者）と交渉**…交渉は地方公共団体の当局と職員団体との間において行われる（地公法55④）。当局とは，交渉事項につき適法に管理し，又は決定可能な権限のあるものであるから，公立学校教職員で組織する職員団体の場合は，通常，教育委員会が当局となる。学校においては，校長が権限を有する限りにおいて，校長が当局となる。
  - ②**職員団体から適法な申入れ**…登録された職員団体から適法な申入れがあった場合，当局はその申入れに応ずべき地位に立つとしており，正当な理由もなく拒否はできない（地公法55①）。また，登録を受けていない職員団体の対応も，同様の考え方で対処する必要がある。

- **交渉対象の内容事項**
  - ①**給与，勤務時間その他の勤務条件**…職員団体の目的から，給与，勤務時間その他の勤務条件と，それに付帯する事項であり（地公法55①），管理運営事項は除外される（地公法55③）。
    - ○**その他の勤務条件とは**…例：休暇，転任，懲戒等の基準，安全，衛生，災害補償，執務環境等
  - ②**勤務条件に付帯する事項**…社交的又は厚生的活動を含む適法な活動にかかる事項（地公法55①）。
    - ○**社交的，厚生的活動とは**…例：職員の図書閲覧室の設置，親睦会，講演会，講習会，運動・レク等の便宜供与など。

- **交渉不能の事項**
  - ①**団体協約の締結**…職員団体の交渉は，団体協約を締結する権利を含まない（地公法55条②）としており，仮に同法55条9項による書面協定を結んでも，労働協約と同様の法的効果を求めることは困難であり，いわば紳士協定である。

115．職員団体の交渉　②

職員団体の交渉

- **交渉不能の事項**
  - ②**管理運営に関する事項**…地方公共団体の事務の管理及び運営に関する事項(地公法55③)のことであり，地方公共団体の機関がその職務権限として行う事務の処理に関する事項である。具体的には，公共団体の組織に関する事項，行政の企画・立案・執行に関する事項等である（当局が，法令，条例等によるものは，自らの判断と責任で処理する事項となる）。
  - （116．「管理運営事項」参照）

- **交渉当事者**
  - ①**地方公共団体の当局**…当事者(地公法55④)…前ページを参照
  - ②**職員団体の役員及び委任された者**…(地公法55⑤⑥)

- **交渉の実施**
  - ①**予備交渉**…当事者間において，議題，時間，場所，人員その他必要事項をあらかじめ取り決める（地公法55⑤）。
  - ②**本交渉**…適法な交渉の結果，法令・条例，規則等に抵触しない限りにおいて当局と書面協定を結べる（地公法55⑨）。
  - ③**書面協定**…双方の誠意と責任で履行する（地公法55⑩）。
  - ④**予備交渉の決定違反**…予備交渉の決定事項に違反，又は他の職員の職務を妨害・混乱のときは「打切り」ができる（地公法55⑦）。

- **交渉事項と校長の関係**
  - ◎**学校における交渉の当事者**…職員の勤務条件について，ある特定の事項を決定し処理する権限が，教育長から委任・命令により校長に与えられている場合は，その範囲内において校長も交渉の当局となる。（校長の職務権限(学校法37④)）
  - ①**教職員の勤務条件**…給与，勤務時間等，教職員が自己の労働やその労働の提供を継続することを決心するに当たって，当然考え得る利害関係等に係わる必要事項等
  - ②**校長が関係事項に決定権限のある事項**…通常，勤務時間の割振り，休暇の承認，執務環境の整備，職員のスポーツ，レクリエーション行事等の実施に係わる必要事項等
  - ③**校長自らの権限と責任で処理すべき事項**…例：校務分掌，教育課程の編成，人事具申その他に関する事項では，教職員の協力を得ての決定は必要とするが，対等の立場での交渉によって決定される性格のものではない。

116. 管理運営事項

管理運営事項

- **職員団体との交渉**
  - ①**職員団体とは**…「職員がその勤務条件の維持改善を図ることを目的として組織する団体又はその連合体」(地公法52①) をいう。
  - ②**職員団体との交渉**…「地方公共団体の当局は，登録を受けた職員団体から，職員の給与，勤務時間その他の勤務条件に関し，及びこれに附帯する社交的又は厚生的活動を含む…事項に関し，交渉の申入れに応ずべき地位に立つ」とある (地公法55①)。学校においては，職員の勤務条件等について，ある特定事項を決定し処理する権限が，教委から委任・命令により校長に与えられている場合は，その範囲内において校長も交渉の当事者となる。(115.「職員団体の交渉」参照)
  - ③**管理及び運営事項は交渉の対象としない**…「地方公共団体の事務の管理及び運営に関する事項は，交渉の対象とすることができない」(地公法55③) とする規定がある。

- **交渉事項にできない事項**
  - ①**管理運営事項とは**…地方公共団体の機関の職務権限として行う事務の処理に関する事項で，次の事項が該当と思われる。
    - (1)地方公共団体の組織に関する事項
    - (2)行政の企画，立案，執行に関する事項
    - (3)職員定数およびその配置に関する事項
    - (4)人事権の行使，予算の編成に関する事項
    - (5)地方税，使用料，手数料等の賦課徴収に関する事項
    - (6)公共団体が当事者である不服申立て，訴訟の事項
    - (7)財産・営造物の取得，管理及び処分に関する事項
  - ②**なぜ交渉対象にできないか**…昭和40(1965)年の国会でILO第87号条約の質疑に関し，政府見解として「国や地方公共団体が，直接一般国民の公共の福祉に責任を持っている事項なので，行政の全体的な責任の観点から，当該所属の職員団体とある種の協定に達して，趣旨にそわない処理をする恐れが生ずるための規定と理解している(要約)」と述べられている。
  - ③**学校レベルでは**…教職員の意見を聴いて決定する場合でも，組織編成など行政管理権の行使に関与を許せないものがある。

117. 不利益取扱いの禁止

不利益取扱いの禁止
┣ **団体職員の権利保障**
┗ **不利益取扱い（不当労働行為）**

①**職員の不利益取扱い**…職員団体をめぐる職員の不利益取扱いの禁止に関する規定である「地方公務員法56条」は，勤労者である教職員の労働基本権保障の一環であり，職員が不利益な取扱いを受けたときは，人事委員会又は公平委員会に不服申立て（審査請求又は異議申立て）をすることができる（地公法49の2）。

②**不当労働行為禁止の制度**…労働者の権利を保障するため，労働組合法7条に，使用者が，労働組合の組合員に対する行為について制限を規定している。

③**職員団体と労働組合**…地公法58条1項は，職員団体には労働組合法の適用を排除しているが，労組法7条で規定している行為の趣旨は，地公法56条と同様趣旨と考えられる。

［解雇や不利益取扱い（不利益処分）の禁止］

①**差別待遇の禁止**…下記の行為に対して不当な取扱いを禁止

職員団体	労働組合
不利益取扱いの禁止(地公法56)	**不当労働行為**(労組法7)
①職員団体の構成員である	①労働組合の組合員である
②団体を結成しようとした	②組合に加入しようとした
③団体に加入しようとした	③組合を結成しようとした
④団体の正当な行為をした	④組合の正当な行為をした
	⑤組合に加入せず・脱退することを雇用条件とすること

②**団体交渉の拒否**…正当な理由がないのに拒むこと。

③**組合結成や運営に支配・介入**…例：労働組合運営経費の支払い，経理上の援助を与えること（実際に使用する福利・基金等へ使用者の寄付等は除く）

④**救済・審査申立て等による差別待遇**…公務員は労働組合法の適用を排除しているので，教育職員に，当局があえて不利益な取扱いを行った場合の職員の救済は，労働委員会によらず人事委員会又は公平委員会による不利益処分の申立て・審査によることとなる。この場合の差別，不当な行為はしない。

Ⅲ／児童・生徒

118. 児童生徒の就学……………152
119. 就学義務…………………153
120. 就学校の指定と就学相談……154
121. 心身障害児の障害程度と
     教育措置…………………156
122. 就学奨励・援助……………159
123. 小・中学校の入学・進級・
     卒業等……………………160
124. 中学校卒業程度認定試験……161
125. 高校の入学・退学・転学等…162
126. 帰国子女と外国人の就学……163
127. 特別支援教育………………164
128. 特別支援教育の制度…………166
129. 特別支援教育の充実…………167
130. 認定就学者…………………170
131. 発達障害者支援法……………171
132. 特別支援学校………………173
133. 訪問教育……………………176
134. 特別支援学級………………177
135. 特別支援学級への入級………179
136. 通級指導……………………180
137. 交流教育……………………181
138. 知的障害児の特性……………184
139. 自閉症………………………187
140. 学習障害（LD）……………191
141. 注意欠陥／多動性障害
     （ADHD）…………………195
142. 学校経営……………………196
143. 学校が設定する教育目標……199
144. 学年経営……………………203
145. 学級経営……………………204
146. 学年・学期…………………206
147. 授業日・休業日……………207

118．児童生徒の就学

児童生徒の就学

- 憲　　法…26条において「教育を受ける権利，教育を受けさせる義務，義務教育の無償」を掲げ，具体的な内容については，法律の定めるところによるとしている。
- 教育基本法…5条（義務教育）1項において「国民は，その保護する子に，別に法律で定めるところにより，**普通教育を受けさせる義務を負う**」とある。
- 就学義務
  - 小学校（小学部）
    - 始期…**満6歳**に達した日の翌日以後の最初の学年の始めから（学校法17①）。
    - 終期…**満12歳**に達した日の属する学年の終わりまで。
  - 中学校（中学部）
    - 始期…小学校の課程を修了した日の翌日以後の最初の学年の始めから（学校法17②）。
    - 終期…**満15歳**に達した日の属する学年の終わりまで。
- 関連事項
  - ①**特別支援学校の場合**…小学部・中学部に就学する（学校法17）。
  - ②**中等教育学校の場合**…前期課程に就学する（学校法17）。
  - ③**年齢計算ニ関スル法律**…年齢は出生の日から起算する（同法①）。
  - ④**4月1日生まれの者**…翌年3月31日をもって満1歳となる。
- 学齢簿の編製（市町村教委）
  - ①毎学年の初めから5月前（10月31日）までに編製する（学校法施令2）。
  - ②当該市町村の住民基本台帳による新学齢児童・生徒の全員（学校法施令1①②）。文部科学省令の定めにより磁気ディスクに調製できる（学校法施令1③）。
  - ③学齢簿の記載事項の加除訂正（学校法施令3）
  - ④住居変更に関する届出の通知（学校法施令4）

［就学義務に関する事務手続き］

関係条文	小・中学校	特別支援学校	時　期
学校教育法施行令2 同法施行規則31	①学齢簿の編製（市町村教育委員会） ◎学齢簿の作成は，10月1日現在で行う		毎学年の初めから（**5月前**）10月31日
学校保健安全法施行令1	②就学時の健康診断（市町村教育委員会）		（**4月前**）11月30日
学校教育法施行令11		③都道府県教委へ視覚障害者等の通知（市町村教委）	（**3月前**）12月31日
学校教育法施行令5① 同施行令14①	④保護者へ入学期日の通知（市町村教委より）	④保護者へ入学期日の通知（都道府県教委より）	（**2月前**）1月31日

119．就学義務

就学義務

- **就学事務の手続き**
  - ①**就学すべき学校の指定・通知**…市町村教委は，就学予定の児童生徒の就学すべき学校の指定を行い，その保護者に対して入学期日の通知と同時に，関係の校長に対して当該児童生徒の氏名及び入学期日を通知する（学校法施令5，6，7）。
  - ②**就学の指定学校に変更があった場合**…市町村教委は，保護者及びその旨を通知した校長に通知する（学校法施令8，16）。
  - ③**区域外就学**…他の市町村の学校に就学するときは，当該市町村教委の承諾書を添え，現住所の教育委員会に保護者が届出る（学校法施令9，17）。
  - ④**就学猶予・免除**…保護者が就学させる義務を負う子女が，病弱，発育不完全，その他やむを得ない事由のため，就学困難と認められる者の保護者に対し，市町村教委は就学の義務を猶予・免除することができる（学校法18，同法施規34）。

- **入学時の学校事務**
  - ①**就学児童生徒の通知により**…受入れ準備（机・椅子等）
  - ②**法定表簿の作成**…指導要録（学校法施規28）。出席簿（学校法施規25）。健康診断票・歯の検査票（学保法施規3，4）。
  - ③**児童生徒の健康診断**（学保法11，12，学保法施令2，3，4）

- **就学者の出席管理**
  - ①**出席状況の明確化**…（学校法施令19）
  - ②**欠席者の通知**…学齢児童生徒が引続き7日間出席せず，その他出席状況が良好でないとき，保護者に正当な理由がない場合，校長は速やかに市町村教委に報告する（学校法施令20）。
  - ③**出席の督促**…市町村教委は，校長の報告により保護者に対し出席の督促を行う（学校法施令21）。

- **就学奨励（経済援助）**
  - ①**生活保護法**（昭25.5.4制定）による援助（経済的理由による就学援助）（学校法19）。
  - ②教科書及び修学旅行に係わる援助
  - ③学校給食，医療費，災害共済掛金の給付
  - ④特別支援学校就学奨励費による援助等

- **労働からの保護**
  - ①**使用者の義務**…義務教育を妨げない（学校法20）
  - ②**満15歳未満の者の労働**…使用を禁止・制限（労基法56）

- **出席停止**　◎**性行不良**（学校法35）。**感染症**（学保法19）

120．就学校の指定と就学相談　①

就学校の指定と就学相談

- 就学校の指定と通知
  - ①**就学校の決定と高等学校の学区を定める権限**…地教行法の改正(平成13(2001)年)により，小・中学校の場合の就学すべき学校と高等学校の学区の指定は，地方公共団体教育委員会の職務権限(地教行法23-4)に属すことになっている。
  - ②**就学校の指定と通知**…市町村教委は，翌学年の初めから小学校又は中学校，中等教育学校又は特別支援学校に就学させるべき者のその保護者に対して，翌学年の初めから2月前までに入学期日を通知しなければならない(学校法施令5①)。当該市町村の設置する小学校・中学校が2校以上ある場合は，就学予定者の就学すべき学校を指定しなければならない(学校法施令5②)。同時に，就学させるべき学校の校長に対し，その氏名，入学期日を通知する(学校法施令7)。
  - ③**特別支援学校に就学**…特別支援学校に就学するとされた児童生徒については，市町村教委は翌学年の初めから3月前までに都道府県教委に対しその氏名を通知(学校法施令11)，都道府県教委はその保護者に対して，入学期日の通知と就学すべき学校を指定する(学校法施令14)。

- 就学校の決定と就学校の変更
  - ①**就学校の決定**…公立小・中学校に就学する学齢児童・生徒に対して地域の実態や実情を考慮し，特定校への集中を避けたり，通学距離等に伴う児童生徒の負担の程度，学校の施設設備や教職員の配置状況等に基づく収容能力の調和などを総合的に勘案し，公平で教育の機会均等の見地から慎重に判断される。しかし，就学される学校をあらかじめ住民に了知し，混乱を生じさせないことが必要である。
  - ②**就学校の指定の変更**…就学を指定された学校が，児童生徒に対して地理的な理由や身体的に著しく過重な負担となることが客観的に予測されるような場合，保護者の申立てにより相当の理由があると認められるとき，市町村教委はその指定した学校を変更できる(学校法施令8)。「相当と認める場合」について"いじめ"の対応なども含まれる(平成9.1.27文初小78号初中局長)。

120．就学校の指定と就学相談　②

就学校の指定と就学相談
├─ 保護者の学校選択権
│　├─ ①**区域外就学**…学校法人，国又は都道府県の設置する小学校・中学校・中等教育学校に就学する場合と，他の市町村が設置する小学校・中学校・中等教育学校に就学する場合の二つがある。
│　├─ ②**保護者による選択**…私立又は国立，特別支援学校への就学は，保護者が主体的に選択できる。保護者は当該学校において就学を承諾する権限を有する者の承諾書を添え，その旨を児童生徒の住所のある市町村教委に届け出ることにより，希望する私立学校等に就学させることができる（学校法施令9①）。
│　└─ ③**障害の重い児童生徒の保護者の場合**…特別支援学校ではなく，小・中学校に就学させたいと強く希望される例を聞くことがあるが，法令上では，保護者に学校選択の権利はない。保護者は，小・中学校又は特別支援学校に就学の義務を負うため（学校法17①②），心身に障害を持つ児童生徒の障害の種類・程度により，就学先の学校を相談の上措置される。この場合の規定として，学校法施令22条の3の表が示されている。
└─ 就学指導と保護者の理解
　　├─ ①**就学を措置する場合の判断**…第一次的責任を持つ市町村教委及び補完的な役割を果たす都道府県教委は，就学時の健康診断，定時の健康診断の結果に基づき，医学，心理学，教育学的観点から総合的かつ慎重に行い，その適正を期すことが要請されている。保護者に対しては就学指導（就学先決定に伴う相談）過程で十分な理解や協力を得ることが大切である。
　　├─ ②**就学相談の過程**…保護者の理解を得るための極めて重要な過程となるもので，その過程において子どもの障害の状態や学習能力，特別支援学校の施設設備や教育内容・方法等の情報提供を受け，より理解を深めることができる。
　　└─ ③**就学指導（相談）の体制**…教育上特別な取扱いを必要とする児童生徒の障害の状態の判断，就学指導の適切を期すため都道府県教委は専門機関として「特別支援教育センター」等を常設，また，専門的立場から就学指導委員会（医師，教育職員，児童福祉施設職員で構成）を設置し，適切な就学に努めている。

121. 心身障害児の障害程度と教育措置 ①

①**障害程度の把握**…心身に障害があるため，特別な配慮のもとに手厚い教育を行う必要がある場合，その心身の障害の種類・程度等について的確な判断を行い，教育措置を講ずるための判断資料が求められる。

②**法令上の判断指針**…心身の障害の程度については「学校教育法施行令22条の3」（一部改正：平成14.4.24文科省事務次官通知　文科初148）に判断区分が示され，さらに，留意事項等について文科省初中局長通達（平成14.5.27　14文科初291）がある。

③**通級学級**…小・中学校の通常学級に在籍する児童生徒で，障害の程度が比較的軽度の場合，言語・情緒・弱視・難聴等で特別の教育が必要と認められるとき，別の学級に通い教育を受ける「通級指導」の制度がある（学校法施規140, 141）。

④**認定就学者**…就学基準に該当する障害のある児童生徒で，小学校・中学校において適切な教育を受けることができる特別の事情があると認められる者をいう。

⑤**留意事項**…(1)法令上の障害の程度による安易な読取りで判断せず，児童生徒に最もふさわしい教育を行える観点にたって判断することが望まれる。
(2)二つ以上の障害を併せ有する児童生徒の場合，特に安全上の配慮や障害に応じた適切な指導の必要があることに十分留意して慎重な判断が必要である。

［心身の障害の程度と教育措置］　※言語障害と情緒障害は学校法施令22条の3には含まれていない。

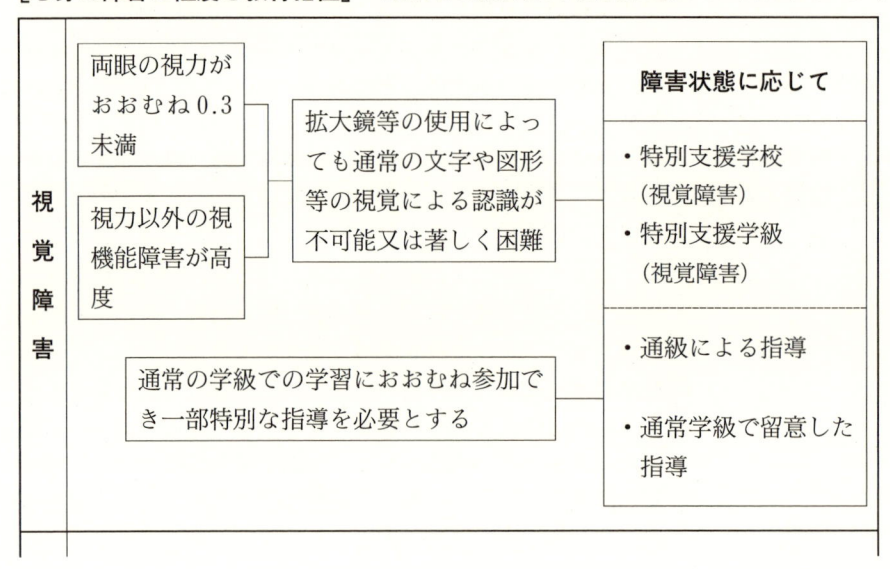

視覚障害	両眼の視力がおおむね0.3未満	拡大鏡等の使用によっても通常の文字や図形等の視覚による認識が不可能又は著しく困難	障害状態に応じて
			・特別支援学校（視覚障害）
	視力以外の視機能障害が高度		・特別支援学級（視覚障害）
	通常の学級での学習におおむね参加でき一部特別な指導を必要とする		・通級による指導
			・通常学級で留意した指導

121. 心身障害児の障害程度と教育措置 ②

聴覚障害	両耳の聴力レベルがおおむね60デシベル以上	補聴器等の使用によっても通常の話声を解することが不可能又は著しく困難な程度	**障害状態に応じて** ・特別支援学校（聴覚障害） ・特別支援学級（聴覚障害）
		通常の学級での学習におおむね参加でき一部特別な指導を必要とする	・通級による指導 ・通常学級で留意した指導
知的障害	知的発達に遅滞がある	他人との意思疎通が困難で日常生活を営むのに頻繁に援助を必要とする程度で社会生活の適応が著しく困難	**障害状態に応じて** ・特別支援学校（知的障害）
		他人との意思疎通に軽度の困難があり日常生活を営むのに一部援助が必要で社会生活の適応が著しく困難である程度	・特別支援学級（知的障害）
肢体不自由	補装具の使用によっても歩行，筆記等日常生活における基本的な動作が不可能又は困難な程度	常時の医学的観察指導を必要とする程度	**障害状態に応じて** ・特別支援学校（肢体不自由） ・特別支援学級（肢体不自由）
		基本的な動作がかなり困難	
	通常の学級での学習におおむね参加でき一部特別な指導を必要とする		・通級による指導 ・通常学級で留意した指導

121．心身障害児の障害程度と教育措置　③

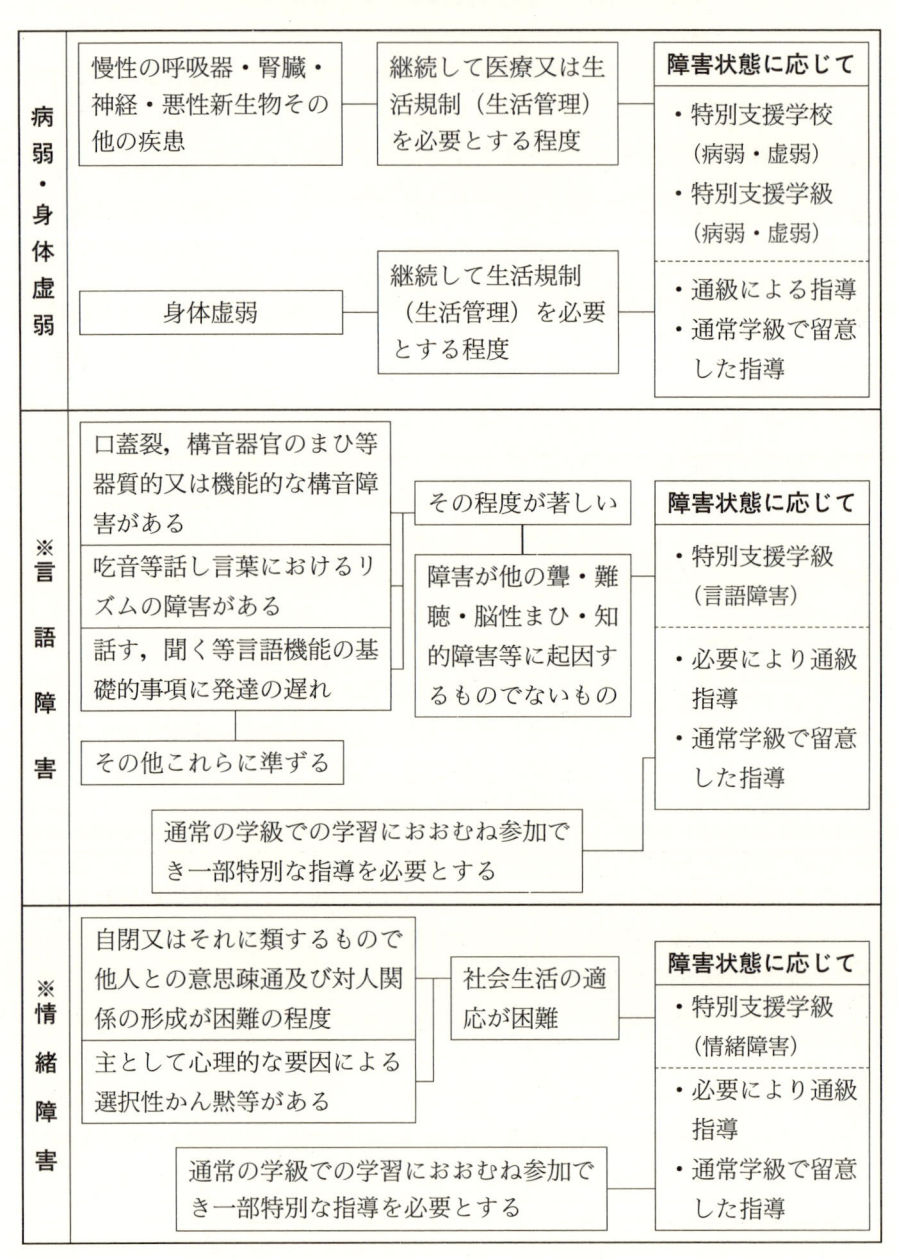

区分	障害の内容	程度	教育措置
病弱・身体虚弱	慢性の呼吸器・腎臓・神経・悪性新生物その他の疾患	継続して医療又は生活規制（生活管理）を必要とする程度	障害状態に応じて ・特別支援学校（病弱・虚弱） ・特別支援学級（病弱・虚弱）
	身体虚弱	継続して生活規制（生活管理）を必要とする程度	・通級による指導 ・通常学級で留意した指導
※言語障害	口蓋裂，構音器官のまひ等器質的又は機能的な構音障害がある	その程度が著しい	障害状態に応じて ・特別支援学級（言語障害）
	吃音等話し言葉におけるリズムの障害がある	障害が他の聾・難聴・脳性まひ・知的障害等に起因するものでないもの	・必要により通級指導 ・通常学級で留意した指導
	話す，聞く等言語機能の基礎的事項に発達の遅れ		
	その他これらに準ずる	通常の学級での学習におおむね参加でき一部特別な指導を必要とする	
※情緒障害	自閉又はそれに類するもので他人との意思疎通及び対人関係の形成が困難の程度	社会生活の適応が困難	障害状態に応じて ・特別支援学級（情緒障害）
	主として心理的な要因による選択性かん黙等がある		・必要により通級指導 ・通常学級で留意した指導
		通常の学級での学習におおむね参加でき一部特別な指導を必要とする	

122. 就学奨励・援助

就学奨励・援助
- 就学奨励の制度
  - ①**就学奨励の根幹**…すべて国民は，法律の定めるところにより，その能力に応じて，ひとしく教育を受ける権利を有する（憲法26①）。義務教育は，これを無償とする（憲法26②）。
  - ②**教育の機会均等**…ひとしく能力に応ずる教育を受ける機会の保障（教基法4①②）と，経済的理由により修学が困難な者に対する奨学の方法を講ずる（教基法4③）こととしている。
  - ③**経済的理由への援助**…就学困難と認められる学齢児童生徒の保護者に対し，市町村は必要な援助を与える（学校法19）。
- 就学奨励の種類
  - ①「**就学困難な児童及び生徒に係る就学奨励についての国の援助に関する法律**」
    - (1)「**生活保護法**」に基づく援助…（要保護者・準要保護者）
      学用品費，通学用品費，修学旅行費，校外活動費等
    - (2)「**学校給食法**」に基づく援助
      学校給食費の全部または一部の援助
    - (3)「**学校保健安全法**」「**独立行政法人日本スポーツ振興センター法**」に基づく援助
      流行性角結膜炎等の学校感染性疾病の医療費援助，独立行政法人日本スポーツ振興センターの掛金の負担
  - ②**高等学校定時制・通信制生徒に対する修学援助**
    定時制・通信制教育教科書給与（予算補助）
    定時制・通信制課程修学奨励費（予算補助）
    勤労学生の税制上の優遇措置，入学金・授業料の負担軽減
  - ③**特別支援学校の児童生徒に対する就学援助**
    就学に必要な経費の全部又は一部を国及び都道府県が援助，教科用図書購入費，学校給食費，通学交通費，帰省費，職場実習交通費，寄宿舎居住経費(寝具，日用品，食費)，修学旅行費，校外活動費，学用品購入費，新入学用品，通学用品購入費，付添人用(通学，帰省，修学旅行費) 等
  - ④**へき地等の児童生徒の通学条件緩和に関する援助**
    寄宿舎居住費補助，遠距離通学費補助

123. 小・中学校の入学・進級・卒業等

小・中学校の入学・進級・卒業等

- **入　学**
  - ①**保護者は**…学齢児童生徒である子女を小学校，中学校又は特別支援学校に就学の義務を負う（学校法17①②）。
  - ②**入学すべき学校**…市町村教育委員会が指定する（特別支援学校の場合は都道府県教委）（学校法施令5，14）。
  - ③**保護者の申立て**…指定校の変更（学校法施令8，16），区域外就学の承諾（学校法施令9，17）等の例外的取扱いもある。

- **編入学**
  - ◎「種類の異なる学校」「外国からの帰国子女」…などが第1学年の中途又は第2学年以上に入学する場合をいう。

- **学年と進級**
  - ①**学年制の採用**…教育課程編成の基本的な単位となっている。
  - ②**学年の課程の修了（進級）**…認定権者は校長（学校法施規57，79）。

- **原級留置**
  - ①**原級留置**…校長が当該児童生徒の認定結果不可と認めた場合は，可能である（学校法施規57，79）。ただし満15歳を超えて原級に留まった場合には，保護者の就学義務は延長されない（学校法17）。
  - ②**進級の具体的な認定**…授業の出席状況や平素の成績が主たる問題となるが，特別の事情等もあるので一律の判断は困難。

- **卒　業**
  - ①**卒業とは**…児童生徒が学校の全課程を修了したと認められ，在学関係が終了することで，認定権限は校長にある。
  - ②**卒業の認定**が意思決定されたとき，これが有効に成立した意思表示として「卒業証書」の授与が行われる（学校法施規58，79）。
  - ③**卒業の期日**は法令上明確な規定はない。しかし，学年を単位として課程修了認定する通例から，卒業認定は3月末が適当。

- **転入学**
  - ◎同種類の他の学校の相当学年に学籍を移す場合

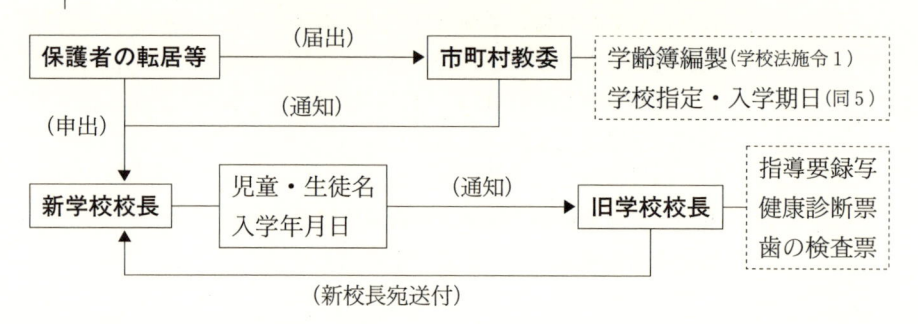

```
保護者の転居等 ──(届出)──→ 市町村教委    学齢簿編製（学校法施令1）
      │         ←(通知)──                学校指定・入学期日（同5）
   (申出)│
      ↓
   新学校校長 ── 児童・生徒名 ──(通知)──→ 旧学校校長    指導要録写
      ↑        入学年月日                               健康診断票
      └──────(新校長宛送付)──────────────              歯の検査票
```

124．中学校卒業程度認定試験

中学校卒業程度認定試験

- 中学校卒業程度認定試験制度と受験資格
  - ①**高等学校に入学できる者**…学校法57条に，高校入学資格の規定があり「中学校卒業者」「中学校に準ずる学校を卒業した者」「中等教育学校の前期課程を修了した者」「文部科学大臣の定めるところにより，中学校卒業と同等以上の学力があると認められた者」とある。
  - ②**同等以上の学力と認められた者とは**…学校法57条の規定により，特に就学義務猶予免除者等（学校法18）の中学校卒業程度認定規則（昭和41年文部省令第36号）により認定された者が含まれる（学校法施規95-4）。
  - ③**中学校卒業程度認定試験制度**…昭和41(1966)年7月文部省令36号により，就学義務の猶予免除の事由に相当する事由を認めた16歳以上になる者に限って，この受験資格が与えられた。
  - ④**不登校等で卒業見込みのない者にも拡大**…様々な理由により学校に行きたくても行けない，いわゆる不登校の子どもに対応し進学機会の拡大を図るため，文部科学省は学校教育法施行規則の一部改正（平成9(1997)年3月24日）を行い，不登校等で卒業見込みのない生徒に対して，この試験の受験資格を「16歳以上」から「15歳以上」に引き下げることにした。この措置は，平成8年7月の中教審答申を受けたものである。

- 制度の弾力化と留意点
  - ①**中学3年生のうちに受験資格**…上記の学校法施行規則の改正により，不登校で卒業見込みのない者も一般生徒と同様に，中学3年生のうちに高校受験資格取得の道が開かれた。
  - ②**高校受験資格取得の弾力化**…この処置は中学校課程履修の弾力化であり，規制緩和の考え方にも通ずるものがあるが，中学校に就学せずに中学卒業と同等の資格を認めることになるものである。それだけに，明確な理由もなく就学をしないことを認めることに対する問題や，義務教育の履修を家庭等で行うことをもって，認めてよいかなどの問題もある。
  - ③**制度活用の留意点**…不登校児に関する適応指導教室等の取扱いと併せ，就学指導を十分に行い，やむを得ない場合に限ってそれを認めていくという程度に止めるべきであろう。

125．高校の入学・退学・転学等

高校の入学・退学・転学等
- 入学資格
  - ①**中学校（中学部）卒業者**…又は中等教育学校前期課程修了者。
  - ②**中学校卒業者と同等以上の学力者**…文部科学大臣が定めるところにより認められた者（学校法57，同法施規95）。
- 入学者選抜制度
  - ①**公立高校は学区制を採用**…通学区域の指定は，地方公共団体の教育委員会によって指定される（地教行法23）。
  - ②**入学の許可**…調査書その他必要な書類と，選抜のための学力検査の成績等を資料とし校長が行う（学校法施規90）。なお特別の事情により，学力検査・調査書を用いない選抜も可能（同90②③）。
  - ③**学力検査**…当該校を設置する都道府県・市町村の教委が行うが，同一問題，同一日時でなくてもよい（学校法施規90⑤）。
  - ④**志願生徒の調査書等**…出身中学校長は進学に関し，志願生徒の調査書等を作成送付し（学校法施規78），進学後は指導要録の抄本を関係高校長に送付しなければならない（学校法施規24）。
- 編入学
  - ①**高校の編入学**…第1学年の途中又は第2学年以上に入学のときは，試験等による選考を経て校長が入学を許可する。
  - ②**編入学の資格者**…「相当年齢に達し，当該学年に在学する者と同等以上の学力があると認められた者とする」と規定され（学校法施規91），この場合の学力認定者は当該学校の校長である（昭和33.4.9付行政実例）。
- 転学─◎**同一課程の場合**…原則として同一学年に在籍することになる。異なる課程間にあっては，修得した単位に応じた相当学年となる（学校法施規92①②）。
- 転籍─◎**同一高校内の課程間の異動**…同一高校の全日制課程から定時制課程（その逆の場合）などの場合をいう。
- 転科─◎**同一学校，同一課程内の学科間の異動**
- 進級・卒業─◎**原則として義務教育諸学校の規定が準用**…高校は単位制を採用している関係から，必要単位数の修得が認定条件となる。
- 休学・退学─◎**休学又は退学（依願退学）の許可は校長が行う**（学校法施規94）。
- 懲戒─◎**懲戒としての退学，停学及び訓告は校長が行う**（学校法11，同法施規26）。

126. 帰国子女と外国人の就学

帰国子女と外国人の就学
- **帰国子女の就学**
  - **①日本国籍を有する学齢児童生徒**…外国から帰国した場合，保護者は学校法17条1，2項に基づき，小・中学校に就学させる義務を負う。また，当該学齢児童生徒の所在地の市町村教委は，児童生徒の年齢に応じて設置する小・中学校の相当学年に編入学させなければならない。
  - **②日本語が不自由な場合**…帰国した子女が，帰国後直ちに相当学年での教育を受けることが適切でないと認められるときは，保護者の希望等により，校長の判断で一時的に適宜下学年に編入措置がとられることもある（昭和33.4.9初等中等教育局長回答）。
  - **③就学義務の猶予**…帰国した児童生徒の日本語の能力が，義務教育の就学に必要な基礎的条件を欠くと認められる程度に欠如している場合，小・中学校に編入するより，一定期間，日本語教育を専門的に行った方が，より効果的であることもあり得る。そこで「その他やむをえない事由」に該当するものとして，日本語の能力が養われるまでの一定期間，適当の機関で日本語の教育を受けるなどの措置が講ぜられている場合に限って，就学の猶予が認められる（昭和49.12.6初等中等教育局長回答）。
- **外国人の就学**
  - **①外国人の就学義務**…義務を負うのは日本国民の身分に基づくものであって，外国人の場合は日本に居住していても，就学の義務は負わない（昭和28.1.20文部省財務課長回答）。また，市町村教委も学齢簿の編製も行わず，学校の指定・通知も行わない。このことは，外国人の就学を否定するものではなく，法令上でも禁止する規定もない。外国人に日本の義務教育を強制するものではないが，国際親善の見地から外国人が公立小・中学校に入学を希望する場合には，教委はその入学を許可するよう指導されている。特に日韓協定等に基づき，在日韓国人については日本人子弟と同じ扱いをする配慮がされている。
  - **②外国人子女の取扱い**…希望する外国人には国際人権規約の趣旨により同様に取り扱い，授業料や教科書は無償とする。また指導要録を作成，中卒者には高校への入学資格を認める。

127. 特別支援教育 ①

特別支援教育 ┤ **特殊教育から特別支援教育へ** ┤

① **これまでの特殊教育**…心身に何らかの障害を持ち，通常の学校教育では効果を期すことが困難と思われる児童生徒に対して，盲（視覚障害），聾（聴覚障害），養護（知的障害，肢体不自由，病・虚弱）等の主たる障害に対応した形態や教育内容・方法を駆使して行われる特別の教育を特殊教育という。盲・聾学校教育については，早くから義務制であったが養護学校は昭和54(1979)年より義務化となり，就学の範囲も拡充され障害のため通学できない児童生徒には，学校から家庭等に教師が訪問して教育指導をすることも行われていた。

② **特別支援教育**…何らかの原因で，思考・言語，情緒等の精神面や，手・足・耳・目などの身体面に障害のある児童生徒には，障害の程度等に応じた適切な教育が行われているが，二つ以上の障害を併せ（重複）持つ児童生徒の指導の強化・充実，また，従来の特殊教育対象の障害にとどまらず「学習障害」「高機能自閉症」「注意欠陥／多動性障害」などの新しい障害概念による教育困難な児童生徒に対しても社会自立のための教育の機会を拡充するものである。

一人ひとりの障害のある人のライフサイクルに合わせた支援を，福祉，医療，労働，教育の強い連携の中で，学校の在学期間の支援について学校が担うことになり，学校の果たす役割も従来の特殊教育対象者を含め障害を持つ児童生徒の教育について一層の充実を図るものである。

平成19(2007)年，法令により「特別支援教育」が明確に位置づけられ，従来の「特殊学校」は「特別支援学校」に改称，学校設置者及び学校の役割分担なども明示され，特に地域や近隣小・中学校等の特別支援教育に必要とする教育相談や指導センターの機能も役割の一環とする意義は大きい。

③ **小・中学校における特別支援教育**…特別支援教育の理念は，どの児童生徒に対しても「特別な教育的ニーズ」を保障する教育を実現することであり，旧来の「特殊学級」を「特別支援学級」に改称し広範充実して設置され行われる。

127．特別支援教育　②

特別支援教育
- 特別支援教育の推進
  - ①**障害に基づく困難の克服**…心身に障害がある子どもたちには，その障害に基づく種々の困難を克服して，強く生きようとする意欲を高め，可能な限り社会自立ができるように育てることである。必要な教育の価値がここに存在することを認識して，教育指導の実践に創意を生かすとともに社会自立への支援を行うため，必要な研修の機会等の実施・充実を図る。
  - ②**特別支援学校，特別支援学級の設置**…小・中学校等での通常の教育内容や方法では十分な教育効果を期待することが困難と推量される児童生徒に対して，障害の程度に応じ適切な社会自立のための支援を行うため，一つ又は二つ以上の障害を併せ持つ児童生徒に対応できる「特別支援学校」，比較的軽度の障害児に対応可能な「特別支援学級」を設置する。
  - ③**就学指導の役割と実施機関**…市町村教委は，就学時健康診断の結果等に基づいて，障害を有する児童の障害の種類・程度などを的確に把握し，将来自立して行く子どもたちに対しての適切な就学指導を行う（学校法12，学保法11）。
  - ④**「就学指導委員会」の設置**…上記の事務を進めるため，医師，教育職員，教育学者，児童福祉施設の職員などの専門家をもって組織した「就学指導委員会」を設け，意見を聴くなどして就学の機会の適正を期すよう努力する。
  - ⑤**常設の専門機関**…都道府県教委は，特別支援教育に関する専門的な研究・研修事項をはじめ，心身障害児の教育や就学等について年間を通じて常時相談に応じられる「特別支援教育センター」などを設置し，専門職員を常駐させる。
- 就学奨励費
  - ◎**就学奨励費の支給・援助**…特別支援教育を必要とする児童生徒の保護者に対しては，就学に必要とする諸経費の中，交通費，学用品購入費，学校給食費，修学旅行費，寄宿舎居住に伴う（寝具，日用品等の購入費，食費，帰省交通費）等，保護者の負担能力に応じて支給される。(120.「就学校の指定と就学相談」，128.「特別支援教育の制度」，129.「特別支援教育の充実」，132.「特別支援学校」，134.「特別支援学級」参照)

128．特別支援教育の制度

特別支援教育の制度

- 旧制度の見直し
  - ◎**旧特殊教育の制度見直し**…盲・聾・養護学校等の旧制度による教育から新制度による特別支援教育・学校への転換，小・中学校における特別支援教育に関する制度的見直しが図られ，平成19(2007)年4月1日から「学校教育法の一部改正」が施行された。

- 学校教育法の改正点
  - ①**学校法1条に規定する学校の名称変更**…これまでの「盲学校，聾学校，養護学校」から「特別支援学校」に改められた。法律に規定する学校とは，一定の教育の設置目的を持ち，法令に定める基準や条件を具備するもので，この学校の名称変更は極めて大きな意味を持つものである。
  - ②**特別支援学校の目的**…特別支援学校は，視覚障害者，聴覚障害者，知的障害者，肢体不自由者又は病弱者のいずれかを規定して教育を行う旧来の特殊学校とは異なり，一ないし複数の障害種別に対応した学校である（学校法72）。
  - ③**特別支援学校の責務として**…文部科学大臣の定めるところにより72条に規定する障害者に対する教育のうち，当該学校が行う教育を明らかにすることになっている（学校法73）。
  - ④**新たなセンター機能が加えられた**…特別支援学校は，学校法72条に示す目的である「幼稚園，小学校，中学校又は高等学校に準ずる教育を施すとともに，障害による学習上又は生活上の困難を克服し自立を図るために必要な知識技能を授ける」を実現するための教育を行うほか，幼，小，中，高校又は中等教育学校の要請に応じて上記に係わる必要な助言又は援助を行う（センター的機能）よう努力する（学校法74）。
  - ⑤**小・中学校における特別支援教育**…幼，小，中，高校及び中等教育学校においては，知的障害者，肢体不自由者，身体虚弱者，弱視者，難聴者，その他障害がある者で特別の支援を必要とする児童生徒に対して，文部科学大臣の定めるところにより旧来の「特殊学級」の名称を「特別支援学級」に変更，従来通り置くことができる。また必要により教員を派遣して教育を行うことができる（学校法81①②③，平成19(2007)法96）。

129. 特別支援教育の充実　①

特別支援教育の充実
- 教育的ニーズの保障
  - ①**特別支援教育のめざすもの**…障害と障害でないということの境目はあるのであろうか。特別支援教育のめざす理念は，この境目をなくして，どの子にも考えられる「特別な教育的ニーズ」を保障する教育を実現させることといえる。
  - ②**障害の概念は変わってきている**…障害とは一般の人に比べて「欠損」「能力不全」「社会的不利」な状態とする考え方があり，そのため障害のない人は特別な手立てを講じて障害者を保護するという考え方で様々な施策が行われてきた。
    しかし，障害による困難な状態を「生活機能」という概念でとらえなおすと，「障害」とは個人の特性と環境の相互作用により変わりうるもので，条件が整えば障害の状態は軽減するし，反対にどの人にも障害の状態になる可能性があるという考え方である。
  - ③**望ましい環境の中での教育**…障害の有無に関係なくすべての人がそれぞれの状況に応じた努力をし，支え合うことにより充実した生活を営むことが求められる。このような支え合いを実現させることが「ノーマライゼーションの基本理念」であり，教育にあっては「特別な教育的ニーズ」を保障する教育を実現させることである。
  - ④**学校が果たす役割**…平成16(2004)年12月の発達障害者支援法の制定により，障害がある人のライフサイクルに合わせた支援を，福祉，医療，労働，教育の連携の中で行うことが推進され，一人の障害を有する人のライフサイクルの中で，在学する期間の支援を学校が担うことになり，この大きな流れの中で学校教育の果たす役割も大きく変わってきていることを知る必要がある。
- 特別支援教育における基本的視点
  - ①**これまでの特殊教育**…障害の種類と程度に応じて，盲・聾・養護学校や特殊学級において手厚くきめ細かい教育を行うことを基本的な考えとして実践されてきた。しかし，通常の学級でも在籍しているであろうと考えられる「学習障害児」や「自閉症」など新しい障害概念による児童生徒が，学習や生活

129. 特別支援教育の充実 ②

特別支援教育の充実

特別支援教育における基本的視点

に特別の支援を必要とする教育的対応については必ずしも十分とはいえない状況であったといえよう。

②**障害児をめぐる諸情勢の変化**…特別支援教育は，従来から特殊教育の対象として挙げられていた障害を持つ児童生徒と，障害がないとされている児童生徒たちとの連続線上に並ぶ児童生徒たちで，例えば下記のような障害があげられる。

　「学習障害」（LD：Learning Disabilities）
　「注意欠陥／多動性障害」（ADHD：
　　Attention Deficit/Hyper activity Disorders）
　「高機能自閉症（広汎性発達障害）」（PDD：
　　Pervasive Developmental Disorders）
　「アスペルガー症候群」（AS：Asperger Syndrome）

学校現場では，これらの児童生徒の一部は従来から特殊教育を受けていた者もいるが，このほど，法令により明確に位置づけられ対象範囲が充実された意義は大きい。

③**多様な教育形態の選択が可能**…従来から特殊教育の対象と思われた児童生徒は，今後も特別支援教育を受けるし，盲・聾・養護学校や特殊学級がなくなるのではなく，盲・聾・養護学校の障害種別が一つ以上に統合された特別支援学校・特別支援学級と名称が変更されるが，障害を持つ子に対し専門的教育のシステムは広範に充実され教育が行われる。個々の子の障害の種別や状態に応じた多様な教育形態が考えられる中で選択の可能性が保障されることになるであろう。

④**教育の場の拡大**…特別支援教育は，これまでの盲・聾・養護学校はもちろん，幼稚園，小・中・高校の特別支援学級等で行われているが，通常の学級において，何らかのつまずきや困難に気づいた子や，「何か気になる子」「ほうっておけない子」も対象としている。このことは，指導者が特別支援教育の専門家ではなくとも，通常学級の担任や教諭等であっても，全教師が特別支援教育に係わる可能性があることを意味している。

129. 特別支援教育の充実 ③

特別支援教育の充実 ┐
└ 学校における支援教育の進め方

①**学校組織の充実**…学校には，特別支援教育コーディネーターが任命され，特別な教育的ニーズがあるように見受けられる子どもの在籍に気づいた場合には，コーディネーターは特別支援のための校内委員会を開き対応を検討する。必ずしも現在のコーディネーターが専門家ではない状況から，生徒指導等の既存組織を最大限に活性化するなど無理のない体制で会の持ち方を検討し充実したものにする努力が必要である。

②**全教師が当事者**…「気になる子ども」は義務教育年齢では通常の学級で数％が在籍すると推定（文科省調査）されている。この子たちを見つけだし適切な教育的対応をするには，学級担任や教科担任又は養護教諭などによるきめ細かな観察が大切である。また，早期発見，早期対応のために計画的な研修や事例検討会を学校の実態に応じて実現する努力が必要である。

③**学校で可能なこと**…「気になる子ども」のすべてが支援教育の対象とは限らない，発達面や身体面に何らかの障害やつまずき，偏りが見られる子どもたちである。行動上の問題が深刻な場合や環境的な要因で情緒不安定になっている者，不適応を起こしかん黙や不登校，さらにいじめの問題等をかかえる場合もあり容易でないことも多い。日頃からの専門家の助言や指導機関等との密接な連携が必要である。

④**教職員個々の心構え**…何らかの発達障害が疑われる「気になる子ども」に対して，学級担任は最も情報を得やすい立場であるが，一方では最も指導上の困難を痛切に感じる立場でもある。大切なことは学校の全職員が共通理解に立ち協力して相談や指導に当たることである。

ベテラン教師であっても，従来の指導方法ではうまくいかないケースが少なくない。これは指導力の問題ではなく，それだけ特徴的な子どもであることを意味している。日常の教育活動における人間関係は，発達段階や子どもの適応に大きく作用することにも目を向けて改善を図ることも必要となろう。

130. 認定就学者

認定就学者

- **障害程度の判断と就学校の指定**
  - ①児童生徒の就学校の指定…当該市町村の基本台帳による学齢児童生徒の学齢簿を編製する市町村教育委員会が行うことになっている(学校法施令1①, 5①)。なお特別支援学校の場合は都道府県教育委員会が行う (学校法施令14①)。
  - ②就学校の決定及び障害の判断…「障害のある児童生徒にふさわしい教育を行う」ため，教育学，医学，心理学等の観点から専門家の意見を聴いた上で，総合的かつ慎重に行われる。**障害の判断は**，心身の障害の種別や程度について法令上の判断指針として学校教育法施行令22条の3がある。特に重複した障害を持つ場合等，慎重な検討が図られ進められる。

- **認定就学者**
  - ①「認定就学者」とは…平成14(2002)年4月の学校法施令の改正により，特別支援学校への就学基準に該当する障害のある児童生徒においても，適切な教育を受けることができる特別の理由があると認められる場合「認定就学者」として小・中学校に就学する道が開かれる(学校法施令5①-2)。
  - ②「特別な事情」の判断…判断に当たっては総合的に検討されることが前提であるが，特に以下の点に留意が必要である。
    - (1)障害に対応した学校の施設や設備が整っているか。
    - (2)指導面で専門性の高い教員が配置されているか。
    - (3)特に，二つ以上の障害を併せ有する児童生徒の場合，安全上の配慮や障害に応じた適切な指導の必要があることに留意し対応可能か慎重な検討が必要である。

- **就学指導体制の整備**
  - ①就学指導委員会の設置…市町村教育委員会は就学指導委員会を設置し，そこで諸調査・審議を行う。委員会には教育学，医学，心理学等の専門家が児童生徒の障害の程度を踏まえ，保護者や関係者等の意見などを総合的に判断する機関である(学校法施令18の2)。
  - ②就学相談員の配置…可能であれば臨床心理士や上級カウンセリング研修修了者等を教委が任命し，相談窓口などを設け本人と保護者と個別に相談，さらに学校見学などを行って希望などを確認，それらを教委に報告し委員会に反映させる。

131. 発達障害者支援法 ①

発達障害者支援法（抜粋）（平成16(2004)年法律第167号・2006年4月1日施行）

発達障害者支援法
- 法律の趣旨と目的（第1条）
  - ①**発達障害の早期発見と発達支援を**…発達障害者の心理機能の適正な発達及び円滑な社会生活の促進のために，可能な限り早期に発達支援を行うことが特に重要となっている。
  - ②**発達支援の責務と福祉の増進**…発達支援に関し国及び地方公共団体の責務を明らかにし，学校教育における支援，就労に関する支援，発達障害者支援センターの指定等を定めることにより，発達障害者の自立及び社会参加に資するようその生活全般にわたる支援を行い，よって福祉の増進に寄与する。
- 法律の定義（第2条）
  - ①**法律でいう「発達障害」とは**…自閉症，アスペルガー症候群その他の広汎性発達障害，学習障害，注意欠陥／多動性障害，その他これに類する脳機能障害であって，その症状が通常低年齢において発現するものとして政令で定めるものをいう。
  - ②**法律でいう「発達障害者」とは**…発達障害を有するため，日常生活又は社会生活に制限を受ける者をいい，「発達障害児」とは18歳未満の者をいう。
  - ③**法律でいう「発達支援」とは**…発達障害者に対し，その心理機能の適正な発達を支援し，円滑な社会生活の促進のため障害者の特性に対応した医療的，福祉的，教育的援助をいう。
- 国及び地方公共団体の責務（第3条）
  - ①**発達障害の発見後**…国・地方公共団体は，早期の発達支援が特に重要となるため，必要な措置を講じるものとする。
  - ②**障害者の状況に応じた適切な支援**…国・地方公共団体は就学前の発達支援，学校における発達支援その他の支援が行われるとともに，就労支援，地域における生活等に関する支援及び家族に対する必要な支援や措置を講じるものとする。
  - ③**発達障害者並びに保護者の意思を尊重**…支援等の施策が講じられるに当たっては，障害者本人及びその保護者（親権を行う者，未成年後見人その他の者で，児童を監護する者をいう）の意思ができる限り尊重されなければならない。

131. 発達障害者支援法 ②

発達障害者支援法

- **早期の発達支援（第6条）**
  - ①発達障害者の早期支援…市町村は，発達障害児が心理機能の適正な発達，円滑な社会生活の促進のため，早期の発達支援を受けることが可能なよう，その保護者に対して相談に応じ，センター等を紹介又は助言を行い，その他適切な措置を講じるものとする。

- **教育に関する支援（第8条）**
  - ①学校就学者に対する支援体制の整備…国・地方公共団体は，18歳以上の発達障害者であって高等学校，中等教育学校，特別支援学校に在学する者が，その障害の状態に応じて十分な教育を受けられるようにするため，適切な教育支援，支援体制の整備その他必要な措置を講じるものとする。
  - ②大学及び高等専門学校は…発達障害者の障害の状態に応じて適切な教育上の配慮をするものとする。

- **地域での生活支援（第9条）（第11条）**
  - ①放課後児童健全育成事業の利用…市町村は，放課後児童健全育成事業について，発達障害児の利用の機会の確保を図るため，適切な配慮をするものとする。
  - ②社会生活への適用を図る…市町村は，発達障害者がその希望に応じて，地域での自立した生活を営むことができるよう，社会生活に適応のために必要な訓練を受ける機会の確保を図らなければならない。
  - ③共同生活を営む住居の確保…市町村は，共同生活を営むべき住居その他の地域において，生活を営むべき住居の確保その他必要な支援に努めなければならない。

- **発達障害者支援センターなど（第14条）**
  - ◎都道府県知事の業務…次に掲げる業務を，社会福祉法人その他の政令で定める法人が適正かつ確実に行うことができると認定した者（発達障害者支援センター）に行わせ，又は自ら行うことができる。当該指定は受けようとする者が申請する。
  - ①早期発見や支援等に資するよう，本人及び家族に専門的相談
  - ②障害者に対して専門的な発達支援，相談，助言，就労の支援
  - ③医療，保健，福祉，教育等の関係機関等に情報提供，研修
  - ④上記関係機関・団体等に対しての連絡調整
  - ⑤①～④に付帯する業務

132. 特別支援学校　①

特別支援学校

特別支援学校設置の意義と目的
- ①憲法26条…すべて国民は，法律の定めるところにより，その能力に応じて，ひとしく教育を受ける権利を有する。
- ②教育基本法4条…すべて国民は，ひとしくその能力に応じた教育を受ける機会を与えられなければならない。
- ③学校教育法72条（特別支援学校の目的）…心身に障害を持つ児童生徒に対して「幼稚園，小学校，中学校又は高等学校に準ずる教育を施すとともに，障害による学習上又は生活上の困難を克服し自立を図るために必要な知識技術を授ける」。

[障害種別による学校とその特色]

特別支援学校においては，学校教育法73条の規定により文部科学大臣の定めるところの視覚，聴覚，知的，肢体不自由，病弱（身体虚弱を含む）の障害を持つ者に対する教育のうち，当該学校が行うものを明らかにする。

特別支援学校の概要（視覚障害）
- ①教育対象…全く視力のない「盲児」と，少しは見えるが普通の児童生徒用教科書を読んだり，細かな作業を続けることが困難な「弱視」に大別でき，教育内容・方法は両者で異なる。
- ②学部等の編制…幼稚部，小学部，中学部，高等部に分かれ，高等部（専攻科を含む）には，普通科のほかに専門学科として，保健理療科，音楽科，調律科，理療科，理学療法科等が設置され，特色ある教育が行われる。
- ③教育課程等…各教科，道徳，特別活動のほか，自立活動という領域が設けられ，視覚障害に基づく種々の困難を克服し，よりよく社会参加ができるよう特別な指導が行われる。
- ④教育方法等…盲児には点字の読み書きや点字を使った教育を行い，弱視児には触聴覚機器や電子機器等による文字などの拡大をはじめ，視覚障害による外界からの刺激不足からのマイナス面を補う教育を積極的に取り入れて行う。
- ⑤寄宿舎…ほとんどの特別支援学校に設置されている。

特別支援学校の概要（聴覚障害）
- ①教育対象…聴覚に障害があり，全く聞こえない「聾児」と，会話音を聞き取ることが困難な「難聴児」に大別される。
- ②学部等の編制…幼稚部は小学部の設置学校にほとんど設けられている。高等部（専攻科を含む）には，普通科のほかに専

132. 特別支援学校 ②

特別支援学校

- **特別支援学校の概要（聴覚障害）**
  - 門学科としてして，被服科，産業工芸科，理容科，歯科技工科など職業に関する特色ある学科が設けられている。
  - ③**教育課程等**…生後数カ年間が，言葉の発達を含め精神発達面において特に重要な時期といわれている。このため，早期教育から一貫した教育指導を行い，適切な聴覚活用を行うとともに言葉の指導を重要視した特別な教育を行う。
  - ④**教育方法等**…聴覚障害の状況に合わせて，適切な補聴器による言葉の増幅や，学習用の各種補聴器等を用いた指導，また口話法（読話，発音・発語）や，口話法以外の効果的な方法など，いろいろ工夫された学習方法を取り入れて行う。
  - ⑤**寄宿舎**…多くの特別支援学校には，寄宿舎が設置されている。

- **特別支援学校の概要（知的障害）**
  - ①**教育対象**…知的障害の程度が中度以上の者，または軽度の者のうち，社会的適応性が乏しい者を対象として全人的発達を図り可能な限り能力を伸ばし，社会自立の適応性を助長して，社会参加のための知識・技能・態度を養う。
  - ②**学部等の編制**…小学部・中学部・高等部に分かれ，高等部には，普通科，紙工・セメント，木工，縫工，クリーニング，農業，産業，工業，窯業，家庭などの職業科が置かれている。
  - ③**教育課程等**…教育課程の特色は，生活中心ということができよう。特に抽象的能力が遅れているので，教科内容を系統的に学習することは困難であり，具体的な生活経験を通しての学習内容が重視される。特に重度の子どもには，徹底した個別教育が工夫され行われる。
  - ④**教育方法等**…障害の実態により個々の指導方法がとられ「作業学習」「領域・教科を合わせた指導」や「遊びの学習」の形態で指導が行われることが多い。教科書も障害の特性により特別配慮されたものを使用して進められる。
  - ⑤**寄宿舎**…ほとんどの学校に設置されている。

- **特別支援学校の概要（肢体不自由）**
  - ①**教育対象**…脳性麻痺，先天性股関節脱臼等の関節疾患，骨形成不全，骨発育障害，手足の切断，交通事故・頭部外傷後遺症，形態障害など多様な障害児が対象となり，小学部・中学

132．特別支援学校 ③

特別支援学校

特別支援学校の概要（肢体不自由）

部・高等部に区分される。

②**学校の設置形態**…単置特別支援学校と併設特別支援学校（医療機関や福祉施設に併設）がある。

通常，医療機関に併設の学校では，入院している児童生徒のみを入学させている。従って医療機関を退院すると同時に特別支援学校からも転出することになる。

単置校は一応治療が完了し障害が固定化した者となる。

③**教育課程等**…各教科，道徳，特別活動の指導は，小・中学校とあまり変わらないが，肢体不自由の状態を改善・克服するために「自立活動」の指導がある。また，肢体不自由の状態も一人ひとり異なっているので，単置校か併設校かによっても異なるが病室においてのベッドサイド授業も行われる。

④**教育的配慮**…施設面では普通教育施設のほか，機能訓練室，水治訓練室，言語訓練室，処置室等の特別施設，また校内全体が自立をうながす生活に適応できるよう配慮されている。

⑤**寄宿舎**…単置特別支援学校の多くに設置されている。

特別支援学校の概要（病弱・身体虚弱）

①**教育対象**…病気で長い間療養している児童生徒のために用意された学校である。かっての「結核中心」から変わり心臓疾患，呼吸機能疾患，腎臓疾患，骨・関節疾患等病類が多様化し，入院も長期化の傾向が見られる。医療と教育との緊密な連携の中で一体的に行う必要のある児童生徒が対象となる。

②**学部等の編制**…小学部・中学部・高等部に区分され，小・中・高校に準じた教育と欠陥を補う知識・技能・態度を養われる。高等部には普通科が置かれ，特別活動などのほか，グループ活動なども行われる。

③**教育課程等**…病状により医療規制があり，身体活動の制限を受けるので，教育内容・方法ともに一人ひとり違った対応が工夫され，指導時数も弾力的な扱いが用いられる。症状によってはベッドサイドでの個別指導が重視され，特に「自立活動」は病弱教育の中心をなすものとなっている。

133. 訪問教育

訪問教育

- **訪問教育の定義と法制**
  - ① **「訪問教育」とは**…心身の障害の状態が重度か又は重複障害等のために特別支援学校等に通学して教育を受けることが困難な児童生徒に対して，特別支援学校等の教員が家庭・児童福祉施設・医療機関等を訪問して行う教育をいう。
  - ② **訪問教育は特別支援学校教育の一形態**…特別支援学校における訪問教育の法的根拠は，学校教育法21条の義務教育の目標及び，72条の特別支援学校の目的規定に求めており，特別支援学校教育の一形態と解されている。
  - ③ **教育課程の特例**…「教員を派遣して教育を行う場合」における教育課程の特例を定めている（学校法施規131）。

- **訪問による指導**
  - ① **特別支援学校の教育課程**…原則として小・中学校等の教育課程に準じているが，自立活動（旧養護・訓練）という独自の指導領域があるほか，学習が困難な児童生徒については，各教科の目標や内容の一部を欠くことを許容したり，各教科等の全部又は一部を合わせて指導することを認めるなど，障害児の実態に即応して弾力的な扱いが可能となっている。
  - ② **訪問教育児への弾力的取扱い**…対象となる障害児の程度や発達段階等に応じてさらに弾力的な取扱いが認められ，特別支援学校の教育課程の基準によらない特別な教育課程の編成が認められている（学校法施規131）。
  - ③ **週当たり授業時数**…訪問教育は年間35週以上にわたって計画するものとされ，週当たりの授業時数は実態に応じて適切に定めるとされている。
  - ④ **教科用図書**…特別の教育課程による場合は，文部科学大臣の検定を経た教科用図書又は文部科学大臣において著作権を有する教科用図書の使用が適当でないとき，当該学校の設置者の定めるところにより，他の適切な教科用図書を使用できる。
  - ⑤ **高等部における訪問教育**…小・中学部に引き続き高等部での訪問教育を行うことが，自立を助け社会参加のための知識・技能をより発展させる上で意義あることから，平成9 (1997)年度から試行的に実施され，拡大してきている。

134．特別支援学級　①

特別支援学級

- 用語の定義
  - ◎**特別支援学級とは**…心身に障害があり，通常の学校教育では望ましい教育効果をあげることが困難と思われる児童生徒のために，その障害に応じた特別な取扱いをして行われる小学校・中学校に設置された特別な支援を行う学級をいう。

- 特別支援学級と指導の対応
  - ①**心身に障害のある児童生徒が対象**…知的障害，肢体不自由，身体虚弱，弱視，難聴，言語障害，情緒障害など，心身に障害のある者を対象に小・中学校に設けられた特別支援教育のための「特別支援学級」がある。法的には高等学校及び中等教育学校にも設置できることになっている（学校法81①②③）。
  - ②**疾病により療養中の児童生徒に対して**…6カ月程度にわたる長期療養児のため，病院等の中に特別支援学級等を設け，専門教員の派遣等により指導が行われる（学校法81①②③）。
  - ③**通級指導**…1日の中の特定の授業時間に限って，児童生徒がもともと籍を置いている学級から別の学級（通級指導教室）へ通って学習を行うことで，比較的軽度の障害のある児童生徒が，通常は普通学級で他の児童等と授業を受けながら，特定の教科等に限って，その障害の程度に応じた特別の指導を受けるため特別支援学級（通級指導教室）に通い指導を受ける（学校法施規54）。
  - ④**教育上特別な取扱いを要すると思われる児童生徒の判別**…特別な配慮を必要と思われる児童生徒に対して，障害の種類や程度を学校法施令22条の3の規定等をもとに慎重に判断し，普通学級で留意して指導するか，または特別支援学級で指導するかを決定する（「障害のある児童生徒の就学」初中局長通知　平成14.5.27初291号）。

- 教育内容と学級編制
  - ①**教育内容と方法**…障害の種類・程度，発達段階等を考慮して，一人ひとりの特性に合った教育課程を編成し指導することが可能なように，教育課程の特例措置がある（学校法施規53，54）。
  - ②**学級は少人数，多学年編制である**…その学校の学級編制の一形態であり，特別支援学級の編制基準により組織される。

134. 特別支援学級 ②

特別支援学級

設置義務と補助等

①**特別支援学級の設置義務**…特別支援学校のように設置義務はなく，特別支援学級で教育を行うことが適当とされる児童生徒がいる場合，特別支援学級の学級定員の標準(標準法3③)により設置することができる。
学級の設置は任意であるが，心身障害児の特性に応じた最も適切な教育を施すことのため，積極的な対応が望ましい。

②**教員の配置**…公立義務教育諸学校の定数標準により配置されるが(標準法3③，6)，特別支援学級担当教員には，その職務の困難性と複雑・専門的であるため，「給料の調整額」として，加給額を条例の定めにより支給される(教育費負担法2，政令1，2)。

③**補助金等の支給**…設置には，特別支援学級設備費の補助があり，保護者には，特別支援教育就学奨励費等の支給がある。

特別支援学級設置校の努力事項

①**特別支援学級の設置意義を認識する**…学校運営上「特別支援学級の位置づけ」について，設置する意義が全教職員，全児童生徒や保護者に十分浸透でき，理解と協力の得られる位置づけとともに，関係機関等との密接な連携が大切である。
特に特別支援学級の場合，学校全体が特別支援教育の場とはいい難い場合が考えられるので，往々孤立してしまうことがある。校内全体の理解ある協力が望まれるし，またそこに学ぶ児童生徒の人間的尊厳を傷つけることのないよう留意する。

②**積極的な交流の機会を工夫する**…普通学級との交流や集団活動への参加等について積極的にその機会を工夫する必要がある。また，近隣の学校や地域との交流について，全職員の共通理解を図り積極的な活動を工夫する。

心身障害児とともに

①**仲間の一人として迎える**…心身に障害があっても子どもは子どもである。仲間として遇されたい気持ちに変わりはない。お互い固有名詞で親しく呼び合う関係を作りたいものである。

②**共通点に着目し，違いに配慮を**…仲間意識は，相手と自己の共通点を多く集めることで，障害児を豊かな個性の持ち主として受け止めることが大切であろう。

135. 特別支援学級への入級

特別支援学級への入級

特別支援学級の意義と対応

①**特別支援学級とは**…知的障害，肢体不自由，身体虚弱，弱視，難聴，情緒その他心身に故障のある者を対象に，小・中学校に設けられた特別支援教育のための学級である。特別支援学校に比較して障害の程度が比較的軽く，かつ，通常の学級の指導では十分な成果を期待し難い児童生徒を対象とする。

②**入級は校長の裁量範囲**…小・中学校又は特別支援学校への就学については，保護者に対し就学の義務(学校法17①②)を負うが，特別支援学級への義務づけはない。法制上児童生徒の在籍学級をいずれにするかの規定がない以上，校長の職務は「校務をつかさど」る(学校法37④)ことにあるので，当該児童生徒の身体状況や教育的な諸条件を総合的に判断し，慎重に教育上の措置をとることになる。

校長が特別支援学級への入級措置についての裁量権は，司法判断(平成5.10.26旭川地裁判決，平成6.5.24札幌高裁判決)においても認められ，教育を受ける権利を定めた憲法26条にも違反しないとしている。

教育的観点からの入級措置

①**就学指導委員会の総合的審議**…市町村教委は特別支援教育を受けることが適当と思われる子どもがいる場合，市町村に置かれた就学指導委員会で障害の種類・程度等につき各種の観点から総合的な審議を行って判定するが，このとき特別支援学級で指導することが適当との意見を付すことになっている。

②**保護者の就学相談に十分応ずる**…特別支援学級への入級については，保護者の就学相談に十分対応することが大切である。保護者の意見を聴きつつ入級措置が教育的にも適切であることを納得されるよう配慮する努力が望まれる。制度上は校長の裁量で措置できるが，このことは学校運営上重要な教育活動の一環であることを認識する必要がある。

③**説得力のある親身な指導**…特別支援教育の場で教育を受けることが教育的観点から有益であると判断できる相当の理由，例えば心身の状況，通常学級での困難性とその理由，特別支援学級の内容・方法，指導体制の有効性など十分に説明する。

136. 通級指導

- **通級指導**
  - **通級指導の意義等**
    - ①**通級指導の定義**…通級とは1日のうちの特定の授業時間に限って、児童生徒が通常籍を置いている学校ないし学級から、別の学校ないし学級へ通って学習を行うことをいう。
    - ②**通級指導の意義**…心身に何らかの障害のある児童生徒の指導を充実させるためには、指導内容・方法の側面からの特別の配慮や工夫が必要である。そこで、特別支援学校へ就学するほどではない比較的軽度な障害のある児童生徒が、通常は普通学級で他の児童生徒と同様に授業を受けながら、特定の教科等に限って、その障害の程度に応じた特別の指導を、特別支援学級に通うことでの教育効果を意図している。
  - **通級による指導**
    - ①**通級指導の対象者**…言語障害者、情緒障害者、弱視者、難聴者、その他心身に故障のある者で特別の教育課程による指導を行うことが適当と考えられる者が対象となる（学校法施規53、54、55の2、132の2）。また、小・中学校（中等教育学校前期）に在籍するこれら児童生徒のうち通級による指導を行う場合には、特別な教育課程によることができる（学校法施規140）。
    - ②**通級による指導内容等**…心身の障害の状態の改善又は克服を目的とする指導については、特に必要のときは心身の故障の状態に応じ各教科の内容を補充する指導を行うことができる。
    - ③**通級による指導の授業時数**…心身の故障の状態の改善又は克服を目的とする指導については年間35～280単位時間を標準とし、学習障害、注意欠陥／多動性障害については、ほぼ年間10～280単位時間を標準としている。
  - **配慮事項**
    - ①**児童生徒の負担過重に留意**…週当たりの授業時数に配慮する。
    - ②**心身の障害状態の改善・克服を目的とする指導**…特別支援学校の学習指導要領を参考にする。
    - ③**他校の児童生徒に対する通級指導**…自校の児童生徒同様に責任を持って指導し、指導記録を作成、在学校に写しを通知する。
    - ④**指導要録の記載**…「指導上参考となる諸事項」欄に、通級を受ける校名、週当たりの通級授業時数、指導期間を記載する。

137．交流教育　①

交流教育
├─用語の定義
│　├①「統合教育」…心身に障害を持つ児童生徒と障害を持たない児童生徒のそれぞれに、個性や能力に応じた教育を十分に保障しつつ、可能な限りどの児童生徒も、同じ場で同じ教育を受け、共に育ち合う教育の形態をいう。
│　└②「交流教育」…統合教育の一環としての、具体的な教育形態を指す場合に用いる用語であって、特別支援学校や特別支援学級で主として教育を受けている児童生徒が、通常の小・中・高等学校等の児童生徒や地域の人々とともに、学校教育活動を通して活動を行う教育の形態をいう。
└─教育を受ける権利とその保障
　　├①能力に応じて教育を受ける権利…憲法、教育基本法、児童憲章に明記されている通り、心身に障害を持つことを理由に、必要かつ最適な教育を受ける権利を奪われてはならない。
　　│　従って、障害を持つ児童生徒が特別支援学校や特別支援学級において教育を行っている場合でも、通常の小・中・高等学校等の児童生徒と一緒に教育する方がよい場合はその機会が与えられなければならない。また、そのような機会を積極的に作り出す努力が大切である。
　　├②教課審答申（平成10年7月）…小学校等の学習指導要領に盲・聾・養護学校との交流について明確に位置づけることが提言され、これを受けて平成10年12月に改訂された学習指導要領は総則に特別支援学校との交流について規定をした。それまで盲・聾・養護学校の学習指導要領にのみ規定されていた交流教育が、相互の規定に基づき実施されることとなった。平成20年改訂の学習指導要領でも交流教育が相互に規定されている。
　　└③人間性や社会性の健全な発達…障害児と一般児が相互に刺激し合うこと、いろいろな共同作業や活動が共になされること、障害児が一定の役割を担うことなどが、人々の理解と協力で実現していく社会が、交流教育でいう集団であり、人間性や社会性もそこに芽生え育つのである。

137. 交流教育 ②

交流教育

- **交流教育の意義**
  - ①調和のとれた人間形成に役立つ
  - ②相互に人間関係が深まる…障害児と一般児とが相互に人間理解を深める機会となり，共に活動することを通じて好ましい人間関係が育成される。
  - ③障害児（者）を正しく理解できる…障害を持つ児童生徒が，障害を克服しようと努力する真剣な姿に，自分の生き方を反省したり意欲的に努力しようとする態度を身につける。
  - ④学校の閉鎖性から脱却できる…ともすれば陥りがちな学校の閉鎖性（特に特別支援学校）を脱却し，小・中・高等学校等に対する理解が深まり，視野が広げられる。
  - ⑤障害児（者）の経験を広げ社会性を養う…社会性や集団参加の能力にも発達段階がある。特に特別支援学校にあっては少人数ということもあり，障害児という対等の関係にたつことも可能であり，まわりに理解者も多いことで，家庭的・家族的な良さが見られる反面，他人に頼りがちで，わがままの傾向が強くなったりする面がある。教育的意図を持つ交流は，こうした解決にも役立ち好ましい社会性が育つと思われる。

- **指導体制の整備**
  - ①学校教育活動の一環…心身に障害を持つ児童生徒と，一般の児童生徒が活動を共にする機会を，学校教育活動の一環として用意することは，ノーマライゼーションの上からも意義は大きいという認識を深め，校内委員会の設置や教育計画への位置づけなど，学校体制を整備することが必要である。
  - ②教職員の共通理解…交流教育を一般の児童生徒にとっても意義あるものとするためには，教職員の共通した理解と認識を得ることが必須である。一般の小・中・高等学校においては，この教育の意義・必要性について校内討議を行うとともに，研修の一環として必要に応じて特別支援学校の教員や学識経験者等の講話などを実施，理解を深めることが必要である。
  - ③一般の児童生徒に対する啓発…ノーマライゼーションの考えはもちろん，障害者や高齢者等の理解を日頃から指導する。

137. 交流教育 ③

[交流教育の手だて]

交流教育
- 申入れ側としての観点
  - ①教職員の意思疎通…全教職員で交流教育の意義を認識する。
  - ②対象児童生徒の認識…交流教育を期待する対象，児童生徒の適性等について検討する。
  - ③対象児の検討事項
    - (1)障害の種類，程度，状態
    - (2)生育歴，教育歴
    - (3)体力，運動機能，感覚機能の発達状況
    - (4)精神発達の状態
    - (5)身辺処理，意思伝達，集団適応の各能力
    - (6)性格，行動の特性
    - (7)心理的・医学的検査等の必要所見
  - ④検討事項の資料を作成…十分検討の上受入れ校に提出する。（この場合の資料の扱いは慎重にする）
  - ⑤保護者に対して…対象児童生徒の実態を認識してもらい，交流教育の教育的意義・目的を十分理解してもらう。
  - ⑥校内の特別委員会等を組織…交流教育の諸問題について重点的に検討してもらい，全教職員の理解と協力を得る。
  - ⑦受入れ側に要請…交流教育の目的，方法，形態，指導上の配慮事項等について，受入れ側と打ち合わせを行う。
- 受入れ側としての観点
  - ①教職員の意思疎通…交流教育の意義を全教職員で認識する。
  - ②対象児童生徒の関係資料…提出のあった資料に基づき，観察と検討をする（事前・事後ともに資料の扱いは慎重に）。
  - ③保護者等から意見聴取…交流教育の意義に理解を求め，その受入れにつき意見を聴取するとともに，受入れ側としての姿勢を明らかにする。
  - ④校内の特別委員会等を組織…申入れ側の要請や保護者の要望等に対し，交流教育の方法，形態，様式，指導上での留意点，受入れ体制等について検討する。
  - ⑤指導者と学級を選定…全職員の共通理解を得る。
  - ⑥安全対策を検討…担当者相互の連携を密にして当たる。

138. 知的障害児の特性 ①

知的障害児の特性

- **知的障害児とは**
  - ①**知的障害児の定義は困難**…知的障害児を簡単に定義することは困難なことであるが，脳髄とくに大脳皮質に器質的疾患があるか，あるいは中枢神経系の機能が不全又はそれに近い状態にあるため，言語，思考，認識，判断，創造といった知的精神機能の発達に障害が特徴とされる症候群である。
  - ②**発達の障害は持続的**…身辺の事柄の処理，集団生活への参加と適応，また社会的，職業的生活への適応の面など，適応行動にも障害を伴い，その発達の障害は持続的である。
  - ③**状態や症状を総括した概念**…知的障害は，これまで「精神薄弱」という術語で呼ばれたこともあったが，「知的障害」の用語で統一することとなった。単一疾患ではなく，知的な発達が障害されている症候群といえる。その状態や症状を総括的にとらえた概念を下記に表示したものである。

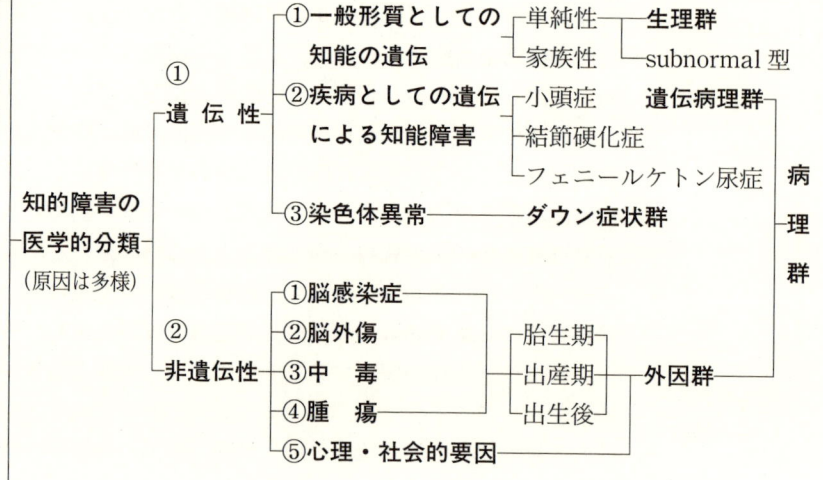

- **知的障害の医学的分類**（原因は多様）
  - ① 遺伝性
    - ①一般形質としての知能の遺伝
      - 単純性 → **生理群**
      - 家族性 → subnormal 型
    - ②疾病としての遺伝による知能障害
      - 小頭症
      - 結節硬化症 ─ **遺伝病理群**
      - フェニールケトン尿症
    - ③染色体異常 → **ダウン症状群**

    （病理群）

  - ② 非遺伝性
    - ①脳感染症
    - ②脳外傷
    - ③中　毒
    - ④腫　瘍
    - ⑤心理・社会的要因

    胎生期／出産期／出生後 → **外因群**

- **知的障害児教育の理念**
  - ①**知的障害児の教育は可能**…知的障害児の心理とその特性をよく理解して，教育・訓練することは不可能ではない。
  - ②**教育の本命がある**…一般児と比べ異なる所があるとしても，その異なる所を人間としての育成に教育の本命がある。

138. 知的障害児の特性 ②

知的障害児の特性｜心理的な面からの特性

①**具体的に事象をとらえること**…例えば「楽しい春が来ましたね」と言ったとすると，あたりを見回して，どこに来たかという表情をする。「楽しい」とか「春」とかいう抽象概念はわかりにくいのである。タンポポやスミレはわかっても，上位概念となる「花」「植物」という抽象概念に到達することは難しい。

そのためには，「きれいに」とか「ちゃんと…」ということは，どのようなことで，どうすることなのか，基本的な指導が日常なされなければならない。

②**思考錯誤的な考え方，行動の仕方であること**…一般児の場合，その心身の発達に応じた思考力，注意力，記憶力，判断力，創造力が身につき，新しい場面に対しても，過去の経験を活かして現在の状況を判断し適応できる。

知的障害児の場合は，このことは無理であって，経験は中断された状態で，新しい事象に対して類推，洞察，適応が困難である。つまり思考錯誤的な行動を続けるのが特徴である。

③**行動に単純性と固執性のあること**…知的障害児は，作業をやらせると「飽きないで根気が良い」という人と，反対に「飽きやすく持続性がない」という人がいる。元来，疲労するということと，飽きるということとは異なるものであって，一般児の場合は，一定の動作や反復で変化に乏しい作業に当たると，飽和の状態となり脱出逃避するようになる。

知的障害児の場合は，一度身についた習慣や行動から別な行動に移ることは難しいことなのである。自分の持ち物，与えられた仕事に対する構え方等にも特徴が見られ，指導に当たっては周到な配慮が必要なのである。

④**表情に軽さや明るさがあること**…一般児と異なり，外界の事物，事態，事象等に対して，警戒心や気構えが少なく，幼児的で善人性がその表情や姿に現れ，のんびりとした態度や明るさが見られる。

138．知的障害児の特性　③

知的障害児の特性

- **情緒発達面からの特性**
  - ①**情緒面の遅れが見られる**…知能が発達するに伴い，情緒の面も発達すると考えやすいが，内因的・外因的に知能が既に障害を受けているので，知能が急速に伸びることは望み難く従って情緒面に遅れが見られる。
  - ②**新事態への適応が遅れる**…快・不快の感情，直接的には新しい事態への適応が遅れて，衣服の着脱，食事，大小便の処理，視・聴・触覚などや行動の反射等に著しい遅れが見られる。

- **運動機能面からの特性**
  - ①**家庭等のしつけ方にも起因**…知的な発達の遅れに伴い，家庭等でのしつけ方にも起因すると思われるものがある。
  - ②**肉体的な発達の遅れ**…脚力や握力に弱さが見られ，小筋群の運動機能が全体的に弱い。また，聴力・言語障害等の二重障害が見られる場合がある。
  - ③**運動機能面が未分化の状態**…知能は遅れていても，身体発達とは別との考えもあるが，一般に運動機能面も未分化の状態が多く，指導上の配慮として継続的な指導が必要である。

- **感覚機能面からの特性**
  - ①**一般児と異なるものが多い**…一般的に感覚機能は，知的能力の遅滞が主徴候であっても，一般児と異なる面が多くある。
  - ②**平衡感覚や調節作用**…身体の位置や傾斜を知覚するためにはかなり異常を認めることが多く，転びやすいとか平均台に上れないなどがあるが，継続的な訓練で徐々に是正できる。

- **教育実践面の特性**
  - **行動的特性**
    - ①自己を客観視できないので，自己の能力領域外の行動になる。
    - ②自己を律することが困難なので，放縦な行動に走りやすい。
    - ③自己の行為・行動の結果について予測，推察が困難である。
    - ④相手の立場，感情，意思を推量することが困難である。
    - ⑤依存の傾向が強く暗示を受けやすい。
    - ⑥逃避的である。自信の欠陥から逃避的態度がでる。
  - **学習能力的特性**
    - ①**言語能力**…言語障害は一般的発達遅滞と構音異常，発声，失語，口蓋破裂の障害，難聴に伴うもの等が多い。
    - ②**数量把握能力**…数量概念が最も至難で抽象化の特徴が顕著。
    - ③**健康と運動**…形態発達とそれに比例する運動機能は劣る。

139. 自 閉 症 ①

- 自閉症とは
  - ①**行動レベルの症候群**…自閉症は「早期発症」と「情緒的対人関係」及び「コミュニケーションの能力」が，他の能力に比べて著しく障害を受けており，「常同的な行動や興味」を示す行動レベルでの症候群としてとらえられている。
  - ②**広汎性発達障害の中に位置する**…症状は，知的発達のレベルや年齢でも異なり，専門家の間でも自閉症の定義については多くの混乱が見られた。しかし，現在は原因は別として，自閉症を行動特徴で定義した疾患（症候群）とし，診断上は広汎性発達障害の中に位置づけられている。

- DSM－Ⅳの診断基準（概要）
  - ◎**自閉症の診断基準**…アメリカ精神医学会の診断基準として，DSM－Ⅳや世界保健機関（WHO）の国際疾病分類第10版（ICD－10）などがある。以下はDSM－Ⅳの概要である。
  - ①**対人的相互反応の障害**…(1)顔の表情や身振り等による非言語性行動の使用の障害。(2)発達レベルに相応した仲間関係をつくることの失敗。(3)楽しみや興味を他人と共有することを求めることの欠如。(4)対人的または情緒的相互性の欠如。
    （4項目中2項目以上該当の場合：社会的障害）
  - ②**意思伝達の質的な障害**…(1)言語発達の遅れ又は欠如。(2)他人と会話を開始し継続する能力の障害。(3)常同的で反復的な言語の使用又は独特の言語。(4)変化に富んだ自発的なごっこ遊びや社会性を持った物真似あそびなどが欠如。
    （4項目中1項目以上該当の場合：コミュニケーションの障害）
  - ③**反復的で常同的な行動，興味及び活動**…(1)異常なほど強く，かつ狭い興味。(2)習慣や儀式へのこだわり。(3)常同的で反復的な行動。(4)物体の一部に持続的に熱中。
    （4項目中1項目以上該当の場合：限局した行動と興味）
  - ④**3歳以前に始まる**…(1)対人的相互作用。(2)対人的意思伝達に用いられる言語。(3)象徴的又は想像あそびの遅れ又は異常。
  - ※①から③までのうち6項目以上該当し，④のうち1機能の遅れ又は異常が見られた場合，自閉性障害と診断される。

139. 自 閉 症 ②

自閉症

- **年齢による症状の変化**
  - ①**診断基準に見られる症状**…いずれも3～6歳までの早期の年齢に最も顕著な症状として見られる。
  - ②**年齢が高くなるにつれ**…一般的には，年齢がすすむにしたがって視線の合わなさや，他人への係わりの乏しさが減弱し，より適応的になっていく。
  - ③**認知と情緒の障害**…相対的には，幼少期には情緒の障害が全面に出，年長になると認知の障害が全景に出る傾向がある。

- **精神発達と臨床像**
  - ①**診断基準による症状**…対人関係や言語の主症状と，発症の年齢によるが，精神発達の水準については，何ら規定はないのが特徴である。
  - ②**知的発達をIQで見ると**…自閉症と診断された子の中には，正常知能から重度遅滞に至るまで，あらゆる段階の子がいる。
  - ③**同じ「自閉症」でも**…知的発達の水準によって現れる症状が大きく違い，また教育的配慮も異なってくる。

- **自閉症の発見と変遷**
  - ①**自閉症の発見**…1943年にカナーが「情緒的接触の自閉的障害」の論文に11名の症例を発表し，翌年「早期幼児自閉症」と命名したのに始まる。
  - ②**自閉症の概念の歴史的変遷**…カナーの発表内容に，心因論的解釈が加わって，原因は家族関係に求められるはずだといわれ，両親，特に母親の性格的偏りや，子どもに接する養育態度が問題にされたりした。治療として受容的なプレイセラピーや親に対する精神療法が行われた。
  - ③**新たな方向での自閉症の研究**…1960年代になり，人間の行動が環境のみの解釈だけではなく，個体側の脳機能との関連で検討されるようになった。また，認知心理学的な立場からの言語や障害が研究され，自閉症の基本的な障害は「自閉」ではなく，認知及び概念形成の障害であるとする仮説が提起された。さらに，生物学的研究等の多方面からの研究から，自閉症の成因には，生物学的な障害が基盤にあることが明らかになってきた。

139. 自 閉 症　③

自閉症

新たな方向での研究と考え方

①**自閉症の障害モデル**…自閉症の原因については，中枢神経系の機能障害が基礎にあることが推定されるようになったが，まだ確定的な段階にはない。そこで現在の定義を整理すると，

> 『何らかの原因によって脳の機能障害が起こり，そのために表象機能の発達の著しい遅滞と表象を動的に操作することの欠陥が生じ，認知・情緒の発達に異常をきたしたもの』

自閉症の行動の偏りや不適応行動は，それと環境との係わり合いによって引き起こされたものと考えられる。

②**表象機能とは**…直接的な個々の経験とは離れて，頭の中で自由な関係づけを可能にする心的能力を指すときに用いる。

③**表象を動的に操作することの欠陥とは**…頭の中に描かれた一つ一つの言語やイメージ等を統合して，出力できるように処理する頭の中の過程に欠陥があることを指すときに用いる。

自閉症と情緒障害

①**自閉症と情緒障害は同義語か**…自閉症はかつて情緒障害児学級に処遇されたりしていたので，自閉症と情緒障害は同義語のようにとられることがあった。これは，自閉症研究の歴史的な背景にもよると思うが，現在では誤った考え方とされている。しかし，自閉症は，脳の機能障害によるものとはいえ，情緒的な対人関係を結びにくく，かつ情緒に障害を起こすことにより，広義には情緒障害といえる部面もあるわけで，特に認知の障害より情緒の障害が前景に出る幼児・学童初期には，情緒障害ととらえられがちである。自閉症は認知の障害と情緒の障害を併せ持つ行動症候群であるといえる。

②**情緒障害とは**…教育や福祉の分野で，日常生活や学校生活における行動や情緒，意欲，対人関係などに，正常さや調和性，平均性を欠いて異常であり，不調和で偏りがある場合に，かなり漠然と使われていることが多い。精神医学の分野では，不安，心気症状，強迫症状等を主徴とする大人の神経症のような状態に限って用いられる傾向がある。

139. 自 閉 症 ④

自閉症

- **自閉的傾向と自閉症**
  - ①**発症年齢と三つの主症状**…「対人関係の障害。言語発達の遅れと異常。環境に対する奇異な反応」が全部満たされている場合を自閉症と考え，全部ではないがその幾つかを持つ場合，自閉的な子ども，または自閉的傾向という表現を用いる。
  - ②**自閉的な子どもと自閉症**…共通な生物学的基盤を持つかどうかは明確ではなく，共通で厳密な診断を必要とするが，治療や教育的な側面からはそれほど大きな違いはない。むしろ発達の水準や年齢的要因の方がより重要である。

- **自閉症と精神遅滞**
  - ①**自閉症の知能と精神遅滞**…精神遅滞は，発育期に起こる知的機能の全般的な遅れと不適応行動で定義されている。知的機能の遅れは，操作的にはIQで判断される。具体的にはIQ70くらいが境になり，それ以下の場合が知的能力に遅れがあると判定される。自閉症は，IQから見ると年齢相応の者は10％に満たず，大半が知的能力の遅れを呈し，特にIQ20以下が過半数（70～80％）を占める。その点から見ると精神遅滞が合併していることになる。ただ自閉症の知的機能には各領域間に共通する不均衡さが目立つのが特徴である。
  - ②**自閉症の認知の障害**…自閉症の知的機能の特徴についての研究も進み，その障害が明らかになってきている。WISC知能診断検査による特徴によると，多くの場合言語性より動作性の方が高く，このプロフィールは世界的に共通のパターンとして見られている。自閉症児の多くは，言語による比較の概念（例えば，大きい，小さい，多い，少ない）や空間の概念（例えば，上，下，そば）などの初歩的な関係の概念形成に著しい障害を呈する。つまり，認知能力が極めて不均衡で概念を操作する能力に障害があると考えられる。
  - ③**知能と認知**…知能とは，知能テストで測られたIQに代表されることが多いので，これとの混同を避けるため「認知」という用語を用いる。認知とは，広く「知る機能」を指し，感覚，言語，思考，創造などの領域を含む精神機能を指す。

140. 学習障害（LD） ①

理解されにくい子どもたち

- ◎**学習障害児**…近年，様々な場で『学習障害児』（以下 LD 児という）の話題が関心を集めている。しかし，定義そのものが研究者により異なっていることなどから，LD を巡る問題は困難な状況にある。また，親のしつけや本人の怠慢のせいにされたり，いじめや不登校につながるケースもある。

学習障害 — 米国における LD の定義

- ①**「Learning disabilities」（LD）の用語**…アメリカの心理学・教育学者のサミュエル・カークが，知能的に大きな遅れはないのに落ち着きがなく，注意の集中の持続が短く，不器用，学習面で様々なつまずきがある，といった子どもたちを「LD」という用語で定義した。そのことが一つのきっかけとなり，米国全土に広がり用いられることとなった。
- ②**カークの提唱する定義**…「学習障害は脳性機能異常および情緒または行動異常に恐らくは由来し，精神薄弱，感覚損失，あるいは文化的または教育上の要因には由来しない障害，異常ないし遅滞，即ち話し言葉，言語，読み，作文，書き方，数の計算の一つ，またはそれ以上の障害・異常ないし遅滞に関連する」といっている。
- ③**全米障害児諮問委員会（NACHC）の定義**…『特殊な学習障害を持つ子どもは，話し言葉や書き言葉を理解したり，使用したりする際の基本的な心理過程に，一つ，ないしは複数の障害を発現させる。それらは聞く，考える，話す，読む，書く，綴る，計算するといった面での障害となって現れる。それらには，これまで知覚障害，脳損傷，微細脳機能障害，発達性失語症などといわれてきたものが含まれている。しかし，それらには，一次性の視覚障害，聴覚障害，運動障害，知的障害，情緒障害によるもの，あるいは環境，文化，経済的な悪影響に原因があると思われるものは含まれない』
この定義は，若干の修正後「全障害児の教育に関する法律」(アメリカ合衆国公法94-142) に採用されている。

140. 学習障害（LD） ②

学習障害

- **米国におけるLDの定義と考察**
  - ①研究者や機関での共通理解に混乱が見られる
    前ページに見られる通り，まだ研究者や研究機関において共通理解と認識が十分とはいえない状況にある。それは，LDが特定の症状を現すものではなく，幅広い症状を含むことによるものと思われる。そのため，研究者により，焦点を当てる症状が異なり，定義も異なってくるものと考えられる。
  - ②定義の中での共通点
    - (1)推定される原因…中枢神経系の軽度，部分的な機能不全，発育不全があること，また症状としては学力障害（読み，書き，算数）があげられる。
    - (2)研究者により…言語・話し言葉の障害，運動能力障害，対人，集団不適応および衝動性，情緒不安定等を含めて考えている。

- **米国のLD児教育の対応**
  - ①LDの教育に対する考察
    米国においては，1975年の全障害者教育法施行以降より今日にかけて，LD児の数は増加の傾向にあり，障害児に関する教育研究の中心的課題ともなっている。このため
    (1)従来の障害児教育の対象児に加え，LDに対して，必要な教育・指導が行われるようになった。
    (2)本来，LDとは考えられない学力遅進児（怠学や家庭環境が原因と考えられていたもの）が，LDとしての分類がされるようになり，適切な指導が工夫されてきた。
  - ②LDの教育的処置…LD児の普通学校における教育的処置は，普通学級のほか，固定式の特殊学級（特別支援学級）とリソース・ルーム（障害に対応するための特別の指導を行う教室）で各々行われている。

- **LD児に対する我が国の研究動向**
  - ①LDに対しての組織的な取組み…LDの問題が学会で組織的に協議されたのは，昭和42(1967)年の第71回日本小児科学会総会におけるパネル・ディスカッションである。その後，小児神経学的，心理・教育学的，心理神経学的な研究からとらえられている。

140. 学習障害（LD） ③

学習障害
- LD児に対する我が国の研究動向
  - ② LD研究のアプローチの仕方
    - (1) **LDを一つの障害とする立場**…LD児とされる四つの条件をあげ，他の障害から区別してLDとする。
      - ①精神発達の遅れがない。
      - ②聴覚，視覚等の感覚器官の障害がない。
      - ③1次性情緒障害がない。
      - ④重度の運動障害を持たない。

      『知的能力は多くの認知能力により構成されるが，それの発達が相対的に遅れているものが精神発達遅滞であるのに対して，認知能力の種類によって発達にアンバランスのあるものがLD児であり，またそのアンバランスは多様であるとして研究するものである』
    - (2) **LDを神経心理学的見地から解明を図る立場**…学習に何らかの問題を持つ子ども一人ひとりについて，その問題を神経心理学的見地から解明を試みる立場である。

      LDは，発達過程における脳機能の局所的な発達障害と考え，成人の神経心理学的障害に準じて子どもが示す学習上の問題を理解しようとするものである。
- 我が国のLD児教育の動向
  - ①**法令上の扱い**…LDは，学校教育法施行令22条の3及び「教育上特別な取扱いを要する児童生徒の教育措置について（初中局長通達　文特309号）」に示される障害のカテゴリーに含まれておらず，したがって現在，LDとして特別な指導を受ける場は用意されていない。しかし，対応として普通学校，特別支援学校ともに，普通学級や特別支援学級の中で，一人ひとりの実態に応じた，個別的な教育により指導が行われている。
  - ②**文部省の協力者会議の定義**（平成11(1999)年）…LD児の指導方法を調査研究するため「学習障害及びこれに類似する学習上の困難を有する児童生徒の指導方法に関する調査研究協力者会議」を発足させ研究を進めてきたが，『学習障害とは，基本的には全般的な知的発達に遅れはないが，聞く，話す，読む，書く，計算する，又は推論する能力のうち，特定のもの

140. 学習障害（LD） ④

学習障害

- **わが国のLD児教育の動向**

の習得と使用について，著しい困難を示す様々な状態を指すものである。学習障害は，その原因として，中枢神経系に何らかの機能障害があると推定されるが，視覚障害，聴覚障害，知的障害，情緒障害などの障害や，環境的な要因が直接の原因となるものではない』としている。

- **自閉症と学習障害児**

①**自閉症との類似点**…知的にはほぼ正常でも，学習能力のある側面に重度の遅れや，反対に優れていたり，言語障害，人との関係の障害，不定形な認知障害が見られる点で似ている。

②**原因論的に見れば**…学習障害と自閉症とは，似たような生物学的要因が考えられ，中枢神経の何らかの障害によって生ずるものと考えられる。

③**自閉症と学習障害の特徴**…学校で友達が少なく，交流がなかったり，うまくできない対人的相互交渉の問題は，学習障害児においては，このことに不満を持っているが，自閉症児の場合はこのことに不満を持ったりはしない。

学習障害児は，人の言うことは理解できコミュニケーションはとれるが，自閉症児はコミュニケーションが困難か，とても独特の言語行動を示す。

行動上の問題では，学習障害児は社会及びコミュニケーション上の障害と衝動性であるが，自閉症児は，自傷，自己刺激，こだわり等である。

- **早期発見と訓練**

①**早期発見が重要**…訓練効果をあげる面からも早期の発見がポイントとなる。早い時期ほど回復しやすいが，その反面，幼いほど機能が未分化であることから，症状が変わり原因を特定しがたい難点がある。3歳児健診等での専門家の鑑別が重要となる。

②**訓練療法**…その一つとして「感覚統合療法」がある。

141. 注意欠陥／多動性障害（ADHD）

注意欠陥／多動性障害

- ADHDの概要
  - ①**特徴**…「注意欠陥／多動性障害」(ADHD) は，多動性，不注意，衝動性を症状の特徴とする発達障害の一つと言われるが，アメリカでは行動障害に分類されている。小学校入学前後に発見される場合が多く，一般的に遺伝的要因があるのでないかとされるが，他に適当な診断名がなく同様の症状を示す場合を含めている。「注意欠陥／多動性障害」は米国精神医学協会のDSM-Ⅳ-TRによる正式名称である。集中力に欠け注意力を維持しにくく，感情的で衝動性が強く時間感覚がずれている，様々な情報をまとめることが苦手などの特徴があり，脳障害の側面が強いとされ，しつけや本人の努力だけでは症状に対処するには困難である。
  - ②**3種に下位分類**…「注意欠陥／多動性障害」は，(1)多動性・衝動性優勢型，(2)混合型，(3)不注意優勢型，の3種に分類される。一般にADHDは，多動性が少ない不注意優勢型の場合が多く，男子の方が女子よりも高い。ただ女子の場合は多動が目立たない不注意優勢型に分けられることが多く，発見も遅れがちである。

- ADHDの症状
  - ①**通常7歳頃までに確認**…集中困難・過活動・不注意などの症状が通常7歳頃までに確認されるが，過活動が顕著でない不注意優勢型の場合，幼少期には周囲が気づかない場合も多い。年齢が上がるにつれて見かけ上の多動は減少するため，かつては子どもだけの症状で成人になるにつれて改善されると考えられていたが，遺伝的な形質のためか感情的な衝動性や注意力や集中力の欠如が多く，育て方や本人の努力で完治することはないとも言われている。
  - ②**学校生活への影響**…学習障害を併せ持つ子もいるが，ＩＱの低下はない。計算などにミスが多くなる傾向があるが周囲の適切なフォローや本人の意識により減らすことは可能である。
  - ③**安易な判断はしない**…子どもの場合，曖昧な点も多く日常生活に支障をきたす精神的な特性を何でも障害に含めるべきではないとする意見もある。

142. 学校経営 ①

学校経営

- **学校経営とは何か**
  - ①**学校経営とは**…学校経営については，法的な規定がされていないので，様々な概念規定がされているが，一般的に「学校教育の目標の実現をめざし，責任者としての校長を中心として，組織的な教育活動を展開し，児童生徒をより善くするための統括的，創造的な営み」と言うことができる。
  - ②**使用する人と時代による定着**…経営という用語も，最初は経済界の実務用語として発達，やがて経営についての学問が成立するに従い，各種の部門で用いられるようになった。ある教育者は「経営とは変化に応ずることである」と言っている。

- **学校教育の経営責任**
  - ①**学校裁量権の拡大**…学校は教育を行う機関であり，その計画，実施状況，結果等について責任を負う性格のものである。近年の学校裁量権の拡大への要望や政策によって，経営体としての学校の責任はこれまでに増して重くなり，説明責任など経営責任の仕組みが制度化されている。
  - ②**児童生徒の自己実現が図れる教育改革**…教育活動は画一・普遍的なものがあるとしても，相当に個別的であり具体的なものである。したがって，その展開や解決も個別的，具体的であるはずで，画一的な基準や準則等で教育ができた時代とは異なり，今やこれまでの統制力の働く教育方法に代わって，児童生徒一人ひとりの関心や個性・能力に即した教育が展開され，創造性豊かで個性ある「生きる力」を培うための自主・自律の時代にふさわしい学校改革が必要となっている。

- **学校経営が直面する教育的課題**
  - ①**子どもや教職員の変化**…時代が変わり，子どもが変わり，教職員も変わったといえる時代である。いじめ，不登校，自殺などの問題行動のほか，平然と行われるような殺人，覚醒剤の使用，援助交際など犯罪行為の増加があり，「キレル…」「ムカツク」など過去には想像もできなかった変化がある。
  また，教師の面でも，法の禁止にも係わらず体罰による指導や，学級崩壊など子どもの管理・指導が適切に行えないと疑われるような教師が見られ，その変化が問題視されている。

142. 学校経営 ②

学校経営
- **学校経営が直面する教育的課題**
  - ②**児童生徒数の激減**…ここ数年の出生数を見ると減少しており，児童生徒数が激減してくるのは当然のことである。このことは学校の統廃合の問題や学校数の減となり，児童生徒数の減少とともに日々の教育指導に重大な影響を与え，集団による教育の困難さや社会性の育成が一層困難なものとなろう。個別的な指導がやりやすくなると思われる反面，ともすれば親切，過保護，過干渉の指導が増えて人間形成に問題が生ずることなどが予想される。先を見通した対策が課題となる。
  - ③**予想される時代の変化**…今や十年一昔の時代から，一年一昔の時代になってきている。科学技術，高度情報化の急進など驚くべき変化であり，各学校へパソコンの設置，情報網の活用での授業が日常化され，高品位，双方向性等の特色を持ったメディア活用の指導が随所で行われている。また，生活が豊かになり個人が尊重されるようになると，当然各種の規制や管理が緩和され学区の見直しや学校選択が可能になり，高校教育も単位制・総合制の高校が増加，それらが一層拡大されることが予想される。新しい世紀の教育経営をどう描くかが開かれた学校の課題ともなろう。
- **校長の役割**
  - ①**長期展望を基にした理念を持つ**…校長は「校務をつかさどり，所属職員を監督する」（学校法37条④）に示す職責を担っている。急速な変化の中で，学校は生涯学習の一環にあるという長期展望を持ち，価値観の多様化や社会の急激な変化に対応して，現実に対処するために教職員の組織を充実，教育的配慮の中で関係法規を的確に踏まえて経営に当たる必要がある。
  - ②**学校経営の方針を明確にする**…方針を明確にして徹底を図り，教職員の共通理解による指導の展開が重要である。
  - ③**学校・家庭・地域社会との連携を考慮する**…家庭は，人間としての成長の基盤である。保護者にその役割の認識について努力し，また地域社会との関係を密接にして連携を図り，相互理解・相互信頼を深めていく必要がある。

142. 学校経営 ③

学校経営

- **学校経営の方針提示**
  - ①**方針の必要性**…校長に期待される経営能力をあげれば，次の「目標設定能力」「計画化への能力」「リーダーシップ」があげられる。経営方針の策定は，この3点を総合する校長の重要な能力であり，積極性ある方針を打ち出す必要がある。
  - ②**方針の内容**…学校全教職員が校長の意図するものを的確に把握でき，各分掌で実施可能と思われる具体的な計画を立て，実施後には評価・測定が可能となるものにする必要がある。
  - ③**手続き**…示される方針が，学校組織体として実現に取り組む姿勢が強く出ているほど，その達成は容易である。校長の方針が即学校の方針となるためには，教職員の共通理解と協力を欠くことはできない。そのため，事前の検討・討議を経るような民主的手続きを大切にする必要がある。
  - ④**方針の理解を得るために**…組織の中には「やらせられる」，「おしつけられた」という意識を持ち，反発的言動に出る者もあろう。しかし，単に「協力してください」式では理解を得られにくいので，学校の現状，地域，社会の実情や要求など，課題を提示して「こうありたい」とする思いを率直に表明し，客観的な資料等とともに教職員の理解を得るよう努力する必要がある。特に副校長や教頭の役割に期待される面が多い。

- **学校経営の観点**
  - ①**合理化**…学校経営の近代化を図る中心的性格となるもので，校務分掌組織の面において，職務内容の明確化や権限・責任の範囲など明確にする。また，事務処理等の流れや手続きを整理して，処理の定格化や標準化を計画的に進める。
  - ②**計画化**…思いつきや偶然性を排除し，カンやコツに頼る習慣から脱皮を図ることが大切である。計画化の段階を重視する。
  - ③**民主化**…近代化を図る大きな要素である。校長，教職員，児童生徒，保護者等の人間関係を改善，組織構成員の能力をフルに発揮させ，意欲を高揚させる指導性が大切である。
  - ④**主体化**…学校の独自性を客観的な観点から大切にする。主体化には極端な専門性に偏らず，無理のないものに留意する。

143. 学校が設定する教育目標　①

学校が設定する教育目標
- 教育目標の意義と性格
  - ①**学校が設定する教育目標**…学校が，その全活動をあげて達成すべきめあてとなるものであり，教育課程の編成・実施はもちろん，学校運営のすべてにわたって，この目標の効率的な達成をめざして計画され実施されるものである。
  - ②**地域固有の立体構造を持った目標**…関係法規や学習指導要領が示す教育目標が，普遍的・一般的であるのに対して，地域的・具体的であることを本質的な性格としている。それは，ある特定の地域の生活環境の中で生まれ育ってきた児童生徒を見つめ，教師の期待や望みが結晶したものであり，いわば教育目標の国家的基準に対し，地域性というスポットをあてた教育目標の意義があるからである。
- 目標の機能
  - ①**学校の教育目標は学校経営方針を規定する**…学校で展開されるすべての教育活動に方向性を与え，それらを構造化し統合するという機能を果たすものである。
  - ②**目標との間に構造的な関連性が保たれる**…各年度の重点目標・努力目標，各教科・領域の目標及び各学年・学級それぞれの目標が，学校の設定する目標に関連づけられ，機能する働きを持つものとなり，総合的な教育活動となる。
- 目標の具備すべき性格
  - ①**科学性**…公教育としての根幹を持つ義務教育の学校にあっては，特に児童生徒の実態やこれまでの目標に対し，厳密な批判や反省など，科学的な手続きを経た合理的でしかも実証性に富むものでなければならない。
  - ②**独自性**…全国に共通する一般性を持つとともに独自性を尊重。
  - ③**具体性**…教師側から見れば，日々の教育実践のめあてであり，児童生徒側から見れば，日常の学習・生活のめあてである。従って具体的表現などの工夫が特に必要である。
  - ④**統合性**…単なる徳目主義にならず，生き生きとした，まとまりのある具体的な人間像を描けるよう，目標相互間の有機的な関連性や統一性を持たせることが必要である。
  - ⑤**恒常性**…特に合理的理由以外は，恒常性が尊重される。

143. 学校が設定する教育目標 ②

[学校教育目標の設定手順]

法令・規則等の目的 目標の趣旨に基づく
・憲法の精神
・教育基本法 1（教育の目的）
2（教育の目標）
・学校教育法『目的・目標』
（29, 30 小学校の目的・目標）
（45, 46 中学校の目的・目標）
（50, 51 高校の目的・目標）
（63, 64 中等教育学校の目的・目標）
（72 特別支援学校の目的）

学校の教育目標
○教育的価値が高く継続的な実践が可能なこと
○評価の基準となり得るような具体性を有すること
○校長をはじめとする全教師の考えや共通理解にたっていること

地域の実態
・自然環境
・歴史的背景
・人文的背景
職業別人口
職業別所帯数
生活様式
生活習慣
文化・衛生等の関心度
・社会・文化施設
・教育的環境
保護者の社会的意識
教育の関心度
・地域の社会的課題

学習指導要領
・国の定めた教育課程の基準であり，学校の教育課程の編成・実施と学校教育目標の間には重要な関係にある

目標の具体化
○教科・領域の指導計画
○学年・学級目標

都道府県の教育目標（例）
1　北方生活に適応する健康の増進
2　強じんな開拓精神と豊かな情操のかん養
3　科学的に生産を高める技能の育成
4　北方文化の創造
5　進取的な民主社会の建設

年度の重点

研 究 主 題

教育課程の充　　実

評　　価

児童生徒の実態
・発達の状況（知能・身体・運動・能力）
・生活経験（種類内容）
・興味と欲求の傾向
・意識と傾向（社会・道徳・歴史的・地理的意識・発達状況）
・情緒・性格の傾向等

地域・社会の要請
・地方公共団体の教育目標
・教育委員会の規則・指導方針等

学校・教師の実態
組織,伝統,子どもの把握

143. 学校が設定する教育目標 ③

[学校教育目標の具現化構想] (1)　　　　　　（静岡県浜松北小学校などの例）

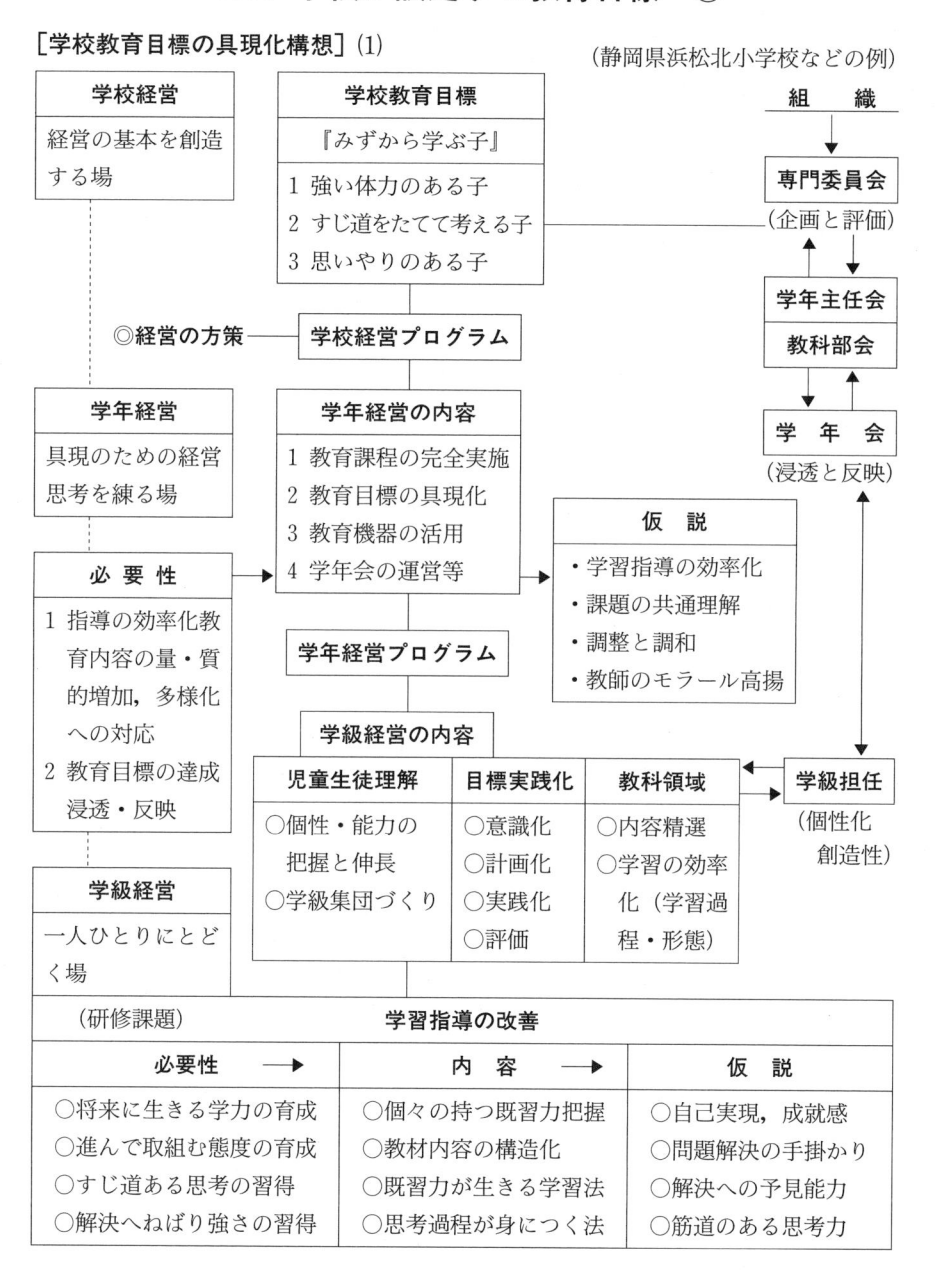

学校経営	学校教育目標		組　織
経営の基本を創造する場	『みずから学ぶ子』 1　強い体力のある子 2　すじ道をたてて考える子 3　思いやりのある子		↓ 専門委員会 （企画と評価）

◎経営の方策　→　学校経営プログラム

学年経営	学年経営の内容	仮　説	学年主任会 教科部会
具現のための経営思考を練る場	1　教育課程の完全実施 2　教育目標の具現化 3　教育機器の活用 4　学年会の運営等	・学習指導の効率化 ・課題の共通理解 ・調整と調和 ・教師のモラール高揚	学　年　会 （浸透と反映）

必要性			
1　指導の効率化教育内容の量・質的増加，多様化への対応 2　教育目標の達成浸透・反映	学年経営プログラム		

学級経営の内容

学級経営	児童生徒理解	目標実践化	教科領域	学級担任
一人ひとりにとどく場	○個性・能力の把握と伸長 ○学級集団づくり	○意識化 ○計画化 ○実践化 ○評価	○内容精選 ○学習の効率化（学習過程・形態）	（個性化 創造性）

（研修課題）　学習指導の改善

必要性　→	内　容　→	仮　説
○将来に生きる学力の育成 ○進んで取組む態度の育成 ○すじ道ある思考の習得 ○解決へねばり強さの習得	○個々の持つ既習力把握 ○教材内容の構造化 ○既習力が生きる学習法 ○思考過程が身につく法	○自己実現，成就感 ○問題解決の手掛かり ○解決への予見能力 ○筋道のある思考力

143. 学校が設定する教育目標 ④

[学校教育目標の具現化構想] (2)
学年目標への具体化

学年	『みずから学ぶ子ども』		
	思いやりのある子	すじ道をたてて考える子	強い体力のある子
1年	ともだちとなかよくできる	じぶんのかんがえがいえる	力いっぱいがんばる
2年	みんなとなかよくできる	かんがえのわけがいえる	力いっぱいがんばる
3年	なかよくしごとができる	なぜだろうの考え方でとりくむ	くるしくてもがんばる
4年	友だちの気持ちをだいじにする	順序を追って考えることができる	くるしくてもがんばる
5年	たがいにみとめ合いはげまし合う	多面的な見方・考え方をする	目あてに向かって全力をつくす
6年	相手の立場や気持ちを尊重する	はっきりした根拠で自分の考えを組み立てる	目あてに向かって全力をつくす

◎学校目標を学年目標（到達目標）まで具体化し，行動目標とする。

[学校教育目標具現化の評価]
①評価は技術ではない
- 日々の教育活動は，教育目標に照らして教育の内容や方法がどうであったかを，児童生徒の反応から的確に把握する評価と，その結果を踏まえての修正と，新しい計画によって実践追究していく指導でなくてはならない。
- すなわち，教育活動は，一面から見れば常に指導の過程であり，他の面からはそれは評価の過程といえる。この考えから評価は単なる教育方法上の一技術とするのではなく，教育の本質に係わる常時活動と考える必要がある。

②目標の評価は三つの視点から
　(1)学校経営の質的向上という視点からの評価
　(2)教師自身が向上するという視点からの評価
　(3)児童生徒の生活や学習の向上という視点からの評価

144. 学年経営

学年経営
- 学年経営の意義
  - ◎**学年経営**…学年としての発達段階の特質を押さえ，設定される学年目標を達成するため，学年主任を中心に，同一学年の担任が協力し合って学年の運営に参加，学校教育目標の達成に努めることである。
- 学年経営の効果
  - ①**学校運営の両面的機能**…学校教育目標を達成するためには，物的・人的条件を組織して教育活動を推進する全体的な立場と，教育計画の具体的な展開の場となる学級という集団の両者があり，その両者の機能を緊密に調整するのが学年経営としての重要な役割となる。
  - ②**学校に経営学の導入**…学校としての大集団経営と，学級としての小集団経営との中間的位置に，学年経営を意識することは，教職員の経営参加を図る上からも必要である。特に，多人数な大規模校においては，複数に及ぶ学級を学年という段階で束ねて考察することは，学校経営の合理化を進める上で大切であり，また民主的運営にとっても必要となる。
  - ③**学年段階で考察・反省し，効果的な推進**…児童生徒の学習活動や生活指導の全般にわたり，子どもの側から科学的・能率的，民主的であるかを学年段階で図ることが容易となる。
  - ④**モラールが高揚**…学年所属教師の協力と創意によって，全員が学年経営への参画意識を自覚する機会となり，刺激がある。
  - ⑤**効率の高い指導体制を確立**…学年全体の機能を高め，指導をより客観的・能率的に進めることが可能となる。
- 学年主任の役割
  - ①**学年主任**…校長の監督を受け，当該学年の教育活動に関する事項について連絡調整及び指導・助言に当たる（学校法施規44⑤）。学年主任は，指導教諭又は教諭をもってこれに充てる（学校法施規44③，準用79, 104, 113, 135）。
  - ②**学校経営方針を学年に浸透**…学校としての一貫性を保持するとともに，学級経営の独自性を理解して，学校・教職員間の意思の疎通・調整を図る。
  - ③**具体的な学年指導の中心**…学年としての総合的な企画・運営・協力体制の強化等の他，相談・推進の中心的役割を担う。

145. 学級経営　①

学級経営

- **学級経営の意義と組織**
  - ①**学校組織の基礎的単位である**…学校の教育目標達成のための指導が，直接・実践的に，かつ，適切に行われるために，学級の諸条件を整備・改善・処理する営みを学級経営という。
  - ②**学級の組織**…原則として「同学年の児童（生徒）で編制するものとする。ただし，特別の事情があるときは，数学年の児童（生徒）を一学級に編制することができる」(小学校設置基準5，中学校設置基準5)と規定している。このことは，学習指導及び生活指導を効率的に行うことを配慮しているからであるが，教職員数，児童生徒数，施設設備等の特別な事由がある場合は，複数の学年をもって組織することができることになっている。
  - ③**学級編制の構成**…同学年の児童生徒で編制するとしても，例えば質的な面で等質的な集団として構成するのが適当か，又は異質的な集団として構成するのが良いのか，また，適正規模とはどの程度の人数かを巡っては種々の意見がある。

- **学級経営の機能**
  - ①**学校の経営方針を受けて成立する**…学級経営は，学校経営をはじめ学年経営の系列に位置する基礎的単位の集団である。従って，担任教師の教育方針，学級観，教育方法等に，個性や特色が現れるとしても，基本としては学校という経営方針等が尊重されることが必要である。
  - ②**人格の全面的育成に影響する**…学級は，人為的ではあるが一つの共同社会を構成し生活を営むものとなる。人格の全面的な育成の場になり得る社会であることを認識する必要がある。特に，担任教師の人格と，児童生徒のふれあいから生まれてくる雰囲気も，間接的には大きな働きを生じてくる。
  - ③**学習と生活を統合し継続指導の場となる**…児童生徒を集団として計画的，継続的に指導できる場であることを考え，教師と子ども，子ども相互間の学習関係を重視する立場から，学習集団としての見方と，子ども相互間の協同体としての人格形成を重視する見方がある。学級はこの両者の立場を統合し，より全面的な人間形成を図る場としての認識が大切である。

145. 学級経営 ②

学級経営

- 学級経営の主たる領域
  - ①**児童生徒の実態把握**…学級の児童生徒個々について，家庭環境や近隣の環境，身体・健康状況，交友関係等の実情把握。
  - ②**教育目標の把握と学級目標の決定**…学校・学年の教育目標，学習指導要領の各教科・領域等における学年目標を把握・吟味し，学級の目標を決定，整合性を考察する。
  - ③**教科指導計画の検討と指導方法の工夫**…学年指導計画を学級の実情に合致させる。評定・評価の方法等の工夫。
  - ④**特別活動等の学級計画**…学級会活動の組織・運営，部・係。
  - ⑤**学年・学級行事の決定と指導計画**…学校・学年・学級の調和。
  - ⑥**保健・給食・安全の指導計画**…生徒指導の重点と指導法。
  - ⑦**学級経営案・週案の作成**…学年共通と学級の特色に留意。
  - ⑧**事務的内容**…公簿の管理，諸帳簿の作成。
  - ⑨**教室環境の整備**…情操的，学習的，生活的な環境設営に工夫。
  - ⑩**家庭との連携**…通信，保護者会，学級PTA，特殊事情の把握。

- 学級経営案記載事項例
  - ①**学級経営案**…学級における教育指導は，各教科・領域等によって学習指導が営まれていく面と，学級生活そのものが教育作用の場になっている面があることから，学級経営計画により，その調和的発達を考え指導に生かす必要がある。
  - ②**学級の実態**…児童生徒数，能力程度の実態，交友関係，学力状況，健康状況，体力状況，出席状況など。
  - ③**学級の目標**…学年目標との関係・理由，目標到達の計画など。
  - ④**経営の方針**…方針を生む立脚点と集約された方針。
  - ⑤**教科指導の重点**…各教科の重要事項・内容，工夫点など。
  - ⑥**道徳指導の重点**…学級・生徒個々の実態から重点と定着法。
  - ⑦**特別活動等の組織と指導の要点**…部・クラブ等の組織・活動，児童生徒会組織と指導の要点，係の仕事と助言，学年行事（競技会，遠足，見学等），学級行事（誕生会等）。
  - ⑧**生活指導の重点**…安全教育，保健教育，必要なしつけなど。
  - ⑨**学級の特殊事情と対策**…内容とその対策・方法など。
  - ⑩**密接連携**…学年・学級間の協力，家庭との連絡・伝達方法，PTA。

146. 学年・学期

修業年限
修業年限…その学校が目的とする教育課程を修了するために、必要と定められた修業年限がある。
① **小学校**（特別支援学校は小学部）…6年 (学校法17①, 32)
② **中学校**（特別支援学校は中学部）…3年 (学校法17②, 47)
③ **中等教育学校**…6年とする (学校法65)。
④ **高等学校**（特別支援学校は高等部）…全日制課程は3年、定時制課程・通信制課程については3年以上とする(学校法56)。

学年
① **修業年限の年数に応じた区分**…その教育の全課程を区分編成するための1年の期間が学年である。
② **学年**…学校教育の課程の始期および終期を画する基準となり、教育課程を編成する上での基本的単位となる。小・中・中等・高校及び特別支援学校では、各学年ごとに課程の修了を認定し次の学年に進級となる (学校法施行57, 準用79, 96, 113, 135)。

学年の始期と終期
① **学年の期間**…「小学校の学年は、4月1日に始まり、翌年3月31日に終わる」(学校法施規59)と規定。この規定は幼稚園から大学に至るまで準用される。
② **修業年限3年を超える定時制を置く高等学校**…その最終の学年の終期を9月30日とできる (学校法施規104②)。
③ **高等学校通信制の課程**…学校法施規59条(学年の始期と終期)は適用されない (学校法施規101②, 104③)。

学期
(学校法施令29)
① **学期の区分**…一般には3学期制。大学及び高等専門学校を除き、従来、公立学校は都道府県教委が、私立学校は都道府県知事が一律に定めるとされていたが、平成10年12月の法令改正で、公立学校は、その学校を設置する市町村又は都道府県の教委が、私立学校はその学校法人が定めるとされた。
② **通常の区分**…（学校管理規則（東京都）にみられる「学期」）
　　第1学期　4月1日から8月31日まで
　　第2学期　9月1日から12月31日まで
　　第3学期　1月1日から3月31日まで
　なお、一部の学校では、前期・後期の2学期制を採用しているところもある。

147．授業日・休業日

授業日・休業日

- **授業日**
  - ①**授業日**…授業を行う日のことを指すが，授業とは学校が計画する教育課程の実施を意味する。従って，希望参加の活動など教育課程外のものを実施しても，授業を実施したことにはならない。授業日の授業開始，終了の時刻は通学距離や地域の状況を考慮して，適切な時刻を校長が定める(学校法施規60)。
  - ②**授業日数**…通常，学校管理規則によって，学習指導要領を基準として校長が定める。なお，各教科等の授業時数の標準については学校法施規(小・51，中・73)に規定，学習指導要領では小・中学校の授業は年間35週(小学校第1学年は34週)以上にわたって行うよう定めている。また，高校の場合は年間35週を標準としている。しかし，自然災害等のやむを得ない事情がある場合，所定日数を若干下回ってもやむを得ない。
  - ③**授業日と休業日の振替え**…学校行事等に関係して，学校運営上特別な事情のある場合は，必要な振替えを行うことが認められている。振替えを決定する権限は設置学校の教委にあり，学校管理規則で許可又は承認等を要件とするが，一般的には校長の判断に委ねられ，校長が決定する旨規定しているのが通例である(勤務時間法6，8)。

- **休業日**
  - ①**休業日**…公立学校における休業日は次の通りとする。ただし，(3)に掲げる日を除き，特別の必要がある場合はこの限りでない(学校法施規61，準用79，104，113，135)。
    - (1)国民の祝日に関する法律(昭和23年法律178号)に規定する日
    - (2)日曜日及び土曜日
    - (3)学校法施令第29条の規定により教育委員会が定める日
      (夏季，冬季，学年末等における休業日については，学校を設置する教育委員会が定める)
  - ②**臨時休業**…非常変災その他急迫した事情のあるときは，校長権限で行うことができる(学校法施規63)，この場合は設置教委に報告する。また学保法により感染症等の場合も措置できる。
  - ③**休業日と教員の勤務**…休業日の場合の教員は，勤務が割り振られている日である限り，勤務を要しない日とはならない。

Ⅳ／教育課程

148. 学習指導要領……………210
149. 学習指導要領の変遷…………212
150. 学習指導要領改訂の方向性…215
151. 学習指導要領改訂の要点……216
152. 新学習指導要領の移行措置…218
153. 移行期間中に追加される指導内容…219
154. 学年別漢字配当表……………220
155. 教育課程………………222
156. 教育課程の用語と解説………224
157. 教育課程の編成とその構造…225
158. 教育課程編成の一般的手順…226
159. 教育課程に関する法制………227
160. 教育課程の評価………………229
161. カリキュラムの類型…………231
162. 特別支援学校の教育課程……233
163. 新学校像の構築………………234
164. 教育の政治的中立……………236
165. 教育の宗教的中立……………237
166. 基礎・基本……………………238
167. 国旗・国歌の指導……………240
168. 小学校での「選択」…………241
169. 教科用図書（教科書）………242
170. 補助教材………………………245
171. 時間割の弾力化………………246
172. 道徳教育………………………248
173. 環境教育………………………250
174. 心の教育（豊かな心）………252
175. 自己教育力の育成……………253
176. 個性の重視……………………254
177. 特別活動の授業時数…………256
178. 総合的な学習の時間…………257
179. 体験的学習……………………262
180. ふれあいの教育………………263
181. 福祉・健康教育………………264
182. 国際理解教育…………………265
183. 情報教育………………………267
184. ボランティア活動……………270
185. 地域の人材活用………………272
186. 部活動…………………………273
187. 合科的・関連的指導…………274
188. 領域・教科を合わせた指導…275
189. 習熟度別指導…………………276
190. 生活科の指導…………………277
191. 知的障害学校の生活科………279
192. 「遊び」の指導………………280
193. 自立活動………………………281
194. 対外運動競技…………………282
195. 特色ある学校づくり…………283

148．学習指導要領　①

　学習指導要領は，昭和22年3月の教育基本法，学校教育法の制定により，学校教育法施行規則の制定等が順になされ，規則に定めるもののほか，学校で編成される教育課程の基準として，文部科学大臣の告示によって公示される。昭和22年以来，社会の変化等に応じておおよそ10年をめどに改訂が図られている。

- 学習指導要領
  - 学習指導要領の法的性格
    - ①**文部科学大臣が告示**…学校法33条(小学校)の規定に基づき教育課程の基準として学習指導要領を告示する（学校法施規52（小学校），74（中学校），84（高校），129（特別支援学校））。
    - ②**法律を補充するもの**…学習指導要領は法の規定に従い告示される性質から，法規命令の性格を保有する。
  - 基本的な考え方
    - ①**教育課程の基準**…学校が教育課程を編成・実施する際しては，特に定める場合を除いては，学習指導要領によらなければならない（学校法施規50，51，52）。
    - ②**大綱的なものを示している**…各教科内容として示しているものは，指導の順序等の細部まで示しているものではない。
    - ③**弾力的考慮がある**…教育課程は各学校が編成するものであり，地域の実情や児童生徒の実態に応じ編成される性格上，教育の本質からも弾力的なものである。
    - ④**指導上の創意を無視するものではない**…各学校が指導の順序，重点の置き方，効果的な指導法を行うなど，各教科の目標や内容の趣旨を逸脱したり，児童生徒の負担過重にならない範囲で内容を付加することも可能である。
  - 学習指導要領の必要性
    - ①**教育の機会均等の要請に応える**…憲法や教育基本法に定める教育の機会均等（全国いずれの地域・学校・教師にあっても児童生徒が受けるべき教育の水準など）を実質的に実現しようとするための教育内容を保障するものである。
    - ②**公教育の水準維持**…学校教育は公の性質を有する性格から恣意的に放任されるべきではなく，国民として必要最小限度の知識・技能等を身につけさせる必要があり，国の責任のもとに一定限の教育内容を定めることが必要となる。
    - ③**教育の中立性を確保**…学校教育は，公教育として偏りのない適正なものであることが求められる。

148. 学習指導要領 ②

関係法令
- ①**学校教育法33条**…小学校の教育課程に関する事項は，同法29条(小学校の目的)及び30条(小学校教育の目標)の規定に従い，文部科学大臣が定める(中学48，高校52，中等校68，特別支援校77)。
- ②**学校法施行規則52条**…小学校の教育課程については，この節(第2節 教育課程)に定めるもののほか，教育課程の基準として文部科学大臣が別に公示する小学校学習指導要領によるものとする(中学74，高校84，中等校108，109，特別支援校129)。

学習指導要領

学校における教育課程の編成内容
- ①**小学校の教育課程の編成**…「小学校の教育課程は，各教科，道徳，特別活動並びに総合的な学習の時間によって編成する」(学校法則50①)。前項規定の「特別活動並びに総合的な学習の時間」を「外国語活動，総合的な学習の時間並びに特別活動」に改正された(学校法施規の一部を改正する省令 平成20.6.13文科令19)。
- ②**中学校の教育課程の編成**…「中学校の教育課程は，必修教科，選択教科，道徳，特別活動及び総合的な学習の時間によって編成する」(学校法施規72①)。
  ◎**学校法施規の一部を改正する省令**…(平成20.6.13文科令19)
  ☆学校法施規72①「必修教科，選択教科，道徳，特別活動及び総合的な学習の時間」を「各教科，道徳，総合的な学習の時間並びに特別活動」に改め，必修教科と選択教科について定めた学校法施規72②③を削る。
  ☆学校法施規73，76，107「必修教科，道徳，特別活動及び総合的な学習の時間」を「各教科，道徳，総合的な学習の時間及び特別活動」に改め，前項の関係から「各学年における選択教科等に充てる授業時数」を削る。
- ③**高等学校の教育課程の編成**…各教科に属する科目，総合的な学習の時間及び特別活動より成る(学校法施規83)。併設中等教育校では前期・後期の課程により授業時数などが異なる。

149. 学習指導要領の変遷 ①

小・中学校の学習指導要領

昭和22年 (1947) (昭26一部改正)	①「試案」の形で小・中・高の12年間を統合し「一般編」を作成 ②「各教科編」を小・中学校に分けず教科ごとに1冊とした ③文部省が著作権を有する図書とした ④男女共学とした ○用語を「教科課程」から「教育課程」に改め「試案」を外した
昭和33年 (1958)	①昭和27年の独立を契機に国家発展の基礎を固める認識が台頭 ②関係法令が改正，教育課程の基準としての性格が明確になる ③教育課程の編成に教科・領域名を明示，最低授業時数を示した ④算数（数学）・理科の時数を増加，「道徳の時間」を特設した
昭和43年 (1968) (中学校は昭和 44年(1969))	①産業・経済の発展，科学技術の進歩に応え教育の現代化を志向 ②望ましい人間形成の上から「調和と統一」の実現を図った ③児童生徒の能力適性の伸長をめざし教育内容の精選集約を図る ④「最低時数」から「標準時数」と改め，弾力化を図った
昭和52年 (1977)	①各教科内容を整理統合し簡素化を図り中核的事項にとどめた ②各教科の「内容の取扱い」事項の中から「必要最小限」に縮減 ③高校進学率90％の実情から小・中・高を一貫的にとらえて教育内容を精選・選択し「ゆとりある充実した学校生活」を図る ④知識の伝達化の現状を改め体験的・実践的な内容・方法を重視
平成元年 (1989)	①国旗・国歌の取扱い「～が望ましい」から「～するものとする」 ②小学校の国語を増加，学年別漢字配当を見直し，書写を重視 ③教科に「生活科」を新設，5学年以上で電卓，家庭科の現代化 ④中学校に学校裁量で時数の弾力的運用，コンピュータの活用 ⑤指導法の一つとして「習熟の程度に応じた指導」を導入した
平成10年 (1998)	①学校週5日制の下で「ゆとりある教育活動」と「生きる力」を ②高度な傾向の内容を削減，授業時数の縮減以上に内容を厳選 ③中学校で外国語を必修，話す聞くに重点，小学校でも実施可 ④中学校技術・家庭で「情報基礎」を新設必修 ⑤各学校の創意工夫ある教育活動の展開を図り「総合的な学習の時間」を創設 ⑥教育内容の3割減
平成20年 (2008)	①学力低下の声に応え，40年ぶりに授業数，教育内容が増加 ②小学校高学年に外国語活動が登場

149．学習指導要領の変遷　②

高等学校の学習指導要領

昭和22年 (1947)	①指導要領「一般編」を発行，教科等は「補遺」として発行 ②基礎的教養を38単位必修（普通科），他は生徒の自由選択 ③各科目5単位，1年完結の大単位制や「社会科」の誕生 ④「自由研究の時間」を設置，卒業単位を85単位以上とした ⑤教科として「保健・体育」，科目として「世界史」「一般数学」を新設
昭和31年 (1956)	①従来の大幅な科目の自由選択制を改め教育課程の類型化を図る ②1学年で履修の教科・科目は共通，2年以降は進路等で編成 ③必修科目を増加（10〜12科目，45〜61単位）とした
昭和35年 (1960)	①進学率の上昇と進路の多様化に対応，絶対必修と学科別必修に ②「倫理・社会」を新設，「学校行事等」の領域を設けた ③普通科の必修科目を増加（男子で17科目，56〜68単位）。専門教育を主とする学科では必修単位を30〜35単位に引き上げ
昭和45年 (1970)	①高校の教育課程の編成は各教科に属する科目及び各教科以外の教育活動により編成し，学年進行をもって適用する ②必修科目や単位数を削減，弾力的な編成が可能とした ③「数学一般」「基礎理科」を新設，社会科，理科等の各教科に属する科目の構成を改めた
昭和53年 (1978)	①教科として「体育」「英語」を新設，各教科に属する科目に必要な改正。「教科以外の教育活動」を「特別活動」に改めた ②卒業に必要な修得単位数を「85単位以上」から「80単位以上」に改正 ③高校低学年では基礎・基本的な内容を共通履修，中・高学年では多様な内容を共通に履修する
平成元年 (1989)	①教科・科目は多様・弾力化路線を引き継ぎ，普通教育では社会科を地歴科と公民科に分離1教科増の9教科とし，男子に家庭を加える ②教科内では2単位科目増（43科目が60科目）で多様化を図り，各学年の課程修了は学年制のみでなく単位制も踏まえ弾力的に
平成11年 (1999)	①週5日制の下で「ゆとりある教育活動」「生きる力」を育む ②「数学基礎」「基礎理科」を設け，「情報」を新設必修とした ③高校でも外国語を必修，話す聞くに重点 ④高校にも「総合的な学習の時間」を創設
平成21年 (2009)	改訂　学習指導要領の告示　（03/09）

149. 学習指導要領の変遷 ③

特別支援学校の学習指導要領（知的障害）
※「特殊教育諸学校」は「特別支援学校」に名称変更（平成19法96）

学習指導要領制定以前	①知的障害（精神薄弱）の児童生徒を教育する各学校の努力と熱心な研究成果が累積されていた ②西日本，東日本，中部日本の3ブロックに分けた文部省の指導者講座は，実践研究の成果を交流し質の高いものを生み出した
昭和34年 （1959） （6領域試案）	①教育課程の自主研究により次第に「6領域案」が見えはじめた ②教育内容を生活，生産，健康，情操，言語，数量の6領域に編成，それぞれに小学校低学年，中・高学年，中学校の3段階に系統化した。この案は文部省の指導者講座の中で認められた
昭和38年 （1963） （指導要領制定）	①養護学校（精神薄弱編）学習指導要領を初めて文部省が告示 ②教育内容を子どもの実態に合わせて自由に組んだり，他領域との合科・統合による指導ができるように弾力的にした ③児童生徒の生活実態を重視し，教育内容を「生活単元学習」や「作業学習」として領域・教科を合わせた学習を可能とした
昭和45年 （1970）	①小学部に「生活科」を新設，領域の一つとして「養護・訓練」を新設，領域の統合に「道徳」を加えることとした
昭和54年 （1979）	※**養護学校の義務制施行**（昭和54年4月1日） ①小・中・高等学校の学習指導要領と合わせ，同一の基本方針に基づく改訂を行い，その達成をめざすこととした ②訪問教育における教育課程の編成に一層の弾力化を導入，児童福祉施設との連携や小・中学校との交流の促進をうながす
平成元年 （1989）	①盲・聾・養護学校の改訂学習指導要領を告示，心身障害の状態・能力・適性等の多様化に対応する重要な課題に応える ②中学部の社会科の内容に「世界への関心」を加えた ③「養護・訓練」を4領域に改め，具体的観点を明確にした
平成11年 （1999）	①小・中・高校に準じて新しく「総合的な学習の時間」を加えて編成，「養護・訓練」は，名称を「自立活動」に改める ②「総合的な学習の時間」については，小学部全学年に総合的な教科である「生活科」があり，同様趣旨なので設けない
平成21年 （2009）	改訂　学習指導要領の告示　（03/09）

150. 学習指導要領改訂の方向性

第3期中央教育審議会初等・中等教育分科会教育課程部会審議の概要(2007年1月)

基礎的・基本的な知識・技能の育成と自ら学び自ら考える力の育成 習得型の教育と探究型の教育	①基礎的・基本的な知識・技能を確実に定着させることを基本とする。 ②こうした理解・定着を基礎として知識・技能を実際に活用する力の育成を重視する。 ③この活用する力を基礎として，実際に課題を探究する活動を行うことで，自ら学び自ら考える力を高める。
基礎・基本的な知識・技能の着実な定着 実生活との関連やその後の学習の基盤としても重要な事項を重視	①国語の美しい表現やリズムを身につける観点から小学校で易しい古文や漢文の音読や暗唱，漢字指導の充実。 ②都道府県や世界の主な国々の位置と名称等の習得。 ③学年間等で反復（スパイラル）する教育課程を構成することによる計算能力などの確実な習得（算数・数学）。 ④エネルギー，粒子，生命，地球などの科学の基本的な見方や概念を柱とした教育内容の充実（理科）。 ⑤文法指導や習得すべき語彙数の充実（外国語）。
思考力や表現力の育成 各教科相互に関連づけながら学習する具体的方法の検討	①日常生活に必要な技能としての対話，記録，要約，説明，感想などの言語活動を発達の段階に応じ体系的，継続的に指導，読書活動を充実（国語）。 ②言葉や数，式，図，表，グラフなどの相互の関連を理解し，それを用い説明・表現する指導の充実（算数・数学）。 ③科学的な思考力・表現力の育成を図る観点から考察・説明・探究を充実し，観察・実験，自然体験を重視。
豊かな心の育成 道徳や特別活動をはじめ，学校教育活動全体を通じて重視	①善悪の判断など基本的な道徳的価値観の形成（小学校）から道徳的価値に関する討論や法に関する学習，キャリア教育などを通した人間としての生き方指導の徹底（中学校）へと学校段階ごとに道徳の指導を明確化。 ②集団宿泊活動（小学校），職場体験活動（中学校），社会奉仕体験活動（高等学校），といった道徳性の育成に資する体験活動を推進（道徳，特別活動）。

151. 学習指導要領改訂の要点 ①

小・中学校（平成20(2008)年3月28日　文部科学省告示）

学習指導要領改訂の要点
- 改善の基本的考え方
  - ①**「生きる力」を育成**…教育基本法改正で明確となった教育の理念を踏まえ「生きる力」を育成すること。
  - ②**育成のバランスを重視**…知識・技能の習得と思考力・判断力・表現力等の均衡を重視すること。
  - ③**豊かな心や健やかな体を育成**…道徳や体育などの充実により豊かな心や健やかな体を育成すること。
- 主な改善事項の内容
  - ①**言語活動の充実**…言語は知的活動やコミュニケーション，感性・情緒の基礎である。このため国語科における読み書きなど基本的な力の定着を図るとともに各教科における記録，説明，論述，討論といった言語活動を充実したこと。
  - ②**理数教育の充実**…科学技術の土台である理数教育の充実を図るため，国際的な通用性，内容の系統性，小・中学校での学習の円滑な接続を踏まえて指導内容を充実したこと。
  - ③**伝統や文化に関する教育の充実**…国際社会で活躍する日本人の育成を図るため，各教科等で我が国や郷土の伝統や文化を受け止め，それを継承・発展させるための教育を充実したこと。具体的には，国語科での古典，社会科での歴史学習，音楽科での唱歌・和楽器，美術科での我が国の美術文化，保健体育科での武道の指導などを充実したこと。
  - ④**道徳教育の充実**…道徳の時間を要として学校の教育活動全体で行うことを明確化したこと。発達の段階に応じて指導内容を重点化し体験活動を充実したこと。
  - ⑤**体験活動の充実**…児童生徒の社会性や豊かな人間性を育むため，その発達の段階に応じ集団宿泊や自然体験活動（小学校），職場体験活動（中学校）を重点的に推進することとした。
  - ⑥**外国語教育の充実**…積極的にコミュニケーションを図る態度を育成し，言語・文化に対する理解を深めるために小学校高学年に外国語活動を導入したこと。中学校ではコミュニケーションの基礎となる語彙数を充実するとともに，聞く，話す，読む，書くを総合的に行う活動を充実したこと。

151. 学習指導要領改訂の要点 ②

特別支援学校（平成21(2009)年3月9日　文部科学省告示）

1．改善の基本的考え方

| 幼稚園，小学校，中学校及び高等学校の教育課程の改善に準じた改善 | 障害の重度，重複化，多様化に対応し個に応じた指導の充実 | 自立と社会参加を推進するため職業教育等を充実 |

2．主な改善事項

障害の重度・重複化，多様化への対応
①障害の重度・重複化，発達障害を含む多様な障害に応じた指導を充実するため，「自立活動」の指導内容として「他者との関わりの基礎に関すること」などを規定
②重複障害者の指導に当たっては，教師間の協力した指導や外部の専門家を活用するなどして，学習効果を高めるようにすることを規定

一人一人に応じた指導の充実
①一人一人の実態に応じた指導を充実するため，すべての幼児・児童・生徒に「個別の指導計画」を作成することを義務付け
②学校，医療，福祉，労働等の関係機関が連携し，一人一人のニーズに応じた支援を行うため，すべての幼児・児童・生徒に「個別の指導計画」を作成することを義務付け

自立と社会参加に向けた職業教育の充実
①特別支援学校（知的障害）における職業教育を充実するため，高等部の専門教科として「福祉」を新設
②地域や産業界等と連携し，職業教育や進路指導の充実を図ることを規定

交流及び共同学習の推進
①障害のある子どもと障害のない子どもとの交流及び共同学習を計画的・組織的に行うことを規定

（文部科学省「特別支援学校学習指導要領解説・総則編」より）

152. 新学習指導要領の移行措置

小・中学校（学習指導要領の改正に伴う移行措置）（2008年6月省令・告示）

移行期間中の基本方針
- ①平成20(2008)年度中に…周知徹底を図り，平成21(2009)年から可能のものから先行実施
- ②移行措置期間中に…教科書の編集・検定・採択を行い小学校は平成23(2011)年度，中学校は平成24(2012)年度から全面実施

先行実施
- ①直ちに先行実施可能…学習指導要領総則や道徳，総合的な学習の時間，特別活動は平成21(2009)年度から規定を先行実施
- ②新課程の内容の一部を前倒し実施…算数・数学，理科は円滑に移行できるよう移行期間中から内容の一部を前倒し実施
- ③総授業時数を工夫…小学校は各学年で週1コマ増加（中学校は選択教科等の時数を削減するため総授業時数は変更なし）

学校判断で先行可能
- ①各教科（算数・数学，理科を除く）での実施…学校の判断により新学習指導要領によることも可能とする
- ②地図帳での指導…47都道府県の名称と位置等の指導
- ③音楽，体育での扱い…音楽の共通歌唱教材における曲数の充実等（小・中学校）。体育の授業時数の増加（小学校低学年）
- ④小学校の外国語活動…高学年で時間を定め学校裁量で実施可

学習指導要領の移行・実施のスケジュール

	2008年（平成20）3月	2009年 4月	2010年 4月	2011年 4月	2012年 4月	2013年 4月
小・中学校	告示	周知期間／解説書作成／前倒し内容の検討／教材開発	移行措置期間(小学校)／移行措置期間(中学校)／算数・数学，理科社会の一部，総合等の前倒し実施	小学校完全実施	中学校完全実施	高等学校完全実施
高等学校		告示	周知期間	総則など先行実施	数学理科先行実施	

153．移行期間中に追加される指導内容

新学習指導要領の移行措置期間中に新しく追加される指導内容の主な項目
小・中学校

学年		2009年度	2010年度	2011年度
小1		算数：簡単な2位数の足し算・引き算，時刻の読み方	個数を絵や図で表す	完全実施
小2		算数：簡単な3位数の足し算・引き算，正方形，長方形，直角三角形	簡単な分数，体積と単位の測定	完全実施
小3		算数：3位数に2位数をかける掛け算，二等辺三角形，円，球	小数や分数の意味や表し方，□を用いた式	完全実施
		理科：物と重さ，風やゴムの働き	同左	完全実施
小4		算数：小数と整数の掛け算・割り算，そろばん，ひし形，立方体	同分母分数の足し算・引き算	完全実施
		理科：人体のつくりと運動，水の三態変化	同左	完全実施
小5		算数：同分母分数の足し算・引き算，ひし形や台形の面積，図形の合同	約数，倍数，分数と整数の掛け算・割り算，立方体の体積，角柱や円柱	完全実施
		理科：水中の小生物，電磁石の強さ	雲と天気の変化，川の上流下流	完全実施
小6		算数：異分母分数の足し算・引き算，文字を用いた式（a や x）	起こり得る場合（確率）	完全実施
		理科：主な臓器の存在，火山や地震による土地の変化	てこのつりあいと重さ，発電，蓄電	完全実施
中1		数学：平行移動，球の表面積と体積，資料の散らばり代表値	同左	同左
		理科：力とバネの伸び，粒子のモデル，種子を作らない植物	同左	同左
中2		数学：追加なし	追加なし	追加なし
		理科：追加なし	電流が電子の流れであること，酸化と還元，生物と細胞，日本の天気	同左
中3		数学：追加なし	解の公式での二次方程式，円周角と中心角，標本調査	同左
		理科：力学的エネルギー，水溶液とイオン，遺伝の規則性と遺伝子，月の運動	同左	力学的エネルギーの保存，酸・アルカリとイオン，地球規模での地殻変動

154. 学年別漢字配当表　①

小学校　　　　　　　　　　　　　　　　　　　　　　　　　　　　1006字

第1学年 （80字）	一右雨円王 山子四糸字 先早草足村 目立力林六	音下火花貝 耳七車手十 大男竹中虫	学気九休玉 出女小上森 町天田土二	金空月犬見 人水正生青 日入年白八	五口校左三 夕石赤千川 百文木本名	
第2学年 （160字）	引羽雲園遠 帰弓牛魚京 行高黄合谷 秋週春書少 太体台地池 読内南肉馬 門夜野友用	何科夏家歌 強教近兄形 国黒今才細 場色食心新 知茶昼長鳥 売買麦半番 曜来里理話	画回会海絵 計元言原戸 作算止市矢 親図数西声 朝直通弟店 父風分聞米	外角楽活間 古午後語工 姉思紙寺自 星晴切雪船 点電刀冬当 歩母方北毎	丸岩顔汽記 公広交光考 時室社弱首 線前組走多 東答頭同道 妹万明鳴毛	
第3学年 （200字）	悪安暗医委 館岸起期客 県庫湖向幸 守取酒受州 真深進世整 柱丁帳調追 畑発反坂板 命面問役薬	意育員院飲 究急級宮球 港号根祭皿 拾終習集住 昔全相送想 定庭笛鉄転 皮悲美鼻筆 由油有遊予	運泳駅央横 去橋業曲局 仕死使始指 重宿所暑助 息速族他打 都度投豆島 氷表秒病品 羊洋葉陽様	屋温化荷界 銀区苦具君 歯詩次事持 昭消商章勝 対待代第題 湯登等動童 負部服福物 落流旅両緑	開階寒感漢 係軽血決研 式実写者主 乗植申身神 炭短談着注 農波配倍箱 平返勉放味 礼列練路和	

（参考）　言語力育成の中核を担う教科として，早い学年から漢字を読むことや伝統文化に親しむ機会を増やそうと，小学校低学年で「かぐや姫」などの昔話の読み聞かせ，中学年では松尾芭蕉や小林一茶の俳句の音読，高学年では論語の朗読などをする。また，教材の中で未履修の漢字を平仮名にする不自然な表記を，交ぜ書きとルビつきの表記に変更した。

154．学年別漢字配当表　②

第4学年 （200字）	愛案以衣位 管関観願希 郡径型景芸 察参産散残 照賞臣信成 帯隊達単置 敗梅博飯飛 満未脈民無	囲胃印英栄 季紀喜旗器 欠結建健験 士氏史司試 省清静席積 仲貯兆腸低 費必票標不 約勇要養浴	塩億加果貨 機議求泣救 固功好候航 児治辞失借 折節説浅戦 底停的典伝 夫付府副粉 利陸良料量	課芽改械害 給挙漁共協 康告差菜最 種周祝順初 選然争倉巣 徒努灯堂働 兵別辺変便 輪類令冷例	街各覚完官 鏡競極訓軍 材昨札刷殺 松笑唱焼象 束側続卒孫 特得毒熱念 包法望牧末 歴連老労録
第5学年 （185字）	圧移因永営 刊幹慣眼基 限現減故個 賛支志枝師 情織職制性 属率損退貸 版比肥非備 夢迷綿輸余	衛易益液演 寄規技義逆 護効厚耕鉱 資飼示似識 政勢精製税 態団断築張 俵評貧布婦 預容略留領	応往桜恩可 久旧居許境 構興講混査 質舎謝授修 責績接設舌 提程適敵統 富武復複仏	仮価河過賀 均禁句群経 再災妻採際 述術準序招 絶銭祖素総 銅導徳独任 編弁保墓報	快解格確額 潔件券険検 在財罪雑酸 承証条状常 造像増則測 燃能破犯判 豊防貿暴務
第6学年 （181字）	異遺域宇映 胸郷勤筋系 穀骨困砂座 衆従縦縮熟 泉洗染善奏 頂潮賃痛展 奮並陛閉片 覧裏律臨朗 論	延沿我灰拡 敬警劇激穴 済裁策冊蚕 純処署諸除 窓創装層操 討党糖届難 補暮宝訪亡	革閣割株干 絹権憲源厳 至私姿視詞 将傷障城蒸 蔵臓存尊宅 乳認納脳派 忘棒枚幕密	巻看簡危机 己呼誤后孝 誌磁射捨尺 針仁垂推寸 担探誕段暖 拝背肺俳班 盟模訳郵優	揮貴疑吸供 皇紅降鋼刻 若樹収宗就 盛聖誠宣専 値宙忠著庁 晩否批秘腹 幼欲翌乱卵

155. 教育課程　①

教育課程

- **教育課程の意義**
  - ①**教育課程という用語**…英語のカリキュラム（curriculum）の日本語訳である。法令上では昭和24(1949)年に公布された文部省設置法において初めて用いられた。
    それ以前は「教科課程」「学科及び其程度」「教科目」「課程」等の用語が使われていたが，昭和25年改正の学校教育法施行規則において「教育課程」の用語とした。
  - ②**学校教育法から見る教育課程**…学校法では33条において教育課程に関する事項は，29条（小学校の目的），30条（小学校教育の目標）の規定に従い文部科学大臣が定めるとある。中学校においては48条に同様趣旨の条文があり，高等学校，中等教育学校，特別支援学校も同様である。
  - ③**用語の持つ意義**…教育学上の意義と法律上の意義があるが，学習指導要領では「学校において編成する教育課程とは，学校教育の目的や目標を達成するために，教育の内容を児童の心身の発達に応じ，授業時数との関連において総合的に組織した学校の教育計画である」（「小学校学習指導要領解説 総則編」平成20年8月文部科学省）と定義づけている
  - ④**教育課程の基準**…学校で編成される教育課程の基準は，文部科学大臣が別に公示する学習指導要領の規定（学校法施規52, 74, 84, 109, 129）により編成・実施されるが，所管の教育委員会に提出する学校全体の大枠の計画から，学年や学級の具体的な指導計画を含めて考えられる。

- **教育課程の必要性**
  - ①**教育の目的・目標の実現**…学校教育は，目的を持って組織的・計画的に行うものであり，そのためには，学校教育活動の基本を定めるものとして教育課程の編成は重要である。
  - ②**公教育の保障**…憲法・教育基本法に定める教育の「機会均等」の要請に実質的に応え，教育水準の維持・向上のほか，教育の中立性等を保障するものである。
  - ③**法的拘束性の効果**…教育課程の編成・実施に当たっては，法令・規則，及び学習指導要領等の示すところに従って行うことにより，公教育が恣意や放任されることはない。

155. 教育課程　②

教育課程

- **教育課程の法制**
  - ①**学校教育の基本的事項の法定**…わが国は民主主義国家であり，行政は法の定めに基づいて行われる。また，小・中・高校等の法に定める学校は，公の性質を持ち(教基法6)全国的に機会均等（教基法4）と水準維持（教基法5）を国民に保障している。このため，学校教育の基本的事項は学校教育法その他の法令により定められる。
  - ②**教育基本法には**…教育の目的(1条)，教育の目標(2条)，教育の機会均等(4条)，義務教育(5条)，学校教育(6条)のほか，教育課程に直接関係するものとして政治教育(14条)，宗教教育(15条)について定めている。
  - ③**学校教育法では**…教基法に定める教育の目的を，小・中・高校等について校種別に具体化した学校の目的と，その実現のために学校教育の目標を掲げ明確にしている。さらに小・中学校の教科に関すること，高等学校の学科及び教科に関する事項は文部科学大臣が定めると規定している。（学校法33小学校，48中学校，52高等学校，68中等教育学校，77特別支援学校）
  - ④**学校教育法施行規則により**…文部科学大臣は教育課程を編成する教科・領域及び各教科・領域ごとの年間標準授業時数，高校では卒業に要する最低総単位数を規定し，各学校段階においては別に公示する学習指導要領によることとしている。
  - ⑤**教育委員会の権限**…教育委員会は，所管する公立学校の教育課程に関する事務を管理・執行し(地教行法23-5)，法令または条例に違反しない限度において，教育課程について必要な教育委員会規則を定めるとされている（地教行法33）。都道府県の教委は，法令に違反しない限り市町村が所管する学校の教育課程について必要な指導・助言・援助を行う（地教行法48）。

- **教育課程の編成権**
  - ①**学習指導要領の総則で**…「各学校においては……教育課程を編成するもの」とあるとおり，学校が編成する。
  - ②**校長の職務権限**…学校法37条4項「校長は，校務をつかさどり，所属職員を監督する」とある。校長が学校の責任者であって組織体の構成員をその責任と指導性により指揮し編成する。

156. 教育課程の用語と解説

教育課程の基準	学習指導要領
法律上の根拠に基づき国が定めたもの	

教育課程とは，学校教育の目的・①
目標を達成するために，教育の内容②
を児童（生徒）の心身の発達に応じ，③
授業時数との関連において総合的に④　　⑤
組織した学校の教育の教育計画であ⑥
る。
（小学校学習指導要領解説総則編　文部科学省）

第1章　総則1-1
各学校においては，教育基本法及び学校教育法その他の法令並びにこの章以下に示すところに従い，児童（生徒）の人間として調和のとれた育成を目指し，地域や学校の実態及び児童（生徒）⑦　　⑧
の心身の発達段階や特性を十分考慮して，適切な**教育課程を編成**するものとし，これらに掲げる目標を達成するよう教育を行うものとする。

⑦地域社会の状況，生活条件，産業・経済・文化，展望等

⑧学校規模，教員組織，施設・設備，指導力，児童生徒の実態

①法令等による教育の目的・目標を基盤としながら，地域や学校の実態に即した目標を指す

③身体的・生理的な発達特性と社会性の発達との関連，興味・関心，性格や男女の特性，学年・学級の特質等からの傾向・問題点など，能力差，価値観，使命感，職業観，個人差等について考慮する

②校種ごとの目的・目標を達成するため必要な教育内容・活動の選択のことで，指導要領の各教科等の目標・内容が基準となる

⑥教育課程も指導計画も教育の計画そのものを意味していることになるが，指導要領ではこれを区別して用いている

教育課程は，全学年・全領域にわたる教育の計画を指し，**編成**するという。
指導計画という場合は，一部の学年，一部の教科・領域，時間配当等を指す。従って，国語の教育課程とはいわず，国語の指導計画を**作成**するという

④学校法施規にその標準を規定

⑤各教科・領域の教育内容を学年に応じて，時数とともに年間配列する

157．教育課程の編成とその構造

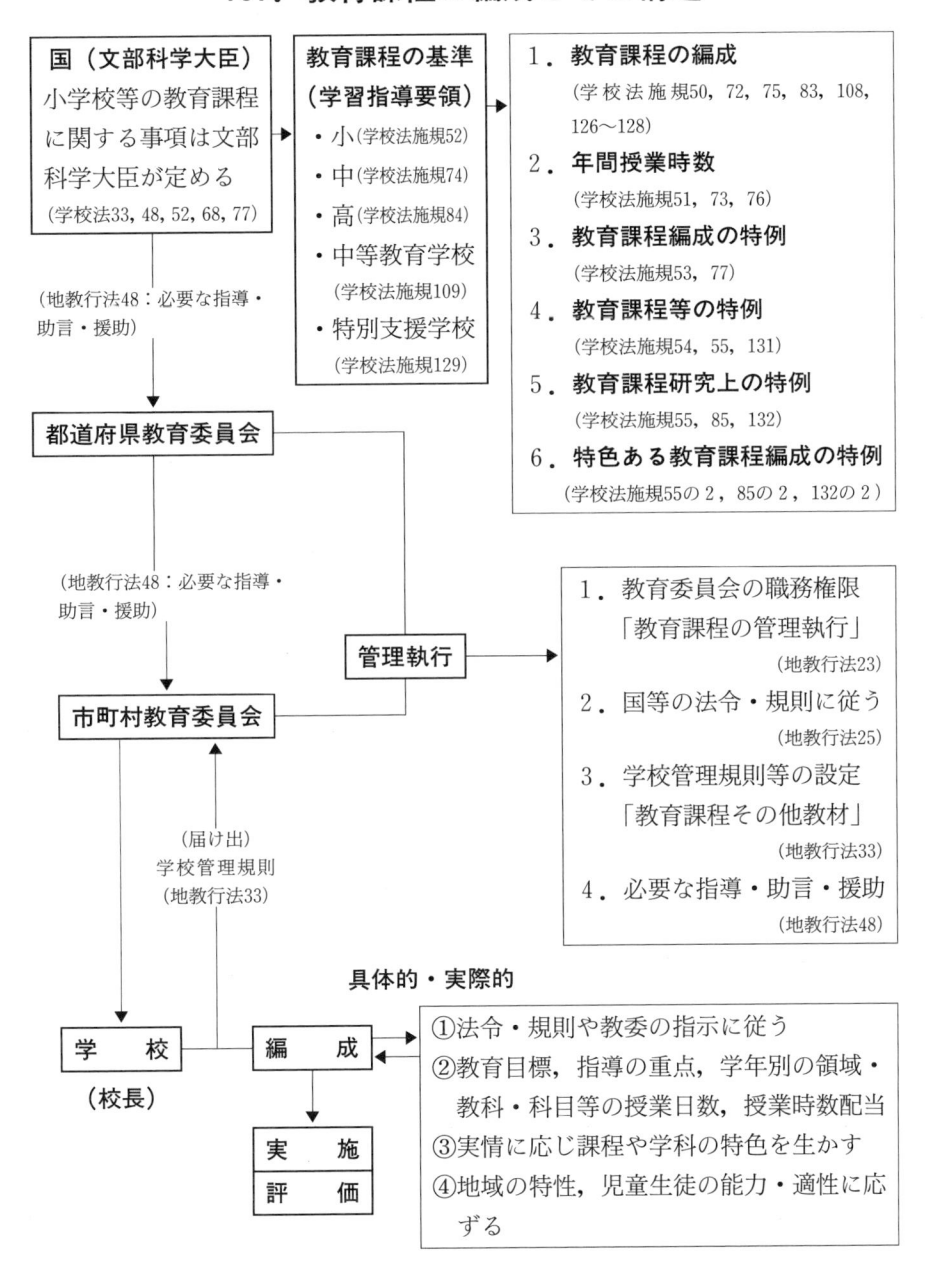

国（文部科学大臣）
小学校等の教育課程に関する事項は文部科学大臣が定める
(学校法33, 48, 52, 68, 77)

↓（地教行法48：必要な指導・助言・援助）

都道府県教育委員会

↓（地教行法48：必要な指導・助言・援助）

市町村教育委員会

↑（届け出）学校管理規則（地教行法33）

学校（校長） → **編成** → **実施／評価**

教育課程の基準（学習指導要領）
- 小(学校法施規52)
- 中(学校法施規74)
- 高(学校法施規84)
- 中等教育学校(学校法施規109)
- 特別支援学校(学校法施規129)

1. **教育課程の編成**
   (学校法施規50, 72, 75, 83, 108, 126〜128)
2. **年間授業時数**
   (学校法施規51, 73, 76)
3. **教育課程編成の特例**
   (学校法施規53, 77)
4. **教育課程等の特例**
   (学校法施規54, 55, 131)
5. **教育課程研究上の特例**
   (学校法施規55, 85, 132)
6. **特色ある教育課程編成の特例**
   (学校法施規55の2, 85の2, 132の2)

管理執行 →

1. 教育委員会の職務権限「教育課程の管理執行」(地教行法23)
2. 国等の法令・規則に従う (地教行法25)
3. 学校管理規則等の設定「教育課程その他教材」(地教行法33)
4. 必要な指導・助言・援助 (地教行法48)

具体的・実際的
①法令・規則や教委の指示に従う
②教育目標，指導の重点，学年別の領域・教科・科目等の授業日数，授業時数配当
③実情に応じ課程や学科の特色を生かす
④地域の特性，児童生徒の能力・適性に応ずる

158. 教育課程編成の一般的手順

①
- 校長の方針
- 教職員の共通理解

編成の基本方針の明確化
- 教育課程の意義，編成の原則を明確にする
- 教育の目的・目標，学校の教育目標の把握
- 作業計画の大綱，組織・日程，基本方針の明確化

②
- 教職員組織と諸活動の調和

編成の具体的な組織と日程の決定
- 組織，職務の分担，役割，作業日程の具体化
- 既存組織の整備・補強，新組織等の設定等

③
- 諸条件の的確な把握
- 調査・研究事項間の相互関連・調整

編成の事前研究や調査の実施
- 教育課程の国の基準や教委の規則等を研究理解
- 地域や学校の実態，児童生徒の実態を把握
- 特に児童生徒の心身の障害の状態・発達段階把握
- 実施中の教育課程を検討・評価し改善点を明確に
- 年度の重点や学校課題等の経緯と今後の見通し

④
- 編成の基本と課題の統一化

編成の基本となる諸事項の決定
- 学校の教育目標との係わりと当面する学校課題や重点事項を統一的に把握し明確にする
- 事前研究・調査を総合的に検討，教育課程編成の基本となる事項を決定，調和ある達成を確認
- 編成に当たって，特に留意事項を明確にする
- 新学習指導要領の改訂趣旨・具体事項を確認

⑤
- 創意を生かした特色ある編成

教育課程の編成
- 教育内容の選択・組織
  教育課程の編成領域に関する基本的事項の確認
- 学年を考慮，年間授業時数の配当
- 週当たりの授業時数を配当
  週・1日の学校生活のまとまりとリズムを考慮

（確実な実践と評価）

159. 教育課程に関する法制 ①

我が国の学校制度は，日本国憲法の精神にのっとり，学校教育の目的や目標及び教育課程において，法令で種々の定めがなされている。

- 教育課程に関する法制
  - 教育課程の基本的考え
    - ①**教育課程とは**…学校教育の目的・目標を達成するために，教育内容を児童（生徒）の心身の発達に応じ，授業時数との関連において総合的に組織した学校の教育の教育計画である。
    - ②**公の性質と義務教育**…全国的に一定の教育水準を確保し，全国どこにおいても同水準の教育を受けることのできる機会を国民に保障することが要請される。
    - ③**国として一定の基準を設定**…学校において編成される教育課程について，国として一定の基準を設け，ある限度において国全体としての統一性（基準性）を保つことが必要となる。
  - 教育基本法（カッコ内の数字は条文を示す。以下同）
    - 教育の目的(1)　教育の目標(2)　生涯学習の理念(3)
    - 義務教育(5)　学校教育(6)　教育の機会均等(4)
    - 私立学校(8)　教員(9)　幼児期の教育(11)
    - 政治教育(14)　宗教教育(15)　教育行政(16)
    - 学校，家庭，地域住民等の相互の連携協力(13)
    - 教育振興基本計画(17) など
  - 学校教育法
    - ①**義務教育**…義務教育の目標(21)
    - ②**小学校**…小学校の目的(29)　小学校教育の目標(30)
      - 児童の体験的学習・ボランティア活動(31)
      - 学校運営の評価(42)　学校運営の情報提供(43)
    - ③**中学校**…中学校の目的(45)　中学校教育の目標(46)
      - 学校運営の評価(42)　学校運営の情報提供(43)
    - ④**高等学校**…高校の目的(50)　高校教育の目標(51)
      - 学科・教育課程(52)　定時制課程(53)　通信制課程(54)
      - 定時制の技能教育(55)　修業年限(56)　専攻科・別科(58)
      - 学校運営の評価(42)　学校運営の情報提供(43)
    - ⑤**中等教育学校**…中等教育学校の目的(63)
      - 中等教育学校の目標(64)　修業年限(65)　課程(66)
      - 各課程の目標(67)　一貫教育(71)　学校運営の評価(42)
      - 学校運営の情報提供(43)

159. 教育課程に関する法制 ②

教育課程に関する法制
- 学校教育法 — ⑥**特別支援学校**…特別支援学校の目的(72) 普通学校における特別支援教育の助言・援助(74) 小・中学部の教育課程,高等部の学科・教育課程(77) 特別支援学級の設置(81) 準用(82) 学校運営の評価(42) 学校運営の情報提供(43)
- 学校教育法施行令 — ①**学期・休業日**…公立学校（大学を除く）の学期及び夏季,冬季,学年末,農繁期等の休業日は当該都道府県,設置市町村の教育委員会が定める(29)。
- 学校教育法施行規則
  - ①**小学校**…教育課程の編成(50) 教育課程の基準(52) 授業時数(51) 合科授業の特例(53) 履修困難の特例(54) 研究上の特例(55) 特色ある教育の特例(55の2) 学校生活不適応の特例(56) 教育活動の自己評価(66) 関係者の評価(67) 設置者に報告(68) 特別支援学級(138)
  - ②**中学校**…教育課程の編成(72) 教育課程の基準(74) 授業時数・総授業時数(73) 小学校に準用(79) 教育活動の自己評価(66) 関係者の評価(67) 設置者に報告(68) 特別支援学級(138)
  - ③**高等学校**…教育課程の編成(83) 教育課程の基準(84) 研究上の特例(85) 特色ある教育の特例(85の2) 学校生活不適応の特例(86) 一貫教育の教育課程(87) 連携型の特例(88) 74単位以上で修了(96) 学修による単位授与の特例(98) 単位認定に関する制限(99) 入学前の学修による単位授与の特例(100) 教育活動の自己評価(66) 関係者の評価(67) 設置者に報告(68) 準用(104)
  - ④**中等教育学校**…前期・後期教育課程の基準(106) 前期課程の授業時数(107) 中等教育学校の教育課程(108) 同基準(109) 併設型の教育課程(114) 一貫教育の教育課程(115) 特別支援学級(138，前期課程のみ)
  - ⑤**特別支援学校**…小学部教育課程(126) 中学部教育課程(127) 高等部教育課程(128) 教育課程の基準(129) 合科授業(130) 訪問教育(131) 研究上の特例(132) 特色ある編成特例(132の2) 他の小・中学校の授業の取扱い(141) 準用(104) 教育活動の自己評価(66) 関係者による評価(67) 設置者に報告(68)
- 地方教育行政の組織運営に関する法律…教育委員会の職務権限(23)

160. 教育課程の評価　①

評価の意義と学校評価との関連

①**教育課程評価の意義**…学校は教育課程を編成・実施するが，その教育課程が学校教育のねらいと地域や学校の実情，児童生徒の実態に即して適切であったかを実践を通して検討し，全職員が協力し計画的に評価を行い，その改善を図っていく営みが学校教育の進展にとって極めて大切なことである。

②**教育課程の編成・実施・効果の総体**…評価の対象は教育課程のすべてであり，編成，実施の過程はもとより，編成・実施における学校運営上の配慮も評価の対象となる。

③**学校評価と関連**…平成19(2007)年6月学校教育法が改正され，各学校は学校評価(学校法42, 43及び学校法施規66, 67, 68：それぞれ中学校・高校・中等教育学校・特別支援学校にも準用)を適切に実施し，その結果に基づき学校運営の改善を図り教育水準の向上に努めることとなっている。「学校評価ガイドライン(平成20年1月31日作成　文科省)」等を参考として，教育課程の評価もこれらの考えに位置づけられ実施することが望まれる。

教育課程の評価

評価の観点

①**新学習指導要領のポイント**…学習指導要領の改訂の特色は，教育基本法や学校教育法の関係法令の改正を受けて改訂されたことや，教育課程の実施状況，PISA等の国際比較調査等を踏まえ改訂された点にも評価を進める際には重視する。

②**改訂の主たる要点**…(1)「生きる力」の理念の継承と充実　(2)基礎的・基本的な知識・技能の習得　(3)思考力，判断力，表現力等の育成　(4)主体的な学習態度や学習習慣の確立　(5)言語活動の充実　(6)算数・数学，理科の改善　(7)道徳教育の充実　(8)伝統や文化に関する教育の充実　(9)体験活動の充実。各学校においては，これらの要点を踏まえ学校教育目標を見直したり，教育課程編成のねらいを学習指導要領にそったものにするなど取組みが進められよう。

③**学校評価の改善**…教育課程の内容についても，特に編成・実施について移行期，定着期の過程や教育活動の時期ごとに，改訂の趣旨が生かされているかどうかを評価の必要がある。

160. 教育課程の評価 ②

教育課程の評価

- **改善に向けた配慮事項**
  - ①**個々の学校の自己評価が基本**…学校自らの評価が基本であり，学校の人的，物的，環境，伝統，地域社会等の条件が用意された評価基準は，教職員にとっても共通理解が図りやすく，しかも自校の教育に直接の責任を持つ当該学校の教職員が一致協力して自主的に行うことは，改善への取組みにも意欲的になり成果に得るものが大きい。
  - ②**目標と課題の明確化**…新教育課程の実施という学校教育活動を考えた場合，その趣旨を生かした取組みという点から，今回改訂の要点について，特に重点目標を設け課題として共通理解を得ることなども必要となろう。
  - ③**学校評価ガイドライン**(平成20(2008)年1月文科省)…等を参考に，どんな評価の観点や項目を設定するかなど，当初から十分な検討が求められる。次の条件等を具備されたものが望ましい。
    - ①**価値性**…目標や課題に接し，評価の価値基準がその到達度にあり，実施に当たって無理がない。
    - ②**全体性**…学校の人的，物的，環境，伝統，地域社会等が考慮された評価基準の設定で，評価はより可能となる。
    - ③**包括性**…教育活動のあらゆる面が取り上げられ，評価手段の多様性を含むものである。
    - ④**連続性**…日常行われる評価が，教育課程や学校評価として結集する他マネジメント・サイクルの中で連続使用が可能。
    - ⑤**客観性**…評価の客観性を保つため，試案などとして出版されている評価基準等を効果的に用いる。
    - ⑥**具体性**…個々の学校の評価である以上，具体性が必要である。しかし，あまりに微細にわたるものにも問題がある。
- **改善の方法**
  - ①**自主的で積極的評価を**…評価に続いて行わなければならないのが改善である。この一連の実践が積極的に行われてはじめて，望ましい教育課程の編成，実施が期待できる。
  - ②**改善の方法は**…(1)評価の資料を収集し検討すること。
    (2)整理した問題点を検討，原因と背景を明らかにすること。
    (3)改善案をつくり，共通理解の上で実施すること。

161. カリキュラムの類型　①

カリキュラムとは

①**カリキュラム (curriculum) の用語**…競走，走路などを意味するラテン語に由来する用語であるが，教育用語としては教育内容に対する教育計画のことを指すときに用いる。

②**用語の意味する経緯**…かつては教育内容が「教科」と考えられて，カリキュラムは「学科課程」または「教科課程」といわれた。しかし，現在では，学校の教科外の活動も児童生徒の人格形成に重要な意義を持つことが認識されて，教科と教科外の両領域を含めて「教育課程」といわれている。

カリキュラムの類型

[カリキュラム（教育課程）の類型]

カリキュラムの特色

①**教科カリキュラム**…伝統的な学問体系に根拠をおく教科の別に従って教育内容を分類した教育課程を指すが，今日では，伝統的な教科のほかに，実際的な必要からの教科や教科外の諸活動などを含めて編成されることが多い。

　教科カリキュラムは知識や技術を系統的・組織的に伝達するには適している。また，カリキュラム構成が明瞭であり，教育評価も容易なので，教育課程における教科の重視は日本だけではなく，欧米でも高い支持を得ている。しかし，児童生徒の興味・関心や生活と離れて，外部から計画・構成されるので，個人差の無視，知識の偏重，受動的な暗記の強要などの短所が指摘されている。

②**経験カリキュラム**…生活カリキュラム，活動カリキュラムともいわれ，経験主義や生活主義の立場で伝統的な教科の体系を離れて，生活や経験の文脈によって学習又は教育すべき内容を配列したカリキュラムである。

　経験カリキュラムは，児童生徒の興味，欲求から出発し，生活や経験，環境を重視するので，児童生徒に自主性の育成，全人的な発達を促すといわれる。しかし，教育内容の組織化，系統化が複雑になり編成が難しいこと，そのため不十分な文化遺産の伝達，教育評価があいまいになることなどが短所として指摘されている。

161. カリキュラムの類型 ②

カリキュラムの類型

- **カリキュラムの特色**
  - ③**統合的なカリキュラム**…全人的な人間形成を意図する立場で教育又は学習すべき内容の統合を図る教育課程である。
    その過渡的な形態としては，相関カリキュラム（独立した教科を認めるが，場合によっては二つ以上の教科を連絡して指導），融合カリキュラム（教科を廃止して数個の分野でカリキュラムを構成），広領域カリキュラム（類似した教科群を一つにして，新しい一つの教科目に再編成），コア・カリキュラムなどがある。さらに徹底した立場では，全体が何らの分節をもたずに，統合学習一本で貫かれているような形態も考えられている。
    一般に統合的なカリキュラムは，②の経験カリキュラムの主張と一致するところが多いといわれ，極端な経験中心カリキュラムの場合も同様の短所が指摘されている。
  - ④**コア・カリキュラム**…統合的な領域が中心的な位置を占め，その他のものは幾つかの教科又は生活領域に分節されて，その周囲に位置づけられるような構造を持つ教育課程である。
    コア（統合的な領域）として，どのような内容を学習させるか，また，いわゆる教科外活動をどのように位置づけるかによって，さらに様々な形態が考えられる。アメリカのバージニア・プランが有名である。
    ヘルバルト学派の中心教科・中心統合法がアメリカにおいて発展したもので，日本へも第二次世界大戦後に伝えられ，昭和23(1948)年にコア・カリキュラム連盟（生活教育連盟の前身）の設立をみている。

- **カリキュラム関連用語**
  - ①**ミニマム・エッセンシャル（minimum essentials）**…学習・指導すべき最小限必要な内容の量（ときに質）をいう。経験主義のカリキュラムを構想したときに，基礎学力の低下を防ぐ対策として用いられることが多い。
  - ②**ユニット（単元）**…教育すべき経験・教材の一定のまとまりをいう。1単位時間の小単元とか数単位時間の大単元もある。

162. 特別支援学校の教育課程

[特別支援学校・(知的障害) 特別支援学級]

特別支援教育関係教育課程の特例等
- ①**特別支援学校の教育課程の特例**…合科,領域・教科を合わせた授業の特例(学校法施規53,130①②)。重複障害児の特例(同施規54,131①)。教育課程の研究上の特例(同施規132)。特色ある教育課程編成の特例(同施規132の2)。
- ②**特別支援学級の教育課程の特例**…教育課程編成の特例(学校法施規138)。心身の障害に応じた特別の指導・通級指導の特例(同施規140)。他の小・中学校の授業の取扱いの特例(同施規141)。特別支援学級の使用する教科書の特例(同施規139)。
「小又は中学校における特殊学級において,特別な教育課程による場合,養護学校小学部・中学部の学習指導要領を参考として実施されるよう願います」(昭和54年7月6日付 文初特第242号文部事務次官通達)
- ③**交流教育**…趣旨を理解し,適切な教育活動を展開されること(文初特242 文部事務次官通達)(小学校学習指導要領総則第1章第4の2⑿,中学校同総則第1章第4の2⒁,特別支援学校小学部・中学部同総則第1章第2節の第4の1(6))。

[小・中学部の教育課程] (例)

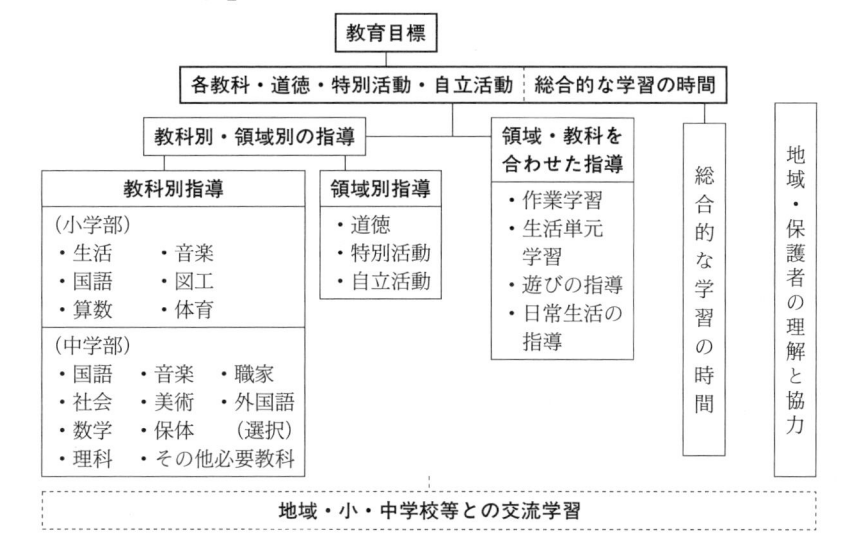

```
                        教育目標
        ┌───────────────────────┬──────────────┐
        │ 各教科・道徳・特別活動・自立活動 │ 総合的な学習の時間 │
        └───────────────────────┴──────────────┘
```

特別支援学校学習指導要領	教科別・領域別の指導		領域・教科を合わせた指導	総合的な学習の時間	地域・保護者の理解と協力
	教科別指導	**領域別指導**	・作業学習 ・生活単元学習 ・遊びの指導 ・日常生活の指導		
	(小学部) ・生活　・音楽 ・国語　・図工 ・算数　・体育	・道徳 ・特別活動 ・自立活動			
	(中学部) ・国語　・音楽　・職家 ・社会　・美術　・外国語 ・数学　・保体　(選択) ・理科　・その他必要教科				

地域・小・中学校等との交流学習

163. 新学校像の構築 ①

――― 学校像の構築について ―――
新学習指導要領の求める内容を，各学校において論議を深め，全教員が共通認識として課題を共有化することがまず求められる。

↓

――― 学校像の転換を促す社会的状況 ―――
①社会変化の急速化に主体的に対応できる新しい学習理論が求められる。
②様々な問題行動等，児童生徒を取り巻く多くの問題の解決が急ぎ求められている。
③生涯学習社会を迎え，完結型の学習から基礎的な資質を育成する学習への転換が求められている。

↓

――― 新学習指導要領の求める学校像 ―――
①豊かな人間性や社会性，国際社会に生きる日本人としての自覚を育成する学校
②自ら学び，自ら考える力を育成する学校
③「生きる力」を育成する教育活動を展開する中で，基礎・基本の確実な定着を図り個性を生かす教育を充実する学校
④各学校の創意工夫を生かし，特色ある教育を創造する特色ある学校

↓

――― 学校教育によって育む力 ―――

> 生涯において生起されるいかなる課題に対しても
> 『社会的な係わり』の中で解決し得るたくましい力

①知的好奇心や探究心を持って，自ら学ぶ意欲や主体的に学べる力
②問題を発見し，自らの力で論理的に判断，解決できる力
③自分の考えや思いを的確に表現できる力

↓

――― 体験的な学習や問題解決的な学習を重視 ―――
実際に自分で調べたり，体験することで，実感を伴った理解を深める。
◎観察・実験，見学や調査　◎自ら調べ・まとめ・発表する活動
◎自然体験やボランティア　◎スピーチ・討議　◎創作・生産活動等

163．新学校像の構築 ②

[新しい学習観へ迫る]（例）

```
┌─────────────────────────────────────────┐  ┌──────────┐
│              道　　徳                    │  │保護者や  │
│  （人間としての生き方を背景としての課題）│  │地域社会の│
│  子ども自ら道徳性を育む道徳的実践力      │←┤人々との  │
│  指導内容が子どもの日常生活に生かせる力  │  │参加協力  │
│  ボランティア活動，自然体験活動などの体験活動 │  │          │
└─────────────────────────────────────────┘  └──────────┘
                      ↓
```

教　科 （学問的学習を背景とした課題） ・類型や系統性に考慮した確実に身につけるべき基礎的・基本的事項について，知的好奇心や探究心を持ち自ら学び考える力 　　　　　　 小（合科的・関連的指導） 中（教科等の重点指導）	[課題解決的な学習] <体験重視> ↓ **新しい学習観** [生きる力の獲得] ・主体的に生きられる資質・能力 ・自ら学び，自ら考える力 ・生涯学習としての基礎的・基本的学習力 特色ある教育・特色ある学校 （地域・学校の実情） （子どもの発達段階や特性）	総合的な学習の時間 （現実性を背景とした課題） ・知識等を生活の中で実感を持ってとらえる力 ・学校で学ぶ知識と生活とを結びつける力（知の統合化） ・自ら学び，自ら考え問題を解決する力（学び方考え方） ・子ども自らの課題意識に基づく選択 　　　　　　 校外の人々の協力

```
                      ↑
┌─────────────────────────────────────────┐  ┌──────────┐
│            特　別　活　動                │  │家庭や地域の│
│（自治・文化・集団活動を背景としての課題）│  │人々との連携，│
│ 人間としての生き方の自覚，自己を生かす能力│←┤社会教育施設│
│ 社会の一員としての自主的・実践的な態度    │  │などの活用  │
│ 人々のふれあい，自然体験や社会体験の充実  │  │            │
└─────────────────────────────────────────┘  └──────────┘
```

164. 教育の政治的中立

- 教育の政治的中立
  - 教育の政治的中立の法制
    - ①教育基本法14条…（政治教育）(1)良識ある公民として必要な政治的教養は，これを尊重しなければならない。
      (2)法律に定める学校は，特定の政党を支持し，又はこれに反対するための政治教育その他政治的活動をしてはならない。
    - ②政治的中立の確保に関する臨時措置法（義務教育中立法）…義務教育諸学校においては何人も教育を利用し，特定の政党，政治的団体の政治的勢力の伸長，減退に資する目的で，法に定める学校の職員を主たる構成員とする団体の組織又は活動を利用し，義務教育諸学校に勤務する教育職員に対し，これらの者が児童生徒に対して，特定政党等を支持させ，又は反対させる教育を行うことを教唆又は煽動してはならない。
    - ③公職選挙法137条…教育者の児童生徒等に対する教育上の地位を利用した選挙運動をしてはならない。
    - ④国家公務員法102条など…国・公立学校教員の政治的行為の制限などがある（教育公務員特例法18①と同様趣旨）。
  - 政治的教養の教育の尊重
    - ①教育基本法14条1項…学校教育，社会教育を通じ，良識ある公民として備えるべき教養として，政治的教養を培う必要があることを規定している。
    - ②政治的教養尊重の趣旨…民主主義国家における健全な国政の運営のためには，主権者たる国民の政治的良識が必要。
  - 政治的活動が望ましくない理由
    - ①社会的に未成年である…児童生徒は，民事上，刑事上等において成年者と異なった扱いをされるとともに，参政権も与えられていないので，国や社会は政治的活動を行うことを期待していない。
    - ②心身共に発達の過程にある…政治的活動を行うことは，十分な判断力や社会的経験を持たない時点で特定の政治的立場の影響を受けることになり，将来広い視野にたって判断することが困難になる恐れがある。
    - ③他の児童生徒に影響を与える…児童生徒の政治的活動は，学校外で行われるほか，校内にも持ち込まれ他に影響を与える。

165．教育の宗教的中立

教育の宗教的中立
- 宗教教育に関する法制
  - ①「政教分離の原則」を規定…憲法20条は，基本的人権の一つとして「信教の自由」を保障しているが，これを保障するため国公立学校では「政教分離の原則」を宣言している。
  - ②両原則の財政面からの確保…「信教の自由」と「政教分離の原則」を財政面から確保するため，公金その他の公の財産は，宗教上の組織，団体の使用，便益，維持のため，これを支出又は利用に供してはならない（憲法89）とあり，「公の財産」に国公立学校施設は含まれる。学校施設の使用許可（学校法137）に当たっても注意が必要である。
  - ③特定の宗教教育・活動の禁止…教育基本法15条2項は憲法の趣旨を受け，特定の宗教のための教育とその活動については，国公立学校においては中立性を求めている。
  - ④教育上の尊重…教育基本法15条1項「宗教に対する寛容の態度，宗教に関する一般的な教養及び宗教の社会生活における地位は，教育上尊重」する。
- 学校教育と宗教
  - ①国公立学校の場合…憲法，教育基本法の規定により，特定の宗教・宗派と結びついた教育その他の宗教的活動をしてはならない。しかし，宗教一般についての知識の教育などを通じて宗教的情操を養う教育は認められている。
  - ②私立学校の場合…特定の宗教と結びついた宗教教育を行うことが認められている。私立の小・中学校等の教育課程を編成する場合，宗教を加えることを認め，宗教をもって道徳に代えることができる（学校法施規50②：準用79, 135）。
- 初等・中等教育校での宗教の扱い（昭和24.10 文部次官通達抄）
  - ◎国公立の学校が主催して，神社，寺院，教会その他の宗教的施設を訪問することについては，次の条件下では許される。
  - ①児童生徒に強要してはならない。
  - ②学校主催の旅行中に，神社等の宗教的施設を訪問する児童生徒の団体は，その施設の儀式や祭典に参加してはならない。
  - ③学校が主催して宗教的施設を訪問したとき，教師や指導者が命令して，敬礼その他の儀式を行わせてはならない。
  - ④学校主催で靖国神社，護国神社（戦没者）を訪問してはならない。

166. 基礎・基本 ①

教育課程審議会答申（平成10.7）（平成20.1）── ◎学力を単なる知識の量としてとらえる学力観を転換し，教育内容をその後の学習や生活に必要な最小限の基礎的・基本的内容に厳選する一方，厳選された基礎的・基本的内容は以後の学習に支障なく進めるためにも繰り返し学習させるなどして確実に習得させなければならない。

基礎・基本

[国民として必要な基礎的・基本的とは]

生涯学習の観点から
- ①急速な変化の時代…今日は極めて急速な変化の時代であって，学校で身につけた知識や技術は，絶えず更新の必要に迫られている。このことに対応する児童生徒の育成が急務である。
- ②学校教育に求められるもの…今後の学校は単なる知識の伝達ではなく，常に「応用」や「転移」の可能性を持った教育内容を厳選して身につけさせることが強く望まれる。
- ③学力観の転換…教育内容を知識の量としての対応ではなく，学び方を身につける質的な転換を図った学力観で，児童生徒の学習に対する意欲・関心・態度を重視し，主体的なものの見方や考え方を育て，生涯にわたって「生きる力」としての基礎・基本となるものを育てることが求められている。

教育内容の増大に伴う観点から
- ①教育内容の量的増大…科学技術の急速な発達，情報化時代等の反映から，学校教育にも教育内容の量的増大，質的高まりとなり，学習について一層の教育内容の厳選や教育方法の工夫が必要となる。
- ②過激な受験競争…経済の発達・変動等とともに，教育の力によって繁栄を図ろうとする動きが学歴社会の影響を生み，次第に過激な受験戦争ともいうべき状況を作り出し，学校，家庭が共に入試のために高度な知識を多量に注入しようとする傾向が急激に高まってきた。
- ③いわゆる「落ちこぼれ」…知識の増大，内容の拡大・高度化に対して，児童生徒は常に受け身の学習を強いられ，いわゆる「落ちこぼれ」を生むまで変容してきた。

教育内容を厳選して「応用，転移」のある内容で主体的な学習を展開，充実感のある学校生活を楽しいものにしたい。

166．基礎・基本　②

基礎・基本 ┬ ①基礎的・基本的なとらえ…これまで学習指導要領に示された各教科の「内容」が基礎的・基本的な内容に該当するという概念が強く働いたように思われるが，学習指導要領の総則第1の教育課程編成の一般方針では，各学校が「特色ある教育」を展開し，児童生徒に「生きる力」の育成を基本として適切な教育課程を編成することを求めている。

そのようなことから，各教科の内容にとどまらず，学校教育の目標及び各教科の目標・内容のすべてが大きな観点からの基礎的・基本的な内容と押さえて考えることが大切である。その上で児童生徒の一人ひとりが，自分の良さや可能性を生かして，主体的に学ぶ過程を通して基礎的・基本的の意味するものについて内容の定着を図り，「自己教育力」ひいては「生きる力」の確立となり，大きな意味を持つことになる。

└ 学習指導要領の観点から ┬ ②学習指導要領に示された内容は…扱われるべき範囲が表されているに過ぎず，個々の児童生徒をどの水準まで到達させるかは明記されていない。従ってどのレベルまで到達させるかは，一人ひとりの教師が個々の児童生徒の学習する立場に立って考えていく必要がある。厳選された教材の研修を深めるとともに児童生徒の理解は，教師にとって一層重要となる。

├ ③各学校段階での役割を認識する…学校法45条の中学校の目的にもあるように，中学校の学習は小学校の基礎に立ち，また高校への基礎でもある。学習内容が複雑・高度化されていくとき，それに対応できるための基礎・基本となって働く学力を育てるという立場で，小・中・高の一貫性をとらえて教育指導を考え，各学校段階での役割を確実にしていく必要がある。

└ ④児童生徒の調和ある育成…学習指導要領の重視すべき観点として「基礎・基本の徹底」と「自己教育力の育成」，そして「生きる力」を育てることをあげている。これらは，それぞれに全く別個の目標のように受けとるべきではなく「主体的に学ぶ意志，態度・能力」と考えたい。

167. 国旗・国歌の指導

国旗・国歌の指導
- 法的根拠と扱い
- 国旗・国歌への主張

①**国旗・国歌の法的根拠**…日の丸，君が代は，わが国の国旗・国歌として，長い歴史の中で国民の間に定着し，既に慣習法となっていたが，法的根拠を巡って論議のあるところから，平成11(1999)年政府は，2条からなる法案を国会に提出，圧倒的多数の賛成を得て制定された。
国旗及び国歌に関する法律…1条「国旗は，日章旗とする」。
1条2項「日章旗の制式は，別記第1のとおりとする」。
2条「国歌は，君が代とする」。
2条2項「歌詞，楽曲は別記第2のとおりとする」。
(国旗・君が代とも別記による部分は省略する)

②**学校での国旗，国歌の扱い**…平成元(1989)年の学習指導要領から「入学式や卒業式などにおいては，その意義を踏まえ，国旗を掲揚するとともに，国歌を斉唱するよう指導するものとする」と改め学校における扱いを明確にした。

①**扱いを明確化した理由**…国際化の進展に対応して，児童生徒に国際社会に生きる日本人として，必要な資質を育成するために，わが国の文化伝統を理解し，国旗，国歌を尊重する態度を育成して，日本人としてのアイデンティティを持たせ，他国の文化や伝統を理解し，諸外国の国旗・国歌に敬意を表するマナーを養うことをめざしている。

②**「君が代」の「君」**…「君」が天皇を意味するのは，主権在民に反するという意見があるが，憲法1条は「天皇は，日本国の象徴であり日本国民統合の象徴」であると定めていることから，日本国憲法の趣旨に反するものとは考えられない。

③**思想・信条の自由**…国旗・国歌を学校教育で強制するのは，思想・信条の自由に反するとの主張があるが，学習指導要領は教師に対して指導を求めているのであって，児童生徒の行為を直接規制の対象としてはいない。国旗，国歌の指導は，日本の国民として必要な基礎・基本を指導することで，思想・信条の自由とは直接関係はない。

168. 小学校での「選択」

小学校での「選択」

- 答申に見られる選択
  - ①**教育課程審議会答申**…審議のまとめの中で「小学校と中学校との接続を図る観点から，小学校高学年から課題選択などの選択的要素を取り入れ，選択能力の基礎を養うようにすることが適当」と述べている。
  - ②**「自分さがし」につながる「選択」を**…中教審の第一次答申（平成8年7月）で「教育は子供達の［自分さがしの旅］を扶ける営みといえる。教育においてかけがえのない個性として尊重し，その伸長を図ることは，今後［生きる力］を育んでいくためにも個性尊重の考え方は一層重要となり，個性的な資質を見いだし伸ばしていく必要がある」。

- 選択の利点と意義
  - ①**子どもが課題を選択する**…このことは，子どもたち一人ひとりが自ら個性を発見し，個性を伸ばす機会「自分さがし」の契機そのものである。自分の興味・関心は何に向いているのか，自分にはどんな課題が重要なのか，どんな解決方法をとり，その成果をどんな方法で表現したらよいのかなど，じっくり考えさせることは，自己を振り返り，自己を見直す自己理解の機会を提供することにもつながるものであろう。
  - ②**学習目標達成に大きく係わる選択**…各教科ともに授業時数や学習内容の厳選が行われ，各学校の実態や地域・児童の実情等で選択の幅は教育活動の全般にわたるといえる。選択可能のもので選択された方が目標の達成にも，また子どもたち個々が意欲的に取り組むうえでも効果は大きいものとなろう。教師の選択ではなく，子ども個々の興味・関心に従い学習内容や具体的課題を選択できる意義を常に問い直すことが大切である。具体的な内容ごとに，共通の利点と選択の良さを吟味したい。
  - ③**選択機会の広がり**…「総合的な学習の時間」では，教科以上に子どもの興味・関心や生活経験に応じた課題選択・課題設定の機会は広がる。6年間を見通し課題選択・設定を育成する。
  - ④**質的な個人差の配慮**…課題選択・設定の場では，内容面にのみ偏らず子どもの学習スタイル等の個人差にも目を向けたい。

169. 教科用図書（教科書） ①

教科用図書
- 教科書の意義と法制
  - ①**教科の主たる教材**…教科書は、「小学校，中学校，高等学校，中等教育学校，及びこれらに準ずる学校において，教育課程の構成に応じて組織排列された教科の主たる教材として，教授の用に供せられる児童又は生徒用図書であつて，文部科学大臣の検定を経たもの又は文部科学省が著作の名義を有するもの」とある（教科書発行法2①）。
  - ②**教科書の使用義務**…小学校においては，文部科学大臣の検定を経た教科用図書又は文部科学省が著作の名義を有する教科用図書を使用しなければならない（学校法34①）。教科用図書以外の図書，教材で有益適切なものは使用できる（学校法34②）。
（学校法34条は中学校・高校等にも準用）
  - ③使用義務の特例
    - (1)**教科書使用義務の特例**…高等学校及び特別支援学校では，検定教科書や文部科学省著作教科書がない場合は，設置者の定めるところにより，他の適切な教科書を使用できる（学校法施規89，135②）。
    - (2)**特別支援学級の使用義務の特例**…小・中学校の特別支援学級では，設置者の定めるところにより，他の適切な教科書を使用できる。（学校法施規139）。
- ［教科書検定制度］　**検定教科書**…「民間で著作された図書について，それが教育基本法，学校教育法の趣旨に合致し，教科用に適することを文部科学大臣が審査し認めたものをいう」

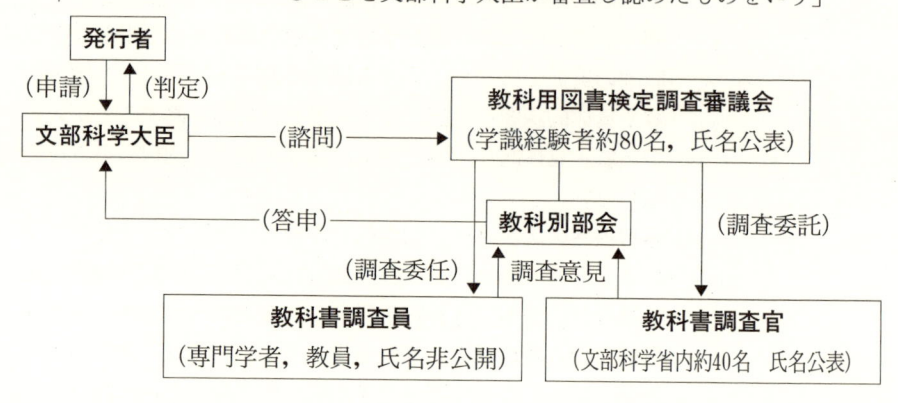

```
発行者
 │↑
(申請)(判定)
 ↓│
文部科学大臣 ──(諮問)──→ 教科用図書検定調査審議会
     ↑                  （学識経験者約80名，氏名公表）
     │                         │↑
     └──(答申)─────── 教科別部会
                      │↑        │
               (調査委任) 調査意見  (調査委託)
                      ↓        ↓
              教科書調査員      教科書調査官
          （専門学者，教員，    （文部科学省内約40名
            氏名非公開）         氏名公表）
```

169. 教科用図書（教科書）②

教科用図書
- 教科書検定制度の経緯
  - ①明治19年～36年 ……… 認定——検定
  - ②明治37年～昭和23年 ……… 国定
  - ③昭和24年～現在 ……… ——検定

- 教科書検定の基準
  - ①範囲及び程度…学習指導要領に準拠していること。
  - ②選択・扱い・組織・分量…学習指導要領に示す目標・内容・内容の取扱いに対して不適切等のないこと。
  - ③正確性・表記・表現…誤りや不正確な場所，矛盾点・誤解等の恐れ，漢字，仮名遣い，送り仮名，計量記号等の扱いなど。
  - ④検定基準の一部改正…教科書本文以外に指導要領の目標・趣旨を逸脱せず「発展的な学習内容」等の記述が可能 (平14.8)。
  - ⑤**教科書検定は**…教科用図書検定基準により検定調査審議会による慎重な審議を経て行われる。

- 教科書の採択
  - ①**各学校で各種目に1種類**…検定済み教科書は，通常1種目に数種あるので，各学校で使用する教科書を特定し採択する。
  - ②**採択の権限**…公立学校の場合は所管教育委員会に，国・私立学校は校長にある。市町村立義務教育諸学校では採択地区を設け共同採択を行うとされている（教科書無償措置法10～13）。

[教科書採択の仕組み]

- 採択地区設定状況
- 採択結果

　　　　　　　　　　　　　　　・展示会開催
　　　　　　　　　　　　　　　・採択地区設定
　　　　　　　　　　　　　　　・説明会開催
　　　　　　　　　　　　　　　・選定資料配布等

文部科学大臣 ←（報告）— 都道府県教委 —（指導・助言・援助）→ （採択地区）市町村教委／市町村教委／市町村教委／…／市町村教委

　　　　　　　　　　　　　　　　（採択教科書報告）

（答申）　（任命，諮問）　　　　　　　　　　　　　報告↑　↓委嘱

・選定資料作成
教科用図書選定審議会（指導主事，学識者，研究所員，教師等） —（委嘱）→ 教科書調査委員 各教科5名程度　　採択委員
　　　　　　　　　　　　　　　　　　　　　　　 ←（報告）—　・教科書調査　　・採択決定

169. 教科用図書（教科書）③

教科用図書

教科書の採択手順

①**教科用図書選定審議会の意見聴取**…都道府県教育委員会は、市町村教委、国・私立義務教育諸学校の校長の行う採択について、あらかじめ教科用図書選定審議会の意見を聴取、適切な指導・助言・援助を行う（教科書無償措置法11、13）。

②**前年度の8月31日までに採択**…教科書の採択は種目ごとに1種の教科用図書について、公立の小・中学校の場合（教科書発行法7①・教科書無償措置法10）所管する市町村教委が行い（地教行法23-6）、公立高校の場合設置者である教育委員会が行うことになっている（実際には各学校で採択）（地教行法23-6）。義務教育諸学校で採択された教科書は、その教科書を使用する年度の前年度の8月31日までに行う（教科書無償措置法施令13）。

③**教科書の製作・供給**…採択された教科書は、採択数に応じ、文部科学大臣から各発行者に発行指示が行われ、これに基づいて発行者は教科書の製作・供給を行う。

④**同一教科書の採択期間**…原則4年（教科書無償措置法14、同施令14）

⑤**教科書展示会の開催**…都道府県教委は数個の地域において、毎年6月1日から7月31日までの間に一定期間、教科書展示会を行う。開始の時期・期間は告示する（教科書発行法施規4、5）。

採択の公正確保

①**独占禁止法の適用**…教科書の採択は、発行者に対し種々の規制措置がとられており、公正取引委員会告示により、金銭・物品の提供等が禁止されている。

②**検定申請原稿本の献本等の禁止**…文部科学省の指導によるもので教科書の公正確保を図るため、教師用指導書や検定申請原稿本の献本等の禁止、発行者が主催、関与する講習会・研究会等の禁止、発行者作成の宣伝用パンフレット等の配布自粛が定められている。

教科書の無償給与

①**教科書の無償措置**…義務教育教科書無償給与制度は、憲法26条2項に掲げる義務教育無償の精神をより広く実現するものとして、国民全体の期待をこめた負担により実施されている。

②**転校生に対する給与**…学年の途中において転校した児童生徒には、転校の前後で教科書が異なる場合に限り給与する。

170．補助教材

補助教材

- **補助教材の意義と法制**（教科用図書検定基準第1，2章）
  - ①**教科書と補助教材**…小・中・高等学校，中等教育学校及び特別支援学校においては，文部科学大臣の検定を経た教科用図書又は文部科学省が著作の名義を有する教科用図書を用いなければならない。と教科書の使用を学校法34条1項に規定。次いで，同法34条2項において「前項の教科用図書以外の図書その他の教材で，有益適切なものは，これを使用することができる」と補助教材の使用を認めている（学校法34条は中49，高62，中等70，特別82で準用）。
  - ②**有益適切な教材とは**…「その内容が教育基本法，学校教育法，学習指導要領の趣旨に従い，かつ児童生徒の発達段階に即したもので，特に政治や宗教・宗派に偏った思想・題材によっているなど不公正な立場に立っていないもの」を指している。

- **教材の種類と使用の手続き**
  - ①**補助教材の種類**…小学校の体育等のように教科用図書のない教科の教材として，教科書に準じて使われる「準教科書」の他，副読本，学習帳，掛図，CD，DVD，パソコンソフトなど多数あるが，有益適切なものでなくてはならない。
  - ②**使用の手続き**…学校管理規則は，学校における教科書以外の教材の使用について，あらかじめ教育委員会に届出，または承認を受けるよう規定することになっている（地教行法33②）。どのような教材を届出又は承認にするかは，各教育委員会の判断による。多くは準教科書の類は承認制とし，副読本，学習帳等は届出制としている。届出は，校長が適当と認める場合，使用前に届け出る。

- **使用上の留意点**
  - ①**学校の指導計画に基づき使用**…日々の授業は，学校の指導計画により実施される性格から，所定の手続きを経た補助教材を計画の中に明確に位置づけて使用する。
  - ②**安易な選択・不正行為の禁止**…市販の問題集などで児童生徒に安易な評価を行ったり，場合によっては採点を外注するような行為，また補助教材の選択に当たって，業者からの手数料・寄付など金品等の問題を引き起こすことのないよう品位を保ち，公務員としての服務の適正を確保すること。

171. 時間割の弾力化　①

[小 学 校]

時間割の弾力化（小学校）

- **弾力化二つの側面**
  - ①1単位時間の弾力的運用…各学年及び各教科等の年間授業時数を確保しつつ1単位時間を45分にとらわれない運用である。
  - ②週の固定時間割の弾力的運用…1週の時間割を固定化せずに2週を通して工夫するとか，時期などにより週当たりの時数を弾力的にするとか，特定の期間に集中して行った方が効果的な場合もあることを考慮した運用である。

- **規定緩和と時数の確保**
  - ①45分は形式的確保を意味しない…従来も指導方法の工夫によって教育効果を高めることのできる場合には，弾力的運用は認められているが，授業時数は学習指導要領で示している各教科等の内容を指導に要する時数を基礎としており，年度当初の計画段階から学校法施規51条別表第1に定めた時数を下まわった編成をすることは基準性の観点からも考慮を要する。
  - ②年間授業時数の確保…学校法施規51条別表第1は従来同様，45分を1単位時間とした場合の数で記述してある。従って1単位時間を弾力的に運用した場合にも，年間授業時数の確保は必須の条件であり，そのことは45分×時数分の授業時数を確保する意味と解釈すればよいであろう。
  この場合，学校では実態に即した換算を行う必要が出てくるので，授業実施の記録・帳簿等が大切となる。

- **弾力化の具体例**
  - ①学習時間のブロック化…従来の細分された時間割に対して，例えば，90分を1ブロックとして1日の学習時間を3ブロック構成とする。これを各二つに分割して運用すれば通常の時間割と同じになる。また90分を一つの学習に充ててもよいし，60分を社会の話し合いに，残り30分を算数のドリルにという考え方も可能で，弾力化により効果的な学習が工夫できる。
  - ②モジュラー・スケジューリング…ブロック化とは逆に，基本単位をできるだけ短くして，その組み合わせ，積み上げの効果によって弾力的運用を考えようとするものである。仮に1モジュールを15分とすれば，3モジュールで45分，4なら60分など様々な時間構成による授業づくりが可能となる。

171. 時間割の弾力化 ②

[中　学　校]

時間割の弾力化（中学校）

- 学習指導要領に示す取扱い
  - ①**教科等の標準授業時数**…学校法施規73条別表2に定めるものであるが，各学校は，これを標準として学校の実態にあった時間割を定めることになる。
  - ②**各教科等の授業**…年間35週以上にわたって行うよう計画し，週当たりの授業時数が生徒の負担過重にならないようにする。ただし，各教科等（特別活動を除く）や学習活動の特質に応じ，効果的な場合には「夏季，冬季，学年末等の休業日の期間に授業日を設定する場合を含め」特定の期間に行うことができる。
  - ③**生徒会活動，学校行事**…年間，学期ごと，月ごとなどに適切な授業時数を充てる（給食，休憩等に係わるものは除く）。
  - ④**1単位時間**…別表2に示す授業の1単位時間は50分とするが，各学校が，各教科等の年間授業時数を確保しつつ生徒の発達段階及び各教科等（特別活動を除く）や学習活動の特質を考慮して適切に定めることになる。

- 弾力的運用の考え方
  - ①**1単位時間の考え方**…1単位時間は50分とするが，生徒の授業が効果的と考えられる場合は，例えば25分とか75分といった時間で行ってもよいことを意味している。
  - ②**年間授業時数を確保**…この意味は，50分を単位として換算することを指している。従って学習内容や活動の効果性，生徒の集中力や持続力を考慮して授業の弾力化が図られる。
  - ③**教育課程全体で工夫する**…中学校における1単位時間の運用は，教科担任制をとる学校等では学校管理運営上支障の起きることも考えられるので，指導に必要な時間を実質的に確保することを踏まえて教育課程の全体で検討が必要である。
  - ④**時間割の弾力化**…例外はあるが各教科等の年間標準授業時数を35の倍数にすることを基本としている。このため固定的に時間割を編成できるようにされているが，他方各学校の工夫として地域・学校・生徒の実態や学習活動の特質に応じ弾力的に組み替えることも可能である。

172．道徳教育　①

道徳教育
- **中教審答申の趣旨**
  - ①**新しい時代を拓く心を育てるために**…「道徳教育は学校教育全体を通じて行うこととされているが，これを深めるための『かなめの時間』として『道徳の時間』が設けられている。各学校では，道徳教育の現場を見直し，校長を中心に教員の一人ひとりが道徳教育の重要性について認識して充実を図っていくことが極めて重要である」(平成10.6.30中教審答申第4章(2)②)
  (平成10.7.29教課審答申)
  - ②**小・中学校の努力事項**
    - (1)**『道徳の時間』の確保と指導体制の整備**…教基法の「人格の完成」をめざし国際社会から信頼される人間の育成に，道徳教育を中心に推進するよう時間の確保と指導体制を整える。
    - (2)**「公共の精神」の確立を図る**…自ら思考・判断し，自己責任のとれる主体的な能力・態度を育成，その基礎の上に「公共の精神」をかん養する。

- **道徳教育推進上の留意点**
  - ①**人間としての生き方の自覚を深める**…道徳性の芽生えを培う幼稚園の段階から，人間としての生き方についての自覚を深める中学校段階の過渡期として，小学校の道徳的価値の自覚を深め，他律から自律へと道徳性の発達を促すようにする。
  - ②**生命の畏敬の念に根ざす人間尊重**…道徳教育が生命の畏敬の念に根ざす人間尊重の精神を具体的な生活の中に生かし，個性豊かな文化の創造と，進んで国際社会に貢献できる主体性のある日本人を育成する基盤としての道徳性を育成する。
  - ③**『道徳の時間』はかなめの時間**…学校教育活動を通じて行われる道徳教育の「かなめの時間」であり，その時間数の確保が道徳教育の充実と活性化の鍵となる。
  - ④**指導体制の充実**…『道徳の時間』の指導担当は学級担任が原則であるが，必要に応じて校長や副校長・教頭の参加，他の教師との協力的な指導を行う指導体制の充実が大切である。
  - ⑤**年間指導計画の作成と確実な実施**…全教師が効果的な指導を行うための指導計画の作成と家庭等との連携が大切である。

172. 道徳教育 ②

[道徳的実践力の育成計画] 例
- 伝統と文化を尊重する精神 ┐
- 生命に対する畏敬の念 ├ 民主的・文化的な国家・社会と
- 郷土愛と公共の精神 ┘ 平和的な国際社会の形成者

………主体性のある日本人………

(1) 基本的な生活習慣を身につけ，自らの意志で日常の社会規範を守る。
(2) 自己を他との好ましい人間関係の中でとらえ，自己実現を図る。
(3) 集団における自己の役割，社会や他人に対する責任と協同などについての自覚や認識を深める。

	幼稚園	生活経験を通じて道徳性の芽生えを培う					
		特 別 活 動		教科指導	道徳…自己を見つめる		
	小学校	学校行事	学級指導		①基本的な行動様式	②自己と人間関係	③協同体との関係
初等教育	(低)	体験学習の機会の拡充 ・自然教室 ・集団生活 ・勤労・生産活動 ・社会奉仕活動など (ボランティア活動)	・集団生活への適応 ・基本的生活習慣の育成	○生活科体験活動を中心に習慣・技能・態度	・しつけなど基本的な生活習慣	・兄弟姉妹友達と仲よく助け合おうとする態度	・親や先生などを敬愛する心
	(中)			・国語科における道徳教材に資する教材 ・生命尊重健康増進に必要な能力	・日常の社会規範を守る態度	・友情や信頼を大切にする心	・郷土や国を愛する心
	(高)				・公徳を守り公共に尽す態度	・広く他の人々を思いやる心	・文化や伝統を大切にする心
中等教育	中学校		・青年期の生き方，進路指導		・基本的生活習慣の定着	・人間としての生き方の自覚	・世界の中の日本人の自覚
	高校		青年特有の価値，葛藤と克服	・社会科倫理，価値的内容			

173. 環境教育 ①

環境教育
- **環境教育の重視点**
  - ①**学校の地域環境を重視**…学校それ自体は全国的に共通する側面を多く持っているが、学校が置かれている地域環境は農村、漁村、都市と千差万別であり、伝統的な文化を受け継いでいるところもあれば新興住宅地もある。また気温の違い等でも地域の生活様式は異なってくる。それらを十分観察・理解して教育に当たることが、環境に対する知的理解を深め、自ら環境保全の行動ができる児童生徒を育成することにつながる。
  - ②**地域社会，家庭との連携を重視**…環境教育は学校教育の場において効果的に進めるだけでなく、児童生徒の日常生活に生かされなくてはならない性格から、地域社会や家庭での経験を生かした展開が大切で、特にそのための連携が重要である。
- **教科学習での環境教育**
  - ①**環境と係わる内容**…環境と係わる教育内容を積極的に取り上げて、環境教育の視点から展開することが大切である。
  - ②**教科間の関連で指導**…教科間の関連内容を横断的・総合的なカリキュラムで構成し、体験的、実践的な取組みを工夫する。これにより内容の精選・構造化を図ることができよう。
- **指導の工夫**
  - ①**体験的学習の場の設定**…学校の実情によっては、花壇、野菜づくり、花栽培などが考えられるので、肥料と土つくりなどを通して自然と環境との係わりや労働の喜び、価値などを実感させることができる。
  - ②**野外観察を活用した環境学習**…身近な自然や社会環境に直接接触・観察することで自然の持つ美しさ、力強さ、人間との係わりなどを学習し、環境保全への働きの実態や文化創造の自然的、社会的背景を実感させることができる。
  - ③**情報メディアを活用した学習**…環境に関連する多様な情報が豊富に存在する時代である。小・中・高段階で放送番組にも多様なものが学習に活用可能である。総合的な学習をするにふさわしい今日的課題ともなり、学習の動機づけや課題解決に有用な資料として生かされる。
  - ④**選択の課題として活用**…個人、グループの選択課題とする。

173．環境教育　②

環境教育
├─ 小学校における推進
│　├─ ①**身近な環境における直接体験の重視**…体験的・具体的な活動を通して，身近な環境に直接触れる経験を重ねることにより身近な地域の問題が地球的規模の環境問題につながっていることを学習，自分との環境の係わりで主体的に行動できるように育てる工夫をする。
│　├─ ②**幼稚園教育との関連**…生活の中で自分の興味・関心，欲求等に基づいた直接的・具体的体験を大切に扱い，豊かな心情や自ら係わろうとする意欲や態度を助長する指導を考える。
│　└─ ③**教科間の関連で総合的活動を重視**…学級担任制の長所を生かし，教科の関連を取りやすい利点を活用，担任教師が環境問題の関心を高めて全体の中でより効果を高めるよう工夫する。
└─ 中・高校における推進
 　├─ ①**主体的活動の重視**…環境や環境問題に対する情報を自ら収集し，主体的な活動を通して考えを深めたり，適切な判断をする実践的な力を育てる工夫をする。
 　├─ ②**科学的，社会的態度の形成**…人間と環境との係わりを科学的，多面的に認識したり，考察する学習や環境問題に関心を向けさせ，具体的な解決方法についての学習を工夫する。また環境に優しい生活習慣の形成と，環境に責任ある立場を生涯教育の観点から実践への素地を形成する。
 　├─ ③**問題解決的な学習**…環境問題への関心を高め，責任ある態度を形成するため問題解決的な学習を重視，環境問題への能動的な取組みが期待され，課題研究や調査活動，生物の生態，分布等に関する問題解決的な学習を工夫する。
 　├─ ④**総合的，実践的な学習**…環境教育は，教科・領域を超えて問題解決の図られることが多いため，指導のねらいを明確にして教科の学習内容と有機的な関連や新しい概念での精選・整理が必要となる。特に生徒の自主的活動が期待されるので，地域の自然や公共の場等に素材を見い出し学習展開を図る。
 　└─ ⑤**地域社会の特性を生かす**…地域の環境をより良い環境に改善する実践を地域の人とともに行い，郷土愛の心情を育成する。

174．心の教育（豊かな心）

心の教育

- **心の教育の提唱**
  - ①**学校を「心を育てる場」に**…これからの学校がめざす教育の基本は「生きる力」の育成にあるが，この生きる力の「核」となるのが「豊かな人間性」であり，その意味において「心の教育」のさらなる充実がこれからの教育の重要課題である。
  - ②**中教審・教課審の答申**…中教審の「21世紀を展望したわが国教育の在り方」及び「新しい時代を拓く心を育てるために」の答申内容，さらに教課審の「審議のまとめ」において，学校を「心を育てる場」とするため，その役割を見直すことを提唱している（中教審答申　平成10.6.30）（教課審　平成10.7）。

- **教育環境の整備**
  - ①**子どもの心を育てるために**…学校が精神的に余裕のある教育環境で，「振りかえり」と「学び合い」による成長を持続できる教育活動を展開するものでなければならない。
  - ②**子どもに安らぎと落ち着きを**…学校や教室は「共に学習する場」であると同時に，「共に生活する場」として「自分づくり」のできる高い機能を備えた教育環境であるべきである。
  - ③**多元的で多様な角度からの子ども理解**…教師の一つの尺度や一元的な見方で識別していないかを反省し，指導の効果を即刻評価の対象等にしないよう十分留意することが大切である。

- **指導の観点**
  - ①**精神的な優しさと強さの育成**…「優しく，たくましく，健やかに生きる」ことを前提として，精神的・実践的な育成を図り，教師自らもまた精神的「ゆとり」を心掛けたい。
  - ②**人間としての成長に気づく指導**…「人間としての生き方」の根本ともなるものであり，心の持ち方や考え方の意識と言葉や行動との関係を気づかせ，自分の意識をよりよく変革しようとする心の動きが，人間としての成長につながることを認識していくことのできる指導を大切にする。

- **育成したい心（例）**
  - ①生命尊重の心，他人を思いやる心，感謝する心を育てる
  - ②自らの意志で社会規範を守ろうとする心を育てる
  - ③我慢をする心，相手を受け止める心を育てる
  - ④美しいものを愛し，感動する心，美を造り出す心を育てる

175．自己教育力の育成

自己教育力の育成

- **自己教育力育成の意義**
  - ◎社会変化と学校教育の役割…科学技術の急速な発展は急激な社会変化をもたらし，また経済の発展は人々の精神的・文化的な豊かさへの欲求を高め，結果として教育内容の量の増大と高度化を招くに至った。学校教育の果たすべき役割にも変化を生じさせ，もはや学校だけではなく生涯にわたって自ら学び続けることの必要性への転換を増加させている。

- **自己教育力育成の観点**
  - ①**主体的に学ぶ意志・態度・能力等の育成**…これからの変化の激しい社会において，生涯にわたって学び続け，たくましく生き抜いていくための基盤となる力を重視する。
  - ②**主体的な学習の仕方を身につける**…個々の児童生徒が基礎・基本的内容を確実に身につけ，自らのものの見方，考え方を持って主体的に判断し行動する力を培う。特に，新たに発想を生み出す論理的な思考力や創造力，直感力等を重視する。
  - ③**体験的な手段・方法が重視される**…児童生徒の知的好奇心や探求心を刺激，実際的，体験的な学習や問題解決的な学習を大切にして，成就感や達成感の体得を重視する。

- **育成のための教育観の転換**
  - ①**子ども観を変える**…自己教育力は主体的能力であって，子どもの一人ひとりが無限の可能性を内に秘めて，より良く生きたい，より向上したいという願いを持って自己実現をめざしているという**「子どもの側に立つ教育」**を志向する。
  - ②**指導観を変える**…学習は内発的な学習意欲に支えられ，既習経験や学習をもとに主体的に判断し行動する能力である。個に応じた指導や体験的で**「主体的な学習活動」**を志向する。
  - ③**評価観を変える**…児童生徒一人ひとりの良さや可能性を伸ばし，豊かな自己実現を支援していく営みが指導と評価の役割である。その良さや可能性をどの程度伸長させ実現できたかを，個々に応じて適切に評価する**「新しい学力観に立つ評価」**が大切となる。一人ひとりの可能性を積極的に見い出せるよう共感的な子ども理解に努め，指導に生かすよう志向する。

176. 個性の重視 ①

個性の重視
- **個性重視の意義と側面**
  - ① **教育は個性の伸長を図るもの**…学校教育は意図的・計画的に組織された教育の場であり，それは集団教育により遂行されるのが基本となる。一方，教育は一人ひとりの個性を望ましい方向に育て，個性の伸長を図ろうとするものであるから，本来個別的な要素を強く含むものである。
  - ② **学習の習熟程度の個人差**…いわば量的個人差で，学習速度，学習の到達度等を含み，客観的・定量的に計測可能なものである。学習内容について個々人の習熟度に着目し，全員に目標を達成することが必要となる。
  - ③ **「個性」の差**…いわゆる質的個人差であり学習の意欲・態度，学習のスタイルなど，児童生徒の興味・関心，問題意識の個人差等を含み，定量的な測定が困難だが個々人の能力・適性や興味・関心等に着目して，そのより良い伸長を図ることが必要である。
- **個性や能力の違いを認識する**
  - ① **子どもはすべて同じではない**…小学校１年生に入学当初から外見上の身体的な発育はもちろん，一人ひとりの児童生徒の個性や能力は，生活や環境の違いも含めて違っている。この違いは高学年までにさらに明らかになり差は大きくなることを認識しておく必要がある。
  - ② **集団指導での短所に着目**…特に一斉指導の中では，一人ひとりの児童生徒の個性や能力に応じた指導がゆきとどかず，指導の手が回らない面があることを認識しておく必要がある。
- **指導方法の質的改善**
  - ① **教師中心の教育作用を反省**…指導する教育内容や基準がすべて教師側にあって，それを児童生徒に教え，覚え込ませていく，伝達していく，という教師側からの一方的ともいえる教育作用の反省とともに，学習形態や方法の工夫が必要となる。
  - ② **学習者側に立った教育作用の充実**…学習指導要領のいう「自ら学ぶ…」ことへの改善につながり，画一・一方的・注入主義と呼ばれる指導法から脱出することのできるため，子ども理解と教材研究が重要である。

176. 個性の重視 ②

個性の重視

個性や能力に応じた教育と「落ちこぼれ」

①教師中心の教育では…一定の基準や到達度があって，それに達しなかった者は『落ちこぼれ』ていくことになる。

②児童生徒中心の教育では…到達の基準が一人ひとりの児童生徒にあるわけだから『落ちこぼれ』はないはずである。なぜならば，児童生徒一人ひとりの個性や能力に応じて基準や到達度が考えられているからである。

③集団の中での個を的確に把握…個性・能力に対応した指導を困難ではあるが充実していくことが大切である。

[基礎・基本の徹底と個性重視の教育への質的改善]

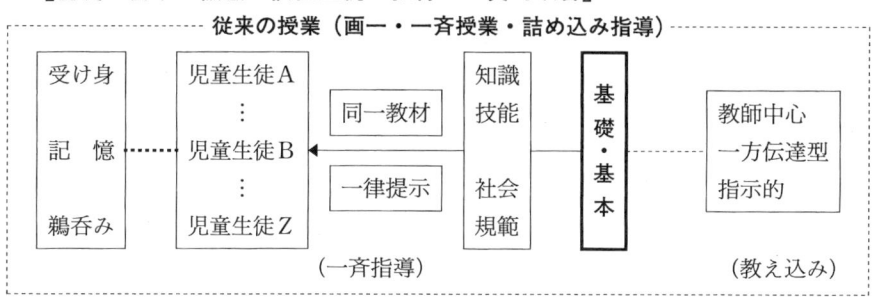

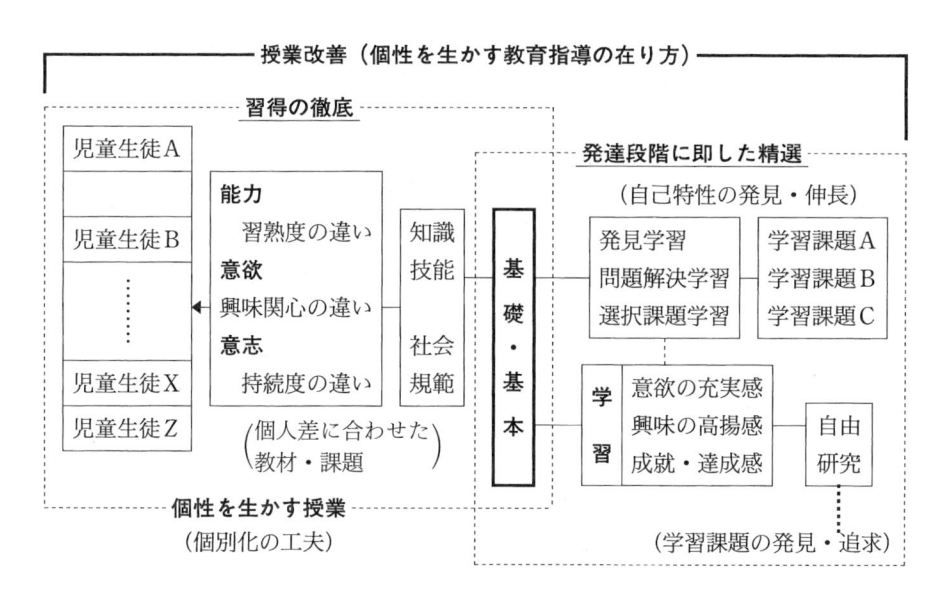

従来の授業（画一・一斉授業・詰め込み指導）

受け身　　児童生徒A
　　　　　　　⋮　　　　同一教材　　知識技能　　　　　　　教師中心
記　憶　　児童生徒B　　　　　　　　　　　　　基礎・基本　　一方伝達型
　　　　　　　⋮　　　　一律提示　　社会規範　　　　　　　指示的
鵜呑み　　児童生徒Z

（一斉指導）　　　　　　　　　　　　　　　　　　　　　　（教え込み）

授業改善（個性を生かす教育指導の在り方）

習得の徹底

児童生徒A

　　　　　　能力
児童生徒B　　　習熟度の違い　　知識技能
　　　　　　意欲
　　　　　　　興味関心の違い　　　　　　　基礎・基本
　　　　　　意志　　　　　　　社会規範
児童生徒X　　　持続度の違い
児童生徒Z
　　　　　（個人差に合わせた教材・課題）

個性を生かす授業
（個別化の工夫）

発達段階に即した精選
（自己特性の発見・伸長）

発見学習　　　学習課題A
問題解決学習　学習課題B
選択課題学習　学習課題C

学習　　意欲の充実感
　　　　興味の高揚感　　自由研究
　　　　成就・達成感

（学習課題の発見・追求）

177．特別活動の授業時数

特別活動の授業時数
- **特別活動の意義と役割**
  - ①**集団活動を通して**…特別活動では，望ましい集団活動を通して，児童生徒の自主的・実践的な態度を育成する「なすことによって学ぶ」時間である。
  - ②**児童生徒の自主的な活動を助長**…集団活動を通して互いに人間関係を深め，助け合い，協力し合うよう，個々の集団がその目標，構造，機能等について望ましいものになるように適切な指導や配慮が必要である。
- **小学校**
  - ①**標準授業時数の配当**…学校法施規51条別表第1において，特別活動の標準授業時数を配当しているが，「その際，児童会活動，クラブ活動，学校行事については，学校での適切な授業時数を充てる」(学習指導要領第1章第3の2)としている。
  - ②**クラブ活動の授業時数**…「『総合的な学習の時間』の創設，教育課程外の活動や学校外活動との関連を考慮し，地域や学校の実態に応じて適切な授業時数を配当する」としている。
  - ③**児童会活動，クラブ活動，学校行事**…これらの活動については，内容に応じて年間，学期ごと，月ごとなどに適切な授業時数を充てる。クラブ活動に興味・関心を育て，特定の時期に集中的に行うとか，部活動につなげるなど工夫する。
- **中学校**
  - ①**授業時数の設定**…前回の改訂（平成10年）によりクラブ活動そのものが削除され，標準授業時数の設定は特別活動の時間のみとなっている。
  - ②**学級活動の授業時数**…（学校給食を除く）の授業は年間35週以上にわたって行うよう計画する。
  - ③**生徒会活動及び学校行事**…それらの内容に応じ，年間，学期ごと，月ごとなどに適切な授業時数を充てる。従って教育課程全体の授業時数を吟味し，それらに充てる時間を工夫する。
  - ④**その他の工夫**…特別活動の内容の一部（例：遠足，修学旅行，体育祭の準備等）を「総合的な学習の時間」を含む各教科で実施するなどして実質的に時間を確保するとよい。
  教育課程外の時間（例：部活動）を有効に活用することや地域の青少年活動と一体化することなども工夫される。

178．総合的な学習の時間　①

総合的な学習の時間

- **総合的な学習の趣旨**
  - ①「総合的な学習の時間」…総合的な学習の時間は，前回改訂（平成10年）で創出され，平成14(2002)年の完全実施から今日まですべての学校で様々な取組みが行われてきている。「総合的な学習の時間」は，知識・技能の習得を図る学習活動や探究活動など，実践的な学習活動を行う中で重要な役割を担ってきている。
  - ②**学習指導要領**(平成20年)…今回の改訂では(1)基礎・基本的な知識・技能，(2)これらの知識・技能を活用して課題を解決するための思考力，判断力，表現力，(3)学習意欲の三つの重要な要素を調和的に定着，育成することを重視し，各学校の創意工夫を活かした教育活動を行うこととしている。

- **提示の具体的事項**
  - ①総合的な学習は「時間」として提示…教科や領域ではなく，具体的な目標・内容，方法等については自主的な裁量となる。しかし，それでは実施する学校もあればしない学校も生じるため，年間の授業時数は枠づけしている。教科や領域では指導目標と内容を示しているが，総合的な学習の時間においては，学習指導要領に示された総合的な学習の時間の目標を踏まえ，各学校において具体的な目標・内容を定める。
  - ②全国共通，一律の目標・内容を定めていない…教科・領域は，基本的には科学や芸術，学問を根拠として成立しているのに対して，総合的な学習は激しく変化する現実世界や生活社会とどう向き合っていくかが課題であり根拠となる。従って地域や学校等の特性，児童生徒の願望等に左右され，全国一律的なものでは実践上意味をなさないと思われるからである。
  - ③**研究開発の蓄積が未成熟**…指導目標や内容が適切に集約され確定することができればよいが，全国的にも実践の成果についての情報がまだ十分煮詰まっていない状況にある。
    例示された国際，情報，環境，福祉，健康等いずれをとっても，それは差し迫った課題を多く持っているものであり，こうした創設の趣旨と教育上の意義を踏まえ，この時間の教育課程の編成・実施に全職員の取組みに期待するものが大きい。

178. 総合的な学習の時間 ②

総合的な学習の時間
├─ **単元づくり・教材づくりを考える**
│
│ ◎この時間の学習活動…「横断的・総合的な学習や探究的な学習を通して，自ら課題を見付け，自ら学び，自ら考え，主体的に判断し，よりよく問題を解決する資質や能力を育成するとともに，学び方やものの考え方を身に付け，問題の解決や探究活動に主体的，創造的，協同的に取り組む態度を育て，自己の生き方を考えることができるようにする」（小学校学習指導要領第5章第1）。
│
│ ①横断的，総合的な課題…現代社会のさし迫った課題であり，課題自体が総合的であって，その課題をどうとらえるかは，とらえる側の問題意識や子どもの問題への関心，地域や学校の特色により異なる。先に例示した国際理解，情報，環境，福祉，健康の他，人権，生命，平和，自然などがあげられるし，産業と経済，公民等を取り上げることも考えられる。
│
│ ②興味・関心に基づく課題…「生き方・進路」など自己確立への課題や「社会参加」「ボランティア」「職場体験」「人間関係」「生命」「性の問題」など多様なものがあろう。
│
│ ③地域や学校の特色に応じた課題…現代社会では諸課題が渦巻く状態であり，縮図ともなっている場でもある。また地域は子ども自身が生活の場でもあるので「地域」「ふるさと」といった課題も考えられる。
│
│ ④三者相互の働き掛けを生かした課題…①～③が個々別々なものではなく，相互の関連で課題を創出できる。特に総合的な学習では，問題解決的学習と体験的・実践的学習を方法原理としているので，「地域」を手掛かりとして「河川」「湖沼」「山野」「海」「森林」「産業」等々，課題性は広い。
│
└─ **実施上の配慮事項**

　①学習形態の工夫…課題の広さ，大きさ，複雑さが伴うので知恵と力を出し合うグループ学習や異年齢集団等を工夫する。
　②指導者側の体制…教科を超えるため，地域の人々の協力等も得た「異専門・異業種」からなる協力体制が必要となる。
　③学習時間の弾力化…集中，連続，断続的と弾力的対応が必要。
　④学習環境の整備…校内の情報環境の整備，活動の場の用意等をいかに学習環境化していくかが実施上のポイントとなる。

178. 総合的な学習の時間 ③

[小 学 校]

総合的な学習の時間（小学校）
- 総合的な学習の構想
  - ①「総合的な学習の時間」…「生きる力」をダイレクトに反映している学習といえるもので，小学校3年以上高等学校まで必ず履修しなければならない時間として設けられた。
  - ②「生活科」との関係
    - ①「生活科」は教科であるが「総合的な学習の時間」は「道徳」「外国語活動」「特別活動」と同じ教育課程上の一分野に相当する。
    - ②「生活科」の内容と重なる部分もあるが，基本的には異なる。「総合的な学習の時間」には内容の限定，指定はされていない。
  - ③学習指導要領（平成20年3月告示）の共通理解
    - (1)学習指導要領を踏まえ「総合的な学習の時間」の具体的な目標・内容・方法，改善点等についての理解を深める。
    - (2)平成20年4月～平成22年3月の2年間は移行期間となる。移行計画作成と体制づくり，可能なところからの実践と計画化，校内外の指導・連携体制の確立，年間指導計画の作成・各教科等との関連の工夫等が必要となる（152.「新学習指導要領の移行措置」参照）。
- 実施上の配慮事項
  - ①**内容・方法は学校裁量**…横断的・総合的な学習や児童の興味・関心に基づくとあるので，従来からの「総合（的）学習」が入るのはもちろん「自学の時間」「図書館利用」「地域学習」や「トピックス」を取り上げた学習など多様なものが考えられ，また学習の名称も自由である。
  課題として例示されている国際理解，情報，環境，福祉・健康などは，まさに例示なので，学校の創意が期待される。
  - ②**総合的な学習の実施と特別活動**…総合的な学習の時間における学習活動により，特別活動の学校行事に掲げる各行事の実施と同様の成果が期待できる場合は，総合的な学習の時間における学習活動をもって相当する特別活動の学校行事に掲げる各行事の実施に替えることができる（学習指導要領第1章第3の5）。

178. 総合的な学習の時間 ④

[中学校]

総合的な学習の時間（中学校）

- **学習の方向ととらえ方**
  - ①**生涯学習に対応した自己学習力**…現状の生徒の学習や生活の対応を見ると，自己決定の機会が少なく，決められた路線に従って進められている感が強い。生徒が様々な学習活動において，感じ，考え，表現し，また，友達の考えを取り入れたりして，新たな自分を発見するなど，自己にとって価値ある「学び」を展開する中に，生涯学習社会に「生きる力」を主体的に切り開き獲得していく能力が育成される。学習活動は，体験的・問題解決的学習を重視し，教科・領域以外の教育活動として，中学1年で50時間，2，3年は70時間を設けている。
  - ②**横断的・総合的学習**…中央教育審議会第一次答申（平成8年）によれば，「生きる力」を育成するためには「各教科，道徳，特別活動などの工夫をこらした活動を展開したり，各教科の連携を図った指導を行うなど様々な創意ある活動が重要である。『生きる力』が全人的な力であると踏まえると，横断的・総合的な指導を一層推進しうる新たな手立てを講じ，豊かな学習活動の展開が有効と考える」と述べている。今回の改訂（平成20年）では，基礎・基本的な知識・技能の定着や，これらを活用する活動は教科で行うことを前提に，体験的な学習に配慮しつつ探究的な学習となるよう充実策を求めている。

- **横断的な学習（相互関連の深化）**
  - **教科間横断（合科型）**…各教科の持つ基礎的・基本的な知識や技能，課題把握，問題解決の方法等を駆使しながら，関連的に学ぶことにより，多面的・構造的・統一的なものの見方や考え方を育成する。
  - **教科・領域間横断**…「認識」としてとらえたものを実際的・具体的行動として展開していく。また体験的・行動的に得たものを認識として構造・統一化を図る。

- **総合的な学習と特別活動**（学習指導要領第1章第3の5）——今回の改訂で「総則」に総合的な学習の時間の実施による特別活動の代替を認める記述を追加している。体験活動を実施した場合に特別活動の代替を認めるもので，特別活動での体験活動の実施で総合的な学習の時間の代替を認めるものではない。

178. 総合的な学習の時間 ⑤

[高等学校]

総合的な学習の時間（高等学校）
- 創設の意義と役割
  - ①**学校段階での高等学校の役割**…役割の基本は，義務教育の基礎の上に立って，自らの在り方，生き方を考えさせ，将来の進路を選択する能力や態度を育成するとともに，社会についての認識を深め，興味・関心等に応じ将来の学問や職業の専門分野の基礎・基本の学習によって，個性の一層の伸長と自立を図ることが求められる。
  - ②**「総合的な学習の時間」の趣旨とねらい**…各学校が地域や学校の実態に応じて創意工夫を生かし，特色ある教育活動を展開できるように時間を確保し，自ら学び自ら考える力などの「生きる力」である全人的な力を育成するため，教科等の枠を超えた横断的・総合的な学習を円滑に進めるためである。
  - ③**生徒の学習成果**…この時間のねらいから見て満足できると認められる場合には単位を与え，この単位は卒業に必要な修得単位数に含めることが適当である。
    職業高校を主とする専門学科では「課題研究等」によって「総合的な学習の時間」の単位の読み替えが認められる。
- 個人的追究活動を奨励
  - ①**具体的な学習活動**…地域や学校の実態，生徒の興味・関心，自己の在り方や進路を考察する学習等に応じ，各学校が創意工夫を発揮して適宜学習課題や活動を設定して展開するものであり，この時間の名称についても各学校で定められる。
    中学校ではグループ活動等の展開が見られるが，高校段階では，それらの体験の上に一層自主的な独立または個人研究の性格が強まるため，個々人の専門的興味・関心等による立案で「総合的な学習」が展開されると良い。
  - ②**各校種間での課題学習や総合的な学習のつながり**（例）

……… 小学校 ……… 中学校 ……… 高等学校 ………

| 自分と身近な社会や自然との係わりに関心を持つ | 各教科等での知識技能を駆使して学習課題に取り組む | 国際化・環境問題等の現代社会問題に取り組む | 調査研究など様々な研究手法を駆使して相互的に学習 |

179．体験的学習

体験的学習

体験的学習の意義とその充実

①**体験的な活動の効果**…体験的な活動は，児童生徒に学習意欲を持たせ，主体的な学習の仕方を身につけさせるとともに，学ぶことの楽しさや成就感を体得する上で極めて有効である。

②**現状からの反省**…学校教育の現状がともすれば知識の教え込みに偏り，児童生徒が受け身の形で学習する傾向が見られる。児童生徒が自ら考え主体的に判断し行動できる，いわゆる「生きる力」を育てる教育へと質的転換を図る意味で，体験的な活動は大切な役割を果たすと考えられる。

③**学校教育活動の見直し**…これまでの学校教育の全体を見直し，教科等における調査・見学・観察・実験・実習・鑑賞・創作等が一層有効に働くよう工夫するとともに，問題解決的学習を行うなど充実策に配慮する。また，児童生徒の発達段階を考慮して，望ましい勤労観・職業観を培う意味でも勤労体験学習やボランティア活動などが考えられる。

体験的学習を進める着眼点

①**児童生徒の知的活動（追究）と関係づける**…学習が観念的・抽象的なものにしないために，体験的な学習が断片的にならぬよう根拠づけや関連づけを工夫し，興味・関心等を持続させながら具体的な考えや判断を行い，他者の意見や協力に呼応する中で成就感や達成感を体感させたいものである。

②**納得する追究を支援する基盤づくり**…各教科や総合的な学習の時間においても，児童生徒が体験的な学習を通して納得する追究ができるような，多様な理解方法の導入が工夫されなければならない。もしあることを理解しにくい子どもがいるならば，その子が理解しやすいように，観察・実験などの体験活動や広範な素材の導入を心掛けたい。また具体的な事物・事象との生きた対応を確保する環境の整備を図り，諸概念の形成を図っていくよう配慮したいものである。

③**内発的な動機づくりを工夫**…体験学習も単に教師の働き掛けや刺激によって展開するのではなく，基本的には子ども自身の内発的動機づくりこそ学習の成果に期待できる。

180. ふれあいの教育

[3つのふれあい，10の活動]（例）

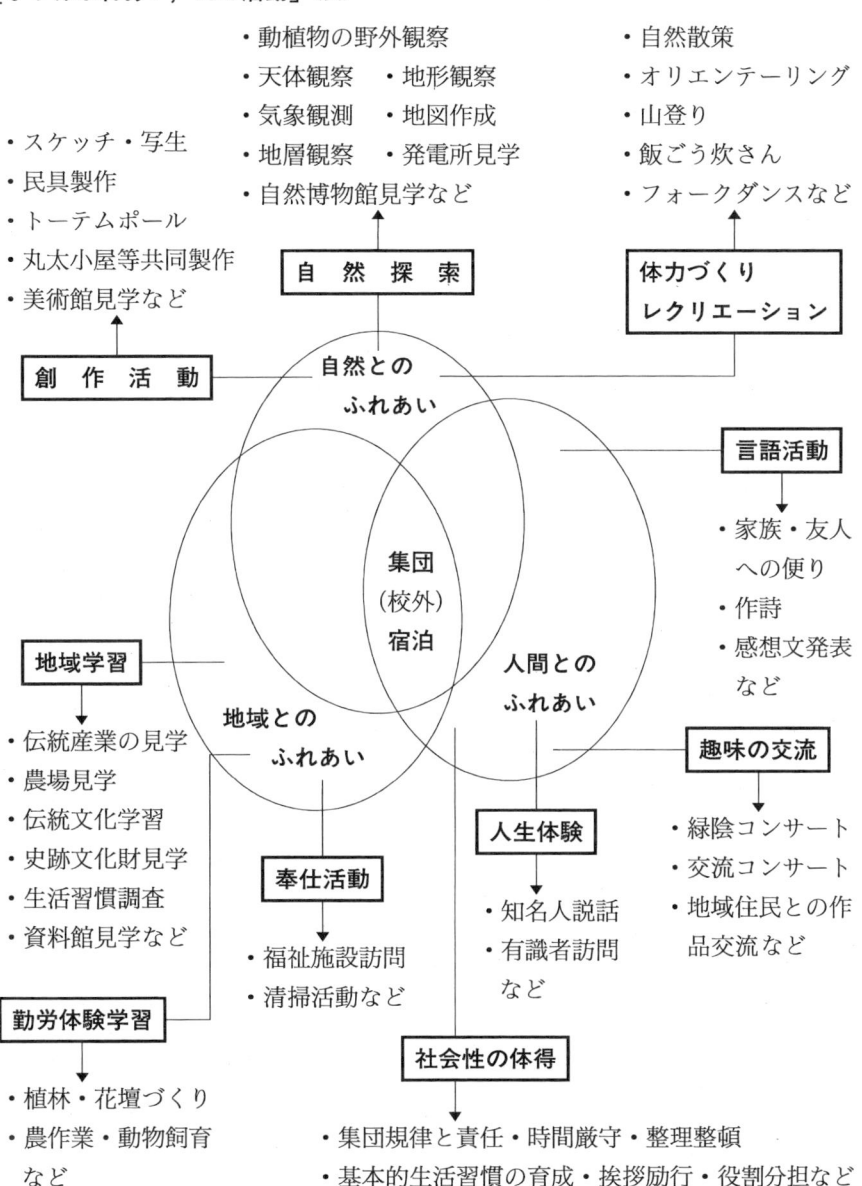

自然探索
・動植物の野外観察
・天体観察　・地形観察
・気象観測　・地図作成
・地層観察　・発電所見学
・自然博物館見学 など

体力づくり レクリエーション
・自然散策
・オリエンテーリング
・山登り
・飯ごう炊さん
・フォークダンス など

創作活動
・スケッチ・写生
・民具製作
・トーテムポール
・丸太小屋等共同製作
・美術館見学 など

中央図：
- 自然とのふれあい
- 地域とのふれあい
- 人間とのふれあい
- 集団（校外）宿泊

言語活動
・家族・友人への便り
・作詩
・感想文発表 など

趣味の交流
・緑陰コンサート
・交流コンサート
・地域住民との作品交流 など

地域学習
・伝統産業の見学
・農場見学
・伝統文化学習
・史跡文化財見学
・生活習慣調査
・資料館見学 など

勤労体験学習
・植林・花壇づくり
・農作業・動物飼育 など

奉仕活動
・福祉施設訪問
・清掃活動 など

人生体験
・知名人説話
・有識者訪問 など

社会性の体得
・集団規律と責任・時間厳守・整理整頓
・基本的生活習慣の育成・挨拶励行・役割分担 など

181. 福祉・健康教育

福祉・健康教育
├ 福祉・健康教育の重視
│　①**教育課程改善の主要な観点**…福祉・健康教育が，教育課程の独自の領域として位置づけられてはいないが，今回の学習指導要領の改訂においても重視されている。それは，国際化，情報化等への対応と並んで少子・高齢化への対応が重視されるからである。
│　また，健康教育についても，いじめや不登校など深刻な課題が，児童生徒の心や体の問題と深く係わっており，学校教育における充実の必要が急務となっている。
│　②**福祉・健康意識の自己統合**…福祉の問題は，これまでも各教科，道徳，特別活動において取り扱われ，健康教育は，体育の保健領域や理科，家庭，特別活動などでもその指導が展開されてきたところである。つまり福祉や健康に係わる内容を幅広く学習する中で，児童生徒自身がそれを身につけ自己統合を図る能力を求められている。「総合的な学習の時間」の活動例としても福祉・健康を取り上げている。
└ 指導上の留意点
　①**福祉・健康に関する学習内容の把握**…何よりも学習指導要領に盛られている福祉・健康に係わる内容を全般的に把握する必要がある。福祉に係わって教科の一部，道徳，特別活動に偏って研修しても，分散している内容は知的理解の要するもの，体験や実践活動で効果が期待できるもの，思考力，判断力，また，道徳的心情を伴うものなど多様であり，これらを総合的に扱うことで，各教科や特別活動とは異なった教育成果があり，学校の特色も見えてくるものである。
　②**「総合的な学習の時間」と教師**…この時間は指導要領にも具体的な学習内容が示されておらず，地域や子どもの実態で独創的な学習が展開されよう。そこで福祉教育では体験(五感)を通してこそ感じ取れることが多く，この意味で教師自身の福祉の体験によって「思いやりの心」などが呼び起こされ，そのことが教育計画においても，福祉の本質について考えさせることができる学習を進めるものとなるであろう。

182. 国際理解教育 ①

国際理解教育

中教審答申などの要請

①**第15期中央教育審議会答申**…国際理解教育は国際化という社会変化に対応するため、「広い視野を持ち、異文化を理解するとともに、これを尊重する態度や異なる文化を持つ人々と共に生きていく資質や能力の育成を図ること」とある（第3部第2章）。

②**国際理解教育**…小学校では社会科、外国語活動、総合的な学習の時間等において、国際理解に関する学習の一環として外国語会話の扱いや、外国の生活や文化に慣れ親しんだりするなど、小学校段階にふさわしい体験的な学習を取り入れたりする。
中学校においても、各学校における国際理解に関する学習を外国語科ではもちろん、学校の実態に応じて学習活動を工夫する。

[国際理解教育への対応と教育課程]

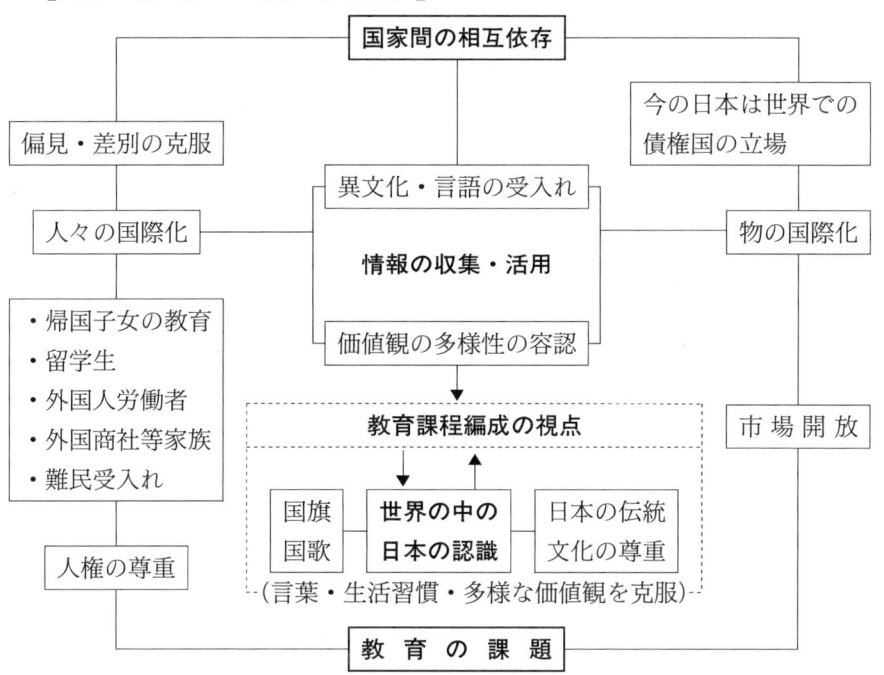

```
                    ┌─ 国家間の相互依存 ─┐
                    │                    │
  偏見・差別の克服  │                    │  今の日本は世界での
                    │                    │  債権国の立場
                    │  異文化・言語の受入れ │
  人々の国際化      │                    │  物の国際化
                    │  情報の収集・活用   │
  ・帰国子女の教育  │                    │
  ・留学生          │  価値観の多様性の容認 │
  ・外国人労働者    │         ↓          │
  ・外国商社等家族  │  教育課程編成の視点 │  市場開放
  ・難民受入れ      │                    │
                    │  国旗  世界の中の  日本の伝統
                    │  国歌  日本の認識  文化の尊重
                    │  (言葉・生活習慣・多様な価値観を克服)
  人権の尊重        │                    │
                    └─   教育の課題   ─┘
```

182. 国際理解教育 ②

国際理解教育

- **小学校の留意点**
  - ①**必然性をどう求めるか**…私たちの現在の生活は，世界とのつながりなしには成り立たなくなっていることは，漠然とは理解できても切実感とか必然性までは至らない。そこをどう克服するかが小学校段階でのポイントとなる。
  - ②**素材の選択と教材化**…子ども一人ひとりに社会的な課題を橋渡しするのが素材選択であり，教材化が大変重要となる。生活課題のみならず異文化理解，世界とのつながり，国際協力などの地域素材に目を向け，教材化したいものである。
  - ③**学校全体の取組みを工夫**…国際理解教育は，総合的な学習の時間や外国語活動等でどんな資質・能力を育成したいのか共通目標を設定して，学年等の発達段階で取り組むなど全校的な活動が工夫されよう。
  - ④**他者との係わりを重視**…共に学び他者との係わりで成り立っていくことを体験していくことが大切で，調べ学習や体験学習など他者との係わりを通した学びの中で，自己を確立していく学習を工夫したいものである。
  - ⑤**外国語学習への配慮**…系統的・組織的な外国語の学習ではなく，異文化への関心を高めるとともに，コミュニケーション能力の育成にある。授業時間や指導体制の柔軟性が望まれる。

- **中学校の留意点**
  - ①**教科と総合的な学習の時間の両面から**…どちらかというと教科の枠組みが強いため，教科の枠組みを残した横断的な学習として国際理解教育を進める方が取り組みやすいかもしれない。そこで，学校・学級全体で共通テーマを設定し，そのテーマに係わる各教科の内容を再構成する工夫が必要となる。
  - ②**教材化の視点を明確にする**…教科ないし横断型の学習として国際理解教育を進めると，知識習得型の教育に終わる懸念がある。これを克服するにはグローバルな課題を学習内容として，どのように構成するかを検討する必要がある。特にその学習内容が生徒自身の生活とどのように関係しているかという視点を重視し，身近な素材に着目して社会的な課題に発展させていく工夫などが必要とされる。

183. 情報教育 ①

情報教育
- 情報化時代の対応
  - ①**高度情報化社会にある課題**…今や社会の様々な分野で，コンピュータや新情報技術の進展と普及が見られる。従って，これらの発展や影響を十分踏まえて，自然環境や伝統文化との融合と豊かな人間性が発揮される社会の構築が要望される。
  - ②**高度情報化社会に生きる資質**…児童生徒に生涯学習の立場から必要な資質の養成と，情報手段の活用による学校教育の活性化を図る必要がある。
  - ③**中教審・教課審の答申**…情報化など社会の変化に主体的に対応する思考力，判断力，表現力等の育成を重視しており，コンピュータ等の教育利用に積極的な推進を指摘している。
  - ④**初等・中等教育での情報教育の積極的推進**…教育内容面では，情報活用能力の育成が急務であり，教育方法面では，学習指導における情報手段の積極的利用があげられる。また，情報手段を活用した学校事務等の支援，合理化の推進が急がれる。

[小学校]
- 小学校での情報教育
  - ①**情報教育の充実**…学習指導要領の改訂（平成20年3月）において，各教科の指導に当たっては，児童がコンピュータや情報通信ネットワークなどの情報手段になれ親しみ，コンピュータで文字を入力するなどの基本的な操作や情報モラルを身につけ，適切に活用できるように学習活動を充実するとしている。
  - ②**情報教育のねらいと指導**…ねらいは，情報活用能力の育成にあり，情報を収集し，これを選択・判断・整理・活用・表現するという情報を主体的に扱う能力を育成することにある。従って，情報活用はすべての教科・領域に係わり情報手段を適切に使って協力し交流する学習活動を工夫する必要がある。
  - ③**情報モラルの指導**…情報社会で適正な活動を行うための基になる考え方と態度は初歩段階から必要であり，他者に対する影響や人権，知的財産権など自他の権利を尊重し情報社会で責任を持つことや，危険回避など情報を正しく安全に使用する知識や態度について必要に応じて適切な指導を行う。

183. 情報教育 ②

[中 学 校]

情報教育 ― 中学校での情報教育
- ①**中学校における情報教育の指導場面**…三つの場面がある。
  - (1)各教科等における情報手段の活用
  - (2)技術・家庭における教科の中で情報の学習
  - (3)「総合的な学習の時間」の活用
- ②**コンピュータスキルのレベルを考慮**…情報教育の考え方は小学校と変わらないが、小学校である程度のコンピュータスキルが習得されていることを考慮して、効率的な指導が可能となる。特に個人差に配慮した指導が必要となる。
- ③**授業時間の確保と弾力化**…コンピュータ等の情報手段を用いた主体的な学習形態は、時間が多く必要という特性がある。特に教科担任制となれば、教師の自己責任において無意識的に教科目標の達成に重点が向きやすいのが自然であろう。
  そこで、教科におけるコンピュータ等の情報機器活用の比重は軽くなると予想されるが、生涯学習の観点からも情報教育に対しての、学校の考え方が大切となる。
- ④**各教科・領域間の連携**…情報とコンピュータの扱いは、教科である技術・家庭の内容となるが、他の教科や「総合的な学習」における情報教育との関連が、生徒の身につくものとして大切になる。技術・家庭で学習する内容は、文字通り内容であって、方法としての活用は他の教科又は「総合的な学習」で生かされなくては成果は薄い。この内容と方法の両者が真に機能することが特色ある学校づくりにもなるであろう。
- ⑤**早い学年から実施**…これまでは情報基礎の扱いが、情報とコンピュータに対応するものとして、施設設備の関係もあるがこれを可能な限り早い学年から学習活動において効果的な活用を図ることを計画的に進めるよう努力が必要である。
  特に**情報モラル**について「情報社会で適正な活動を行うための基になる考え方と態度」で、他者への影響、人権、知的財産権など自他の権利を尊重し、情報社会での行動について責任を持つことなど、早期から指導する必要がある。

183. 情報教育 ③

[情報活用能力の育成]

理解的側面	技能的側面
①情報化社会の特性の理解 ②情報手段の特性とその活用場面や役割の理解 ③情報には数値・文字・図形情報・画像（静止画・動画）情報等があり，種々の情報が交錯しているのを理解 ④情報化社会における豊かな人間性の育成・知的創造力の育成についての理解	①情報の蓄積，検索，伝達等を効果的に実行するために各種の情報手段を目的に応じて駆使する ②情報管理や，情報処理の補助手段として，その潜在能力を最大限に活用し，目的に応じて駆使する ③学習の各分野で最適な情報資料を活用したり，作成する
思考的側面	態度的側面
①情報を正確に読み取り，比較・分類し新しい意味を発見する ②情報を主体的に収集・分析・処理・判断・自己決定する ③多種多様な情報の中から自分の求めるものを目的に応じ選択する ④情報や情報手段を，自分の目的遂行の問題解決的過程において活用する ⑤情報手段を活用し問題解決の論理的思考をする ⑥自分で情報を生産し，情報手段を通じて発信，自己表現する ⑦自ら行動を起こして情報を創造し，情報の活用・処理ができ，情報の創造・活用・処理という行動サイクルとして思考する	①情報手段の使用や情報の活用に対して積極的な関心を持つ ②情報化社会で生ずる各種のプラス的効果とマイナス的効果について関心を持つ ③情報化社会における個人の持つ「**情報モラル**」に対する態度を形成する ④情報の活用を通して，自己選択，自己判断，自己決定の態度を形成する

184．ボランティア活動　①

ボランティア活動
- ボランティア活動とその意義
  - ①**「博愛」と「相互扶助」に立脚**…社会福祉や社会教育関係に係わる民間の奉仕者を言い，人間生活の全側面にわたる活動で社会福祉にあってはその占める位置は大きく，その原理は「博愛」と「相互扶助」の精神に立脚する。
  - ②**社会に役立てる活動**…一般に社会福祉の活動という領域に限定された活動として，狭くとらえられた面も見られるが，人間一人ひとりが自分の持っている体力や能力，時間，あるいは財産等を社会に役立てる活動と言われる。すなわち「できることを」「できる時間に」「できる形で」と表現できる。
  - ③**自己を社会につなぐ活動**…社会公共のために自己をつくすという使命観と正義感に支えられ，同時に自己の特技を生かし，自己の生きがいをつかむ活動，楽しさを発見する活動でもあり，世の中での存在感を得るとともに，何らかの余裕を生かす側面を持つ活動である。
  - ④**地域社会に連帯感を生む**…多くの人との出会いの機会があり，いろいろな人の活動の様子から相互理解や交流の基盤が生まれ，町づくりや地域づくりに結びつく連帯意識の基盤となる。
  - ⑤**人間社会に不可欠な活動**…総括的には，人間社会において生存するために欠くことのできない重要な活動といえる。特に誰かの強制ではなく，自発的に他人や社会に役立つ働きをし，しかもその報酬を求めないところに本領がある。
- ボランティア活動の五つの視点
  - ①**人は「支え合い」が可能**…どんな人でも他人に役立つものを持っている。だから誰でもボランティア可能の活動である。
  - ②**助け合いの中で学ぶ**…主体的に係わり，他の者との活動の中で自己をよりよく豊かに実現する活動である。
  - ③**お互いの日常生活の中に**…活動はお互いの日常生活の中に位置づけられ，計画的・継続的に行われる活動である。
  - ④**他人に役立つ働き**…自己を知り，また他者のために自立への手助けをする活動である。
  - ⑤**望ましい社会**…民主的で，思いやりの社会を作る活動である。

184．ボランティア活動　②

ボランティア活動

- **答申に見られる提言（趣旨）**
  - ①中教審・教課審答申…「主体的なボランティア活動を通じて，自分が価値ある大切な存在であることを実感するとともに，他人を思いやる心や社会生活での規範やルールを学び，国際協力，環境保護，高齢社会への対応といった様々な社会問題に対する問題意識に広がりと深みを与え，社会貢献の心を育てる」(中教審 平成10年6月，教課審 平成10年7月) と提言している。
  - ②学校像と教育課程の在り方…小・中・高等学校教育の全体を通して，ボランティア活動を大きな教育的意義を持つ教育活動としてとらえ，前回の学習指導要領改訂(平成10年12月)のポイントの一つとして取り上げ，今回(平成20年)も同様である。

- **重要な活動として位置づけた背景**
  - ①この種の活動や体験が不足している…今日の児童生徒をめぐる状況には，この種の活動や体験が不足していること。
  - ②これからの時代に必要な知識・技能…これからの時代は社会貢献や社会参加を果たすために必要な知識や技能の習得，資質の育成を必要としていること。
  - ③参加の意識が高い…多くの青少年が，今後この種の活動に参加したいというニーズを持っていること。

- **ボランティア活動の活動計画**
  - ①必要な知識と技能の習得…児童生徒にボランティア活動の意義を理解させ，社会福祉活動，環境保全，保護活動，災害援助活動など，ボランティア活動に必要な技能を習得させる。
  - ②ボランティアの学校受入れ…学校外のボランティア活動に携わっている人々の講話や体験談などを聴き，理解を深めるため，活動の実践者を学校に招き受け入れる。
  - ③ボランティア活動の体験…学校内や地域の自然・社会等で可能なボランティア活動体験を計画し，その活動に必要な知識や技能を実際に体得，心情的な理解を深める機会をつくる。

- **社会奉仕体験活動の充実**
  - ◎教育改革国民会議報告(平成12年)の要請に応え，学校教育法の一部改正(学校法31)並びに社会教育法の一部改正(社教法5-14)を行い，義務化の表現を避けながらも「社会奉仕体験活動」の充実について法制化(平成13年6月)し，学校教育における一層の充実を推進することにした。

185．地域の人材活用

地域の人材活用

- **地域の人材活用の提言**
  - ①**中教審「心の教育」**…「子どもたちが一目置く地域の人材の力を積極的に活用していくことが必要である。(中略)各学校においては，様々な方法によって地域の人材による指導を大幅に取り入れていってほしい」(第4章(2)①(a)平成10.6.30)
  - ②**学習指導要領**…「開かれた学校づくりのため，地域や学校の実態等に応じ，家庭や地域の人々の協力を得るなど家庭や地域社会との連携を深めること」と教育活動の充実を求めている (小学校第1章総則第4の2(12)：中高にも同様の文言)。

- **人材活用の考察**
  - ①**これまでの人材活用**…地域の人材や社会人の活用は，従来から学校が必要としている人材を講師として招聘する形が多かった。従って，一部の限られた人を対象とする傾向はあるが，日常の指導に当たる教師とは異なって，特別な技能・経験からは児童生徒に新鮮な受け止めをされ効果が認められる。
  - ②**これからの学習では**…児童生徒の多様な課題や要望に対応できるための施策としての考えが必要となる。そのための地域の人材・社会人の活用の在り方を探っていくことが大切となる。このような観点から考察すると，単なる地域の人材・社会人の活用という割り切り方ではなく，社会人との交流学習という幅を持った見方が必要となってくるであろう。

- **地域人材の活用形態**
  - ①**選択履修の講座等で「共に学ぶ」形態**…地域の保護者や人々とともに学習機会の場として開放する中で，教育方針や内容等の理解や連携を深める形をとる。児童生徒にとっては，社会人の学び方や生涯学習の在り方を体験できよう。
  - ②**「講師として招聘」の形態**…講師要請の学習は多様化する社会にあっては，これからの学校において必然的に実践されることが多くなると思われる。しかし，学級数の多い学校にあっては講師の負担が重く展開が難しいことも考えられる。そこで，選択履修の講座や総合的な学習の時間等での有効な展開が工夫されよう。
  - ③**学校から「外へ出かけて学ぶ」形態**…課題が学校で解決困難な場合，解決可能と思われる場所に出かけ学習する形である。

186. 部 活 動

部活動
- **部活動の意義と位置づけ**
  - ①**部活動の意義**…同好の児童生徒が，自発的・自治的に共通の興味・関心等を追求する目的で活動を行うことにより，お互いに協力して集団をより良くしようとする態度や，望ましい人間関係，あるいは健全な趣味や豊かな情操を養うなど，児童生徒の自主性・社会性を育て，個性の伸長が図られる。
  - ②**部活動は教育課程外の活動**…部活動は主として中・高校で行われ，従来のクラブ活動と類似した内容を持つが，学校の教育課程外の教育活動である。従って活動を希望する児童生徒のみを対象とし，年間標準授業時数等の法令上の規定もないので，部活動はかなり自由に行われる。
  - ③**従来のクラブ活動は廃止**…教育課程に位置づけされた，いわゆる正規のクラブ活動は，平成10年（高校は平成11年）の学習指導要領の改訂において中・高校では廃止された。これは放課後の部活動や学校外活動との関連，総合的な学習の時間における生徒の主体的な活動が行われることを考慮したものである。
- **指導上の留意点**
  - ①**部活動の位置づけ**…学校の教育課程外の教育活動であることを明確にするとともに，学校の教育活動として，全体の中に部活動を位置づけておくこと。また部活動を適切・効果的に実施するため，教師の時宜を得た指導を行う。
  - ②**児童生徒の負担過重・危険防止**…特に運動部においては，いたずらに高水準の技術を競って，児童生徒の心身に負担過重とならないよう留意するとともに，環境の安全点検，危険防止に注意する必要がある。
  - ③**生活全般に配慮した指導**…ともすると合宿時等に飲酒，喫煙，集団的非行，しごき，暴力行為などの問題が生じやすい傾向が見られるので，生活全般にわたる指導について考慮する。
  - ④**後援会，OB等との関係**…部外からの影響によって，健全な部活動としての在り方が左右されないようにする。
  - ⑤**対外試合等**…設置教育委員会の規則・通達などに基づき実施する。

187．合科的・関連的指導

合科的・関連的指導

- **合科的指導の意義と展開**（学校法施行規則130①②）
  - ①**合科的指導の意義**…複数の関連する教科の内容を有機的に関連づけて指導計画を作成し，それを児童の具体的活動を通して総合的に指導する方法である。発達段階に対応したカリキュラムの在り方を問い直す意味を含むものである。
  - ②**用語の意味**
    - (1)**合科的な指導**…教科のねらいをより効果的に実現するため，単元又は1コマの時間の中で，複数の教科の目標や内容を組み合わせて学習を展開する。
    - (2)**関連的な指導**…教科等の別に指導するに当たって，各教科等の指導内容の関連を検討し，指導の時期や指導の方法などについて相互の関連を考慮して指導するものである（小学校学習指導要領第1章第4の1(4)）。
  - ③**小学校全学年で実施可能**…これまで小学校低学年では，まだ思考が未分化なため分化して指導するより教科を合わせての学習が適当という考えで行われていたが，平成10年の学習指導要領の改訂から，合科は全学年で可能となった。小学校教育の在り方として統合カリキュラムの意義を考慮したものと思われる。

- **合科的指導の取扱い**（特別支援学校小学部・中学部学習指導要領第1章第2節第4の1(4)）
  - ①**指導上の扱い**…**低学年**では，特に生活科を中核として合科的・関連的な指導の工夫をすすめ，指導の効果を一層高めるようにする必要がある。**中学年以上**においても，児童の興味・関心が広がり，思考が次第に総合的になる段階を考慮して指導計画を弾力的に作成，合科的・関連的な指導を進めるなど工夫した扱いが必要である。また「総合的な学習の時間」における学習活動が，各教科等の目標・内容と関連を持つとき，指導の時期を考えて関連的に指導することも可能である。
  - ②**授業時数の取扱い**…合科して指導した時数は，その指導に関連している教科内容を指導することに変わりはないので，関連する教科の授業時数に該当することはもちろんである。原則として合科的に扱おうとするそれぞれの教科の授業時数から充当することになる。

188. 領域・教科を合わせた指導

領域・教科を合わせた指導
　特別支援学校の特例（合科的指導）

①**教育課程編成の特例**…学校法施行規則及び学習指導要領では，教育課程編成の特例等につき各種の定めをしている。従って必要な場合には，これらの規定に基づき各学校における児童生徒の心身の状態に応じた教育課程を編成することができる。

②**特別支援学校では**…特に必要がある場合「学校法施規126条から128条までに規定する各教科又は別表3から5までに定める各教科に属する科目の全部又は一部について合わせて指導できる」。さらに，「各教科，道徳，外国語活動，特別活動，自立活動（養護・訓練）の全部又は一部について，合わせて授業を行うことができる」としている（学校法施規130①②）。とりわけ知的障害児に対する指導においては，教科別・領域別に分けた指導より総合的な学習活動が適合しやすいと考えられるからで『領域・教科を合わせた指導』の形態が広く活用されている。

[領域・教科を合わせた指導（指導の形態）]

日常生活の指導
- 合科授業の形態のうち，最も基礎的な内容を取り扱う。
- 衣服の着脱，洗面・手洗い，排泄，食事，清潔等の基本的生活習慣「諸活動」の内容等。

生活単元学習の指導
- 生活単元学習は領域・教科を合わせた指導の代表的な形態である。
- 生活的な目標や課程にそって内容が組織されるが，教科や領域の内容を習得するための単なる手段ではなく，児童生徒は生活に基づいた目標や課題を達成するための活動を通して，教科や領域の内容を習得するのである。
- 単元は，児童生徒が人々との係わりをもって活動できるように配慮される。

遊びの指導
- 「遊び」の指導は，その目標・内容等により領域・教科を合わせた指導と見なされる。

作業学習の指導
- 単に職業・家庭の内容のみでなく，各教科，道徳，特別活動，自立活動（養護・訓練）等の内容を統合した形態で，働く力や生活する力を養う。

189. 習熟度別指導

習熟度別指導の趣旨

①**習熟度別指導**…昭和53(1978)年の高等学校学習指導要領において「**習熟度別学級編制**」が導入された。個々の生徒の各教科・科目における学習内容の習熟の程度等に応じた適切な指導を行う具体的な方法として例示しているものである。
「**習熟度別指導**」は中学校学習指導要領においても述べられており，中学校においても個別指導やグループ別指導など習熟度に応じた指導を考慮する必要がある。

②**生徒の能力・適性，進路等の多様化に対応**…これは能力に応じて等しく教育を受けることを要請している憲法・教育基本法の精神に基づくものであり，進学率の著しい上昇等に伴い，能力・適性・進路等が多様化の現状から個々人を尊重して個性の伸長を図る観点から，指導上の配慮事項としたものである。しかし，これを各学校に強制するものではない。

③**習熟度別指導の工夫**…習熟度別学級編制で行う以外にも学級形態の上からグループ別学習や個別学習が考えられるし，その他教育機器の活用，プログラム学習，チーム・ティーチング，課題提示の工夫，特別指導時間の設定等種々の面で生徒の習熟の程度等に応じた適切な指導を留意する。

編制に対しての留意点

①**編制の方法**…学級編制の場合としては，ホーム・ルーム編制から分けてしまう固定的なものよりも，特定の教科・科目，または単元や時間等で工夫することが考えられる。

②**移動を認める編制**…常に生徒の学習内容の習熟度を考慮し，学期ごとの移動を認めるなど流動的な編制を考慮する。

③**生徒の主体的な判断を尊重**…生徒が劣等感を抱くことのないよう配慮するとともに，生徒個々が自己の習熟の程度を高めようとする意欲を助長して，教師の一方的な割振りでなく，生徒自身の判断で選択できるような配慮が必要である。

④**編制の趣旨が広く理解されるように**…編制には，全教師の共通理解に努め，生徒に対してもその趣旨・ねらいに十分な理解を求め，保護者の理解・協力に趣旨の説明は欠かせない。

190. 生活科の指導　①

平成元(1989)年小学校教育課程の基準改善において新設をみた教科である。
小学校低学年の教科構成は，戦後の「自由研究」「合科的扱い」等にはじまるが，生活科の全体構想を概観したものである。

[生活科の概観]（小学校低学年）

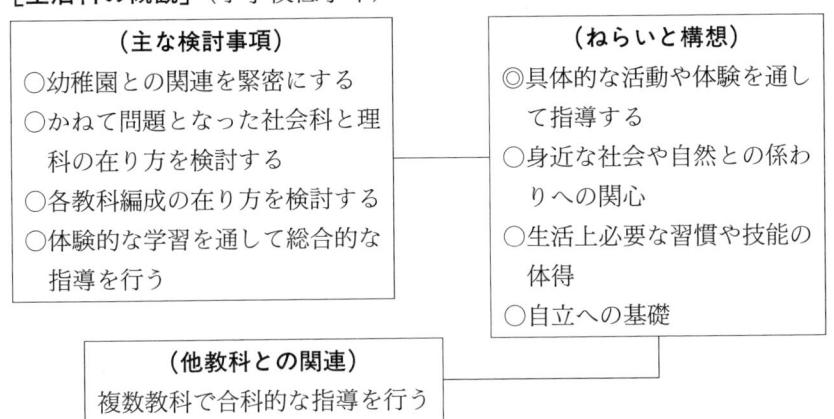

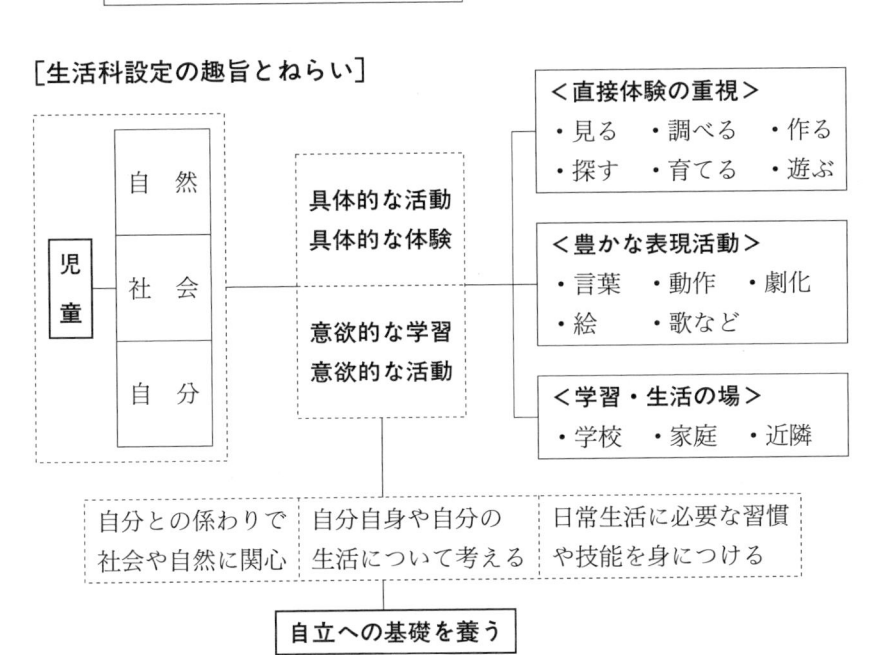

（主な検討事項）
○幼稚園との関連を緊密にする
○かねて問題となった社会科と理科の在り方を検討する
○各教科編成の在り方を検討する
○体験的な学習を通して総合的な指導を行う

（ねらいと構想）
◎具体的な活動や体験を通して指導する
○身近な社会や自然との係わりへの関心
○生活上必要な習慣や技能の体得
○自立への基礎

（他教科との関連）
複数教科で合科的な指導を行う

[生活科設定の趣旨とねらい]

児童 — 自然／社会／自分 — 具体的な活動・具体的な体験／意欲的な学習・意欲的な活動

＜直接体験の重視＞
・見る　・調べる　・作る
・探す　・育てる　・遊ぶ

＜豊かな表現活動＞
・言葉　・動作　・劇化
・絵　・歌など

＜学習・生活の場＞
・学校　・家庭　・近隣

自分との係わりで社会や自然に関心／自分自身や自分の生活について考える／日常生活に必要な習慣や技能を身につける

→ 自立への基礎を養う

190. 生活科の指導 ②

生活科の指導

- **生活科の視点**
  - ◎**平成元年に新設された教科**…平成元(1989)年の学習指導要領改訂において小学校低学年に新設をみた教科で，教科の中では最も新しい教科といえる。平成10(1998)年の1回目の改訂を経て，今回（平成20(2008)年）の改訂で2回目となる。
  - ①**生活上必要な習慣や技能を重視**…具体的な活動や体験を重視する観点から，生活上必要な基本的習慣や基礎的技能・態度等を育成するため，教科を集約し再構成を図ることや，特に低学年の社会，理科等は児童の具体的な活動や体験を通して学習することで効果が期待でき，また幼稚園教育との無理のない接続が可能となる。「知的な気づきを大切にする指導を重視」し，単に社会，理科を合わせた指導ではなく，各学校の創意・工夫による学習が行われる。
  - ②**気づきの質を高め，活動や体験を一層充実**…科学的な見方・考え方の基礎を養う観点から，情意的な側面を含めて自然の不思議さや面白さを実感する学習活動を重視する。
  - ③**環境の変化を考慮，安全教育の充実や生命の尊さを実感**…学校と生活において，安全な登下校をはじめ安全で適切な行動や生命に関し，実感を通して学ぶ学習の重視。
  - ④**内容構成**…児童
    - 自然との係わり
    - 自分自身との係わり
    - 社会との係わり

    ｝ 日常生活に必要な習慣や技能を身につける

- **実施のポイント**
  - ①**人々との係わりをより重視**…生活科は身近な自然や社会との係わりを重視する教科であるが，とりわけ人々との係わりを重視している。具体的な活動や体験では，身近な幼児や高齢者，障害児など多様な人々とふれあうことができるようにすることなどがあげられる。
  - ②**各学校の実態に応じた活動**…特色ある授業づくり，学校づくりにあって，各学校の創意・工夫に期待される教科でもある。2学年まとめて内容を示したことは，選択の幅を大きくし学習効果を期待しているものである。

191. 知的障害学校の生活科

知的障害学校の生活科
- 特別支援学校における生活科
  - ◎特別支援学校の小学部・中学部における教育課程の編成は，特別支援学校の学習指導要領によるが，知的障害学校（学級）に関する各教科の特色の一つとして，小学部に生活科がある。一般の小学校学習指導要領においては，平成元(1989)年に低学年に新設された教科で生活科があるが，知的障害学校（学級）ではそれ以前から設置され実践されている特色ある教科で，一般小学校の生活科とは異なるものである。
  - ①**生活科のねらい**…(1)日常生活の基本的な習慣を身につける (2)集団生活への参加に必要な態度や技能を養う (3)自分と身近な社会や自然との係わりに関心を深める (4)自立的な生活をするための基礎的能力と態度を育てる
  - ②**段階による内容構成**…知的障害を持つ児童の状態等に配慮し教育内容には学年別を示さずに，障害の程度に合わせて小学部は3段階に分け，指導内容を選択して積み上げを図るようにしている。
  - ③**学習内容の観点**…基本的生活習慣，健康・安全，遊び，交際，役割，手伝い・仕事，きまり，日課・予定，金銭，自然，社会の仕組み，公共施設，これら12観点はそれぞれ単元として取り扱うよりは，児童個々の知的障害の実態等を考慮し，他の教科等の関連や地域の環境に応じて，いくつかの観点を組み合わせて総合的に指導することが大切である。
- 学習活動の工夫
  - ①**領域・教科を合わせた指導**…知的障害を持つ児童に各教科等を合わせて指導を行うことが効果的である学習を工夫する。
  - ②**日常生活の指導**…児童の日常生活が充実し高まるように，日常生活の諸活動を適切に指導する中で工夫する。
  - ③**遊びの指導**…遊びを学習活動の中心に据えて取り組み，身体活動を活発にし，仲間との係わりを促し意欲的な活動を育む。
  - ④**生活単元学習**…生活目標の達成や課題解決を組織的に経験することで，自立的な生活を実際的・総合的に学習する。
  - ⑤**作業学習**…作業活動を学習活動の中心に据えて工夫する。

192.「遊び」の指導

「遊び」の指導
- 「遊び」とは
  - ①**言語的解釈では**…「広辞苑」によると「遊び」を「遊ぶこと。なぐさみ。遊戯」とあり，一般的には「意義や目的に係わりなく興の赴くままに行動すること」をいっている。
  - ②**学習指導の面から**…「遊び」は，領域・教科を合わせた指導又は総合学習の観点から，学習の一形態として使われている。特に特別支援学校(知的障害)の合科的な指導等で見られる。
  - ③**教育指導上の観点から**…「遊び」とは，大変興味ある行動であり，遊びは発達の一番最初に現れてくる学習である。遊びの中から子どもにとって様々なものが育っていくことに着眼した学習方法の一つである。子どもが自然に抵抗なく教育内容が身についていくのが望ましい。特に小学校低学年，特別支援学校等の指導では「遊び」はトータルな学習活動となる。
- 発達段階と思考の特徴
  - ①**乳児期**…感覚運動的思考の時期（見る，聞く，触る，行動する）
  - ②**乳・幼児期**…表象的思考の時期(上記の他ごっこ遊び，絵本)
  - ③**児童期**…具体的操作の時期(上記の発達の他パズル，ゲーム)
  - ④**思春期以降**…抽象的思考の時期
- 期待される効果
  - ①**社会性が育成される**…同じような事物・事象に関心を持ち，模倣，取り合い，協力など人間関係の芽生えが生みだされる。
  - ②**道徳心が育つ**…将来にとって必要な自分の気持ちのコントロール，相手の立場を認めたり，約束事の大切さ，人間関係の楽しさなどを自然で無理なく理解される。
  - ③**判断力が育つ**…いろいろな遊びでの身のこなし，小川を跳び越えたり，山を登ったり，感覚統合などを通して安全性などの判断力が育つ。
  - ④**探索心が育つ**…強制されずに，興味を持って冒険を試み探索する。大人の気づかぬ変化を発見したり，夢中の喜びを得る。
  - ⑤**運動能力が育つ**…子どもの発達に欠かせない体力や身のこなし，長く歩き，走れるようになり，子どもの世界は拡大してくる。体のリズムや協応が上達すれば，物を作りだし楽しむ。
  - ⑥**心の開放がある**…体を動かし，十分遊べばエネルギーが解消され，情緒が安定し不満・緊張を解消する（遊戯療法の原理）。

193. 自立活動

自立活動
- **自立活動の意義と名称**
  - ①「自立活動」とは…特別支援学校における教育課程の編成領域の一つとして共通に設けられた一領域名である。昭和45(1970)年の学習指導要領で「養護・訓練」の名称で新設されたものであるが，平成11年の改訂で「自立活動」に変わった。
  - ②「自立活動」とした理由…領域名の変更は，「障害の重度・重複化，障害を取り巻く環境の変化等を踏まえ，目標に『自立を目指し，障害に基づく種々の困難を主体的に改善・克服する』と示し，名称を「自立活動」と改める」とされた。
- **指導上の留意事項**
  - ①**教育活動全般で配慮した指導が必要**…特設の「自立活動」の時間のみではなく，他の教育活動でも配慮した指導を行う。
  - ②**発達促進的指導に対し補償的役割**…知的障害の場合，各教科は発達の遅れに対し「自立活動」は発達の偏りに対して行う。
  - ③**個々人の必要に応じて指導**…下記①〜⑥の内容は，児童生徒に対し一律の指導ではなく，一人ひとりの必要に応じて行う。
- **指導の内容**
  - ①**健康の保持**…生活のリズムや生活習慣の形成。病気の状態の理解と生活管理。身体各部の状態の理解と養護。健康状態の維持・改善。
  - ②**心理的な安定**…情緒の安定。対人関係の形成の基礎。状況の理解と変化への対応。障害による学習上又は生活上の困難を改善・克服する意欲の向上。
  - ③**人間関係の形成**…他者との係わりの基礎。他者の意図や感情の理解。自己の理解と行動の調整。集団への参加の基礎。
  - ④**環境の把握**…保有する感覚の活用。感覚や認知の特性への対応。感覚の補助及び代行手段の活用。感覚を総合的に活用した周囲の状況把握。認知や行動の手掛かりとなる概念の形成。
  - ⑤**身体の動き**…姿勢と運動・動作の基本的技能。姿勢保持と運動・動作の補助的手段の活用。日常生活に必要な基本動作。身体の移動能力。作業に必要な動作と円滑な遂行。
  - ⑥**コミュニケーション**…コミュニケーションの基礎的能力。言語の受容と表出。言語の形成と活用。コミュニケーション手段の選択と活用。状況に応じたコミュニケーション。

194. 対外運動競技

対外運動競技
- 対外運動競技の意義と用語の定義
  - ①児童生徒の参加する運動競技…児童生徒の心身の発達を促すことはもちろん，健康の増進と体力の向上を図り，公正かつ健全な社会的態度を育成するなど大きな教育的効果が期待される。
  - ②対外運動競技の定義…一般運動競技のうち学校教育活動の一環として，児童生徒が参加して行われる運動競技をいい，学校教育活動以外の運動競技と区別される。
- 実施上の留意点
  - ①主催団体の関係…国・地方公共団体若しくは学校体育団体の主催又はこれらと関係競技団体との共同主催を基本とする。
  - ②対外運動競技の規模・日程…心身の発達程度から無理がないようにする。
  - ③保護者の理解が必要…対外運動競技に参加する者については，本人の意思，健康状態及び学業などを十分配慮するとともに，その保護者の理解も十分得るようにする。
- 地域の範囲と回数
  - ①小学校においては…校内における運動競技を中心として行い，原則として対外運動は行わない。ただし，同一市（区）町村又は隣接する市町村程度の地域内における対外運動競技については，学校運営及び児童の心身の発達から見て無理のない範囲で実施して差し支えない。
  - ②中学校においては…対外運動競技の行われる地域の範囲は，都道府県内を原則とする。地方ブロック大会・全国大会への参加回数は，各競技につき，それぞれ年１回とする。この場合，中学校の全国大会は，陸上競技，水泳のように個人の成績で選抜できる種目等を除き，地方ブロック大会で選抜された者が参加して行う。**国民体育大会の参加については，**第３学年に限り，水泳，陸上，体操及びフィギュアスケートにつき認められる。
  - ③高等学校においては…対外運動競技の行われる地域の範囲は，都道府県内を原則とする。なお，地方ブロック大会及び全国大会への参加の回数は，各競技につき，それぞれ年２回とする。**国民体育大会や各競技別の全国選手権大会**に参加する場合，参加する生徒に学校教育活動として有意義と認められるときは学校教育活動の一環として参加させることができる。

195. 特色ある学校づくり

特色ある学校づくり
- **教育課程の編成方針と各学校の創意工夫**
  - ①**教育課程編成の一般方針**…これまでの学習指導要領においては，教育課程編成の一般方針として「各学校においては，…適切な教育課程を編成する」と定めているが，平成20(2008)年の改訂において「…を編成する」に続き「教育基本法2条（教育の目標），学校教育法21条（義務教育の目標），及び同法30条（小学校教育の目標），同法46条（中学校の目標）等の掲げる目標を達成するよう教育を行う」と追加して目標に対応する創意ある教育活動を期待している。
  - ②**各学校の創意工夫**…教育課程基準の在り方からいって，過去においてはどの学校でも類似(画一的)にならざるを得ないものがあった。時代の移りに対応して諸制度の改革の流れに沿い，関係法令や指導要領も規制緩和を概念として，弾力化が考慮されている。すなわち教科・領域等の内容はもとより，選択の拡大，総合的な学習の時間の設定や授業時数の弾力化などにも見られ，これを生かすのは教育課程編成の権限を持つ学校（校長）の見識と力量次第といえるであろう。
- **特色ある学校づくりのために**
  - ①**自校の在り方を振り返る**…学校教育が次代を担う児童生徒を育成する場であるがゆえに，一部地域にあっては，校長は行政の末端としての存在として厳しい攻撃にさらされたり，管理運営をめぐっての争い等の状況が見られた。教育課程編成の権限は各学校にあることを踏まえつつ，現在の自校の在り方を振り返り，特色ある学校を創造するための，真に適切な教育課程の編成・実施が可能かを教職員の一人ひとりの問題として考えることが大切である。
  - ②**積極的な情報収集と研修**…学校の意思決定には適切な情報収集とその研修によるものが大きい。これまでの教育課程の変遷経過や中教審・教課審の答申内容等を研修することが，共通理解のためにはぜひ必要である。
  - ③**教職員の対応**…学校は仕事の量・質の変化等には臆病で守旧的との評もある。これを打破し，校長としては，何事も法的根拠や教委の指示を欲せずに自らの力量で見識を示すこと。また，社会の常識が通用する職員会議の在り方が望まれる。

Ⅴ／学習指導

- 196. 学習指導……………………286
- 197. 指導案の作成………………287
- 198. 教材研究……………………289
- 199. 教材の精選…………………290
- 200. 教材精選の観点……………292
- 201. 指導過程……………………293
- 202. 6段階の学習過程例………295
- 203. 発見的思考を練る指導過程例…296
- 204. 発達段階……………………297
- 205. 幼児期の発達特徴と指導……300
- 206. 小学校低学年の特徴と指導…301
- 207. 小学校中学年の特徴と指導…302
- 208. 小学校高学年の特徴と指導…303
- 209. 中学校1・2年の特徴と指導…304
- 210. 中学校2・3年の特徴と指導…305
- 211. 青年期の特徴と指導………306
- 212. 思考能力の構造……………308
- 213. 現代学力観…………………309
- 214. 系統学習と問題解決学習……311
- 215. 問題解決的学習……………313
- 216. 学習課題の選択と自己理解…315
- 217. 学習意欲と態度……………316
- 218. 感性にうらづけられた学習…319
- 219. 一斉学習と授業……………321
- 220. 小集団学習と授業…………322
- 221. チーム・ティーチングと授業…323
- 222. オープン・スペースの活用…325
- 223. プログラム学習と授業……326
- 224. バズ学習と授業……………328
- 225. 個別学習と授業……………329
- 226. 個に応じた指導……………330
- 227. 学習資料……………………332
- 228. 教材・教具…………………334
- 229. 視聴覚教材…………………336
- 230. 教育工学……………………338
- 231. ICT活用の学習指導 ………341
- 232. ワークブック………………343
- 233. 話し合いの指導……………344
- 234. 話し合い活動の具体例……348
- 235. 発問・助言・指示…………352
- 236. 良い発問の技術……………357
- 237. 板書…………………………358

196. 学習指導

学習指導
- 学習指導の用語と使用法のちがい
  - ①「学習指導」とは…教科の学習を指導することで，生徒指導に対応して教科指導とも呼ばれる。古くは教授と呼ばれていたが，教育は知識の伝授だけではなく，理解や技能の育成を児童生徒の自発的・創造的な学習にしようとする考えに変わるにつれ「学習指導」と呼ぶようになった。
  - ②学習指導の基本的形態からの用語…学校教育の基本的形態といえる授業は，ある定められた学級において，教師と児童生徒が一定の教材を媒介として教育的関係を結ぶという形態をとる。このような授業の形態をとるとき，教師は教材を児童生徒に教える「教授活動」であるが，児童生徒の側からすれば，「学習活動」である。このようなことから，「授業」又は「学習指導」と呼んでいる。
  - ③教育的価値の見方による用語…教授・学習過程の成立には，教師・児童生徒・教材という3要素の関係のいずれかに教育的価値を強く見るかによって「教授法」とか「学習指導法」など用語の使用も異なるものとなっている。

[授業・学習指導の構造]

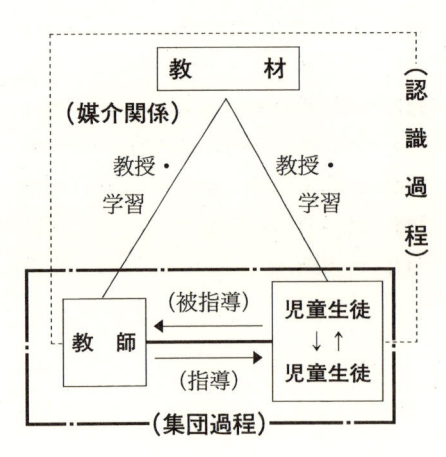

```
          教　材
         ／＼
   教授・ ／　＼ 教授・
   学習 ／　　＼ 学習
      ／　　　＼
  （媒介関係）
   ┌──────┐ （被指導） ┌──────┐
   │ 教　師 │←──────│ 児童生徒│
   │        │──────→│   ↓↑   │
   └──────┘ （指導）  │ 児童生徒│
                        └──────┘
         （集団過程）
              （認識過程）
```

①教授・学習で，教師・児童生徒・教材は基本的3要素で相互媒介的関係にある。
②教師は教材を児童生徒に教授し，その下で児童生徒は教材を学習する。教材を手掛かりとして自然・社会の認識を深めることから「認識過程」と呼ぶ。
③教授・学習活動は，様々な人間関係を育て，影響を受ける。究極的には学級の集団構造の変化に係わるので集団過程と呼ぶ。
④授業改善が課題となっているが，授業の認識過程に関心を向けた教育内容の精選の手だてと，集団過程の考察から学習形態や指導方法の研究が望まれる。

197. 指導案の作成 ①

指導案の作成
- **授業と指導案**
  - ①**「授業」とは**…学校において編成された教育課程を実施することを指している。その意味で授業は，教授，指導，学習，訓練などを含んでいるものと考えることができる。
  - ②**「学習指導案」**…通常，毎日の授業時間のための指導計画を指すもので，学習指導の構成過程でもあり，目標又は目的，学習内容，学習活動，評価を含んだものである。効果的に授業を実施するには，欠くことのできないものといえる。
- **指導案の役割**
  - ①**授業の位置づけを明確にする**…1時間の授業が単元や題材のまとまりの中で，また，1年を通しての学習指導の中で，さらには各教科や領域の関連の中で児童生徒にどのような位置を持つものかを明確にする。
  - ②**教材と児童生徒の関係を明確に**…指導する内容を児童生徒の実態に合わせて，どんな順序で，どんな方法で行うかを考える，いわゆる授業の骨格を決定するものといえる。
  - ③**よい授業をつくりだす仮説として**…指導内容の系統性を児童生徒の生活や経験と対比して，具体的な関心と取組みを見い出せそうなものを考え，指導案を構成することが大切となる。仮説は，教師の経験等をもとにした発想ではなく，指導内容と児童生徒の実態を考え合わせて，最善と思われるものが指導案の形をとった仮説なのである。
- **指導案の構想**
  - ①**具体的ではっきりした目標を持つ**…具体的で明確な目標は，授業内容の大綱を決定する際にも，児童生徒の学習活動を考える際にも，事後評価等においても重要なものとなる。具体的で明確な目標が指導案の第一条件であり，授業過程に分節（ブロック）を設け，分節ごとの目標を考えることも一つの方法である。
  - ②**授業内容を十分理解する**…授業の全体について見通しを持つことができたとき，改めて授業の中心となるものは何か，流れの中で，いわば授業の『やま』ともいうべきものがあるかどうかを検討する。授業に『やま』を持つためには，指導内容の全体を十分理解して，授業過程のどこに焦点を持たせ，

197. 指導案の作成 ②

指導案の作成

- **指導案の構想**
  - それをどのように児童生徒の生活や経験と関連づけて，学習活動とするのかを大切にすることで見い出される。
  - ③**よい動機づけが必要**…よい授業の構成には導入部門が非常に大切となる。興味・関心を助長するには，教科・教材の内容と児童生徒の生活や経験（既有知識）の両者から考え，具体的にどこにポイントをおいて導入展開を図るかが大切である。
  - ④**内容を精選，展開を予想する**…具体化された目標の達成に必要と考える内容に絞る。次に児童生徒の活動を予想し，展開に無理や無駄のない展開になるかを考える。特に，思考や活動の分岐点となるような場所には，複数の展開場面等を予想しておくことなども大切なことである。
  展開の過程における教師の発問・指示・助言などは，あらかじめ予定し記載しておくとより具体的となる。
  - ⑤**評価の内容や方法を考える**…指導案の段階から，目標に対するものはもちろん，その過程における分節（ブロック）ごとに評価項目の設定を行うなど，きめ細かな計画を持っていることが必要である。

- **指導案の記載事項**
  - ①**総括的記載事項**…教科・領域名，日時，指導者氏名
    - **対象**…学校・学年・学級・人数・児童生徒の実態・学級実態
    - **単元（題材）**…単元名・本時の目標・単元の構想・単元設定の理由，単元全体での本時の位置，展開計画等
  - ②**児童生徒の実態の把握について**…児童生徒の生活経験・既習能力の状態，興味・関心の程度，地域の自然や社会環境，児童生徒が思考を進めていくときの特徴や条件把握の仕方など。
  - ③**学級の実態把握について**…各種検査・調査の結果・傾向等で特に顕著なもの，期待するもの，心配される状況など。
  - ④**単元（題材）の構成・構造，単元（題材）設定の理由など**…単元全体の時間，小単元の題材や時間配当，全体と部分の関係，教科内容の系統や，この時期に学習する必然性など。
  - ⑤**評価**…可能の限り習得の度合いを「形成的評価」で記載する。
  （321．「形成的評価」参照）

198. 教材研究

教材研究
- **教材研究の必要性**
  - ①**教材研究と授業**…授業が成功するかどうかは、何よりも教材そのものが、学習者にとって適切かどうかにかかっている。そのことは、選択された教材の本質や意義を、教師自身が正しく理解しているか、研究の広さや深さによって決定される。
  - ②**教材研究が授業を決定する**…教師は経験も豊富で知識もあるので、たとえ教材が悪くても欠陥を埋め合わせ、つなぎ合わせていくことができる。しかし、児童生徒にとっては教材に欠陥があれば、そこでつまずき立ち往生してしまう。授業が単調になったり、重苦しいものになったりするのは、教材の選択や研究が不足のため、学習過程に現れるからである。
  - ③**児童生徒より少々早めでは不足**…教材を児童生徒より5〜6時間早く理解する程度の教師の姿勢では、研究とはいえない。
- **教材研究の視点**
  - **教材研究の深化**
    - ①**教師自身の教材研究**…学習者が学習の結果、必要とする教育内容を身につけるためには、教師自身の教材研究の広さや深さに係わってくる問題である。
    - ②**教科指導に当たっては**…教科内容の構造、教科の学問的な体系、科学の成果、学問的背景等の研究が必要である。
    - ③**新情報の吸収に努力**…急速に進む分野は特に必要。
  - **ねらいと価値**
    - ①**教材内容を検討**…教材・単元の中心的なねらいと、それを支える基本的事項を洗い出し、系列を明らかにする。これによって教材は構造化され精選される。
    - ②**教材の体系における位置**…他教科や領域との関連からその教材の特色とねらいを体系的に明らかにする。
  - **妥当性の検討**
    - ①**教材の妥当性を検討**…児童生徒や地域の特性に対応。
    - ②**児童生徒の反応を予測**…教材に対する興味や予備的知識等を予測して、その対策について検討しておく。
    - ③**地域に即した素材を選定**…教材化するために、その組織化を図ることが必要である。また一般化の際などは可能の限り地域教材を関連づけ、地域素材が生かされる工夫が必要である。

199. 教材の精選 ①

教材の精選
- **教材精選の必要性**
  - ①**教育課程の基準改訂において**…中教審第一次答申（平成8.7）では、「これまでの知識の習得に偏りがちであった教育から、自ら学び、自ら考える力などの『生きる力』を育成する教育へと、その基調を転換していく必要がある」とし、同答申（平成10.7）において「教育内容を厳選し…」と述べている。
  - ②**学習指導要領では**…教育内容を基礎的・基本的事項の指導を徹底するようにし、探究的な学習活動を取り入れて「生きる力」の育成をめざす方向に学力観の転換を図ることを期待している。
  - ③**現代社会の状況から**…科学技術や情報社会の進歩とともに、大量の知識・情報をもたらす時代となっており、もはやこれらの知識や技術を追いかけることは不可能である。むしろそれらの根底となる基本的知識・概念を精選して、これを的確に身につけることが必要となった。
- **授業からの検討**
  - ①**児童生徒の実態から遊離しない**…授業を構想する際、教材が十分検討されることが重要である。調べたことのすべてを用いようとすると、実態から遊離したものになる恐れがある。むしろ授業のねらいから、思い切る場合があってよい。
  - ②**学習者の反応を構想して**…教材の検討は文化的所産としての検討が必要であるが、児童生徒の反応が構想されなくてはならない。教材と学習者との出会いを考え、教育目標に対して最適なものであるかどうかを検討するとき、これを教材とは呼ばず「素材」というのも精選の段階にあるからである。
  - ③**教材の差替え**…教材を、児童生徒の発達のために役立たせようとする立場から検討するとき、その教材が不適当と考える場合もある。教科書にある教材に固執して、授業展開を行うだけでは学習の充実は期しがたい。もっと良い教材があるはずという可能性に立って、既成のものを改めていく態度が「質的な精選」といえるものになる。

199. 教材の精選 ②

教材の精選
- 精選の方向
  - ①「できるだけ少なく教えて，できるだけ多く役立たせる」…これからの教育の姿であり，主体的な学習の営みの中で学習者自身の生きた学力となることが期待される。
  - ②「量的な面」と「質的な面」からの精選…「教材を精選してミニマムを取り出す」は量的な改善。「教材を構造化して取り出す」は質的な改善につながる。
  - ③教育課程の改訂でめざすもの…「国民として必要とされる基礎的・基本的な内容を重視するとともに…」と表現し，続いて「個性や能力に応じた教育」とある。すなわち基礎的・基本的な内容は，必要とする一定量の教材ではあるが，個性・能力に応じて「自ら考え正しく判断する力」を養う教育への質的転換を意図したものとわかる。教材精選の方向としては，質・量ともに精選された内容が「自ら考え，正しく判断する力」を養うものへ向かっていくものになる必要がある。
- 精選の手順
  - 教材の魅力から精選
    - ①何が扱われ，何が問題か…はっきりしていて，学習者自身がその究明に参加できるもの。
    - ②扱われている問題…事象・事物等に対して，多面的な事柄につながっていると思えるもの。
    - ③問題が新しい問題を見い出させる…問題がまた新しい問題を生み出すような予想の持てるもの。
    - ④授業の進展と対応し…個性的な追究の深まりと，教材の魅力とが相呼応するような過程が構想できそうなもの。
  - 段階的な精選
    - 第一段階（葉を落とし，枝を見つける段階）…教えようとする教材を熟読後，重要と思われる箇所に傍線を引く，重要箇所を浮き出させて，力点をいれた指導をする。教材研究には，全体を熟読することに意味がある。
    - 第二段階（幹を見つけ出す段階）…基本要素の取出し。事物・事象等の関係を把握，子どもの言葉で考える。
    - 第三段階（根になる部分を掘り出す段階）…基本要素となる関係と関係から根となる関係を取り出す。

200. 教材精選の観点

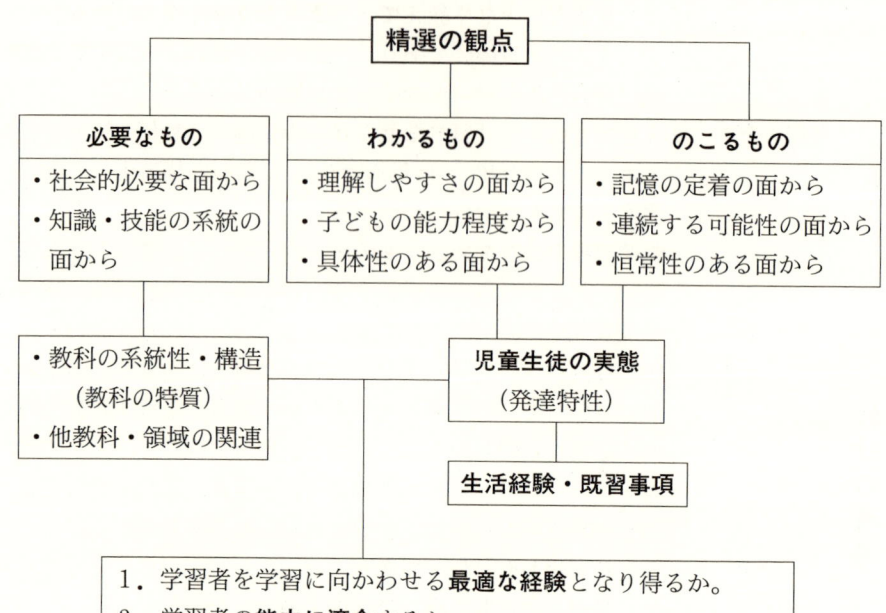

```
                    ┌─────────────┐
                    │  精選の観点  │
                    └──────┬──────┘
        ┌──────────────────┼──────────────────┐
```

必要なもの	わかるもの	のこるもの
・社会的必要な面から ・知識・技能の系統の面から	・理解しやすさの面から ・子どもの能力程度から ・具体性のある面から	・記憶の定着の面から ・連続する可能性の面から ・恒常性のある面から

・教科の系統性・構造 　（教科の特質） ・他教科・領域の関連	児童生徒の実態 （発達特性）

生活経験・既習事項

1. 学習者を学習に向かわせる**最適な経験**となり得るか。
2. 学習者の**能力に適合**するか。
3. **転移可能**な一般的概念として成立させ得るか。
4. 科学的に矛盾がなく，**恒常的なもの**として定着できるか。
5. 学習者に最適な学習として**順序づけ**は可能か。

1. 教師でなくてはできないものであるか。
2. 1時間という時間をかけた組織的経験が必要であるか。
3. 日常生活で得にくいものであるか。
4. 教科の特性として，どのような種類の疑問や解釈を求めているか。
5. その疑問や解釈に，学習者の実態に対してどんな方法が取れるか。
6. 疑問の解明や解釈に，必要とする適切な資料は用意されるか。
7. 結論として，一般原則や概念，また，法則性等を求め得るか。
8. 日常生活に，どのような係わりを持たせることが可能か。
9. 発展的なものとして転移は可能なものか。

201．指導過程　①

指導過程

- **指導過程とは**
  - ①**指導過程とは**…授業の計画を立てる場合は，授業の流れをどうするか，また，どのように区切りをつけていくかを考える。このような「授業を進めていく筋道」を「指導過程」と呼ぶ。
  - ②**学習過程**…学習者の側からすれば「学習過程」であっても，授業者の側からすれば「指導過程(教授過程)」でもある。
  - ③**導入・展開・整理の3段階**…一般に指導過程を区分すると，大きく3段階に分けることができ，ヘルバルト派の「予備・教授・終末」に相当する。これらの段階は，目的によりさらにいくつかの段階に区切られることがある。

- **授業の区切り方**
  - 導入段階
    - ①学習に対する興味の喚起
    - ②学習目的の確認
    - ③問題意識の自覚
    - ④問題の共通化，焦点化　などが行われる。
  - 展開段階
    - ①学習目的を追求するための計画立案
    - ②仮説や課題の設定
    - ③観察，実験，作業，推測と実験等による検証
    - ④分析と総合，推論と判断　などが行われる。
  - 整理段階
    - ①学習事項の整理
    - ②報告，発表，話し合い
    - ③練習，学習結果の評価　などが行われる。

- **指導過程の決定要因**
  - ①**授業の「ねらい」による**…指導過程は「ねらい」により変わる。例えば，子どもの思考により概念を得させようとするねらいと，原理・法則を発見させようとするねらいでは，当然指導過程も変わってくる。
  - ②**教科・領域によって**…例えば理科，社会等のように問題解決的な方法がとられるときと，図工・美術，音楽のように練習や鑑賞等が中心となるものでは，授業過程は異なってくる。
  - ③**子どもの発達段階で**…知的，社会的，身体的，情緒的な発達や生活経験，学習意欲の程度等で指導過程は変わってくる。
  - ④**教材によって**…例えば視聴覚教材など教材特性が指導過程を決定する場合や，その時間のみに規制されない場合もある。

201. 指導過程 ②

指導過程

指導過程組織化の観点

①**子どもの思考過程から**…子どもの認識過程は，心理学的には一定の順序・段階を通るもので，ある意味では学習過程ともいうことができるものである。従って，そこに指導や助言が加えられると多種多様に変化しながら進むことになる。

②**授業形態から**…一斉指導を主とするか，個別指導を主とするか，またこれらをどう組み合わせるかなどがある。

③**授業方法から**…話し合い，講義，視聴覚的方法，劇化，実験・観察，ドリル，自習等との組み合わせで効率的になる。

④**発問と反応**…教師の発問・助言の適否は授業の進行に深い関係を持つ。指導過程を考えるときはこれらの予想が必要。

⑤**子どもの実態から**…子どもの発達段階，興味・関心，学習意欲，生活経験，注意・努力の維持，レディネスなどによる。

⑥**教材の定着**…授業の究極的なねらいは，教材の定着にある。教材の定着程度については，子どもの実態から十分考慮する。

⑦**授業のねらいと発展**…授業のねらいを達成するための指導過程であるが，当該授業のみではなく，前後の授業との関連や他教科・他領域との関係を考慮して組織化する。

指導過程の組み方

①**授業のねらいを明確に押さえ**…さらに分節的なねらいに分ける。

②**授業の全体構造を把握**…授業の分節ごとの「ねらい」とするものを系列化し，授業の全体構造を把握する。

③**学習過程に位置づけて考察**…ねらいの系列に従い，子どもの学習過程（認識過程）に位置づけて考察する。この段階で授業のおおよその骨組みはでき，全体の見通しもできる。

④**大筋の骨組みが終了**…次に，分節の主な「ねらい」を達成するための学習活動，学習形態，教材・教具，必要な資料などの選択・吟味を行う。

⑤**授業の効率を考えて**…導入・展開・整理の3段階に組み立ててみる（他の学習過程のモデルによって構成することもある）。

⑥**能力的な配慮**…フィードバック等の箇所などを検討する。

⑦**機能的な面から検討**…評価の観点と照合する。

202. 6段階の学習過程例

学習過程の性格
- ①特定の教科・領域のために限定したパターンではなく,「自ら学ぶ力」を育てるための基本プロセスとしたもの。
- ②指導過程としての順序性を持つとともに,プロセスには学習指導の原理が入っている。
- ③1時間の方法原理であるが,少なくとも題材(同一ねらいを持つ指導内容)にまで及ぶ典型としてとらえている。
- ④児童生徒の発達段階を踏まえることを前提として,6段階の指導過程を設定している。

(学習過程)

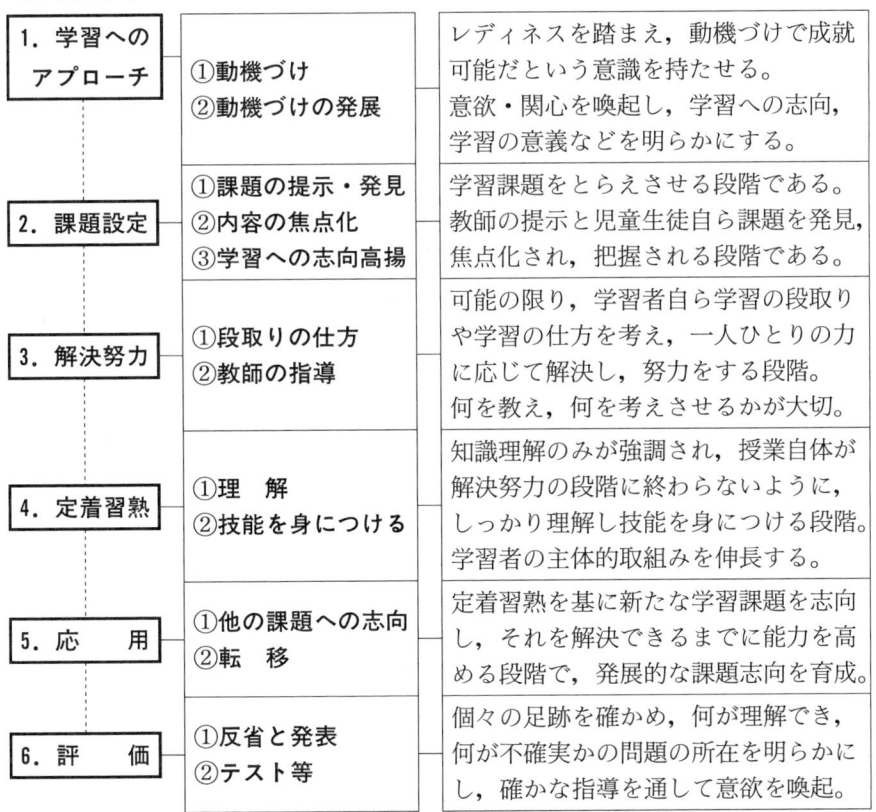

1. 学習へのアプローチ	①動機づけ ②動機づけの発展	レディネスを踏まえ,動機づけで成就可能だという意識を持たせる。 意欲・関心を喚起し,学習への志向,学習の意義などを明らかにする。
2. 課題設定	①課題の提示・発見 ②内容の焦点化 ③学習への志向高揚	学習課題をとらえさせる段階である。教師の提示と児童生徒自ら課題を発見,焦点化され,把握される段階である。
3. 解決努力	①段取りの仕方 ②教師の指導	可能の限り,学習者自ら学習の段取りや学習の仕方を考え,一人ひとりの力に応じて解決し,努力をする段階。 何を教え,何を考えさせるかが大切。
4. 定着習熟	①理　解 ②技能を身につける	知識理解のみが強調され,授業自体が解決努力の段階に終わらないように,しっかり理解し技能を身につける段階。学習者の主体的取組みを伸長する。
5. 応　用	①他の課題への志向 ②転　移	定着習熟を基に新たな学習課題を志向し,それを解決できるまでに能力を高める段階で,発展的な課題志向を育成。
6. 評　価	①反省と発表 ②テスト等	個々の足跡を確かめ,何が理解でき,何が不確実かの問題の所在を明らかにし,確かな指導を通して意欲を喚起。

203. 発見的思考を練る指導過程例

指導過程の共通点

◎児童生徒の主体的・創造的な能力や態度を育てるために,「発見的な学習」とか「主体的学習」等の指導方式が見られるが,その指導過程で共通しているものは次の二つである。
① 指導過程に十分な時間を用意するため,教育内容に精選がある。
② 指導過程が「結論→説明」から「仮説→検証」になっている。

発見的思考を練る指導過程例

指導段階	過程①	過程②	思考の発展とその流れ
課題設定	みつける	みつける	事物・事象に触れて学習意欲を持つ。
仮　説	つかむ	予想を立てる	先行経験から手がかりをつかむ。
検　証	確かめる	つきつめる 確かめる	相違点や類似点など,いろいろな条件のもとで分析しながら確かめる。
解　決	まとめる	たかめる まとめる	分析したことを総合して,関係的な考察を加え法則性や一般性をつかむ。
発　展	おぎなう	当てはめる みとおす 広げ・深める	とらえた法則性・一般性を新たな事物・事象に対して,予想を立てて応用したり,転化する。

[探究の過程……創造・発展の指導過程]

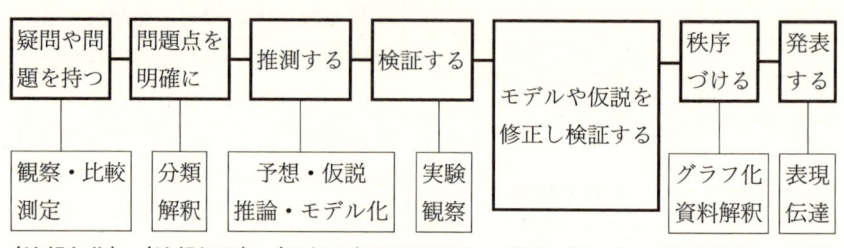

疑問や問題を持つ → 問題点を明確に → 推測する → 検証する → モデルや仮説を修正し検証する → 秩序づける → 発表する

- 疑問や問題を持つ：観察・比較 測定
- 問題点を明確に：分類 解釈
- 推測する：予想・仮説 推論・モデル化
- 検証する：実験 観察
- 秩序づける：グラフ化 資料解釈
- 発表する：表現 伝達

（情報収集）　（情報処理）　（予想や仮説を検証し,秩序づける）　（情報整理・表現）

204．発達段階　①

発達段階
- **心身発達の段階**
  - ①子どもの心身の発達…継続的であるが，その発達の速度は必ずしも一定ではない。時期により急速，あるいは緩慢に，時には停滞さえあるといわれている。
  - ②発達段階とは…心身発達の一定の順序と区切りの総称で，普通の場合は年齢の上昇とともに，一定の順序を追って段階的に発達していくと考えられている。
  - ③児童心理学や生物学的立場から…各様の発達段階区分がある。
- **発達段階の区分**
  - ①子どもの成長に伴う社会的生活形式の変化…による実際的区分
  - ②一般的・生物学的な発達の傾向…による区分
  - ③特に目立つ発達傾向を基準…いろいろな精神的な働きの中で特に目立つ発達傾向をとらえて基準とする区分
  - ④種々の精神的傾向の働きの特色を統合…全体的に認められる中心的な傾向によって，総合的な立場から時期を分ける区分がある。この区分の基準は，下記のような関係がある。

    （子どもの内的な生活）×（周囲の環境）＝
    　　　　　　　　　　　（発達とともにいろいろと変化）

    その変化の仕方によって，発達の時期の特質を求めているもので，その特質の求め方によって，区分の仕方にも相違が生ずるといわれている。
- **ピアジェの発達区分**
  - ①感覚運動知能の時期…0歳〜2歳
  - ②具体的思考を準備し体制化する時期…2歳〜11・12歳
  - ③形式的思考操作の時期…11歳〜14歳
- **クローの発達区分**
  - ①幼児期…0〜4歳（衝動的時代）
  - ②学齢期…4・5歳〜13・14歳（本来の学習時期）
  - ③成熟期…14・15歳〜（自己完成の時期）
  - ◎各時期の移り変わる頃に反抗期がある。
- **一般的区分**
  - ①乳児期…0〜1歳
  - ②幼児期…1〜6歳
  - ③児童期…6〜12・13歳
  - ④青年期…12・13歳〜

204．発達段階 ②

発達段階

- [発達段階と教育]

- **発達段階と個人差**
  - ①子どもの心身の発達は…(生得的素質)×(環境的要素)＝(年齢との相関の中で展開) といえる。
  - ②共通な順序や原則的なもの…発達段階では，共通の順序や原則的なものの反面，個人の側からは一致しない個人差がある。
  - ③個人差の例…幼児期に身長・体重が平均より上位であったが青年期には下位に，あるいは反抗期が早く（遅く）始まるとか，激しく（非顕著に）現れるなど多様である。

- **発達段階を理解する**
  - ①指導方針や効果的方法の選択が可能…発達に適合させられる。
  - ②正常か異常かの判断の根拠…日常生活や行動等が正常かを判断する根拠を得る。例えば，反抗期に現れる状態を「問題行動」と見るか「発達段階における一現象」と見るかは，子どもの健全な発達にとって，指導上では大変重要なことである。

- **発達課題とその起因**
  - ①発達課題の正しい受け止め…発達段階に応じて「何を」「いつ」身につけさせ解決していくかが問題となる。この問題が子どもの発達課題として正しく受け止められ，適切な指導が行われて，事後における正常な発達が図られる。
  - ②周囲の人々からの期待や要求…に因ってくるもの。
  - ③個人の成長や成熟の過程…で必要となってくるもの。
  - ④個人的な願望に基づくもの…など起因するものは多い。

- **発達課題と適応**
  - ①発達課題を達成…ある時期における発達課題を達成すると，次の時期に，同様の課題にも成功することが多い。
  - ②発達課題の上手な達成…同時期における他の課題の達成にもよい効果を及ぼす。逆に一つの課題に失敗すると，他の課題における失敗の可能性も高くなる。
  - ③課題に失敗した場合…その補償として，往々他の課題をよく達成することがある。（ショッペの検証理論）

- **発達課題の達成条件**
  - ①課題を受け入れる準備…子ども自身に準備が整っていること。
  - ②社会の文化的な要請に適合…適合したものほどよい。
  - ③発達段階に応じた適切な方法…経験等から選択・工夫する。

204. 発達段階 ③

発達段階

[**ハヴィガースト**（Havighust, R. J.）が提示した発達課題]

児童期の発達課題（6〜12歳）
- ①身体的技術に習熟…種々の運動競技ができるようになること。
- ②自我に関して健全な態度を形成すること。
- ③同じ年ごろの仲間と友好…仲間と交わっていけること。
- ④男性・女性としての性の役割を習得すること。
- ⑤社会生活に必要な基本的な知識や技術を習得すること。
- ⑥日常生活に必要な公民的・社会的事象の正しい概念の形成
- ⑦承認された価値の基準が発達…適切な発達をすること。
- ⑧社会的集団や制度に対して基本的な態度を発達させること。

青年期の発達課題
- ①身体的変化を正しく理解し男性・女性としての役割を果たす。
- ②同年配の男性・女性仲間との新しい人間関係を学ぶこと。
- ③両親および他の成人から情緒的に独立すること。
- ④経済的独立への確信…発達させること。
- ⑤職業を選択し準備すること。
- ⑥公民的資質として必要な知的技能・概念を発達させること。
- ⑦社会的な責任を果たし得る行動…希望し，達成すること。
- ⑧結婚及び家庭生活に対する準備…整えること。
- ⑨適正なる価値体系を意識的に形成すること。

発達課題の特徴と留意点
- ①**発達課題は**…人間の出生とともに起こり，乳児期・幼児期・児童期とそれぞれの発達課題があるが，これをだいたいにおいて達成しながら，次の発達段階へと進んでいくものである。
- ②**保護者や教師**…子どもの教育や指導に携わる立場にある者にとって，乳児や幼児に対しての育児やしつけ，また児童生徒の指導に際して，発達課題はまた目標ともなり得る性格のものである。
  発達課題についての正しい把握をするためにも，発達段階の各時期の特徴など理解することが大切である。
- ③**発達課題**…児童生徒に共通に見られるものであるが，その強弱や時期などは，個人差があるので十分考慮の必要がある。

205．幼児期の発達特徴と指導

幼児期の発達特徴と指導

- **幼児期とは**
  - ①**幼児期の区分**…様々な見解があるが，通常生後1歳より小学校就学までの期間をいうことが多い。従って，就学前期とも呼ばれている。
  - ②**法制上の区分**…学校教育法では幼稚園に通う子どもを幼児と呼ぶ(学校法26)が，児童福祉法では，1歳から小学校に就学するまでの子どもを幼児と呼んでいる(児童福祉法4)。
  - ③**幼児前期と幼児後期**…幼稚園に入ることのできる最低年齢児が3歳であるのと，3歳前後では発達の様子が違うところから，3歳未満を幼児前期，3歳以上を幼児後期，または幼稚園期と分けることもある。

- **特色的傾向**
  - ①**身体的発達**…身長・体重等に著しい発達が見られる時期で，5歳までは第1充実期に属するので，体重増加率の方が目立つが，5歳以後に第1伸長期に入るので，身長増加率が著しくなり体型も変わってくる。発達が順調ならば，3歳までに乳歯が生え揃い，6歳になると第1臼歯が生える。
  運動機能や中枢神経も著しく発達し，普通の場合，歩行開始は，生後15カ月で約80％に見られる。3歳になると，30cmくらいのところから飛び降りることや，三輪車を乗り回し片足跳びも自由にできるようになる。
  - ②**知的発達**…幼児期の終わり頃までには，話し言葉は一応支障のない程度に完成する。言葉の発達は，社会生活の発達を促し「…なあに？」と質問し，回答を理解したりする。
  幼児期の知的発達の特徴は，主客未分化な自己中心性で，夢と現実の見境がつかないことなどがその例である。
  - ③**情緒的発達**…幼児期は，情緒がすべての心的生活を支配し，悲しければ大声で泣き，嬉しければ飛び跳ねて喜ぶのがその例で，情緒の発達がひととおり達成される時期である。
  - ④**社会的発達**…3歳頃から，友達を求めるなど社会性の芽生えが見られるが，第1反抗期でもあり自己主張が強くなる。

206. 小学校低学年の特徴と指導

小学校低学年の特徴と指導

- **低学年の発達特徴**
  - ①**自己中心的**…集団の中の一員のように見えても，いつも自分だけであり，自分のために必要なときだけ友達が存在する。学級集団はまだ形成されず，学習も教師と自分との関係で展開される。
  - ②**思考の仕方**…自分の活動を離れて客観的にとらえることが困難である。従って自分の考えたことが，論理的なつながりを欠き，思いつくままに広がっていったりする。
  - ③**児童の生活**…「遊び」そのもので，子どもと子ども，教師と子どもが遊びを通して学び，理解することが多い。

- **指導の際の視点**
  - ①**教材の抵抗を取り除く**…低学年の場合は「気づかせる」「意識を育てる」「身につける」「できるようにする」という目標への指導方法として，学習は「遊戯化」「劇化」などの工夫が必要であろう。ちょっとした内容でも抵抗が大きいのが特徴なので，軽く見て当たらないことが大切である。
  - ②**指導方法の多様化**…学習の持続性が低く，通常15分くらいも注意力が持続すれば優れていると思ってもよい。しかし，「遊び」に夢中のときは相当の持続力を見ることができるので，興味・関心を助け，指導法の多様化が必要である。
  - ③**動作化の重視**…一応の言語活動があっても，十分な理解までには至っていないのが特徴である。言葉を中心とした学習は「わかりましたか？」の問いに「わかりました」という雰囲気で進む学習となる。動作化の方法を有効に取り入れるなど多様化が必要である。
  - ④**思考様式**…思考の特徴として，自分の体験から得た事象を無差別に結びつけ，論理的関係なしに多方面に広がり，自分だけがわかっている場合が多い。根源の追求が大切である。
  - ⑤**話し合いの訓練を重視**…まだ集団的な話し合いができる段階ではないが，他人の話をよく聞く態度を育て，集団での学習への高まりをめざせるようにする訓練が必要である。

207. 小学校中学年の特徴と指導

【小学校中学年の特徴と指導】

中学年の発達特徴

①自己中心性からの脱却…自己,他人,自然を客観化してみることが次第にできるようになってくる。

②対人関係の変化…
 (1)教師の権威に依存し,教師を中心に児童と結びついていた低学年から,次第に教師依存から離れ始め,干渉をさけ,時には批判的にもなってくる。
 (2)仲間と一緒にいることを好むようになり,親や教師の示す行動基準より,仲間の基準に忠実にありたいと思うようになってくる。
 (3)計画を立てたり自分の役割に責任を持つようになり,集団間で競争意識も出てくるようになる。

③生活態度の変化…
 (1)積極的,自発的で自己を拡張する意欲を持つが,他の興味あることがあると投げ出す。
 (2)現実的,合理的な態度となり,童話などの世界から離れて,事実や知識を求めて読書などするようになる。
 (3)感情も豊かになり,自分の感じたことを,かなり正確に表現することができる。
 (4)失敗にもくじけず,再挑戦するねばりも見せるが,傷つけられやすい心を持つ時期である。

④教科の好き嫌い…興味は多方面に及び,好奇心も旺盛になるが,教科の好き嫌いがはっきりしてくる。

⑤知的な発達…言語能力の発達が顕著,抽象的思考の発達もめだち,因果関係など図式化により考えられる。問題解決能力が進んでくる。機械的な記憶が最高となるが,その後,論理的な判断を加えて記憶するようになる。

⑥個人差と性別…個人差が激しくなり,性差も現れてくる。

指導の際の視点

①集団的要素の導入…対人関係の広がりを生かすようにする。
②個人差に対する配慮…個性的な能力の助長に配慮する。
③基礎的知識・技能の定着化…記憶力・持続力を活用する。
④思考の柔軟性と訓練…多様な解決法を工夫させる。

208. 小学校高学年の特徴と指導

小学校高学年の特徴と指導
- 高学年の発達特徴
  - ①**特定グループに所属**…学年の連帯感や学校全体の中の自己の位置づけに自覚ができ，一定の目的で団体行動をとる。
  - ②**生活・学習圏の広まり**…地域・国家・世界的視野にまで広がりを見せるようになり，連帯意識もさらに強まる。
  - ③**社会的なものの見方・考え方**…物事を系統的に考える力や，批判的に考える力も見られ，因果関係の原因を究明しようとする意欲がでてくる。
  - ④**科学的なものの見方・考え方**…発達を見せ，論理的になる。
  - ⑤**多少，自己中心的な面は残る**…しかし，道徳的意識が高まる。
- 思考を発展させる指導の視点
  - ①**子ども自体に自信が低い場合**…ためらいが見られるので，問題意識や自分なりの考えをしっかり持たせることが大切。
  - ②**既習の知識・経験を生かす**…事象にあてはめ，そのことがらを見直したりして，確実な定着や発展を図る指導が大切。
  - ③**疑問点や矛盾を解決**…既習事項の応用の他に，解決のための新しい知識を必要とする。論理的な攻めを楽しむ段階にあるので，学習に当たっては有効に利用する。
  - ④**既習の知識・経験の応用が多くなる**…個人差も大きくなるので，座席や学級の役割，教師の発問の仕方など，子どもの発展の契機となるように配慮する。
- 指導計画を組む視点
  - ①**個人差の配慮と事前調査**…教師の主観のみに頼らず，子ども個々の思考の発展の経路など，事前調査等により着実な洞察力を持って，指導内容の組み立てと指導を行う。
  - ②**教育内容の関連を考慮**…低・中学年での学習事項や経験は系統づけて考えることが大切だが，特に高学年の場合は中学校の指導内容との関連を十分考慮に入れて行う必要がある。
  - ③**集団思考の機会を持つ**…子どもたちどうしの集団思考の場に乗せる内容と，その機会をあらかじめ計画し，集団での思考訓練と，思考の練り上げによる学習の高まりを指導する。
  - ④**関係思考**…物事の系統性や，現象と理論の関係づけを行う。創造的思考の指導に最も効果的な時期である。

209. 中学校1・2年の特徴と指導

中学校1・2年の特徴と指導

- **中学1年の特徴**
  - ①**児童期と青年期の接点**…児童期の持つ特徴を備えながら，その中に青年前期の特徴が芽生える過渡期にあって，小学校から中学校への生活環境の変化で，心身が不安定な状態にある。新しい適応と，それに付随して特殊な問題が発生する。
  - ②**自我の発達と批判的態度**…親や教師の指導に対して受容的であったが，自我が発達し，その結果，親や教師の生活上の指導などをうとましいものとしたり，知的理解の深まりから善悪に対し批判的な考えもでてくる。また，仲間集団の意識が強くなり，他集団には排他傾向がでてくる。
  - ③**性的発達**…急速な身体的発達が見られ，性的発育や異性に関する関心が強くなってくる。

- **中学2年の特徴**
  - ①**中学生意識の定着**…中学校生活も定着し，進学等の悩みや，中1当時のように，上級生への気がねも少なくなるので，最も学校生活に専念できる時期である。学力面の個人差がさらに顕著となり，自我の確立とともに好き嫌いも強くなる。
  - ②**集団から疎外された生徒の問題が顕著になる**…心的平衡の動揺や，暴力的な不安からの反抗，乱暴，移り気，冷淡となって現れる。この傾向は学力の個人差とともに，授業への熱意を欠き，反発，無視，無責任な態度や行動をとらせる傾向が見えてくる。集団と同一化の傾向がさらに強くなる。

- **指導上の留意点**
  - ①**学習活動の不安定感を除去**…教科別担任制による指導法の違いや，学級担任との接触の場の減少などで不安感が強い。
  - ②**環境への適応性に留意**…内向的な生徒は，環境に適応しにくく，欲求不満や不安定な生活が続き，子どもによっては学力の低下や劣等感を持つようになる。
  - ③**学習遅進児や問題傾向児を無視しない**…個人差が顕著になることから能力・適性等に応じた指導が一層必要となる。
  - ④**テスト偏重に注意**…学習意欲の減退を生じたりする。点数主義などに対する批判の反省と，その対応が必要である。

210. 中学校2・3年の特徴と指導

中学校2・3年の特徴と指導
- 中学2・3年の特徴
  - ①**自己主張が強い**…自我の発達に伴い，ともすれば他人の立場を無視して，自己の立場や権利の主張が見られる。
  - ②**自立や自覚の意識が強くなる**…内的葛藤が見られ，大人の強制や干渉に対し感情的な批判，反抗意識が強くなるが，反面大人から理解されることを強く欲する。
  - ③**性的成熟**…異性への関心が急速に伸びて，男女の愛情，協力の態度が強くなる。反面，性的問題へのしゅう恥心や内面的な葛藤を持つようになる。
  - ④**同志的共感が育つ**…単なる遊び相手よりも心の友を求めるようになり，交友関係に魅力を持ち，幅より深さを増す。
  - ⑤**社会的適応に関する悩みを持つ**…社会的現実に目を向ける傾向が著しく，自分の進路などに関する悩みが現実化してくる。
  - ⑥**個性化が強くなる**…自己の考えに固執性が見られる。
  - ⑦**道徳的観念が育つ**…自己の内部から考えるようになる。
  - ⑧**反省的意識の発達**…良心的満足，反省意識の態度がでてくる。
  - ⑨**自治的集団行動をとる**…自治に関心が高まり個性的に行動する。仲間集団に対する所属感も強くよく協同するが，所属観の薄い集団では，自己中心で利己的な傾向が見られる。
- 指導上の留意点
  - ①**進路の選択など心理的な動揺が激しい**…友達を敵とするような競争意識が働き，自己中心的になる傾向が出てくる。そのため，孤立化や連帯意識に対する指導が必要となる。
  - ②**性的成熟に伴って異性への関心も高まる**…その反面，異性への理解やエチケットの不足から，情緒の安定に欠ける面が見られるので，個人に対応した適切な指導が必要である。
  - ③**学力の個人差が大**…学業不適応や父母の進路に対する無理解などからくる不信感や内面的葛藤の対応に留意する。
  - ④**発言を控える傾向が強くなる**…教師の一方的な授業や一部の生徒とのやりとりでの授業となる。形式的平等主義を克服し，多様な生徒の能力・適性を集団の中で発展させる。

211．青年期の特徴と指導　①

青年期の特徴と指導
- 青年期の区分
  - ① L. コール氏の説…身長・体重の発達を基準として，その発達が急速となる下記の時期を指している。
    - 児童後期　男子13～15歳，女子11～13歳
    - 青年期（思春期）　男子15～20歳，女子13～20歳
  - ② 牛島義友氏の説…精神構造の変化に着目し，13～14歳，から就職や結婚をして社会生活の始まるまでの期間を「青年期」として精神生活時代と名づけている。
  - ③ 桂広介氏の説…社会制度を参考に，中学時代を「青年前期」，高校時代を「青年中期」，大学相当時代を「青年後期」とする。
  - ④ 児童福祉法4条…小学校へ就学の始期から「満18歳」に達するまでを「少年」と区分している。
- 青年期の主たる特徴
  - ① 身体的発育と変化
    - (1) 性的発育や身長・体重の急激な増加と停止の段階。
    - (2) 身体的能力の発達が著しくスポーツに強い関心を示す。
    - (3) 性的変化に伴い，性的衝動の発現・行動が見られる。
    - (4) 性的感情では，異性に関心が高まり中期以後は積極的。
  - ② 親・教師との対応
    - 親や教師等の権威に対する反抗が強く，理想主義・精神生活時代・矛盾の時代等とよばれるほど対立的緊張感の強く働く時代で「第2反抗期」といわれる。やがて，心理的成熟に伴い和解の過程をたどるようになる。
  - ③ 友人関係への適応
    - (1) 気の合う少数の友人と深く結合し交渉するようになる。
    - (2) 個性の自覚と自己確立の過程に伴い，自他が互いに個性を発揮しながら自由・対等に協力できる関係を理解し，対人的技術を体得していく。
  - ④ 社会的地位への適応
    - 子ども，大人のいずれでもない存在と，その扱いのされ方からくる社会的地位の変化が複雑な時期であり，この変化に対応する仕方により不安定傾向が見られる。

211. 青年期の特徴と指導 ②

青年期の特徴と指導
- 青年期の主たる特徴
  - ⑤**対人関係の失望と孤独感**
    - (1)親・教師，友人に失望したとき，激しい孤独感に陥り，高ずると家出や自殺など，この期に見られる特徴である。
    - (2)閉鎖的，排他的な非行グループなど，特異な対人関係を持つことも特徴とされている。
  - ⑥**自我の発見と自我の確立**…自我の再発見や確立は，知的にも進んでくるので，より論理的で抽象的になる面と，自分が他と違うということを具象化しようとする面が見られる。また自我の確立は，まず，自他との対立を意識するところから始まるので，「第2反抗期」といわれるような難しさがある。
  - ⑦**情緒の傾向とその発生**…一己の独立した社会人として出発すべき時期に当面するので，自己の現実的な計画を考え，希望・野心・歓喜・失望・憂うつ・反抗・劣等感等，青年期特有の情緒が出てくるので，適切な指導・援助が必要である。
  - ⑧**個性の自覚とその深化拡充**…自己の考え方・感じ方，要求等を客観的に把握できるようになる。また，生活空間が拡大，分化して，未知の領域が増大するので，自己を観察する機会や他人と比較し，評価する経験を積み，個性の自覚とその深化・拡充が見られる。
  - ⑨**人生観・世界観の思索**…これまでの経験や人生観では，割り切れぬ事実に当面するが，そこで新しい経験や解釈のできる人生観の再吟味が必要となる。青年が人生観に関する思索・談話・読書を好むといわれるのも，この時期の特徴である。
- 指導上の留意点
  - ◎**人生で最も困難な時期**…心身の成熟期に当たり，人生で最も困難な時期ともいえる。家族からの自主的な独立，友人や異性への態度の形成，将来計画の樹立や，その技能の習得，責任ある社会人としての適正な人生観や価値観の形成等の適応力が問われる時期であるので，それらが自主的に発揮できるよう指導する。

212. 思考能力の構造

「思考」とは
- ①一般的には…考えること，思うこと，又は考える働きをいうが，問題の解決に対して，内面的に試行錯誤や洞察によって情報を収集したり，変換したりする過程をいう。
- ②広義には…すでに獲得している知識や経験を基礎にして，最もよい解決方法を見い出す働きを指す。
- ③狭義には…感覚機能に対する知能機能のうちで，さらに感覚，知覚及び簡単な記憶などを除いた複雑な精神の機能を意味する。大脳新皮質の機能を中心とする概念，判断，推理等の機能がこれである。

思考の内容とその構造

細かくとらえる
- ◎事物の存在や状態を明確にする
  - ①直感的に…ありのままの姿で外側から印象的・全体的に見る。
  - ②分析的に…手を加えて内部を見る。部分や要素に分けて見る。

比較してとらえる
- ◎事物間にある状態や変化・働きの異同を明確にする
  - ①差異点を…違っている点，似ていない点を調べる。
  - ②類似点を…同じ点，似ている点について調べる。

関係的にとらえる
- ◎事物と環境，事物と事物，条件と変化，原因と結果などの間にある関係を明確にする
  - ①相互関係を…依存関係，相対関係，類似関係（類推）
  - ②関数関係を…二つの変化の間にある一定の数量的関係
  - ③因果関係を…原因と結果の関係

一般化してとらえる
- ◎状態や共通点を取り出して一つにまとめて明確にする
  - ①概括化して…状態や働きについて，それ自体そのままの形でまとめる。
  - ②概念化して…ある事物を他の事物から区別して，一般的なことばでまとめる。
  - ③法則化して…因果関係をより一般化する。

数量化してとらえる
- ◎状態や変化の程度を表して，より明確にする
  - ①定性的に…数を使わず，その状態や変化の程度を表す。
  - ②定量的に…数を使って，その状態や変化の程度を表す。

213. 現代学力観　①

現代学力観
- **学習指導と学力**
  - ①**創造的な学習行為**…学力に対する考えは多様であり，一口で定義づけることは難しい。しかし，学力を学習者の主体的条件のもとに，積極的に文化との接触が行われ，その中から創造的な学習行為として考えることは可能である。
  - ②**学力とは**…学習によって得られた能力であり，同時に新しい学習への能力でもある。そして「働きの準備態又は可能性」を意味している。従って，学習の場や条件とは切り離して考えられないものである。
  - ③**学習指導の成立条件**…主として下記のように整理される。

    - 環境的条件
      - 文化的…教材・内容・教育課程・資料・教具等
      - 人間的…教師・仲間・家庭・一般社会人等
      - 自然的…学習の場の基底になるもの
    - 学習者の主体的条件
      1. 知能・性格
      2. 身体的要素
      3. 学習意欲・態度
      4. 情緒的要素
      5. 年齢・成熟度など

- **学習指導要領に基づく学力観**
  - ①**学習指導要領を基準として考える学力観**…学習指導要領に示す目標・内容に対する到達度から学力を考えることになり，「全国学力調査」等の学力観はこれに当たるものであろう。
  - ②**時代や社会の趨勢により変化**…学習指導要領も，学校における実践や研究成果，また，時代の要請等によって改められるものである。従って，一口に学力向上といっても時代や社会の趨勢により変化しているものと考えられる。

- **社会・歴史的に見た学力観**
  - ①**社会に対しての機能や役割**…学力の問題は，教育目標論と方法論が常にからみ合い，そこに時代の変化や要求が作用していることを見逃してはならない。その中で学力を社会に対してどんな機能や役割を持っているか，という観点から見る立場が，社会的・歴史的に見た学力観である。何が学力であり，何が指導されねばならない学力かは，歴史・社会とともに変わるという考えに立っているものである。

213. 現代学力観 ②

現代学力観

- **社会・歴史的に見た学力観**
  - ②**旧時代の教育における特徴**…日本近代社会の後進性と必要以上に価値評価をした百科事典的な知識・形式的能力・主知主義的学力があげられる。
  - ③**現代の学力観**…実践的立場から，良き社会の建設への指向性を持った学力，環境を尊重する能動的な力，他人と協調できる知性があげられる。また，学力を知的能力，感情(情緒的)能力，技能・態度能力に群別し，それらが相補関係をなしているものとしてとらえている。
  - ④**学習指導要領の学力観**…知識の記憶量を学力の中心とする学力観から，自ら考え，判断し，表現・行動して知識を生みだす能力を学力の中心とし，対象に働きかける意志，意欲，自己実現への欲求など，生涯学習を支える「生きる力」としての基本的学力とする考え方への変換を期待している。

- **心理学的に見た学力観**
  - ①**心理学的観点から**…学力として考えるものについて分析し，取り上げられる学力として，知識，理解，技能，問題解決思考，態度，鑑賞等があり，これらの成立を明確にしておくことは，学力の診断の場合にとどまらず，授業の計画・展開の上にも有力な手だてを与えてくれる，としている。
  - ②**「理解」が成立する条件**…重要なことは「理解」が成立するプロセスで，因果，従属，機能，性質などの関係把握が本質である。理解の所産としての内容が知識であるが，観念として記憶され，必要に応じて再生される必要のあるものである。
  - ③**問題解決的思考**…関係把握力，再構成能力，創造的・批判的能力などを本質としている総合的な面での学力といえる。

- **現実・具体的な学力観**
  - ◎**現実的・具体的な学力観**…上級学校への合格，就職のためなど現実的目標に向けられた面が中心となる学力が特徴である。この種の学力観は学習やテスト結果が重視され，競争的要素を助長させ，点数の高低が他の子どもとの比較・位置づけとなったりして，適切な指導がないときには利己的・排他的となる要素を含むものである。

214. 系統学習と問題解決学習　①

系統学習と問題解決学習
- 古い系統学習
  - ①古い系統主義の学習…戦前の授業の中心をなした考え方で，子どもの側に立った知識・技術が問題とされず，どちらかというと，知識や技術の内容それ自身の順序とか，系統性に従って組み立てられた教育内容で学習が行われる。
  - ②児童生徒は受動的な存在…指導方法は「詰め込み」法が原則的で，子どもの疑問や生活の論理より指導者の考えが優先されて授業が構成され，子どもは受動的な存在となることが多い。
- 問題解決学習
  - ①子どもの学習や興味が中心…課題や問題は，児童生徒の生活や経験から，興味・関心が強く，問題解決への意欲が高いものが選択され，個性の尊重と創造的な学習活動が進められる。
  - ②児童生徒の立場を重視…あらかじめ立てられた計画に縛られることなく，また教師の強制による進め方によらないように学習の主体者である児童生徒の立場を重視して進められる。
  - ③学習形態…単元学習の形態ではあるが，問題解決的な学習方法で学習は展開される。
- 問題解決学習の特徴
  - ①子どもの直接経験から展開…子どもの直接経験の中から問題を発見し，主体的に解決できる能力を身につけようとする。
  - ②客観的・反省的な思考能力と問題解決の能力を育成…問題の明確な認知，解決の仮説設定，推理，検証の過程で育成する。
  - ③取り上げる問題…広く社会の現実として存在する問題の中から児童生徒の解決可能と考えられる問題を選定する。

	生 活 主 義	教 科 主 義
経験の見方	経験と知識との統一を求める立場	はい回る経験主義を非難して系統化を求める立場
知識の求め方	何が必要な系統的知識かということは，現実の歴史的・社会的生活から決められるのであって，どこかから天下ってくるのではないとする考え方	系統的知識を体系的な学問や古典などから求め，または歴史的地理的位置や社会的生活を異にする外国の先人たちに求める

214. 系統学習と問題解決学習 ②

系統学習と問題解決学習
- 新しい系統学習
  - ①問題解決学習に対する批判
    1. 知識系統性の欠如
    2. 基礎学力の低下
    3. はい回る経験主義
    4. 指導性の後退など
  - ②**新しい系統主義は**…教育方法としての技術のみを指して新しいとするのではなく，教育内容の科学的系統性と子どもの認識・発達についての法則性の両面をとらえようとする。
  - ③**新しい系統的教授法は**…新しい科学の体系に立った教育内容の系統性，さらに子どもの発達ということを踏まえた生活の論理の系統性ともいうべきものと，ともに考えられなければならない。この両者の視点に立った教育の方法こそ，新しい系統性に立脚した授業の体系として考えられるものである。

項目	教育内容論	教育課程	教材選択	学習指導
古い系統学習	学問体系の注入	教科の系統	教科書の順序	（典型→応用）教授の論理的系統
新しい系統学習	科学の体系（新教科主義）	科学の系統	教材の順次性 認識の発達	（一般←特殊）集団主義教授
新しい系統学習	教育的系統（教育課程の基準等）	国家的基準	学力基準とテスト 教科書に準拠	（特殊→典型）教科書とテキストで順次指導
新しい系統学習	技術の体系（プログラム学習）	理解・反応の系統	理解と能力の個人差	（典型→特殊）コース別と反応の系列
経験主義学習	生活の諸能力（問題解決学習）	経験領域の系統	単元の配列（生活領域と発達）	（特殊→一般）経験の系統とドリル・ブックの併用

215．問題解決的学習　①

問題解決的学習

- 問題解決的学習の要望
  - ①**新学力観に立つ教育**…学習指導要領にも見られるように，学ぶことの楽しさや成就感を体得させ，自ら学ぶ意欲を育てるため，問題解決的な学習を重視している。
  - ②**問題解決的な学習の重視**…児童生徒がこれからの社会の変化に対応して主体的に生きていくためには，思考力や判断力などの能力の育成や，自ら学ぶ意欲を育て主体的な学習の仕方を身につけることが生涯学習の立場からも大切である。

- 学習のとらえかた
  - ①**設定する学習内容**…選択された知識のうちでも，特に基礎的基本的と考えられる知識・技能を学習内容とし，これを発見的・問題解決的な過程をたどりながら，その学び方を習得する学習であり，児童生徒の主体的な取組みが重視される。
  - ②**学習内容の選定**…問題解決的学習には時間を要することが予想されるので，特に教材内容の精選には十分の研究が必要である。学習の過程を通して創造的な知性が育ち，原理や態度の転移が期待できるものを取り上げる。
  - ③**発見学習のプロセス**…次のような4段階をたどる。特に，この過程の中で直観的思考が極めて大事とされている。

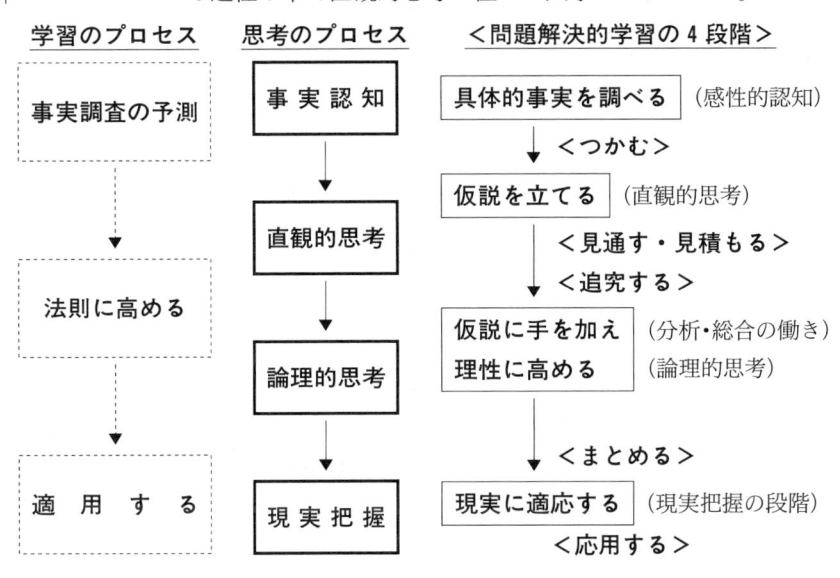

学習のプロセス	思考のプロセス	＜問題解決的学習の4段階＞
事実調査の予測	事実認知	具体的事実を調べる（感性的認知）
		↓ ＜つかむ＞
↓	↓	仮説を立てる（直観的思考）
	直観的思考	＜見通す・見積もる＞
法則に高める		＜追究する＞
	↓	↓
↓	論理的思考	仮説に手を加え（分析・総合の働き） 理性に高める（論理的思考）
		↓ ＜まとめる＞
適用する	現実把握	現実に適応する（現実把握の段階） ＜応用する＞

215．問題解決的学習 ②

問題解決的学習

- **問題解決的学習の配慮事項**
  - ①児童生徒が主体的に学習活動を進める…児童生徒が興味・関心を持って，自ら問題や課題を意識し問題解決の過程を体験することである。このような活動は従来からも重視され，行われてきたところであるが，ともすると形式的になったり，指示された問題の追究に終わったりして，真の問題解決的な学習には至らなかったことが見られ反省される。
  - ②場の条件設定を重視する…児童生徒が興味・関心を持って課題を見い出すためには，問題意識を誘発する場の設定に工夫を要する。そのためには，児童等の意識を把握するとともに意外な事実に出会うとか，二つ以上の互いに矛盾するような事実に出会うとか，幾つかの現象の間に共通の法則性がある場面に出会うなど，場の設定が極めて重要な条件となる。
  - ③学習の個別化・個性化を図る…問題解決の進め方において，学級集団全体による問題解決に加え，問題や方法別に小集団の取組みによる問題解決や，個人による追究活動等を導入して，学習の個別化・個性化を図ることも必要である。
  - ④学習の成果を日常活動に…このことは，問題解決のプロセスと深く係わることであるが，学習状況を評価する上でも極めて大切なことである。主体的な問題解決的な活動で得られた成功感や学習意欲，失敗を恐れないたくましさなどは，学びの過程を通してはじめて実感できることである。特に，創造力や身近なものに興味・関心を持って働き掛けるためには，学習の成果を日常の生活に生かす活動が必要である。

- **学習を進める観点**
  - ①見通しを持って取り組む…問題解決に当たっては，すぐに取り掛かるのではなく，事物・事象や問題から解決の方法や結果について，見通しを持って取り掛かるよう指導する。
  - ②多様な方法から適切な選択を…解決の方法に様々な方法があることを導き，目的に応じ適切に選択し活用する体験を重視。
  - ③友達と協調，発表の仕方を重視…自己の考えを的確に伝達，友達の考えの中で考え方の良さを見い出すことを大切にする。

216．学習課題の選択と自己理解

学習課題の選択と自己理解
- 学習意欲と課題選択力
  - ①**学習意欲の向上**…教育基本法6条2項「教育を受ける者が，学校生活を営む上で必要な規律を重んずるとともに，自ら進んで学習に取り組む意欲を高めることを重視して行わなければならない」とあり，学校教育法30条2項には「主体的に学習に取り組む態度を養うことに，特に意を用いなければならない」とある。これらを踏まえて学習指導要領では，児童生徒の学習意欲の向上を重視している。
  - ②**見通しを持ち筋道を立てて考える**…この考えは従前から算数数学，理科等の学習で重視されてきたが，OECDのPISA調査など各種の学力調査の結果では，必ずしも課題を選択したり学習の見通しを立てる，が十分とは言えない状況にある。
  - ③**各教科の指導に当たっての留意点**…例えば授業の冒頭に当該授業での学習の見通しを理解させたり，授業の最後には学習した内容を児童生徒が振り返る機会を設けたりする取組みの充実を図ることなどが大切となる。また，このことを家庭学習においても習慣の確立に発展充実させたいものである。
- 問題解決的学習の活用
  - ①**学習課題の選択力**…知識・技能を活用して課題を解決するための思考力，判断力，表現力等や主体的に学習に取り組む態度を養うに当たっては，学習課題や活動を選択する能力を育てたり，将来の生き方や進路などを考えたりする指導を工夫することが大切である。
  - ②**問題解決的な学習の活用**…体験的な学習や基礎的・基本的な知識・技能を活用した問題解決的な学習は，主体的に学習に取り組む能力を自己理解に導くとともに，学ぶことの楽しさや成就感を体得させる上で有効である。このような学習の意義を踏まえ，各教科等の指導において体験的な学習や問題解決的な学習活動を取り組めるようにすることが大切である。
  - ③**「生きる」力となるものを**…各教科において習得すべき知識や技能も体験的な学習やそれらを活用した問題解決的な学習を通すことにより，児童生徒一人ひとりの中に生かされ総合的に働く力となるであろう。

217．学習意欲と態度　①

学習意欲と態度
- **動機づけ**
  - ①動機づけとは…学習意欲を起こさせ，学習態度を形成させるには，児童生徒の内部を突き動かし，学習活動を学習目標の追究に向けさせることが大切である。このような状態や態勢にする，又はそのように持っていくことを動機づけという。
  - ②外的動機づけから内的動機づけに…教師による外的な動機づけが，学習に内在する目標に対し，子ども自身からの学習態度を方向づけるよう内的動機づけに変容することが望ましい。
- **動機づけの方法**
  - **興味**
    - ①興味は…自主的・自発的な学習態度の中核を形成する要因であり内的動機づけには興味の活用が重視される。
    - ②心身の発達や経験は興味と密接な関係にある…能力相応か，やや高めの困難度のものが興味の対象となる。
    - ③学習者が既に持っている興味を学習場面で刺激する…事前調査等で興味の実態を知り，有効に活用する。
    - ④現在持っている興味を誘導発展…新しい対象や方向に発展させたり，無関心な対象に新しい興味を持たせたり，また嫌っている対象に興味を誘導するようにする。
    - ⑤興味には発達の型がある…特徴を知り指導に生かす。
      - **持続型**…少年時の興味が成長してもなお持続している。
      - **波動型**…小・中・高・大学へと進むにつれて様々なものに興味を示し関係する。
      - **一時的熱中型**…少年時に多く，すぐに対象が変わる。
      - **多方面変化型**…興味が多方面に分化，広範囲にわたる。
      - **動揺変化型**…興味が絶えず動揺し，変化している。
  - **目的の自覚**
    - ①学習の目標や目的が明らかになること…自己評価を可能にし，学習に対しての意欲が増加する。
    - ②目標や目的は学習者の興味・程度を考える…発達程度に応じて，身近な所から提示の方法を工夫する。
  - **結果の知識**
    - ①自己の学習効果を知って学習する場合…見通しを持たない場合よりも良い成績を示す。
    - ②答案等の返却の際…学習の結果と方向づけが大切。

217. 学習意欲と態度 ②

学習意欲と態度 — 動機づけの方法

成功感（成就感）
- ①**成功した喜びは**…さらに努力を続けようとする意欲を刺激するが，逆に失敗は勇気を減殺する。成功感を味わう体験をさせるためには，学習者が可能だとする高さ（要求水準）に達成させることである。
- ②**教師の仕事としては**…学習者が達成可能とする要求水準を高めることにあるが，学習において失敗の経験を避けることは困難である。そこで「失敗は成功のもと」の信念を学習者に持たせる指導が大切となる。

賞罰
- ①**教師の賞罰，叱責**…外的動機づけの慣用手段であり，効果的な使用で学習意欲を高めることは知られている。
- ②**賞罰の一般的方法**…種々の物品，特権，身体的自由や苦痛，名誉などの効果的な利用があげられる（ただし体罰は禁止）。
- ③**シュミット (Schmidt, H. O.) は**…賞賛と叱責は学習に対していずれが有効か，を支持する証拠はないとして，教師と児童生徒の関係，学級の雰囲気によるところが大きいと説明している。
- ④**ヒルガード (Hilgard, E. R.) とラッセル (Ruseell, D. H.) は**…次の三点を取り上げている。
  - (1)**賞は権威者によって与えられるもの**…賞をあまり強調することは，学習者に独創性と自発的な努力よりも，むしろ権威への従順と服従を奨励することとなったり，教師が考えていることを行うことによって，賞賛を得ようとするような学習となることがある。
  - (2)**罰は，賞と適切に結びつくときに有効**…望ましい行動をとり，そして，賞を与えられるように行動を変えるために用いると良い。罰は一時は混乱を生じても，それが結果的には，賞の永続的な効果を起こしやすくする。
  - (3)**子どもは往々自分の行動がどこまで許されるかを見る**…このため，人を怒らせるような行動をとることがある。罰を与えることにより限界がわかり不安はなくなる。

217. 学習意欲と態度 ③

学習意欲と態度
- 動機づけの方法
  - 目的への自覚を高める動機づけ
    - ①経験の想起…既習経験を想起させ目的への自覚を高める。
    - ②既習の学習との係わり…既習事項から拡大・深化を図る。
    - ③教材そのものから…課題をとらえる。
    - ④新たな提示で…子どもの視点を広めさせ，課題をとらえる。
  - 動機づけの留意点
    - ①短い時間で…要領良く，短く終わらせる。
    - ②次時の予告は…最良の動機づけ。事前の工夫が必要。
    - ③持続性あるものを…せつな的な動機づけにならない。
    - ④必要に応じ臨機応変に…導入段階だけに限らない。
  - 協力と競争
    - ①競争で動機づけるときは…子どもの性格，学級の雰囲気や集団意識などを考慮することが必要になる。
    - ②競争は有効ではあるが…これを乱用することは，勝利者を増長させ，敗者に劣等感をもたらすこともあり，人格形成の面に悪影響をおよぼすことがある。
    - ③協力集団と競争集団の動機づけ効果…下記の表を参考

項目	協力集団の特徴	競争集団の特徴
積極的効果	・集団の凝集力が高い ・友好的雰囲気が強い ・気楽に作業が行える ・学習の結果が他の成員に批判，受容されて集団決定がなされやすい ・集団の生産性が増大して成功感が強められる	・他人に対する優越感の要求が満たされ，成功感が強められる ・学習の目的や結果が明瞭にされる
消極的効果	・安易な作業態度や責任転嫁が行われる	・作業量は増加するが，その質は低下しやすい ・相互間に緊張と敵意とが生じたり，失敗した場合は自尊心が傷つけられ不安感が増大したりする

218. 感性にうらづけられた学習 ①

　現代の子どもたちに対して，深いよろこびや驚きを示すことのない，いわゆる感動のときめきを失った状況が指摘されている。日常の学習指導の改善によって，子どもたちに感動の源泉である対象に対して，五官を開かせ，感性にうらづけられた知性の育成を図る学習が大切である。

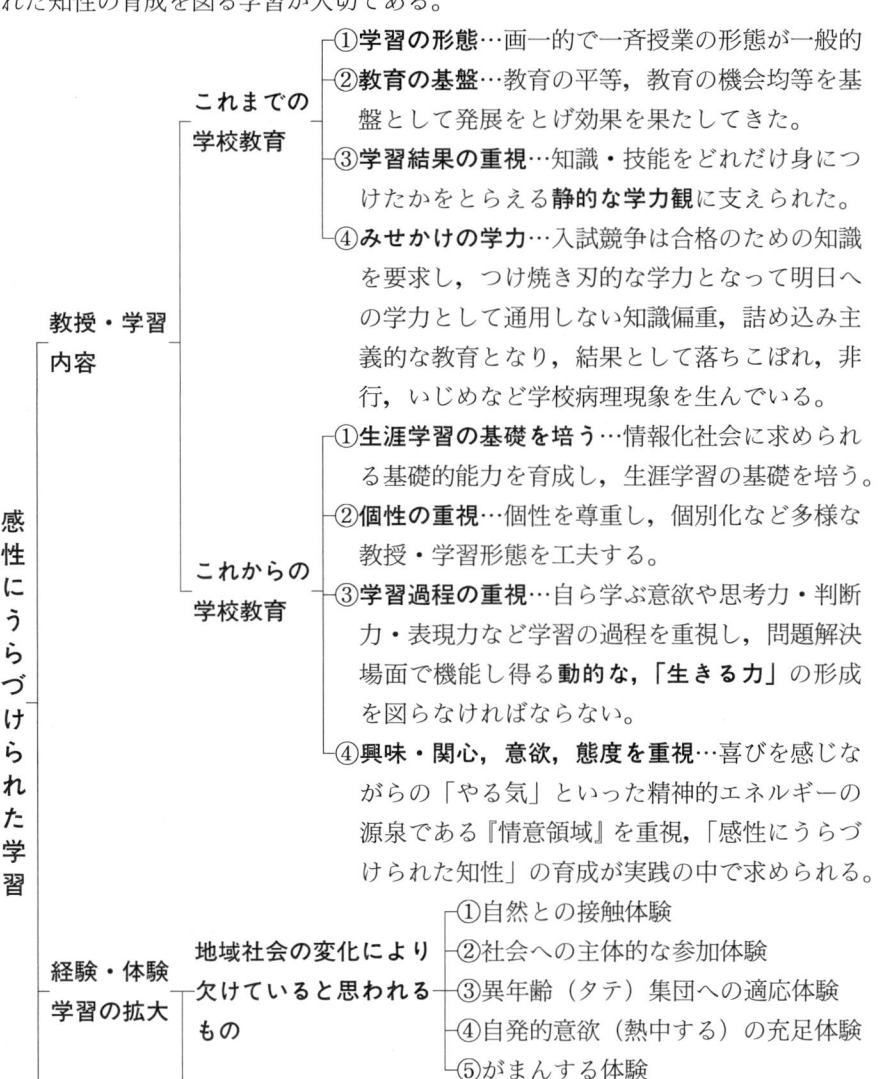

感性にうらづけられた学習
- 教授・学習内容
  - これまでの学校教育
    - ①**学習の形態**…画一的で一斉授業の形態が一般的
    - ②**教育の基盤**…教育の平等，教育の機会均等を基盤として発展をとげ効果を果たしてきた。
    - ③**学習結果の重視**…知識・技能をどれだけ身につけたかをとらえる**静的な学力観**に支えられた。
    - ④**みせかけの学力**…入試競争は合格のための知識を要求し，つけ焼き刃的な学力となって明日への学力として通用しない知識偏重，詰め込み主義的な教育となり，結果として落ちこぼれ，非行，いじめなど学校病理現象を生んでいる。
  - これからの学校教育
    - ①**生涯学習の基礎を培う**…情報化社会に求められる基礎的能力を育成し，生涯学習の基礎を培う。
    - ②**個性の重視**…個性を尊重し，個別化など多様な教授・学習形態を工夫する。
    - ③**学習過程の重視**…自ら学ぶ意欲や思考力・判断力・表現力など学習の過程を重視し，問題解決場面で機能し得る**動的な**，「**生きる力**」の形成を図らなければならない。
    - ④**興味・関心，意欲，態度を重視**…喜びを感じながらの「やる気」といった精神的エネルギーの源泉である『情意領域』を重視，「感性にうらづけられた知性」の育成が実践の中で求められる。
- 経験・体験学習の拡大
  - 地域社会の変化により欠けていると思われるもの
    - ①自然との接触体験
    - ②社会への主体的な参加体験
    - ③異年齢（タテ）集団への適応体験
    - ④自発的意欲（熱中する）の充足体験
    - ⑤がまんする体験

218. 感性にうらづけられた学習　②

感性にうらづけられた学習
- 経験・体験学習の拡大
  - 欠損体験の解決を図る
    - ①**自発的・創造的な学習体験を習得させる**…学校が単に受動的に知識を詰め込むだけでなく，生涯学習の観点から，あらゆる学習機会に自発的・創造的な学習体験を計画し習得させる。
    - ②**情意的側面を優先**…指導に当たっては，知的好奇心や価値づけなどの情意的側面を優先させ，その後に認知的な側面の充実を図る。
    - ③**直接体験は情意的側面の度合いが大きい**…多くの場合，直接体験は間接体験に比較し情意的側面の度合いが高く，同じ感動でも直接体験の方がより感動が大きい。そのため児童生徒にはより印象が強く，心に刻まれる度合いも強く働くので，その後の学習や意欲の持続にも効果が大きい。
    - ④**教師自身が感性の意義を一層理解する**…真実を味わう喜び，困難に耐えて挑戦し，それを達成し得る充実感，仲間とともに課題に取り組む楽しさ等々，感性を大事にした経験・体験学習の意義を理解する必要がある。
    - ⑤**「感動の共感」ができる指導者へ**…学習の場面で感動を味わう場と機会をより多く持つ工夫と努力が必要であり，「感動の共感」ができる教師自らの感性が豊かであるほど効果は大きい。
- 関係する用語
  - 五　官…五つの器官「目・耳・鼻・舌・皮膚」を指す。
  - 感　性…心理学で，外界の刺激を受けて，それに対応する感覚内容をまとめる働き。
  - 情　感…物事が心に与える独特の趣・感じ。気持ちや感情。
  - 情　緒…事にふれて起こる様々の思い。またそれを感じさせる雰囲気。

219. 一斉学習と授業

一斉学習と授業

- **一斉学習の定義と由来**
  - ①**一斉学習とは**…個別学習に対する用語で，年齢や生活歴，能力程度等について，比較的共通性の多い学習者を集め，共通の内容を一斉に学習させる学習形態又は方法をいう。
  - ②**時間と経済効果**…産業革命期のイギリスで，時間と経済効果を考えて，ベル（Bell, A.）とランカスター（Lancaster, J.）等により始められた。功利主義的な思想によれば，人間の能力の同質性に着目，同じような内容を教えれば，同様に進歩するはずと考えたことによる。
  - ③**系統学習とともに有力になる**…第二次世界大戦後，新教育として個別学習に重点が置かれたことがあったが，系統学習が有力になるに従い，時間と能率化に魅力を置く一斉学習が改めて検討され，現在最も多く見られる学習形態となっている。
  - ④**連帯意識を持たせる**…一斉指導についていけない者があることを反省し，その欠点を補う改善を図りながら，階層の異なる児童生徒をともにして，国民として必要な基礎・基本的な学力を共通に持たせ，また国民の連帯意識を持たせるためには効果的な面があると考えられた。

- **一斉学習の長所**
  - ①いろいろな個性や能力を持った学習者が集まって学習するので，様々のイメージが出し合わされ，磨き合うことができる。
  - ②一斉指導により共通の課題や問題点を意識づけることができ，集団思考が成立し，また共通の知識や技能を身につけやすい。
  - ③集団思考の場を適切に用意・活用することにより，競争による人間関係の問題等を解消することに役立つ。

- **一斉学習の短所**
  - ①授業構成がうまくできていないと，平面的な授業となり，知識の羅列になりやすく，また「詰め込み」になりやすい。
  - ②取り残される児童生徒が出やすい。学習集団がよく組織されていないと，互いの反応や磨き合うこともなく，教師のペースで授業展開がなされ，学級の学習意欲まで失うことがある。
  - ③教師自身が何か教えたような気になってしまい「…わかったね！」という『ことば』だけの授業になる危険性がある。

220. 小集団学習と授業

小集団学習と授業

- **小集団学習の定義と由来**
  - ①**小集団学習とは**…学級内の小集団単位で行われる学習活動をいう。グループ学習と呼ぶこともあるが，学級単位の授業の中で，その下位集団である小集団を取り入れることは多い。
  - ②**一斉，分団，個別の三形態**…学習指導において，一斉，分団（グループ），個別の三形態を，それぞれ有機的に関連させて授業展開を図ることは以前から行われていることである。この場合の小集団は能力別等質集団で，授業の進行につれて急進・普通・遅進の3グループに分け学習効果をあげる。
  - ③**三つの学習形態の組み合わせ**…一斉，分団，個別の三つの学習形態を組み合わせた指導法の主張は，新しい教材を取り上げるとき，始めに個別に独自で調べ，その学習の結果をもって分団（グループ）相互の学習を行い，さらに学級全体の討論に参加する。その後，より深められた動機づけをもって独自学習を行うという循環的な展開方式で学習が進められる。

- **小集団学習の長所**
  - ①小集団では情緒的に打ち解け合い積極的に発言しやすくなる。
  - ②意見交換が容易で，学習への意欲が高まる。
  - ③難しい問題にも，仲間のちょっとしたヒントなどをきっかけとしてアイディアを出し合うなど，積極的な活動となる。
  - ④学習者の方から反応が表面に出されるので，一方交通の授業や形式的で画一的であったり，考え方をおしつけるような授業になることは防止される。

- **小集団学習の短所**
  - ①個別学習が十分でないと，グループの中のできる子どもに寄りかかってしまい，教師の「詰め込み」より質の悪い「詰め込み」が行われる心配がある。
  - ②グループ内の規律がしっかりしていないと，無駄が多くなる。
  - ③グループ編成の仕方によっては，無理や無駄が多くなり，むしろ一斉学習で話し合う方が良いこともある。教科や内容により工夫することが必要である。
  - ④グループごとの調べや発表で学習を進めるとき，展開の仕方では他のグループの研究結果を自分のものにできないことがある。

221. チーム・ティーチングと授業 ①

チーム・ティーチングと授業

チーム・ティーチング
- **①チーム・ティーチング(T.T)とは**…校内の複数の教師が協力して，それぞれの特性を生かし組織的・計画的な指導のもとに，学習集団の弾力的な編成を通じて，一人ではできない学習指導の展開をめざそうとするものである。
- **②教師のチーム**…リーダーを中心にして，それぞれが特性を生かして指導を受け持つ。指導のための施設・設備が大集団用から小グループの活動まで，多様な形態・方法が取り入れられるので，学習課題に応じた役割分担方式など教師の組み合わせで目的達成が図られる。
- **③児童生徒の組織**…大集団（80人程度）から中集団（30人程度），小集団（3～10人程度）など弾力的な編成が可能であり，必要によっては，習熟の程度によったコース別の指導方式にするか，個別指導方式にするかなど目的別の編成で組織化することなどが考えられる。
- **④具体的な指導場面**…オリエンテーションなどは大グループで行い，中・小グループの指導では，単元の指導順序等を入れ替えたものや，程度等を工夫したサイクル方式などをとることができる。また，習熟の程度に応じた教師の役割分担や個別指導・診断・強化などが効果的に実施できる。

T.Tの組織と運営
- **①授業以前の業務**…年間指導計画の検討，教材研究，実践プランの作成，学習集団の編成，授業の準備等がある。
- **②年間指導計画の検討**…チーム・リーダーを中心に，これまでの教育内容や教材の組立てなどを検討，それがT.Tに適切な教材となるかを構想，教科の選択，単元の選択，役割分担などにつき意見調整を行う。
- **③教材研究**…教科や教育内容に精通した教師が中心となり，教材研究の仕方，教材のねらい，内容の構造，必要な資料などについて相互研究・作成，分担する。
- **④実践プラン**…学習者の前提学力調査，学習集団と指導形態，指導方法の決定，教具・視聴覚機器等の確保・整備など。

221. チーム・ティーチングと授業 ②

- チーム・ティーチングと授業
  - 学習集団の編成
    - ①**大集団**…グループ全体で編成するか，二分して編成するかなど，指導可能な範囲で組まれる。大集団指導では，単元全体の学習計画や学習内容の提示，あるいはまとめが行われる。多人数のためオープン・スペース等が利用され，OHPやVTRなどの教育機器，資料提示を利用した指導などが有効。
    - ②**中集団**…学級単位か学級を解体して，能力別，課題別，進度別，興味別等の編成がある。この集団の指導は，大集団での学習をもとに「話し合い」「確かめ合い」等に充てられる。
    - ③**小集団**…個別学習をねらいとして編成される。チーム以外の協力教師が得られれば，小集団編成はもっと容易になり，個に応じた指導がなされる。この指導にはプログラム・マシンやコンピュータなどの活用も考えられる。
  - T・Tの効果
    - 学校の立場
      - ①学級間の格差を縮め，教師相互の信頼と協力を生ずる。
      - ②現職教育の場となりリーダー養成・初任者研修の場となる。
      - ③教育内容の精選，教育課程の改善，整備に有用である。
      - ④教育機器等が整備され，資料が豊富になる。
    - 教師の立場
      - ①一人ひとりの子どもの学習を成立させ，強化できる。
      - ②教材研究が深まり，自信を持って授業にのぞめる。
      - ③各教師のアイディアが生かされ，多彩な指導が展開される。
      - ④各教師の特性が生かされ，教師の負担軽減が図られる。
      - ⑤指導が能率的となり，個に応じた指導が可能になる。
      - ⑥教師相互の情報交換により，教育への情熱が高まる。
    - 学習者の立場
      - ①より多くの友人をつくり，活動的になる。
      - ②常に新しい刺激を受け，学習意欲を盛り上げる。
      - ③個に応じた指導を受けることができる。
      - ④多くの教師にふれるため，全人的発達に役立つ。
  - **文部科学省の動き◎少人数指導の加配**…標準法の改正（平成13年3月）により少人数指導の加配が新設（標準法7②）され，複数の教員の協力による指導や習熟度別指導，多面的できめ細かな指導ができるように，小集団を単位とした指導が行われる場合は，政令で定める数の教員を加配される（標準法施令2）。

222. オープン・スペースの活用

オープン・スペースの活用
- **特色ある活動の創造**
  - ①**施設面からの対応**…個に応じた指導の重視や体験学習，主体的学習の重視という観点から，またチーム・ティーチングによる学習などに施設面から幅広く対応するために，オープン・スペースを備えた学校施設の活用が考えられる。
  - ②**学校施設の多目的利用**…学級数の減少等から，余裕教室を生ずる学校もあり，今後の学校施設は教育内容・方法の多様化や高度化に対応できる活用が求められ，普通教室では十分目的を達成できなかった学習活動に活路を開くものになろう。
- **三つの類型**
  - ①**ワーク・スペース**…従来の教室の外側にある廊下を拡張して「ワーク・スペース」としたもの。
  - ②**ラーニング・スペース**…学校が共通の学習スペースを用意して，児童生徒の学習機材を用意し，これを「ラーニング・スペース」としたもの。
  - ③**オープン・スペース**…従来の教室の壁を取り払って，多目的な「オープン・スペース」を用意したもの。
- **学習指導の利点**
  - ①**多様な教授・学習形態の編成**…二ないし三学級合同の学習や小グループ，一人学習など，様々な学習形態が組める。特に学習途中でのグループの編成替えなど容易となるため，達成度別や興味・関心度別など創造的な学習を工夫できる。
  - ②**豊かな学習環境を構成**…広いオープン・スペースがあるので，テレビ，スライド，VTR，プログラム機器などの教育機器を同時にでも用意でき，また，図書，参考書，新聞などの印刷教材，実験装置，制作用具，ゲーム等の操作教材，さらに，学習カードやシート類，教師の自作教材など，棚に整理しておき，必要に即して能率的に活用可能となる。
  - ③**教師の協業する場が確保**…教師が協力して学習教材を制作できる場や，協力し合って学習に必要な計画や教材の選択，また，チーム・ティーチングなどの学習ができる。
  - ④**その他の活動の場の確保**…学習指導以外に，児童生徒の憩いの場，ふれあいの場，作品の展示場としての活用も図られる。また，保護者の学習活動の場としても活用されよう。

223. プログラム学習と授業 ①

プログラム学習と授業

- **プログラム学習とその経緯**
  - ①**プログラム学習とは**…プログラム学習を一口で言えば「特別にプログラミングされた教材（小さなステップを追う）を，決められた順序に従って学習していくような，個別指導（個別教育）の一つの型」ということができる。
  - ②**源流とその経緯**…1920年代にアメリカのプレッシィが考案した自動式テスト機の使用にその源流があるといわれる。1950年頃からハーバード大学のスキナーやクラウダー等の研究により，学校教育の上でも研究が行われ，1960年頃からは学校以外の産業・工業界でも強い関心が持たれてきた。

- **プログラム学習の特徴**
  - ①**一斉指導の短所を排除**…自学自習による個別指導こそ一人ひとりを大切にする教育に欠かされないものとする。
  - ②**学習理論は**…刺激と反応による条件づけとしてとらえる。
  - ③**行動の系統性を考察**…操作主義（成すこと）を中心とする。
  - ④**フィードバックの過程を重視**…科学としての系統性ではなく，「結果が原因を調整する過程」を大切にする。また，反応が正しければ「強化」する行為が工夫される。
  - ⑤**プログラミングの方法**…問答の形式で行われ，細かなステップとして教材が組織される。
  - ⑥**教育内容の組立て**…プログラム学習では，教育内容の系統性より，内容をいかにして系統的に学習者のものにしていくかを問題とする。すなわち，学習者の「反応と強化」の過程に，系統性を求める考え方に立つ。

- **学習の成立と個別化**
  - ①**自己のペースで行動させる**…プログラム学習では，行動のプログラムを作って学習者に与える，という形態をとる。従ってプログラムとは，学習者に行動の筋道をたどらせるために「教材」「行動指示」「行動の結果」を組み合わせて提示する。また『行動＝学習』の考え方で「学習は成したことに応じて成立する」という言葉で学習観が表現される。
  - ②**直線型と枝分かれ型のプログラム**…二つの型があり，従来の一斉指導の短所を補い「個別化」を意図するものである。

223. プログラム学習と授業 ②

プログラム学習と授業

- **直線型プログラムの原理**
  - ①**直線型（スキナー型）**…スモール・ステップ型ともいわれ，スキナーの条件反応学習理論に基づき，ある学習に到達するための行動のステップを，極度に小刻みにして誤りの少ない行動として積みあげていくことが，一定の反応傾向を養うのに合理的である，という理論に立っている。
  - ②**積極的反応で強化**…反応は積極的であるほど効率が高い。例えば，問いを出して答えを要求し，文字で書いて答えさせれば，反応はより強化される。
  - ③**即時確認の効果**…反応とそれに対する賞罰（成否の確認）の時間の間隔は，短いほど学習の効果は高く効率はよい。
  - ④**自己ペースを尊重**…学習者個々に反応や作業速度はまちまちである。しかし確実な行動を積みあげることが学習目的であるから，自己ペースでそのステップを踏ませることがよい。
  - ⑤**フェーディング**…特定の反応を確実に生じさせるためには，当初は手がかりとなる刺激を必要とするが，反応傾向が強くなれば，手がかりを「次第に消去」する手法をとる。

- **枝分かれ型プログラムの原理**
  - ①**ブランチング型（クラウダー型）**…クラウダーの認知的学習理論に基づくもので，個人差には，学習の速度だけではなく，ものの見方，とらえ方など多様である。一人ひとりの思考・推理の仕方を重視しなければならない。
  - ②**反応の正否を知らせる**…次の反応を修正していくフィードバックが習慣を形成するとは考えられない。答えは反応としてではなく，学習者に対する刺激として考えるべきであろう。
  - ③**スキナーの考え**…正しい反応の積みあげが重要な条件であるが，誤りをおかすことにも意味がある。答えが誤ったという知らせは罰ではなく，情報でもあり診断項目でもある。
  - ④**反応は多肢選択による方が良い**…枝分かれのプログラムにより個々人の関心の度合いや，経験の程度を考慮することができるので，多肢選択のプログラムにより学習者の緊張の水準を同一に保ち，持続への意欲を持たせることが可能となる。

224．バズ学習と授業

バズ学習と授業

- **バズ学習の定義と由来**
  - ① **バズ学習とは**…「小集団討議法（group discussion）」の一つであって，多人数のメンバーにおける一斉討議においては，特定の発言者に偏りがちであり，各人の思考がダイナミックに働かない傾向にあるので，これを少人数に分けて討議し，全員参加の問題として，理解を深めるための方法である。
  - ② **ミシガン大学のフィリップス（Phillips, J. D.）が工夫**…話し合いが始まると，ハチの巣をついたような感じになるので「ブンブン部会」とか「ガヤガヤ会議」と呼ばれ，また，原則として，一つのテーマについて，6人ずつのグループが6分間討議するという意味から6—6討議ともいわれる。

- **授業における活用（バズ学習のやり方）**

  ＜学習の展開方法＞

フロー	内容
テーマの説明	①全体の司会から討議すべきテーマについて説明。
グループ編成	②参加者をその場で5～10人程度の小グループにする。
成員の紹介／司会・記録係決定	③グループごとに自己紹介し司会，記録者を決める。
ディスカッション	④与えられたテーマについて定められた時間（5～10分）で気楽に話し合う。
司会による討議内容の報告	⑤各グループの司会者または記録者から，それぞれのグループの話し合いの結論を会場に発表する。
一般討議	⑥各グループの話し合いの結果を総合し，全体で討議して必要があれば再度バズゼッションを行い，討議の内容を深めたり，結論づけたりする。

◎学級全員の発言を望むためには，多くの時間と機会が必要となる。バズの方式をとれば，小グループなので心理的緊張感も少なく，また自分たちのグループの意見がどうなるかを，関心を持ちながら全体の討議も進められる。

225. 個別学習と授業

個別学習と授業

- **個別学習の定義と由来**
  - ①**個別学習とは**…伝統的な一斉授業や分団学習における学習の不徹底さを克服するために用いられる用語である。しかし，多少違った意味の「ひとり学習」「独自学習」の概念を含んで使われることがある。前者は，主として知識，技能的な側面の個別化を意図しており，どちらかといえば学習の量に係わるのに比べ，後者は，質の相違，つまり思考の多様性の存在を前提としているのが特徴といえる。
  - ②**スキナーの考え**…1953年動物の学習心理を研究していたスキナーが，ティーチング・マシンを作ったことに伴い，自己活動，強化の法則，フィードバックなどの原理に基づく新しい個別学習の方法が工夫され，指導者の数に問題なく，各人がそれぞれの速度で学習を進めていくようになった。
  スキナーの考えは，内容を学習する速度が個別的であって，内容そのものは個別的でない場合でも学習は成立する。

- **個別学習の長所**
  - ①**学習の主体は学習者個人**…例えば学級という集団であっても，一人ひとりの児童生徒を学習の主体者として学習させるところに学習の成果がある。その意味で，どんな学習形態をとっても個別学習を抜きにして効果は期待できない。
  - ②**個性と能力に対応**…学習する個人の性格や能力に応じて，学習の速さや内容，また，その程度等を変えることができる。
  - ③**学習効果の強化**…個人の反応を直接に見て，その誤りの訂正や評価が直ちに行われ，学習効果が強化される。
  - ④**自己実現に役立つ**…人格の転換は，本人自身がやる気になることによって行われる。個別学習によって「自分の考え」を持たせてやることができる。

- **個別学習の短所**
  - ①**費用と労力**…施設や教材の経費，教師の労力が大きい。
  - ②**人間関係**…能力の優れた者やその他の条件に恵まれた者は，どんどん効果をあげ伸びるが，競争心をあおりやすく，人間関係が阻害される恐れがある。また，人格的影響が大きい。
  - ③**共通学力**…共通不可欠の知識・技能を与えることが難しい。

226．個に応じた指導 ①

個に応じた指導
- 個に応じた指導の意義
  - ①**教育には個別的な要素を含む**…学校教育は，意図的・計画的に組織化された教育の場であり，それは，集団教育により遂行されることを基本としている。一方，教育は一人ひとりの個性を望ましい方向へ育て，個性の望ましい伸長を意図するものであるから，本来的には個別的な要素を含むものである。
  - ②**個性のより良い伸長を図る**…個性のより良い伸長を図る学校教育においては，児童生徒一人ひとりに対して，国民として必要とされる基礎的・基本的な内容を，確実に身につけさせる学習指導を行う必要がある。
  - ③**学習指導要領等の要請**…個人差に応じた指導を重視するという観点から従来からもいわれていたが，どちらかというと，理念のレベルにとどまって，教師一人ひとりの意識を変革し授業に結びつくところまでは至らなかった。一人ひとりの児童生徒を大切にする立場から，個に着目した改善・工夫が望まれる。
- 考えられる個人差の側面
  - ①**学習の習熟程度からの個人差**…「学習速度（速い・遅い）」あるいは「学習到達度（できる・できない，わかる・わからない）」などを含み，客観的・定量的に計測が可能なものである。計測可能の個人差をもとに，ある一定の目標・レベルに到達させるべき学習内容について，個々人の学習の習熟程度に着目し，習熟度別の形態を工夫するなどして，適切な指導により全員にその目標を達成させることが大切となる。
  - ②**個性・質的個人差**…いわば質的個人差といわれる学習意欲，学習態度，学習のスタイルの個人差である。また，興味・関心，問題意識の個人差等を含むもので，いずれも定量的な測定には困難性がある。そこで，現実に認められる個人差と，可能性としての個人差に留意しつつ，個々人の能力・適性や興味・関心等に着目し，そのより良い伸長を図る学習指導の工夫が大切となる。（223.「プログラム学習と授業」参照）

226. 個に応じた指導 ②

個に応じた指導
- 個に応ずる学習指導の方法
  - ①学習集団の違いによる工夫…
    - (1)**個別学習**…自分で考え，自分でやってみる。
    - (2)**グループ学習**…お互いが協力して学び合うとともに，お互いが学習を助け合う。
    - (3)**全体学習**…いろいろな考えを出し合って確かめ合ったり討議し合う。

    上記のような，学習集団の違いによる学習の特徴をとらえて，これらの学習方法を柔軟に組み合わせを図ることで，個々人が主体的に活動し，自分を確認し，他の人の個性を理解しながら，お互いに影響し合う学習活動の展開を工夫する。
  - ②**課題選択学習・コース別学習**…ある教科・科目の学習で，単元あるいは題材のレベルで，あるところまでは全員共通のものを学習するが，あるところからは，複数の学習課題や学習コースをあらかじめ用意しておき，これを児童生徒に選択させて，個人又はグループで学習を進行，まとめの段階で発表や討議を行うなどして，共通の目標に到達させる。といった形態の学習活動が考えられる。
  - ③**チーム・ティーチング**（T.T）…指導教師が複数でチームを組み，協力し合いながら児童生徒を指導するもので，より細かく，より幅広く，児童生徒の多様な個性に対応することが可能となることを意図したものである。指導のレパートリーをいかに拡大するか，教授組織の上からの改善方策ともいえるものである（221.「チーム・ティーチングと授業」参照）。
  - ④**習熟の程度に対応した指導**…一人ひとりの学習の習熟程度（達成状況）を把握しながら，児童生徒のつまずきの状態や原因を分析，解消し，確実な理解を確認，次のステップへ進ませるなど，それぞれの児童生徒に学習内容の定着を図ろうとするものである。そのため，評価の研究や活用，教材の工夫，個人指導や補習等の実態把握に努め，学級の枠を超えた習熟程度等により，弾力的な編成による指導も工夫される。

227. 学習資料 ①

- 学習資料
  - ①**学習資料とは**…学習のねらいや指導の目標を達成するための素材の中で、学習指導の内容となる教材の理解を助けたり、教材と密接な関係にある素材を学習資料（教授資料）という。学習資料は、教師が指導のための場合と、学習者が学習活動そのものの資料として用いる場合とがある。
  - ②**教授資料の範囲**…従来、教師が学習指導に使用する資料はすべて教授資料と呼ばれ、教科書はその中心をなしていた。この教授資料の範囲を画期的に拡大させたのは、マスコミの手段として活用した映画、ラジオ、テレビ、写真、新聞、雑誌等に、VTR・複写機等の普及にあるといえる。
- 資料の役割
  - ①**学習の多彩化**…学習指導が、いつも教師と教科書のみで行われるのでは、学習の効果を期待することは難しい。適切な学習資料の活用により経験の範囲を拡大し、学習を多彩なものとして、児童生徒の能力に応じた学習が容易になる。
  - ②**学習の主体化**…資料によって、学習課題や解決の仕方に気づかせたり、学習者自らの資料収集などにより、主体的な発見や創造の喜びを体感させることが考えられる。
  - ③**情報処理能力**…いろいろな資料の提示や収集によって、資料・情報を正しく判断し、処理する能力（生活技術）や発表の際の資料の製作・活用を体得させることに役立つ。
  - ④**教師の指導を補完**…教師の指導の一部を分担・補充し、ときには、教師にできない効果を期待できる場合もある。
- 資料の機能
  - ①**理解に導く働き**…提示される資料は、学習内容を再構成、単純化され、具体性を持つことにより、確実な理解を助ける。
  - ②**一般的働き**…学習への興味関心の助長、学習意欲の高揚、問題発見や課題把握、知識・情報の獲得、概念・原理の把握、経験を拡大し問題を整理、学習の軌道が進めやすくなる。
  - ③**場面での具体性と印象的特色**…教材は、学習内容の進展につれ精選され、系統的、計画的に組織されるが、資料はその場面での具体性を持ち、学習者に対し印象的な特色を持つ。

227. 学習資料 ②

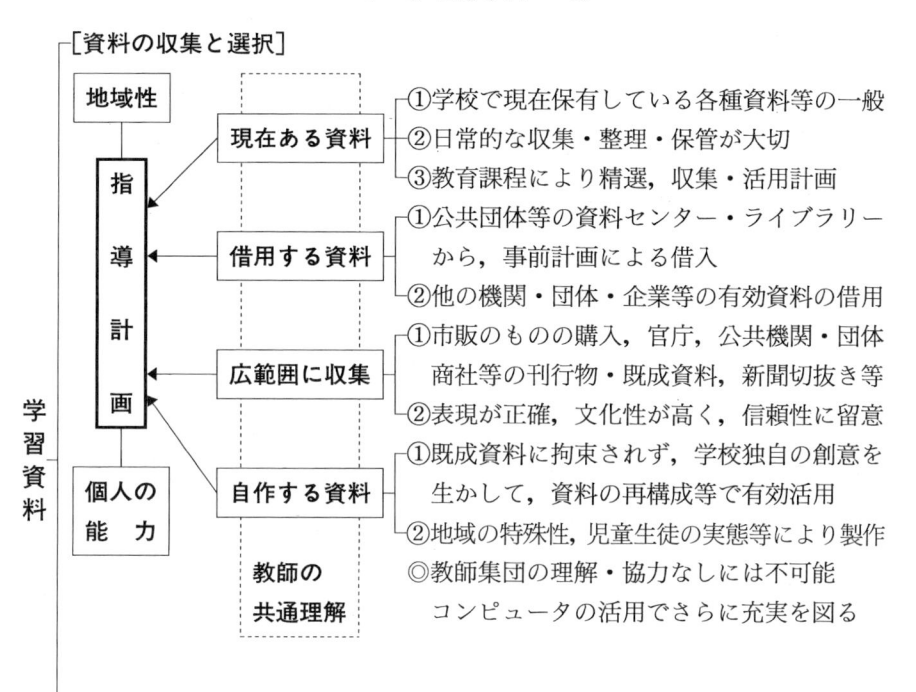

[資料の収集と選択]

学習資料
- 指導計画
  - 地域性
  - 個人の能力
  - 現在ある資料
    - ①学校で現在保有している各種資料等の一般
    - ②日常的な収集・整理・保管が大切
    - ③教育課程により精選，収集・活用計画
  - 借用する資料
    - ①公共団体等の資料センター・ライブラリーから，事前計画による借入
    - ②他の機関・団体・企業等の有効資料の借用
  - 広範囲に収集
    - ①市販のものの購入，官庁，公共機関・団体商社等の刊行物・既成資料，新聞切抜き等
    - ②表現が正確，文化性が高く，信頼性に留意
  - 自作する資料
    - ①既成資料に拘束されず，学校独自の創意を生かして，資料の再構成等で有効活用
    - ②地域の特殊性，児童生徒の実態等により製作
  - 教師の共通理解
    - ◎教師集団の理解・協力なしには不可能
    - コンピュータの活用でさらに充実を図る

- 収集選択の基本的態度
  - ①**目標達成にふさわしいもの**…学習を能率的・効果的に達成しようとするための資料は無制限ともいえる。しかし，地域や学校の実態，学習者の経験に即してとなると，具体的で独自性が強くなるので，学校個々について，学習のねらいの達成に資することを第一条件とする判断が必要となる。
  - ②**児童生徒の発達段階に適応するもの**…児童生徒の能力や経験に配慮し，学校の特殊性や個人差を考えた収集・活用が大切であり，適切な資料でも利用なしでは「宝の持ち腐れ」となる。
  - ③**資料は新鮮で信頼性の高いもの**…指導者にも，学習する者にとっても，常に信頼性を持っていることが大切。正確で，新鮮に受け入れられてこそ，指導も理解も容易になる。
  - ④**資料を開発する心がまえ**…学習の効率を期すためには，主体的な活動が必須条件である。教師も学習者も自らの手で，という熱意で，収集・選択，作成に臨む態度が必要である。

228. 教材・教具　①

```
教材・教具 ┬ 教材・教具の定義 ┬ ①
          │                  └ ②
          └ 教材とは何か ┬ 物か内容か ┬ ①
                        │            ├ ②
                        │            └ ③
```

教材・教具の定義

①**教材・教具とは**…教師の最も口にする用語の一つであるが，教材に近い用語の一つに「教具」というのがあり，「教材・教具」と対になって使用される場合が多い。
「教授（学習指導）の内容と児童生徒の学習活動を結合する材料を教材といい，その材料を様々な形で展開させたり，あるいはそれを支えるような物質的補助用具を教具という」のが一般的な用語解釈となっている。

②**教材・教具・資料**…教材・教具のほかに「資料」という用語があり，三者の意味・内容や互いの関連等が，用いる人や教科によって，かなり曖昧な用いられ方をしている。

教材とは何か（物か内容か）

①**教材は物とする考え**…学校の工作で使用する粘土の代金を教材費などという。この場合は，物は物でも，教育に使用する「もの」という考えに立つので，単に趣味の物ではない。しかし，教育に使用する物としては「教具」もあるので，教材を単に物として決めつけると教具との関係があいまいになる。

②**教材は物と内容とする考え**…教科書は「主たる教材」といわれる。これも印刷物だから物には違いない。しかし，その内容が学習指導要領に基づき編成され，学校教育課程の実施のために使用されるよう系統づけられている教材と見られる。だが，教材は物であり内容であるとする考えに立つと「資料」との関係があいまいになる。

③**教材は内容そのものとする考え**…例えば録音テープに郷土の古老の話を録音したものは，物としてのテープが教材ではなく古老の話の内容が教材である。その内容に含まれている豊かな郷土の文化的内容が，テープという材料を借りて具象化され，教育目標に対応するとき，教材としての価値を持つことになる。この場合，録音テープを「資料」といえば説明しやすい。資料とは教材となる可能性のあるものを，その内容として持っているものと説明ができるからである。従って，教材は物でもあり内容でもある，資料と同様にも使う。

228. 教材・教具 ②

教材・教具
- 教材とは何か
  - 授業の媒体
    - ①**教材は教育目的によって決まる**…一本の花，一匹の金魚それ自体は単なる興味の対象でも，それが教材となり教育的に扱われるかどうかは，そこにどのような教育目的・教育課程があるかによって決まる。
    - ②**教材は意図的な教育行為の媒体**…授業は教育課程の下に行われる意図的な教育の過程である。教師と学習者の間に教材という媒体をはさんだ目的的な行為である。
  - 教材化
    - ①**教材化には教師の価値観が反映する**…教育の内容は森羅万象ことごとくともいえる。それを教育の目的により選択・組織して教育課程に編成するのである。いかなる材料により授業を展開するかを計画するときに『教材化』が必要となる。そこに地域社会や児童生徒の実態，発達の程度，興味関心など指導者の価値観が反映する。
    - ②**教材は精選されるが固定化はしない**…教材は組織だてられた文化的価値を持ち，知識・能力の根源ともなるものであるが，固定化するものではない。優れた教育実践研究の成果や学問・文化，技術の進歩があって精選されるが，教材が固定化されることによって，進歩していく社会との間に断絶が生ずるので，固定化されることはない。
  - 素材と教材
    - ①**教育の素材**…生活の過程を広く教育の過程ととらえれば，どのような経験もすべて教育の媒体となる。文学作品や政治的・歴史的変化や発明発見等の事象も『教育の素材』でありそれが教育課程に位置づけられて，はじめて教材としての意味を持つことになる。
    - ②**教材は意味を持った「単位」**…教材は，素材と呼ばれるものを，教育の目的に従って指導するための，意図的な媒体であるといえる。従って教材は意味を持った「単位」であり，連続性，順序性という「関連」を持った「単位」で組み立てられることが大切であって，ここに素材の選択が重要な意味を持つことになる。

229．視聴覚教材　①

視聴覚教材 ─┬─ 範囲と種類

─ 視聴覚教材（機能と特質）

① **視聴覚教材の範囲**…何から何までを視聴覚教材又は資料の範囲とするかについては，今なお完全に一致した見解が成立しているわけではない。それは，視聴覚教材は極めて新しい科学技術の成果に支えられて，次々と新しい教材・資料が生み出され，これによって視聴覚教材・資料の概念も，伝統的な教材から近代的な教材・資料に至るまで，次第に拡大視される傾向にあるからである。

② **多種，多様な種類**…通常の分類では，
1．非映写教材（簡易視覚教材）　3．聴覚（音声）教材
2．映写（映像or投影）教材　　　 4．放送（電波）教材

① **学習理論に即した教材・資料**…学習指導を効果的にするためには，学習者の直接的な経験を出発点として，指導することが有効といわれている。しかし，直接経験する領域は条件的にも極めて限られており，またそのまま与えても理解しにくい事柄が多い。視聴覚教材・資料は「直接経験を代行」し，それを理解しやすいように再構成した具象的教材・資料ともいうべきもので，重要視される基本的な理由である。

② **学習の能率化を促進**…教育内容が時代の進展とともに拡充し，多様複雑化してきている。修業年限の中でいかに学習の効率を高めるかは重要な課題でもある。授業の遅れに対応する効果的な方法として，また学習困難な児童生徒に効果的に習得させる方法として，その役割が期待されるものである。

③ **学習指導の改善に役立つ**…教育の機会均等の原則に照らし，学校教育の対象が次第に普遍化し，高校の進学率も義務教育と同様の状況である。学習への興味や意欲の開きも大きく，これまでのような一律の指導では不適応や脱落の危険が心配される。興味ある学習，個に応じられる学習，わかりやすい授業への改善は必須であり，視聴覚教材・資料の活用は教育機器（コンピュータ機器を含む）の発達と相呼応して重要である。

229. 視聴覚教材 ②

視聴覚教材
- 主たる機能
  - ①**学習を能率的，効果的にする**…適切な使用は，学習の動機づけが行いやすく，自主的な取組みや思考を容易にし，一層確実な理解へと導く。
  - ②**経験を拡大，深化する**…肉眼で見ることのできない微生物の動きや，天体運行の様子などを見ることもでき，自分の話し方など，VTRによって客観的にとらえて反省することも可能であり，また，電波・映像教材等によって，多くの優れた指導者に接することができ，経験の領域が拡大，深化する。
  - ③**多くの学習者に共通の経験を与える**…学習者の理解の仕方にはそれぞれ個性的なものがあり，ある者にはよくわかっても，ある者には納得できないことなどがある。このような場合，視聴覚教材の適切な使用によって，個人的な経験や事情の違いから起きる学習上の落差を，ある程度まで埋めることができる。
- 主たる役割
  - ①**学習の興味や意欲を喚起**…自発的，積極的な活動を刺激することができ，さらに興味や意欲を高めることができる。
  - ②**言語偏重の弊害を克服**…現実的で，確実な理解へ導く。
  - ③**直接経験を補う**…学習の深さや多様さを助長する。
  - ④**正確な伝達を可能にする**…正確な伝達と共同の思考を助ける。
  - ⑤**望ましい態度や信条の育成に貢献**…実践への意欲を高める。
  - ⑥**教師を援助する**…指導の能率を高めてくれる。
- 管理と推進
  - ①**合理化・能率化・民主化を目標**…教材・資料の整備は，効果的に利用されるための基本的作業である。資料等の収集が，広域かつ多様にわたるため，収集されたものやその活用を容易にするためにも，管理を容易にしなければならない。
  - ②**全教師が協力**…基本的にはどの教師も，どの児童生徒も目で見てすぐわかるように保管し，全教師の共通理解のもとに収集，整理，活用に当たるものでなくてはならない。
  - ③**教材・資料センターの運営**…図書館機能と視聴覚教材・資料等を統合して組織化し，学校全体として総合的に管理運営を行うように，予算や人的組織を整えて計画的に推進する。

230. 教育工学 ①

教育工学
- **教育工学の意義と特色**
  - ①**教育工学とは**…「理工学の成果を利用して，教育の効率化を図る研究分野」と一般的に定義，その意図は『教育の過程に参与するすべての要因を動員して，その組み合わせを最適な状態とし，教育の効果をあげる具体策を提案，実践によって改善を図ろうとする研究・実践の学である』といえる。
  - ②**教育工学の内容とするもの**…教育に関するすべての要因，すなわち教育目標，教育内容，教材・教具，教育機器，情報媒体，教授組織，指導方法，教育環境，児童生徒の行動，集団組織，教師の行動などの相互関係を制御して，教育効果を最大限に発揮できるようにすることを内容としている。
  - ③**各種工学の成果を応用**…教育工学は，応用科学であるから，機械・電子・音・光学等の技術，また，システム工学，情報科学，大脳生理学から人間工学，行動科学などの成果を組織的にとらえて，積極的に応用している点に特色がある。
- **研究分野**
  - ①**教材提示機器・訓練機器の適用研究**（視聴覚的教育工学）
    教育の場でいかに利用するか，また人間の能力を育てるのにいかに役立てるか，を研究しようとするものである。
  - ②**情報科学技術の適応研究**（情報科学的教育工学）
    数理モデルやシミュレーション，コンピュータ等によるほか，情報検索や教育情報など，教育サービスのシステムを教育の場に取り入れ，実証的な研究をしようとするものである。
  - ③**教育内容の配列・教育方法の改善**（行動科学的教育工学）
    学習理論や集団行動理論の成果を利用して，効率的な教育内容の配列や，教育方法を開発しようとするもので，学習プログラミング，学習集団編成の方法，教授組織の組み方，教授法や評価法の最適化を扱う分野を研究する。
  - ④**施設・設備の開発・整備**（人間工学的教育工学）
    人間工学の成果を生かし，有効な施設・設備，教材・教具などを開発する研究分野で，学校建築，教室構造，黒板，机，椅子，実験実習機器などの開発・改善を研究する。

230. 教育工学 ②

[教育媒体システム]

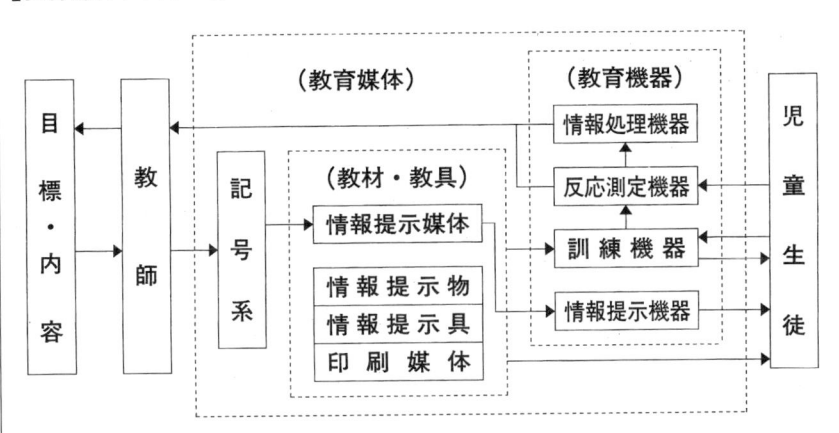

```
                    ┌─────────────────────────────────┬──────────────────┐
                    │         （教育媒体）             │  （教育機器）    │
                    │                                 │  情報処理機器    │
  目           教   │  記    （教材・教具）           │  反応測定機器    │  児
  標・  ←──   師   │  号   → 情報提示媒体            │  訓 練 機 器    │  童
  内           │    │  系     情報提示物              │  情報提示機器    │  生
  容           │    │         情報提示具              │                  │  徒
                    │         印 刷 媒 体             │                  │
                    └─────────────────────────────────┴──────────────────┘
```

教育工学 ─

上の図は教育媒体相互がどのような関係にあるかを示しているものである。教師は児童生徒に伝えたい内容を，普通は言葉，文字，数，グラフ，図などに表して行う。
　そのとき，様々な教材・教具が媒体として用いられる。
　その中の一部は，さらに教育機器を媒体として児童生徒に伝えられる。一方，児童生徒の反応も，教育機器を通して教師にとらえられることがある。

内容と種類 ─
- ①記号系…ことば，文字，数字，グラフ，図，表，写真，絵画等
- ②印刷媒体…本，雑誌類，新聞，パンフレット類，切抜き等
- ③情報提示具…黒板類，スクリーン，模造紙，電子黒板等
- ④情報提示物…掛図類，地球儀，模型・標本類，面，衣装，人形等
- ⑤情報提示媒体…スライド，OHPシート，マイクロフィルム，映画フィルム，録音・録画テープ，シート，CD，DVD等
- ⑥情報提示機器…投影機類，OHP，映写機，ラジオ，TV，VTR，録音機
- ⑦反応測定機器…TVカメラ，シネカメラ，反応記録・分析機器類
- ⑧訓練機器…シミュレーター，LL，学習ラボ，ドリル機器類
- ⑨情報処理機器…情報記憶・検索機器，ティーチング・マシン，CAI（コンピュータによる学習システム）等

230. 教育工学 ③

[教授学習過程の仕組みと教育媒体システムの位置づけ]

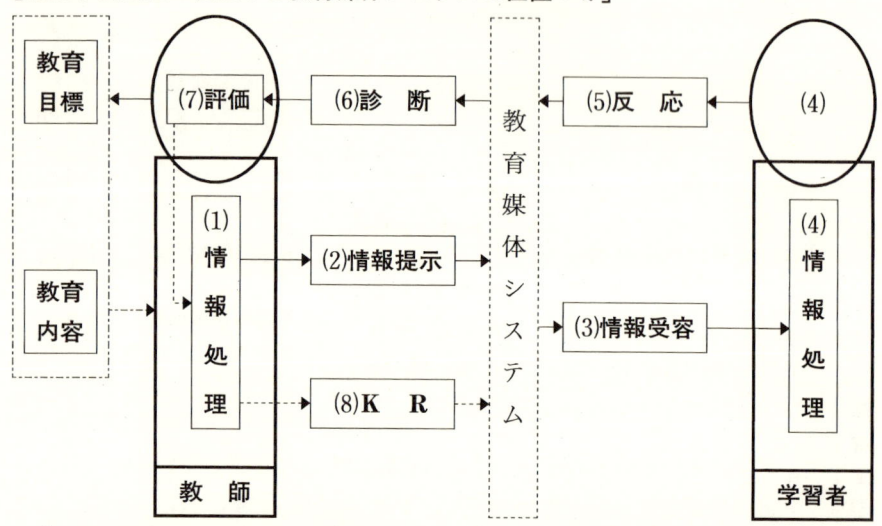

```
教育目標 ← (7)評価 ← (6)診断 ← 教 ← (5)反応 ← (4)
                                育
                                媒
教育内容 → (1)情報処理 → (2)情報提示 → 体 → (3)情報受容 → (4)情報処理
                                シ
                     → (8)K R → ス
                                テ
                                ム
         教師                              学習者
```

授業の中核は，教授学習過程である。そこでは教師と学習者との間で情報の相互伝達が行われ，その結果として両者に行動変容が生ずる。それが八つのステップからなることを図で示したものである。

KR (Knowledge of Results) とは，結果の知識という意味の略語で，フィードバックに当たる学習心理学上の用語である。

教育工学
├ 教授学習過程の仕組み
│ ①**教師の教育経験に基づき**…教材研究や授業法の研究成果を生かし，学習者の身につけたい目標・内容等を設定（情報処理）し，次に必要な情報提示を行う。このとき，学習者の情報受容が効果的になるよう教育媒体を有効に活用する。
│ ②**学習者に受容された知識・情報**…以前の経験等を参考として，情報処理が行われ，結果を学習者の反応として表出する。
│ ③**反応に対する教師の情報受容**…がなされ，診断・評価があって情報処理された結果は，再び学習者へKRされる。
│ ④**「行って帰ってまた行く」過程が大切**…情報が(1)(2)(3)と教師から学習者に「行き」，(4)の情報処理の後(5)(6)(7)と学習者から教師に「帰り」，教師の情報処理(1)を経て(8)(3)と「また行く」という流れの『行って帰ってまた行く』が学習の成立に係わる。

231. ICT活用の学習指導　①

ICTとは

①**文部科学省の対応**…平成21(2009)年の春，文部科学省は新しく「教育の情報化に関する手引き」を作成公表した。主な内容は，(1)学習指導要領における教育の情報化，(2)教科の指導におけるICTの活用，(3)情報教育と情報モラル教育，(4)校務の情報化などについて解説されている。

②**ITからICTへ**…ICT (Information and Communication Technology) の用語は「情報通信技術」と訳されることもあって，以前からの工学的な通信技術をイメージしてしまう。また政府関係の論議の中で「IT革命」などの用語も用いられたが，教育分野における我が国のITは，世界的に使用されている「ICT」と同意味に用いられているのが実情である。教育ではコミュニケーションが極めて重要なことであることからIT（情報技術）の間にCを入れて，工学的な情報能力の単なる意味ではなく，もっと人間的で双方向的な対話を意味する「情報コミュニケーション技術」としている。

コミュニケーションの力

①**有機的関係に働きかける力**…自己の考えや感じたことを他者に伝えるという面と，伝えることで自己の考えや感じていることを再吟味したり自己理解に働きかけ納得する側面を持つ。

②**関係する者と共感する力**…納得と共感は相互に補完する関係を持ち，1対1の独立の関係から相互の関係性が育てられる。

③**協働的な場を構成する力**…場をつくる力は，働きかける力と共感する力と密接な関係にあり，協働的に取り組むプロジェクト学習や問題解決的な学習などにおいて最も育つ力である。

④**社会と結びつける力**…生涯にわたって持続可能な社会を担っていく子どもたちを育てていくことを考えたとき，これまでの当たり前を繰り返すことなく，学校，地域，社会がコミュニケーションの力を持って意欲的に取り組み，それを広げていく力が期待される。

⑤**総合的に働く力**…教育内容や方法について，ICTを選択・活用し，整理した情報コミュニケーションとして教育活動の中で総合的な力として充実を図れるであろう。

231. ICT活用の学習指導 ②

ICT活用の学習指導

- **有効なICTの活用例**
  - ①**映像による提示**…教科書や板書では伝えにくい内容を，パソコン等による映像を効果的に用いる。
  - ②**体験困難な事象**…実際に体験することが困難な事象に対してICTを活用し，疑似体験の場を用意して理解を促す。
  - ③**情報の収集・分析・提示**…ICTを活用して情報の収集・分析・提示などを取り入れ，課題解決の過程で積極的に扱う。
  - ④**他者に効果的な伝達**…第三者等に対し共感，協働を促すためパソコンなどを効果的に活用する技術や方法を獲得する。
  - ⑤**情報の共有・交換**…情報の共有や意見の表明・交換等に対しインターネットやメール等の活用と情報モラルを理解する
  - ⑥**教育活動の評価に活用**…学校自らの教育活動その他学校運営について，めざすべき目標設定に対し，その達成状況や取組みの適切さなどを学校として組織的・計画的に収集，評価改善に活用する。ICT施設の充実についても理解を得やすい。

- **豊かな学力を育てるICTの活用例**
  - ①**わかりやすく楽しい学習になる**…コンピュータやインターネットを用いた教材をディスプレイで提示しながら，これまで理解しにくかった課題を説明したり，興味深い映像資料を用いた提示により，黒板や教科書を使った授業に比較して豊富で適切な資料・教材でわかりやすく楽しい学習となる。しかもいつでも簡単に取り出せることも可能で効果が期待できる。
  - ②**自ら考え主体的に解決する**…基礎的・基本的な学力に加えて「生きる力」である「自ら学び自ら考え問題を主体的に解決する力」を育てることは今日的な課題でもある。児童生徒が主体的に情報の収集・選択・分析・生成・発信・交流，創造といった発展的な活動になることも想像される。またテレビ会議等で自己表現力やICTの活用能力も高められる。
  - ③**コンピュータ操作など系統的に身につけられる**…例えば問題解決的学習において，児童生徒それぞれの活動の中でコンピュータをはじめ検索機能を用いた目的情報の収集や，取材の記録や分析，交流・発展多様なメディアを組み合わせ活用する能力は，系統的に繰り返され身についていく。

232. ワークブック

[教科書とワークブックの関係]

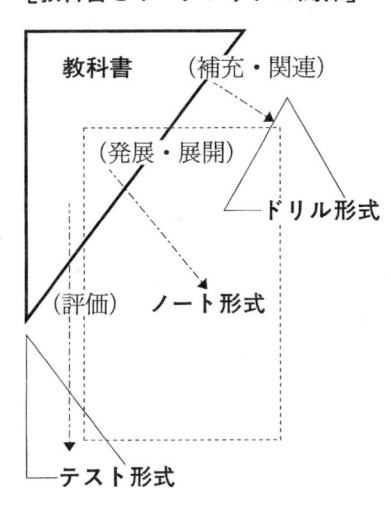

教科書　（補充・関連）
（発展・展開）
ドリル形式
（評価）
ノート形式
テスト形式

[学習目的から見たワークブックの系列]

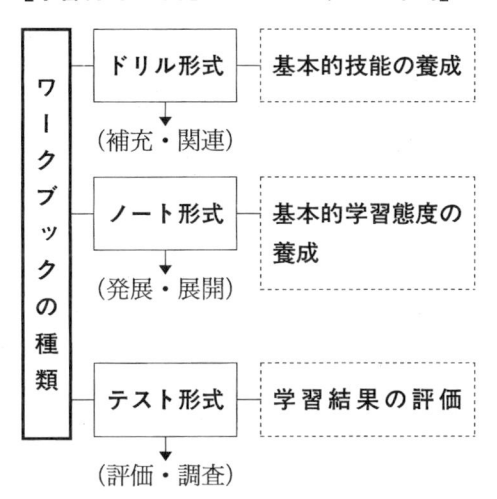

ワークブックの種類
- ドリル形式 → 基本的技能の養成
  （補充・関連）
- ノート形式 → 基本的学習態度の養成
  （発展・展開）
- テスト形式 → 学習結果の評価
  （評価・調査）

ワークブック
- ノート形式
  - ①内容・形態に各種のものがあり，日記様のもの，白地図，実験・観察ノート，宿題形式，練習帳形式のもの等がある。
  - ②学習内容の整理と作業とに分かれているもの。要点の整理や実験観察の記録整理用に工夫してあるもの。副読本様のものなど多様のものが見られ，家庭学習にも便利な工夫等がある。
- ドリル形式
  - ①解答つきで自習も可能。予習と復習の項に分けてある。基礎編と応用編に分けるなどして，反復練習ができるものがある。
  - ②数種の教科書を調べ，内容の最大公約数的なものを編集したり，また特定の教科書に準拠したものなどがある。
- テスト形式
  - ①単元ごとに評価でき，小単元ごとに観点別評価が可能。復習と自習に便利のほか参考資料が付いているものなどがある。
  - ②できるかぎり教師の手間を省こうとする苦心も見られる。
- 長　所
  - ①教師が作成するのには容易でないものでも，学習者に適合したものを選択でき，編集技術によって使いやすいものがある。
  - ②多数の教師又は経験者等が参画したものは，客観性も高く，観点も広いので教師の指導上の参考にもなるものがある。
- 短　所──○安易さもあり，乱用は教育上の問題点の一つでもある。

233．話し合いの指導 ①

話し合いの指導

- **学習を進める話し合い**
  - ①**話し合いのない学習はない**…毎日の授業で，教師と子ども，子ども相互のやりとりなど話し合いのない学習は見られない。
  - ②**学習の成立条件に『話し合い』は重要**…コミュニケーションの仕方は，学習成立にとって大切な指導事項の一つである。
  - ③**話し合いの意義**…理解することに必要であるだけではなく，理解していく過程において，思考が刺激され，言語化されることによって意識が高められるところに意義がある。
  - ④**全教科・領域で留意した指導が大切**…国語科の学習は，話し合いの基礎を養うが，他の教科・領域でも指導が大切である。
  - ⑤**話し合いの機能・効能を見直す**…話し合いという極めて平凡なことを，学習活動の機能や効能の面から見直してみる。

- **教師の立場からの活用**
  - ①**思考の様子をつかむ**…話すことによって，思っていることが出るのだから，問題の受け止め方や考え方がわかる。
  - ②**思考の原点をさぐる**…どんなところから出てきた考えか，誤答や不完全な発言も，それなりの論理を探ることができる。
  - ③**学習のめあてをつかませられる**…考えようとすること，解決しようとすることを，話し合いによって把握させられる。
  - ④**問題を考えさせ確認させられる**…問題や課題についての解決点を，話し合いにより的確にでき，個性・能力に応じた確認方法をとって，学習をすすめることができる。
  - ⑤**問題の追求，転換，発展も話し合いで**…全体の話し合いの中で，今後の学習の進め方などを方向づけることができ，学習の意欲を全体の中で高めていくことができる。

- **話し合いで子どもの得るもの**
  - ①**話すことによって考えをまとめる**…今まで漠然としたことでも，話すことによって整理され，また話すためにまとめようとする努力が働くことによって，大きな成果となる。
  - ②**自分や他の人の考えを深める**…一つの問題について，多方面からの立場や考えが，話し合いによって広がったり深められたりする。また，それが相互に影響を与え，集団思考としての効果が生まれてくる。

233. 話し合いの指導 ②

話し合いの指導
- 話し合いで子どもの得るもの
  - ③思考の共通の場を持つ…一つの話題や課題をもとに，また一つの目的を中心に，みんなが考えるのだから「思考の共通の場」を持つことになる。話し合うことが共通理解に達し，共に協力していく態度は，民主社会においては大切なことである。また，思考を重ね，解決の方向を見い出す技能も育つ。
  - ④話し方や聞き方が育てられる…人に考えを正しく伝えたり，人の意見を正しく聞き取るためには，それなりの努力と訓練が必要である。それは技法を身につける機会によって育つ。
  - ⑤協調性や社会性が養われる…みんなで話し合う根本には，助け合う雰囲気が必要である。話し合いのルールやいたわりの理解が育ってきて，協調性や社会性が見えてくる。
- 発達段階から見た話し合いの問題点
  - 小学校低学年の問題点
    - ①話し合いに参加できない…自己中心で主観的である。興味のないものには無関心の様子も見える。
    - ②人の話が聞けない…自己中心で話し手の身になれない。一時にガヤガヤの様子となる。
    - ③考えてから話すことができない…思いつき型の傾向は，この期の特徴である。
    - ④話し合いが末梢に流れる…仲間意識に乏しく，話題について考えられない。
  - 小学校中学年の問題点
    - ①人の意見をとらえられない…積み上げや経験が少なく，話の要点が聞き取れない。
    - ②皆で助け合って話し合えない…なごやかな雰囲気がないと，うまくいかない時期である。
    - ③進んで話し合えない…積極性に欠ける子どもが目立ち始める頃である。
    - ④自分の意見をはっきり言えない…発表の技術の指導が見え始める。「あのね…」が多くなる。
    - ⑤意味のない話し合い…あれも出し，これも出しの時期でまとまらない。

233．話し合いの指導　③

話し合いの指導
- 小学校高学年の問題点
  - ①まとめ役や進め役…一人ひとりでは無理がある。
  - ②意見の比較・検討…まだ十分できない。
  - ③わかりやすい話の仕方…まだできない。
- 学年段階の指導の実際
  - 小学校低学年の指導
    - ◎[聞くこと，話すことを育てる]
      - ①個別指導に配慮…日常の学習の中で聞くことを育てる。よく聞いていない子どもやよく聞き取れない子どもに注意するなど，個別指導が大切である。
      - ②聞く・聞かせる訓練…伝言や電報ごっこなどで。
      - ③「聞く」機会を設ける…ラジオ・テレビなどで。
      - ④話す機会を積極的に多く…意図的に持つ。
      - ⑤みんなに向かって話す…計画的に機会を持つ。
      - ⑥みんなの前で大声を出す遊び…取り入れる。
    - ◎[話し合う機会を持つ]
      - ①隣の子どもと話し合う…初歩的な訓練。
      - ②3～4人で話し合う…学習の途中に入れる。
      - ③グループ活動をさせる…ある目的のもとに。
      - ④学級における話し合い…まず形を経験させる。
  - 小学校中学年の指導
    - ①話し合いによる学習…集団思考を生かし，学習そのものを，自主的，協力的なものにする。
    - ②個人差の利用…他人の考えや意見を自分の考えにプラスできるように，個人差を上手に利用する。
    - ③協力的な態度…雰囲気から活発な話し合いが生まれる。一人では登れない山も，大勢で協力すれば楽しく登れる，この精神を大事に指導する。
    - ④「話し合い」に意識や関心を持たせる
    - ⑤集団思考の協力体制
      - (1)話す機会を独占しない。
      - (2)話し合いから脱落させない。
      - (3)人の話を中断させない。

233. 話し合いの指導 ④

話し合いの指導
├─ 学年段階の指導の実際
│   ├─ 小学校高学年の指導
│   │   ├─ ①個人差を埋める…高学年なりの論理を持つようになるので，個人差をどう埋めて授業を組み立てるか，ウエートをかけた配慮が必要となる。
│   │   ├─ ②集団思考の場の検討…集団思考の場により，思考の発達が著しくなるときである。場の設定が重要。
│   │   ├─ ③資料の選択が重要…用意された資料から，問題点や矛盾点を発見したり，論理を組み立てることもできるようになるので，資料との関係で話し合いの仕方ができるように資料の選択が重要である。
│   │   └─ ④集団思考の働く発問が大切…物事を系統的に考えたり，現象と理論とを関係づける力が現れる時期なので，特に発問には配慮が必要である。
│   │
│   └─ 中・高校の指導
│   ├─ ①言葉で心を傷つけぬ配慮…心身の動揺が激しい時期なので，ちょっとした言葉が深く心を傷つけたりする。安定した児童期と異なり注意が必要。
│   ├─ ②発達過程の特性把握に努力…発達段階等の特性を把握，精神的な特性を考慮した話し合いを進める。
│   ├─ ③自主的意欲の喚起…欲求不満を内在した不安定な状態が続くと，学業成績の低下を見るようになり，話し合いは一層うまくいかない状態になる。自主的な意欲が芽生えるような学習活動を組織する。
│   ├─ ④話し合いのルールや技術に過信しない…中・高の段階では，ルールや技術のみでは事は運ばなくなる。生徒指導の問題や学習指導においては，各教科や領域との関連等を把握して当たる必要がある。
│   ├─ ⑤生徒の立場に立って…生徒の発言をその立場で受け止め，これを補足して発展させるなど，発言の場とチャンスに自覚と意欲を感ずるようにする。
│   └─ ⑥一部生徒の発言で終始しない…発言を控える傾向が強くなるので，一部生徒や一方的発言に留意。

234．話し合い活動の具体例　①

[話し合い活動の具体目標（小学校低学年）]

学年		小学1年	小学2年	小学3年
気づく	問題発見	○自分に係わりを持つ問題を中心にしながら，だんだん友達の問題にも気づくようになる	○友達や学級全体に係わる身近で具体的な問題に気づくようになる	○友達や学級全体に目を向け，その改善をかなり明確にとらえられるようになる
	計画	○教師の助言により，みんなで話し合いたい問題が見当づけられる ○おおよその話し合いの順序が見当づけられる	○教師の助言により，みんなに関係した議題を選ぶようになる ○教師の助言により，話し合いの順序がわかるようになる	○学級全体に関係する共通議題を選ぶようになる ○教師の助言により，実施計画を立てるようになる ○教師の助言により，資料を集めるようになる
考える	提案	○教師の助言により，事実に即して詳しく話すようになる	○教師の助言により，わかりやすく説明できるようになる	○教師の助言を得たりして，資料を用いて提案するようになる
	討議	○自分の考えを自由にのびのびと言える ○話し手の方を見て，よく聞くようになる ○指名によって発言し，自分の他にもいろいろ考え方があることを気づくようになる ○話題からそれないように注意し，質問したりつけ加えたりするようになる	○自分の考えを相手にわかるように，はっきり話すようになる ○左同 ○よいと思う他の意見を取り入れながら，自分の考えをかためるようになる ○一つの問題から関係的な発言をする	○自分の考えを相手にわかってもらえるように工夫するようになる ○自分の考えと比べながら，よく聞くようになる ○他の意見を取り入れ自分の考えをなおすようになる ○関係的な発言ができ，司会に協力する

234. 話し合い活動の具体例 ②

項目		小学1年	小学2年	小学3年
考える	討議	○人のまねをせず，自分のよいと思う考えを立てようとする ○教師の助言によって，実行の仕方がよくわかるような結論を出すようになる	○左同 ○教師の助言によって，実行できそうな結論を出すようになる	○自分の考えを立てるようになる ○自分の意見のみにこだわらず，皆の考えをもとに学級としてのよい考えを出そうとする
為す	実行	○教師の援助を得ながら，決めたことを実行しようとする	○教師の助言を得ながら，決めたことを実行しようとする	○結論に従って，進んで実行しようとする
司会者		○教師の司会を見て，司会の方法をだんだんわかるようになる	○簡単な議題では，教師の助言で司会ができるようになる ○発言の機会を均等に与えようとする	○教師の助言で，討議のおおよその順序を考えるようになる ○発言の機会を均等に与えるようになる ○教師の助言により，論点を明らかにしたり皆の意見をまとめようとする
記録者			○話し合う問題と結論を記録するようになる ○結論の発表をするようになる	○話し合いの要点と決定事項を誤りなく記録するようになる ○要点と決定事項を発表するようになる

234. 話し合い活動の具体例 ③

[話し合い活動の具体目標（小学校高学年）]

学年		小学4年	小学5年	小学6年
気づく	問題発見	○学級諸活動の反省から改善点をとらえ，学校生活全体にもだんだん目を向けるようになる	○学校生活を主体的に受け止め，改善点をとらえるとともに，学校生活にも目が向けられるようになる	○よりよい学級や学校をつくる上の改善点をとらえ，常に問題発見の主体的立場に立つことができるようになる
	計画	○皆に共通する必要感に立って適切な課題を選ぶようになる	○左同	○左同
		○課題を整理し，手順を考えておおよその実施計画を立てることができる	○討議の順序や予想される意見などを考え，実施計画を立てることができる	○左同
		○必要な資料を集めることができる	○左同	○左同
考える	提案	○資料を用いて，趣旨のはっきりした提案をするようになる	○左同	○左同
	討議	○自分の考えを，相手にわかってもらえるような話し方を工夫するようになる	○あらかじめ議題に対する自分の考えを立て，論点がはっきりわかるように話すことができる	○左同
		○自分の考えと比べながらよく聞くようになる	○必要に応じメモしながら聞き取り，相手の意見を尊重しようとする	○左同

234. 話し合い活動の具体例 ④

		小学4年	小学5年	小学6年
考える	討議	○よいと思う他人の意見を取り入れ，自分の考えを高めようとする	○左同	○左同
		○関係的な発言を積み上げながら，司会に協力するようになる	○話し合いを高めるため，進行について意見を持つようになる	○考えを高め合おうとする構えを持ち，進行に協力することができる
		○自分の考えをしっかり立てるようになる	○いろいろな条件を関係的にとらえて，自分の考えを立てようとする	○左同
		○一人ひとりの考えをたしかめ，可能な限り皆が満足できる結論を出すようになる	○自他の意見を尊重しつつ，学級全体の立場から実行可能な結論を出すようになる	○左同
為す	実行	○結論に従って，進んで実行するようになる	○結論に従って，進んで実行し結果を確かめようとする	○結論に従って，進んで実行し結果を確かめることができる

項目	小学4年	小学5年	小学6年
司会者	○教師の助言を得て，討議の順序を考えて進めるようになる	○教師の助言を得て，討議の順序と予想される意見を考えられる	○教師の助言なしでも進められるようになる
	○発言の機会を均等に与えることができる	○左同	○左同
	○教師の必要な助言で論点を明確にできる	○論点を明確にし話し合いを進められる	○論点を明確に，能率的に進められるようになる
	○教師の必要な助言で皆の意見をまとめられる	○皆の意見をまとめて，結論に導くことができる	○左同

235. 発問・助言・指示　①

発問・助言・指示

- 授業と教師の発問技術（重視の理由）
  - ①**教師の発問の適否**…授業分析等を通して授業の内容を評価する場合，必ず問題になるのが教師の発問である。特に，授業の8割以上が教師と児童生徒との相関関係で成り立っており，現在の学校の姿は教師の発問と切り離せない。
  - ②**小学校低学年から高等学校に至るまで**…そこに程度の差はあれ，教師の発問によって刺激を受け，方向づけられ，あるいは目を開かせられながら活動を営み，児童生徒の一人ひとりが必要な知識や能力を身につけていく実態がある。
  - ③**授業における教師の発問**…単に学習の効率に影響するのみではなく，その一言一言が児童生徒の心情面・情緒面に影響し，大きくは全人間形成を左右するほどの大きな力を持つ。
    このことは，とりもなおさず教師その人の能力や人間性をそのまま表すものといえる。授業に臨む教師は，日常の研修活動で，指導技術と併せて，広く豊かな人間性向上のための努力が重要な課題となる。

- 発言と発問
  - ①**発問の役割及び種類**…様々な考え方があるが，基本的には「発問」と呼ばれる授業の中での教師の活動は，講義や説明のように，一方的な知識の教授や注入を主とするものとは，「発問」の持つ役割と機能は異なっている。
  - ②**教師の「発問」の分類**…教師の発言すべてが発問ではなく，内容をその意味から整理すると，おおよそ『指示，発問，説明，助言』に分類される。
  - ③**指示，発問，説明，助言は**…その提示の仕方や児童生徒の反応状況によって，複雑に組み合って授業は構成される。

- ［発問・助言・指示の機能］

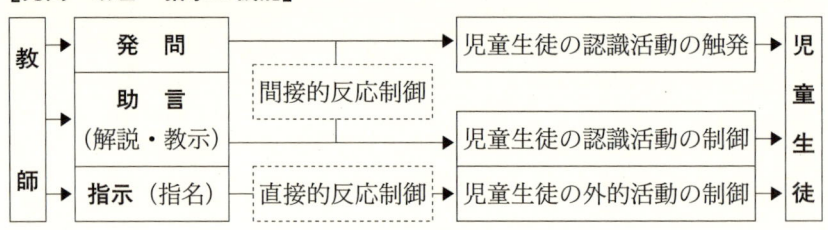

教師	発問		児童生徒の認識活動の触発	児童生徒
	助言（解説・教示）	間接的反応制御	児童生徒の認識活動の制御	
	指示（指名）	直接的反応制御	児童生徒の外的活動の制御	

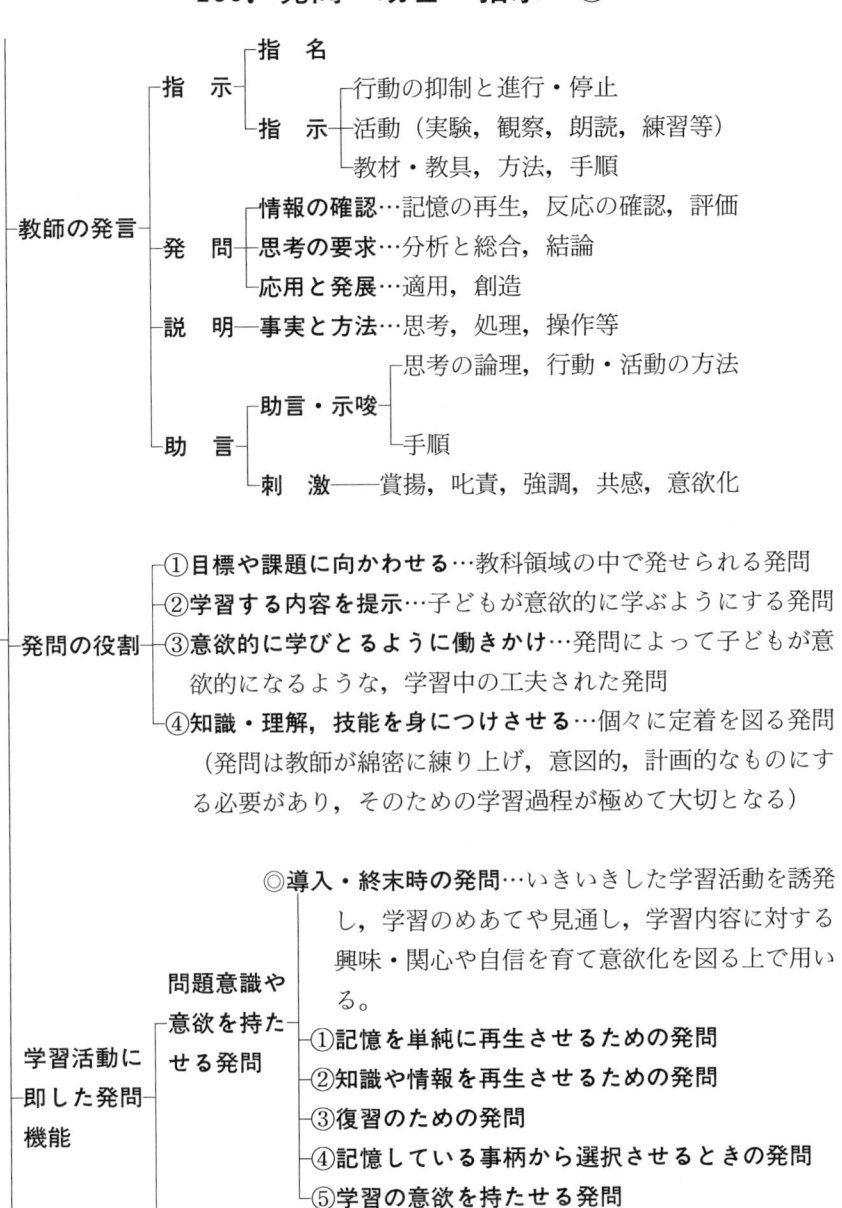

235. 発問・助言・指示 ②

- 発問・助言・指示
  - 教師の発言
    - 指示
      - 指名
      - 指示
        - 行動の抑制と進行・停止
        - 活動（実験，観察，朗読，練習等）
        - 教材・教具，方法，手順
    - 発問
      - 情報の確認…記憶の再生，反応の確認，評価
      - 思考の要求…分析と総合，結論
      - 応用と発展…適用，創造
    - 説明——事実と方法…思考，処理，操作等
    - 助言
      - 助言・示唆
        - 思考の論理，行動・活動の方法
        - 手順
      - 刺激——賞揚，叱責，強調，共感，意欲化
  - 発問の役割
    - ①目標や課題に向かわせる…教科領域の中で発せられる発問
    - ②学習する内容を提示…子どもが意欲的に学ぶようにする発問
    - ③意欲的に学びとるように働きかけ…発問によって子どもが意欲的になるような，学習中の工夫された発問
    - ④知識・理解，技能を身につけさせる…個々に定着を図る発問
      （発問は教師が綿密に練り上げ，意図的，計画的なものにする必要があり，そのための学習過程が極めて大切となる）
  - 学習活動に即した発問機能
    - 問題意識や意欲を持たせる発問
      - ◎導入・終末時の発問…いきいきした学習活動を誘発し，学習のめあてや見通し，学習内容に対する興味・関心や自信を育て意欲化を図る上で用いる。
      - ①記憶を単純に再生させるための発問
      - ②知識や情報を再生させるための発問
      - ③復習のための発問
      - ④記憶している事柄から選択させるときの発問
      - ⑤学習の意欲を持たせる発問

235. 発問・助言・指示 ③

発問・助言・指示
└ **学習活動に即した発問機能**

- **理解を深める発問**

  ◎問題の分析，思考の深化・発展の発問…授業の中における大事な発問である。物事を理解するときのアプローチの仕方や，目のつけ方が身につくように，また，それをさらに児童生徒自身が課題づくりをするように，発問を広げていく努力をする段階に用いるものである。
  - ①説明を求める発問
  - ②分析させるための発問
  - ③情報を見つけさせる発問
  - ④課題を与えたり，話し合いを求めるための発問
  - ⑤関係の判断や関連を求める発問
  - ⑥物や事柄の分類や区別をさせるための発問

- **思考を伸ばす発問**

  ◎教師からの適切な問いかけ…児童生徒は他からの問いかけがあって，はじめて答えを探し求める。従って教師からの適切な問いかけが必要になる。
  - ①感想や意見・批判を求める発問
  - ②想像や推理をさせる発問
  - ③集中的思考と拡散的思考をさせる発問
  - ④記憶事項に対する価値判断や評価のための発問
  - ⑤比較したり，異同を明らかにする発問
  - ⑥賛否・正否・適否の意見を求める発問
  - ⑦結論を求める発問

- **評価を求める発問**

  ◎授業の終末や単元の終わりに用いられる発問…まとめと評価を通し，次時や次の段階への発展につなぐ場合に必要となる。整理とその中から新たな問題の発見に働きかけることが中心の発問で，これにより一般化，共通化が図られる。
  - ①要約をさせる発問
  - ②原因・結果を求める発問
  - ③学習内容の発展を促す発問

235．発問・助言・指示　④

[発問の原理]

良い発問方法（発問の原理）
- ①**全体性**…学級全体に対して注意が喚起されるよう明確・正確に発問し、学級全体が考えられる時間的余裕が必要である。また全員に指名がゆきわたるような配慮が必要である。
- ②**時間性**…思考時間を考慮して与えることが絶対条件となる。記憶質問は思考時間は短く、思想質問は長く必要とする。
- ③**集中性**…集中させるため、発問は繰り返さない。発問の一つひとつが、教材の系列に組織化されていること。
- ④**融通性**…学級の状況に応じて発問に融通・弾力性を持たせる。予定の発問にこだわり過ぎず、学級の要求に適応させる。

[児童生徒の実態に応じた改善]＜学級の場合＞

授業での場面	発問のチェックポイント	改善の手立て
騒々しい学級	○導入のときに、本時の学習の見通しや課題をとらえさせる発問であったか？ ○発問が難しく、漠然としていなかったか？ ○発問が簡単すぎないか？ ○発問が多すぎないか？	○間をおいて、その原因を診断してみたり、発問の方向を思い切って転換させる ○教師も大声にならず、冷静さを保ち、小さな声で話す ○適当な音量で話す訓練をする ○無言で児童生徒の前に立ち、話し声の止むのを待って、騒がしさに気づかせる
発言量の少ない学級	○多様な答えを引き出す発問であるか？ ○教材解釈が不十分で、無理な答えを要求する発問ではないか？ ○児童生徒の実態からかけ離れた発問ではないか？	○間違いも大切にし、それをも認め合う学級づくりをする ○答えだけを要求するにとどまらず、どう答えたらよいのか、そのヒントをも与える発問をする

235. 発問・助言・指示 ⑤

[児童生徒の実態に応じた改善]＜個別の場合＞

授業での場面	発問のチェックポイント	改善の手立て
長々と話す子	○数多くのことを一度に要求していないか？	○発言の途中でも助言や指示を与え，まとめ方の要領を身につけさせる ○発表前に，簡単にメモをとらせる工夫をさせる ○一文の中に，二つの事柄以上は言わせないようにする
答えようとしない子	○難解で高度な発問でないか？	○その子の表現力の問題の外に，心理や環境に障害点がないかを配慮し，除去してやる ○児童生徒の助け合いの中で，その子を補佐し，安心感を与え，次時の発言へ意欲づける ○能力的に劣るような児童生徒も参加できる発問も，授業の中に位置づけを工夫しておく
騒がしい子	○一問一答になりがちな発問でないか？ ○考える余裕のない発問でないか？ ○能力差にも目を向けた発問が用意されているか？	○感覚的・瞬間的な応答の仕方の児童生徒の場合は，応答を封じるのではなく，じっくり考えてから答えるように，発問の切り返しをしてやる ○ためらいの原因を判断して，臆せずに自分なりの考えだしたものであれば，正答でなくとも認めて，心配を取り除いてやる

236. 良い発問の技術

良い発問の技術

- 子どもの発想に合った問い方
  - ①思考の筋道に合った発問…子どもたちは，頭の中で次に何について考えればよいのか思いめぐらし，思考の道筋を整えている。その考えの道筋に合った発問に心掛ける。
  - ②子どもの発想や考え方を考慮…単に授業の流れや授業の場面のみではなく，子どもの発想や考え方を考慮して発問する。

- 言葉の調子
  - ①発問を平板なものとしない…テンポ，イントネーション，語尾の上げ下げ，アクセントの置き方などを工夫することで，子どもたちを発問内容に向け応答の促進に結びつける。
  - ②教師の表情や目の動きなど…子どもは，教師の表情や目の動きとともに，言葉の語気に対して敏感に反応するものである。

- 間の取り方
  - ①発問の言葉の調子…変化をつけるために，言葉を続けたり，適当に休止したりする工夫も状態により必要である。
  - ②言葉の間の取り方…子どもに考えるための余裕を与えて，思考をなめらかにする。間のとるべきところは待つ。

- 正しい言葉づかい
  - ①正しい発声，発音で話す…発問のときは第一に心掛ける。
  - ②常体で話すよりも敬体で話す…発問は，全体を対象とした問いかけの場合が多いので，敬体で話す方がよい。

- 完全な文になる話しかけ
  - ①完全な文で問いかける…発問の内容は，言葉を選ぶことと，文脈をすっきりさせ，できるだけ完全な文体で行う。
  - ②完全な文で問いかけの効果…教師の正しい文体の問いかけに，子どもも正しい話し方で応答するようになる。

- タイミングの取り方
  - ◎場面に最もフイットした発問…発問の適時性ということを考え，子どもの学習状況に応じて投げかけることが必要。

- 応答の処理
  - ①発問の指導効果…発問自体と，その反応の処理の仕方によることが多い。
  - ②応答が間違っている場合…発問と食い違っている場合など，応答者の能力や気持ち，学習内容や難易度を踏まえて判断し，適切な処理が必要である。

- 指名の仕方
  - ◎目的を持って指名…個々の子どもにより指名の仕方を変える。

237. 板　書　①

板書

- **板書の教育的意義**
  - ①**板書とは**…「黒板にチョークで文字や絵を書くこと」と一応は定義できるが，現在様々な教育機器の開発や授業方法の工夫により，文字カード，フラッシュカード，OHPなどの投影と合成するなど，板書の定義も拡大されて考えられている。
  - ②**板書の効果**…最も初歩的，原始的な「視聴覚教具」であり，教師から児童生徒へ手渡される学習内容の具象的なもので，学習の成立に大きな役割を果たすことが多い。古くさい授業形態と考えられるが「黒板とチョークの授業」は，現在なお一般的で教室の必需品である。

- **板書の機能**
  - ①**子どもと教師の媒体的役割**…コミュニケーションをはじめ，子どもと教材との係わり合いによる知識・理解の定着等に，媒体としての役割を果たしている。
  - ②**板書を多角的に活用**…授業の始まりから，途中，そして終末に至るまで，随時使用できるほか，子どもたちが学習に参画して，効果的に利用もできるので，板書の機能は大きい。
  - ③**主たる機能**
    - (1)具体的事象を抽象化し，構造化したりする。
    - (2)多くの子どもと教師により構成され，加除・修正などで，集団思考を高め，深める。
    - (3)課題解決の追究過程における子どもたちの活動内容（子どもの経験・知識・思考）が連続的に位置づけられていく。
    - (4)子どもたちの知識や理解の定着を図るとともに，思考の深化発展をうながす。

- **授業過程で板書をする時期**
  - ①興味・関心・疑問を持たせたいとき
  - ②学習事項をしっかりつかませたいとき
  - ③特に覚えてほしいと思うとき
  - ④比較・検討をさせたいとき
  - ⑤問題や課題を提示するとき
  - ⑥まとめをするとき
  - （授業の進行中にいつ，何を，どう板書するか予想しておく）

237. 板　書　②

板書

- **板書の持つ原理**
  - ①**省略の原理**…板書は，授業内容のすべてを書く必要はない。「書くことと，書かぬこと」を弁別し，記載事項を簡潔に。
    - ○単なる簡略化ではなく「系統化や構造化を」期待している。
    - ○文章の形→句の形→語の形と簡潔な表現を工夫する。また図形・記号・矢印などで簡略化する。
  - ②**継続の原理**…継続発展の原理に立ち，板書は瞬間にして完成するものではなく，完成のプロセスに意味を持ち，他の視聴覚教具と異なる意義を認められるものである。

- **板書の分類（型）**
  - ①**羅列型**…学習事項や子どもの発言を，羅列していく型。前後の関係がわかりにくい。
  - ②**比較対象型**…上段・下段にそれぞれ特色を書き，相違を見る。
  - ③**分類型**…概念を細かく分類していく型，理解しやすいが，味もそっけもない。
  - ④**構造図型**…四角で囲んだり，直線や曲線で結びつける。
  - ⑤**帰納型**…上の幾つかの条件から帰納されたことを書く。
  - ⑥**止揚型**…弁証法的に止揚される過程を書く。
  - ⑦**回路型**…関連ある事項を線で結びつける。

- **板書の時期**
  - ①**板書し，それをノートさせる**…を繰り返していく。
  - ②**授業の最後に集中的に板書**…板書なしで授業を進行し，授業の最後にまとめてノートさせる。
  - ③**途中ノートを禁じる**…授業中板書を続けるが，途中のノート取りを禁止し，授業の最後にまとめてノートさせる。
  - ④**授業前にあらかじめ板書**…それをもとに授業に入る。
  - ⑤**あらかじめ小黒板に板書**…授業中の必要時に提示する。
  - ⑥**板書に掲示を用意**…板書した上にあらかじめ用意しておいた紙やカードを貼るなどして，理解を容易にする。
  - ⑦**OHPなどの投影図との合成**…白色模造紙や白色ボード（黒板）に，投影図を合成しながら板書構成をする。

- **注意事項**
  - ①**文字の大きさ**…「低学年で20cm²大」「高学年でも10cm²大」
  - ②**文字の太さ**…濃さ，書く速さ，筆順指導の効果も大きい。

237. 板　書　③

- 板書
  - 授業展開と板書
    - 導入時の板書
      - ①動機づけの板書…子どもが課題を解決していくためには「解決しよう」という意欲が必要である。導入時において子ども一人ひとりに「おや？」「どうしてかな？」という興味や疑問等の動機づけが大切である。その手助けになるのが板書である。
      - ②板書による意識づけ…課題を導くための条件を板書した後、これらの条件によって見つけだされた学習課題等を、色チョークで囲むなどして意識化する。
    - 展開時の板書
      - [授業の中核を形成する段階であり、量・質ともに板書の活用が最もなされる時期である]
      - ①教師の意図を明確に…積極的に教えることと、子どもに考えさせることを区別して板書する。
      - ②必要最小限の事項を的確に…簡潔・明確化する。
      - ③板書表現を適切に…理解できる文字や単語等
      - ④要点をおさえる…発表や話し合いの要点を書く。
      - ⑤ノートするのに役立つ…適切でない板書量や速さ、色チョークの多用は、ノートするときに困ることがある。
    - 整理時の板書
      - [学習内容を再確認、定着を図る板書の段階となる。課題のまとめを新たに板書したり、これまでの板書全体を見直しながら確認をすることが必要な時期]
      - ①子どもと一緒にまとめていく…個々の子どもによりその理解度は様々、具体的内容にふれながら、子どもとともにまとめていく必要がある。
      - ②「けじめ」…授業は子どもと教師・教材の相互作用であり、板書はその中での共通の確認事項である。「けじめ」の意味でこの段階の板書は極めて大切。
  - 発達段階と板書
    - ①低学年では…板書を写すだけでなく、教師の書き方まで真似ながら書く、丁寧に正確、短く、わかりやすく、が基本。
    - ②高学年以上…ノートとの関係や、児童生徒の板書への積極的な参加で、授業に活発な動きや変化が期待される。

Ⅵ／保健・安全

238. 学校保健法等の改正…………362
239. 学校保健……………………363
240. 学校保健の領域と内容………364
241. 保健委員会と保健主事………365
242. 養護教諭と
　　 保健カウンセリング…………366
243. 肥満症………………………367
244. 学校の環境衛生………………369
245. 学校における感染症…………370
246. インフルエンザの臨時休業…371
247. 学校給食法の改正……………372
248. 学校給食……………………373
249. 「食育」と栄養教諭 …………374
250. 学校給食と食中毒……………375
251. 学校安全の法令施行…………376
252. 学校安全……………………377
253. 学校安全の留意事項…………378
254. 学校安全の全体構造…………380
255. 交通安全教育………………381
256. 学校プールの安全管理………382
257. 学校の防火管理……………383
258. 防災教育……………………384
259. 学校の危機管理………………385
260. 学校事故……………………387
261. 学校事故への対応……………391
262. 学校の危機対策………………393

238. 学校保健法等の改正

学校保健法等の改正

改正の趣旨

①**法律名の改称**…平成20(2008)年6月，学校保健法等の一部を改正する法律が成立・公布された。改正法では「学校保健法」という法律名を「**学校保健安全法**」に改正された。
これまでの学校保健法には規定されていない学校安全に関する規定を取り上げ，学校での安全の確保が緊急の課題であるという認識にたっている点が強く現れている法律である。

②**中教審答申**(20年1月)…「子どもの心身の健康，安全・安心の確保に関する方策」の，次の提言に応えたものと言える。
(1)学校の環境衛生や給食の実施等に係わる国の基準策定
(2)学校施設や通学路の安全を図る点検，対処要領の策定
(3)保健指導や食育の充実に養護教諭・栄養教諭の役割等を学校保健法や学校給食法に位置づける。

責任体制の明確化

①**国及び地方公共団体**…国及び地方公共団体は相互に連携を図り，各学校の保健・安全に係わる取組みが確実，効果的に実施されるため，最新の知見，事例を踏まえ必要な施策を講じる努力をしなければならない(学保法3)。文部科学大臣は，学校における換気，採光，照明，保温，清潔保持その他環境衛生に係わる事項につき，児童生徒等及び職員の健康の保護とその維持について望ましい基準を定めるものとする(同法6①)。

②**学校の設置者**…その設置する学校の児童生徒等及び職員の心身の健康の保持増進を図るため，当該校の施設設備並びに管理運営体制の整備充実その他必要な措置を講ずる(同法4)。

③**各学校において**…学校においては，児童生徒等及び職員の心身の健康の保持増進を図るため，健康診断，環境衛生検査，児童生徒等に対する指導その他保健に関する事項について計画を策定，実施しなければならない(同法5)。学校においては，学校環境衛生基準に照らして適切な環境の維持に努めなければならない(同法6②)。校長は，学校環境衛生基準に照らし適正を欠く事項があると認めた場合は，遅滞なく改善のため必要な措置を講じ，又は措置不能の場合は学校の設置者に対しその旨を申し出るものとする(同法6③)。

239. 学校保健

学校保健の用語と内容
- ①**学校保健**…保健教育と保健管理の2分野を学校保健という。保健教育は…学習指導要領に基づき行われる児童生徒の指導。保健管理は…学校保健安全法に基づいて行われる児童生徒，教職員の保健管理を行う。
- ②**狭義の用い方**…一般には「保健管理」の分野を指す。

保健教育
- ①**学校の保健教育**…児童生徒に，健康で安全な生活を営むために，必要な知識，習慣，態度を養うことを目的とする。
- ②**保健学習**…保健体育，体育的活動，理科，社会科，家庭科等。
- ③**保健指導**…学級の指導，特別活動，総合的な学習の時間等。

保健管理
- ①**学校の保健管理**…保健教育と有機的な関連を図りながら，学校保健安全法を基盤として，児童生徒の健康の保持増進を図るため，他律的に与える管理活動で，学校の教育課程の一環として計画的に行う。
- ②**学校保健計画の策定**…児童生徒，教職員の健康診断，環境衛生検査，安全点検その他保健又は安全に関する事項について，計画を立て実施する (学保法4，5)。
- ③**健康診断の実施**(学校法12)…児童生徒，教職員ともに毎学年定期 (学保法13①，15①)，必要により臨時 (学保法13②，15②)。臨時の場合は，感染症・食中毒の発生時，風水害等で感染症発生の恐れのとき，学校行事の実施前等。健康診断の結果による適切な事後処置 (学保法14，16)。
- ④**学校環境衛生**…換気,採光,照明,保温,騒音,清潔など,定期・臨時に検査し，衛生環境の維持と必要な改善 (学保法6)。
- ⑤**健康相談**…健康相談 (学保法8)。
- ⑥**感染症の予防**…感染症の予防 (学保法施規21)。必要により出席停止 (学保法19)，臨時休業 (学保法20)。
- ⑦**保健室**…学校に保健室を設けることを規定 (学保法7)。
- ⑧**その他**…学校医，学校歯科医，学校薬剤師を規定 (学保法23)。

学校保健計画の立案
- ①**立案者**…保健主事 (学保法施規45，準用79，104，113，135) が中心。
- ②**実施・協力者**…全教職員，学校医・学校歯科医・学校薬剤師 (学保法施規22，23，24)，保護者。

240. 学校保健の領域と内容

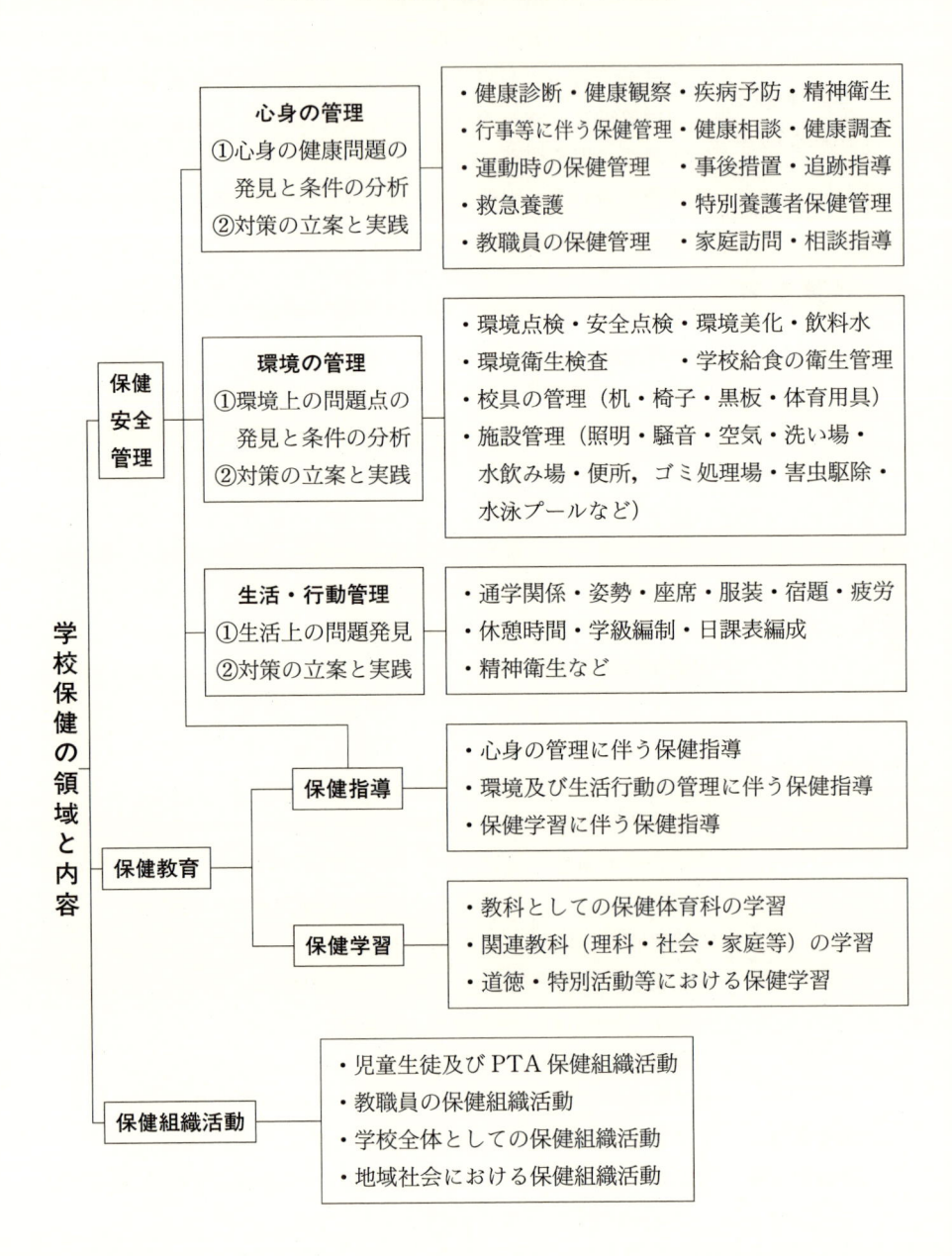

学校保健の領域と内容
- 保健安全管理
  - 心身の管理
    - ①心身の健康問題の発見と条件の分析
    - ②対策の立案と実践
    - ・健康診断・健康観察・疾病予防・精神衛生
    - ・行事等に伴う保健管理・健康相談・健康調査
    - ・運動時の保健管理　・事後措置・追跡指導
    - ・救急養護　　　　　・特別養護者保健管理
    - ・教職員の保健管理　・家庭訪問・相談指導
  - 環境の管理
    - ①環境上の問題点の発見と条件の分析
    - ②対策の立案と実践
    - ・環境点検・安全点検・環境美化・飲料水
    - ・環境衛生検査　　　・学校給食の衛生管理
    - ・校具の管理（机・椅子・黒板・体育用具）
    - ・施設管理（照明・騒音・空気・洗い場・水飲み場・便所，ゴミ処理場・害虫駆除・水泳プールなど）
  - 生活・行動管理
    - ①生活上の問題発見
    - ②対策の立案と実践
    - ・通学関係・姿勢・座席・服装・宿題・疲労
    - ・休憩時間・学級編制・日課表編成
    - ・精神衛生など
- 保健教育
  - 保健指導
    - ・心身の管理に伴う保健指導
    - ・環境及び生活行動の管理に伴う保健指導
    - ・保健学習に伴う保健指導
  - 保健学習
    - ・教科としての保健体育科の学習
    - ・関連教科（理科・社会・家庭等）の学習
    - ・道徳・特別活動等における保健学習
- 保健組織活動
  - ・児童生徒及びPTA保健組織活動
  - ・教職員の保健組織活動
  - ・学校全体としての保健組織活動
  - ・地域社会における保健組織活動

241. 保健委員会と保健主事

保健委員会と保健主事

- **学校保健委員会**
  - ①**役割**…学校保健についての問題を検討し，その実践を推進していくための研究協議と連絡調整を行う機関であり，児童生徒保健委員会とともに，学校保健運営の自主的な活動組織。
  - ②**構成**…校長，副校長・教頭，保健主事，保健教育担当教員，養護教諭の他，学年・学級担任等，また必要に応じて栄養教諭，栄養士，学校給食関係の代表，学校医関係，薬剤師，児童生徒代表，保護者の代表などが参加する。
  - ③**設置根拠**…(昭和33年6月16日 文部省局長通達)
    「法の運営をより効果的にさせるための諸活動…学校保健委員会の開催・活動の計画等も含む…」とある。
  - ④**設置理由**…学校保健の推進向上を図るため，児童生徒の校内外生活の全領域にわたる保健上の問題の解決が必要なこと。学校保健指導組織や関係機関が多いこと。対象とする関係者が多いこと。保健自治活動が必要であることなど。

- **保健主事**
  - ①**設置根拠**…「小学校においては保健主事を置くものとする。但し，特別な理由のあるときは置かないことができる」(学校法施規45，準用79，104，113，135)
  - ②**保健主事**…指導教諭，教諭又は養護教諭をもって，これに充てる。
    「保健主事は，校長の監督を受け，小学校における保健に関する事項の管理に当たる」(学校法施規45④，中・高・中等教育学校・特別支援学校は準用)
    上記に示すように，保健主事は，学校の保健教育・保健管理の総括的責任者である。

- **保健主事の職務内容**
  - ①学校保健計画の立案・実施・管理
  - ②保健に関する現職教育の推進
  - ③学校保健関係の統計調査，計画立案・整理・活用
  - ④学校保健委員会の組織と運営
  - ⑤児童生徒の保健委員会の組織運営と指導
  - ⑥一般教員，養護教諭並びに学校医等との連絡調整
  - ⑦関係機関等との連携…PTA，保健所その他地域社会の保健関係機関・団体等との連絡，協力を得ることなど。

242. 養護教諭と保健カウンセリング

養護教諭と保健カウンセリング

- **養護教諭**
  - ①**養護教諭の職務**…法令では「養護教諭は，児童の養護をつかさどる」(学校法37⑫：中学校等準用)と規定している。しかし「養護とは，児童生徒の健康を保持・増進するための教育活動である」と広義に解されるから，そこから極めて多様な職務内容が考えられる。
  - ②**職務内容**…「健康教育」「保健管理」「保健学習」のほか，学校保健委員会の企画・運営活動等の全域にわたって，立案，従事，協力，指導・助言等を行う弾力性の強い専門職である。特に，最近は，いわゆる保健室登校児の増加も見られ，一方，生活習慣病など新たな問題等に指導が求められている。

- **専門的能力の活用**
  - ①**養護教諭の専門性を活用**…いじめ，不登校，薬物乱用，性の逸脱行為等の深刻な問題に対処するとともに，児童生徒の心身の健やかな発達を援助するため，養護教諭の有する知識・技能及びその専門性を教育指導に活かす観点から，平成10年通常国会で免許法の一部改正を行い，養護教諭が「保健」の授業を担当することができることとした。
  - ②**保健主事に充てることができる**…学校の実情に応じ，養護教諭がそれにふさわしい十分な資質・能力を有する場合は，これを保健主事(指導教諭，教諭又は養護教諭)をもってこれに充てる。とされている(学校法施規45③)。

- **保健カウンセリング**
  - ①**カウンセリングとは**…個人指導，身の上相談，人格の治療または相談・助言とよばれ，今日，特に重要視されている。
  - ②**学保法8条に規定された健康相談**…身体的な面の健康が中心となり，医師が医療の一環として行うものに似ているので，診療型の健康相談という(ヘルス・カウンセリング)。
  - ③**児童生徒の心とからだの問題**…②の健康相談に対して，心の問題を併せて取り上げ，教育的な立場からの相談活動で，身体的，心理的，精神的な悩みに対して指導・助言を与える相談(メンタルヘルス・カウンセリング)があり，今日その必要度が特に高い。カウンセラーは，この両者を効果的に用いることが必要となっている。

243. 肥 満 症 ①

- 肥満症
  - 肥満
    - ①肥満とは…単に体重が多いということではなく，脂肪組織を中心として全身的に脂肪の蓄積が異常に増加した状態をいう。
    - ②小児肥満…その成因・病態は，成人の肥満と同様といえるが，「発育期の肥満」という当然の事実と，発生時期が成長の著しい乳・幼児期や思春期に急速に肥満が進行する特徴がある。
    - ③肥満症…医学的に考察して治療が必要な肥満の状態を「肥満症」といっている。学童肥満で食事療法等を必要とするのは，中等度以上（肥満度30％以上）の肥満児である。
    - ④肥満の病態…臨床的に「単純性肥満」と「症候性肥満」とに大別され，大多数を占める単純性肥満は摂取熱量と消費熱量の差（摂取過剰）が単に体内脂肪として蓄積の状態である。
  - 肥満の判定
    - ①標準体重からの判定…
      - (1) **Broca 指数の変法（桂法）**…Broca 指数（身長 cm−100）の変法である桂法（Broca 指数×0.9）を標準体重とする。
      - (2) 肥満度…［(実測体重−標準体重)／標準体重×100］を求める。結果がわかりやすいが国際的な比較に難所がある。
    - ②体格指数からの判定（Body Mass Index）…**BMI**
      肥満の判定には，一般的に身長と体重が目安となり，最近では［**体重(kg)÷身長(m)^2**］がよく用いられ，標準体重の指標とされている。BMI20％を超えた場合，肥満傾向とされる。統計的に最も合併症を起こしにくいBMIは，**男22.0，女21.5**あたりといわれている。
      これを基に［**適正体重(kg)＝身長(m)×身長(m)×22**］を日本肥満学会が採用・提唱している。
    - ③皮下脂肪厚からの判定…上記判定にはそれぞれ長所・欠点があり，これを補うものに，皮脂厚計を用いる方法があるが，測定手段が繁雑で術者によりバラツキが見られる。
  - 肥満度の分類
    - ①軽度肥満（肥満度20〜29％）…衣服を着けた状態では目立たないが，裸になると「やっぱり太いなぁ」と思う。
    - ②中等度肥満（肥満度30〜49％）…着衣の状態でもわかる。
    - ③高度肥満（肥満度50％以上）…動くのが大変だろうと思う。

243. 肥満症 ②

肥満症

- **小児肥満の判断**
  - ①学童期以後の小児…成人肥満と同様に標準体重を20％以上を上まわる例（肥満度20％以上）を肥満と定義する。標準体重の決定は，成人の場合と異なり年齢，性，身長別に，厚労省と文科省の統計調査の全国平均値から求めている。
  - ②3歳前後の幼児期…15％以上を肥満児として経過を観察するのが妥当としている。

- **小児肥満治療の必要性**
  - ①思春期年齢に達した肥満児…約三人に一人の割合で高コレストロール血症や肝機能検査の異常（脂肪肝）など，成人病（生活習慣病）ないしは成人病予備状況の合併が認められる。早期からの対応が必要である。
  - ②小児肥満への悪循環…15kg～20kgなどと体重がオーバーしていると，とても皆と同じようには走れない。その結果，運動嫌い・体育嫌いなどが生じてくる。また皮下脂肪が厚く，真夏にコートを着ているようなもので，少しの運動でも大汗をかき，ジュースなどを多く飲むようになる。肥満児は決して夏やせしない。むしろ夏に最も肥満が進行するほどである。
  - ③成人肥満に進行…放置すれば成人肥満に進行，ひいては成人病の早期発生を招く危険性がある。

- **小児肥満指導の要点**
  - ①保護者の理解と態度が重要…肥満児指導の効果を期待するには保護者等の理解と参加がぜひ必要となる。保護者が積極的に戸外での運動や家庭でのバランスのとれた食事を一緒にとるようなことや，食事の嗜好等に家族ともに気をつかうことが大切だからである。
  - ②子どものライフスタイルの形成…食事に対するライフスタイル等は幼児期に形成されるものが大きい。子どもたちの生活環境の改善が重要な課題となる。
  - ③改善意欲を持たせる…食欲旺盛で，太って健康そうなのが保護者等にとって安心の種であるが，成人になってからのことなどあまり考えないものである。小学校入学時から中等度以上（30％以上）の肥満の予後を考え小児期から改善意欲が大切である。

244．学校の環境衛生

学校の環境衛生
├─ 学校環境衛生の法制と意義
│   ├─ ①**学校環境衛生の維持・管理**…学校における換気，採光，照明，保温，清潔保持等の環境衛生基準に照らして，適切な環境の維持に努めなければならない（学保法6）。
│   └─ ②**学校環境衛生の意義**…学校における保健管理の重要な領域の一つで児童生徒を負傷・疾病から保護し，学習能率の向上を目的として，学校の環境条件を調整・整備するものである。
├─ 組織体制の充実
│   （学保法6）
│   （同法施規22-2, 24-2,3）
│   ├─ ①**効果的な学校環境の維持・改善**…日常点検はもとより定期検査，臨時検査等について，教職員，学校医，学校薬剤師の参加による学校全体としての組織的な実施が必要である。定期の検査は，学校保健計画に盛り込み計画的に実施しなければならない。
│   └─ ②**定期検査**…維持・改善を図るには，その前提となる状況把握のための検査が必要である。例えば，学校薬剤師が担当して，その結果は保健主事により全教職員に周知され，児童生徒に対して適切な指導がなされたり，改善が行われるなどである。
├─ 環境衛生の検査事項の概要
│   （学保法施規22-2, 24-2,3）
│   （学校環境衛生基準が，学保法6①の規定に基づき文科省告示（平成21.3.31）されている）
│   ├─ ①**飲料水・水泳プール**…用水の水質並びに排水の状況。
│   ├─ ②**施設・設備の衛生状態**…水道水及び水泳プール並びに学校給食用の施設・設備の衛生状態，浄化消毒等のための設備の機能状況（検査の中心的役割は学校薬剤師：学保法施規22-2）。
│   ├─ ③**採光及び照明**…教室その他学校における採光・照明の状態。
│   ├─ ④**空気，暖房，換気，騒音**…学校の各所，各部分によりそれぞれの違いがあるので，検査，測定等には十分注意する。
│   └─ ⑤**その他校長が必要と認めた事項**…①〜④は学校環境衛生に関する基本的で重要な事項であるが，学校により特殊な事情もあるので校長の必要とするものを認めている。
│   なお，④の各項目については，学校によっては環境が良好で検査の必要がない場合もあるので，地域事情により除くことができる。臨時検査は学校行事等で必要とする事項を行う。
└─ 事後の措置
    ├─ ①**環境条件以外の措置も考える**…児童生徒の服装のことや学習活動の在り方に変更を加える措置等も併せて考慮する。
    └─ ②**より経済的・近代的な措置を講ずる**

245. 学校における感染症

- 学校における感染症
  - 予防すべき感染症（学保法施規18）
    - 保健所への届け出…診断した医師が届け出る。
    - 第1種─エボラ出血熱，クリミア・コンゴ出血熱，痘そう，南米出血熱，ペスト，マールブルグ病，ラッサ熱，急性灰白髄炎，ジフテリア，重症急性呼吸器症候群，鳥インフルエンザ
    - 第2種─インフルエンザ，百日咳，麻しん，流行性耳下腺炎，風しん，水痘，咽頭結膜熱及び結核
    - 第3種─コレラ，細菌性赤痢，腸管出血性大腸菌感染症，腸チフス，パラチフス，流行性角結膜炎，急性出血性結膜炎，その他の感染症
  - 発生予防の早期措置（学保法施規21）
    - ①感染症の予防措置…感染症にかかっており，また疑いのある児童等を発見した場合，必要あるときは学校医の診断，出席停止の指示，消毒その他適当な措置をする（学保法施規21①）。
    - ②消毒・その他適当な措置…学校内に感染症で汚染，又はその疑いがある物件に，消毒その他適当な措置をする（学保法施規21②）。
    - ③付近で感染症が発生したとき…第1種又は第2種の感染症が発生したときは，状況により適当な消毒を行う（学保法施規21③）。
  - 発生後の措置
    - ①報告と連絡等…感染症発生の場合は速やかに学校医，教委，保健所等に連絡する。
    - ②事後措置…学校医の意見を聴いて健康診断，出席停止，臨時休業，消毒その他事後計画を立て予防措置を行う。
    - ③発生原因等の解明と対策…関係機関の協力を求め，原因の除去・予防に努力する。保護者・関係者に状況等を知らせる。
  - 感染予防の出席停止・臨時休業
    - ①出席停止…感染症にかかっており，かかっている疑い，かかる恐れのある場合，政令により出席停止ができる（学保法19）。
    - ②臨時休業…予防上必要のとき，臨時に学校の全部・一部を休業（学保法20）。
    - ③指示…校長はその理由・期間を明らかにして，小・中・特別支援学校の児童等（高校・高等部生徒を除く）の保護者に指示する。高校・高等部の生徒には本人に指示する（学保法施令6）。
    - ④出席停止の期間…感染症の種類により文科省令の基準による。
    - ⑤停止期間の基準…感染症の種類により学保法施規19条に呈示。
    - ⑥出席停止の報告…校長は設置者に報告（学保法施令7，施規20）

246. インフルエンザの臨時休業

インフルエンザの臨時休業

- **学級閉鎖とその法制**
  - ①**学級閉鎖・学校閉鎖**…学校で感染症が発生した場合には，学校の一部の臨時休業をすることがあるが，この学級を単位として行われる一部の臨時休業を学級閉鎖という。学校閉鎖は，流行が蔓延し，学校全体に及ぶ恐れのあるとき，学校単位としての臨時休業が行われ，いわゆる学校閉鎖が措置される。
  - ②**学校保健安全法20条**…「学校の設置者は，感染症の予防上必要があるときは，臨時に，学校の全部又は一部の休業を行うことができる」とあり，感染症の出席停止（学保法19）が児童生徒一人ひとりに対し行われるものに対して，学校の授業そのものを休止する学級・学校閉鎖は感染症防止の重要な施策である。

- **学級閉鎖の意義**
  - ①**感染症の防止措置**…インフルエンザの流行は毎年のようにあるが，発育途上にある小・中学生は最も罹患しやすい年齢層であり，しかも集団生活で教育を受ける場にある学校においては，特段の予防・防止策が行われる必要がある。
  - ②**発生防止の対策**…発生防止のため保健教育を実施し，家庭の協力を求めて予防接種を行い，患者が発生したときは，臨時の健康診断の実施や，罹患児に対する出席停止なども行うが，さらに憂慮される事態では，臨時に授業を休止（学級閉鎖・学校閉鎖）を行う。（設置者は，保健所と連絡：学保法施令5）

- **学級閉鎖の権限**（学保法20）（学保法施規19, 20）
  - ①**学級閉鎖は学校設置者が行う**…学級閉鎖を行う程度にインフルエンザ等が流行しているときは，各学校の判断のみで閉鎖を行うだけでは効果が薄いことが考えられる。
  - ②**授業の休止は重大な措置**…学校の授業を休止することは，義務教育の一時休止の措置であり，法制上でも重大な措置であるため，校長ではなく学校設置者が行うこととされている。

- **事後の措置**
  - ①**学級閉鎖を行ったとき**…休業中に対する児童生徒の保健指導や学習指導を適切に行う。再開したときは，出席状況の追跡，罹患状況を調査するとともに保健指導を十分行う。状況によっては再休業の措置も考慮する。
  - ②**出欠の記録**…「出席停止・忌引等の日数」に記入される。

247. 学校給食法の改正

学校給食法の改正

- **法律の趣旨と総則**（学給法1, 2）
  - ①**法律の目的**…学校給食が児童生徒の心身の健全な発達に資するものであり、児童生徒の食に関する正しい理解と適切な判断力を養う上で重要な役割を果たすことにかんがみ、学校給食及び学校給食を活用した食に関する指導の実施に関し必要事項を定め、学校給食の普及・充実、学校の食育の推進を図ることを目的とする。
  - ②**学校給食の目標**…学校教育の目的実現のため次の目標を設定
    (1)適切な栄養の摂取により健康の保持増進を図ること。
    (2)日常生活の食事に正しい理解を深め、健全な食生活を営むことができる判断力を培い、望ましい食習慣を養うこと。
    (3)学校生活を豊かにし明るい社交性、協同の精神を養うこと。
    (4)食生活が自然の恩恵の上に成り立つことの理解を深め、生命及び自然を尊重する精神並びに環境の保全に寄与する態度を養うこと。
    (5)食生活が食に係わる人々の様々な活動に支えられて成り立つことに理解を深め、勤労を重んずる態度を養うこと。
    (6)我が国や各地域の優れた伝統的な食文化に理解をすること。
    (7)食料の生産、流通、消費について正しい理解に導くこと。

- **実施に関する基本的事項**（学給法6, 7, 8, 9）
  - ①**学校給食実施の施設**…義務教育学校の設置者は、2以上の学校の学校給食の実施に必要な施設(共同調理場)を設けられる。
  - ②**学校給食栄養管理者**…学校又は共同調理場で学校給食の栄養に関する専門職員は、教育職員免許法の栄養教諭の免許状を有する者又は栄養士法による栄養士免許を有する者で学校給食の実施に必要な知識又は経験を有する者であること。
  - ③**学校給食実施基準**…文部科学大臣は児童生徒に必要な栄養量、学校給食の内容等で必要な事項と維持について基準を定める。
  - ④**学校給食衛生管理基準**…文部科学大臣は、実施に必要な施設や設備の整備及び管理、調理過程の衛生管理について基準を定める。**学校設置者**は上記基準に照らし適切な衛生管理に努める。**校長・共同調理場の長**は基準に照らし適正を欠くときは設置者に申し出る。

248．学校給食

学校給食

- 学校給食の実施基準
  - ①**学校給食は**…「児童及び生徒の心身の健全な発達に資するものであり，かつ，児童及び生徒の食に関する正しい理解と適切な判断力を養う上で重要な役割を果たすもの」(学給法1) とある。
  - ②**学校給食の実施基準**…(平成21(2009)年4月文科省告示61号「学校給食実施基準」)
    (1)学校に在学するすべての児童生徒に対して実施される。
    (2)年間を通じ，原則毎週5回，週授業日の昼食時に実施。
    (3)児童生徒個々の健康及び生活等の実態，地域事情に配慮。
    (4)栄養内容は，一人一回当たりの学校給食摂取基準とする。
  - ③**義務教育諸学校の設置者**…当該義務教育諸学校において学校給食が実施されるよう，また，国・地方公共団体は，その普及と健全な発達を図るよう努めなければならない (学給法4，5)。
  - ④**必要経費の負担区分**…施設・設備の経費，運営に要する経費並びに人件費を設置者が負担し，学校給食の食材料費は，給食を受ける児童生徒の保護者の負担とする (学給法11①, ②)。

- 教育的効果と指導時数
  - ①**学校給食の特徴と教育効果**…食事という人間の基本的行為を教師と児童生徒が一堂に会して行うことは大きな特徴の一つである。そこには，教科指導時には見られない，くつろいだ雰囲気の中に，自然な心のふれあい，社会性の育成，個人差の尊重など，生徒指導を進めていく上で大きな効果がある。また，給食の準備・後片付けの勤労体験や，奉仕することへの喜び，感謝の念を培う指導等も期待できるものである。
  - ②**学校給食の扱い**…学習指導要領 (平成20年改訂) においても「学級活動」に位置づけられ，授業時数では「給食，休憩などの時間については，学校において工夫を加え，適切に定める」とされている。ただし，授業時数にはカウントしない。

- 児童生徒の安全管理
  - ①**児童生徒の安全管理**…給食の受領・運搬・配食に関係ある施設設備，器具器材の安全点検を定期又は臨時に実施，結果に対して整備，措置を敏速にとる。また衝突，転落，つまずき，転倒の他，火傷やケガなどの防止に指導と配慮をする。
  - ②**児童生徒の安全指導**…給食の受領，運搬，配食等の際，過失や悪ふざけなどで，事故を起こさぬように指導が必要である。

249.「食育」と栄養教諭

「食育」と栄養教諭

「食育」の基本的事項

① **栄養教諭の制度化**…平成16(2004)年5月，栄養教諭の制度化を取り入れた学校教育法の一部改正が成立し，翌年4月より実施された。栄養教諭は，児童生徒の栄養の指導及び管理を行い，学校における「食に関する正しい理解とその指導」の中心的機能を担う。(65.「栄養教諭」参照)

② **食育基本法の前文には**…「21世紀における我が国の発展のためには，子どもたちが健全な心と身体を培い，未来や国際社会に向かって羽ばたくことができるようにするとともに，すべての国民が心身の健康を確保し，生涯にわたって生き生きと暮らすことができるようにすることが大切である」とある。

③ **学校における「食育」**…子どもたちが豊かな人間性を育み「生きる力」を身につけていくためには，何よりも「食」が重要であり，「食育」を生きる上での基本であって，知育，徳育及び体育の基礎となるべきものである。このことを位置づけ，様々な経験を通して「食」に関しての知識と「食」を選択する力をつけ，健全な食生活を組み立て実践できる「食育」を学校教育や学習活動において推進する。

学校の役割

① **教職員の共通理解と連携**…校長のリーダーシップの下，教職員の共通理解に立った連携や協力を得ながら，学校栄養職員や給食職員が中心となって組織的，継続的な取組みを進める。

② **学習環境を整える**…児童生徒が「食」について計画的に学習できるよう系統性や継続性に配慮し「食」に関する関心や理解を深める体験活動，交流活動，また「食」に関する学習教材の制作，開発等を推進する。

③ **学校給食の献立内容の充実**…献立内容の変化，充実を創造的に促進するとともに，各教科等においても学校給食が「生きた教材」として更に活用されるよう工夫することが大切である。郷土食など地域の協力とアイデアの活用等も考えられる。

④ **「食」に関する指導**…「食」に関する指導は，給食の時間に限定されるものではなく，学級活動をはじめ学校教育活動全体の中で広く展開されるものととらえられる。

250. 学校給食と食中毒

学校給食と食中毒

- **集団食中毒発生の経過と防止策**
  - ①**病原性大腸菌患者の集団発生**…平成8(1996)年5月岡山県で最初の集団発生が確認され，腸管出血性大腸菌 O-157の食中毒（感染患者）は，同年7月大阪府堺市にも発生，日本全国を震撼させ，学校給食においても多数の児童生徒が有症者となり，中には尊い生命を失うという大きな被害をもたらした。
  - ②**感染のリスクは全国に蔓延**…DNA 分析の結果，岡山と大阪の菌株が異なり，感染源が同一でないことを証明した。このことは，感染のリスクは広く全国に蔓延したと考えられる。
  - ③**死に至る急性下痢症**…O-157菌による食中毒は，死に至る下痢症として恐怖をもたらしたが，一方で医療現場での冷静な対応が患者の早期発見をよび重症化を抑制した。これを契機に学校給食の衛生管理を徹底し発生防止の努力が重要である。

- **衛生管理の徹底**
  - ①**衛生管理の徹底**…学校給食の衛生管理については(旧)「学校給食衛生管理基準」(平成9(1997)年4月文部省体育局長通知) をもとに，学校給食を行う学校の設置者，調理場長，学校等がそれぞれの責務を担当，学校給食施設・設備，調理員等の衛生管理，集団食中毒の防止などに努力してきた。
  - ②**衛生管理基準の一部改正**…学校給食法(昭和29(1954)年法律160) 9条1項の規定に基づき（新）「学校給食環境衛生管理基準」(平成21(2009)年文科省告示64) が平成21(2009)年3月31日公布された。これにより学校給食を実施する教委等の責務を明確にし，学校給食の施設・設備等の衛生管理，献立作成，給食用品の購入，配送，保存食の基準のほか，給食従事者の健康管理，食中毒の集団発生の措置，衛生管理体制の強化など，衛生管理の一層の充実・効果を期した。

- **災害共済の給付**
  - ①**災害共済給付**…学校給食に起因する食中毒の場合「災害共済給付の基準」により給付される (センター法施令3)。
  - ②**災害給付の判定**…児童生徒等を中心に発熱，腹痛，下痢など食中毒症状を主訴とする患者が集団的に発生し，その態様から学校給食に起因，又はその疑いがあると認められる場合は，中毒の原因食品など判明せずとも規定範囲の給付を行う。

251. 学校安全の法令施行

学校安全の法令施行

- **法令制定の経緯と法制**
  - ①**学校安全の法令制定**…平成20(2008)年6月「旧学校保健法」が名称を改め「学校保健安全法」となり，これまでなかった「学校安全」に関する法令（26条〜30条）を盛り込み，平成21(2009)年4月施行された。
  - ②**学校安全計画の策定**…子どもの安全を脅かす事件，事故及び自然災害に対応した総合的な学校安全計画の策定の義務化。
  - ③**危険発生時の対処要領の作成**…各学校における危険発生時の対処要領（危険対処マニュアル）作成の義務化。
  - ④**連携による安全体制の強化**…警察等の関係機関，地域のボランティア等との連携による学校安全体制の強化。

- **学校設置者と学校の責務**
  - ①**学校設置者の責務**…児童生徒の安全確保のため，その設置する学校の施設内で，事故，加害行為又は災害により生ずる危険を未然に防止し，事故等により危険，危害が現に生じた場合に適切に対処できるよう，学校の施設・設備，管理運営体制の整備充実その他必要な措置を講じなければならない(学保法26)。
  - ②**学校の責務**…(1)**学校安全計画の策定**：学校の施設設備の安全点検，通学路を含めた学校生活その他の日常生活における安全指導，職員の研修等，学校における安全についての計画を策定・実施しなくてはならない(学保法27)。
  - (2)**学校環境の安全の確保**：校長は学校の施設設備について安全確保に支障となる事項がある場合には，遅滞なくその改善を図るために必要な措置を講じなければならない(学保法28)。
  - (3)**学校の実情に応じた対処要領**：危険等の発生時において学校の職員がとるべき措置の具体的内容，手順を定めた対処要領を作成する(学保法29)。

- **事故と補償**
  - ◎**「学校管理下」での事故と補償**…学校及び通学路等の「学校管理下」において発生する様々な災害や事故を「学校事故」という。発生した場合の補償等については「独立行政法人日本スポーツ振興センター」が「学校安全災害共済給付制度」を設け必要な給付を行っている(センター法施令5)。

252. 学校安全

学校安全

- 学校安全の意義と内容
  - ①**学校安全**…学校における「安全教育」と「安全管理」を合わせ称する用語である(学保法26〜30,センター法15,文部科学省設置法4等)。
  - ②**計画的・組織的な教育活動**…安全に関する教育と管理の指導計画を立て,適切な実施によって児童生徒の安全を確保し,安全な生活に必要な知識と技能を習得させる教育活動である。
  - ③**安全管理**…安全点検を実施し,その結果に基づく安全措置計画を立て,それを実施する。
  - ④**安全教育**…安全に関する指導目標を設定し,指導内容を定め指導計画により適切な指導を行う。

- 安全管理
  - ①**施設・設備の安全確保**…(直接的・間接的)
    - ○**直接的な場合**…校舎,体育場等の施設設備が常に安全に保持され,潜在的危険がないかなどのほか,建造物や校具・物品,施設設備等の倒壊・腐食・欠陥・不備などについて日常の点検・整備はもちろん,毎週・月ごと等の安全点検の計画的な実施と適切な事後措置が確保されている必要がある。
    - ○**間接的な場合**…校舎内外の自然物の物的整備(清潔・整頓)により安全意識の育成と事故・災害の防止を図る。
  - ②**学校生活の安全対策**…登下校をはじめ,各教科の指導上の潜在的危険,遠足・修学旅行等の学校行事に特別な配慮が必要。
  - ③**心身の状況把握**…学校事故や災害の事例を検討すると,心理的要因がかなり作用しており,疲労,発熱,病気等のため注意散漫,てんかん発作,睡眠不足,悲しみ・悩み,何か興奮状態にあるとき等に多いことがわかる。日常時の把握が大切。

- 学校の管理下とは
  - **日本スポーツ振興センター法**…同法施行令5条2項に規定する学校の管理下における災害の範囲は,下記の通りである。
  - ①教育課程に基づく授業中
  - ②学校の教育計画に基づく課外活動(指導を受けているとき)
  - ③休憩時間中,校長の指示・承認により学校にあるとき
  - ④通常の経路・方法により通学するとき
  - ⑤文部科学大臣が,これらに準ずると認めるもの

253．学校安全の留意事項　①

学校安全の留意事項
- 学校安全について
  - ①**学校安全の充実**…文部科学省では，近年の学校に事件・事故が大きな問題になっている状況を重く受け止め，学校安全の充実にハード・ソフトの両面から取り組む「子ども安心プロジェクト」について，様々な施策を推進している。
  - ②**学校安全緊急アピール**…各学校で安全確保の取組みのため，その留意点や方策等について，平成16(2004)年1月22日「子どもの安全を守るために」の参考資料を配布した(以下に抜粋)。
- 学校安全の具体的留意事項
  - ①**実効ある学校マニュアルの策定**…学校や地域の実態を踏まえた学校独自のものが不可欠で，あくまでも児童生徒の安全の手段であり，形式的な目的になってはならない。
  - ②**防犯訓練等で不断に検証・改善**…通常の校内活動はもとより運動会や授業参観など不特定多数の来校者のあるとき，登下校時，校外での活動時等，様々な場面を想定して，具体的かつ機能的なものにする必要がある。またその実効性を高めるため防犯訓練等を繰り返し，内容の不備な点等の改善が必要。
  - ③**学校安全の校内体制の整備**…教職員間の連絡調整や指導・助言に当たる中心的役割を果たす担当者の校務分掌上の明確化，校長，副校長・教頭，担当者を中心とした「学校安全委員会」等の体制を整備，強固なものにする。
  - ④**危機管理意識を高める**…校長の責任の下，校内組織全体となって，教職員一人ひとりが安全確保の不断の努力と，緊急事態に備える意識（危機管理意識）高揚が大切である。特に安全点検については，問題意識を絶えず持ち続け，日課や週予定に組み込み着実に実施が成果を期待できることになる。
  - ⑤**校門等の適切な管理**…学校安全確保には，不審者の校内侵入阻止が重要になる。学校や地域状況から具体的対応は様々となるが，出入口の限定や施錠など適切な対応の他，施設設備の工夫や死角の把握などが重要な課題であろう。
  「開かれた学校づくり」は，児童生徒の安全がまず第一に確保されることが絶対条件として考えられることである。

253. 学校安全の留意事項　②

学校安全の留意事項

- **学校安全の具体的留意事項**
  - ⑥**防犯関連設備の実効ある運用**…学校や地域の実情から防犯機器を設置した場合でも，安全を守るのは最終的には人である。最高度に施設設備の効用を発揮させ得るのも人の運用に係わるので，校内安全組織で検討し教職員全体に徹底することが大切であり，機器等の施設設備の日常点検は重要である。
  - ⑦**子どもの防犯教育の充実**…子ども自身が様々な危険を予測し，それを回避できるようにするための防犯教育の一層の充実を図るとともに，具体的場面を想定した防犯や応急手当ての訓練により教職員や子どもの安全対応能力の向上を期したい。

- **学校設置者の具体的取組み**
  - ①**設置する学校の安全点検**…学校運営の最終的責任者の立場から，「学校解放」や「子どもの居場所づくり」に使用されることを念頭に置いて，自ら管理する学校の安全対策を日常的に点検・検証し，課題があれば対策を速やかに講じ，必要があれば施設設備や新たな人員配置などの支援が必要である。
  - ②**教職員に対する研修の実施**…学校安全の基盤は，教職員個々の日常的な危機管理意識にほかならない。教職員の意識高揚とその維持を図る上で学校設置者の果たす役割は大きく，他機関等の協力を得て研修の実施など効果的に図る必要がある。

- **地域社会に協力のお願い**
  - ①**地域の方々の学校安全組織**…保護者や地域住民の方々，団体の方々の中には，学校安全に対する「自分も何かしたい」という思いの方が大勢居られることと思う。これまでのPTAの組織的活動に加え，適切に情報を発信しながら「学校ガードボランティア」など地域での継続的な取組みを望みたい。
  - ②**地域のネットワークの構築**…学校付近の商店等に「安全モニター」や「子ども110番の家(店)」の依頼，不審者の早期発見に対する協力者の体制づくりが行われたり，また，近隣の学校，自治会，PTA，警察署等によって情報ネットワークを構築して，不審者情報の共有化の体制を整備している地域もある。これらの例を参考に地域等で組織的な展開が図れるよう協力を願うことも学校安全には大切なことである。

254. 学校安全の全体構造

（学校安全計画作成の参考例）

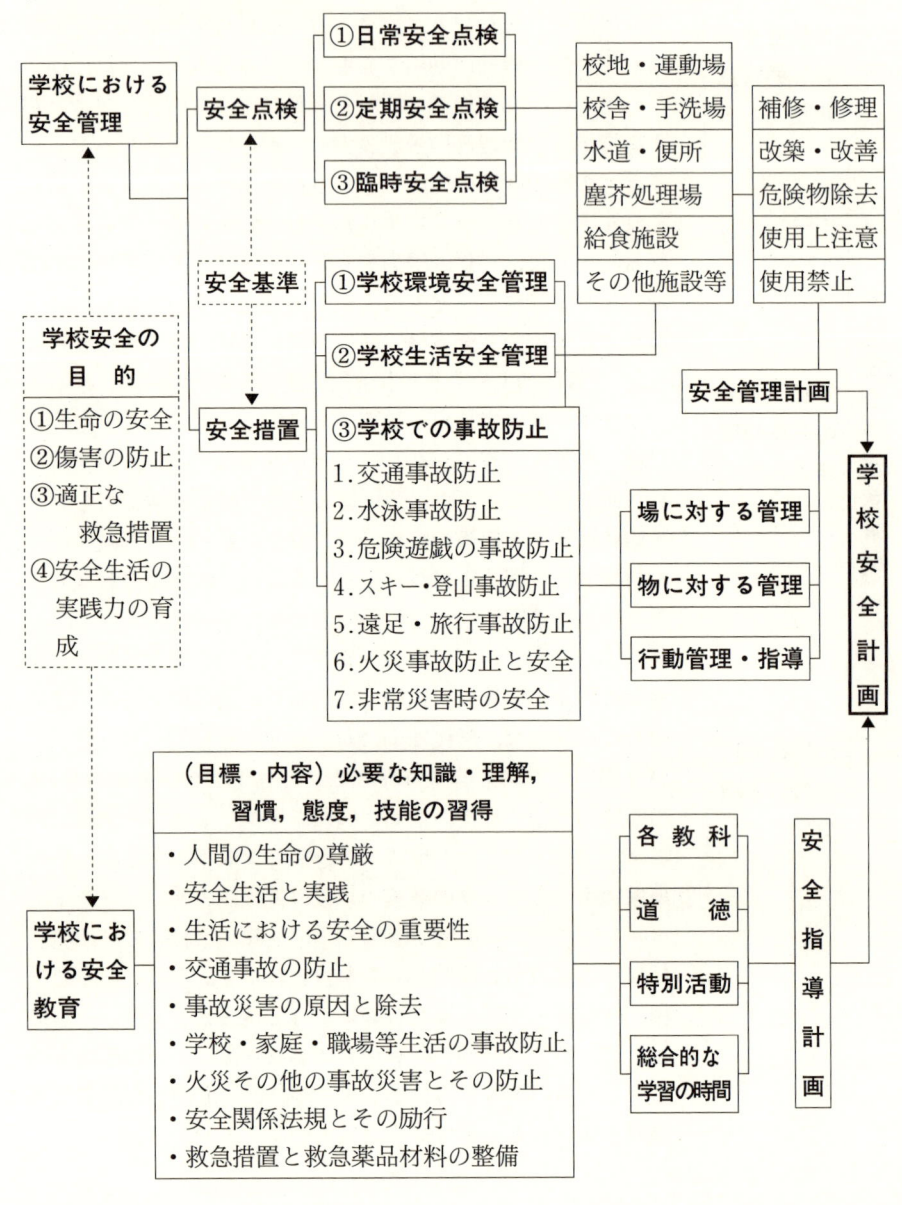

```
学校における
安全管理
    │
    ├─ 安全点検 ─┬─ ①日常安全点検
    │           ├─ ②定期安全点検 ─── 校地・運動場   ── 補修・修理
    │           └─ ③臨時安全点検     校舎・手洗場      改築・改善
    │                                 水道・便所       危険物除去
    ├─ 安全基準 ─── ①学校環境安全管理  塵芥処理場      使用上注意
    │                                 給食施設         使用禁止
    │              ②学校生活安全管理   その他施設等
    │
    └─ 安全措置 ─── ③学校での事故防止
                    1. 交通事故防止
                    2. 水泳事故防止      場に対する管理
                    3. 危険遊戯の事故防止
                    4. スキー・登山事故防止 物に対する管理
                    5. 遠足・旅行事故防止
                    6. 火災事故防止と安全  行動管理・指導
                    7. 非常災害時の安全
```

学校安全の目的
① 生命の安全
② 傷害の防止
③ 適正な救急措置
④ 安全生活の実践力の育成

→ 安全管理計画 → 学校安全計画

学校における安全教育

（目標・内容）必要な知識・理解，習慣，態度，技能の習得
- 人間の生命の尊厳
- 安全生活と実践
- 生活における安全の重要性
- 交通事故の防止
- 事故災害の原因と除去
- 学校・家庭・職場等生活の事故防止
- 火災その他の事故災害とその防止
- 安全関係法規とその励行
- 救急措置と救急薬品材料の整備

各教科／道徳／特別活動／総合的な学習の時間 → 安全指導計画 → 学校安全計画

255. 交通安全教育

交通安全教育

- 交通安全教育の意義とその対応
  - ①**学校における交通安全教育**…交通安全のきまりの理解や，すすんできまりを守り安全に行動できる能力・態度・習慣を育成し，さらに潜在する危険を予測して，それに即応できる行動力の育成を図ることが目的である。
  - ②**安全管理面での対応**…学校管理下の具体的な措置を明確にし全職員に周知するとともに，通学路や学校の交通環境の整備に努め，保護者，地域社会，関係機関等との連携を密にして事故防止に万全を期す。

- 指導内容の要点
  - ①**小学校**…低学年段階では，言語の発達に伴い行動様式をことばで理解できるようになるので，危険から身を守る方法を具体的に教育し，交通のきまりや道路の正しい横断の仕方，安全に登下校できる能力・習慣を養い，事故防止に思考力を順次指導する。危険に気づかせ安全な行動ができるようにする。中学年以上では，社会，道徳，体育，特別活動，総合的な学習の時間などの中で交通のきまりや安全施設について理解を深め，自転車の乗り方などを通して交通安全の基本を体得させ，望ましい習慣を形成させる。
  - ②**中学校**…各教科，道徳の関連を図りながら，保健体育，特別活動，総合的な学習の時間等において，交通事故の実態把握，原因の分析などを行い，地域社会の安全活動に積極的に協力する態度や能力を強固なものとし，将来社会人として必要な交通安全に関する教養を身につけさせる。

- 指導上の留意点
  - ①**実地指導の形式化を排除**…事前研究・調査を十分にする。
  - ②**個別指導**…児童生徒個人の性格や性向により行動様式が異なるので，注意散漫等の傾向のある者には特に注意する。
  - ③**知的障害，聴力・視力等に障害のある者**…特別な配慮と指導を行うこと。
  - ④**通学路・学区内の危険箇所を確認**…児童と家庭に徹底。
  - ⑤**集団登下校**…一長一短あり，適切な選択と指導が必要。
  - ⑥**過保護に注意**…交通安全の能力を低下させないこと。

256. 学校プールの安全管理

学校プールの安全管理
- **学校プールの安全対策**
  - ①**安全管理の基本**…学校の水泳プールの安全点検を確実に行いその結果に基づき施設設備の修繕等を速やかに措置し，学校における水泳時の事故を防止することが大切である。
  - ②**安全管理の徹底**…プールの計画的な安全点検の実施と適切な事後措置とともに，児童生徒の健康管理，水泳指導の安全管理，プールの衛生管理に注意する必要がある。
- **学校プールの安全点検**
  - **安全点検には**…学校保健・安全計画に盛り込み，計画的に実施する定期点検と，水泳の実施期間中に常に実施する日常の安全点検がある。安全点検には次の事項に留意する。
  - ①**プールサイドの点検・整備**…プールサイドを滑りにくくし，転倒事故を防止する。突起物，障害物を取り除き，用具は所定位置を定めて管理して事故を防止する。
  - ②**プールのフェンスの管理**…フェンスを点検・整備し，外部から容易に入ることができないようにする。入り口には施錠して，無断使用や幼児等の侵入を防止する。
  - ③**その他の施設・設備の点検**…シャワー，洗眼，うがい設備，排水口，浄化装置，漏電遮断機の点検を行う。
  - ④**プールの衛生管理**…プールの水質，衛生状態，浄化消毒装置等の環境衛生状況の点検を行い，その結果に基づき速やかに改善措置を講ずる。
  - ⑤**点検上の留意点**…排水口は吸引力が強く，水流により手足を吸い込まれ死亡事故にもなる。このため堅固な金網，鉄格子を設置し，簡単には取り外せないようボルトなどで固定してあることを確認する。なお，水泳指導前の確認も大切である。なお，検査の指針として学保法6条1項の規定に基づき「学校環境衛生基準」(平成21(2009)年4月施行，文科省)に必要事項の記載がある。
- **水泳の安全指導**
  - ◎**定期健康診断の利用**…診断結果をもとに水泳不適当者，要注意者を把握し，保護者と相談の上水泳指導上の取扱いを明確にする。水泳指導時にも当日の健康状態に注意，不適当者は泳がせない。水泳中でも顔色等に十分注意し中止も考慮する。

257. 学校の防火管理

学校の防火管理

- **防火管理の意義**
  - ◎学校における火災予防と，地震・火災等の発生した場合に，児童・生徒の避難に万全を期することは，生命の安全の上から，また学校の経営・管理上からも特に重要なことである。

- **防火管理の責任者**
  - ①**校長に管理を委任**…防火対象物である学校の管理権限は教育委員会であるが，その管理は校長に委任されているのが通常。
  - ②**選任された防火管理者**…学校の管理権限を有する者によって選任された防火管理者（通常は教頭）は，法により一定の資格を持つ者（消防法8）が充てられ重要な責任を持つ。
  - ③**校長が規定の業務を行わせる**…校長は防火管理者を定め，又は解任したときは，所轄消防長又は消防署長に遅滞なく届け出る（消防法8②）と規定，管理者には所定の業務を行わせる。
  - ④**防火活動の運営者**…学校防火管理者のもとに配置する責任者で，個々の管理場所の責任者となる。「火元取締責任者（教諭，事務主事，雇用員，警備員等）」といわれる者を指す。
  - ⑤**防火管理組織**…上記の防火責任体制により，防火に関する管理組織を明確にして，施設・設備の点検・整備を行い，時間，場所等により各分野の管理責任を果たす体制をとる。

- **防火管理者の必要資格**（消防法施行令3：抜粋）
  - ①**消防長等が行う防火管理に関する講習会**…②の課程修了者（適任者を校長が選定，講習会を受講させることもあり）
  - ②**大学・高等専門学校で**…防災に関する学科又は課程を修めて卒業した者で，1年以上の防災管理の実務経験を有する者

- **防火管理者の職務**（消防法8，17）
  - ①**消防計画の作成**…計画に基づく消火・通報・避難訓練の実施
  - ②**消防用の設備点検**…消防用水，消防活動で必要な施設・整備
  - ③**避難又は防火構造・施設の維持・管理**…必要な防火構造・設備等の維持管理，収容人数の管理，その他必要な業務

- **同上**（消防法施行令4）
  - ①**消防用の設備点検と必要な指示**…消防用水，消防活動上必要な設備の点検・整備，火気の使用，取扱いに関する監督を行うときは，火元責任者その他防火管理の業務に従事する者に対し，必要な指示を与えなくてはならない。
  - ②**避難訓練等の定期的実施**…消防計画により確実な実施

258. 防災教育

防災教育の意義

①**正常な思考が阻害**…学校における授業中や休憩時間等においても，また，登下校中にあっても，突然大きな地震等が発生した場合，人間は精神的に大きな動揺をきたし，正常な思考が阻害され不安定な行動をとるとされている。

②**防災教育の徹底**…精神的に発達の過程にある児童生徒にとって，大地震等に遭遇した場合パニック状態となることは容易に想像できることであり，その行為の沈静化が可能なのは，教師の適切な指示と教師そのものの行動であろう。その後の安全・避難行動を含め集団の防災教育は不可欠なことである。

緊急事態に必要な能力

①**主体的に的確な情報処理能力の育成**…日常から児童生徒に対して緊急事態に際しての情報収集が，極めて重要な役割を持つことを意識させておき，このため校内放送やテレビ等により，情報収集の訓練などを意図的に行い，情報の伝達，的確な聴取能力を育成しておくことが大切である。特に，次の情報処理過程の体得がパニック防止に役立つ。

1. 情報を聞く
2. 情報の内容を判断する
3. 的確な行動を選択する
4. 安全に行動する
5. 選択した行動を自己評価する

②**客観的判断力を高める訓練の継続**…主体的な判断能力であり，緊急事態における適切な判断と，的確な行動を選択できる能力は，すべての教育活動の中で，この理念を生かす指導が継続的に図られ，実践によって身につけることにある。

中・高校生の場合は，保護される立場より地域にあっては緊急事態に対応できる一員となることが求められよう。社会的弱者に対する配慮が，校内外において緊急時には不可欠であることも認識させておくことが大切である。

③**校内に情報収集・伝達システムの確立**…緊急事態の発生の場合，教職員は児童生徒の安全確保に万全を期さなければならない。広い学校環境下にあって，何の情報なしでは安全確保は至難である。情報収集・提供システムの確立は重要である。

259. 学校の危機管理 ①

学校の危機管理

- **危機管理の意味するもの**
  - ①**危機管理とは**…「crisis management」。政治的,軍事的措置を意味する用語であったが,昭和55(1980)年頃から一般に使われ始め,現在では,多方面において種々の運営や活動に伴うリスクを,最小限にくい止めるための管理機能を発揮する意味に使われている。
  - ②**経営の方法と手法である**…危機管理とは「ある状況を危険に陥れたり,活動を危うくして不利益や損害を発生させるものを,いかに予防して目標を有効に達成するか,そのための経営機能の十分な発揮と,科学的・合理的にリスクを管理していく経営の方法であり手法である」といえる。

- **危機管理の必要性**
  - ①**学校教育の危機的状況**…学校が児童生徒,教職員,保護者,地域住民等からなる組織体であることから,「いじめ」「校内暴力」「不登校」「学校事故」「学級荒廃」等といったいろいろな意味での不幸な事象が発生するものとなる。
  - ②**招かざる予想外の危機的状況**…学校経営は,日々新たな創造を加えながら教育活動を展開していく人間形成の場である。そこには,経験や価値観の違い,伝統的な慣行などもあり,不可避のリスクや予想外の危機的状況が起こり得る。
  - ③**環境の変化と学校対応の遅れ**…保護者や社会の学校に対する不信感の醸成など心配すべき状況もあり,学校をめぐる教育要求の対立,学校事故に対する補償問題の複雑化など,人権意識の高まりとともに,これまでとは違った対応が必要になってきている。
  - ④**マスコミの存在と影響力**…マスメディアの発達は,喜ぶべきことであるが,その情報の取り上げ方や流し方によっては,強い影響力のあるだけに,学校が対応に苦慮する状況もある。

- **危機管理の目的**
  - ①**児童生徒の生命は**…児童生徒,教師,保護者の信頼関係で。
  - ②**学校内で**…心理的動揺を防ぎ,正常な運営を維持
  - ③**学校に対する**…社会的な信用と信頼関係を遵守

- **学校での危機の範囲**
  - ①学校の施設設備や教育活動に関連して発生する事件・事故
  - ②教職員の職務をめぐって発生する事件・事故

259. 学校の危機管理　②

学校の危機管理
- **学校での危機の範囲**
  - ③学校の組織・運営をめぐって発生する事件・事故
  - ④家庭や地域社会からの要望をめぐって発生する事件・事故
  - ⑤地域社会の変化に伴って発生する事件・事故
  - ⑥登下校，自然災害に伴って発生する事件・事故
- **危機管理のプロセス**
  - ①**危機発生の予見と回避**…未然防止への先見性と洞察力が必要である。危機回避の事前準備を日頃から心掛け，可能とする的確な情報システムを備える必要がある。学校事故では同様なことが繰り返されることがあり，学校として同種（類似）の事例をどれほど共有しているかが危機管理の要諦といえる。
  - ②**発生した危機の認識**…危機的状況が発生した場合，いかに被害を最小限に食い止めるかは危機認識の違いや遅れが解決を困難にする。迅速で正確な状況把握が大切であり，特に生命に関係すると思われる場合は，専門的判断も必要となるので，慎重さが要求される。
  - ③**状況判断と明確な指示**…管理職の最も沈着，冷静な見通しが必要である。深刻化する状況にあるか，これまでの経験から対応できるか，補足するものはないか，事態は緊急を要するかなど，全体を見る目やバランスを考え，迅速な判断と明確な指示が求められる。新たな発想や手法が必要な事態もあるので，事態に対応する基本的方針を全体に対しての明確化が大切となる。
  - ④**危機終結の宣言と反省**…結果の処理について明確にし，再発防止，予防のための手段等を反省の中から求める。

不審者の侵入と学校開放――重要な対外的な学校の安全対策

　平成13(2001)年6月8日，大阪教育大学附属池田小学校に包丁を持った男が突然侵入し，1，2年生の児童に無差別に切りつけ，児童8人が死亡，児童・教師ら15人が重軽傷を負った事件は，あらためて学校の対外的な安全対策に問題を投じた。校門開放が学校開放のシンボル化され，各学校は競って校門開放に踏み切ったが，学校外からの不審者の侵入には関心が薄かった。校門を閉じ，教室の鍵をかけ，校内の横の連絡と校外の警察等の関係諸機関との連携を密にするなどの方策が必要である。校門開放と学校開放とは次元の異なる問題である。

260. 学校事故 ①

学校事故の定義
- ①**学校事故とは**…学校事故という用語は，法令等に規定されてはいない。広義には，学校が直接または間接に関連して発生した児童生徒の傷害事故，水難事故，交通事故や学校火災事故，盗難事故等の各種の事故を指し，学校側の責任を問われない事故も含む。
- ②**一般には**…学校敷地内で生じた事故，学校の教育活動中に生じた事故を「学校事故」といっているが，児童・生徒の登下校に生じた事故を含めていう場合もある。

学校事故

教員の加害事故

[1] **指導担当教員の故意・過失による事故**
（学校の責任で実施する教育活動中における事故）

- ①**刑事責任の問われる場合**…教育活動中に死傷し，業務上過失致死傷罪（刑法211）に問われた例があるが，刑事上の注意義務は民事上とは異なり，厳格な考慮がなされるので，通常刑事責任までは及ばない。ただし，体罰等で暴行罪に問われるような場合，犯罪行為として刑事責任を問われることがある。
- ②**民事責任を問われる場合1**…（損害賠償責任を負う場合）
職務遂行上の事故で，体罰問題，水泳，体育・実験実習・実技指導等において，指導上の注意義務を怠ったときに発生するもの（民法709）で，故意又は過失によって違法に他人に損害を与えた場合，その損害を賠償する責任がある。
- ○**民事責任を問われる場合2**…（国家賠償法1）
公務員が公権力の行使につき，故意・過失により他人に損害を与えた場合，国又は地方公共団体が賠償責任を負う。
但し，この場合，公務員側に故意・重大な過失があるとき，国又は地方公共団体は，当該公務員に求償できる。国家賠償法の規定による賠償責任がない場合でも，民法による賠償責任を負うことがある。
◎同一事故でも刑事，民事の責任を重ねて負うこともある。
◎学校事故の責任で最も中心的なものは，不法行為責任で，民法709条は不法行為による損害賠償の原則を規定している。

260. 学校事故 ②

学校事故
- **教員の加害事故**
  - ③法律上の理由に該当する行政責任の場合
    公務員秩序の維持の必要性から追及される公務員法上の責任で，地公法29条に規定する職員の法令違反，職務義務違反，公務員としてふさわしくない非行行為等の責任で，その内容・程度を考慮し，戒告・減給・停職・免職いずれかの懲戒処分がある。

- **児童生徒の加害事故**
  [2] 児童・生徒が加害者となるケースの事故
  - ①刑事上の責任が問われる場合…（加害行為が犯罪のとき）
    刑事責任…少年法で満14歳以上～20歳未満の者
    非行少年…窃盗，傷害等刑法で規定されている罪を犯した少年を非行少年という。
    触法少年…刑罰法令に触れる行為をした少年をいう。その行為が犯罪となる場合は，場合により刑事責任を問われ，家庭裁判所の審決により児童自立支援施設や少年院に収容，又は保護観察になる。
  - ②民事上の責任が問われる場合１…（損害賠償責任）
    不法行為の成立条件
    - (1)被害者に損害があること
    - (2)加害者に故意または過失があること
    - (3)加害行為が違法なものであること
    - (4)加害行為と損害の間に因果関係が強いこと
    - (5)加害者に行為の結果の弁別能力があること

  ◎上記五条件が揃わない場合，責任は追及されない。
    事故状況，加害行為の内容を総合的に判断して，民法上の不法行為となれば，その責任を問われる。
  ◎その行為が児童生徒の本分に反しているという場合は，校則に基づき校長が「懲戒を加える」ことになろう。
  ◎故意と過失では刑罰の程度が異なり，また実際に被害がなくても未遂で罰せられる場合がある。
  ◎「教育上の配慮」と称して指導を手控え，後日に至って当局に厳罰を求めるようなことのないようにしたい。

260. 学校事故 ③

学校事故 — 児童生徒の加害事故

─○**民事上の責任が問われる場合 2** …（損害賠償責任）
　　（児童・生徒に関する事故関係）
　不法行為の事故としては，遊びや競技などの際の不注意や悪ふざけ，けんか等によって相手に傷害を与えるケースが多い。児童生徒の加害行為が民法上の不法行為とみなされる場合は，児童生徒が損害賠償の支払いをすることになる。しかし，その支払い能力がないため，通常はその保護者が代わって支払いをする場合が多い。
　もし，**五条件が欠ける場合**は，その事故は不可抗力の事故となり，その損害については，日本スポーツ振興センターや各種傷害保険の給付が対象と考えられる。

─③**児童生徒を監督すべき法律上の義務ある者の場合**
　先の五条件に欠くものがあり，不法行為が不成立の場合でも「この児童生徒を監督すべき法律上の義務ある者，ないしはこの法律上の義務ある者に代わって，責任能力を監督すべき者が責任賠償の責任を負う」とされている。この場合「監督義務を十分つくしていれば責任は逃れる」ことを規定している（民法714）。
　「法律上の監督義務ある者」とは，児童生徒の親権者（通常は両親）であり，法律上の義務ある者に代わって監督すべき者とは，学校にあっては代理監督義務者である指導担当教員ということになる。
　また，教員に責任があるとされた場合は，その使用者である学校の設置者（地方公共団体）も責任を負うことになる。
　「法律上の監督義務ある者」は，親権者のように児童生徒の全生活関係について監督義務を負うものではなく，児童生徒の特定の生活関係（学校における教育活動・密接不離の関係のもの）についてのみ監督義務を負う（東京地裁　昭和40.9.9）。

260. 学校事故 ④

学校事故

- **[3] 学校の施設・設備の設置管理上の瑕疵に基づく事故**

  - **学校施設の瑕疵の事故**

    校舎や鉄棒，滑り台，ブランコなどの腐朽等のために，これを利用した児童生徒が死傷したような場合，瑕疵の存在が最も重要な要素となる。すなわち，当該施設・設備が本来備えているべき性質を欠いているかどうかが争点となり，瑕疵があると認められる場合には，設置・管理者の故意，過失の有無に係わらず賠償責任が成立することになる。

    設置・管理責任者においては，日常からの注意，安全に関してその職務の徹底を期したいものである。

  - **事故発生時の学校対応**
    - ①**日常からの事故防止・安全指導の徹底**…安全管理面からの方策と事故発生の際の対応を確立しておく必要がある。
    - ②**事故が発生した場合**…何より事故に遭遇した児童生徒（ときに教職員）の救済に万全を尽くす冷静・機敏な対応をとる。
    - ③**適切な応急措置**…事故現場の状況認識を的確に行い，的確な応急処置と救急体制（対応策）を講じる。
    - ④**事故に関する記録**…事故発生状況，事故の対応，事故の種別・範囲，事態の経過，応急措置の対応，その他重要と思われる事項の詳細な記録をとる。
    - ⑤**教育委員会へ迅速な報告**…速報から逐次経過等の報告，必要により教委からの指導・助言，指示，派遣等を受ける。

  - **事後における問題事項**
    - ①**校長・教員の責任追及**…一般に，児童生徒の不法行為について，学校側の責任を追及されることの有無は，被害者の受けた被害の大小が大きく影響する。また，指導監督の不足，学校側の事後処理の適否も大きく影響することに留意する。
    - ②**道義的責任の追及**…学校事故では，法律上の責任がないとされた場合でも，社会一般から責任を追及される場合が多い。
    - ③**厳しい責任追及**…児童生徒の人身事故の場合などで，責任回避のため事実を歪曲・隠蔽したりするような態度を示したりすることは，かえって非難・攻撃の的となり責任追及は厳しいものとなる。

261. 学校事故への対応　①

学校事故への対応

- **学校事故の概念**
  - ◎**学校事故**…一般的には，学校教育活動やこれと密接な関係のある活動に伴って生じた児童生徒の負傷，疾病，障害，死亡などを指すことが多いが，学校教職員の責任とは全く関係ないことでも，事故発生の場が学校であれば学校事故と呼んでいる。それゆえ，教育活動と直接に関係のない放課後の遊びやふざけ，からかいによって生じた事故も学校事故として処理されることになる。

- **学校事故と原因解明**
  - ①**学校事故の原因検証**…学校事故を未然に防止し，児童生徒の生命・身体を保護するためには，学校事故の原因を冷静・敏速に検証する必要がある。
  - ②**学校全体の組織的取組み**…必要によっては，校長の職務権限の全般にわたって指導・助言，指示を行うとともに，的確な報告をもとに専門的な担当職員等の提案や連絡を受け，原因を追及し解明する方向に導くことが必要である。この場合，積極的な副校長や教頭の補佐機能を働かせることが強く望まれ，その調整機能により全教職員の意思統一を図り，共通理解をもって組織的に取り組むことが大切である。
  - ③**学校との信頼関係の保持**…学校における意思決定権者である校長が，責任の所在や有無にのみ気を取られて学校事故に対応すれば，結果的には責任逃れと見られたりして，被害者である児童生徒やその保護者等の信頼関係が失われ，思わぬ反感を買うことになりかねない。責任の有無にとらわれず，あくまで原因解明に対応することが大切である。
  - ④**一方的な主張に注意**…責任にとらわれることなく学校事故の原因が解明に至っても，学校側が責任を意識しすぎて客観的な判断を欠き，一方的な正当性を主張して児童生徒やその保護者等の感情を害することのないよう，冷静な対応に留意する。信頼関係によって結ばれた関係が失われるとき，両者の感情的対立は往々訴訟事件へと発展する可能性がある。事実に反して実態を隠したために事後の対応に困惑した例がある。

261. 学校事故への対応 ②

学校事故への対応

- **学校事故と安全義務の範囲と程度**
  - ①**教育活動に伴う事故**…教員の故意による体罰・暴力行為等の場合を別にすれば，従来は教員の過失を問われることが多かったが，最近では，過失を判断する前提として，被害者である児童生徒に対する安全義務（安全配慮）がどうであったかが認められるようになった。
  - ②**教員の安全義務の範囲**…校長や副校長，教頭，教員の教育活動に伴う安全義務の範囲は，必ずしも無制約ではなく「学校における教育活動及びこれと密接不離の関係にある生活関係」を基調としながら，その中で通常発生することが予見可能な範囲と限定されるべきであろう。
  - ③**教員の安全義務の程度**…教育指導の専門家という立場から，親権者等の法定監督義務者に代わって監督すべき義務を負い「善良なる管理者の注意義務」よりも高度な注意義務が要求される(東京地裁判決昭和40.9.9)。具体的には，安全義務の対象となる児童生徒の能力，体力，行動・行為の態様などの関係によって決定されることになる。

- **安全義務と事後措置**
  - ①**教育活動の安全性の確保**…学校には上記のように安全性を確保する安全義務があるが，事故発生後の被害発生を防止したり，被害の最小限防止のためには，適切な事後的措置が必要となる。その意味では事後的措置をとることも安全義務の内容となろう。
  - ②**主たる事後的措置**…
    (1) 被害児童生徒に関する事項
     被害児童生徒の状態の観察，養護教諭の判断，適切な手当て，医師の診断・治療，被害児童生徒に係わる臨機応変の処置等
    (2) 教育委員会並びに保護者への事項
     速報から逐次必要な経過等の報告，教委からの指示，指導・助言等を受け，必要により指導主事の派遣・援助

262. 学校の危機対策　①

学校の危機対策

- **危機対策の課題**
  - ①**学校の危機とは**…学校の施設・設備や教育活動に係わり発生する事件や事故，又は教職員の職務に関して発生する問題や児童・生徒同士の中で発生する事件や事故等があげられる。
  - ②**基本的な課題**…児童生徒への危害問題に限らず，保護者や社会，マスコミから「学校の対応はおかしいのではないか」と批判と疑惑の目で見られることである。一旦その目で見られると，その後の学校の対応は「不信感」と「疑惑」を拭うことは大変な努力が必要となる。

- **クレームの種類と対策**
  - ①**筋が無視された内容による場合**…全く道理の欠けた難癖とも言える内容で，問題にからみ不当な要求や単なる苦情としては扱えない状態のものなど。対応によっては「不当な要求に屈して」などと非常識さが批判されてしまうことがある。毅然とした対応や，ことによっては，教育委員会と相談し警察等に通報など考えてみる必要があるケースもあろう。
  - ②**筋のある内容による場合**…「確かにそう言われれば一理ありますね」と誰もが納得でき共感できるであろうものがある。

- **危機管理の二つの側面**
  - ①**学校内部の原因による危機**…「いじめ」問題に起因することや授業（体育や理科など）又は施設・備品等にからんだ事故，遠足の実施中や交通事故などがある。学校側の日常的な危機管理意識や学校体制で未然に防止できるものがある。現場の一人ひとりが「本当に大丈夫？」とか「何か変だな」という意識で見守っていれば，わずかな兆候も察知されよう。「たぶん大丈夫だろう」「大したことないだろう」を戒めたい。
  - ②**突発した事故に巻き込まれた危機**…突然発生した事故や犯罪に当初からの予防策や妙案が用意されているわけではない。また誰もが問題に対し的確な対応は難しい。大事なのは「発生後の学校側の対応の適否」が最大の課題となる。これが学校の危機管理の要諦でもある。事故による影響やダメージを最小限にとどめるために，まず「情報開示」を基本にして学校内外関係者に対しての「適切な判断」による「迅速」なコミュニケーションが機能することが大切となる。

262. 学校の危機対策 ②

学校の危機対策

- 危機管理の二つの側面
  - 学校に発生した不測の事態に対応する危機対策は「予防対策」と「起きた後の対策と行動」にあるといえる。
  - ③社会や保護者からの批判…学校側に向けられる保護者等の声は「日常からの未然防止策は？」「保護者等からの不安や要望に真摯に応じていたか」「再発防止に直ちに対応したか」「被害当事者や保護者に対する配慮に落ち度は？」等がある。
  - ④突発事故に必要なコミュニケーション…次の3点が重要。
    - (1)スピード（迅速な意思決定と的確な行動）
    - (2)徹底した情報公開（情報の小出しは疑惑を生むことあり）
    - (3)社会的視野からの判断（学校側の判断に片寄ると危険）

- 重要なマスコミ対応
  - ①対応の基本的知識が必要…危機発生の場合，真っ先に対応が必要になるのがマスコミである。マスコミ報道のいかんで一層批判が増大し，次々と新しい事実が表面化して特別に取り上げた報道になったり，学校の信頼感を大きく揺らぎかねない影響を与えるものになる。「一過性の報道」で収束に向かうかどうかは，マスコミ対応の基本的知識が必要となる。
  - ②「予定時間」と「場所」の告示…記者会見等が必要な事態には直ちに関係者にその旨を伝える。突然発生の事態はそのすべてを把握できなくても「何もわからない」「お答えできない」のでは，任務を担って来ている記者にとってみれば締切り時間のこともあり，逆に取材攻勢を受けかねない。
  - ③最初の対応に留意…大事なのは「突然のことなので，我々自身も事態がよくわからない，すまないがあと2時間待ってください」などのメッセージを出すことで，記者とのトラブルが避けられ，この2時間はマスコミから解放，全力を事態把握や確認，報告，指示等に集中できることになる。
  - ④確認された情報は…「現時点では」と次々とマスコミに公表。
  - ⑤迅速に…できれば図面等にして説明する。
  - ⑤公表済みの情報…重複した公表を避け，要点の記載など配慮。
  - ⑥弁解的説明を避ける…絶対に見せない，記者は人相見である。
  - ⑦完結に，結論から…必要なことを吟味，一問多答は避ける。

VII／生徒指導

- 263. 特別活動の改訂……………396
- 264. 生徒指導……………………397
- 265. 生徒指導の推進……………399
- 266. 生徒指導主事………………400
- 267. 生徒理解……………………401
- 268. 学級（ホーム・ルーム）指導…403
- 269. 進路指導……………………404
- 270. 進路・キャリア教育………406
- 271. 教育相談……………………407
- 272. 面接法………………………409
- 273. 検査法………………………411
- 274. 人権教育……………………413
- 275. 問題行動の理解と指導……414
- 276. 学校をとりまく社会の変化…416
- 277. スクール・カウンセラー……418
- 278. 学習におけるカウンセリング…419
- 279. 不登校………………………420
- 280. 適応指導教室………………425
- 281. 児童虐待の防止……………426
- 282. 「いじめ」とその対応………427
- 283. いじめ・自殺問題…………434
- 284. 基本的生活習慣……………435
- 285. 校則…………………………438
- 286. 携帯電話と情報モラル……440
- 287. 学年・学級通信……………441
- 288. 学級担任と保護者との対応…443
- 289. 校内暴力……………………448
- 290. 器物損壊……………………450
- 291. 教師の正当防衛……………451
- 292. 問題行動と教師の対応……452
- 293. 非行と教師の守秘義務……453
- 294. 所持品検査…………………454
- 295. 喫煙と飲酒…………………455
- 296. 服装・髪型…………………457
- 297. 非行防止……………………458
- 298. 性非行………………………462
- 299. 性に関する指導……………463
- 300. エイズに関する指導………465
- 301. 児童生徒の体罰……………466
- 302. 児童生徒の懲戒……………467
- 303. 児童生徒の出席停止………469
- 304. PTAと生徒指導……………470
- 305. 災害共済給付………………471
- 306. 社会教育三法の改正………472
- 307. 社会教育指導者……………473
- 308. 青少年保護育成条例………475
- 309. 年少労働……………………476
- 310. 児童相談所…………………478
- 311. 少年鑑別所…………………479
- 312. 児童自立支援施設…………480
- 313. 少年院………………………481

263. 特別活動の改訂

特別活動の改訂

- **特別活動のねらい**
  - ①**特別活動全体のねらい**…「よりよい生活や人間関係を築こうとする自主的，実践的な態度を育てる」が明示され，人間関係形成力の育成ということが，学級活動，児童（生徒）会活動，クラブ活動，学校行事のそれぞれに「望ましい人間関係の育成」という言葉を焦点として工夫された学習活動が重視されている。
  - ②**焦点化した背景と理由**…中教審の答申（2008年1月）の指摘にあるように，友人や仲間のことで悩んだり，相手を思いやる心に欠けた面が見られ，協力ができなかったりする子どもが増えてきているようで，子どもたちの現状に深刻な状況が問題視されている。特別活動全体の中で，学校や学級集団のコミュニケーション能力の形成や人間関係スキルの習得など，望ましい人間関係の構築に効果的な実践が期待されている。

- **指導上の留意点**
  - ①**特別活動の目標を明確にした指導**…学級活動，児童（生徒）会活動，クラブ活動，学校行事のそれぞれに「目標」が示されているので，特別活動等の「内容」の意義を自覚した実践の展開が期待されている。
  - ②**特別活動の在り方を探求**…特別活動の「内容」に示されているとおり，小学校で21項目，中学校では27項目の実施する事項をあげている。しかし，限られた授業時数の下では相当の工夫が必要であり，特別活動と教科等の相互の関連を図るとともに，重点的な扱いや必要に応じて統合を実現するなどの努力が必要となろう。しかし「総則」において「総合的な学習の時間」の一部を学校行事に替えることができる，と条件付きで示されているので慎重な対応で成果を期したい。
  - ③**異年齢集団の特質・機能を重視**…児童（生徒）会と学校行事の特質は自発的，自治的活動であるとともに異年齢集団の人間関係づくりの機会であり教育的機能を充実させたい。
  - ④**体験活動の特質と指導**…「なすことによって学ぶ」が特別活動の基本。気づいたことの振り返り，まとめたり，発表したりすることの意義と価値をより高める指導が必要である。

264. 生徒指導　①

生徒指導
- **生徒指導とは**
  - ①**生徒の自己実現を援助**…生徒指導は，学校の教育目標達成のため，学習指導とともに教育機能の一つとして重要な役割を担うもので，きめ細かな生徒理解により，常に人間の尊厳に基づき，一人ひとりの児童生徒の自己実現を助け，人間性の最上の発達を目的とするものである。
  - ②**積極的な面からは**…すべての児童生徒の人格のよりよき発達と学校生活が個人にとっても，集団にとっても有意義で，かつ充実したものにしようとする立場から考える。
  - ③**消極的な面では**…青少年の非行・問題行動の増加等に対応する適切な対策の一つとして考える。
- **生徒指導の性格**
  - ①**積極的な指導援助**…個別的かつ発達的な教育を基礎とするもので，能力・適性，興味，生育歴等を異にする児童生徒個々を具体的に理解し，児童生徒のより健全な発達について積極的な指導援助として行われる。
  - ②**児童生徒の自主・自発性が土台**…個の人格を尊重し，個性の伸長と社会の一員としての資質や態度を高める。
  - ③**学校や社会生活の実態に即して**…児童生徒の現在の生活に即しながら，具体的・実際的な指導として進められる。
  - ④**すべての児童生徒を対象**…児童生徒の個性と発達段階に応じて，すべての児童生徒に援助する統合的な助言指導として進められる。
- **学校の教育活動と生徒指導**
  - ①**学校の教育機能として**…学校の教育機能は主として教育課程の編成領域において働くことになる。しかし，学校の教育活動は，休憩の時間や放課後などでも各種の指導や教育相談，また，学校外でも家庭訪問や補導活動等，学校としての教育機能は働いており，生徒指導の果たす役割は広く大きい。
  - ②**学校教育活動の全場面で**…生徒指導は，各教科や領域等の中においてのみ行われるものではなく，学校の教育活動の全場面において，指導助言が発揮される教育機能である。
  - ③**達成の基盤を作り促進を援助**…教科教育等と異なり教育的価値の達成を直接めざすというより，条件整備の働きである。

264. 生徒指導 ②

生徒指導
- **法令等の規定**
  - ①**学校の教育指導では**…文部科学大臣が教育課程の基準を示し（学校法33），学習指導要領を基に教育課程を編成（各教科，道徳，外国語活動，総合的な学習の時間，特別活動）し実施される（学校法施規50，一部改正省令・平成20.3.28）。しかし，上記の中には生徒指導の名称や指導時間数も示されていない。生徒指導は各教科・領域の全体にわたり，強弱はあっても関連を持ちながら指導される分野であり，いわば車の両輪のように，片や各教科・領域の指導に対応して，片や生徒指導の分野が校内はもとより校外の補導活動や家庭訪問などを含めて，広範囲に学校の教育機能を果たす役割を担う指導に当たるからである。
  - ②**文部科学省組織令**…初等中等教育局の所掌事務に「幼稚園，小学校，中学校，高等学校，中等教育学校，特別支援学校教育の振興に関する企画，立案，援助，助言に関すること」とあり，教育課程の各教科・領域名などは示さず，生徒指導も同様にその中に包括して扱われている（文科省組織令5-6）。
  - ③**教育委員会の職務権限**…「学校の組織編制，教育課程，学習指導，生徒指導及び職業指導に関すること」（地教行法23-5）。
  - ④**生徒指導と生活指導**…中学校学習指導要領の中に「生徒指導の充実」（第1章総則第4の2(3)）があり，小学校学習指導要領でも同様に「生徒指導の充実」（第1章総則第4の2(3)）として述べられている。小学校の常用語で「生活指導」と呼ばれるのは，児童にふさわしい用い方であり生徒指導と同意語である。
- **推進上の努力事項**
  - ①**学校や社会生活での望ましい人間関係**…教職員と児童生徒，児童生徒相互の理解が深くなれば深まるほど，学校は愛情，尊敬，信頼の望ましい人間関係を保持する集団となる。
  - ②**学校生活への適応や自己実現に関する援助や指導**…高校進学率が上昇し，多様な能力・適性を持った生徒が学校生活の適応や多様な問題を抱える状況から生徒指導への期待は大きい。
  - ③**望ましい習慣形成を図る努力が必要**…家庭・学校でも個人や社会生活のための基本的な生活習慣に一貫した指導が必要。
  - ④**児童生徒の健全育成活動へ学校の役割を認識**

265. 生徒指導の推進

生徒指導の推進
- 指導組織
  - ①**学校の全教師が担当する**…生徒指導の意義を正しく理解し，指導の好機に当面しても，見ぬふりをしたり，専門担当者への報告のみで足りるとするようなことのないようにする必要がある。
  - ②**学級担任こそ指導の第一線の人である**…この意識の徹底が，生徒指導の成否の鍵をにぎることになる。
  - ③**生徒指導部の組織を整えて当たる**…生徒指導主事を中心とする部の職員は，専門的知識・技術の研修を深め，得意とする分野の担当のほか，全職員への助言・援助に当たる。
- 推進計画の作成
  - ①**役割・分担の明確化**…役割の内容・分担を，適切な方法で具体化して明示する。
  - ②**調和のある計画**…場あたり主義の欠点が指摘されないよう，生徒指導の全体計画や，各部門の調和ある計画の作成に努力することが大切である。
  - ③**発達段階に即した展開**…他の社会的行事等との関連を考慮し発達段階に応じて適時・適切に推進を図れるようにする。
  - ④**共通理解**…計画作成など，当初の段階から共通理解が必要である。中心的指導者のリードが望まれる。
  - ⑤**評価・反省を生かす**…前年度の反省，指導の評価等を生かす。
- 共通理解の方法
  - ①**討議と合意**…全職員の自由な意見が述べられる状態と，特定の権威等に左右されず，教育的な立場での合意を大切にする。
  - ②**拡大学年会議**…学級担任・教科担任相互の連絡を密にし，学年会等で，担任以外の意見をよく聴く場を設定する。
  - ③**学年間の調整**…学年と学年間の見解の相違を，生徒指導部等で調整し，混乱や不信感を生じないようにする。
  - ④**研修活動**…研修活動を通して共通理解を図る機会を持つとともに，近隣学校間や関係機関等との密接な連携を生かすようにする。特に，道徳教育の基盤を培うことや，青少年の健全育成に関し，学校の果たす役割が重要なことなどについての研修が望まれる。

266. 生徒指導主事

生徒指導主事

- **法制上の根拠**
  - ①**生徒指導主事の設置**…「中学校には，生徒指導主事を置くものとする」「前項の規定にかかわらず，生徒指導主事の担当する校務を整理する主幹教諭を置くときその他特別の事情のあるときは，生徒指導主事を置かないことができる」「生徒指導主事は，指導教諭又は教諭をもつて，これに充てる」と法制上の規定がある（学校法施規70①②③。高校は104，中等校は113で準用）。
  - ②**生徒指導主事の校務**…「校長の監督を受け，生徒指導に関する事項をつかさどり，当該事項について連絡調整及び指導，助言に当たる」（学校法施規70④。高校は104，中等校は113で準用）。
  - ③**小学校の場合**…法制上では必置ではないが，学校法施規43条に「小学校においては，調和のとれた学校運営が行われるために……校務分掌の仕組みを整える」とあり，生徒指導体制の重要性から生徒指導主事（主任等）を置くことが望ましい。

- **生徒指導主事の主な職務内容と態度**
  - ①**生徒指導主事の主たる職務内容**…生徒指導部の責任者であり，学校における生徒指導を組織的に運営していく中心となる。このため，専門職として必要な知識・技能を有する担当者となり，校長の監督を受け学校における生徒指導計画の立案・実施，資料の整備，教職員間の連絡・調整等を行い，関係事項について教職員に対する指導・助言，援助に当たる。
  - ②**活動における態度**…生徒指導の意義や課題を十分理解して，他の教師に対して上下の関係ではなく，組織の要として関係者の協力を得て職責を果たす態度が望まれる。

- **望ましい主事の素質**
  - ①**信頼される人間性**…生徒指導に必要な知識・技能を身につけ，他の教師，保護者，児童生徒からも信頼されている。
  - ②**指導性を備えている**…生徒指導の向上に努力する人間性とともに，必要な資料の提示や情報交換の工夫・改善等を図り，全教師の意識向上と共通理解を得る指導性を備えている。
  - ③**情報を生かす態度**…地域社会と児童生徒への影響を的確に把握し，それらを十分配慮した指導計画を立て実施する態度がある。
  - ④**生徒指導の中心的位置の自覚**…校務分掌上にあって，生徒指導を全校組織的・計画的に運営する責任者の自覚がある。

267．生徒理解　①

- 生徒理解
  - 生徒理解の意義
    - ①**生徒理解**…生徒指導における生徒理解は，児童生徒の個性・人格その能力，性格的な特徴，興味，要求，悩みなどの問題，交友関係，環境条件などの面から，できるだけ広くかつ正確に把握し，適切な助言指導を与え，個人の特徴を十分生かして，望ましい人間形成への援助を行う活動である。
    - ②**一人ひとりの理解**…究極的には，子ども一人ひとりに対して行うものでなくてはならない。このことは，すべての子どもがその社会的自己実現に対しての可能性を持ち，しかもそれがすべて潜在的，個性的であるからである。従って，多様である子どもの可能性を引き出し伸長させるには，必然的に一人ひとりの理解ということが極めて重要になるからである。
  - 生徒理解の対象
    - ①**個人の理解**…（一人ひとりの能力・適性等）
      個人の能力・適性を中心に，子どもの主体的な面として，性格的特徴，興味・関心，欲求，意欲，悩み，価値観，使命観，職業観などからの理解が必要である。
    - ②**集団の理解**…（集団の持つ構造・性格等）
      子どもの生活場面の多くは，学校，家庭，近隣などの集団的生活場面で人間的・人格的発達をとげている。従って属する集団と個人との関係の理解が必要となる。そのため集団の構造，活動の組織，集団のモラール，行動の質，交友関係，環境条件，指導者と集団の関係などの理解が必要である。
  - 生徒理解のアプローチ
    - ①**客観的理解**…（内面を示すような信頼関係が前提条件）
      - ○観察＝組織的観察（チェック・リスト法など）
        　　　叙述的観察（自由記述）
      - ○検査＝知能検査や性格検査など
      - ○調査＝家庭環境，悩み，（質問紙・面接法…標準偏差値等）
    - ②**共感的理解**…（人間的ふれあいが重視される）
      子どもと教師が，互いに自己に相手を内包しあう姿勢において連帯感を持つことができ，深い人間理解が可能になる。
      特別な技術はなく，教師自身の姿勢・態度につきる。

267. 生徒理解 ②

生徒理解
- **基本的理念**
  - ①必要性…児童生徒一人ひとりの可能性の開発・伸展のため。
  - ②対象…究極的には児童生徒の一人ひとりに対して。
  - ③立場…あくまでも理解が指導に役立つものであること。このため収集資料の保存整理，解釈等が重要となる。
- **基本的資料**
  - ①一般的資料…氏名・住所のほか指導要録等の内容事項。
  - ②生育歴…妊娠中や出産の状況，栄養，病気，歩行と初語・発言の時期など。
  - ③家庭環境…職業，家族間の状況，教育的な関心，保護者のしつけ，本人と家族との態度など。
  - ④情緒的問題…過敏性，爆発性，不安・気分，精神的打撃の経験，反抗など。
  - ⑤習癖…食事，睡眠，性，排せつ，言語，行動など。
  - ⑥友人…関係の推移・現状，交友の地位と関係など。
  - ⑦学校生活…教育歴，成績，出欠状況，態度，適応など。
  - ⑧検査・調査…知能，学力，性格，適性，悩み，興味・関心，趣味，将来の希望など。
- **資料の留意点**
  - ①当面の問題を中心…資料は，必ずしもそのすべてを網羅しなければできないものではない。当面の問題を中心に進める。
  - ②不足の場合は補充…範囲を広げ，順次充実，的確な解釈。
  - ③必要資料を計画的に…自己の研修等で探り整備していく。
- **資料収集の方法**
  - ①観察法…(1)叙述的観察記録法
    (2)組織的観察記録法（時間見本法・品等尺度法）
  - ②面接法…(1)調査面接法　(2)相談面接法　(3)集団面接法
  - ③質問紙等の検査法…(1)アンケート方式　(2)論文形式など
  - ④その他の方法…(1)作文・日記，作品等　(2)交友関係など
- **資料収集の留意点**
  - ①主観的誤り…精神的安定を保持し偏見の除去，反省と謙虚さ。
  - ②資料の偏り…収集量の不足，客観性の疑問，助言も必要。
  - ③検査結果の考察…検査にも限界，誤差・妥当性に留意。
  - ④明確な目的…親和と共感的理解をもとに指導に役立つものを。

268. 学級（ホーム・ルーム）指導

学級（ホーム・ルーム）指導
- 学級の意義
  - ①**教師と児童生徒の望ましい関係の保持・発展**…教育は，児童生徒と教師間の円滑な関係を基礎として成り立つ。これには，相互理解を深めることが第一の目標となる。
  - ②**児童生徒に全人的指導を与える**…学校は，単に知識を授けたり，職業的訓練の場所ではない。良き市民としての理念と習慣を与えるところであり，個人と社会との関係理念を理解し，習慣を身につけるため，学級（ホーム・ルーム；H・R）の組織と運営は，良き市民への実践の場となる教育上大切な場である。
  - ③**学校管理・指導上の常例的事務を教育的に進める**…児童生徒の個別的事情に応じて，適切な事務処理に対応する場所である。
- 学級の組織
  - 学級委員会
    - ①**学級指導（H・Rガイダンス）の促進**
      分掌組織の連携により，学級指導に関する協力を得てガイダンスを促進する。
    - ②**学級成員の向上のため資料の収集と提示**
    - ③**学級活動の調整など**
  - 学級担任の任務
    - ①**学級の意義・目的を理解させる**
    - ②**学級の内的機構を整備**…学級が機能的に運営ができるように指導・援助すること。
    - ③**学級活動の計画や水準を向上させる**
    - ④**学級成員の興味や活動を導く**…多方面に目を向け道義の向上を図り，全人的発達に助力する。
    - ⑤**活動計画や参考資料の全員活用を図る**
    - ⑥**常例的事務処理等の指導・監督**…全体活動を奨励，H・R事務処理の監督・指導等をする。
- 運営の留意点
  - ①**運営は正規の時間内に**…他に充てるようなことはしない。
  - ②**設備・備品**…家庭的雰囲気や魅力のあるものにする。
  - ③**必要物品**…日誌，報告書類，事務用品類は常に手元に置く。
  - ④**学級活動と全校活動の関係や連携**…常に留意して，学級エゴにならないようにする。
  - ⑤**学級の意義・目的を常に意識させ**…協調の精神を培う。

269. 進路指導 ①

進路指導

- **進路指導の定義**
  - ◎進路指導とは…「生徒の個人資料，進路情報，啓発的経験および相談を通じて，生徒が自ら将来の進路の選択，計画を立て，就職又は進学して，さらにその後の生活によりよく適応し，進歩する能力を伸長するように，教師が組織的・継続的に指導・援助する過程をいう」

- **法制に見る進路指導**
  - ①中学校の進路指導…「職業についての基礎的な知識と技能，勤労を重んずる態度及び個性に応じて将来の進路を選択する能力を養うこと」(学校法21-10)とあり，職業に対する基礎的な理解や職業観，勤労観の育成，進路選択の育成など，中学校としての目標をあげている。
  - ②高校の目標の一つ…「社会において果たさなければならない使命の自覚に基づき，個性に応じて将来の進路を決定させ…」(学校法51-2)と規定し，進路指導が高校における重要な一分野であることを示している。

- **進路指導と教育課程**
  - ①中学校学習指導要領（総則）…「生徒が自らの生き方を考え主体的に進路を選択することができるよう，学校の教育活動全体を通じ，計画的，組織的な進路指導を行うこと」(第1章第4の2(4))
  - ②高等学校学習指導要領（総則）…個々の生徒の能力・適性等の的確な把握に努め，その伸長を図り，生徒に適切な各教科・科目や類型を選択させるように指導するとともに，進路指導を適切に行うこととあり，中・高校ともに進路指導が教育課程の全領域と関連を持っていることを指している。

- **基本的性格**
  - ①個々の生徒に対する教師の指導・援助…個々の生徒の将来の生き方や人生設計等に対する教師の指導・援助活動である。
  - ②職業的発達を促進する教育活動…個々の生徒に対して，その能力・適性等の的確な把握と，その伸長を図りつつ進められる教育活動の一つである。
  - ③全教職員の協力的指導体制で…全校的に運営される教育活動。
  - ④家庭や地域社会等の連携…それぞれの学校が生徒の家庭や地域，関係機関等と協力のもとに運営される教育活動である。

269. 進路指導 ②

進路指導

- **進路指導の基本的考え**
  - ①**これまでの進路指導は**…特性・因子論的な考え方が強く，能力・適性等をテストによりとらえ，その結果により職業選択をすれば，望ましい職業的成功が得られるとの考えがあった。従って職業選択の時点における指導に重点が置かれていた。
  - ②**進路指導は**…生徒の職業的発達の指導であるという考え方や，生徒を人間として全体的に見るという，統合的な考え方に立脚することが今日的な考え方となっている。

- **指導の体制**
  - ①**ホーム・ルーム（H・R）担任教師が中心**…進路指導は，学校教育活動の全体を通じ，すべての教師が当たるが，とりわけH・R担任教師を核に，H・Rの場における指導である。
  - ②**校務分掌の中にその組織化を図る**…進路指導を学校教育の中に有機的に位置づけ，計画的に運営するためには，校務分掌の中に位置づけ，各自の役割分担を明確にした指導体制を確立することが必要である。
  - ③**組織の要**…組織の有効な活動には，その要として「進路指導主事」が位置づけられ指導性が発揮できることが大切。

- **進路指導主事と職務**（学校法施規71①②③）
  - ①**進路指導主事**…「指導教諭又は教諭をもって，これに充てる」「校長の監督を受け，生徒の職業選択の指導その他の進路の指導に関する事項をつかさどり，当該事項について連絡調整及び指導，助言に当たる」(学校法施規71③，中等教育学校は113，高校は104準用)
  - ②**進路指導主事の職務**…「進路指導に関する学校の全体計画の立案，進路情報の収集，整理及び生徒の進路相談等進路指導に関する事項をつかさどり，教職員間の連絡調整と関係職員への指導助言に当たる」(昭和51.1.13 文初地136号 文部事務次官通達)

- **進路相談の進め方**
  - ①**洞察と追求の態度を育てる**…進路相談の過程で，進路選択の態度とその能力を育成していく。
  - ②**生徒自ら希望進路の適否を考える力を育てる**
  - ③**自尊心の保持と偶然に対しての用心の気持ちを持たせる**
  - ④**進路情報の所在を提示する**
  - ⑤**教師の受容的態度と客観的態度を維持する**

270. 進路・キャリア教育

進路・キャリア教育

- **用語の経緯と定義**
  - ①**中教審答申**(平成11(1999)年12月)…「初等中等教育と高等教育との接続の改善」にキャリア教育という用語が初めて用いられた。文科行政関連の審議会等で「キャリア教育推進の総合的調査研究協力者会議報告」(平成16年1月)等にも見られる。
  - ②**キャリア教育概念の定義**…上記報告書では「児童生徒一人一人の発達を支援し，それにふさわしいキャリアを形成していくために必要な意欲・態度を育てる教育」と記されている。そのため，進路指導とキャリア教育の概念・定義としては，双方に大きな差はなく『児童生徒一人一人の勤労観，職業観を育てる教育』とされ進路指導の中核をなすものとされた。

- **学校から職業への課題**
  - ①**学校から職業への移行**…同答申が出された当時は，若者のフリーター志向の広がりや無業者の増加，就職後の早期離職等が深刻化しており，キャリア教育の推進は学校教育から職業生活との接点の課題を克服する観点からの要請が強かった。
  - ②**就職をめぐる環境の激変**…経済のグローバル化が進展し，コスト削減や経営の合理化が進む中で雇用形態も変化，求人の減少，求人と求職の不適合が問題化している。また若者の勤労観や職業人としての基礎的資質等の低下が指摘されている。
  - ③**若者自身の資質等の課題**…精神的・社会的自立が遅れ人間関係に問題を生じたり，進路に疑念を持ち積極性に欠ける者も増加しつつある。一方で高等教育機関への進学割合の上昇等に伴いモラトリアム人間的傾向が強くなり，進学も就職もしようとしなかったりする若者の増加が指摘されている。

- **若者の自立と挑戦**
  - ①**若年者の雇用問題対策**…文科・厚労・経産・内閣の4府省は「若者自立・挑戦プラン」を取りまとめ，若者の職業的自立を促進，ニート・フリーター等の増加傾向の対策を講じた。
  - ②**キャリア教育の強化**…教育再生会議第2次報告(平成19年6月)において，若者の勤労観・職業観を育成するためにキャリア教育の強化を提言している。具体的には中学校で1週間の職場体験の導入や，専門高校や専修学校等が地域と連携して行う特色ある職業教育の取組みへの積極的な支援を求めている。

271. 教育相談 ①

教育相談

- 教育相談の意義
  - ①**教育相談とは**…一人ひとりの子どもの教育上の諸問題について、本人又はその保護者、教師などに、その望ましい在り方について指導・助言することを意味し、指導・助言という形による個別指導全般を意味している。
  - ②**個別指導の形態**…様々な形態があるが、特に組織的・計画的に行われる個別指導を教育相談と呼んでいる。
  - ③**教育相談の特質**…教師と児童生徒との温かい人間関係は、教育相談に係わらず児童生徒の指導全般にわたって、受容・共感的な相互理解が基本となる態度であるが、特に、教育相談は生徒指導の中心的機能であるといえる。

- 教育相談の対応
  - ①**積極的対応**…すべての児童生徒を対象に、その人格又は精神的健康をより望ましい方向に推し進めようとする対応。
  - ②**消極的対応**…適応上の諸問題や、心理的な障害などを持つ児童生徒、いわゆる問題児童生徒に対してのみ行う対応。

- 学校における教育相談の特質
  - ①**学校で処理できる限界を知って行う**…学校以外に教育相談を専門の仕事とする機関等が存在するのに対して、学校の教育機能は教育相談に限らないことから、すべての教師に高度な専門的知識・技能を期待することは困難である。本人に対する教育効果を第一に考え、学校で処理できる限界を知って、適切な専門施設へ委託するなど、他との連携が大切である。
  - ②**教育相談の担当者が児童生徒と同じ学校にいる**…担当者と児童生徒は、面接の前から既存の人間関係があり、教育相談にとっては、プラスとマイナスの両側面を持っていることに留意する。
  - ③**問題を持つ児童生徒の早期対応が可能**…独立した相談機関がすべて受け身なのに対し、学校は校内に児童生徒がいるので、勧めて相談室を利用することができ、早期の対応が容易である。
  - ④**教育相談以外の指導を併用できる**…その児童生徒に接する教科担任教師や学級担任（H・R担任）教師が、様々な機会を生かして相談・指導を行うことができる。
  - ⑤**諸団体・諸機関との連絡**…学校の立場からはとりやすい。

271. 教育相談 ②

[教育相談の進め方]

教育相談

教育相談の過程

①**受理面接**…教育相談の最初の面接のことをいい，来談者の主訴が何かを把握するとともに，相談の進め方や機能を説明する。相談の第一歩で，本人に「ここへ来てよかった…」の印象を与えることが大切。まず「聞く」態度を中心にする。

②**判定（診断）**…教育相談の対象になるかならないかを判定する段階である。問題になる行動や性格の偏りの原因は複雑であって，能力の欠陥や病気が原因のこともあり，また，心理的又は環境的な原因に根があることもある。この段階では問題の原因やその形成過程を明らかにするため，生徒理解の観察，面接，調査，検査その他の方法が用いられる。
また，学校で対応すべき限界の判断も必要となる。

③**処置（治療）**…問題のよってきたる原因を除去して解決を図る実務のことである。特に表面に現れた症状や徴候を取り去ることから，内面的なものの解決までが重要となる。心理的な手段として，感情の開放・発散を図る面接，遊戯，作業，レクリエーション，スポーツ，ゲームなどが用いられる。
処置は，助言，紹介，継続などに大別できる。

○**助言**…問題が比較的具体的なことや軽い問題のときで，それに応じた指示や助言，また，支持や激励等ですませられるような問題のときに用いられる。

○**紹介**…他の専門的な機関で行うことが適切と判断できる問題で，医療機関や福祉機関の紹介等が行われる。

○**継続**…学校の相談室等で継続することで，面接相談や遊戯療法を続ける場合等がある。これには本人のみに継続する場合と，保護者との面接を併行する場合等が考えられる。

④**事例会議**…教育相談の担当者が二名以上いる場合，受理面接の終了段階と判定段階には，事例会議を開いて話し合う必要がある。

272. 面接法 ①

面接法

- 意義・目的
  - ①**面接とは**…生徒指導において，一定の目的をもって面接者と被面接者とが，一定の環境において話し合ったり，情報を交換したり，問題を解決したりする方法である。
  - ②**面接には目的がある**…一般の会話や談話と違って，明確な目的があることで，その目的には資料の収集，診断，評価，助言，援助，治療，相談などが含まれている。

- 形式・種類
  - ①**個人面接**…質問紙法よりも，態度動作を通してのパーソナリティがわかり，読み書き能力を必要条件としないことや，質問を反復しての反応を観察したり，その場で補助事項や追跡事項の調査ができる。しかし，長時間を要し，時間の経過中に意見や情報の変化を見たり，1対1の両者の関係に支配されやすいなどの短所もある。
  - ②**集団面接**…集団の雰囲気の中で，いつとなく自己の意見を出すことができたり，個人面接ではオーバーに話す人も抑制されて正確な情報が得られたりして，時間的には多数に面接できる。しかし，外向型の者の意見に引かれたり，秘密的情報収集には不適当である。

- 面接者の配慮事項
  - ①**威圧的・高圧的態度**…相互理解の立場で平静にのぞむ。
  - ②**行儀，態度，言葉づかい**…日常的な生活習慣の違いなどから，態度や言葉づかいの問題等に気が引かれて，内面的な問題を把握できないことのないように留意する。
  - ③**卑屈な態度**…卑屈な態度等がないようにする。
  - ④**先入観を持たない**…性別，顔かたち，家庭環境，非行など。
  - ⑤**感情的にならない**…特に，情緒の安定に努力する。
  - ⑥**相手の話をよく聞く**…話の「こし」を折らない。
  - ⑦**過剰な指導者意識**…一方的な説教，訓戒，攻撃などになる恐れがあるので厳重注意して当たる。
  - ⑧**人権の違法侵害**…児童生徒の心身の発達に応じ，面接者に苦痛を与え，その人権を違法に侵害しないよう配慮する。特に，学校法11条で禁止されている体罰を行ってはならない。

272. 面 接 法 ②

[面接の進め方]

面接法
- 面接の事前準備
  - ①面接の主目的を明確に…どのような内容について面接するか。
  - ②資料があるか…その内容についてどのような資料があるか。
  - ③現在どの程度までの理解があるか…進められている状況。
  - ④時間配分…どの程度を用意すればよいか。
  - ⑤場所の構成…どのような場所に，どのようにするとよいか。
  - ⑥面接導入段階の手順と雰囲気…一応の流れを構想する。
- 緊張をほぐす導入
  - ①自然な態度で…快く迎える（普段のことば・態度等）。
  - ②その子に合わせた気楽な接し方…座席，位置，方向など。
  - ③面接の進め方をわからせる…時間・行動等の不安を除去する。
  - ④子どもとの信頼関係の持続…子どもの個性・人格を尊重する。
  - ⑤子どもの長所・美点を認める…激励を忘れずに。
  - ⑥無理なく問題の核心へ…自然体の工夫。
- 聞く姿勢で展開
  - ①子どもに多くを語らせる…話中での表情・態度を活かす。
  - ②沈黙も意思表示の一つ…重要な意味があることに留意する。
  - ③話の中断はしない…不明瞭な点や疑問点があってもしない。
  - ④教師の経験や考えは…語る方がよいと判断したときは，公平で，かつ客観的な態度や表現です。
  - ⑤子どもや保護者等の批評はしない…子どもや他人の前で絶対しない。
  - ⑥善悪の批判を含めた先入観…どんな問題についても持たない。
  - ⑦子どもの前で資料をいじらない…不安に陥れる恐れがある。
  - ⑧子ども自身に問題解決の手順を…考えさせることがよい。
- 失望のない終末
  - ①せきたてず予定時間内で…不安・不満を残さずに。
  - ②内容を子ども自らが判断…決定したことを相互に確認しあう。
  - ③失望や恐怖をいだかせない…どのような場合であっても。
  - ④次回のつながりを持たせる…面接がうまくいかなくても。
- 研修の必要性
  - ◎教師の個人的な知恵と体験による…教育活動として必要な面接は，教師の個人的な経験と研修の成果によるところの，いわゆる「個人的技法」による場合が多い。従って，専門的臨床家の技術といえるまで引き上げる研修・研究が必要である。

273. 検 査 法 ①

検査法
- 教育諸検査の意義
  - ◎**教育諸検査は**…生徒理解における科学的検討を加えるための重要な基礎資料を収集する一方法であり，子どもの教育に関する知能，学力，性格，適性等について，特定の尺度と方法により客観的・数量的に把握しようとするものである。
- 標準検査の役割
  - ◎**標準検査は**…統計的方法により一般化・標準化されたものである。この意味で，検査結果は，子どもの一般的原則はわかるが診断的結論は示さない。従って，診断的解釈に当たっては一般的原則をどう役立てるかが重要となる。
- 選択の視点
  - ①標準化されているか…標本に偏りがないか
  - ②妥当性があるか…子どもの精神発達に適当か
  - ③信頼度があるか…信頼度を示す数値がどの程度か
  - ④実用性があるか…特別な予備知識等の必要がないか
- 標準検査の分類
  - ①測定する能力の分類…知能・学力・性格・適性の検査
  - ②測定した能力の見方からの分類
    - (1)概観テスト…総括的に見ようとする
    - (2)診断的テスト…能力構成要素を分析的に見る
  - ③実施様式による分類
    - (1)個人検査…一回に一人を対象
    - (2)団体・集団検査…一回に多数の者を対象
  - ④問題構成の形式による分類
    - (1)言語式検査…主に言語や文章を用いて解答
    - (2)非言語式検査…数字・符号・図形等で解答
    - (3)作業式検査…具体的作業の実演による
  - ⑤測定様式による分類
    - (1)速度テスト…一定時間内に何回できるか
    - (2)深さテスト…易から難へと順次に解答させる
- 標準検査の扱い方
  - ①実施を慎重・厳密に行う…事後の活用意欲に影響
  - ②知能の実態を視覚化してみる…グラフ等の活用を図る
  - ③知能と学力とのくい違いを発見する…相関関係に留意する
  - ④原則として保護者や子どもにテスト結果を知らせない

273. 検査法 ②

[検査結果の生かし方]

　生徒指導にとって，諸検査の果たす役割は大きいが，検査の種類は極めて多く，その選択にはどの面を測定・診断をしようとするのか，検査の特性を把握することが重要である。また，一つの検査の結果のみで診断をゆだねることをできる限りさけ，テスト・バッテリーなどの考慮も大切なことである。

検査法 ─ 生かし方の留意点
- ①**テストの限界を十分認識してかかる**…事前研究の必要がある。
- ②**自己評価をさせるテストの留意点**…検査の中には，自己診断（評価）によるものがあるが，自己に対して厳しい反省を求めるタイプの子どもでは，価値判断のおき方で真実が求めにくいときがある。特に低得点を出している場合には留意する。
- ③**判定や診断では専門家の助言が必要なものがある**…クレペリン作業検査の判定等では，専門家の指示を待つのが無難と思われる。他の場合でも経験者の助言を受け入れるなど，客観性を高める態度が大切である。
- ④**テスト結果を慎重に取り扱う**…慎重な取扱いは，事後において検査結果の信頼度や活用しようとする意欲・態度にも影響を与える。
- ⑤**教師の日常観察とテスト結果の考察をする**…日常観察とテスト結果が著しく異なっているときは，改めて観察の必要がある。ただし，先入観を持って当たらないことが大切である。

[検査の特性を生かす過程]

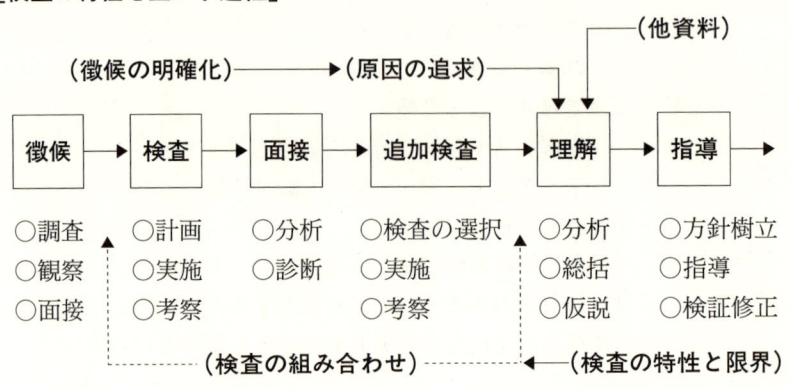

```
                (徴候の明確化)──→(原因の追求)       (他資料)
                                              ↓  ↓
    ┌──────┐   ┌──────┐   ┌──────┐   ┌──────┐   ┌──────┐   ┌──────┐
    │ 徴候 │──→│ 検査 │──→│ 面接 │──→│追加検査│──→│ 理解 │──→│ 指導 │──→
    └──────┘   └──────┘   └──────┘   └──────┘   └──────┘   └──────┘
     ○調査      ○計画      ○分析      ○検査の選択  ○分析     ○方針樹立
     ○観察      ○実施      ○診断      ○実施       ○総括     ○指導
     ○面接      ○考察                 ○考察       ○仮説     ○検証修正
      ↑                                              ↑
      └──────(検査の組み合わせ)───────┘   └───(検査の特性と限界)
```

274．人権教育

人権教育
- **人権教育の取組み**
  - ①**人権教育の係わり**…昭和34(1959)年の国連「児童の権利に関する宣言」，平成元(1989)年の国連「児童の権利に関する条約」，平成12(2000)年の「人権教育及び人権啓発の推進に関する法律」等を踏まえつつも，いじめ問題や校則，体罰，自殺など緊要で個別的・具体的な問題として対応してきた感がある。
  - ②**人権教育の在り方の検討**…平成16(2004)年我が国が共同提案国として提案し，国連総会で採択された「人権教育のための世界計画」において，特に初等中等教育に焦点が当てられ，それを契機に教育活動全体を通じ人権教育の在り方を検討。
  - ③**文部科学省の事例提供**…文科省では「人権教育の指導方法等の在り方について」調査研究会議を設置し，実践の方法や事例について検討して第1次，第2次に続き「第3次とりまとめ」(平成20(2008)年3月)を報告した。ここでは教育基本法で示された教育の理念や学習指導要領で示された「生きる力」の育成などに係わり人権教育の考え方を整理，学校関係者等に実践の充実を図れるように43の事例を明示している。
- **人権教育の推進**
  - ①**学校における人権教育の現状**…学校の人権活動全体を通じて人権教育が推進されているが，知的理解にとどまり人権感覚が十分身についていないなどの指導方法の問題，教職員に人権尊重の理念について十分な認識が必ずしもいき渡っていない等の問題がある。「わかっているけど……」できないことがないよう人権教育の取組みの改善・充実が求められている。
  - ②**人権尊重社会の構築**…両親もおり経済的にも恵まれた家庭の若年者の非行やいじめの増加，さらにブログによる陰湿的ないじめなどのほか，家出，自殺行為など何故そのような行動をするのか見えにくいという問題が顕在化してきた。また自殺問題では学級内の仲良しグループであった者や問題行動を取りがちな仲間たちの小集団において，その一員がいじめの対象になったりする。教員がいじめの発見にかってない難しさのあることが指摘されている。学校は家庭・地域と連携して社会総がかりでこの問題に対応していくことが求められる。

275. 問題行動の理解と指導　①

問題行動の理解と指導

- **定義**
  - ◎**問題行動とは**…児童生徒の現在の生活の態度や行動が，その子の現在や将来の発達に障害となると考えられる場合，そのような生活や行動を指して「問題行動」といっている。

- **問題行動の分類**
  - ①**反社会的行動**…虚言，脅迫，盗み，弱者いじめ，家出，攻撃・破壊的行動などで，主な原因としては，欲求に対する耐性の低さ，保護者の愛情不足，放任，過干渉や圧迫からの逃避などがあげられる。
  - ②**非社会的行動**…他に迷惑を与えるというよりも，社会的な接触を自ら避けようとする行動で，内気，臆病，はにかみ，神経質，孤立，かん黙，無気力，不登校（登校拒否）などが見られる。原因は，社会性の未成熟，劣等感，親子関係等によるものが多い。
  - ③**神経性の習癖**…心理的な緊張を，身体症状や運動として解消しようとしたりするときに現れたり，それが習癖となったもので，指しゃぶり，爪かみ，チック，偏食，拒食，過食，夜尿，頻尿，神経性頭痛・腹痛，下痢，発熱，吐き気，食欲不振等の心身症がある。原因は生育過程の親子・家族関係など環境的条件が多く，広義には非社会的行動とされる。

- **問題行動の性格**
  - ①**自立を阻害，社会適応を妨げる**…問題行動の多くは，児童生徒の自立を阻害し，社会への適応を妨げる。
  - ②**問題は広範囲にわたる**…基本的生活習慣，学校生活や学習への適応，友人・教師等との人間関係などに関する問題で広範囲にわたる。また，個人的な問題で止まっている場合と，他の児童生徒の生活や行動のほか，集団の発達を妨げたりする。
  - ③**人格形成の側面からとらえられる**…非行のように社会規範に反するものに限らず，広く児童生徒の人格形成の側面からとらえられるものである。
  - ④**自己の力では改善の図れないもの**…生育過程や環境から無意識に身につき習慣化したもの，また，気づいても自己の力では改善の図れないものがある。

275. 問題行動の理解と指導 ②

問題行動の理解と指導 ― 問題行動とその特徴

①**児童生徒の非行**…普通の家庭の，ごく普通の子どもの非行が指摘されるようになり，しかも非行の動機や目的が明確でなく，補導されても罪の意識や反省が見られないことが多い。遊び型非行と思われるものや，好奇心，興味本意の行動に走り，欲求の統制や罪意識の欠如が特徴になっている。
　また，単独では何もできなく，集団での非行や年齢の低下傾向も見られている。学校教育の充実と家庭や社会の教育力の低下が問題視されている。

②**不登校**（登校拒否）…心身の障害や疾病などで，登校不能等の原因がなく，保護者も登校させようとし，本人も登校しなければと思っていても，登校時間となると頭痛，吐き気，腹痛等を訴え，登校できぬ状態になることである。しかし，夕方には元気になる場合や，自室に閉じこもり家族と会うのを避けるなど，幾つかの症状がある。原因に保護者からの心理的な独立の挫折とその葛藤，過保護等のための社会性の未成熟，無気力の傾向，知的能力の発達遅滞，精神病の発症等が見られる。強引に登校だけを促す指導よりも，原因や経過を理解して共感的態度で接しながら指導援助を進めることがよい。（279.「不登校」参照）

③**かん黙**…発声・発語器官に異常がなく，心理的な原因で人と話ができない状態で，特に学校での状態が顕著な場合，自閉症や知的障害と間違われたりすることがある。学業不振，不登校の発症，友人関係の欠如からくる人格形成の偏りなど，二次的障害を起こす恐れがあるので，早期の治療や教育的配慮が必要である。

④**その他の問題行動**…遊べない，遊ばない子の増加は，社会性の未成熟という人格面の問題と深く関係しており，不登校や家庭内暴力，自殺，放火など非行を誘発する要因にもなっている。原因として，家庭教育の在り方や挫折体験に対する耐性が欠如し衝動的に行動を起こすなどがある。

276．学校をとりまく社会の変化　①

［学校をとりまく社会の変化］
　現在，社会の様々の場面において，広範囲にわたり，しかも急速な変化が進んでいる。その変化と学校教育との関連を以下にとらえ，教育活動を計画する上で参考としたい。

国際化の進展
- ①**交通手段や通信手段の発達**…諸外国との距離は狭くなり，地球が急速に小さくなったと考えられるほど，その発達はめざましいものがある。
- ②**観光客や社用族等の増化**…世界の各国から観光客等が見られ，我が国からも海外旅行・出張者数の著しい増加が見られる。
- ③**国際社会の相互依存の増大**…もはやどの国も，資源やエネルギー，産業，教育，文化など，いずれの分野をとっても孤立して生きていくことは不可能となってきている。
- ④**学校教育に期待される役割**…一言でいえば，多様な歴史や文化，風俗，習慣を持つ諸外国の人々と共存し，協調しながら生きていくために必要な資質の基礎を養うことが必要となる。

　このことは単に外国語教育を充実するだけでなく，我が国の伝統や文化についてよく理解し尊重し守り育てていくことが大切である。また諸外国の多様な文化や生活を理解し尊重する態度を育成することである。

科学技術の進展
- ①**物質的には豊かな社会の実現**…科学技術の進展とともに経済活動の隆盛により物質的には豊かな社会となった。しかし，我が国は国土も狭く産業に必要な資源にも乏しいのが現実である。これからの豊かさと繁栄を求めるには，更なる科学技術の進歩に期待せざるを得ない。
- ②**科学技術の進展と環境保全**…科学技術の進展の反面，環境問題やエネルギー・食料問題をどうするかなど，地球規模の大きな問題が山積している。
　このような問題の解決は我が国の繁栄にとどまらず，同時に諸外国の人々のために貢献し，人類の共有財産としての学術研究を一層確かなものにすることができる。
- ③**学校教育に期待される役割**…科学技術の進展を念頭に，グローバルな視点に立った環境の保全に高い関心を持たせることが大切となる。

　また，自国だけよければという考えを改め，世界の人々の幸せを願う**心の教育**こそ学校教育の重要なねらいとなる。

276. 学校をとりまく社会の変化 ②

情報化
- ①**印刷技術の発達と発行物の増大**…現在,我が国の書籍や雑誌,新聞などその発行は規模も大きくその数量も膨大である。更に写真版やカラーの普及は技術の高度化に伴いめざましいものがある。
- ②**放送・通信の急速な発達と普及**…ラジオ・テレビ等が国の隅々まで普及し,しかも多チャンネルで選択も自由という状況にある。これらに加えて高速通信網・衛星通信・衛星放送,コンピュータなどの新しい情報システムが急速に発達し,全世界にわたって情報ネットワークができあがってきている。
- ③**学校教育に期待される役割**…各種の情報手段の発達やあふれる情報の中で,情報を正しく活用する態度や能力を育てることが求められている。
  - 「どの情報にどのような価値があるか」
  - 「自分にとっていま何が必要な情報か」

など,情報手段や情報を主体的に選択して活用・操作する基礎的な資質を育てることである。

また,各家庭においてもこのことに注目し,とかく孤独になりがちなパソコン・ゲームなどに熱中するだけでなく,読書やテレビなどにより家族や友人等と話し合うことや,自然の中での観察や体験など活動を広げて,連帯意識や協調していく態度・能力の育成が大切である。

[文部科学行政関連の審議会等でめざしているもの]
① **「生きる力」の育成**…基礎・基本的な知識・技能を確実に身につけ,いかに社会が変化しようと,活用する力を基礎として,自ら課題を見つけ,自ら考え,主体的に判断して,よりよく問題を解決する資質・能力を育成する。
② **健康で心豊かな人間の育成**…教育活動全体を通じて,子どもの発達段階や各教科等の特性に応じ,豊かな心を持ち,たくましく生きる人間を育成する。
③ **基礎基本の重視と個性教育の推進**…国民として必要とされる基礎・基本的内容を重視し,個性を生かす教育を充実させるとともに,幼稚園・小学校教育や中学校教育との関連を緊密にして,教育内容の一貫性を図る。
④ **自己教育力の育成**…社会の変化に主体的に対応できる能力の育成や,創造性の基礎を培うことを重視するとともに,自ら学ぶ意欲を高めるようにする。
⑤ **文化と伝統の尊重と国際理解の推進**…我が国の文化と伝統を尊重する態度の育成を重視するとともに,世界の文化や歴史についての理解を深め国際社会に生きる日本人としての資質を養う。

277. スクール・カウンセラー

スクール・カウンセラー

- **スクール・カウンセラーとは**
  - ①**諸環境の変化**…学校を取り巻く諸環境の変化等を背景とする暴力行為，いじめ，不登校など，いわゆる児童生徒の問題行動等の実態は，ますます複雑・深刻化している。
  - ②**学校カウンセリング**…これら諸問題の解決を図るためには，学校，家庭，地域それぞれにおける取組みが不可欠であるが，そのうち，学校における取組みとしては，学校のカウンセリング機能の充実を図ることが特に重要である。その一方策として，文部科学省において，平成7（1995）年度から「スクール・カウンセラー活用調査研究委託」事業の実績がある。

- **勤務の形態とその内容**
  - ①**勤務形態**…スクール・カウンセラーは，1校当たり，原則，週当たり2回（1回4時間），週1回（8時間），月32時間（週当たりの回数は自由），いずれかの勤務形態で派遣される。
  - ②**児童生徒に対するカウンセリング**…カウンセリング・ルームなどでの個別カウンセリングのほか，休み時間の相談・声かけなど，日常的な場面での相談活動などを行う。
  - ③**情報提供と交換活動**…教職員や保護者との懇談等の機会を通じ，カウンセリング等により得られる児童生徒の悩みや不安の傾向・地域特性などについての情報提供・交換活動を行う。
  - ④**カウンセリングの知識・技術の提供**…地域住民を対象とした後援会等の機会にカウンセリングの適切な知識・技術を提供し，カウンセリングの重要性の理解の促進を図る活動を行う。

- **研究校からの報告書**
  - ①**学校全体での取組みができた**…カウンセラーの助言により，家庭，関係機関との連携のもと，学校全体で生徒指導に取り組めるようになった。
  - ②**教員の意識が変容した**…教員一人ひとりにおいて，カウンセラーの助言を受けることにより，児童生徒と接する際の意識が変わるとともに，児童生徒の様々な悩みに関し適切な対応をとることができるようになった。
  - ③**誰もが気兼ねなく相談できた**…成績評価など行わない第三者的存在のため，児童生徒，保護者とも気兼ねなく相談できた。

278. 学習におけるカウンセリング

教師が授業を展開していく上で，児童生徒が学級集団に適応していることや，対教師関係が支障のない状態にあることが必要である。これらの前提条件を満たすため，学習におけるカウンセリングは重要な働きとなる。

技術	意味	具体的内容
ラポール	面接場面で精神的不安のない融和の状態。相互に信頼し合える雰囲気が作られる状態。カウンセリング以外の場面でも利用され，望ましい人間関係を作り上げていく前提。	児童生徒の言動に対して積極的に興味・関心を示す。批判的な態度はとらない。代名詞（きみ，あなた）でなく名前で呼ぶ。小集団を編制して気楽な雰囲気にさせることも考えられる。
受容	相手の態度，感情，発言をそのまま，なんら価値判断することなく受け入れること。相手に「自分は受け入れられている」という感情を持たせる。	教師が誠実な態度で，相手の述べることに注意深く耳を傾ける。言葉としては「うん」「ええ」「なるほど」というような表現になる。しかし，度は過ぎないこと。
明瞭化	普通「感情の明瞭化」といわれる。相手の感情または情緒をもっと明瞭なわかりやすい形にするような発言。これは自己洞察を深めていく上に重要な契機となる。	述べられたことを解釈したり，方向づけたりしないで，正しく反映する。あることを直接教えるのではなく「…と思っているわけですね」とか「…ことがわからないわけですね」のように表現する。
自己理解	広義の立場で用いられる技術。相手を診断し，解釈を与えて長所・短所を知らせる。	児童生徒の行動観察・学力テスト心理テストなど，諸資料により，診断解釈を試みる。
一般的リード	問題をもっと深く掘り下げるためにリードする。	「それはどういう意味ですか」，「もう少し話して…」などの発言。懐疑的・詮索的ではいけない。

279. 不登校 ①

不登校

- **不登校の一般的定義**
  - ①**不登校とは**…従来「登校拒否」と呼ばれてきたが，近年では「不登校」の呼び方が一般的となっている。「不登校」については，必ずしも明確な定義はなく「主として何らかの心理的，情緒的な原因により，客観的に妥当な理由が見い出されないまま，児童生徒が登校しない，あるいは登校したくともできない状態にある」と幅広く理解することが妥当である。
  - ②**登校しない日数**…従来の学校基本調査（文部省）で，年間50日以上欠席した児童生徒を把握してきたが，平成10(1998)年度より年間30日以上欠席する児童生徒数を合わせ調査し，原則として年間30日以上欠席者を不登校としている(平成10.8.4文部省)。

- **不登校の態様**
  - ①**神経症的な不登校**…不安を中心とした情緒的な混乱による。
  - ②**精神障害による不登校**…精神的疾患の初期症状に見られる。
  - ③**怠学による不登校**…非行になるケースも多い型。
  - ④**不適応による不登校**…心身の発育や学力の遅滞などから劣等意識を持ち，集団不適応などの拒否を示す型。
  - ⑤**客観的理由を持つ不登校**…転校や入学時の不適応，「いやがらせ」や「いじめ」をする子どもの存在等客観的理由がある。
  - ⑥**独自の考え方から不登校**…学校生活の意義が認められないというような，独自の考え方から不登校となる型。
  - ⑦**複合型の不登校**…上記の態様が複合しての不登校も多く，これらのことが不登校の原因や指導を一層難しくしている。

- **不登校の原因・背景**
  - ①**精神発達の未熟さ**…不登校等の問題行動を起こす子どもには，共通して精神発達の未熟さがあるようだ，という説もある。小学生時代に，学び体験，遊び体験，及び情動体験の欠乏という，いわば『経験欠乏症候群』という状態をとりあげ，これが自分で考える力の欠乏や，対人関係の失調といった精神の未熟性をもたらす要因の一つと説明している。
  - ②**児童生徒の性格**…一般的に不安傾向が強く，優柔不断，適応性や柔軟性に乏しく，社会的，情緒的な未成熟さや神経質の傾向が一般の児童生徒に比べて強い。

279. 不 登 校 ②

不登校

- **不登校の原因・背景**
  - ③**家庭的な要因**…過保護や過干渉などの保護者の養育態度，家庭の人間関係（親子関係・家庭内の不和等）や，学業成績を最大の関心事とする傾向などが指摘されている。
  - ④**学校における要因**…学習，部活動，教師や友人との対人関係などが，不登校の背景となっていることが多い。
  - ⑤**社会の急激な変化**…最近の学力偏重の風潮や核家族化，少子家族化の進行等の変化も不登校の背景として考えられる。
- **指導上の留意点**
  - ①**不登校児童生徒の心情を理解**…心情の理解に極力努力し，児童生徒自身の力で回復を図るよう根気よく指導することが第一，決して性急な解決を求めず，児童生徒との人間関係を深めて，良き相談相手となることを心掛ける。
  - ②**校長が指導性を発揮**…不登校の指導は極めて困難で，指導の糸口もつかめぬ場合もある。従って，校長に対する教師や保護者の期待も大きい。校長は，不登校に関する理解を深め，教師や保護者に対して指導性の発揮が必要である。
  - ③**役割分担を明確**…協力体制による指導チームを組織する。学級担任任せで，他の教師からの関心が向けられていない場合が多く，指導が円滑に進まないことがある。
  - ④**学級担任教師の役割が重要**…児童生徒との接触も多く，心情を理解している学級担任教師が重要な役割を果たすことになる。保護者との面接のほか，協力を求め働きかけたり，資料の整理・提供など期待は大きい。粘り強く努力する。
  - ⑤**生徒指導部**…教育相談部や主任が適切に働くことが求められる。指導の基本は，生徒のカウンセリングである。学級担任と連携して，生徒や保護者との面接等を進め，必要により調査・検査等を実施，原因の理解や解消に努力する。
  - ⑥**関係機関との連携**…専門職員の配置がある関係機関等と適切な連絡・連携を行い，家庭との理解と協力で効果を期す。
  - ⑦**不登校児を受け入れる校内配慮**…在校する児童生徒の温かな理解や協力があることが大切である。

279. 不登校 ③

[考えられる不登校の仕組み（神経症的不登校）]

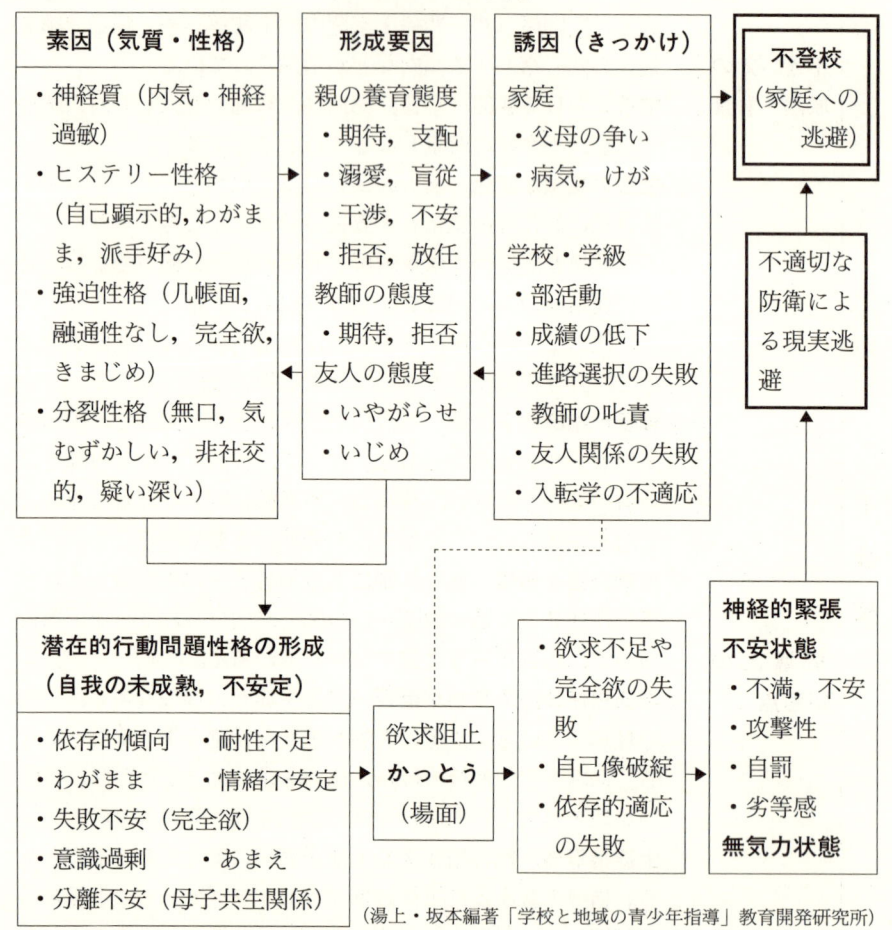

素因（気質・性格）	形成要因	誘因（きっかけ）	不登校（家庭への逃避）
・神経質（内気・神経過敏） ・ヒステリー性格（自己顕示的, わがまま, 派手好み） ・強迫性格（几帳面, 融通性なし, 完全欲, きまじめ） ・分裂性格（無口, 気むずかしい, 非社交的, 疑い深い）	親の養育態度 ・期待, 支配 ・溺愛, 盲従 ・干渉, 不安 ・拒否, 放任 教師の態度 ・期待, 拒否 友人の態度 ・いやがらせ ・いじめ	家庭 ・父母の争い ・病気, けが 学校・学級 ・部活動 ・成績の低下 ・進路選択の失敗 ・教師の叱責 ・友人関係の失敗 ・入転学の不適応	不適切な防衛による現実逃避

潜在的行動問題性格の形成（自我の未成熟, 不安定）	欲求阻止かっとう（場面）		神経的緊張不安状態
・依存的傾向　・耐性不足 ・わがまま　　・情緒不安定 ・失敗不安（完全欲） ・意識過剰　　・あまえ ・分離不安（母子共生関係）		・欲求不足や完全欲の失敗 ・自己像破綻 ・依存的適応の失敗	・不満, 不安 ・攻撃性 ・自罰 ・劣等感 **無気力状態**

（湯上・坂本編著「学校と地域の青少年指導」教育開発研究所）

◎不登校を起こす子どもは, 比較的, 生得的に弱い気質や性格の傾向（素因）を持っているようである。この傾向は, 子どもが発達する過程で, 親の養育態度や教師, 友人の係わり方（形成要因）でさらに増幅され, いつの間にか潜在的に行動問題性格が形成される。治療や指導の重点・対象は形成要因の改善にある。また, 不登校を「心の問題」としてのみではなく, 広く「進路の問題」として捉え, 進路形成に資するような指導・相談や支援・情報提供等が必要である。

279．不登校 ④

[学校不適応児の民間施設における対応①]

◎「学校不適応調査研究協力者会議」の最終報告を受けた文部科学省が，学校不適応児に対する出席等の取扱いについての概略をまとめたものである。

不登校 ― 民間施設における対応
- 不登校児への対応
  - ①第一次的対応…基本的には学校と家庭が一体で対応する。
  - ②第二次的対応…しかし，どうしても対応が困難なときは教育相談センターやその他の公的な施設が対応する。
  - ③第三次的対応…公的施設での対応も思うようにならず，保護者が民間施設での対応を期待する場合の対応となる。
- 不登校児が通っている民間施設での指導
  - ①出席の扱い…教育委員会と校長が認めれば，指導要録上では出席の扱いとしてよい。
  - ②教育委員会とは…この場合の教育委員会とは，学校の設置者である教育委員会である。
  - ③教育の場として適当か否か…不登校児を教育・養育するのに適当な場所であるか否かは，チェックポイントの表（協力者会議で検討したもの）により，原則として都道府県教委で行う（表は各県に送付）。この際，施設が置かれている市町村教委も協力して表を作成する。
  - ④他の市町村にある施設に行く場合…不登校児が他の市町村にある施設を希望する場合，市町村教委は県教委と相談をし，チェックポイントを見て適否の確認を行って校長に連絡する（校長が独自に判断をせず，市町村教委の連絡をまって決定，これを出席と認めることになる）。
- 民間施設の認定上での配慮事項
  - ①学校復帰のために役立つか否か…学校・教育委員会が，保護者から相談を受けたとき，その施設が学校，子どもにとって好ましいものかどうか。その民間施設の運用が，子どもの学校への復帰に役立つかどうかを判断する。
  - ②子どもの状況を勘案して…事業運営や相談指導の在り方，相談スタッフの存否，施設設備の状況，学校・教委・家庭との連携状況等から学校復帰への可能性を探る。
  - ③出席扱いの可否…出席扱いにする場合の考え方を検討。

279. 不登校 ⑤

[学校不適応児の民間施設における対応②]

不登校
　民間施設における対応
　　民間施設と義務教育の場の関係
　　　①**民間施設との対応**…当面の**限定的な対応**で，必ずしも義務教育という制度の中に取り入れるとか，義務教育の場の拡大を図る発想のものではない。
　　　②**学校教育の復帰を前提とする**…不登校という悲しい実態から，学校へ戻るための何らかのきっかけが得られるものであればと考えたい。したがって，民間施設を学校にかわるもの，という考えには立っていない。
　　　③**学習塾は対象外**…あくまで我が国の公教育としての義務教育制度を前提としている。民間施設に通っていても，いつかは小・中学校に戻ってくるものと考えている。一般的にいって，学習塾は対象外のことである。
　　出席扱いと学校基本調査との関係
　　　①**登校拒否・不登校児童生徒数の把握に関する問題**…現在，30日（平成9年以前50日）以上の欠席児童生徒の実数を把握し，いわゆる不登校（登校拒否）児童生徒としてカウントしている。それを今回出席扱いにすると，実際には不登校の状況にあっても，その実態は把握できず，矛盾した結果となることが予想される。
　　　②**学校基本調査の取扱い**…学校基本調査は統計上重要な性格のものなので，出席簿上は欠席扱いとし，指導要録では一応出席とする。
　　公的な適応指導教室の設置推進
　　　①**適応指導教室事業の実施**…文部科学省では従来から教師用指導資料の作成・配布，研修，教育相談体制の充実，不登校等生徒指導困難校に対する教師の加配，不登校児の学校復帰を支援するための適応指導教室事業の実施等を行ってきている。
　　　②**研究協力者会議の提言内容の尊重**…国・地方教育委員会において取り組むべき事柄の提言内容に対し，文部科学省では適応指導教室について訪問指導や家族啓発事業の実施等を含め，増加等を図る充実策を講じている。

280．適応指導教室

適応指導教室

不登校への対応策

①**不登校への対応策**…文部科学省の学校不適応対策調査研究協力者会議は，平成4(1992)年3月「登校拒否（不登校）問題について」の報告書をまとめているが，これを受けた文科省は，平成4年9月「登校拒否問題への対応について」を通知し，その対応策として『適応指導教室の方法』などを提言している。

②**対応策の内容**…(1)学校が児童生徒にとって自己の存在感を実感でき，精神的に安心して居られる場所としての役割を果たすよう，学校としての取組みを求める。

(2)都道府県や市町村の教育委員会が各学校における取組みを効果的に行うようにする支援として，専門的・実践的な教員研修の実施，指導体制充実のための教員加配，保護者への啓発・支援など多様な施策の実施を要望する。

(3)「学校生活への適応を支援する上で必要かつ適切と学校が判断した場合は，当面他の機関における適応指導の機会も考慮が必要」として『適応指導教室の方法』等を示す。

適応指導教室の扱い

①**適応指導教室とは**…主として不登校児童生徒の指導を行うため，教育委員会が学校以外の場所又は学校の余裕教室等を利用して校内に設置するもので，在籍校と連携をとりつつ別個のカウンセリング，集団での指導や教科指導を行い，単に相談を行うだけの施設とはならないように運営する。
指導を受けた日数を指導要録上の出席扱いとされている。

②**出席の扱い**…学校の教育課程を実施した授業に出席することで，その日数は指導要録の「出欠の記録」欄に記録される。教育課程にもとづく教育活動として，学校外における活動や対外運動競技等に参加する場合も同様であるが，校長が一部の児童生徒でも，教育的意義等を考慮して出席扱いとできる。また，相談指導を受けた日数も出席扱いとすることができる。

③**一定の要件**…当該施設への通所・入所が学校復帰を前提とし，教委等の公的施設又は条件を満たす民間施設であること。

281. 児童虐待の防止

法制の意義と定義

①児童虐待防止法の制定…平成12(2000)年5月に児童虐待の防止等に関する法律が制定され，平成19(2007)年に2度目の改正となる。児童虐待に関しては，児童福祉法に関連規定があったが，年々深刻化する状況に対応しきれないとする批判に応え，児童虐待を受けた児童の保護のための措置等を定める同法の充実を期し改正したものである。

②「児童虐待」とは…保護者（親権を行う者，未成年後見人その他の者で，児童を現に監護する者）が，その監護する児童（18歳に満たない者）に対して下記に掲げる行為をいう。

(1)身体的虐待：児童の身体に外傷を生じ，又は生じる恐れのある暴行を加えること。
(2)性的虐待：児童にわいせつな行為，又は暴行，強要行為。
(3)監護怠慢：児童の心身の正常な発達を妨げるような著しい減食，又は長時間の放置，その他の保護者としての監護を著しく怠ること。
(4)心理的虐待：暴言や差別など心理的外傷を与える行為。児童が同居する家庭で配偶者に対する暴力を見せること。

改正法の要点

①児童虐待防止法改正の要点…
(1)第一義的責任は「保護者」：国や地方公共団体の責務と比較し第一義的責任は「保護者」と明記した（4⑥）。
(2)保護者に出頭を求められる：都道府県知事は保護者に児童を伴った出頭を求め調査することができる。応じなければ再度出頭を求められる（8の2，9の2）。
(3)再出頭拒否の場合：裁判所の許可を得て住居に立ち入り児童の捜索ができる（9の3）。

②児童虐待に係わる通告…虐待を受けたと思われる児童を発見した者は速やかに市町村，都道府県の設置する福祉事務所か児童相談所に通告しなければならない（6①）。

③保護者に対し必要な調査・質問…都道府県知事は虐待のおそれのあるとき，児童委員又は児童の福祉の事務に従事する職員をして必要な調査・質問をさせることができる（8の2①）。

282.「いじめ」とその対応　①

「いじめ」とその対応
┃
┣━「いじめ」の定義と態様
┃
┗━学校の負う法的責任（日本弁護士連合会）

①**全国的な社会問題化**…対教師暴力や生徒間抗争，器物破壊など一連の校内暴力が沈静化の兆しを見せ始めたのと裏腹に，昭和59(1984)年頃から「いじめ」の問題が全国的な社会問題化し，教育の荒廃が具体的な形となった現象という指摘もあるほどである。しかも，より深刻なのは，都市，地方を問わず多くの教師や保護者が，このための有効な処方箋を見い出せないでいることである。

②**「いじめ」とは**…文部科学省の新定義によると，いじめられた児童生徒の立場に立って行い，「当該児童生徒が，一定の人間関係のある者から心理的・物理的な攻撃を受けたことにより，精神的苦痛を感じているもの」としている。この定義では，言葉や態度によるいじめから，暴行や恐喝といったものまで，かなり広い範囲でとらえることができる。

③**いじめの態様**…「冷やかし，からかい」「仲間はずれ」「言葉でのおどし」「暴力」「持ち物隠し」「たかり」「親切のおしつけ」「陰口」「無視」などがある。しかし，いじめかどうかの判断は，いじめられている者の立場になっての判断が必要であり，内に根深いものが潜むことがある。

①**学校の一般的注意義務**…学校には児童生徒の安全保持義務があり，学校はいじめから児童生徒を守る注意義務を負う。この注意義務は児童生徒の発達段階により異なる。

②**いじめを理解する義務**…教師が注意義務を適切に行うために，日頃からいじめの本質・特徴等につき学習，理解し，教育実践に生かすことが求められる。

③**いじめを把握する義務**…いじめは教師に隠れて行われる。常に実態を観察，動静を把握して，いじめの発見に努める。

④**いじめの全容解明の義務**…学校は迅速・慎重に事情聴取，周到な調査等を行い，事態の全容を正確に把握する義務を負う。

⑤**いじめ防止の措置義務**…実態が明確になった場合，事態の危険性や切迫性の度合いに応じて，児童生徒に必要な指導と保護者との連携，関係機関への協力・援助要請等の義務がある。

282.「いじめ」とその対応　②

「いじめ」とその対応 — 「いじめ」の行動特徴

① 正義感の欠如の傾向…いじめる者といじめられる者の関係ができると，この両者の他に傍観者と仲裁者がいることになる。傍観者は，いじめの同調者になることが多く，また，いじめを避けるために同調しておだて役になったりする。いわば社会的な正義感の欠如の傾向が見えているのが特徴といえる。

② いじめがゲーム化…バイ菌遊びなどウップン晴らしの手軽なゲームの感がある。罪悪意識が全く無い場合すらあり，プロレス遊びなどの悪ふざけ程度が，次第にエスカレートし，長期化，深刻化して初めて問題化するのが特徴である。

③ 異質排除の心理…容貌，服装，持ち物など，皆と異なると気にくわない。成績や教師の受けのよい児童生徒へも見られ，嫌がらせ，仲間はずしなど子ども社会の特徴である。

④ 気にくわぬ者を村八分…口をきかなくなったり，仲間に入れず徹底して無視する態度にでるなど，心理的ないじめである。学級の大部分が加害者にくみしたり，困ったことに支えになって声を掛ける友人がいない場合，被害者の苦痛は深刻で，不登校や自殺行為などが見られることがある。

⑤ 弱い者に「おどし」「たかり」…一旦，おどしやたかりに巻き込まれると，その行為や金額がエスカレート，保護者等の目をごまかして自らの行為のように非行化が進む。特徴は，被害者の非行が表沙汰にされるが，いじめの元凶は表面化しにくいことである。

⑥ 理屈づけや偽装化…いじめの正当化で，動作がのろい，不潔である，だから気合いを入れたとか，また，グループの中で要領が悪いから他のグループより見劣りがする，だからカツを入れた，などもある。個人差に対する配慮や思いやり，励ましもなく友情や道理への感覚も皆無で，エゴしか見当たらない。

⑦ ボスとのつながり…いじめる者が上級生や卒業生等とつながり，その子分として行動して同級生や下級生をいじめたり，ボスへの上納金のために金品をたかったりするケースがある。

282.「いじめ」とその対応 ③

「いじめ」の行動特徴

また，親分にいじめられ，その仕返しの意味で弱い者いじめという悪循環の現象も見られる。

⑧**追従的な性格や態度**…断ると暴力をふるわれ，親や教師に告げるものなら「密告した」とターゲットの対象とされる。ときに見て見ぬふり，ときに加害者に荷担することで，自分が攻撃の手から避けられるという，そうした空気が仲裁者や勇気ある発言を乏しくしている。いわば正義感の後退である。

◎「いじめの問題に関する総合的な取組みについて」

文科省初等中等教育局長・生涯学習局長通知（平成8年(1996)7.26）

[1] 学校における基本的考え方と教育指導の在り方

基本的考えと教育指導の在り方

①**学校運営の基本姿勢**…学校は児童生徒にとって，楽しく学び生き生きと活動できる場であることが大切である。学校はいじめの問題の解決について大きな責任を有しており「子どもの立場に立った学校運営」及び「開かれた学校」を基本姿勢として学校運営の改善を図る必要がある。

②**いじめは人間として絶対許されない**…という認識を一人ひとりの児童生徒に徹底させること。いじめをはやしたてたり，傍観したりする行為もいじめる行為と同様に許されない。また，いじめを大人に伝えることは正しい行為であることの認識を児童生徒に持たせること。

③**毅然とした態度を日頃から示す**…いじめられる児童生徒や，いじめを告げたことによっていじめられる恐れがあると考えている児童生徒を，徹底して守り通すという毅然とした態度を日頃から示すこと。

④**学校教育活動の全体を通して**…お互いを思いやり，尊重し，生命や人権を大切にする態度を育成し，生きることの素晴らしさや喜び等について適切に指導すること。特に，道徳教育，心の教育を通して，このような指導の充実を図ること。

⑤**児童生徒自身が主体的に取り組む**…いじめの問題に児童生徒自身が問題の解決にどう係わるか主体的に考えさせること。

282.「いじめ」とその対応 ④

「いじめ」とその対応

基本的考えと教育指導の在り方

⑥すべての児童生徒が自ら参加…学校では，わかりやすい授業を工夫するなど，個に応じた指導に努める必要があること。また，学習に遅れがちな児童生徒には十分な補充指導を行うとともに，学校行事や部活動等において自己存在感を持つことができる場合が多いことに配慮し，子どもの「心の居場所」となるような学校づくりに努める必要があること。

[2] 学校運営及び学級経営等の在り方

学校運営と学級経営の在り方

①校長のリーダーシップ…それぞれの教職員の役割分担や責任の明確化を図り，全教職員が一致協力して指導に取り組む実効性ある体制を確立する必要があること。

②危機意識を持って取り組む…いじめは児童生徒にとって，時には必要な場合もあるといった誤った考えは認められないものであり，個々の教師がいじめの問題の重大性を正しく認識し，危機意識を持って取り組まなければならないこと。また，教師の何気ない言動が児童生徒に大きな影響の持つことに留意すること。

③迅速・適切に対応する…いじめの問題への取組みに当たっては，いじめの多寡以上に，いじめにいかに迅速かつ適切に対応し，いじめの悪化を防止し，早期に真の解決を図るかが大切であること。

④親身な教育相談の充実…児童生徒に対する親身な教育相談を一層充実させるため，養護教諭との連携を積極的に図るとともに，教育相談室の整備をはじめ，相談しやすい体制を整えること。また，全教職員が参加する実践的な校内研修を積極的に実施すること。

⑤児童生徒とふれあいの確保…会議や行事の見直しなど，校務運営の効率化を図り，児童生徒や保護者と接する機会の確保と充実に努める必要があること。給食，遊び，清掃活動などを通して児童生徒とふれあう機会の確保に努めること。

⑥部活動の運営と指導…部活動の本来的機能を生かし適切に運営することは，いじめの問題に有効な方策となり得ること。

282.「いじめ」とその対応 ⑤

「いじめ」とその対応
├─ 学校運営と学級経営の在り方
│ 　部活動指導においては，児童生徒同士の人間関係や一人ひとりの個性に配慮するとともに，教師が部活動指導等の多忙を理由に他の児童生徒とのふれあいを不足させぬよう，校務分掌をはじめ学校全体として十分に配慮する必要があること。
│ ⑦**仲間意識や人間関係の変化に留意**…児童生徒の仲間関係等の変化に留意しつつ，いじめの発見や対応に努めるとともに，学校教育活動全体を通して，友情の尊さや心からの信頼の醸成等について適切に指導する必要があること。
│
└─ [3] いじめる児童生徒・いじめられる児童生徒への対応
   └─ いじめる・いじめられる児童生徒への対応
      ①**いじめる児童生徒に対して**…保護者の協力を積極的に求めながら，教育的な指導を徹底して行うほか，一定期間，校内においても他の児童生徒と異なる場所で，特別の指導計画を立てて指導することも有効と考えられること。また，いじめた児童生徒が，いじめを繰り返したり，いじめられる側に回ったりすることのないよう継続して指導すること。
      ②**いじめの状況が限度を超える場合**…いじめられる児童生徒を守るために，いじめる児童生徒に対し出席停止の措置を講じたり，警察等の適切な関係機関の協力を求め，厳しい対応策をとることも必要であること。特に，暴行や恐喝など犯罪行為に当たるようないじめを行う児童生徒については，警察との連携が積極的に図られてよいこと。
      ③**いじめられる児童生徒には**…いじめの解決に向けての様々な取組みを進めつつ，児童生徒の立場に立って，緊急避難としての欠席が弾力的に認められてよいこと。その際，保護者と十分連携を図るとともに，その後の学習に支障の生ずることのないよう工夫するなど十分な措置を講ずる必要があること。
      ④**グループ替えや座席替え**…いじめられる・いじめる児童生徒のグループ替えや座席替え，さらに学級替えを行うことも必要であること。また，必要に応じて児童生徒の立場に立った弾力的な学級編制替えも工夫されてよいこと。

282.「いじめ」とその対応 ⑥

【いじめ・いじめられる児童生徒への対応】

⑤就学すべき学校の変更等…いじめられる児童生徒には，保護者の希望により，関係学校の校長など関係者の意見等も十分踏まえて，就学すべき学校の指定の変更や区域外就学を認める措置について配慮する必要があること。

⑥学校・教委・保護者の共通理解…上記①から⑤の措置を講ずることについて，学校，教育委員会，保護者は，日頃から十分な共通理解を持っておくことが大切であること。

[4] 家庭・地域社会との連携

【家庭・地域社会との連携】

①開かれた学校の観点に立つ…日頃から学校の対処方針や年間指導計画など，いじめに関する情報を十分提供して保護者等の理解や協力を求めるとともに，各家庭でのいじめに関する取組みのための具体的な資料として役立ててもらうような工夫が必要であること，また，いじめ等に関して学校に寄せられる情報に対し，誠意を持って対応することが必要であること。

②PTAと学校の実質的な連絡協議…いじめの問題に関し，学校と保護者や地域の代表者との意見交換の機会を設けるほか，特にPTAと学校との実質的な連絡協議の場を確保し積極的に連携を図る必要があり，休日や学校外等におけるPTA懇談会や保護者面談の開催等，開催時間や開催場所を見直して多くの保護者が参加しやすいよう工夫する必要があること。

[5] その他の必要な事項

【その他の必要事項】

①体罰禁止の徹底…体罰は，学校法11条において厳に禁止されているものであり，体罰禁止の徹底に一層努める必要があること。あってはならない教師の体罰が，いじめの取組みには少なからぬ影響を及ぼしていることに留意すること。

②「校則」の在り方…校則は，学校の責任と判断において決定されるべきものであるが，児童生徒の実態，保護者の考え方，地域の実情等を踏まえ，きめ細やかで「個に応じた生徒指導」という観点から，より適切なものとなるよう絶えず見直しを行う必要があること。

282.「いじめ」とその対応 ⑦

[「いじめ」問題の早期発見のポイント]

「いじめ」とその対応
├─「早期発見の手引き」(東京都教委)
│ ├─「いじめる者の言動を中心とする観点」
│ │ ①特定の者の失敗や規則違反などに,極めて強く反応する。
│ │ ②特定の者に攻撃的な態度をとり,グループから排除しようとする様子が見られる。
│ │ ③特定の者を笑い者にして,からかったりする。
│ │ ④特定の者を呼び出したり,何か言いつける様子がある。
│ │ ⑤何人かの者でこそこそ話し合い,教師の目を避けようとする。
│ │ ⑥粗野な行動が目立ち,すぐ腹を立てたり,いらいらしたりする様子が見られる。
│ └─「いじめられる者の言動を中心とする観点」
│   ①遅刻,早退がめだち,学校を休みがちになる。
│   ②給食を残すようになり,何となく浮かぬ顔や落ち着きを欠く。
│   ③衣服の汚れや,手足・顔面に擦り傷や鼻血のあとが見られる。
│   ④新しい持ち物や教科書,ノートにいたずら書きが見られる。
│   ⑤鞄や体育着などが隠されたり,机・椅子が汚されたりする。
│   ⑥委員長や班長など,責任者の仕事を突然やめたいと言い出す。
│   ⑦教師の質問に答えたり,意見を述べたりすると周囲から野次や奇声が出る。
│   ⑧人格を無視するような「あだ名」がつく。
│   ⑨集団からはずれて,一人ぽつんとしていることが目につく。
└─早期発見の教師の心得 (大分県教委)
   ①子どもに話しかけられやすい雰囲気づくりに努めているか
      (話しやすい態度,気がかりな子とのふれあいなど)
   ②『いじめ』を「ちょっとおかしい?」で見逃していないか
      (気づいてくれない教師に,もどかしさと不信感をいだく)
   ③日頃から子どもとのふれあいの時間を多くとっているか
   ④子どもの友人関係の実態を把握しているか
      (日頃からの観察結果が生かされるよう積み上げが大切)
   ⑤家庭・地域との連携を密にしているか
      (保護者の考えや,信頼に応えるきめ細やかな対応が必要)

283. いじめ・自殺問題

いじめ・自殺問題

- **いじめ問題の根本**
  - ①**深刻な生徒指導の問題**…平成18(2006)年後半以降,いじめ・自殺問題が報道等で大きく取り上げられ,国民の深い関心と共に学校や国・教育委員会の取組みについて厳しく問われた。文科省では大きな社会問題として,問題解決のため緊急アピールや通知,総合的な調査研究など様々な対策を講じてきているが,さらに深刻な生徒指導の問題になっていることは,いかにこの問題が根深いものであるかを如実に示している。
  - ②**いじめに対する不断の課題意識**…いじめは人間関係のゆがみや崩れの表出といわれるが,常に自己の生き方や人間関係の在り方に対する課題意識や自身の危機意識がなければ,容易にいじめの温床は広がっていく。それゆえいじめ問題の対応には誠実かつ迅速に対応していくことが何よりも大切である。

- **いじめ問題の特徴と取組み**
  - ①**いじめ問題の今日的特徴**…いじめは,思春期の葛藤や自我の衝突が顕著である中学校段階においてその増加が見られ,自殺にまで至る痛ましい事件も多く発生しているが,最近のいじめには,小学校段階にもいじめの背後にある心のゆがみや崩れの問題が表れ,自殺にまで至る事件も発生していることが指摘されている。これは大人を含めて望ましい人間関係の構築がかってより難しい状況にあることを示している。
  - ②**人間の尊厳と生命**…遊びのエスカレートのごとき形態のいじめもあれば,いじめの被害者と加害者が複雑に絡み合う場合もある。複雑な関係が横たわる中で人間の尊厳や,果ては生命の存在を否定するような言葉や態度に著しく傷ついたり,相手が鈍感で見えなくなっている場合もある。またメールやネット等を利用した誹謗中傷など陰湿ないじめも発生しているなど,いじめが一層見えにくくなっている状況にある。
  - ③**社会全体の取組みに期待**…上記のような事象は現在のいじめ・自殺問題に見られる特徴であり,その背景には学校・家庭・地域など地域全体の状況が深く係わっている。そのため,いじめ・自殺問題の対応には,より広範な解決のための社会全体の取組みが強く求められる。

284. 基本的生活習慣 ①

基本的生活習慣

- 基本的生活習慣の必要性
  - ①**問題行動の原因・背景**…いじめ，暴力行為等，児童生徒の問題行動の原因・背景としては，子どもに対しての基本的なしつけや，基本的生活習慣の育成が不十分であることも大きな要因の一つといわれている。
  - ②**生活習慣として何を教えるべきか**…急速な都市化の進行や情報化の進展，核家族化等に伴い，従来の伝統的な生活様式や生活習慣は，その持続性や規範性を失い，保護者は生活習慣として何をどう教えたらよいのか困惑している状況にある。
  - ③**生活習慣とは**…決して固定的なものではなく，時代の変化に対応して「その時代の生活様式に見合った生活習慣」が考えられ，適切な時期に確実に身につけさせていくことである。

- 基本的生活習慣の意義
  - ①**習慣とは**…学習によって，後天的に得られる比較的恒常的な行動様式のことで，社会の慣習とも密接に結びついていると同時に，習慣化した行動様式は，それぞれの人格の一面として現れてくるものである。
  - ②**基本的生活習慣は**…人間の態度や行動の基礎となるものであり，この確立がない場合には，往々円滑な人間関係や社会生活を送るのに支障をきたし，好ましくない生活態度や問題行動の発生に結びつき，また，自らの生命や健康・安全の確保についても難しくなる場合が生じてくる。

- 学校における指導の必要性
  - ①**本来的には家庭でその基礎が形成**…基本的生活習慣は，家庭でその基礎が培われるべきで，学校の指導は，主として家庭において形成された基本的生活習慣を強化し，発展させる役割を担っているものである。
  - ②**教師と保護者の相乗的効果が必要**…家庭・社会をめぐる最近の状況は，子どもの基本的生活習慣の形成に様々な問題をもたらし，その結果必ずしも望ましい生活習慣が身についていない場合も多い。不十分な事柄については，学校としても指導に取り組み，子どもの変容を通して家庭の教育機能の向上と，望ましい在り方を保護者に理解させることが必要である。

284. 基本的生活習慣 ②

基本的生活習慣

- **学校における指導体制**
  - ①**基本方針の明確化**…基本方針は，学校教育目標に基づき，児童生徒の実態や家庭・地域社会の要望等を十分に配慮し，全教師が基本的生活習慣の指導に関する情報交換を行うような学校の組織的活動として作成されることが望ましい。
  - ②**共通理解の確立と一貫した指導体制**
    - (1)児童生徒の基本的生活習慣の実態や在り方につき共通理解。
    - (2)校内研修会を持ち，児童生徒に基本的生活習慣を身につけることへの理解を教師自らが深める。
    - (3)取り組む事項の精選を図り，共通の目標を持つ。
    - (4)習慣形成の到達度合い，その評価に共通理解を図る。
    - (5)家庭との連携につき，時期，内容，方法等に共通理解。
    - (6)実行のための校内委員会の組織化や，広報紙を出すなど情報の共有化に努力する。
    - (7)一貫した指導体制の下に，すべての児童生徒がどの教師からも同様に見守られ，励まされ，導かれることが大切。

- **指導の内容**
  - ①**生命の尊重，健康・安全に関すること**
    - (1)自他の生命を尊重，安全の確保は人間としての基本。
    - (2)洗面，入浴，手洗いなどの衛生的習慣。
    - (3)食事マナー，着衣の清潔，事故・安全の注意と身体的対応，望ましい姿勢の維持，健康の維持・増進，安全確保のための行動様式の習得などが最も基本となる。
  - ②**規則正しく，きまりよい生活に関すること**
    - (1)整理・整頓の習慣，持ち物・衣類・道具等の丁寧で上手な使い方，事前準備と後始末，食物を粗末にしない習慣。
    - (2)時刻を決めて守る，時間を大切に，計画的生活設計，余暇の利用法。
    - (3)学習態度，話す・聞く態度，応答の仕方，忘れ物の処理。
  - ③**礼儀作法，社会生活に関すること**
    - (1)挨拶や会話，人との接し方，身だしなみ，時と場の言動。
    - (2)思いやり，正しい異性観と協力，規則遵守，公徳心など。

284. 基本的生活習慣 ③

基本的生活習慣

- 基本的生活習慣としつけ
  - ①『しつけ』は仕付け…作り付けること，縫い目を正しく整えるために仮に縫い付けておくこと，稲の苗を縦横に正しく曲がらないように植え付けること，の意味を持つ。
  しつけは，縫いあげた着物の型を崩さないように，母親がしつけ糸をかけるのと同じである。
  - ②**健全な社会的適応性**…人間は，生まれたままでは欲求のままに泣き叫ぶ赤ん坊のごときものであるが，長ずるに及び自我意識が芽生え，自己欲求から次第に社会的適応性を備えていくことになる。エゴの発達と雁行して，自己の欲求をコントロールする内的規制力が生じさせるよう導くことが大切である。

- 基本的生活習慣の形成過程
  - ①『しつけ』の適時性…人間の行為は成長の過程で異なった現れ方をする。その行為に興味を示す時期に行うのが容易な習慣形成である。また，発達の過程で，ある種の行為が顕著化する時期があり，この時期が臨界期で，臨界期を逸すれば習慣化は難しくなる。
  - ②『しつけ』の内発化…幼少期は，自発性や自律性が乏しいために，外的規制がしやすいと考えられるが，内発的に点火しなければ継続化はしにくい。行為の動機づけや，賞賛，激励等行い，内発的なものに仕向けていく。
  - ③『しつけ』の意味的理解…求められる行為の必要さや重要さが明確にならないと，行動に移し難い。特に最近の子どもは，合理的になっているので納得しにくいことがある。
  - ④『しつけ』の体験性…真に子どもが理解することは，体験を伴ってこそ得られるものが多い。体験性を重視する。
  - ⑤『しつけ』の環境形成と模倣性…温かいふれあいの中に育った子どもは，美しい心の持ち主となるであろう。自然的，社会的，文化的環境との係わりの中で，人間は成長する限り無言の感化力は無視できないものがある。「親の後ろ姿を見て子は育つ」の諺にも，意味深いものがある。

285. 校 則 ①

校則

- **校則とその内容**
  - ①「校則」とは…教育目標を達成するため，児童生徒が遵守すべき学習上，生活上の規律である。生徒心得のほか懲戒規定等を含めた学校規則のことであり，学校法施規4，16条及び28条1項2号に示す「学則」とは異なり「学校において備えなければならない」とする表簿ではない。

    また，ここでいう「校則」に関しては，教育上規制を正当化する合理的理由があれば，学校の責任と判断において決定されるもので，校長に制定権がある(校則の効力：昭和60.11.13「丸刈り裁判」熊本地裁，昭和62.10.30「バイク規制」千葉地裁で認めている)。

  - ②校則の内容…学校により一様ではないが，教育機能の円滑な遂行と，教育の場にふさわしい秩序維持の働きを持たせるため，必要かつ合理的範囲内において，一般的には児童生徒に対しての服装の着用，髪型，学校生活，登下校，集会の禁止，校外での学校教育活動，生活環境等に関して具体的な規則規定を設けている。

- **校則の法的根拠**
  - ①特別権力関係論…国・公立学校という施設に対する児童生徒の利用関係に求められる論である。

    在学関係や公務員関係など公法上の特別な原因により成立する公権力と国民との特別な法律関係を言い，そこにおいては公権力が包括的な支配権を有し，個々の法律の根拠がなくても，特別権力関係に属する私人を包括的に支配できるとしている。

    特別権力関係論については，法治主義の原理や基本的人権の原理にそぐわないと批判があり，今日では伝統的なこの議論をそのまま維持する学説や判例は少ない。

  - ②在学契約説…私立学校については，生徒の在学関係を根拠にして，規則の制定権があるとしている。

  - ③部分社会論…法律に格別な規定がない場合でも，その設置目的を達成するために必要な事項を学則等により一方的に制定し，在学する生徒を規律する包括的な機能を有する(大学に関しての最高裁判決 昭和9.7.19) という判決がある。

285. 校 則 ②

校則

- **校則が規制する意義**
  - さらに，一般市民社会とは異なる特殊な部分社会を形成している (昭和52.3.25.最高裁判決) とし，学校など一定の目的を持って活動している団体や組織は，部分社会の内部規律権に基づき，その内部事項について規制する自律的，包括的な機能を持つと理解される。最近では国・公・私立学校に共通に説明できる説として「部分社会論」が有力である。
  - ①**必要かつ合理的な範囲内の規則**…大学と異なり小・中・高等学校においては，児童生徒は心身の発達段階にあり，判断力や批判力が未熟で社会経験も乏しいことを考慮すれば，教育目的を達成するために必要かつ合理的な範囲内で，規則等により規定を加えることはより必要なことと考えられる。
  - ②**児童生徒にとって具体的な行動基準**…校則や生徒心得など学校のきまりは，学校で受ける教育の目的を達成するための具体的な行動基準であり，児童生徒の発達段階に即して成長していくための指針としての内容といえるものである。
  そのため，児童生徒の学校生活に関するもののほかに，それに関連した日常生活に関することも含み，例えば，登下校，健康，安全，服装，身なり，行動，所持品，家庭学習，外出等に関するものがあげられる。

- **校則の持つ問題点**
  - ①**どこまで校則によって規制するか**…校則の内容やその範囲については論議のあるところであるが，教科の学習に関することに限らず，例えば，髪型や服装等にまで規制を加えることが可能か否か，校則内容の効力に係わる問題でもある。
  - ②**校則の内容は無制限ではない**…髪型など具体的な内容に関して，どの程度・方法の規制を加えるかは，学校の自律的，基本的人権に関する考え方とともに，教育目的から規則の必要性が説明可能であることが大切となるが，校長の専門的・技術的判断に委ねられるべきものである。
  - ③**校則の秩序維持機能に依存**…校則を盾にした生徒指導を展開し，過剰な管理教育に走る傾向が問題視されるので留意する。

286. 携帯電話と情報モラル

携帯電話と情報モラル
- 携帯電話の情報モラル
- 携帯電話の利用マナー

携帯電話の情報モラル

①**携帯電話の利用状況調査**…文部科学省は平成21(2009)年2月25日「子どもの携帯電話の利用状況調査結果」(速報)を発表した。携帯電話を持っている児童生徒のうち，電子メールやインターネットの使用によって3人に2人は何らかのトラブルに遭っていることがわかった。

②**携帯電話の原則持ち込み禁止**…文科省は同年1月末に学校への携帯電話の原則持ち込み禁止を通知しているが，実際には多くの学校で既に制限を行っている状況にある。しかし，情報モラル教育においては，一律の禁止や制限だけでなく具体的な行動に結びつく指導の充実が急務といえる。

携帯電話の利用マナー

①**子どもの携帯電話の利用**…大人たちの一部にとって，携帯電話はまだ「電話」機能かもしれないが，子どもの携帯電話利用の中心は通話ではなくメールやサイト閲覧，ゲーム，音楽，カメラなど通話機能以外にあり，まさに電話もできる総合情報端末である。そのため携帯電話といわず「ケータイ」と呼ばれることが多いことでもうなずかれる。

②**現在の携帯電話**…基本的にはインターネットの端末で，いつでもどこでもメールやサイトを通して外部とのつながりを可能とし，自室に居ても友人や見知らぬ人々でも簡単につながっていられる。だから物理的には自室に居ても友人の中で深刻なトラブルに巻き込まれたり，性的被害や暴力被害，犯罪等のきっかけを加速度的にする装置として機能する場合もある。しかし携帯電話が犯罪の原因のごとく考えるのは慎重を要する。

③**大人の役割を果たす**…まず保護者が安易に子どもに携帯電話を買い与えず，与えるにしても未然に防ぐための話し合い，料金や時間，トラブルの際は必ず報告するなど約束ごとを定めるのは必須である。また親子のコミュニケーションが弱くなることを避ける工夫と同時に，学校等における教育と併せてネット上での悪事は簡単にバレるものということを教え，ネットいじめやいたずら等をしないマナーを指導する。

287. 学年・学級通信 ①

学年・学級通信

通信活動の意義
- ① **学年・学級通信は手段であって目的ではない**…通信活動は，学校はもちろん，学年・学級の経営，学習指導や生徒指導などをより効果的にするための手段である。しかし，通信に熱心なあまり，編集や印刷に，学習の時間を自習にするようなことがあっては，目的とは異なったものになる。
- ② **家庭教育の深化と学校との連携強化を図る**…学校教育の効果は，家庭の教育環境により大きな影響を受けることは知られている。教師と保護者とは，子どもの学校教育によって結ばれた人間関係にあるので，その両者の相互理解・信頼関係が最も求められる。通信は，家庭の教育環境に影響を与え，子どもの意欲にもつながり，指導の効果をさらに高めるものになる。

基本となる考え方
- ① **学校，学年・学級の教育方針との関連を絶えず考えて**…「学級王国」や「秘密主義」の中では，子どもは大きく伸びられない。他との関連を無視し，教師の独善的な内容・方法では，学校という教育の場から浮き上がったものとなる恐れがある。
- ② **学校生活を中心とした日々の姿が具体的に現れたもの**…「学習は学校で，しつけは家庭で」といわれるが，そう明確に割り切れるものではない。学習の中に，学習とともにしつけがあり，家庭でのしつけの中に学習がある。学校における子どもの姿，担任の教材や学習に対する考え方に理解や協力があって，はじめて学習は生きてくる。
- ③ **担任と保護者との対話の場である**…価値観，教育観，子ども観の異なる複数の大人に囲まれた子どもは不幸である。教育に対する考え方の一致は，最も大事なことであり，担任と保護者との対話は子どもにとって絶大な教育力を発揮する。

また，学校では「よい子」が家庭では「困った子」，家庭での「自慢息子」が社会では「鼻つまみ」の矛盾を克服するきっかけをつくることも可能であろう。

ときには，子どもを参加させることもできるし，紙上討論や公開の手紙など工夫できる。

287. 学年・学級通信 ②

学年・学級通信

学級通信の主たる内容

①学校，学年・学級経営，学習指導等で理解と協力を得るもの
　(1)学校生活における生活態度や学習態度・活動の様子など
　(2)教科や領域等の学習内容やねらいとするものなど
　(3)定期健診，身体測定等の結果と家庭での配慮事項など
　(4)学校，学年，学級の行事予定等（連絡）
　(5)行事予定の中で，特に周知徹底を要する具体的説明など
　(6)学校での生活実践目標，具体的活動の計画・実践など
　(7)学校の教育目標や学年の目標，学級経営目標など
　(8)学校生活で必要としているいろいろな「きまり」など

②保護者の教育への関心・啓蒙と家庭教育の向上を図るもの
　(1)担任の教育に対する考え方と家庭教育の要望など
　(2)家庭での学習としつけに関することなど

③保護者，担任，子ども，三者間等の意見交換と学習など
　三者間等で，教育や学習指導の具体的問題に対する考えや意見・感想等を交換，関心を持ったり研究や学習をする。

発行上の留意事項

①**定期的な発行には当初から努力する覚悟が必要**
　定期的，継続的な発行は努力した成果があるものにしたい。それには，当初から相当の覚悟が必要であり，経費，形式，発行回数，印刷方法等に事前の検討が重要である。

②**授業実践の１こまを保護者に知らせるとき**
　教育活動で授業の占める位置は大きい。参観日の機会は少なく現象面の把握で終わってしまうことが多い。教師の意図や教育の目的・願い等を事前に知らせたいものである。
　○何のためにこの学習をするか(社会の要求，子どもの実態)
　○子どもをどこまで高めればよいのか（到達目標）
　○どんな方法と見通しで指導しようとしているか(指導過程)

③**平易な表現でする**…理解困難なものは努力が生かせない。教育用語や専門用語には気をつけ，問題や記事によっては，『特集』等を工夫，構成，見出し，カットなど工夫する。

④**親切な配慮**…時の問題，美しい印刷，通し番号，形式の統一。

288. 学級担任と保護者との対応　①

【学級担任と保護者との対応】

■学校が対応する問題
　学校教育は保護者と教師の信頼関係が存在するところに成り立つ。過去においては，トラブルになるとは考えられないことでも，世相の推移により困難な問題となることがあり，また学校の対応の弱さや適宜，適切な手が打てずに起こることがある。

■学習指導上のトラブル

教師の授業力が問題にされる
　①教師の教え方が全般的に下手である
　②まちがいが多く，うそを教えたりすることが多い
　③実験や体験的な学習がほとんど行われたことがない
　④教師の不得意な教科はあまりやらない
　⑤教科書が終わらず残してしまう
　⑥担任が代わってから勉強しなくなったなど

指導計画上のことで問題にされる
　①どの教科も他の学級より進度が遅れる
　②学習が遅れると，家庭や自分でやってこいという
　③部分的に全く手をつけずに抜かしてしまう所が多い
　④偏向的な教材を持ちこむことがあるなど

家庭学習上のことで問題にされる
　①家庭学習させる意図が不明である
　②家で教えてもらえとか，無理なことが多い
　③宿題が多すぎる，又は宿題が全くない
　④宿題や課題の出し方，その処理の仕方に疑問がある

学習中の子どもの扱いのことで問題にされる
　①放任しすぎる，又は厳格すぎる
　②いつも指名される子どもとされない子どもがいる
　③わからない子どもが疎外されている
　④学習中の子どもの言葉づかいが悪い

成績評価のことで問題にされる
　①テストを全くしない，評価に疑問がある
　②通知表に間違いがあるのではないか
　③通知表の記述があまりにもひどい

288. 学級担任と保護者との対応 ②

学級担任と保護者との対応
- 生活指導上のトラブル
  - 叱り方で問題にされる
    - ①体罰があった，体罰的行為が多い
    - ②理由も聞かず叱る，不平等な叱り方をした
    - ③叱り方が異常，心を傷つけた叱り方をする
    - ④悪いことをしたときは叱ってもらいたい
    - ⑤叱りもしないで責任を家庭へ転嫁する
    - ⑥子どもを放任している，または厳しすぎる
    - ⑦もっと子どものことを理解してほしい
  - 生活指導上の教師の態度が問題にされる
    - ①学級での人民裁判的な行為はやめてほしい
    - ②生活指導上のことで保護者への連絡が遅い，悪い
    - ③学校を休んでいても全く連絡もない
- 事故等の際のトラブル
  - 事故のときの措置が問題にされる
    - ①けがをしても医者に診せなかった
    - ②けがをした子どもを一人で帰宅させた
    - ③けがをしたときの家庭への連絡が悪い
    - ④子どもどうしのトラブルで受けたけがの処置が悪い
    - ⑤けがが原因の保護者間の問題に巻き込まれる
  - 病気のときの措置が問題にされる
    - ①家庭に連絡なしに医者にかけた
    - ②連絡してあったのに，注意や見落としがある
    - ③病後の子どもの扱い方が不適切だ
    - ④他の学級に比較して，連絡が遅い，悪い
    - ⑤保健室に放置した（特に養護教諭不在時）
- 学級経営上のトラブル
  - 連絡・通信上で問題にされる
    - ①学校からの配布物などが，よく忘れる
    - ②もっとわかりやすく，周知の方法が粗雑
    - ③広報内容の取扱いが偏っている
    - ④通信文に誤りが多い
    - ⑤定期発行が守られない

288. 学級担任と保護者との対応　③

学級担任と保護者との対応
- 学級経営上のトラブル
  - 学級経営の上で問題にされる
    - ①席のきめ方がおざなり，不明朗である
    - ②もっと子どものことや健康のことを考えてほしい
    - ③子どもの作品掲示や教室環境の設営に疑問が多い
    - ④他の学級に比較し教師の熱意に疑問を感じる
    - ⑤学級担任の休みの日が多い
  - 担任の勤務上で問題にされる
    - ①出張などが多く，子どもに密着していない
    - ②自習が多く，遅く来ることが多すぎる
  - 感情的な不調和が根底にある
    - ①学級担任と保護者の両者間に，個性の強い不調和がある場合
    - ②感情的もつれが潜在的にある場合
    - ③一部の人に引きずり回されトラブルとなる場合
- トラブルの要因
  - 要因が教師側にあるもの
    - ①教師の連絡・配慮が不十分だが，一過性で今後の注意で解決されるもの
    - ②教師の資質・能力に関係するもので，相当長期間の対処を必要とするもの
    - ③教師のほか，学校の管理運営に問題があるもの
  - 要因が保護者側にあるもの
    - ①特に利己的で他の保護者との間の不調和が原因のもの
    - ②保護者間の対立に担任教師を巻き込むもの
    - ③保護者が家庭の特殊事情を学校におしつけようとするもの
  - 要因が教師・保護者の両者にあるもの
    - ①当初の要因が教師側にあり，一応解決しているようだが保護者の無理解があり解決できないもの
    - ②教師も保護者も問題性を持っているもの
    - ③保護者以外の人たちが加わり，問題解決の困難度を高くするもの，又は，困難度を高くしてしまったもの

288. 学級担任と保護者との対応 ④

学級担任と保護者との対応

トラブル対応の基本

① **一貫した対応策をとる**…小さなことでも，学校としての対応策の基本を明らかにして当たること。
② **子どもが大切にされている**…子どもの人格や人権が尊重され，子どもの成長にとって，傷がつかない配慮を必要とすること。
③ **事実関係を明確，確実に**…事実関係の明確な把握を行い，公正・確実な分析をした対処が必要であること。
④ **学校側は謙虚で誠実に当たる**…まず学校が一歩ひき，謙虚に誠実に問題に当たり，筋を通して対処すること。
⑤ **連絡・報告を確実に**…関係機関や保護者に，確実な対処をするとともに，校長を中心に統一ある処置が必要であること。
⑥ **教師には貴重な成長の機会として**…人間，また教師として貴重な経験として生かし，対応の過程で大きく学び，学校・教師のなすべきことを把握，研修等を行い，トラブルのない学校をめざすこと。

トラブルの具体的対応

① **校長，副校長，教頭までの報告が必要**…学級担任又は教師と保護者のトラブルが一過性と思われるものでも，校長，副校長，教頭までの報告が望ましい。機敏な報告がある学校は，問題がこじれることも少ない。
② **報告事項を客観的に把握**…管理職が教師の瑕疵として一方的にとらえるのではなく，まず正確・時間的経過を追って客観的にとらえ，冷静・適切な対応から成果は生まれてくる。
③ **学級担任から一切の事情を聞く**…管理職まで持ち込まれた場合は，校長，教頭，学年主任，生徒指導主事等の同席が大切で，事態の客観的把握に役立つことが多く，事後措置も迅速に対応できる。この場合責任の所在よりも事実把握である。
　(1)トラブルの事実・事象の把握，確認
　(2)考えられる要因とその所在
　(3)予想される困難性
　(4)学校・教師のとった処置，とるべき措置
　○時間的な経過とともに，日時，場所，立会人などがあいまいになったりするので，記憶をたどるメモや記録を残すこと。

288．学級担任と保護者との対応 ⑤

学級担任と保護者との対応

トラブルの具体的対応

④**トラブルの対応に対処する人を決定**…事態の分析結果から，担任のほか教頭や学年主任等が普通であるが，地域や世相の現状から判断して，校長が早く対応の前面に出ることがよい場合がある。

⑤**対応に当たり保護者との面談**…一般的な順序として，
(1)保護者の話をまず謙虚に聞くこと，先入観は持たない。
(2)苦情や抗議の内容を明確に整理すること。
(3)問題が起きた保護者の悩みに理解を示すこと。
(4)面談の中で，問題の緊急度を把握すること。
(5)解決には誠意を持って当たることを伝えること。
しかし，誤解や保護者の要求等によるものは別として，問題が学校や教師の過失に因るものが明らかな場合は，まず謝罪の言葉が必要である。特に，保護者が興奮している場合等には謝罪の言葉が保護者によく伝わらず問題がこじれることがある。

⑥**解決の約束を明確にする**…面談することを通して，双方が解決しあえるものもあるが，次回に持ち越すこともある。この場合は，解決の約束を明確にし，時には保護者側に要因がある場合や，要求に無理があると思われるようなときは，冷却期間を置くなどの配慮も大切である。

⑦**解決策の提示**…学校・担任に非がある場合は，明確に謝罪し，今後の留意点を示すことや，管理者の指導監督の在り方を明示することが必要である。特に，実効性のある具体的事実で改善の姿勢を現すことができるものが効果的である。場合によっては，期限を明確にすることも大切である。必要なことは，子どもの教育の一層の充実を志向し，指導者の在り方を明確にすることである。

⑧**児童生徒の人権や人格を尊重**…教師や学級担任と保護者とのトラブルには，児童生徒の係わりが介在していることに留意して，感情的な対応にならぬよう，また，児童生徒の人権や人格が十分尊重されたものとして終始したいものである。

289. 校内暴力　①

校内暴力
- **定義と形態**
  - ①校内暴力とは…学校において起こった暴力行為を総称して用いられることが一般であるが，暴力に至る原因や動機が学校と密接な関係が認められる校外での事件もこれに含めている。
  - ②校内暴力の形態・分類
    - 1．教師に対する暴力行為
    - 2．学校の施設・設備を損壊する暴力行為
    - 3．生徒間の暴力行為
- **校内暴力の実態**
  - ①新しい社会的問題…昭和55(1980)年の後半から，校内暴力事件が中学校を中心に起こり，マスコミを通じて事件が大きく報道され，青少年非行の新しい社会的問題となってきた。
  - ②校内暴力の問題は学校が事件の場に…教育の専門的機関である学校が，事件の具体的場面となっている。
  - ③特に教師に対する暴力は…教師と生徒間の信頼と敬愛の基本的関係を破壊するもので，真に憂慮される事態である。
  - ④校内暴力の数は多い…万引き，乗物盗など比較的動機が単純で手段が容易な非行が多い反面，凶悪・粗暴な非行行為のうちで，相当部分を校内暴力が占めるようになっている。
- **校内暴力の状況と傾向**
  - ①校内暴力の原因は…遠因と近因がある。教師に対する暴力の場合は，教師から注意を受けた直後に，発作的に暴力を振るったように見えるものでも，以前から教師に対する反抗的な態度や逸脱行為が続いていて，これに対して教師の指導が適切さを欠いたために，生徒の不満が暴力行為という形で爆発するという過程をたどる事例が多く見られる。
  - ②校内暴力に至る過程には…徴候的な問題行動として，頭髪や服装の乱れ，遅刻，授業離脱，落書き，授業妨害などが初期の現れで，問題を持つ生徒同士が同様の行動をとるようになり，集団化が目立つようになる。
  - ③次第に悪質化してくる…爆竹，消火器，火災報知器，防火用シャッターなどのいたずらが見られるようになり，金品の強要，廊下，ドア，羽目板，窓ガラスの損壊などに次第に荒くなってくる。校外の粗暴集団と結びつきなども現れる。

289. 校内暴力 ②

校内暴力

- 校内暴力の状況と傾向
  - ④**最悪の事態へ**…次には，校内の非行集団同士の抗争，壁面へのスプレー噴きつけ，ライターで点火，他校生徒との暴力事件，教師に対する反抗や暴言，外部の暴走族集団との結びつき，口実を設けた暴力行為，職員室への乱入と暴力，さらには凶器を用いた暴力にエスカレートしてくるなどが事例では見られる。

- 事例に見る指導の要点
  - ①**全教職員の一致した協力と指導体制**…学校の指導体制が統一を欠いていると，校内に問題行動を容認してしまう風潮を生み出してしまう恐れがあり，地域からは学校に対する不信感を生み，学校・家庭・地域が連携協力して，問題行動に取り組む体制の確立が難しくなる。
  - ②**校長の指導性を最大限に発揮**…学校の一致した取組みには，校長のリーダーシップに期待するものが大きい。特に困難な事態であればなおさらのこと，職員や保護者の信頼を確かなものにするためにも，校長の指導性は大変重要なものとなる。
  - ③**児童生徒の自治・自浄能力を高める活動の充実**…生徒会活動の自発・自律化によって，生徒が問題行動を自分たちの問題として，とらえられるように目覚めさせ，主体的な取組みによって，学校における正義の支配を広めていくようにする。
  - ④**特別活動等の積極的な展開**…教科以外の教育活動や自然教室，集団宿泊訓練等の活動を通して，生徒に正しく自己を主張することや，集団の中で自己を犠牲にしなければならないこともあること，また，耐える力を身につけることを学ばせる。
  - ⑤**生徒理解の深化に努力**…家庭訪問，個別指導，教育相談等を通じて，教師と児童生徒の心のふれあいと，共感的理解を深める生徒理解に努力する。
  - ⑥**学校・家庭・地域社会の一体的取組み**…学校の指導方針や，抱えている問題点等の理解と協力を得るため，情報公開や学習会等を開催するなど，開かれた学校として地域，保護者と一体になった取組みができるよう努力する。

290. 器物損壊

器物損壊

学校における器物損壊

① **学校内の暴力行為**…器物損壊は,学校の施設設備等を損壊する暴力行為である。この行為はあらゆる校内暴力の前触れと解することもできるものであり早期の指導が大切である。

② **故意に器物を損壊**…何らかの校内暴力中に過失により器物を損壊した場合と,故意による場合とでは事情は異なるが,民法上は,故意,過失に関係なく,他人の権利を侵害した者は,それによって生じた損害を賠償する責任がある（民法709）が,教育的配慮も必要となる場合がある。

器物損壊の前兆

① **施設設備の扱いが粗雑**…一般的な前兆として見られる行為
② **後片付けをしない**…使ってもそのままか,放り投げの状態
③ **紙屑などが散乱**…教室や廊下が散らかり,汚れている状況
④ **上履きのまま出入り**…外に出たり入ったりするも平気の様子

上記の状況を放置すると,生徒全体の環境整備の感覚が鈍化し次第に落書き,破損した窓ガラス,ドアの破損,剥がれたタイル,穴の開いた壁や天井などの状態が目につくようになる。

器物損壊に対する指導

① **あらゆる校内暴力の前触れ**…器物損壊から児童生徒間暴力を経て対教師暴力に発展した例も多い。従って,可能なかぎり早期の段階で適切な指導を迅速に行うことが大切である。

② **一般生徒の意識向上を重視**…前兆段階の状況を見逃さず,清掃,修理・修復等を迅速に行い,破壊生徒が特定できた場合には,当該生徒に修復させたり,行った行為に対する責任感を育てることも大切である。場合によっては弁償も考慮する。

器物損壊と損害賠償

① **未成年者による行為**…行為者自身としては賠償責任は法的にはない。しかし,その無能力者に代わり監督義務を負う者が賠償責任を負うことになる（民法714）。ただし,その児童生徒が学校にいる間は,学校に代理監督義務があるとすると,常にその親（保護者）に損害賠償を請求できるか否かには問題がある。

② **学校の安全・監督義務に過失がない場合**…学校側の監督義務上の制止を押し切ってなした行為には,賠償を求められることも考えられるが,「教育上」という重い制約に注意する。

291. 教師の正当防衛

教師の正当防衛
- **暴力に対する有形行為**
  - ①**正当防衛**…刑法36条1項「急迫不正の侵害に対して，自己又は他人の権利を防衛するため，やむを得ずにした行為は，罰しない」，2項「防衛の程度を超えた行為は，情状によりその刑を減軽し，又は免除することができる」
  - ②**緊急避難**…刑法37条1項「自己又は他人の生命，身体，自由又は財産に対する現在の危難を避けるため，やむを得ずにした行為は，これによって生じた害が避けようとした害の程度を超えなかった場合に限り，罰しない。ただし，その程度を超えた行為は，情状によりその刑を減軽し，又は免除することができる」，2項「前項の規定は，業務上特別の義務がある者には，適用しない」

- **正当防衛の概念**
  - ①**刑法上の概念**…現実の適用に当たっては，例えば，侵害行為の時点はいつか，「他人の権利」とは何かなどの問題があるが，正当防衛は基本的には「不正な侵害」が前提にある。これに対し緊急避難は「自己の侵害」を避けるための行為であり，その危難が不正であるか否かは関係がない。
  - ②**暴力行為には常に正当防衛が許されるか**…教師が「有形力を行使」して正当防衛が認められる場合の「有形力」は，「不正の侵害」を防衛する程度のものであり，それを超えた「有形力」の行使は「過剰防衛」となり正当防衛は認められない。

- **教育上の正当防衛**
  - ①**教育の場における正当防衛**…刑法上の正当防衛の適用以上に教育現場での適用は，より厳格な適用が求められる。刑法上の概念として正当防衛が認められているので，当然の権利として「正当防衛」を行使しても何ら問題はない，というようには単純にいかない問題を伴う場合が多いからである。
  - ②**教師の有形力の行使は慎重に**…前提となる生徒の暴力がどのようなものかが問題であり，それに対する教師の有形力の行使は，往々「過剰防衛」の危険性を生ずる場合がある。教師の「生命，身体への危難」を伴う暴力の場合でも，その発生は即教育上の問題であり複雑な要素を内因することもある。

292. 問題行動と教師の対応

[校内で問題行動の事実が明らかになった場合]

問題行動と教師の対応

- **問題行動と事情聴取**
  - ①速やかに望ましい教育環境を確保…問題行動の発生場所や環境が教育上好ましい状態でない場合には，速やかに対応をする。ただし，その問題事項について現場を確保しておく必要等のある場合には，その目的がわかるように対応する。
  - ②事実の的確な把握をする…教師は教育目的の達成と秩序維持のため，容疑者ないし関係の児童生徒に対し取り調べが可能であるが，その手段・方法等は人権の違法な侵害にならぬよう注意し，心身の発達に応じた程度で許される。
    聴取の場所，時刻，聴取者，立会人，所要時間，記録者等を用意し，特に言葉づかいや雰囲気，体罰行為には留意する。
  - ③事実把握に基づき原因・背景を探索する
  - ④教師間の理解と校内の児童生徒に当面必要な指導を行う
  - ⑤教委・家庭との連絡並びに緊密な連携と協力の処置をとる
  - ⑥必要に応じた関係機関との連携・連絡・協力に努める

- **問題行動とマスコミ等への対応**
  - ①正確な事実確認と各種の情報管理を慎重に行う…学校の対応のまずさから，誤解に基づく報道や動揺を招くこともある。正確な情報収集と併せて確認事項と未確認事項を明確に把握，区別した取扱いをする。勝手な想像は加えない。
  - ②関係教師間で共通の認識が極めて重要である…深刻な問題行動の場合，学校側も事実の把握，児童生徒への指導，家庭・関係機関等との連絡など，多忙を極めることが予想される。個々の教師がバラバラの対応では混乱を生じる。共通認識が重要。
  - ③マスコミ取材の窓口を一元化する…学校全体の対応を全職員に周知，校長・教頭を取材の窓口として一元化する。些細な事項でも私的な判断や情報ミスのため混乱のないようにする。
  - ④教委等との速やかな連絡をとりつつの対応が重要…問題によっては，指導主事等の派遣による支援を受けるなどする。
  - ⑤関係する児童生徒の置かれている状況を考慮した適切な指導
  - ⑥保護者・PTAへの正確な情報と動揺等に対して適切な措置

293. 非行と教師の守秘義務

要点
- ①職務上知り得た秘密…公務員には，秘密を守る義務がある。
- ②児童生徒個人のプライバシー保護…児童生徒の問題行動や非行に関する関係機関からの照会等については，児童生徒個人のプライバシーに属する事項の扱いに慎重を期すべきである。

非行と教師の守秘義務

守秘義務の規定
- ①公務員の守秘義務…「職員は，職務上知り得た秘密を漏らしてはならない。その職を退いた後も，また，同様とする」（地公法34①）
- ②任命権者の許可を得る…「法令による証人，鑑定人等となり，職務上の秘密に属する事項を発表する場合においては，任命権者（退職者については，その退職した職又はこれに相当する職に係る任命権者）の許可を受けなければならない」と公務員の守秘義務を規定している（地公法34②）。
- ③守秘義務の規定理由…全体の奉仕者として公共の利益のために勤務する公務員が，国民全体の不利益となる公的な秘密を公表したり，国民個人の不利益となるような個人的秘密を発表したりすることは，全体の奉仕者たることに反し，公共の利益を損なうと考えられるからである。
- ④ここでいう「秘密」とは…法の規定は必ずしも明らかではないが，行政実例では「一般的に了知されていない事実であって，それを一般に了知することが一定の利益の侵害になると客観的に考えられるもの」（昭和30.2.18自治庁公務員課長回答）
従って，教師が生徒指導を進めていく上で知り得た児童生徒のプライバシーに属する事柄も，個人的秘密として当然守秘義務の対象となる。

児童生徒の非行と照会
- ①関係機関からの照会…児童生徒が非行を犯した場合，例えば，家庭裁判所もしくは少年鑑別所等より調査に当たって必要な照会が行われることがある。これらの照会は，それぞれ法的根拠を持つものであり，学校としては法的義務ではないが，何らかの回答をすべきものといえよう。
- ②照会事項を検討して回答…個人のプライバシーに関する事項では，漫然と何の配慮もなく回答などしない慎重さが必要。

294. 所持品検査

所持品検査

- **所持品検査の必要性**
  - ①検査を迫られる事象…多くの学校では，生徒心得等で学習上や学校生活上で，必要のない物の持参を禁止している例が多いが，平成10(1998)年1月，中学校の校内で女性教師が生徒にナイフで刺殺される事件が発生したり，その後ナイフによる事故・事件の続発を見るなど，児童生徒の所持品検査についてその必要性を求める意見が聞かれるようになった。
  また，校内で教師や児童生徒の所持品が盗まれる場合もあり，学校としての対応が必要となる場合がある。
  - ②所持品検査の実施要請…教師刺殺事件のあった県教委は，こうした事態に対応して，県内の中・高校の全生徒の実態を調査した。また，文部大臣（当時）も一連の事件を憂慮して，記者会見の場などで，刃渡り6cm以上の刃物の所持は銃刀法違反であり，事故防止と安全管理上，校長の判断で所持品の検査は差し支えない，と表明した。

- **所持品検査の実施根拠**
  - ①児童生徒の所持品検査…学校が児童生徒の所持品を検査することの法的根拠等は特にない。所持品を検査するかどうか，行うとすればどのような手続き・態様のもとに実施するかなどは，理論や各学校の慣習等により決めることになる。
  - ②犯罪の捜査権のない教師の検査…校内の盗難事件に係わる福岡地裁飯塚支部判決では「教師は教育目的の達成と秩序維持のため生徒を『取り調べる』ことができる」（昭和43.10.9）とし「取り調べの手段・方法は合理的な限度を超えない程度においてのみ許される」と判示している例がある。
  - ③所持品検査の法解釈…従来は「特別権力関係論」で説明されたが，今日では「部分社会論」が根拠とされている。すなわち学校のような部分社会においては，教育目的を達成するため具体的な法律の根拠なしに，必要かつ合理的な範囲内で包括的な指示・命令ができる，とされている。

- **留意事項**
  - ◎所持品検査は，ときに児童生徒を反発させ，萎縮させたりする教育上のマイナスの危険性を持つ。児童生徒の人権尊重が大切。(285.「校則①」参照)

295．喫煙と飲酒　①

喫煙と飲酒

- **喫煙・飲酒の問題点**
  - ①非行化の第一の徴候…中・高校生の喫煙・飲酒は，服装・頭髪の乱れと並び問題行動の第一の徴候といわれている。
  - ②非行のバロメーター的役割…他の問題行動を起こす生徒は，一般の生徒に比べ喫煙の体験率が高く，喫煙が他の問題行動と結びつき，非行のバロメーター的役割を果たすといわれる。
  - ③常習化する恐ろしさ…この問題については，保護者や大人たちも比較的寛大で，厳しく注意しない傾向もあり，心身の発達の未成熟な児童生徒にとっては，身体的・精神的に好ましくない影響を与えるのみでなく，常習化する恐ろしさがある。

- **法的な規制**
  - ①未成年者喫煙禁止法…喫煙した未成年者本人からは，たばこと喫煙具を没収する(同法2)。親権者または親権の代理者で未成年者を監督する者が事情を知りながらも，未成年者の喫煙を制止しなかった場合には科料に処せられる（同法3）。
  - ②たばこや喫煙具を販売…未成年者自らが喫煙することを知りながら，たばこや喫煙具を販売した者は，罰金に処せられる（同法4）。
  - ③未成年者の飲酒…喫煙同様に「未成年者飲酒禁止法」により禁止(同法1)。飲酒が生徒の心身に悪影響を与えることは喫煙の場合と同様であるが，飲酒によって一時的にせよ正常の精神状態が損なわれること，酒量について判断力がないため，度を越す危険等があること等が問題とされている。

- **喫煙・飲酒の動機**
  - ①好奇心…ちょっとした動機が，飲酒・喫煙の特徴でもある。
  - ②大人の真似…純粋の好奇心の他に，大人に近づく真似ごととして，背伸びの気持ちなど。
  - ③主体性の弱さ…友人にすすめられて。友人と同じ行動など。
  - ④自己顕示性…かっこいい姿を人に見せたくて。
  - ⑤欲求不満の解消等…家庭生活や学校生活で，精神の安定を欠いたり，劣等感を持っていたりして，欲求不満の解消，反抗，逃避など，その背景となる理由から喫煙あるいは飲酒を始める場合もある。

295. 喫煙と飲酒 ②

喫煙と飲酒

指導のための共通理解事項（喫煙）

①**未成年者の喫煙は，法律で禁止されている**…喫煙防止の指導の根拠となるもので，あえて法律を破る行為を容認することは，法遵守の精神を軽視する人間にすることにもなる。特に社会規律を身につけ，遵法精神を重視する責務を担う学校教育では許されない。

②**喫煙が発育途上にある児童生徒の心身には好ましくない**…生理的な有害性のみならず，心理的な面でも，たばこの持つ常習化作用により，依存性と習慣性が自制心の未熟な時期に身につき，容易にたばこと縁が切れなくなったり，学業がおろそかになったりする。

③**喫煙は他の問題行動につながる恐れがある**…非行グループに誘われて喫煙したり，喫煙を契機に非行グループに誘われることも少なくない。その場合，喫煙がグループ所属の証となり，習慣化するにつれて所属意識がさらに強まり，他のシンナー吸引，暴力など問題行動に広がることが見られる。

④**地域社会と協力体制**…地域の各所にある自動販売機にTASPOの導入もあり，入手が容易とはいい難くなったが，まだ学校外の社会的環境では家庭で個室が与えられていたり，両親の共働き等で長時間留守の状態で過ごす環境もあることなどを考慮して，家庭や地域社会の協力は欠かせない事項である。

学校での指導事項

①**たばこの有害性**…種々の資料を用意して説明し，たばこについての嫌悪感を育てる。

②**自発的な禁煙の決意を持続させる**…保護者と協力して必要な援助や励ましを与える。

③**誘発要因を除去する**…喫煙グループの解体などに努力する。

④**段階的な指導**…場合により，専門的治療機関へ依頼する。

⑤**生活への不適応を除去**…家庭や学校，日常生活に目的意識や安定感，充実感を持たせる指導を全教職員で行う。

⑥**家庭・地域社会との連携協力**…地域の環境を整えるとともに家庭の理解・協力なしには効果は期待できない。

296. 服装・髪型

服装・髪型

- 髪型と基本的人権
  - ①**服装や髪型**…本来，個人の自由に属する私事である。しかし，学校においては，教育は人格の完成をめざす(教基法1)ものである性格から，教科の学習に関するものに限らず，児童生徒の服装や髪型，日常生活に属するものも必要によっては規制することもある(285.「校則」参照)。その結果，ときに児童生徒や保護者と学校との間でトラブルの発生することも見られる。
  - ②**髪型と基本的人権**…髪型の規制について，日本弁護士連合会の主張として「頭髪は身体の一部であり，髪型は人格の象徴であるから，これを規制することは，実定法上保障された基本的人権である人身の自由と表現の自由を制約することになる」(昭和49.1)があるが，髪型の規制が直ちに表現の自由や人身の自由という基本的人権を制約することになるかどうかについては，疑問の声も聞かれるところである。

- 髪型・服装の教育的配慮
  - ①**学校における髪型の規制**…スポーツや勉学に都合が良く，衛生保持の面からも良いと思われるほか，非行防止に役立つなど教育的配慮に基づくという趣旨である。これらの配慮は，規制の理由としてそれなりの合理性を持つものといえよう。しかし，法制論から「生徒心得」等で規制することが可能であるとしても，一面これらの理由は，個人の価値観によって見解が異なることもあり得るものである。従って，学校として髪型を規制する場合には，児童生徒の心身の発達状況，生徒指導上の配慮，地域社会の環境，児童生徒や保護者の考え方等について十分検討の上，方針を決定することが肝要である。
  - ②**学校における服装の規制**…多くの学校で制服あるいは標準服を定めているが，それらの理由として小・中・高校生らしさを保つ，経済的負担の軽減，不良化防止等をあげている。髪型の場合は校内外の生活全般に及ぶが，服装の場合は主として学校内の生活関係を対象とすることになろう。規制に当たっては，髪型の場合と同様であるが，社会通念上合理性に疑義があったり，必要以上に詳細な規制等には配慮が必要である。

297. 非行防止 ①

- 非行防止
  - 非行の定義
    - ①非行とは…「人として行動し得る範囲を逸脱した行為」で，その最も代表的なものは犯罪行為（刑法の違反行為）である。
    - ②非行の種類…我が国の法律によると，刑罰法令に触れた『犯罪行為』と，刑罰法令には触れないが，近い将来その恐れがある『虞犯行為（不良行為）』に二大別される。
  - 最近の非行の状況
    - ①遊び型非行…デパートの万引きや自転車盗など，比較的手段が容易で，単にスリルだけを求めるなどの遊び型が目立つ。
    - ②現実からの逃避型…シンナーの乱用，不純異性交遊，怠学，安易な家出など，学校や家庭で自分自らが解決しなければならない事柄を避けたり，工夫が必要なのに逃げたりする，いわゆる現実から逃避する型の非行が多くなってきている。
    - ③女子の非行の増加…大半が万引きなどの窃盗が多いが，飲酒，喫煙，不純異性交遊，暴力などが増加の傾向にある。
    - ④乏しい罪悪感…飲酒・喫煙など仲間にも見られることで，それほど罪悪感はない。万引きして発覚しても代金を払えばそれで済むと考えたり，行為に対しての罪悪感が乏しいことが目立ってきている。
    - ⑤グループ非行の増加…気が弱く，一人だけでは非行などできそうにない子が集団の力を借りて思わぬ非行に陥る例が多い。
  - 児童生徒の育成の留意点
    - 幼児段階
      - ①かんしゃくを上手に導く…幼児の「かんしゃく」は，自我意識の現れで3～4歳に多い。様々な形で心の中のやりきれない怒りを表現するが，我慢すること，耐えること，待つこと，譲り合うことなどが指導によって次第に身についていくものである。
      - ②「他の人の迷惑になるよ」を実感させる…幼児のときの社会生活の基本になるもので，「迷惑になるよ」を共通のこととして押さえることが必要である。
      - ③「自分でやってみよう」の意識を育む…多少の不十分なことはあっても，生命に危険のない範囲では，できる限り自分のことは自分でという意欲を育てることが大切である。

297. 非行防止 ②

非行防止 — 児童生徒の育成の留意点

小学校低学年段階

- ①**失敗と成功の経験のつりあいをとる**…児童にとって，ものごとがうまくいった成功の経験と，失敗の経験の両者が，うまくつりあいのとれている状態が，よい成長を助けるといわれている。児童に対する指導や援助はこのことを考慮しておくことが必要である。
- ②**迷惑をかけない場面をつくる**…この時期では，人間は一人では生きていけないことや，世の中には自分がしたいけれども，してはいけないことがあること。また，自分はしたくないけれども，しなければならないことがあることなどを，しっかり教え経験させることが必要である。決められたこと，約束したこと，場所を考えて行動し，他人に迷惑をかけないことなど，体験を通しての指導を大事にする。
- ③**自分で，物事をすることに喜びを感じさせる**…この期の子どもは，いろいろなことに興味や関心を持ち体をよく動かし活動的である。自分で考えて，決めて，やってみようという気持ちを持ち続け，良い方向へ成長するよう育てることが大切である。

小学校高学年段階

- ①**やり直す機会を適度に設ける**…何か難しいことにぶつかると，すぐ他に助けを求めたり，友達と協同していても自分の思うようにならないと，すぐかんしゃくを起こしたり，投げ出してしまったりする子どもが見られる。個人差もはっきり現れてくる頃でもあるので，それぞれのよいところを認め合ったり協調できる素質を育てることが必要である。また，物事に集中・没頭できたときの満足感など経験させたいものである。
- ②**協同で作業をする活力を育てる**…子どもは，協同作業の中で健全な活力を身につける。積極的で意欲的なグループが育つよう指導・援助をする。

297. 非行防止 ③

非行防止 — 児童生徒の育成の留意点

小学校高学年段階
- ③「どうぞ…」「すみません」を体感させる…他の人々の意見に耳を傾けたり，周囲の善意や好意を敏感に受けとめるなど，やわらかく豊かな態度を育てたい。この時期では，特に「ヨコの人間関係」の中心になる感謝や思いやりなどを体感させ，これが人間のつながりを円満に保つ上で大切なものであることを気づかせ，また知識としても理解させる。

中学生の指導段階
- ①持ち味を見い出し，それを生かす…自発性や活動性が個性の一つとして目につく頃でもあるので「持ち味を生かす」ことへ高めてやりたいものである。この自発性や活動性は，人間の欲望に左右されて行動するものではなく，意志を働かせて自分の持ち味を生かす主体的な過ごし方を生かすことである。
- ②価値の高いことを判断し，それに向かわせる…ともすれば，人間としての価値の低い方へ傾きがちとなるが，それを乗り超えて，より価値ある生き方に努力することに向けるよう指導援助する。家庭では保護者の役割が重要になる。保護者の仕事に打ち込む姿勢などは無言の指導となり，重要である。
- ③自分にふさわしい生き方のあることに気づかせる…この時期には，自分のいろいろな面を吟味する方法を教えるとともに，自分なりの生き方を決め，周囲の誰もが認めるように過ごしていくように促したい。

高校生の指導段階
- ①自分にふさわしい道へ独り立ちをはかる…理想としての自己と現実の自己との間に矛盾を感じ，追いつかない自分に，疲れや劣等感を持ったりする。自分に最もふさわしい生き方が模索できるような指導や援助が必要である。
- ②勤労と奉仕の経験を与える
- ③自己の自己たることに確信を持たせる

297. 非行防止 ④

[早期発見のチェックポイント]
1 何かと嘘が多くなる
2 学業や仕事を怠けるようになる
3 服装や身の回りの品を気にする
4 言葉つきや態度が変化する
5 学校からの帰宅時間が不規則
6 学習成績が低下する
7 外出や外泊が多くなる
8 所持品に不相応のものが増加する
9 たばこ、酒に関心を示すようになる
10 金づかいが荒くなる
11 手紙や電話に敏感になる
12 夕食時に空腹を訴えない
13 ヒステリー的性格になりやすい
14 行き先をいわずに外出が多くなる
15 家族一緒に食事を取りたがらない
16 夜遊びが多くなる

(「生徒指導資料12」北海道教委)

---

1 表情が暗くなり人の顔を正視しなくなる（上目使い、目つきが陰険になる）
2 粗暴の言葉を使ったり、隠語の使用やにやけ威嚇的な歩き方や態度となる
3 服装が派手になり、目立った特定のものなど身につけたがる
4 服装や身の回りのことに気を使い、子どもらしさやまじめさが失われる
5 親に対して過度に従順になるか、逆に鼻先であしらうような態度にでる
6 極端な偏食や乱暴な食べ方をする
7 そわそわして落ち着きがなく、気分はムラで興奮しやすい
8 反抗的で、家でかんしゃくを起こしやすい
9 何かと口実を作って外出したり、金をせびり、嘘が多くなり上手になる
10 勉強に身が入らず、成績が目に見えて低下する
11 帰宅時間が不規則になり、遅くなる、外出や外泊が多くなる
12 借りた物、もらった物、買った物の区別がつかず、疑わしい物が多くなる
13 金づかいが荒くなり、借金などが多くなる
14 友達が変わり、それを家族にかくそうとする
15 同年輩や同級生の友人がいなくなり、年下ばかりや年長者とつき合う
16 友達に、やたらに物を与えたり、気前よくおごったりする
17 目立つような行動をしたり、逆に人目を恐れ、孤立的になる
18 急に自分の部屋に閉じこもり、家族と口をきかなく、親しみがなくなる
19 朝寝や夜更かしが多くなり、そのため遅刻が常習のようになる

(PHP. 255号)

298. 性非行

性非行とは
- ①**性非行という用語**…広く性に係わる非行を総称する場合に用いられたり，あるいは狭く犯罪とはならないが性道徳に反する行為を指すこともあり，その意義は一様ではない。
- ②**内容別の類型**…分類すると下記のようになる。
  - (1)**攻撃型性非行**…強姦，強制わいせつなど
  - (2)**遊び型性非行**…不純異性交遊，一部の売春行為
  - (3)**利欲型性非行**…援助交際（売春行為）経済的利益が目的
  - (4)**倒錯型性非行**…性器露出，のぞき，下着盗，ストーカー

学校の指導
- ①**早期発見・早期指導**…性非行については，他の非行と同様に深みにはまらぬうちに早期発見・指導が何よりも大切である。教師は日常児童生徒の生活実態の把握に努めるとともに，人間尊重の精神を基調として，性や友人関係等について学校教育活動のあらゆる場面を通じて適切な指導の行われることが大切である。
- ②**女子の性非行が増加傾向**…近年女子の性非行の問題が増加の傾向にあり，しかも低年齢化，遊び型性非行などが心配されている。性非行については，残念ながらかなり進んだ段階で発見されることが多く，日常からの指導が期待される。

指導上の留意点
- ①**非行の実態と原因の把握**…例えば不純異性交遊の場合，相手が一人か不特定多数か，恋愛感情があるかないか，家族関係はどうかなど非行の原因と実態について正確な知識を持つ。
- ②**児童生徒の心情を理解する**…性非行を行った児童生徒の心の中は，事後の不安や心配でいっぱいのことがあり，このような心理を十分理解して接する必要がある。
- ③**大人の論理や圧力に注意する**…逆に反抗心を強めてしまうことがある。児童生徒の身になっての対処が必要である。
- ④**いわゆるラベリングを行わない**…性非行を行った児童生徒に対して，例えば「傷もの」というレッテル貼りが行われた場合，本人が自暴自棄の行動に走ってしまうこともある。軽率な言葉によって指導に困難をきたさないよう注意が必要である。

299. 性に関する指導 ①

性に関する指導

- 性教育の経緯
  - ①**性に関する指導**…「性教育」とも呼ばれるが，内容的には，人間形成の一環として「人格形成」と考えるべきである。1970年代前半では「純潔教育」という用語で，この分野の教育は語られていた。当時の扱いは，主として女子教育の分野として扱われた。
  - ②**先進的な実践，研究会の発足・開催**…教育界の状況も変化し始め，また社会環境の急速な変化に伴って，青少年の性に関する実態も大きく変化してきた。また，「性教育」の用語も教育界に定着し，教師はもとより多くの保護者も性教育の必要性を認め，かつ期待するようになった。
  - ③**生徒指導の資料発刊**…文部省は「生徒指導における性に関する指導」(生徒指導資料「中・高校編」1986.3) を刊行した。

- 用語の扱い
  - ①**「性教育」**…という用語は，今日もなお人により解釈が異なり，男女の身体，生理的事項に関する問題行動の防止に係わる指導という，狭い概念でとらえられている面が少なくない。
  - ②**「性に関する指導」**…人間の性を，人格の基本的部分として総合的にとらえ，豊かな人間形成に資することの趣旨をより明らかにするため，今日では「性に関する指導」という用語で表すことにしている。

- 生徒指導における意義
  - ◎**人間としての生き方に関する積極的な指導**…性に関する指導において，生徒指導の果たすべき役割は大きく，個別指導を基礎として，男女の人間関係をどう形成していくかという，人間としての生き方に関する問題であり，心身の発達や不安・悩みに即した積極的な指導・援助といえるものである。

- 現状の問題点
  - ①**人間のための教育という視点が欠如**…性教育は，初潮指導や第二次性徴を教えることと考えたり，性器やその機能，また，それと係わる問題を強調したりするほか，すべて養護教諭まかせの性に関する指導になりかねないところも見られる。
  - ②**非行防止の教育になっている**…性教育の必要性は認識しているが，性行動や性意識の抑圧や禁止の指導とする考えもある。

299．性に関する指導　②

性に関する指導

- **指導のねらい**
  - ①**学校における性に関する指導**…人間の性を人格の基本部分として，生理的，心理的，社会的側面等から総合的にとらえ，人格の完成，豊かな人間形成に資するものとする。
  - ②**人間尊重と男女平等に基づく判断と行動**…性に関する指導は単に性，生殖，性器，生理等の科学的知識を与えるものではなく，また性的な問題行動の防止にとどまるものでもない。児童生徒が，生命の大切さを理解して，人間尊重，男女平等に基づく異性観を持ち，生涯にわたってふさわしい判断と行動がとれるよう，その資質を高めることにある。

- **生徒指導における指導内容**
  - **人間の性についての基本的認識に関する指導**…人間の性は，人格に組み込まれている本質的条件の一つであること。また，性は，生命を再生産するもの，いわゆる次の社会を担う人格を生み育てるという，基本認識を身につけさせることにある。
  - **指導内容**
    - ①**性に関する個人的な適応の指導**
      心身の発達や性的な成熟に伴う不安や悩み，感情の変動につき科学的に理解させ，個人差，男女差があることなどについて，自己理解の能力を育成する。
    - ②**性に関する人間関係の適応指導**
      性的な発達に伴い家族・友人等との人間関係に，従来の関係が機能しないで生ずる様々な不適応に，望ましい人間関係を築くための指導と援助を行う。
    - ③**社会環境，特に性文化，性情報への適応指導**
      正常な発達をゆがめるような性情報や性風俗に対し健全な文化を見分ける力を養う。
    - ④**男女の人間関係における適応の指導**
      男女の相互理解，交際の在り方，価値判断
    - ⑤**特別な指導を要する行動に対する指導**
      性非行についても，他の非行と同様に早期発見，早期指導を行うことが大切で，人間尊重の精神を基礎にあらゆる機会を通じて指導・援助する。

300. エイズに関する指導

エイズに関する指導
- エイズ(AIDS)
  - ①**エイズ(AIDS)とは**…後天性免疫不全症候群(Acquired Immuno Deficiency Syndrome)を意味し、あるウイルスによって起こる一連の病気の最終的な状態をエイズといっている。
  - ②**エイズの原因**…エイズウイルス(HIV)とかHTLV―ⅢあるいはLAVと名づけているウイルスの感染による。
    これらの略語は、人の血液中の白血球（Tリンパ球）を攻撃するウイルスであることを意味している。
  - ③**感染形態**…感染した人の血液や精液、そしておそらく膣分泌液を介して性的接触により伝染するか、または、禁じられている麻薬や覚醒剤などを、注射するために用いる注射針を共用することなどにより起こると考えられている。
  - ④**治療法**…完全な治療法はなく、予防ワクチンも開発中である。
- エイズの教育の必要性
  - ①**拡大を防ぐ唯一の方法**…エイズを知ることにより、エイズの広がりを防ぐことができる。教育こそが、エイズの拡大を防ぐ唯一の方法である。自らの性行動に責任を持つとともに、違法の薬物乱用や注射針等の共用をしてはならない。特に、エイズの感染に関連の深い行動様式と、エイズの予防のためにとられるべき個人的手段についての教育が、緊急に必要となっている。
  - ②**情報と教育がわれわれの唯一の武器である**…エイズが今個人的には関係ないとしても、エイズの侵入は政治面・経済面に多大な脅威をもたらすことは予想され、これまでの社会機構、教育慣行、そして保健や医療に影響を与えることは間違いない。適切な情報と教育によって、噂や迷信から科学的な情報を選択することを学ぶ必要がある。
  - ③**可能の限り低学年から開始**…エイズの教育については、社会的な理解も深まり世論や意見の統一が図りやすい状況にある。保護者の協力を得て、学校としての計画的な指導を、低学年から始めることが緊要である。
- 教員研修の充実
  - ◎エイズの感染に係わる精神保健上の問題等が明らかになるにつれ、学校は将来特別な問題を抱えぬよう一層の研修が必要。

301. 児童生徒の体罰

児童生徒の体罰

- **体罰の意義**
  - ①**体罰の禁止**…学校教育では，児童生徒に対して体罰を加えることは，法律で禁止している（学校法11）。
  - ②**体罰とは**…法令上体罰の意味ないし範囲について明記した規定はないが，例えば，旧法務庁が示した見解「児童懲戒権の限界」（昭和23.12.22長官回答）によれば下記の例示が見られる。
    (1)身体に対する侵害を内容とする懲戒（なぐる，けるの類）
    (2)被罰者に肉体的苦痛を与えるような懲戒（端座，直立等）
    しかし，法令に違反するかの判定は必ずしも簡単ではない。

- **教師の有形力の行使**
  - ①**教師の行使**…教師の有形力の行使が，いかなる場合にも直ちに体罰となるかどうかは議論があるが，戦前・戦時中は比較的教師の体罰は寛容に受け止められていたが，戦後は児童生徒の人権保障の観点から，厳しい解釈や態度がとられている。
  - ②**殴打のような暴力行為**…昭和30(1955)年の大阪高裁の判決では「殴打のような暴力行為は，例え教育上必要があるとする懲戒行為としても，その理由によって犯罪の成立上違法性を阻却せしめるというような法意であるとは解されない」としている。懲戒すべき内容，性質，当該児の年齢，健康，場所・時間的環境等，種々の条件を考慮しての判定となろう。

- **教師の心得**（昭24.8.2 法務府発表）
  - ①用便に行かせなかったり，食事時間が過ぎても教室に留め置くことは肉体的苦痛を伴うから体罰に当たる。
  - ②遅刻した生徒を教室に入れず，授業を受けさせないことは，たとえ短時間でも義務教育では許されない。
  - ③授業時間中に怠けや騒いだから教室外に出すことは許されない。教室内に立たせることは体罰にならぬ限り認められる。
  - ④人の物を盗んだり，壊したりの場合は，体罰にならぬよう放課後に残しても差し支えない。
  - ⑤盗みの場合等，本人や証人を放課後の尋問はよいが，自白や供述を強制してはならない。
  - ⑥遅刻や怠けたことによって，掃除当番等の回数を多くするのは差し支えないが，不当の差別待遇や酷使はいけない。

302. 児童生徒の懲戒 ①

児童生徒の懲戒

- 懲戒とその種類
  - ①**児童生徒の懲戒**…「校長及び教員は，教育上必要があると認めるときは，文部科学大臣の定めるところにより，学生，生徒及び児童に懲戒を加えることができる。ただし，体罰を加えることはできない」(学校法11) と規定している。
  - ②**法的効果を伴わない懲戒**…日常的教育活動に見られる事実行為としての懲戒で，児童生徒を叱ったり，起立させたりするなどである。その際体罰は禁止されている (学校法11)。
  - ③**法的効果を伴う懲戒**…退学，停学，のように，当該学校で教育を受けることができるという法的地位に変動をきたす法的効果を伴うものである (学校法施規26)。

- 退学処分
  - ①**退学とは**…児童生徒が，特定の学校で教育を受けるという法律上の権利を剝奪し，校外に排除することである。
  - ②**校長のみが行える**…懲戒の中でも重要な措置であるから，法令上その処分事由等は限定され，校長が行う (学校法施規26②)。
  - ③**学齢児童生徒には行えない**…公立の義務教育諸学校（中高一貫学校のうち併設型中学校を除く）に在学する学齢児童生徒には行うことができない (学校法施規26③)。
    国立，私立学校を退学した者は，公立の義務教育諸学校に就学できる。
  - ④**処分事由の規定** (学校法施規26③)
    - (1)**性向不良**…改善の見込みがないと認められる者
    - (2)**学力劣等**…成業の見込みがないと認められる者
    - (3)**正当の理由がなく出席が常でない**
    - (4)**学校の秩序を乱し**…その他学生又は生徒としての本分に反した者
  - ⑤**懲戒の手続き**…懲戒の手続きについては，法的には何の規定もないが，その処分の重大性にかんがみ，学校としては内規を定めるなどして，教育的な配慮を十分に行って，公正な手続きにより決定することが望ましい。
  - ⑥**懲戒処分の裁量**…懲戒権者の自由裁量に任せられている。が，児童生徒の行った行為の軽重，本人の性格，平素の行状，本人，他の児童生徒への訓戒的効果，行為と懲戒の均衡等に留意。

302. 児童生徒の懲戒 ②

児童生徒の懲戒
- **停学処分**
  - ①**停学とは**…児童生徒が特定の学校で教育を受けることができるという法律上の権利を，一定期間停止することをいう。
  - ②**義務教育諸学校では行えない**…国・公・私立を問わず，義務教育諸学校においては児童生徒に対して停学処分を行うことはできない(学校法施規26④)。この制限は，学齢児童生徒に対し義務教育を停止してはならないという見地からの処置である。
  - ③**停学を行う権限**…停学を行う権限を有するのは，退学処分の場合と同様に，校長のみである(学校法施規26②)。
  - ④**停学の期間**…どの程度の期間行うのかは，法令上一切規定されていない。従って，校長の裁量権に委ねられている。
    しかし，期間のないのは，被処分者にとって不安定な地位に置かれることになり，あまりに長期にわたるような停学も教育上問題なしとはいえない。あらかじめ期間を付けないでこれを行い(無期停学)，事情に応じて登校を許可する方が，教育上効果的な場合も考えられよう。

- **自宅謹慎**（家庭謹慎）
  - ①**法令上根拠のない自宅謹慎**…教育上必要のあるとき，校長・教員は，児童生徒に対し懲戒を加えることができることになっているが(学校法11)，学校によっては問題行動を起こした学齢児童生徒に対し，学校の秩序維持のため，法令に基づかない自宅謹慎等の措置が取られる例が見られる。
  - ②**実質的には停学措置**…自宅謹慎は，登校して授業を受けたり学校施設を利用することを禁止するものであり，いかなる名称のものであれ，実質的には停学に相当し，高等学校では停学も可能であるが，この点留意しておく必要がある。
    国・公・私立を問わず義務教育諸学校に在学する学齢児童生徒には，法令上禁止されている(学校法施規26④)。

- **児童生徒の出席停止**（学校法35，中学校49で準用）
  - ◎**市町村の教委は**…性向不良であって他の児童生徒に妨げがあると認めるときは，その保護者に対し当該児童生徒の出席停止を行える。これは本人の懲戒の観点ではなく，他の児童生徒の義務教育を受ける権利を保障するためである。

303. 児童生徒の出席停止

児童生徒の出席停止

- 義務教育を受ける権利の保障
  - ①**教育を受ける機会の実質的保障**…義務教育段階の学校に関しては，児童生徒の教育を受ける機会を実質的に保障するため，公立学校での退学処分又は国公私立の学校を通し停学処分が禁止されている。このことは，義務教育を受ける権利を保障する観点から，懲戒処分との関係で徹底するためである。
  - ②**教育的措置による出席停止**…学齢児童生徒の学習の機会（学習権）を制限する教育的措置には次の二つがある。
    - (1)性行不良による出席停止（学校教育法35条）
    - (2)感染症による出席停止（学校保健安全法19条）
  - ③**学校教育法の一部改正**…昨今の陰湿化するいじめや，特定児童生徒による授業妨害等の問題行動に対して，適切な対応を図る観点から，平成13(2001)年学校法の一部を改正した。

- 出席停止の要件（学校法35）
  - ①**性行不良行為**…市町村教育委員会は，下記の行為の1又は2以上を繰り返し行うなど，性行不良であって他の児童生徒の教育に妨げがあると認める児童生徒があるときは，その保護者に対して，児童生徒の出席停止を命ずることができる。
    - (1)他の児童生徒に傷害,心身の苦痛,財産上の損失を与える
    - (2)職員に傷害又は心身の苦痛を与える行為
    - (3)施設又は設備を損壊する行為
    - (4)授業その他の教育活動の実施を妨げる行為
  - ②**保護者の意見の聴取**…市町村教育委員会は，前項の規定により出席停止を命ずる場合には，あらかじめ保護者の意見を聴取するとともに，理由及び期間を記載した文書を交付しなければならない。
  - ③**教育委員会規則で定める**…前項に規定するもののほか，出席停止の命令の手続きに関し必要な事項は，教育委員会規則で定めるものとする。
  - ④**出席停止期間中の支援**…市町村教育委員会は，出席停止の命令に係わる児童生徒の出席停止期間中の学習に対する支援，その他の教育上必要な措置を講ずるものとする。

304. PTA と生徒指導

PTAとは
- ① **PTAは**…Parent-Teacher Association の頭文字をとった通称であり『保護者と教師の会』とも呼ばれ，学校に最も密接な関係を保ちながら，児童生徒の健全な成長を図るための活動を行っている社会教育諸団体の一つである。
- ② **目的・性格**…児童生徒の健全な成長を図ることを目的とし，保護者と教師が協力して学校及び家庭における教育に関し理解を深め，その教育の振興に努めるとともに児童生徒の校外における生活の指導，地域における教育環境の改善・充実を図るため，会員相互の学習その他必要な活動を行う。

PTAと生徒指導上の役割
- ① **目的は児童生徒の健全な成長を図る**…PTAは，学校教育，家庭教育，地域社会の教育に広く係わっており，その中で児童生徒の健全な成長を図る大事な位置にある。
- ② **PTAとの連携で生徒指導の成果を**…学校において児童生徒の人格のよりよき発達をめざす生徒指導は，PTAとの連携の良さによってその効果が期待できる。特に最近の教育事情からその期待は大きいものがある。

PTAに期待される役割
- ① **PTAは，教師と保護者との信頼関係を培う**…何か事があると学校を非難し，解決を困難にしたり信頼関係を失ったりすることがある。日常の教育活動を通して，教職員と保護者との教育観等の共通理解を図り，学級担任教師が核となって学校全体としての取組みが大切である。
- ② **PTAは，保護者の家庭教育に関する学習の機会を提供する**…家庭は，子どもの人格形成に第一義的な責任を担う。特に幼少期からの基本的生活習慣や情緒の安定の役割など大きいものがある。家庭の教育機能の充実のため学習の機会等を持つとともに，会員相互間の協力意識を高める。
- ③ **PTAは，学校と地域社会とを結ぶ中核的存在となる**…学校，家庭，地域社会の三者を結ぶ教育機能の役割を研修し，地域社会の連帯意識を高めて児童生徒の健全な育成を図る。
- ④ **PTAは，学校の閉鎖性を排する**…地域の人材活用への協力や各種情報交換など，学校の活性化を図るための活力となる。

305. 災害共済給付

[日本スポーツ振興センター]

災害共済給付
- **災害共済の給付制度**
  - ①**災害共済給付**…学校事故の救済に係わる災害共済給付は，文部科学省所管の独立行政法人「日本スポーツ振興センター」と学校の設置者との契約により，学校管理下における児童生徒の災害（負傷，疾病，障害又は死亡）に対して，医療費，障害見舞金又は死亡見舞金の給付を行う（センター法15①-6）。
  - ②**災害共済給付の財源**…学校の設置者および保護者の共済掛金と国庫補助金とによって賄われている。
  - ③**対象となる学校の範囲**…国立，公立及び私立の別を問わず，学校等の設置者が保護者の同意を得て，日本スポーツ振興センターと契約を結び，共済掛金（校種別に掛金額は異なる）の支払うことによって行われる。
- **給付対象の災害範囲**（センター法施令5）
  - ①**負傷**…学校管理下の事故で，療養費用5,000円以上のもの。
  - ②**疾病**…学校管理下の行為による。療養費用5,000円以上。学校給食等の中毒，ガス中毒，熱中症，溺水（それに伴う嚥下性肺炎），異物の嚥下又は迷入（及びこれらに起因する疾病），ウルシ等による皮膚炎，その他センターの認めた疾病（①が原因となった疾病等）。
  - ③**障害**…学校管理下の負傷及び上欄の疾病が治った後に残った障害の程度により第1級から14級まで区分される。
  - ④**死亡**…学校管理下の事故による死亡及び上欄の疾病に直接起因する死亡。学校管理下において運動等の行為が起因又は誘因となって発生したのみならず，関連なしでも対象（死亡の場合は，死亡見舞金の支給となる）。
- **学校管理下の範囲**
  - ①**学校が編成した教育課程の範囲内**…課程に基づく教育活動中
  - ②**学校の教育計画中**…課外活動の実施中
  - ③**休憩時間中**…その他校長の指示・承認により学校にあるとき
  - ④**児童生徒の通学途中**…通常の経路・方法により通学途中
  - ⑤**その他文部科学大臣の認めたもの**…例：寄宿舎にあるとき等
- **給付の制限**
  - ①他の法令の規定により療養費の支給のあるときは限度額支給
  - ②高校生が自己の故意の犯罪行為，負傷等の場合は給付しない

306．社会教育三法の改正

社会教育三法の改正

- 社会教育法等の改正
  - ① 「社会教育」とは…学校の教育課程として実施される教育活動以外の，主として青少年及び成人に対して行われる体育，レクリエーション活動などの組織的な教育活動のことをいう。
  - ② 社会教育法等の一部改正…社会教育法，図書館法，博物館法の一部改正が可決成立し平成20(2008)年6月11日公布，施行された。図書館法や博物館法に関しては約50年ぶりの改正。
  - ③ 改正の目的…新教育基本法第3条（生涯学習の理念）により社会教育に関する国・地方公共団体の任務，教育委員会の事務，公民館，図書館，博物館の運営，司書等の資格要件等に関する規定の整備を図ることにある。
  - ◎ 生涯学習の理念…新教育基本法第3条に「国民一人一人が，自己の人格を磨き，豊かな人生を送ることができるよう，その生涯にわたって，あらゆる機会に，あらゆる場所において学習することができ，その成果を適切に生かすことのできる社会の実現が図られなければならない」（平成18(2006)年12月22日法120）。

- 改正の要点
  - ① 社会教育に関し国・地方公共団体の任務…教育基本法の生涯学習の理念の実現について，役割に係わる規定を整備する。
  - ② 教育委員会に関係事務の追加…地域住民等による学習の成果を活用した学校等における教育活動の機会の提供を追加する。また，教育委員会の事務に，主に児童生徒に対し，放課後，休日に学校等を利用して学習等の機会を提供する事業に関する事務を追加する（社会教育法）。
  - ③ 公民館，図書館，博物館の情報提供…それぞれが，その運営状況に関する評価・改善並びに地域住民等に対する情報提供に努めるものとする（社会教育法，図書館法，博物館法）。
  - ④ 司書及び学芸員等の研修…文部科学大臣・都道府県教育委員会は司書及び学芸員等の研修を行うよう努めるものとする。
  - ⑤ 社会教育主事等の資格…社会教育の施設等における一定の職に3年以上あったことを，社会教育主事等の資格を得るために必要な実務経験として評価する（社会教育法，図書館法，博物館法）。

307. 社会教育指導者　①

社会教育指導者
- 社会教育の基本事項
  - ①**社会教育の定義**…「社会教育」とは，学校教育法に基づき，学校の教育課程として行われる教育活動を除き，主として青少年及び成人に対して行われる組織的な教育活動（体育及びレクリエーションの活動を含む）をいう(社教法2)。
  - ②**国・地方公共団体の任務**…社会教育法及び他の法令の定めるところにより，社会教育の奨励に必要な施設の設置・運営，集会の開催，資料の作製，頒布等により，すべての国民があらゆる機会,場所を利用して,自ら実際生活に即する文化的教養を高め得るような環境を醸成するよう努めること(社教法3)。
  - ③**社会教育関係団体の定義**…法人であると否とを問わず，公の支配に属しない団体で，社会教育に関する事業を行うことを主たる目的とするものをいう(社教法10)。
- 社会教育主事
  - ①**社会教育の専門職員**…都道府県及び市町村の教育委員会の事務局に社会教育行政の専門職員として「社会教育主事及び社会教育主事補」を置くことになっている(社教法9の2)。
  - ②**社会教育主事の職務**…社会教育を行う者に,専門的,技術的な助言と指導を与える。ただし，命令，監督をしてはならない(社教法9の3)。社会教育主事補は社会教育主事の職務を助ける。
  - ③**社会教育主事の任用資格**…下記各号に該当する者を充てる。
    - (1)**大学に2年以上在学**し，62単位以上を修得，又は高等専門学校を卒業し，3年以上社会教育主事補の職又は官公署，学校，社会教育施設若しくは社会教育関係団体における文部科学大臣の指定する社会教育に関係の職にあった者で，社教法9条の5の規定による社会教育主事の講習修了者(社教法9の4-1)。
    - (2)**教育職員の普通免許状**を有し，5年以上文科大臣の指定する教育の職にあった者で，上記講習修了者(同法9の4-2)。
    - (3)**大学に2年以上在学**し，62単位以上を修得，かつ，大学の文科省令で定める社会教育に関する科目の単位を修得した者で，1年以上社教主事補の職にあった者(同法9の4-3)。
    - (4)**前各号に掲げる者に相当する**と都道府県教委の認定者。

307．社会教育指導者　②

社会教育指導者
- **派遣社会教育主事**
  - ①**市町村教育委員会に派遣**…市町村における社会教育行政の振興を図るため，特に社教主事の未設置市町村の解消と専任化・複数化を目的として昭和49年度から設置された制度で，昭和50年度からはスポーツ担当の制度も設けられた。
  - ②**任用資格**…社教主事資格と体育・スポーツに相当の経験を有し，中学又は高校保健体育の免許又は準ずる指導力を持つ者。
- **社会教育指導員**
  - ①**設置**…昭和47年度制度化，市町村教委の委嘱で非常勤職員。
  - ②**職務**…委嘱を受けた社会教育の特定分野について，直接指導・助言，学習相談，社会教育関係諸団体の育成等に当たる。
- **青年の家等の指導員**
  - ①国・公立の青年の家に常置される専門職員（社会教育主事）。
  - ②青少年の研修（講義，討議，体育，野外活動，レクリエーション等），指導，相談等に当たる。（「少年自然の家」指導員も同じ）
- **児童厚生員**…児童厚生施設等（児童遊園，児童館等）で指導に当たる職員。
- **勤労青少年ホーム指導員**…施設を利用する青少年のレクリエーション・グループ活動等の指導や生活，職業指導に当たる職員。
- **年少就職者相談員**…公共職業安定所において，新規学校卒業者その他就職後の職場適応の促進に当たる職員
- **農業改良普及員**…農業改良普及所に所属する職員で，その職務の一部として農村青少年及びそのグループの育成指導に当たる。
- **ユース・ホステル指導員**…ユース・ホステルを利用する青少年の保護，指導の職員で，その施設長が兼ねている場合が多い。
- **児童委員**
  - ①全国の市町村の区域におかれるもので，厚生労働大臣委嘱の民生委員がこれに当たっている。
  - ②**職務**…児童及び妊産婦の生活，環境の状態を常に把握し，その保護，保健その他福祉に関し援助，指導するとともに，児童福祉司や社会福祉主事に協力する。
- **体育指導委員**
  - ①**非常勤で**…市町村教委においてスポーツの普及・振興に協力
  - ②**職務**…住民に対してスポーツ関係の指導・助言に当たる。
- **青少年指導員**
  - ①知事，市町村長，教育長等が委嘱（相談員，福祉員もある）
  - ②地域における青少年の健全育成に当たる。

308．青少年保護育成条例

青少年保護育成条例

- **青少年保護育成条例の意義**
  - ①**青少年保護育成条例とは**…有害環境を浄化するとともに，青少年を有害な行為から守ること等により，その健全な育成を図ることを目的として制定された条例である。
  - ②**都道府県で制定**…条例は，地方公共団体が議会の議決により定めるものであり，我が国における最初の青少年育成条例は，昭和25（1950）年岡山県の「図書による青少年の保護育成に関する条例」の制定がある。現在，青少年育成条例の制定は全都道府県で制定されている。

- **青少年保護育成条例の内容**
  - ①**有害環境の浄化**…次の三つに大別される。
    - (1) 有害なものの販売規制
    - (2) 有害な場所への立ち入り制限
    - (3) 環境の浄化に関するもの
  - ②**青少年に対する有害行為の規制**…規制は次の分類となる。
    - (1) **有害行為の規制**…青少年に対してわいせつな行為や不純な性行為等の淫行を行った者に対して罰則を設ける等の規制が行われている。
    - (2) **有害行為のための場所提供の規制**…多数の県に見られる。
    - (3) **有害となる恐れのある行為の規制**…青少年の深夜外出，深夜における興行場等への立ち入り，青少年を対象とする古物の買い受け，質受け，金銭貸付け等に関する規制が行われているものが多い。
  - ③**青少年の年齢範囲**…年齢の終期についてはすべての都道府県で「18歳未満」となっており，始期については「6歳以上」「小学校就学の始期」「規定がない」など，都道府県により異なっている。また，婚姻した女子等については，青少年から除外する旨を規定している都道府県が大多数である。

- **物品販売等の業者へ**
  - ①**興行者・図書類取扱業者には**…内容が性的感情を刺激したり，残忍性が強く青少年に有害と認めるときは必要な措置を取る。
  - ②**玩具・刃物類取扱業者には**…人の生命・財産に危害を及ぼし，青少年の健全育成に恐れのある物の販売等に必要な措置。

309. 年少労働 ①

年少労働

年少労働の保護と措置

① **年少労働者の保護**…一般人と比較して，法令上各種の特例処置が認められている。これは年少者にあっては心身の成長過程にあり，人格形成の上で極めて重要な時期にあるため，過重労働から保護するとともに，学校教育上の支障を生じないよう種々の保護処置が講じられている。

② **法制上の措置**…憲法27条3項は「児童は，これを酷使してはならない」と規定し，この精神に従い児童憲章では「すべての児童は，その労働において，心身の発育が阻害されず，教育を受ける機会が失われず，また，児童としての生活がさまたげられないように，十分に保護される」と定められている(児童憲章8)。学校法20条では「学齢児童又は学齢生徒を使用する者は，その使用によって，当該学齢児童又は学齢生徒が，義務教育を受けることを妨げてはならない」と規定。

年少者の就業制限

① **労働者としての使用禁止**…満15歳に達した日以後の最初の3月31日が終了する日まで労働者として使用できない(労基法56)

② **年少労働者の制限**…ただし，①にかかわらず満13歳以上の児童については，動物の飼育，演劇，教育の事業等いわゆる非工業的業種において，児童の健康および福祉に有害でなく，かつその労働が軽易なものについては，行政官庁の許可を受けた場合は，その児童の修学時間外に使用することができる。

③ **満13歳未満の児童の制限**…②と同様の手続きの下に映画の製作又は演劇の事業について就業できる(労基法56②)。

福祉面からの就業制限

① **満15歳未満の児童**…労働基準監督署長は次の規定をしている。
(1) 公衆の娯楽を目的として曲馬または軽わざを行う業務
(2) 戸々について，または道路その他これに準ずる場所において歌謡，遊芸その他の演技を行う業務等については，労働基準法56条の規定による許可をしてはならない。

② **満18歳未満の者**…酒席に侍する業務，特殊の遊興的接客業における業務といった福祉に有害な業務への就業が禁止されている。さらに，危険な業務，安全衛生上有害な業務，坑内労働等への就業が禁止されている。

309．年少労働　②

年少労働
├─ 労働条件等の特例
│
│ ①**年少労働者の労働条件**…労働基準監督署長の許可を受けて使用する満15歳に達した日以後の最初の3月31日が終了していない児童の労働時間は，修学時間を含めて1日7時間，1週40時間とされている（労基法60②）。
│
│ ②**満18歳未満の者**…時間外労働の禁止，休憩時間の一斉付与と自由利用の厳守等を定めている。次に，満18歳に満たない者については，災害その他避けることができない事由による場合等一定の場合を除き，午後10時から午前5時までの深夜業が禁止されている（労基法61）。
│
│ ③**使用者に対する義務**…年少者の就労を保護するため，使用者に対しては，年少労働者の年齢を証明する戸籍証明書，修学に差し支えないことを証明する学校長の証明書，親権者又は後見人の同意書を事業所に備えつけることを義務づけている（労基法57①②）。
│
│ ④**未成年者の労働契約**…親権者又は後見人は，未成年者に代わって労働契約を締結してはならない（労基法58①）。未成年者は，独立して賃金を請求することができる。親権者又は後見人は未成年者の賃金を代わって受けとってはならない（労基法59）。
│
└─ 使用許可にかかわる証明

［満15歳未満の児童の使用許可に関する取扱いについて］
（昭和41.4.28労働省婦人少年局長・労働基準局長・文部省初等中等教育局長通達）

①**使用許可の条件**…労働基準法別表第1第1号から第5号に掲げる事業以外にかかわる職業で，児童の健康及び福祉に有害でなく，その労働が軽易なものと認められる限り行政官庁の許可を受けて与えられること（労基法56②）。

②**修学に支障ない旨の証明の扱い**…教育委員会は，校長に対し，労働基準法57条に基づく証明について，次のとおり取り扱うよう指導すること。
「就労によって学業又は健康に悪い影響を及ぼすおそれがあると認められる者については，就労を差し控えるよう指導すること」

310. 児童相談所

児童相談所

児童相談所の概要

①**第一線の専門機関**…児童相談所は，児童福祉に関する諸問題を処理する中枢的な第一線の専門機関であり，都道府県及び指定都市が設置するものである（児童福祉法12）。児童相談所には，所長のほか児童福祉司，スーパーバイザー，相談員，心理判定員，セラピスト，医師などの職員が置かれている。

②**主たる業務内容**…（児童福祉法11, 12）
  (1)児童に関する各般の問題につき，家庭その他からの相談のうち専門的知識や技術を必要とするものに応ずること。
  (2)児童及びその家庭につき，必要な調査並びに医学的，心理学的，教育学的，社会学的および精神保健上の判定を行うこと。
  (3)児童及びその保護者につき，(2)の調査または判定に基づいて必要な指導を行うこと。
  (4)児童の一時保護を行うこと。

③**「一時保護」とは**…保護者のない児童や保護が不適当な児童に対する緊急一時保護，児童の指導方針を定めるための一時保護，児童の短期の治療指導を行うための一時保護等がある。

その他の必要事項

①**児童福祉法4条でいう児童**…児童の年齢を次のように分ける。
  乳児…満1歳に満たない者
  幼児…満1歳から，小学校就学の始期に達するまでの者
  少年…小学校就学の始期から，満18歳に達するまでの者
  （少年法では，20歳に満たない者を少年，20歳以上を成人）

②**児童の一時保護施設**…児童相談所には，必要により児童を一時保護するための施設を設ける（児童福祉法12の4）。

③**保護者のない児童等を発見したとき**…保護者のない児童又は保護者に監護させることが不適当であると認める児童を発見した者は，これを福祉事務所又は児童相談所に通告しなければならない。ただし，罪を犯した満14歳以上の児童については，この限りでない。この場合においては，これを家庭裁判所に通告しなければならない（児童福祉法25）。

311. 少年鑑別所

少年鑑別所

- 少年鑑別所とは
  - ①**少年鑑別所**…少年法17条1項2号の規定により送致された者を収容するとともに，家庭裁判所の行う少年に対する調査及び審判並びに保護処分及び懲役又は禁錮の言渡しを受けた16歳未満の少年の刑の執行に資するため，医学，心理学，教育学，社会学その他の専門的知識に基づいて，少年の資質の鑑別を行う施設である（少年院法16）。
  - ②**少年鑑別所の処遇内容**…少年鑑別所処遇規則により「少年を明るく静かな環境において，少年が安んじて審判を受けられるようにし，そのありのままの姿をとらえて資質の鑑別を行う」としている。単なる身柄の保全に傾くことなく，少年の心身の診断にふさわしい教育的雰囲気に配慮している。

- 観護の措置
  - ①**少年法特有の制度**…家庭裁判所は，審判を行うため必要があるときは，決定をもって観護の措置をとることができる（少年法17）。この観護の措置は，家庭裁判所が少年の保護事件について適正な審判を行うために，少年の身柄を保全したり，心身の状況の調査・鑑別を行う必要があることから設けられているものであり，少年法特有の制度である。
  - ②**観護の措置**…身柄の拘束を伴わない家庭裁判所調査官の観護と，身柄の拘束を伴う少年鑑別所における観護の2種類がある。しかし，家庭裁判所調査官による観護の措置はあまり活用されず，実務上観護の措置といえば，少年鑑別所におけるものを指すのが通例となっている。
  - ③**少年鑑別所に収容する期間**…原則として2週間以内。特に継続の必要がある場合は，1回に限り更新することができる。

- 鑑別の概要
  - ①**鑑別の目的**…少年の素質，経歴，環境及び人格並びにそれらの相互の関係を明らかにする（処遇規則17）。
  - ②**鑑別の内容等**…面接，心理検査，精神・身体医学検査，行動観察，生活史，環境，資料等に基づき行われる。
  - ③**鑑別のための調査**…近親者・保護者，成育歴，教育歴，職業歴，身体・精神状況，不良行為歴，当該事件の行為，入所後の動静，などの調査結果を審判資料として家裁へ送付される。

312. 児童自立支援施設

児童自立支援施設

- 施設の名称と意義
  - ①**児童自立支援施設**…平成9（1997）年に児童福祉法が改正され，旧「**教護院**」は児童自立支援施設と改められ，入所の対象児を拡大するとともに，保護者の下からの通所を認めるなど，児童の多様な実態に応じた自立の支援をする施設となった。
  - ②**児童自立支援施設の目的**…「不良行為をなし，又はなすおそれのある児童及び家庭環境その他の環境上の理由により生活指導等を要する児童を入所させ，又は保護者の下から通わせて，個々の児童の状況に応じて必要な指導を行い，その自立を支援し，あわせて退所した者について相談その他の援助を行うことを目的とする」（児童福祉法44）と定めている。

- 義務教育の就学措置
  - ①**学校教育を受ける機会の保障**…児童自立支援施設では，正規の学校教育を受ける機会を保障するため，施設長に保護者に準じて就学義務を課している（児童福祉法48）。従前の教護院では，入院すると小・中学校への出席が不可能となるため，学校法に定める「就学猶予・免除」（学校法18，同法施規34）の手続きがとられ，教護院内で学校教育に準ずる教育が実施されていた。
  そこで，従来の就学猶予・免除の手続きが必要なくなり，地元の小・中学校に通学が考えられるが，場合によっては，施設内に小・中学校の分校または分教室の設置もあり得る。
  - ②**当分の間の就学措置**…当分の間，入所者に対し学校教育を適切に実施できる条件が整うまでの間は，従前通り施設内で学校教育に準ずる教育を実施することができることになっている。この場合，小・中学校に準ずる教科を修めた児童に対し，施設長は修了の事実の証明書を発行することができる。

- 非行少年とは
  （不良行為少年）
  （少年法3）
  - ①**犯罪少年**…14歳以上20歳未満で罪を犯した少年
  - ②**触法少年**…14歳未満で刑罰法令に触れる行為をした少年
  - ③**ぐ犯少年**…20歳未満で，一定の理由があってその性格又は環境に照らして，将来罪を犯し又は刑罰法令に触れる行為をする恐れのある少年

313. 少年院

少年院の意義

①**少年院の目的**…家庭裁判所から保護処分として送致された者及び少年法により少年院で刑の執行を受ける者を収容し、これに矯正教育を授ける施設（少年院法1）である。

②**矯正教育を施す施設**…少年院は、矯正教育を施す点で教育施設の性格を有するが、刑事政策的には保安処分の要素を持つ施設なので、院の生活は規制的色彩が強いものとなっている。

③**社会生活に適応させる**…少年院本来の目的は、少年の非行性を除去し、社会生活に適応させることにある。そのため、少年の矯正教育に当たっては「自覚に訴え紀律ある生活のもとに…教科並びに職業の補導、適当な訓練及び医療を授ける」（少年院法4）とあり、あくまでも教育の本質である本人の自発性を基礎に行うとされている。

少年院の分類と処遇（少年院法2、4）

①**初等少年院**…12歳以上、おおむね16歳未満の者で、心身に著しい故障のない者を収容する。小・中学校の必要教科を履修。

②**中等少年院**…おおむね16歳以上20歳未満で、心身に著しい故障のない者を収容、初等少年院で必要とする教科、さらに必要があれば高等学校、大学、高専に準ずる教科を授ける。

③**特別少年院**…心身に著しい故障はないが、犯罪的傾向の進んだ、おおむね16歳以上23歳未満の者を収容、初等少年院で必要とする教科など中等少年院と同様の教科を授けられる。

④**医療少年院**…心身に著しい故障のある、12歳以上26歳未満の者を収容、特別支援学校で必要とする教科を授ける。

処遇期間

①**短期処遇**…短期間の矯正教育で社会復帰可能者は6カ月以内。非行が交通事犯に係わる対象者は4カ月以内。

②**長期処遇**…短期処遇がなじまない者　収容期間は2年以内。

教育課程と修了証明書

①**在院者の教科に関する事項**…少年院における小学校・中学校の教科に関する事項については、文部科学大臣の勧告に従わなければならない（少年院法5①）。

②**修了事実の証明書**…少年院において、所定の教科を修了した者に対して発行される修了の事実の証明書は、学校教育法により対応する各学校の校長が授与する卒業証書その他の証書と同一の効力を有する（少年院法5②③）。

Ⅷ／指導要録・評価・研究

- 314. 指導要録……………………484
- 315. 指導要録の扱い………………486
- 316. 通知表………………………487
- 317. 内申書（調査書）……………489
- 318. 観点別学習状況………………490
- 319. 学習評価の考察………………491
- 320. 評価と評定……………………492
- 321. 形成的評価……………………493
- 322. 相対評価と絶対評価…………496
- 323. 授業評価………………………497
- 324. 教育評価………………………499
- 325. 学校の自己評価………………501
- 326. 学力テスト……………………502
- 327. 業者テスト……………………504
- 328. 授業研究………………………505
- 329. 研修と研修活動………………507
- 330. 教育研究の進め方……………509

314．指導要録　①

指導要録
- 指導要録の性格と様式
  - ①**指導要録の性格**…児童生徒の学籍並びに指導の過程及び結果の要約を記録して，その一つは，指導のための資料とするとともに，いま一つは，外部に対する証明等のために役立たせる原簿となる，二つの性格を持たせるものである。
  - ②**様式や記入要領**…学校を所管する教育委員会が定めをするもの(地教行法23-1, 4, 5, 9)であるが，指導要録の公簿としての性格や転学等の際の指導の継続性を考慮し，その様式や記入要領の参考案を文部科学省が例示するようにしている。
- 指導要録の法制
  - ①**作　成**…「**校長は**，その学校に在学する児童等の指導要録（学校教育法施行令第31条に規定する児童等の学習及び健康の状況を記録した書類の原本をいう）を作成しなければならない」(学校法施規24①)。
  - ②**進　学**…「**校長は**，児童等が進学した場合においては，その作成に係る当該児童等の指導要録の抄本又は写しを作成し，これを進学先の校長に送付しなければならない」(学校法施規24②)
  - ③**転　学**…「**校長は**，児童等が転学した場合においては，その作成に係る当該児童等の指導要録の写しを作成し，その写し（転学してきた児童等については転学により送付を受けた指導要録の写しを含む）及び前項の抄本又は写しを転学先の校長に送付しなければならない」(学校法施規24③)。
  - ④**表　簿**…学校において備えなければならない法定表簿は次のとおり。指導要録，その写し及び抄本並びに出席簿及び健康診断に関する表簿 (学校法施規28①-4)。(37.「学校備付表簿」参照)
  - ⑤**保　存**…保存期間…指導要録及びその写しのうち「入学，卒業等の学籍に関する記録」＜20年間＞，指導に関する記録＜5年間＞　出席簿・健康診断の表簿　＜5年間＞ (学校法施規28②)。
  - ⑥**学校廃止後の扱い**…大学以外の公立の学校については，当該校を設置していた市町村又は都道府県の教育委員会が，これらを当該学校が保存していた期間を除いた期間保存する (学校法施令31, 学校法施規28条③)。

314. 指導要録 ②

[転学・進学に係わる指導要録の扱い]

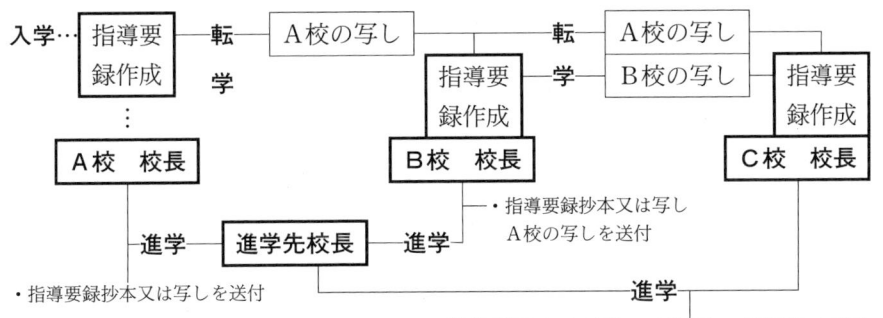

```
入学… ┌指導要─┐ ─転─ ┌A校の写し┐ ─転─ ┌A校の写し┐ ┌指導要─┐
      │録作成 │  学  └────────┘  学  ├────────┤ │録作成 │
      │      │      ┌指導要─┐      │B校の写し│ │      │
      └──────┘      │録作成 │      └────────┘ └──────┘
      ┌──────┐      │      │                  ┌──────┐
      │A校 校長│      └──────┘                  │C校 校長│
      └──────┘      ┌──────┐                  └──────┘
                    │B校 校長│
                    └──────┘
        進学  ┌──────┐  進学   ・指導要録抄本又は写し
      ┌──────│進学先校長│──────┐      A校の写しを送付
      │      └──────┘      │
      │                    │ 進学
・指導要録抄本又は写しを送付  
                          ・指導要録抄本又は写し，A校写し，B校写しを送付
```

○指導要録の保存…児童生徒が他から転入学した者であるとき，その際送付を受けた抄本又は写しも共に送付するので，学校に残るのは在学期間中の記録された原本のみとなる。その原本は別冊で保存する。

指導要録 記入上の留意点

①**指導のための補助簿**…児童生徒の具体的な指導に役立たせるという観点からは，できるだけ詳細な記入が必要といえるが，公簿としての性格からは簡潔さや客観性が求められる。従って，指導のための補助簿等を工夫し，表簿にはあまり詳細な記入は必要としない。

②**不利益な事実の記入**…児童生徒については，転学や学級担任が代わった際，不利益な事実等を記入しておくことが，指導上必要であると考えられるものに限り，記入されることが望ましい。

③**原則，部外秘扱い**…指導要録は，もともと児童生徒に関係する公正，正確なものではあるが，部外秘の性格を持つものとされてきた。教育上必要であっても，本人にとっては，外部に対して不利益な事項も含まれていることを承知すべきで，全面開示には慎重さを期したい。

④**外部に対する証明**…依頼のあった者（機関を含む）の使用意図を明確に判断し，使用目的や教育的影響を考えて，誤解をまねく恐れのあるもの，部外秘とすべき事項は，転記しないなどの慎重な取扱いをする。ただし，真実を曲げて原簿と全く違うものになってはならない。

進学する生徒に係わる調査書という性格のものは，学校間の連絡であり，対外的証明と事情が異なるので，教育上の判断が必要である。

315. 指導要録の扱い

指導要録の扱い

- **法制の理解** ― ○**学校の備付表簿の一つ**…学校に備え付けられるべき法定表簿で，校長にその作成義務(学校法施規24)が課せられ，児童生徒が卒業後5年ないし20年の保存期間を定めている(学校法施規28)。

- **指導要録の記入・整理保管**
  - ①**法規的な意味を熟知する**…校長，副校長，教頭は，上記の法規的な意味を熟知し，各教科の記録については，観点別学習状況の評価をすることなど，共通理解に努力する。
  - ②**指導要録の記入・作成**…学級担任が行い，最終的に校長が確認して終了する。記入上の注意等については，印刷物を配布し記入方法を具体的に説明，記録内容が教育指導と外部への証明の原本であることを認識して，公正，正確，簡潔に心掛けるよう，教頭又は教務主任が指導に当たり，学年末の記入事項の確認においても，この両者が当たり校長に提出する。
  - ③**整理・保管は厳重にする**…指導要録の整理・保管とは，記入から廃棄までの一連の業務を指し，記入後の点検も整理のうちに入る。耐火保管庫を用意して，使用の都度指定の場所から教頭の立ち会いで出し入れする。校外持ち出しは厳禁する。

- **指導要録等の開示**
  - ①**指導要録非開示の主張**…指導要録や内申書の開示を巡っては相対立する主張がある。(1)開示を前提としていない。(2)開示が前提の場合，客観的で公正な記述を損なう恐れがある。(3)学校・本人・保護者との間に信頼を損なう恐れがある。(4)本人の向上心や意欲を阻害したり，自尊心を傷つけたりするなど，教育上好ましくない影響を及ぼす可能性がある。
  - ②**指導要録開示の主張**…指導要録等の教育情報は，人権と民主主義に直接関係する事項で，本人や保護者には知る権利がある。(1)開示によって評価の公正，客観性が担保される。(2)開示によって，本人の人間的成長と指導に役立ち，教育目標の達成に役立つ。(3)学校の評価は本人等に開示してこそ信頼関係が成り立つ。(4)マイナス評価に伴う開示で，保護者や児童生徒からのリアクションも，合理的なものは認め，不合理なものは排除することができ，教育責任を果たすことができる。(41.「情報公開」参照)

316. 通 知 表 ①

通知表

- **通知表の意義と工夫**
  - ①**通知表**（通知票，通信簿，あゆみ）…指導要録のように，法令によって作成が義務づけされている公簿ではないが，ほとんどの学校が，学期末や学年末に，その期間中の児童生徒一人ひとりの学習指導の成果や，出席の状況，学校生活の様子などを，家庭に通知・連絡するものとして作成されている。
  - ②**本人の努力の成果を明確にする**…一つの学期や学年における指導の成果などを，本人や保護者に知らせることによって，本人の努力の成果を明らかにし，今後一層の努力を促す契機とすると同時に，児童生徒の教育について理解と協力を求めることをねらいとしている。
  - ③**通知表に関する多様な試み**…通知表の形式や内容を工夫・改善することによって，学校と児童生徒，その保護者との間に信頼関係を培い，児童生徒に対して学習への意欲を高めるための教育評価や，通知の在り方などについて追求しようとする多様な試みが見られる。

- **通知表の性格**
  - ①**様式，記載方法等は各学校の自由**…様式や記載方法等についてはもちろん，その存廃についても学校の自由裁量であるが，最終的には，校長の責任において決定される性格のものである。
  - ②**教師の学校事務の一つ**…法令上の規定はないが，教育上の必要性を認めて，学級担任の学校事務の一つとして作成される。
  - ③**指導的機能を果たす記録簿**…保護者や児童生徒に学校生活の実情を十分把握でき，今後に生かせるように，指導的機能の目的と性格を持つ記録簿であり，表簿である指導要録の記載内容と極めて関連性の高いものである。
  - ④**日常における評価の記録**…日常の評価記録は，教師が自ら創意工夫によって作成した補助簿に記載される。補助簿が各学期ごとに整理され，まとめられたものが通知表に記載され，さらに，学年末に総括されて指導要録に記録されていくものになる。指導要録と通知表は，ミニ要録というようなものではなく，補助簿を介して関係していくことになる。

316. 通 知 表 ②

通知表

- **通知表作成の留意点**
  - ①**指導要録と通知表の関係**…従来から両者が混同されがちで，様式や評定方法を指導要録と同じにするという誤解がときには見られた。通知表は，指導要録とその目的・機能が異なるものなので，指導要録をそのまま転用することは必ずしも適当ではなく，通知表のねらいや機能に即したものになるように，そのための配慮が必要である。
  - ②**児童等の自己理解と激励**…児童生徒には，本人の努力の成果が的確に表現され，今後の一層の努力を促し，方向づけるものとなるよう，内容，形式，記述面での工夫が必要である。
  - ③**保護者に理解と協力が得られる**…学校の評価の観点や基準などについて，保護者に対して十分理解されるように努力し，記述内容については，客観的で信頼のおけるものとなるよう工夫する。特に，家庭と学校との教育的連携を密接なものとする機能を果たすものとして，現在，通知表ほど適切，効果的なものは少ないことも認識する必要がある。
  - ④**教職員の共通理解が大切**…通知表の教育的意味，記入要領，指導の在り方と評価方法，記述・表現等に教育効果が可能なよう共通理解が大切である。特に，不信を招く転記ミスや誤字，脱字，当て字など見逃さないよう点検体制を整え，副校長及び教頭が点検して校長の確認を得ることが大切である。

- **通知表に対する問題点**
  - ①**評定を統計的な配分率に固執**…5段階評価等の統計的な配分比率をかたくなに守り，そのまま記載したために，努力の成果が不明であったり，誤解を招くことがあったりする。
  - ②**情報伝達の偏向**…学習に対する結果や，一定期間における学習の総決算的な情報伝達のみに終始し，児童生徒の人間的成長に不可欠な教育情報の提供が弱かった。
  - ③**評価観点の反省**…児童生徒を相対的に見すぎてきたことを反省し，児童生徒個人を中心にして，評価する方向をさらに充実する。
  - ④**成就感や向上心の高揚**…通知表によって，逆に児童生徒の心を痛めることのないよう，学習の喜びを感じるものにする。

317. 内申書（調査書）

内申書

内申書の持つ意義

- ①**内申書**（調査書）…法制上では調査書と呼ばれるもので入学や進学の際の選抜資料として用いられる。従って，内申書をめぐって，(1)送り手側の問題と (2)受け手側の問題として，両者の立場からとらえられる。
- ②**法制上の根拠**…学校法施規78条「校長は，中学校卒業後，高等学校，高等専門学校その他の学校に進学しようとする生徒のある場合には，調査書その他必要な書類をその生徒の進学しようとする学校の校長に送付しなければならない」

これを受け学校法施規90条1項では，「高等学校への入学は，中学校から送付された調査書その他必要な書類，選抜のための学力検査の成績等を資料として行う」としている。

内申書記載内容と裁判

- ①**調査書の様式と扱い**…法令上の特別な定めはなく，文部科学省も参考案は出していない。記載内容，様式等は高等学校の設置者が定める入学者選抜実施要項等によって示される。記載に当たっては，必ずしも指導要録の内容のすべてにわたって，そのまま記載の必要はない。選抜のための資料という観点から，客観的，かつ妥当なものであることが望まれる。
- ②**調査書の記載事項**…入学者選抜のための資料として，真に必要な事項を精選する（昭和59.7.20 文部省初中局長通知）。

送り手側の問題として「内申書裁判」があるが，教師の評価権の行為，進学機会の保障，そして，記載内容の基本的人権の保障に係わる問題等に関して『選抜の一資料とする目的に適合するよう，生徒の学力，その性格・行動についても，それを把握し得る客観的事実を，公正に調査書に記載すべきものであり，たとえ，生徒の不利益（不合格）の原因となったとしても，事実に反する特段の事情がない限り，記載責任者である校長の「広汎な裁量権」を容認し，当該事件では学校，教員側には違法性はない』（最高裁判決 昭和63.7.15）とした。
- ③**信頼性の問題に帰着**…調査書が有する対外的な証明機能に係わる問題であり，その証明の確かさが信頼性の問題に帰着する。学校，教員の専門的力量・判断力が問われている。

318．観点別学習状況

観点別学習状況

- 観点別学習状況欄の設定趣旨
  - ○**指導と評価の結合による強化**…児童生徒に各教科の基礎的・基本的事項を確実に身につけさせ，個性や能力に応じた教育指導を推進するために，一人ひとりが教科の目標をどの程度達成したかを見きわめ，それを日常的な指導の中で生かし改善に役立てようとするもので，指導と評価の結合による教育指導の強化を意図し，通常指導要録に記入欄を設けている。

- 観点別学習状況欄の意義と要点
  - ①**教科目標の達成度を知る**…児童生徒個々に対しての目標到達度を知り，指導の改善に役立てるため，指導要録に記入欄が設けられ，指導の過程や結果の要約を記録することにより，実際の指導に役立てようとするものである。
  - ②**観点別学習状況の評価**…達成の程度を測るために，目標の分析を行い，観点ごとの具体的で明確な評価基準を設定する必要がある。
  - ③**情意的領域の評価**…重視されているものであり，1単位時間等の短期間の評価はなじまないので，学期や学年を通じた継続的な評価が大切とされている。

- 評価基準の設定
  - ①**各教科の内容を観点別に分析**…学習指導要領に示されている学年ごと各教科の目標・内容を観点別に分析・整理し，各観点ごとの達成目標を明らかにすることが実施に当たって欠くことができない。このため，文部科学省が参考案として各教科の評価観点を示しているが，全体を能力分析的な観点で統一するように図っていることや，全教科の観点に「関心・意欲・態度」が共通に取り入れていることが必要といえる。
  - ②**評価は行動目標の形で表現**…文科省参考案の付属資料には，達成すべき目標・内容を，児童生徒の行動目標の形で表現されており，各学校の具体的評価基準の設定には参考となる。
  - ③**指導に生かす評価**…指導に生かす評価という趣旨を，効果的にするため，達成目標は学期や単元ごと，さらに毎時限の学習にまで具体化されて設定されることで一層効果的になる。評価にはさらに工夫が必要であり組織的な取組みが期待される。

319. 学習評価の考察

学習評価の考察
- **学習評価の意義と目的**
  - ①**学習評価と教育評価とは**…タイラー（Tyler. R. W）の主張する「教育評価」は，まさに教育活動を評価することそのものであり，教師の指導と児童生徒の学習活動の改善をめざす行為である。その際，目標として望ましい価値を具体化したものが，どの程度児童生徒に実現しているかを判定する必要が生じてくる。「教育評価」にとり「学習評価」は，この判定行為（教育手段）そのものということもできる。
  - ②**指導と学習活動の改善**…この判定行為は判定結果に基づいて教育活動を反省したり，より優れた結果を生み出そうとする営みである。例えば，子どものつまずきや誤りがどこにあったかなどを客観的に発見して，指導や学習活動を改善していくことが「教育評価」の役割であり目的である。
- **指導の反省と改善**
  - ①**授業改革の方法論**…児童生徒の学習の成果を実質的に保障する授業改革の方法論として「形成的評価」の機能に着目して見ることも大切である。1970年代のいわゆる「落ちこぼれ，落ちこぼし」問題に象徴される学力問題の社会問題化に対応し，学力保障の具体策として教育評価の見直しが行われ，普及されたのが「形成的評価」であり，「診断的評価」「フィードバック」などの用語も用いられている。
  - ②**指導の反省としての評価**…「教育評価」は単に学習者の学習結果を値踏みすることではなく，教師にとっては指導の反省，学習者にとっては学習の見通しを得るために行われるものである。そうであれば，評価は実践の最終局面（総括的評価）でされるのみでは不十分であり，授業の開始時（診断的評価）において実施もあり，授業のプロセスで実施（形成的評価）される必要がある。そして「形成的評価」の結果はフィードバックされ学習がねらい通りに展開していないと判断された場合には，授業計画の修正や学習者への回復指導などが効果的に行われる。すなわち「形成的評価」などの適切な活用により，「学習評価」の機能は一層充実したものになろう。
(322.「形成的評価」参照)

320. 評価と評定

評価と評定

- **評価と評定の定義**
  - ①**評価とは**…教育課程や成果を教育の目標に照らして，その良・否を目標との関連で解釈し価値の決定を行い，より高い価値や目標の達成を図る営みである。対象には，学校や教師自身も含まれ，目標追求性に対する意義が大きい。
  - ②**評定とは**…これまで集積された評価結果を総括し，あらかじめ準備された尺度に当てはめて位置づけしたもので，評価した最後の結果の記録様式をいうものである。

- **目的**
  - ①**授業の改善**…どんな教材や指導法が有効かを判定する。
  - ②**個人に関する決定**…児童生徒個人に対する効率ある指導法の立案や成績の判定，進歩状況や欠陥の発見等に利用する。
  - ③**管理上の調整**…学校制度や教師一人ひとりの資質等を判定。

- **価値基準の見方による分類**
  - ①**相対評価**…児童生徒の属する集団内に基準を求め，その集団内に占める個人の相対的な位置を示す方法である。
    相対評価法では，対象となる集団の成績は，正規分布になると仮定し，この単位のとり方で，5段階とか10段階，また偏差値法ともなるものである。
  - ②**絶対評価**…指導目標という外部にある基準に照らして，個人の成績を位置づける方法である。従って，成績はその個人の到達水準を示すことになる。この評価法が正しく行われるならば，個人や集団の学習の成功・不成功を絶対的に決定でき，真の進歩・発達を見ることができるといわれる。
    100点満点のテスト法等は，この立場に立つとしている。
  - ③**個人内評価**…一人ひとりの児童生徒自身の中に基準を求め，個人の成績の伸展状況を縦断的に示したり，個人の諸能力や成績を構造的に表したりする方法である。

- **特性を活かす改善方向**
  - ①**受身的評価**→主体的評価
  - ②**部分的評価**→包括的評価
  - ③**結果の評価**→過程の評価
  - ④**知識・記憶量を重点とする評価**→思考力の評価
  - ⑤**一時的評価**→継続的評価
  - ⑥**平均的評価**→個別性尊重
  - ⑦**遅延的評価**→即時的評価

321. 形成的評価　①

形成的評価

- 形成的評価とは
  - ①**形成的評価とは**…本来この用語は，児童生徒の学力を対象としたものではなく，教育関係の制作品やカリキュラム，学習プログラム等を対象としたものであったが，教授＝学習計画を形成する評価を指すものとして用いられ，学習指導の改善の係わりから広狭二つの意味で用いられている。
  - ②**広い意味では**…総括的評価（summative evaluation）と対立した意味で用いられる。即ち総括的評価が，指導後に，結果に対してなされるのに対して，形成的評価は，指導前及び指導の途上でその過程に対して行われる。
  - ③**狭い意味では**…診断的評価（diagnostic evaluation）と対立した意味で用いる。即ち診断的評価が，指導前に，指導の道程（軌道）と里程（出発点）に係わってなされるのに対して，形成的評価は，指導途上で軌道修正したり確認したりすることに係わって行われる。換言すれば，広い意味では診断的評価を含め，狭い意味では診断的評価を含めないで用いられる。

- 評価の利用とその意図
  - ①**形成的評価は**…制作品の開発途上において，試作品のどこをどのように部分的に改訂すべきかを明確にするための情報を，メーカー側に提供するための評価として用いた。
  - ②**総括的評価は**…試作品が完成した後に，それが全体としてどれだけうまくやれるかについての記述を，開発に係わった機関に対し，またこれからのユーザー側に対して提供するための評価として用いた。
  - ③**記述の方法**…次の二つをあげることができる。
    - (1)制作品がどれだけ効率的であるかを単独に報告するタイプで，例えば走り高跳びや棒高跳びの記録を出す方法
    - (2)他の主な競合作品の有効性と比較するタイプで，例えば競争や競泳のように着順を競う方法
  - ④**類比的な置き換え**…広義の形成的評価と総括的評価とは，制作品，即ち「**モノを対象**」としていわれ，その用語をマスタリ・ラーニング（完全習得学習）では，児童生徒の学力，即ち「**ヒトを対象**」として，類比的に置き換えたのである。

321. 形成的評価 ②

形成的評価

- **形成的評価の変様**
  - ①**主体と客体の見方**…人間は他者や環境に働きかけて変革する主体であるとともに，反面では他者や環境から影響を受ける客体でもある。客体としての側面を強調する場合に，教育工学の一部に見られるような人間観から，かくかくの刺激系列を与えれば，しかじかの反応系列が生ずるとする考え方である。即ち人間をモノと例えれば，学校を工場に例え，原料や材料を受け入れ，それを加工し，製品として市場へ送り出す役割を果たしているところと考えられなくもない。
  - ②**評価の位置づけ**…上記のように考えると，原材料の検収に当たるのが**診断的評価**であり，工程ごとの検査が**形成的評価**で，完成後に製品として合否を判定するのが**総括的評価**といえる。
  - ③**絶対評価と相対評価への照応**…記録を出すタイプが資格試験に見られる**絶対評価**に照応し，着順を競うタイプは競争試験に見られる**相対評価**に照応する。

- **梶田叡一氏の用語規定**
  - ①**形成的評価は**…教育活動が進展していく途上において，当面の目標に対する到達度や学習状況などを把握し，それを教育活動の軌道修正や指導の方向づけ，児童生徒一人ひとりに対する学習課題の割り当て等の根拠として用いるという評価の在り方であると規定している。
  - ②**大切な二つの視点**…形成的評価を考える場合の視点として，
    (1)学習の到達度や学習状況のチェック。
    (2)学習者一人ひとりの学習に対処。の二つを欠かせない。
    すべての児童生徒に確かな学力を願い，授業改善を図るための方法論として形成的評価の重要性を認識する必要性がある。

- **授業改善への手法**
  - ①**分析的アプローチ**…授業実施前に厳密な目標等の分析を行いその形成関係等を論理的に追究していく方法で，形成的な評価の有効性を発揮するのはこの方法をとる場合である。
  - ②**現象的アプローチ**…事前計画よりも授業現象そのものを大切にする立場で，教師の経験や体験，児童生徒との葛藤，結びつきなどを深く意識する行き方をとる。授業改善も教師の長年の体験等で獲得した知見を中心に見直そうとする方法。

321. 形成的評価 ③

形成的評価

目標分析と評価の把握

- ①**授業設計の段階**…学習活動の目標と評価は表裏一体のものと考えている。したがって，的確な評価を行うには，何よりも目標の吟味が授業設計の段階から重要となる。
- ②**緻密な目標分析**…分析された目標の一つひとつの内容が，達成できたかどうかをチェックしていくことが学習者の到達度を知り，学習状況を把握することになる。
- ③**形成的評価の活動**…上記の結果から学習の仕方を変えたり，つまずきのある児童生徒に処方を与えたりする仕事が形成的評価活動である。

目標と評価の留意事項

- ①**目標・評価のレベルを明確にする**…
  - (1)学年・学期といった比較的長期のレベル
  - (2)学習内容が単元のレベル
  - (3)授業の最小単位である1時限のレベルなど

  どのレベルで行うかで目標の記述や評価の方法も異なってくる。形成的評価のねらいからすれば，長期レベルのものより短期間に回を重ねて実態をよりよく把握し，的確なフィードバックすることが望まれる。
- ②**学習者の活動で記述する**…形成的評価が目標に対する到達度や，学習状況によって行われるものである以上，目標自体は学習者の学習活動が明確にイメージ化できるものが大切となる。即ち，一連の学習を通して，学習者が身につけなければならない事柄を学習者の活動する姿で書き表すことが重要となる。学習の結果を次のような形で，具体的に目標を記述する。「○○○〜ができる」「○○○〜が説明できる」「○○○〜を書くことができる」「○○〜を比較できる」などの目標行動の考え方を用い，「理解する」「養う」「培う」などの活動状況に対し抽象的であいまいな言葉は用いない。
- ③**目標を細かく分析する**…最終的な目標のみでなく，そこに至る途中の目標を分析，分析内容が形成的評価の項目となる。
- ④**目標を形成していく順序を考える**…目標分析により，最も効果的に最終点に到達するかを検討し決定する。

322．相対評価と絶対評価

相対評価と絶対評価

- **用語の意義**
  - ①評価方法の区別…大きく相対評価と絶対評価に分けられる。各々に長短があり，評価の目的や場面に即した活用が大切である。現行の指導要録は基本的に絶対評価重視の立場をとる。
  - ②**相対評価**…各個人の成績が，その属する集団の中でどの辺に位置するかを見ようとするもので，集団基準準拠評価ともいう。いわゆる偏差値，5段階相対評価などがこれである。
  - ③**絶対評価**…個人の所属する集団の，成績得点の分布に係わりなく，ある教育目標や内容が達成されたかどうか，あるいは完全な達成の状況から，どの程度隔たっているかを見ようとするものである。集団のほか，個々の状態を知ることが可能。

- **相対評価の長所**
  - ①**客観的な評価が可能**…学級とか学校内部では客観的に評価ができ，教師の主観が入る余地がない。
  - ②**個人の位置が明確になる**…全体の中での個人の位置づけが明確になり，本人の学習の道標になったり，保護者に対しては，同一集団の中で順調な学習ができているか否かを知らせられる。
  - ③**態度，能力等の評価も可能**…態度，能力等のように，行動概念で具体化することの困難な目標や内容についても行うことが容易である。

- **相対評価の短所**
  - ①**具体的な指導資料には無理**…集団内の位置づけにとどまり，目標達成程度の評価が不明で具体的指導の資料にはならない。
  - ②**個人の努力や進歩を測り難い**…他の児童生徒との関係で位置づけが決まるので，個人の努力や進歩の度合いが測り難く，競争主義的な傾向が現れる。

- **絶対評価の長所**
  - ①**学習の方途を講じる資料となる**…個人や集団の学習の達成度を見られるので，事後の指導の方途を講じる資料にできる。
  - ②**学習の動機づけが可能**…個人の達成状況に具体的資料が得られるので，情報を与えて学習の動機づけや激励ができる。

- **絶対評価の短所**
  - ①**評価基準の設定が容易でない**…評価基準の設定が難しく，それに伴って評点を甘くする傾向が見られる。
  - ②**目標到達の程度により**…相対評価と同様に順序等が付される。

323. 授業評価 ①

授業評価

授業観察と評価の観点

①**校長の授業観察**…学校運営の責任者(学校法37)として，その重要な学習活動の状況などについて日常的に把握することは当然の校務処理であり，状況や必要な事項に関し適宜指導・助言することは，すべての校長が行っている。このことは，そのままの教師を評価するのではなく，個々の教師の授業力を向上させ，その向上の状態を評価の資料とすることもあるが，校長としての経営的な意図を確かなものにするためである。

②**授業観察の主な観点**…この際の授業観察の観点などを理解しておくと，教師の授業改善の目標にもなり効果が生きてくる。
(1)週案等の事前計画と必要な準備（教材制作など）
(2)課題・教材の適切さ。施設・設備等の活用状況
(3)適切な板書・発問，ICT活用
(4)児童生徒の学習状況，反応に対応した指導や支援
(5)ノートや学習帳などの状況・点検，コメントなど
(6)学習のルールや学習習慣の確立状況など

授業評価の生かし方

①**教師の授業力の向上**…校長の授業観察などを冷静に受け止めることは大切なことであるが，学校運営の全体に反映させるためにも校長，教師ともに，最新の授業論や評価論，授業実践報告などに関心を持ち不断の研修が不可欠である。また，教師の授業力の向上は，教師自身の質の高い教育を保障しようとする教育的愛情と使命感，そして本人の自己評価による主体的な向上心によって実現するものである。

②**学習者の授業評価**…教師への通信簿などと拒否するようなことをせず，教師の自己評価と関連させて授業改善のヒントとするような柔軟な対応で受け止め，教師の意図した授業内容に反し誤解を生んだ事項等があればその改善に生かしたい。

③**保護者等の授業評価**…基本的には学習者による場合と同様と考えて良いと思うが，授業公開の際に「学校たより」等を利用して趣旨を伝えておき，当日はアンケート用紙等を配布（可能であれば評価項目や指標・基準など）し，その場で自由評価してもらうと実感を伴ったものになろう。

323. 授業評価 ②

授業評価
- 授業評価の主たる観点
  - ①学習者の授業評価
    - (1)学習課題や問題解決の「めあて」がよくわかった
    - (2)教師の質問や説明がよくわかった
    - (3)教師や友達の話がきちんと聞けた
    - (4)自分の考えや意見をまとめ，ノートなどに書けた
    - (5)自分の考えや意見を発表できた
    - (6)よくわからないところを質問できた
    - (7)今日の学習内容に興味を持つことができた
    - (8)新しいことを知ることができた
    - (9)前よりも自分自身に自信がでてきた
    - (10)次の学習も頑張ろうと思っている
    - (11)今日の学習は怠けたり，邪魔をしたりする者がなかった
    - (12)今日の学習は自分にとって楽しかった
    - (13)授業について感想や要望などがあれば書いてください
  - ②保護者等による授業評価
    - (1)何を課題として学習しているかよくわかった
    - (2)全般的にわかりやすい授業だった
    - (3)教師の説明や質問，話し方はわかりやすかった
    - (4)学習者が集中して取り組んでいた
    - (5)板書がきれいで図や文章はわかりやすかった
    - (6)子どもの聞き方，話し方はよくできていた
    - (7)わからない子やつまずいている子を丁寧に指導していた
    - (8)指導の仕方に工夫が見られた
    - (9)学習者によく考えさせていた
    - (10)学習者が考えたり書いたりする時間を十分にとっていた
    - (11)学習のルールや習慣についても必要な指導をしていた
    - (12)教師は正しいと思われる標準語を使っていた
    - (13)その他気づいたことなどがあればお書きください
  - ◎評価の基準点として3段階とか5段階などにすると評定しやすくなり，授業改善に生かしやすくなる。

324. 教育評価 ①

教育評価
- 教育評価の歴史的経緯
  - **教育効果の判定**…教育効果の判定は「測定以前の時代」「測定の時代」「評価の時代」と3期に分けて考察できる。
    - **①測定以前の時代**…1900（明治33）年頃までの主観的判定の時代で，口頭試問に始まり，次第に筆記試験が行われるようになった。しかし，主観的である点には変わりはなかった。
    - **②測定の時代**…判定する人や，場合によっては変わるような，主観的方法では満足できなくなり，1935（昭和10）年頃までに科学性や客観性を求め，ビネーの知能検査，ソーンダイクの学力テストなどの普及等で，測定時代は本格的となった。
    - **③評価の時代**…測定時代は，主として知的な面を判定したものであったが，1935年頃から，教育が全人格を目標とするようになると，効果の判定も非知的な面にも拡大され，テストも方法も変わり「評価」という名で登場するようになった。

[教育測定と教育評価の比較]

教 育 測 定	教 育 評 価
○知的な側面の数量的な処理をする	○態度，興味，行動，特性など全人的に価値を定める
○客観的である	○客観的用具のみでは測りえないものを含むので，厳密な意味では主観的
○主としてペーパーテスト	○左のほか，観察，面接等を包括的
○測定者の定めた尺度により相対的位置を見る	○児童生徒一人ひとりの中に入り込み，個性的な特性等を明らかにする
○必ずしも教育の立場から実施されるものではない	○教育目標に対しての児童生徒の評価であるから，直ちに指導につながる
○月1回，学期1回など定期的	○継続的に行われるのが本旨

324. 教育評価 ②

教育評価
- 評価の性格
  - ①**個人性**…児童生徒一人ひとりの長所・欠陥を明らかにし，診断的基礎にたって，教育指導が行われるようにする。
  - ②**継続性**…全人的発達をめざす教育評価は，継続・連続的に発達の過程を見ながら，指導に結びついていくものである。
  - ③**全体性**…評価は，全人間的な発達に対する教育が，正しく能率的に行われているかを見ようとするものであり，その対象も児童生徒の全体であり，全体性は評価方法にも活かされる。
  - ④**客観性**…誰が用いても，同様の結果が得られる科学性を備えているもので，一面では標準的ともいえる。
- 評価の形態
  - ①**形成的評価**…学習の過程で，学習者がどの程度，学習目標を習得しているかを客観的手法で評価する。また，評価結果を児童生徒にフィードバックすることで学習を強化する。
  - ②**総括的評価**…単元終了時や学期末等の評価をはじめ，知能・学力検査等の結果を比較的長期間にわたり総合的に評価する。
- 評価の方法
  - ①**行動観察法**
    - (1)**直接的方法**…自然観察法，行動見本法，実験的観察法
    - (2)**間接的方法**…日記・作文，自叙伝的方法等
  - ②**面接法**…個人・集団の面接，カウンセリング技術の中心手法
  - ③**行動記録法**…顕著な行動を記録，それを集積し観察を正確にするものである。観察法の一つともいわれる。
  - ④**テスト法**
    - (1)知能テスト
    - (2)学業（学力）テスト
    - (3)適性テスト
    - (4)性格テスト
  - ⑤**品等法**…児童生徒の示す一定の特性や反応が，集団の中でいかなる位置を占めるかを，相対的に決定しようとする方法である。例えば，情緒の安定とか，明朗性などの精神的特性は，直接測定が困難であるが，このような質的なものを客観的に扱う要求から品等尺度法が生まれた。
  - ⑥**質問紙法**…観察困難なもの等に，だいたいの傾向を知るのに便利。
  - ⑦**作品法**…文章表現を通じ，その人の特性を観察するもの。
  - ⑧**事例研究**…特殊な事例につき，多方面から分析・検討する。

325．学校の自己評価

学校の自己評価

- **自己評価の必要性**
  - ①**中央教育審議会答申**…「今後の地方教育行政の在り方について」(平成10.9.21)「第3章学校の自主性・自律性の確立について」の中に，具体的改善方策として「各学校においては，教育目標や教育計画等を年度当初に保護者や地域住民に説明するとともに，その達成状況等に関する自己評価を実施し，保護者や地域住民に説明するように努めること。また，自己評価が適切に行われるよう，その方法等について研究を進めること」と自己評価の必要性を述べている。
  - ②**校長の裁量権の拡大と責任**…児童生徒の「生きる力」を培い一人ひとりの個性ある教育の実現には，学校の自主・自律的であることが必要である。そのことは，必然的に学校の裁量権の拡大を必要とし，権限の拡大は，また，責任の所在を明らかにすることを求められることになる。

- **自己評価の目的と対象**
  - ①**「開かれた学校」として**…地域住民の信頼に応え，家庭や地域と連携・協力して教育活動を展開するためにも，学校は，教育目標や教育計画，また，その実施状況について自己評価を行うことが不可欠なことである。
  - ②**学校の自己教育力が育つ**…自己評価は経営責任を明らかにすることでも必要なことであるが，最終的には学校が活性化することにつながり，目標に対しての達成度を客観的に確かめることになる。さらに次年度への資料として活用できることにもなり，学校の自己教育力を育成することになる。
  - ③**教育活動全体が対象の評価**…児童生徒一人ひとりの個性が生きるという観点で，各教科，領域の活動，組織運営と諸会議，施設・設備，教職員研修の在り方，地域との連携，家庭との協力体制など，学校教育の全活動が対象となる。

- **評価の計画と実施**
  - ①**自校の実情に即した評価様式・基準の作成**…校長は，全職員の協力で，3～5段階の評定尺度，評定項目を作成，自己評価に係わる全職員を対象に実施する。
  - ②**年間スケジュールを念頭に**…日程，時間，時期，順序を決定。

(42．「学校評価」，160．「教育課程の評価」参照)

326．学力テスト　①

学力テスト

- **学力テストの目的**
  - ○学力テストの目的…児童生徒の能力を，学習指導の面から多面的に理解するために用いるもので，能力概念から知識，理解，技能，思考(問題解決)，態度，興味，鑑賞などを見る目的で用いられる。従って，把握したい能力を目的別に特色を持たせたテストを作成し使用することになる。

- **学力テストの目的分類**
  - ①**学習の達成度を見る**…学習したものがどのように定着したか。応用できるまでに理解できたか。忘却の程度は？などを見る。
  - ②**準備態勢（学習のレディネス）を見る**…新しい学習を行うためには，学習に対する準備状況を見ておく必要がある。事前に明らかにしておくべきものが不十分であると，学習の興味や意欲の喚起もうまくいかないために行われる。
  - ③**指導法の反省資料を得る**…教師はあらゆる指導法を駆使し，いかに指導を効果的に行うかを考えるが，指導の重点の理解度を確かめたり，特別な指導や指示の効果をテストによって確かめることにより，指導法の反省や改善を図ることが可能となる。方法には形成的評価や分節の評価など多様。
  - ④**児童生徒の相対的位置づけを行う**…いわゆる児童生徒の相対的な位置関係を知るために行うテストである。
  - ⑤**理解の仕方，つまずき等を分析的につかむ**…どんなところが理解されていないか，又は理解，定着で，どこでどういうつまずきが起こったのかなど，その過程を分析的に見ることで指導に役立たせるためのテストである。
  - ⑥**標準化されたテストで，水準を理解する**…学力を全国又は全県的に比較してどうか？を見るテストで，標準化されたテストが利用される。標準化されたテストは，平均点が50点，標準偏差値が10になるように工夫されている。
  - ⑦**特別な研究目的のためのテスト**…文字どおり特別研究のために用いるテストで，例えば，自己学習又は授業以外から得た学力が，どの程度かなどを研究的に見ようとするなどのテストである。

通常，学力評価の場合，前記の①③④が多い。

326. 学力テスト ②

学力テスト
- **学力テストの具備要件**
  - ①**妥当性**…そのテストが，目的にかなったものかどうかである。教科内容の知識等にそったものかどうかなどを，検討する必要がある。また，提示文の文体が長すぎたり，難解などでは内容にそったものであっても適切とはいえない。
  - ②**弁別力**…ある問題では全員が満点，ある問題では全員が0点であったりする極端なものは，特殊のものを除きテストの意義は薄く，学習者も意欲を失う。個々の問題に弁別力があれば，上位者の正答率が高く，下位者の正答率は低くなる。各問の弁別力を明らかにしたいときは，下記が参考になる。

    > **GP法**…答案全体を総合成績順に処理し，上位の者3分の1，下位の者3分の1の各問の正答率を計算し，上位群に正答率が高く，下位群に正答率が低いかどうかを知り，検討することにより各問の弁別力が明らかになる。

  - ③**信頼性**…検査者が変わっても同様の結果が期待されるかどうか，また検査を反復しても同様の結果が得られるか。また，結果が，正常分配曲線に近くなることが大切である。

- **種類**
  - **論文体テスト**
    - **客観テストでは測定しにくい**…「○○につき論ぜよ」式のものである。客観的には測定困難な領域・内容のものに用いる。
    - ①**問題の焦点を絞り**…他の観点の入り込まないようにする。
    - ②**解答文の長さは限定**…十分な時間を与える。
    - ③**採点の客観性を高める**…基準設定や採点者の限定が大切。
  - **客観テスト**
    - ①**再生法**…論文体テストに近く，答えは単語や短文で記入する。
    - ②**完成法**…不完全な文，句，節に，あらかじめ用意したものを不足部分に補充するか，自分で考えた語句で完成する。
    - ③**真偽法**…問題作成が容易で短時間に多くを調べられるが，問題が単純で不確実な点がある。○×式ともいう。
    - ④**選択法**…多肢選択法ともいう。
    - ⑤**組み合せ法**…A欄の言葉とB欄の言葉を線などで結ぶもの。
    - ⑥**配列法**…序列，順位，年代等一群の対象を細かく区分する。
    - ⑦**訂正法**…文章中の誤りを発見させ，正しい答えで補正する。

327．業者テスト

業者テスト
- 業者テストと問題点
  - ①**業者テスト**…一般的には，進路選択（志望校選択）のために偏差値等の判断資料を得るための，業者の作成，販売等に係わっている，主として中学生向けのテストのことである。
  - ②**業者テストの問題点**…テストの作成はもとより，その採点処理も業者が行い，結果に関する諸資料を各学校や生徒に送付しているもので，この種のものは，偏差値に係わる諸問題とともに，特に中学校における進路指導の在り方に深く関与してきたといえる。学校の教育指導上における主体性の欠如，受験競争の過激化，さらに学校と業者との癒着，保護者の経済的負担等の問題が指摘されるに至った。

- 文部次官の通知（平成5.2.22）

  業者テストの偏差値を用いない入学者選抜の改善（要約）
  （平成5.2.22 文部事務次官通知）
  - ①**偏差値依存の進路指導は行わない**…中学校の進路指導は，日頃の学習成績や活動状況等により，生徒の能力・適性，興味・関心等に基づき総合的に行われるもので，業者テストによる偏差値等に依存の進路指導は行わないこと。
  - ②**入学者選抜に関して使用しない**…中学校は，業者テストの結果を高校に一切提供しない，また，高校も業者テストや学習塾の実施するテストの偏差値の提供を中学校に求めないこと。
  - ③**業者テストの実施に関与しない**…中学校は授業時間中及び教職員の勤務時間中に業者テストを実施してはならないし，また，業者テストの費用の徴収や監督，問題作成，採点に係わってはならないこと。このため，教職員の服務の適正が図られるよう直ちに改善すること。
  - ④**公益法人や校長会の行うテスト**…学校が連携・協力して問題作成や採点をするなど，各学校が教育活動として行う性質のものであれば一つの方策ではあるが，進路指導の一参考資料として行うものであり，選抜の資料として用いるべきものではなく，高等学校に対して結果の提供を行うことがあってはならないこと。

328. 授業研究 ①

授業研究 {

- 授業研究の意義と方向 {
  - ①**授業研究**…実際の授業を通じて，よりよい授業や授業理論を構成し，かつ実際の授業に役立てるためのものである。
  - ②**公開授業の形態で実施**…学校の実践場面において，公開授業の形態で実施され，デモンストレーション授業の後に，その授業に関する批評会や研究会の時間を設け，授業者と参加者が，その授業について様々な観点から意見を交換し，研究するという方式が取られる。しかし，研究としては単に印象的批評会のごとくなるきらいがあったり，断片的，末梢的で計画性や系統性に欠ける場合があるという指摘もある。
  - ③**授業研究の方向**…単に，指導技術の改善に主力を置いた研究授業から，学校課題や教育研究課題解明の一環として，いわゆる個人的，実践的所見のみに終始せず，学校研究の理論構築の中に組み込まれたり，また，課題を持った現職研修や教育の実践研究として，意図的，計画的な教育活動として実施される傾向が見られる。
}

- 授業研究の着眼点 {
  - ①**相互作用**…『授業とは，教師・児童生徒・教材，三者の相互作用である』とすれば，授業研究として次のものが考えられる。
    - (1)教材の適・不適や教材の構造
    - (2)教材提示の系列または順序
    - (3)教材と児童生徒の発達との関係
    - (4)発問，指示，示範等の系列や適度
  - ②**認識過程の変容**…『授業とは，児童生徒の認識過程の変容である』とするならば，次のものが取り上げられる。
    - (1)児童生徒の認識，理解，思考，受容の過程
    - (2)上記に関する指導過程や形態，方法など
  - ③**集団過程**…『授業とは，個人認識が集団認識化していく過程，すなわち集団過程である』とするならば，授業研究は次となる。
    - (1)授業内における人間関係
    - (2)学級づくりと授業との関係
}
}

328. 授業研究 ②

授業研究
- 授業研究の実施方法
  - ①**調査研究**…授業に即して，ある目的の調査を実施し，それによって授業に関するねらいを解明しようとするものである。例えば，児童生徒の理解や思考の深まり方，変容等の状況を研究するため，授業の途中や終了後に質問紙による調査や面接を行って調査を行う方法である。
  - ②**実験的方法**…効果的と思われる授業の形態や指導方法を，実際に行ってみて，その効果を見る方法である。ある仮説を立て，その仮説に従って授業を行い，効果を実証又は検証するのが一般である。資料収集は，質問紙調査，テスト，面接調査等のほか，授業分析が有効な場合もある。
  - ③**授業分析**…研究の目的に即して授業を観察し，できるだけ詳しい記録をとり，その記録に従って分析をすることで，指導の効果や問題点等を明らかにしようとするものである。発問，提示，応答等の状況を，時間の流れで記録したもので分析を行い，改善の方法を研究する。授業分析は，教材の扱い方，指導の過程，児童生徒の活動，教師と児童生徒のコミュニケーション等の研究として，効果的な方法である。最近の教育機器の活用により，具体的な記録の処理や分析が可能になっている。
- 授業と研究方法の関係
  - ①**経験的法則発見の方法**…できるだけありのままの授業を観察して，その観察事実を他の授業のそれと比較・吟味したり，また，他の客観的資料から既に構成した基準や仮説に照らして，一般的な理論に作りあげていく方法で，現象的方法ともいわれ，学校実践では多く見られる方法である。
  授業についての，単なる印象的な批評とは異なり，この研究法は，教授・学習過程の中の本質的要因の発見を試み，かつ，そこで得られた結果が，どの程度まで一般化され得るかという評価や研究が含まれているのが特色である。
  - ②**仮説演繹的方法**…前者の帰納的方法に対しての手法で，まず仮説をたて，推定される一つまたはそれ以上の要因を意図的に変化させて，授業結果を理論化する方法である。

329. 研修と研修活動 ①

研修と研修活動
- **研修の意義**
  - ①**研修の目標**…「研究と修養」を意味し，職員が知識・技能を習得し，思考，判断その他の人格的要素を研鑽することにより，職務を適正，効率的に遂行する能力を養うことを目標としている。
  - ②**教育公務員の研修**…一般の地方公務員とは異なる教育公務員の研修については特例があり，その第1は，一般地方公務員には課せられていない研修義務が直接課せられていること，第2は，教育公務員の研修はその職責を遂行するためのものであって，研修が勤務能力の発揮と増進の手段としてとらえられている一般地方公務員とは異なるところである。
- **研修による資質向上**
  - ①**研修は自らの生きる道を支える**…特に，教育公務員の場合は，一人の人間が自らの職能を発揮して生きていくもので，研修の必要性は，生涯学習の観点からも欠くことができない。
  - ②**研修なくして使命は果たせない**…社会の変化に対応しながら児童生徒の主体的な人間形成をめざす教員にあっては，法制的な保障に係わらず，個人研修や校内全体として行うものはもちろん，また，他の機関によるものなど形態の違いはあっても，研修なくしてその使命は果たせない。
  - ③**年齢や経験に応じ適時，適切な研修**…中教審答申で「広い教養，豊かな人間性，充実した指導力等」を求め，当面の改善策として計画的で自主的な研修をあげている。法制度上でも「初任者研修」(特例法23：昭和63制定)，「10年経験者研修」(特例法24：平成14制定) 等の実施により，教育の活性化を図っている。
- **協同研修の組織的推進**
  - ①**研修を日常の教育実践と結合**…学校という組織体は，共通理解の上に研究的成果を積み上げ，学校の教育力の充実を図る必要があり，日常の教育実践が即研修となる働きが大切。
  - ②**学校体制での研修は**…協同研究という形態をとり，価値ある内容を効率的に進めていくためには，研究体制の組織化をはじめ，研究テーマの設定，研究意欲の喚起，共通の意識化，研修時間の確保など共通の課題として受け止める必要がある。

329．研修と研修活動　②

研修と研修活動
- 教職員に必要とする研修課題
  - ①基盤となる資質・教養
    - (1)教職員としての人間性や人格に係わる資質
    - (2)専門的分野の深い資質と時代の変化に対応する教養
    - (3)教職の生涯を通じ強化充実が求められる資質能力
  - ②児童生徒に直接係わり合う資質能力
    - (1)児童生徒の実態を把握する資質能力
    - (2)児童生徒の指導（計画・実施・評価）に関する能力
  - ③児童生徒の指導に間接的に係わる資質能力
    - (1)環境条件に対処する資質能力
    - (2)教育事務を処理する能力
    - (3)望ましい人的環境を構成する資質能力
- 研究推進の留意点
  - ①研修か研究かを明確にする…研修とは修養的要素から「既に一般的に認められていることを磨き修めて，身につけようとすること」，研究とは「学問的手続きによって，教育の新しい内容や方法を見つけ出したり，また，真理に近づいたり創造したりすること」といわれている。これらのことを踏まえながら，取組みの方法や内容が明らかにされるとよい。
  - ②課題性が明らかにされている…研究対象とされるテーマは，日常実践の中で共有の意識として流れているものの中から選択され，その研究を深めることによって，学校課題が解決される期待感が強いものに，研修と日常実践の一体化がある。
  - ③研修活動の内容・方法が明らかにされている…それぞれの学校に，人的，物的等様々な条件があり，運営や推進上の問題も異なるのが普通である。その意味で，学校の実態に合わせて研究の推進を図ることが第一条件となる。従って，課題設定も緊急性や適時性の視点で絞り，それに迫る手だても無理のない計画で積み上げを図るものでなければならない。
  - ④教職員の職能成長の契機となる…研修は教員個々に帰する問題，それが魅力的なものとして機能して真の成長がある。

（101．「教員の研修」参照）

330. 教育研究の進め方　①

教育研究の進め方
- 校内研究の意義
  - ①**校内研修・研究**…学校教育活動の展開の中で，教材研究や指導法の改善，また，学校課題の解決策などを探究したりする営みは，教師の指導力を高め，職能成長を図ることのできる点で，日常の教育実践と最も密着した活動として推進可能なものであり，また，教師の相互的・共同的な特色のある営みとして認められるものである。
  - ②**教育には教員の資質が反映**…教育には教員の人格，能力がそのまま反映されるものであり，教職は専門性の高い職務であることからも，校内における不断の研鑽努力が求められる。
- 校内研究の一般的特質
  - ①**自発性**…学校の持つ教育実践上の課題解決に向けて，教師相互の自発的，自主的な意志が尊重され行われる。
  - ②**共同・協力性**…教師が相互に共同・協力して行うものであり，学年単位，教科単位，学校単位の共同研修・研究である。
  - ③**具体性・即効性**…あくまでも，教育実践を通して行われるものであり，具体性，即効性を持つものである。
  - ④**直接性**…研究課題は，教育実践に即して設定され，実践活動を通して，直接的，具体的に解明されるものである。
  - ⑤**簡便性**…学校を場として，教師全体により計画，実践，評価が行われるもので，研修・研究に必要な時間，場所など条件設定等が形式ばらず容易に設定できる。
- 校内研究の内容
  - ①**総合的な内容の研究**…学校教育目標の達成をめざして，一つひとつの実践を評価しながら，総合的に学校の教育力を高めようとするものであるが，実践研究の重点のおき方により主題や研究の進め方は変わる。
    (1)教育目標の具現化を図るもの
    (2)学校経営の充実をめざすもの
    (3)教育課程の編成と実施に関するもの
    　指導計画の改善と工夫，教材の開発，指導内容の精選
  - ②**学習指導に関する研究**…指導方法・指導過程の工夫，評価の研究，教育機器の活用，特定の教科・領域に関するもの等。

330. 教育研究の進め方 ②

教育研究の進め方

研究推進の問題点

校内研修・研究の主題設定や計画作成上の問題点
① 研究主題と学校の教育目標，学校課題の関係が不十分
② 研究のねらい（児童生徒の姿や具体的な行動）や仮説が明確でない
③ 長期にわたるものは，その見通しに立って研究の年次計画の作成が必要である。不明確では途中で挫折する
④ 授業研究や研究協議が，研究主題と遊離する
⑤ 前年度の校内研修・研究の反省，評価が，次の研修・研究計画や内容に生かされていない

校内研修・研究の体制に係わる問題点
① 教員全体に研修・研究の共通理解が不足し，研究に取り組む意欲が低下している
② 校内研究の場で，相互に自由に話し合える雰囲気に欠ける
③ 研究のための校内組織が，適切に位置づけられていない
④ 研修時間がうまく機能していない
⑤ 研究をリードする教員と他の教員の間が円滑でない
⑥ 適切な資料を入手したり，外部からの情報を得る機会が少ない。また外部との交流が少なく，閉鎖的な傾向がある

校内研究の方法

① **理論的方法**…課題解決に必要な，基本的な各種資料や理論について，文献等を収集し共同で研究する。形態には，数名で行う輪読会や，課題を分担して説明会等を適宜行う。
② **実験的方法**…日常における特定の教育活動を，人為的に統制して，特定の条件と結果とを結びつけて行い，そこから一般的な事項を導きだそうとする方法で，形態では一群法，二群法（比較群法，等質群法）等がある。研究仮説を検証する場合などに用いられることが多い。
③ **事例研究法**…ある特定の児童生徒（複数の場合もある）を対象にして，指導に対する反応や指導過程における問題点等を記録，それらを検討・考察して適切な指導法を探っていく方法である。

330. 教育研究の進め方 ③

教育研究の進め方
- 校内研究の方法
  - ④**実践的方法**…一人ひとりの教員が，研究計画に即して実践し，その記録等を持ち寄って研究協議を進める方法である。展開した事実が，児童生徒の反応を中心として整理され，反応を分析することにより，適切な教材提示，最適な指導形態等を考察する方法である。
- 研究主題の設定
  - ①**課題との係わりを吟味**…学校教育目標，年度の重点目標と，教育実践上における研究課題との係わりを十分に考慮する。
  - ②**過去の研究との関連**…児童生徒の実態，教師の課題意識や願い，学校評価の結果やこれまでの校内研究の成果，地域・保護者の願い等との関連を考慮する。
  - ③**研究推進の人的構成を考慮**…研究仮説や研究能力との係わりを検討する。特に，研究の見通しやこれまでの研究経験，人的構成等が推進上の大きな決め手となる。
  - ④**研究主題**…どんな内容を，どんな方法で研究するか，十分検討して設定するのが基本。
    - (1)主題を見たら，研究内容がある程度理解できるものが望ましい。表現方法に工夫する。
    - (2)場合によっては，一定期間は仮主題とし，研究内容が具体化してから，正式主題を決める方法や，副主題で示すこともある。
    - (3)同一主題を継続するときは，そのねらいや目標を年次の副主題とし，内容や手だてを示すという方法をとるとよい。
- 主題設定の配慮事項
  - ①**実践的な研究主題の設定**…研究主題は，実践上の課題から出発し，実践により検証され，成果が日々の教育活動に生かされてこそ意味がある。従って児童生徒が現在どのような状態にあるのか，今後いかにあるべきかについて，教職員や地域，保護者の状況・意識を考慮し，学校にとって最も緊要な課題を明確にして具体的なものをあげる。
  - ②**見通しを持った研究主題**…累積してきた成果や反省から浮かんできた問題で，今後の研究発展の予想や波及効果を考える。

330. 教育研究の進め方 ④

―研究主題の設定手順と方法

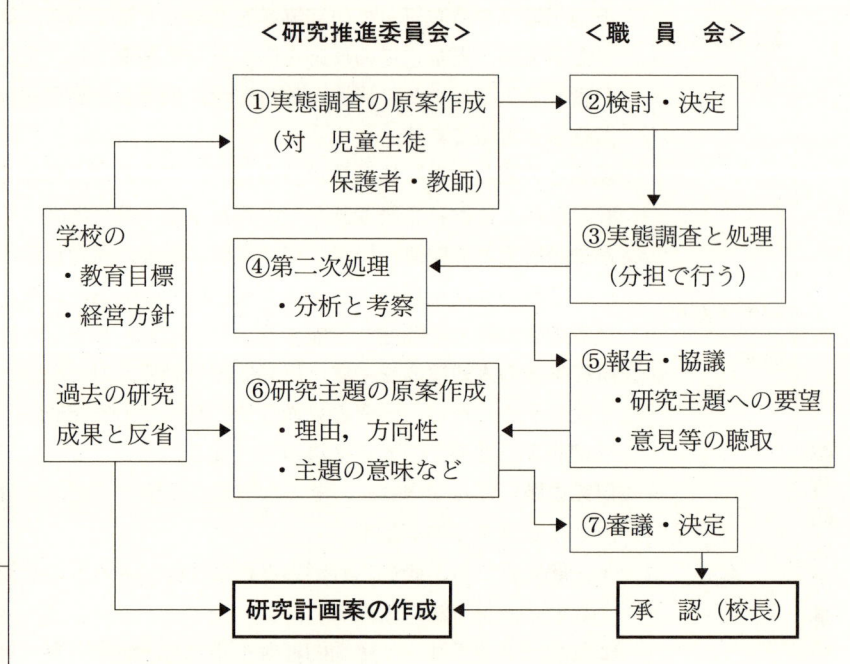

```
                    ＜研究推進委員会＞        ＜職員会＞

                    ┌─────────────┐      ┌─────────┐
                ┌──→│①実態調査の原案作成  │─────→│②検討・決定 │
                │   │  （対 児童生徒     │      └─────────┘
                │   │     保護者・教師）  │            │
┌───────┐  │   └─────────────┘            ↓
│学校の    │──┤                                ┌─────────────┐
│ ・教育目標│  │   ┌─────────────┐      │③実態調査と処理   │
│ ・経営方針│  │   │④第二次処理        │←─── │ （分担で行う）     │
│          │  │   │ ・分析と考察       │      └─────────────┘
│過去の研究│  │   └─────────────┘                │
│成果と反省│  │                                      ↓
└───────┘  │   ┌─────────────┐      ┌─────────────┐
                │   │⑥研究主題の原案作成│      │⑤報告・協議       │
                └──│ ・理由，方向性     │←─── │ ・研究主題への要望│
                    │ ・主題の意味など   │      │ ・意見等の聴取     │
                    └─────────────┘      └─────────────┘
                          │                             │
                          │                             ↓
                          │                      ┌─────────┐
                          │                      │⑦審議・決定 │
                          │                      └─────────┘
                          ↓                             │
                    ┌─────────────┐              ↓
                    │  研究計画案の作成  │←──── 承　認（校長）
                    └─────────────┘
```

―手順

- ①**教職員全体の共通理解に立った研究主題の設定**

  個々の教員の経験の差や担当教科，世代・年代等の差，また価値観の相違などの違いから，研究したいことの内容や質に，違いがあるのが当然のことである。従って，学校の課題やこれまでの研究経過や成果，あるいは，今日的な教育の動向や課題とされるもの，客観的な実態や資料を中心に，話し合いを深め，共通理解を図り，全員の意見が反映された主題を設定する。

- ②**上記の図をもとに考えると…**
  - 新しく主題を設定する手順としては，①〜⑦の流れが考えられる。
  - 既成の累積から発展的な主題を設定する場合は，図の⑤から入ることが多く，⑤で全員の意見・希望を聴き，⑥に反映することが大切で，どんな内容や方法が考えられるか，示すことが必要である。

330. 教育研究の進め方 ⑤

教育研究の進め方

- **教育研究の仮説**
  - ①**研究仮説とは**…端的に表現すれば，研究の見通しや予測に当たるもので，研究結果について「仮の判断」であり，主題をより具体化したものであるが，ある程度の客観性が必要。
  - ②**仮説の意義**…研究を，単なる実践報告的なものではなく，理論構成のしっかりとしたものとするには，意図的，計画的な推進と研究に見通しを持って始める必要がある。また学校全体の共同研究として進める性格を持つことから，教職員全体が，共通の見通しやねらいを，具体的に持つ必要があるからである。

  ［仮説の一般的モデル］

○○において	○○をすることによって	○○となるだろう
①研究対象	②研究方法・研究の工夫	③研究結果の予測
・対象の限定	・研究のポイント	・検証方法の確立

- **研究仮説の条件**
  - ①**教科や領域などの研究対象を示す**…研究対象となる場や対象，内容等に対しても，限定した扱いをしようとするもの。
  - ②**研究の「方法・手順」が含まれ**…研究の具体的なねらいや，有効性が凝縮された，いわば研究のポイントとなるもの。
  - ③**児童生徒の変容の姿が示され**…研究結果の予測が明示される。いわば，ねらいやめざすものである。
  - ○**仮説があいまいであれば**…上記モデルからわかるように，研究によって，何が明らかにされたのか，研究が実践にどのように役立つのか示すことができないことになる。

- **仮説設定の手順**
  - ①**問題提起**…日常実践において，冷静，客観的に見ることから問題意識を持ち，洞察力や想像力を働かせていく。問題意識が明確になった過程で，仮主題を設定する。
  - ②**研究の見通しと情報の収集**…仮説設定に至るまでの，だいたいの計画を立案してみる。同時に文献・情報資料の収集を行い，研究内容・方法に関する知識等を整理する。

330. 教育研究の進め方 ⑥

教育研究の進め方
- 仮説設定の手順
  - ③**実態把握**…仮説を発想するための実践的なデータを収集し，先の計画を検討し確認，又は修正してみる。当初に予想した仮説案を絶対視せず，より優れたものが見つかれば，それを修正するという柔軟な姿勢が，仮説設定には重要である。
  - ④**データ処理，分析，発想**…収集した資料・情報を分析し，改善点や研究の成果と予想するものに対して見通しを立て，仮説の発想へ発展させる。
  - ⑤**仮説の設定**…仮説の設定により，研究主題の持つ内容と見通しが具体的にわかるものでなければならない。そのため仮説を具体化し焦点化するとともに，研究対象，方法，結果に対する予測を明確にして，教職員の一人ひとりが十分把握できるようにしておくことが大切である。
  - ○**仮説は**，研究の進行につれて予期しない問題が生じたり，より良い方法が見い出されることにより，修正がより適切となることもある。仮に，仮説設定後においても固定的に考えず共通の理解の中で実践を通しての修正もあり得ることである。
- 仮説設定の留意点
  - ①**年間の研究計画は**…研究主題解明のため，長期間にわたる見通しの上に立って，あらかじめ作成する年間・年次計画に基づき，全員が見通しを持つことのできる具体性のあるものにする必要がある。
  - ②**学校教育活動の一貫性**…学校教育目標の具現化のための実践の一つとして，学校教育計画全体との関連を図った一貫性のあるものとする。
  - ③**日常教育活動の調整と研修時間の確保**…日常の教育活動に，「ゆがみ」や「ひずみ」が生じないように調整し，研修の効率化と研修時間の確保に全職員が協力する。
  - ④**研究サイクルの重視**…研究の推進には，研究主題の設定から実践，検証，まとめ，までのサイクルがある。研究計画の立案に当たっては，年間又は年次等にサイクルの節目を明確にして，全員がイメージ化できるようにする。

330. 教育研究の進め方　⑦

教育研究の進め方
┃
長期計画としての立案
- ①**研究の長期にわたる計画を立案**…の場合は，前ページの「設定の留意点」等を参考として，研究主題や内容等を十分考慮して，適切な年度又は年次計画を策定することが大切である。
- ②**同一研究主題による研究期間**…教職員の研修意欲等も参考として，適切に定めることが必要となるが，研究主題をさらに年に分けて，副主題等を設け実践する場合も考えられる。
- ③**教育研究の年次計画（3年次計画の例）**

＜1年次＞

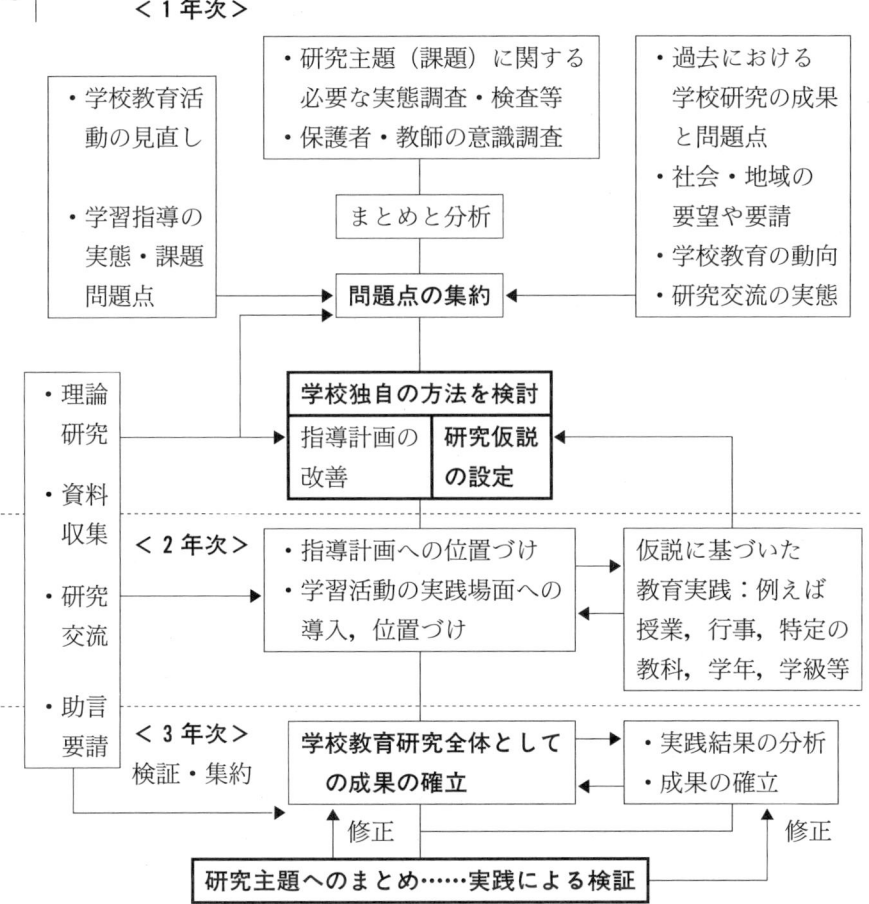

- ・学校教育活動の見直し
- ・学習指導の実態・課題問題点

→ まとめと分析 → 問題点の集約 ←

- ・研究主題（課題）に関する必要な実態調査・検査等
- ・保護者・教師の意識調査

- ・過去における学校研究の成果と問題点
- ・社会・地域の要望や要請
- ・学校教育の動向
- ・研究交流の実態

- ・理論研究
- ・資料収集
- ・研究交流
- ・助言要請

→ 学校独自の方法を検討｜指導計画の改善｜研究仮説の設定 ←

＜2年次＞
- ・指導計画への位置づけ
- ・学習活動の実践場面への導入，位置づけ

仮説に基づいた教育実践：例えば授業，行事，特定の教科，学年，学級等

＜3年次＞ 検証・集約

学校教育研究全体としての成果の確立 ↔
- ・実践結果の分析
- ・成果の確立

修正　　　修正

研究主題へのまとめ……実践による検証

330. 教育研究の進め方 ⑧

[研究成果の記録（報告書）のまとめ方]

教育研究の進め方
- 記録書の意義
  - 校内研修・研究の内容等のまとめは…成果の発表の有無にかかわらず，記録としてのまとめは大切なことである。
  - ①校内研修の累積として…整理保存することによって，次年度の計画の設定や改善に生かすことができ，学校の歴史である。
  - ②まとめの過程を通して…個人，グループ，または全体で，評価の視点が働くので，目標達成の度合いが確かめられる。
  - ③学校相互が研究の成果を交換する…具体物としての交換が可能になるので，他校の実践情報が得られ，自校の研修や反省の資料に生かされ，一層の理解と研修の原動力となる。
- 記録書のまとめ方
  - ①主題（課題）設定の趣旨・理由
    どんな目的，理由で研究に着手したか。
  - ②研究の目標
    研究で，どんなことを明らかにしようとしたか。
  - ③研究仮説（課題）
    実践化しようとした仮説は何か，どんな意味を持つか。
  - ④研究計画
    どんな方法で，どんな順序で研究推進を図ろうとしたか。
  - ⑤研究の内容
    具体的な中身で，どんな経過で明らかにされていったか。
  - ⑥結論
    研究で明らかにされた事項，問題として残された事項。
  - ⑦反省や資料
    必要な反省事項や，参考図書・文献等をあげる。
- 記録書作成の留意点
  - ①表現は平易で簡潔なものとする…内容を自負するより，読み手の理解が大切。客観的資料で具体性のあるもの。
  - ②視覚的に内容が理解される工夫…見出し，図・表などの挿入。
  - ③保存を考慮したものとする…学校の財産であり，歩みである。
  - ④実践に生かす配慮をする…研究成果は範囲の広いものもある研究事例の応用や，実践上の留意点等について配慮する。

330. 教育研究の進め方 ⑨

［校内研修・研究の評価］
　　　　　［校内研修・研究の評価基準］（例）

項目	評価要素	評 価 観 点	評定
1 研修・研究主題と計画	①研修・研究主題と学校の実態等との関連	研修・研究主題は学校，児童生徒等の実態に即し，学校教育目標・課題・重点等の関連とその達成をめざすものとなっている。	
	②主題の設定と共通理解	研修・研究主題の設定及びその目標は，教職員の共通理解により設定されている。	
	③年次・年間計画の具体化	研修・研究の年次計画及び年間計画が立てられ，内容や方法が明らかにされている。	
	④研修・研究組織	研修・研究活動を推進するための組織がつくられている。	
	⑤文献・資料・経費及び時間	研修・研究に必要な文献や資料が整えられ，経費，時間の使い方が工夫されている。	
2 研修・研究の推進過程	①研修・研究の推進と過程の評価	研修・研究は計画的に進められ，随時評価反省が行われている。	
	②個人研究に支えられた組織研究	個人研修や研究が自主的に行われ，校内の組織研究にも積極的に取り組まれている。	
	③研修・研究への指導助言	研修・研究の推進に当たっては，校長・教頭や関係機関等からの指導助言が得られる。	
	④各種研修・研究会等への参加	各種の研修・研究会等への参加や視察研修等が計画的に進められ報告が行われている。	
	⑤研修・研究の記録	研修・研究の遂行のための記録方法や用具が整えられ，継続的にまとめられている。	
3 成果と改善	①児童生徒の変容	研修・研究の成果が教育指導に生かされ，児童生徒の変容となって現れてきている。	
	②研修・研究の記録化と活用	研修・研究の記録や資料等の累積を図り，集録等にされ活用できるようになっている。	
	③研究実践の公開	研修・研究の経過や成果等を公開し，外部からの評価や指導助言を受ける体制にある。	

IX／内容索引

この索引は，本文中の大項目・中項目の見出しを内容として作成してあります。
常時，大項目を通覧しておいていただきますと索引を利用する場合に便利です。

[ア]

ICT活用の学習指導 ………341
 ICTとは 341
 コミュニケーションの力 341
 有効なICTの活用例 342
 豊かな学力を育てるICTの活用例 342
「遊び」の指導 ……………280
 「遊び」とは 280
 発達段階と思考の特徴 280
 期待される効果 280

[イ]

育児休業 …………………122
 育児休業の意義と法制 122
 育児休業の承認請求 122
 短時間勤務と部分休業 122
移行期間中に追加される指導内容 ………………………219
 新学習指導要領の移行措置期間中に新しく追加される指導内容の主な項目 219
いじめ・自殺問題 …………434
 いじめ問題の根本 434
 いじめ問題の特徴と取組み 434
「いじめ」とその対応 ………427
 「いじめ」の定義と態様 427
 学校の負う法的責任 427
 「いじめ」の行動特徴 428
 基本的考えと教育指導の在り方 429
 学校運営と学級運営の在り方 430
 いじめる・いじめられる児童生徒への対応 431
 家庭・地域社会との連携 432
 その他の必要事項 432
 「早期発見の手引き」 433
 早期発見の教師の心得 433
一斉学習と授業 ……………321
 一斉学習の定義と由来 321
 一斉学習の長所 321
 一斉学習の短所 321
インフルエンザの臨時休業 ………………………371
 学級閉鎖とその法制 371
 学級閉鎖の意義 371
 学級閉鎖の権限 371
 事後の措置 371

[エ]

エイズに関する指導 ………465
エイズ 465
 エイズの教育の必要性 465
 教員研修の充実 465
栄養教諭 ……………………89
 食に関する指導体制の整備 89
 栄養教諭の法制 89
 栄養教諭の主たる役割 89
 栄養教諭の配置と身分 89
営利企業等の従事制限 ……101
 従事制限の概要 101
 地公法38条 101
 教育公務員の特例 101

[オ]

オープン・スペースの活用 ………………………325
 特色ある活動の創造 325
 三つの類型 325
 学習指導の利点 325

[カ]

介護休業・休暇 ……………121
 介護休業 121
 介護休暇 121
 子の看護のための休暇 121

介護等体験特例法 …………… 76
  教員免許状授与条件　76
  文部事務次官通知　76
  期待される効果など　76
夏季休業中の勤務 …………111
  休日の法制と休業日　111
  休業日における適正な勤務
    111
学習意欲と態度 ……………316
  動機づけ　316
  動機づけの方法　316
学習課題の選択と自己理解
　………………………315
  学習意欲と課題選択力　315
  問題解決的学習の活用　315
学習指導 ……………………286
  学習指導の用語と使用法のち
    がい　286
  授業・学習指導の構造　286
学習指導要領 ………………210
  学習指導要領の法的性格
    210
  基本的な考え方　210
  学習指導要領の必要性　210
  関係法令　211
  学校における教育課程の編成
    内容　211
学習指導要領改訂の方向性
　………………………215
  第3期中央教育審議会初等・
    中等教育分科会教育課程部
    会審議の概要　215
学習指導要領改訂の要点 …216
  小・中学校　216
  特別支援学校　217
学習指導要領の変遷 ………212
  小・中学校の学習指導要領
    212
  昭和22年　212
  昭和33年　212

昭和43年　212
昭和52年　212
平成元年　212
平成10年　212
平成20年　212
高等学校の学習指導要領
  213
  昭和22年　213
  昭和31年　213
  昭和35年　213
  昭和45年　213
  昭和53年　213
  平成元年　213
  平成11年　213
  平成21年　213
特別支援学校の学習指導要領
  214
  学習指導要領制定以前　214
  昭和34年　214
  昭和38年　214
  昭和45年　214
  昭和54年　214
  平成元年　214
  平成11年　214
  平成21年　214
学習障害（LD） ……………191
  理解されにくい子どもたち
    191
  米国におけるLDの定義
    191
  米国におけるLDの定義と考
    察　192
  米国のLD児教育の対応
    192
  LD児に対する我が国の研究
    動向　192
  我が国のLD児教育の動向
    193
  自閉症と学習障害児　194
  早期発見と訓練　194

学習資料 ……………………332
  学習資料　332
  資料の役割　332
  資料の機能　332
  資料の収集と選択　333
  収集選択の基本的態度　333
学習におけるカウンセリング
　………………………419
  ラポール　419
  受容　419
  明瞭化　419
  自己理解　419
  一般的リード　419
学習評価の考察 ……………491
  学習評価の意義と目的　491
  指導の反省と改善　491
学年・学期 …………………206
  修業年限　206
  学年　206
  学年の始期と終期　206
  学期　206
学年・学級通信 ……………441
  通信活動の意義　441
  基本となる考え方　441
  学級通信の主たる内容　442
  発行上の留意事項　442
学年経営 ……………………203
  学年経営の意義　203
  学年経営の効果　203
  学年主任の役割　203
学年別漢字配当表 …………220
学力テスト …………………502
  学力テストの目的　502
  学力テストの目的分類　502
  学力テストの具備要件　503
  種類　503
学級経営 ……………………204
  学級経営の意義と組織　204
  学級経営の機能　204
  学級経営の主たる領域　205

学級経営案記載事項例　205
学級(ホーム・ルーム)指導
　……………………403
　学級の意義　403
　学級の組織　403
　運営の留意点　403
学級担任と保護者との対応
　……………………443
　学校が対応する問題　443
　学習指導上のトラブル　443
　生活指導上のトラブル　444
　事故等の際のトラブル　444
　学級経営上のトラブル　444
　トラブルの要因　445
　トラブル対応の基本　446
　トラブルの具体的対応　446
学校安全……………377
　学校安全の意義と内容　377
　安全管理　377
　学校の管理下とは　377
学校安全の全体構造………380
　学校における安全管理　380
　学校安全の目的　380
　学校における安全教育　380
学校安全の法令施行………376
　法令制定の経緯と法制　376
　学校設置者と学校の責務　376
　事故と補償　376
学校安全の留意事項………378
　学校安全について　378
　学校安全の具体的留意事項　378
　学校設置者の具体的取組み　379
　地域社会に協力のお願い　379
学校運営協議会制度(コミュニティ・スクール)…………65
　学校運営協議会の意義　65

協議会制度の関係法令　65
学校運営協議会制度と学校評議員制度の対比　66
学校が設定する教育目標……199
　教育目標の意義と性格　199
　目標の機能　199
　目標の具備すべき性格　199
　学校教育目標の設定手順　200
　学校教育目標の具現化構想　201
　学校教育目標具現化の評価　202
学校管理規則……………43
　教育委員会規則　43
　内容の構成　43
学校給食……………373
　学校給食の実施基準　373
　教育的効果と指導時数　373
　児童生徒の安全管理　373
学校給食と食中毒………375
　集団食中毒発生の経過と防止策　375
　衛生管理の徹底　375
　災害共済の給付　375
学校給食法の改正…………372
　法律の趣旨と総則　372
　実施に関する基本的事項　372
学校教育の目的・目標………34
　学校教育の基本法制　34
　学校教育の目的　34
　幼稚園教育の目標　35
　小学校教育の目標　35
　中学校教育の目標　35
　高等学校教育の目標　35
　中等教育学校の教育目標　35
　特別支援学校の教育責務　35
学校経営…………………196
　学校経営とは何か　196

学校教育の経営責任　196
学校経営が直面する教育的課題　196
校長の役割　197
学校経営の方針提示　198
学校経営の観点　198
学校事故……………387
　学校事故の定義　387
　教員の加害事故　387
　児童生徒の加害事故　388
　学校施設の瑕疵の事故　390
　事故発生時の学校対応　390
　事後における問題事項　390
学校事故への対応…………391
　学校事故の概念　391
　学校事故と原因解明　391
　学校事故と安全義務の範囲と程度　392
　安全義務と事後措置　392
学校施設と設備………………44
　用語の定義と使用範囲　44
　学校施設の種類　44
　施設の管理　44
　設備・備品　44
学校施設の使用………………45
　学校施設の使用　45
　許可を受けての使用　45
　特別立法の規定による使用　45
学校事務………………50
　学校運営と事務　50
　文書管理と研修　50
　事務の分担　50
学校事務と事務職員…………90
　事務職員の法制　90
　校務と事務　90
　事務内容と留意点　90
学校週5日制……………110
　学校5日制実施の経緯　110
　完全実施への動向　110

IX 内容索引

学校備付表簿(法定表簿) ……49
　表簿の意義と保管管理　49
　表簿の種類と保管年数　49
学校図書館・司書教諭………52
　法制上の位置づけ　52
　図書館運営と利用指導　52
　司書教諭と運営組織　52
学校における感染症…………370
　予防すべき感染症　370
　発生予防の早期措置　370
　発生後の措置　370
　感染予防の出席停止・臨時休業　370
学校における個人情報の取扱い
　………………………………61
　個人情報保護の意義と法律　61
　文部科学省の指針　61
　漏洩の防止　61
学校の環境衛生 ………………369
　学校環境衛生の法制と意義　369
　組織体制の充実　369
　環境衛生の検査事項の概要　369
　事後の措置　369
学校の危機管理 ………………385
　危機管理の意味するもの　385
　危機管理の必要性　385
　危機管理の目的　385
　学校での危機の範囲　385
　危機管理のプロセス　386
　不審者の侵入と学校開放　386
学校の危機対策 ………………393
　危機対策の課題　393
　クレームの種類と対策　393
　危機管理の二つの側面　393
　重要なマスコミ対応　394

学校の自己評価 ………………501
　自己評価の必要性　501
　自己評価の目的と対象　501
　評価の計画と実施　501
学校の種類 ……………………32
　学校の範囲と設置者　32
　学校の種類と目的　32
　教育施設　33
学校の設置基準と設備編制…36
　学校の性格　36
　設置基準　36
　小学校の設備編制　37
　中学校の設備編制　37
　高等学校の設備編制　37
学校の防火管理 ………………383
　防火管理の意義　383
　防火管理の責任者　383
　防火管理者の必要資格　383
　防火管理者の職務　383
学校評価 ………………………56
　学校評価をめぐる動き　56
　学校評価の目的　56
　自己評価　57
　学校関係者評価　57
　スパイラルな進化を　57
　学校評価の意義と性格　58
　活用上の留意点　58
学校評価の法制と説明責任…59
　学校の責任　59
　学校教育法の規定　59
　学校教育法施行規則の規定　59
　学校評価システムの整備と活用　60
学校評議員制度 ………………64
　学校評議員制度の背景　64
　学校評議員の関係省令　64
学校プールの安全管理………382
　学校プールの安全対策　382
　学校プールの安全点検　382

水泳の安全指導　382
学校保健 ………………………363
　学校保健の用語と内容　363
　保健教育　363
　保健管理　363
　学校保健計画の立案　363
学校保健の領域と内容………364
　保健安全管理　364
　保健教育　364
　保健組織活動　364
学校保健法等の改正…………362
　改正の趣旨　362
　責任体制の明確化　362
学校をとりまく社会の変化
　………………………………416
　国際化の進展　416
　科学技術の進展　416
　情報化　417
　文部科学行政関連の審議会等でめざしているもの　417
カリキュラムの類型…………231
　カリキュラムとは　231
　カリキュラムの特色　231
　カリキュラム関連用語　232
環境教育 ………………………250
　環境教育の重視点　250
　教科学習での環境教育　250
　指導の工夫　250
　小学校における推進　251
　中・高校における推進　251
感性にうらづけられた学習
　………………………………319
　教授・学習内容　319
　経験・体験学習の拡大　319
　関係する用語　320
観点別学習状況 ………………490
　観点別学習状況欄の設定趣旨　490
　観点別学習状況欄の意義と要点　490

評価基準の設定　490
管理運営事項……………148
　職員団体との交渉　148
　交渉事項にできない事項
　　148

[キ]

帰国子女と外国人の就学……163
　帰国子女の就学　163
　外国人の就学　163
基礎・基本………………238
　教育課程審議会答申　238
　生涯学習の観点から　238
　教育内容の増大に伴う観点か
　　ら　238
　学習指導要領の観点から
　　239
喫煙と飲酒………………455
　喫煙・飲酒の問題点　455
　法的な規制　455
　喫煙・飲酒の動機　455
　指導のための共通理解事項
　　456
　学校での指導事項　456
忌引休暇の姻族…………118
器物損壊…………………450
　学校における器物損壊　450
　器物損壊の前兆　450
　器物損壊に対する指導　450
　器物損壊と損害賠償　450
基本的生活習慣…………435
　基本的生活習慣の必要性
　　435
　基本的生活習慣の意義　435
　学校における指導の必要性
　　435
　学校における指導体制　436
　指導の内容　436

基本的生活習慣としつけ
　437
基本的生活習慣の形成過程
　437
義務教育費国庫負担制度……20
　義務教育費国庫負担に係わる
　　法律　20
　国庫負担制度の見直しと特定
　　財源　21
　総額裁量制の導入と弾力的運
　　用　21
休憩・休息時間……………109
　休憩・休息時間の意義　109
　休憩時間　109
　休息時間　109
休職と給与………………139
　休職制度　139
　不利益処分の救済　139
　休職の事由　139
給料の変更………………138
　給料表　138
　昇格と降格　138
　給料表の異動　138
　昇給　138
教育委員会………………27
　教育委員会設置と組織　27
　教育長と教育委員長　27
　教育委員の任免　28
　会議　28
　会議規則　28
　教育委員会と教育機関　28
教育委員会事務局…………30
　教委事務局の設置　30
　教育委員会　30
　教育長　30
　職員　30
　指導主事　30
教育委員会相互の関係………26
　都道府県教育委員会　26
　都道府県教育委員会と県費負

担教職員　26
教育委員会と学校…………41
　学校設置者と管理　41
　教委と学校　41
教育委員会の権限…………29
　職務権限　29
　物的管理面　29
　人的管理面　29
　運営管理面　29
　社会教育関係面　29
　その他　29
教育課程…………………222
　教育課程の意義　222
　教育課程の必要性　222
　教育課程の法制　223
　教育課程の編成権　223
教育課程に関する法制………227
　教育課程の基本的考え　227
　教育基本法　227
　学校教育法　227
　学校教育法施行令　228
　学校教育法施行規則　228
　地方教育行政の組織運営に関
　　する法律　228
教育課程の評価……………229
　評価の意義と学校評価との関
　　連　229
　評価の観点　229
　改善に向けた配慮事項　230
　改善の方法　230
教育課程の編成とその構造
　………………………225
教育課程の用語と解説………224
教育課程編成の一般的手順
　………………………226
教育関係職員………………69
　教育関係職員の呼称　69
　教育公務員　69
　準教育公務員　69
　補助教職員　69

IX 内容索引

兼務職員　69
事務職員　69
労務職員　69
非常勤職員　69
教育基本法……………………8
　教育の目的及び理念　8
　教育の実施に関する基本　9
　教育行政　9
　法令の制定　9
教育行政……………………23
　定義　23
　教育行政の性格　23
　行政の主体と客体　23
　行政の作用　23
教育研究の進め方…………509
　校内研究の意義　509
　校内研究の一般的特質　509
　校内研究の内容　509
　研究推進の問題点　510
　校内研究の方法　510
　研究主題の設定　511
　主題設定の配慮事項　511
　研究主題の設定手順と方法　512
　手順　512
　教育研究の仮説　513
　研究仮説の条件　513
　仮説設定の手順　513
　仮説設定の留意点　514
　長期計画としての立案　515
　記録書の意義　516
　記録書のまとめ方　516
　記録書作成の留意点　516
　校内研修・研究の評価　517
教育工学……………………338
　教育工学の意義と特色　338
　研究分野　338
　教育媒体システム　339
　内容と種類　339
　教授学習過程の仕組みと教育

媒体システムの位置づけ　340
　教授学習過程の仕組み　340
教育公務員の再雇用…………77
　再雇用制度の経過　77
　制度の概要　77
　課題と期待　77
教育相談……………………407
　教育相談の意義　407
　教育相談の対応　407
　学校における教育相談の特質　407
　教育相談の過程　408
教育の規制緩和………………19
　規制緩和推進の意義　19
　規制緩和に関する提言　19
教育の宗教的中立…………237
　宗教教育に関する法制　237
　学校教育と宗教　237
　初等・中等教育校での宗教の扱い　237
教育の政治的中立…………236
　教育の政治的中立の法制　236
　政治的教養の教育の尊重　236
　政治的活動が望ましくない理由　236
教育評価……………………499
　教育評価の歴史的経緯　499
　教育測定と教育評価の比較　499
　評価の性格　500
　評価の形態　500
　評価の方法　500
教育法の領域…………………14
　教育行政組織　14
　教職員の身分　14
　教育行政の作用　14
教員免許更新制………………72

中教審答申　72
「教職大学院」制度　72
教員免許更新制の導入　72
施行前に授与された免許状の扱い　73
更新講習の受講対象者　73
更新講習の免除対象者　73
更新講習の内容　73
教員免許制度の弾力化………71
　教職免許法の改正　71
　弾力化の概要　71
教科用図書(教科書)…………242
　教科書の意義と法制　242
　教科書検定制度　242
　教科書検定制度の経緯　243
　教科書検定の基準　243
　教科書の採択　243
　教科書採択の仕組み　243
　教科書の採択手順　244
　採択の公正確保　244
　教科書の無償給与　244
教材・教具…………………334
　教材・教具の定義　334
　教材とは何か　334
教材研究……………………289
　教材研究の必要性　289
　教材研究の視点　289
教材精選の観点……………292
教材の精選…………………290
　教材精選の必要性　290
　授業からの検討　290
　精選の方向　291
　精選の手順　291
教師の正当防衛……………451
　暴力に対する有形行為　451
　正当防衛の概念　451
　教育上の正当防衛　451
業者テスト…………………504
　業者テストと問題点　504
　文部次官の通知　504

教職員の異動 ……………98
　法的な性格　98
　転任処分の裁量権　98
　不利益処分　98
教職員の休暇 ……………113
　休暇の定義とその種類　113
　有給休暇　113
　無給休暇　113
教職員の休日 ……………112
　休日の法制と用語　112
　休日と勤務を要しない日
　　112
　休日等の振替えと勤務　112
教職員の給与 ……………137
　給与の性格　137
　給料　137
　加給　137
　特殊職員の給与　137
　その他の手当　137
教職員の勤務時間 ………104
　勤務時間とその用語　104
　勤務時間の法制　104
　休憩時間　104
　休日　104
教職員の研修 ……………131
　教員研修の意義と法制　131
　任命権者の研修奨励　131
　研修態様と服務取扱い　131
教職員の出張 ……………136
　出張の定義と校務形態　136
　旅行命令　136
　出張旅費の性格と支給　136
教職員の懲戒 ……………142
　懲戒の意義　142
　法定の事由　142
　処分権者と公正の原則　142
　懲戒処分とその効果　142
　訓告　142
教職員の任用・採用………74
　任用の行為　74

任用　74
昇任・降任　74
転任　75
教員採用希望者の条件　75
教職員の服務 ………………97
　服務の意義　97
　服務の根本基準　97
　職務上の義務　97
　身分上の義務　97
　義務違反　97
教職員の福利厚生 ………125
　福利厚生事業の法制　125
　共済制度　125
　公務上の災害補償　125
教職員の分限 ……………141
　公務員としての責任　141
　分限の意義　141
　種類　141
　指導力不足教諭等の配置替
　　141
　条件付採用期間中の職員に対
　する分限　141
教職員の身分 ………………70
　身分　70
　教育公務員としての取扱い
　　70
　一般公務員との相違点　70
教頭 …………………………85
　独立職としての教頭　85
　教頭の職務　85
　その他事項　86
教諭の職務 …………………88
　教諭の職務　88
　教諭の職務とその範囲　88
　教諭と職務の独立　88
勤務時間の割振り ………105
　時間割振りの意義　105
　時間割振りの必要性　105
　校長の職務　105
　割振りの手順・方法　105

勤務条件の保護 …………120
　措置要求の制度　120
　保護措置　120
　措置要求権　120

[ク]

国の定める法 ………………3
　憲法　3
　法律　3
　政令　3
　省令　3
　規則　3
訓令・通達(通知)・告示・公示
　………………………………5
　訓令　5
　通達(通知)　5
　告示　5
　公示　5

[ケ]

形成的評価 ………………493
　形成的評価とは　493
　評価の利用とその意図　493
　形成的評価の変様　494
　梶田叡一氏の用語規定　494
　授業改善への手法　494
　目標分析と評価の把握　495
　目標と評価の留意事項　495
携帯電話と情報モラル……440
　携帯電話の情報モラル　440
　携帯電話の利用マナー　440
系統学習と問題解決学習……311
　古い系統学習　311
　問題解決学習　311
　問題解決学習の特徴　311
　新しい系統学習　312

現金の取扱い‥‥‥‥‥‥140
　現金の取扱いの態様　140
　公金の処理　140
権限の委譲‥‥‥‥‥‥‥82
　権限の委譲　82
　行政庁権限を他機関に委譲　82
　代理の種類　82
　行政機関が補助機関に事務を補助させる　82
検査法‥‥‥‥‥‥‥‥‥411
　教育諸検査の意義　411
　標準検査の役割　411
　選択の視点　411
　標準検査の分類　411
　標準検査の扱い方　411
　生かし方の留意点　412
　検査の特性を生かす過程　412
研修と研修活動‥‥‥‥‥507
　研修の意義　507
　研修による資質向上　507
　協同研修の組織的推進　507
　教職員に必要とする研修課題　508
　研究推進の留意点　508
兼職・兼業‥‥‥‥‥‥‥102
　用語の定義　102
　兼職の概要　102
　教育公務員の特例　102
　特別職との兼職の特例　102
現代学力観‥‥‥‥‥‥‥309
　学習指導と学力　309
　学習指導要領に基づく学力観　309
　社会・歴史的に見た学力観　309
　心理学的に見た学力観　310
　現実・具体的な学力観　310

[コ]

合科的・関連的指導‥‥‥‥274
　合科的指導の意義と展開　274
　合科的指導の取扱い　274
高校の入学・退学・転学等‥‥‥‥‥‥‥‥‥‥162
　入学資格　162
　入学者選抜制度　162
　編入学　162
　転学　162
　転籍　162
　転科　162
　進級・卒業　162
　休学・退学　162
　懲戒　162
校則‥‥‥‥‥‥‥‥‥‥438
　校則とその内容　438
　校則の法的根拠　438
　校則が規制する意義　439
　校則の持つ問題点　439
校長の意見具申‥‥‥‥‥83
　校長の意見具申の意義　83
　意見具申の法制　83
　監督作用　83
　身分上の変動　83
　具申の方法　83
校長の職務と権限‥‥‥‥80
　包括的な職務権限　80
　校務をつかさどる　80
　所属職員の監督　80
　教育長からの委任事務　80
　行政事務の補助執行　80
　校長の監督　81
　監督の態様　81
　法規上定められた職務　81
校長の責任‥‥‥‥‥‥‥79
　経営責任者　79

民事責任　79
刑事責任　79
公務員法上の責任　79
校長，副校長・教頭の資格‥‥78
　校長の資格要件　78
　副校長・教頭の資格要件　78
交通安全教育‥‥‥‥‥‥381
　交通安全教育の意義とその対応　381
　指導内容の要点　381
　指導上の留意点　381
校内規程（学校内規）‥‥‥‥51
　校内規程とその性格　51
　学校内部規定の例　51
校内暴力‥‥‥‥‥‥‥‥448
　定義と形態　448
　校内暴力の実態　448
　校内暴力の状況と傾向　448
　事例に見る指導の要点　449
公務員制度の原則‥‥‥‥68
　公私混同の排除　68
　機会の公開と成績主義　68
　政治的中立と身分保障　68
　能率性の原則　68
公務災害補償‥‥‥‥‥‥129
　災害補償の法制とねらい　129
　適用対象者　129
　補償の内容　129
　認定の基準　129
校務分掌‥‥‥‥‥‥‥‥91
　校長と校務　91
　校務の分掌　91
　校務分掌の構成原則　91
交流教育‥‥‥‥‥‥‥‥181
　用語の定義　181
　教育を受ける権利とその保障　181
　交流教育の意義　182
　指導体制の整備　182

申入れ側としての観点　183
　受入れ側としての観点　183
国際理解教育……………265
　中教審答申などの要請　265
　国際理解教育への対応と教育
　　課程　265
　小学校の留意点　266
　中学校の留意点　266
心の教育（豊かな心）………252
　心の教育の提唱　252
　教育環境の整備　252
　指導の観点　252
　育成したい心　252
個性の重視……………254
　個性重視の意義と側面　254
　個性や能力の違いを認識する
　　254
　指導方法の質的改善　254
　個性や能力に応じた教育と
　　「落ちこぼれ」　255
　基礎・基本の徹底と個性重視
　　の教育への質的改善　255
国家賠償法………………130
　国家賠償法の立法趣旨　130
　国家賠償法の用語解説　130
国旗・国歌の指導…………240
　法的根拠と扱い　240
　国旗・国歌への主張　240
個に応じた指導……………330
　個に応じた指導の意義　330
　考えられる個人差の側面
　　330
　個に応ずる学習指導の方法
　　331
個別学習と授業……………329
　個別学習の定義と由来　329
　個別学習の長所　329
　個別学習の短所　329

[サ]

災害共済給付……………471
　災害共済の給付制度　471
　給付対象の災害範囲　471
　学校管理下の範囲　471
　給付の制限　471

[シ]

時間外勤務………………106
　用語の定義と法制　106
　時間外勤務と変形労働時間
　　106
　教職調整額　106
　時間外勤務の業務基準　107
　条例で規定する業務とその内
　　容　107
　時間外勤務の留意点　107
時間割の弾力化……………246
　小学校　246
　中学校　247
指揮監督行政と指導行政……22
　指揮監督行政　22
　指導行政　22
　教育行政の在り方　22
　中央教育行政機関　22
　都道府県教育委員会　22
思考能力の構造……………308
　「思考」とは　308
　思考の内容とその構造　308
自己教育力の育成…………253
　自己教育力育成の意義　253
　自己教育力育成の観点　253
　育成のための教育観の転換
　　253
視聴覚教材………………336
　範囲と種類　336

視聴覚教材　336
　主たる機能　337
　主たる役割　337
　管理と推進　337
指導案の作成……………287
　授業と指導案　287
　指導案の役割　287
　指導案の構想　287
　指導案の記載事項　288
指導過程…………………293
　指導過程とは　293
　授業の区切り方　293
　指導過程の決定要因　293
　指導過程組織化の観点　294
　指導過程の組み方　294
児童虐待の防止……………426
　法制の意義と定義　426
　改正法の要点　426
指導主事と学校……………42
　指導主事と職務内容　42
　指導主事と学校訪問　42
　指導・助言と訪問対応　42
指導・助言の見直し…………40
　用語の定義　40
　指導・助言の見直し　40
　第16期中教審答申の論点趣旨
　　40
児童自立支援施設…………480
　施設の名称と意義　480
　義務教育の就学措置　480
　非行少年とは　480
児童生徒の就学……………152
　憲法　152
　教育基本法　152
　就学義務　152
　関連事項　152
　学齢簿の編製　152
　就学義務に関する事務手続き
　　152
児童生徒の出席停止…………469

義務教育を受ける権利の保障 469
出席停止の要件 469
児童生徒の体罰 ……………466
体罰の意義 466
教師の有形力の行使 466
教師の心得 466
児童生徒の懲戒 ……………467
懲戒とその種類 467
退学処分 467
停学処分 468
自宅謹慎 468
児童生徒の出席停止 468
児童相談所 ………………478
児童相談所の概要 478
その他の必要事項 478
児童の権利条約 ……………10
条約の制定・批准・対応 10
権利の理念とその構成 10
条約にみる子どもの権利と内容構成 11
「児童の権利条約」と学校の対応 …………………12
条約の概要 12
学校対応の留意点 12
条約の背景を考える 13
指導要録 …………………484
指導要録の性格と様式 484
指導要録の法制 484
転学・進学に係わる指導要録の扱い 485
記入上の留意点 485
指導要録の扱い ……………486
法制の理解 486
指導要録の記入・整理保管 486
指導要録等の開示 486
指導力不足教員への対応 ……135
指導力不足教員 135
地教行法の一部改正の内容

135
自閉症 ……………………187
自閉症とは 187
DSM-Ⅳの診断基準 187
年齢による症状の変化 188
精神発達と臨床像 188
自閉症の発見と変遷 188
新たな方向での研究と考え方 189
自閉症と情緒障害 189
自閉的傾向と自閉症 190
自閉症と精神遅滞 190
社会教育三法の改正 ………472
社会教育法等の改正 472
改正の要点 472
社会教育指導者 ……………473
社会教育の基本事項 473
社会教育主事 473
派遣社会教育主事 474
社会教育指導員 474
青年の家等の指導員 474
児童厚生員 474
勤労青少年ホーム指導員 474
年少就職者相談員 474
農業改良普及員 474
ユース・ホステル指導員 474
児童委員 474
体育指導委員 474
青少年指導員 474
就学義務 …………………153
就学事務の手続き 153
入学時の学校事務 153
就学者の出席管理 153
就学奨励(経済援助) 153
労働からの保護 153
出席停止 153
就学校の指定と就学相談 ……154
就学校の指定と通知 154
就学校の決定と就学校の変更

154
保護者の学校選択権 155
就学指導と保護者の理解 155
就学奨励・援助 ……………159
就学奨励の制度 159
就学奨励の種類 159
宗教的中立 ………………100
宗教と教育の関係 100
宗教教育の法制 100
行政実例 100
習熟度別指導 ………………276
習熟度別指導の趣旨 276
編制に対しての留意点 276
10年経験者研修 ……………134
特例法の一部改正 134
改正法の概要 134
10年経験者研修の要綱 134
評価・研修計画案作成 134
主幹教諭 …………………87
主幹教諭導入のねらいと法制化 87
主幹教諭の法制 87
授業研究 …………………505
授業研究の意義と方向 505
授業研究の着眼点 505
授業研究の実施方法 506
授業と研究方法の関係 506
授業日・休業日 ……………207
授業日 207
休業日 207
授業評価 …………………497
授業観察と評価の観点 497
授業評価の生かし方 497
授業評価の主たる観点 498
主事・主任 …………………92
校務分掌の意義 92
主任等の法制と職務 92
主任の種類と命課等 93
中教審答申の提言 93

出勤簿等の整理 …………… 127
　出勤簿等の意義　127
　出勤簿の整理用語　127
小学校高学年の特徴と指導
　………………………………303
　高学年の発達特徴　303
　思考を発達させる指導の視点
　　303
　指導計画を組む視点　303
小学校中学年の特徴と指導
　………………………………302
　中学年の発達特徴　302
　指導の際の視点　302
小学校低学年の特徴と指導
　………………………………301
　低学年の発達特徴　301
　指導の際の視点　301
小学校での「選択」…………241
　答申に見られる選択　241
　選択の利点と意義　241
小集団学習と授業 ……………322
　小集団学習の定義と由来
　　322
　小集団学習の長所　322
　小集団学習の短所　322
小・中学校の入学・進級・卒業等
　………………………………160
　入学　160
　編入学　160
　学年と進級　160
　原級留置　160
　卒業　160
　転入学　160
少年院 …………………………481
　少年院の意義　481
　少年院の分類と処遇　481
　処遇期間　481
　教育課程と修了証明書　481
少年鑑別所 ……………………479
　少年鑑別所とは　479

観護の措置　479
鑑別の概要　479
情報教育 ………………………267
　情報化時代の対応　267
　小学校での情報教育　267
　中学校での情報教育　268
　情報活用能力の育成　269
情報公開 …………………………53
　情報公開制度と2側面　53
　情報公開と学校教育　53
　情報公開の請求事例　54
　学校としての対応　54
「食育」と栄養教諭 …………374
　「食育」の基本的事項　374
　学校の役割　374
職員会議 …………………………95
　職員会議とその法制　95
　大学教授会と職員会議　95
　中教審答申から　96
　職員会議の性格の諸説　96
職員団体 ………………………144
　労働基本権と職員団体　144
　公務員の実定法上の制限
　　144
　教育公務員の団結権と結成の
　　範囲　144
　職員団体と労働組合　145
　職能団体　145
　職員団体の登録　145
　登録団体への便宜　145
職員団体の交渉 ………………146
　交渉の意義と法制　146
　交渉の当局　146
　交渉対象の内容事項　146
　交渉不能の事項　146
　交渉当事者　147
　交渉の実施　147
　交渉事項と校長の関係　147
職務専念義務の免除 …………119
　職務専念義務と免除　119

義務免除の根拠と給与　119
法律に定めのある場合　119
条例に定めのある場合　119
職務命令 …………………………84
　職務命令と法制　84
　職務命令の成立要件　84
　職務命令の態様　84
　職務命令の効果　84
所持品検査 ……………………454
　所持品検査の必要性　454
　所持品検査の実施根拠　454
　留意事項　454
女性教職員の保護 ……………123
　女子就労保護規定の撤廃
　　123
　女性教職員の保護　123
初任者研修 ……………………132
　初任者研修の意義と概要
　　132
　指導教員の対応　132
　初任者研修の内容　132
自立活動 ………………………281
　自立活動の意義と名称　281
　指導上の留意事項　281
　指導の内容　281
新学習指導要領の移行措置
　………………………………218
　小・中学校　218
　移行期間中の基本方針　218
　先行実施　218
　学校判断で先行可能　218
　学習指導要領の移行・実施の
　　スケジュール　218
新学校像の構築 ………………234
人権教育 ………………………413
　人権教育の取組み　413
　人権教育の推進　413
心身障害児の障害程度と教育措
　置 ……………………………156
　障害程度の把握　156

法令上の判断指針 156
通級学級 156
認定就学者 156
留意事項 156
心身の障害の程度と教育措置 156
視覚障害 156
聴覚障害 157
知的障害 157
肢体不自由 157
病弱・身体虚弱 158
言語障害 158
情緒障害 158
進路・キャリア教育……………406
用語の経緯と定義 406
学校から職業への課題 406
若者の自立と挑戦 406
進路指導……………………404
進路指導の定義 404
法制に見る進路指導 404
進路指導と教育課程 404
基本的性格 404
進路指導の基本的考え 405
指導の体制 405
進路指導主事と職務 405
進路相談の進め方 405

[ス]

スクール・カウンセラー……418
スクール・カウンセラーとは 418
勤務の形態とその内容 418
研究校からの報告書 418

[セ]

生活科の指導…………………277

生活科の概観 277
生活科設定の趣旨とねらい 277
生活科の視点 278
実施のポイント 278
政治的行為の制限……………99
政治的行為制限の意義 99
学校での中立性確保 99
教職員の中立性確保 99
制限の適用範囲 99
禁止される政治的行為 99
違反行為の制裁措置 99
青少年保護育成条例…………475
青少年保護育成条例の意義 475
青少年保護育成条例の内容 475
物品販売等の業者へ 475
生徒指導………………………397
生徒指導とは 397
生徒指導の性格 397
学校の教育活動と生徒指導 397
法令等の規定 398
推進上の努力事項 398
生徒指導主事…………………400
法制上の根拠 400
生徒指導主事の主な職務内容と態度 400
望ましい主事の素質 400
生徒指導の推進………………399
指導組織 399
推進計画の作成 399
共通理解の方法 399
生徒理解………………………401
生徒理解の意義 401
生徒理解の対象 401
生徒理解のアプローチ 401
基本的理念 402
基本的資料 402

資料の留意点 402
資料収集の方法 402
資料収集の留意点 402
性に関する指導………………463
性教育の経緯 463
用語の扱い 463
生徒指導における意義 463
現状の問題点 463
指導のねらい 464
生徒指導における指導内容 464
青年期の特徴と指導…………306
青年期の区分 306
青年期の主たる特徴 306
指導上の留意点 307
性非行…………………………462
性非行とは 462
学校の指導 462
指導上の留意点 462
セクハラの禁止………………124
セクハラ禁止の経緯 124
セクハラ禁止と学校 124

[ソ]

争議行為等の禁止……………103
保障と制限 103
争議行為等の禁止 103
禁止の趣旨 103
総合学科………………………48
総合学科の主要事項 48
関係法規 48
総合学科設置の意義と経緯 48
総合的な学習の時間…………257
総合的な学習の趣旨 257
提示の具体的事項 257
単元づくり・教材づくりを考える 258

実施上の配慮事項　258
　小学校　259
　中学校　260
　高等学校　261
相対評価と絶対評価…………496
　用語の意義　496
　相対評価の長所　496
　相対評価の短所　496
　絶対評価の長所　496
　絶対評価の短所　496

[タ]

対外運動競技………………282
　対外運動競技の意義と用語の
　　定義　282
　実施上の留意点　282
　地域の範囲と回数　282
体験的学習………………262
　体験的学習の意義とその充実
　　262
　体験的学習を進める着眼点
　　262
単位制高等学校………………47
　単位制高校制度　47
　単位制高校の制度導入と期待
　　47
　単位制高校の関係法規　47

[チ]

地域の人材活用……………272
　地域の人材活用の提言　272
　人材活用の考察　272
　地域人材の活用形態　272
チーム・ティーチングと授業
　………………………323
　チーム・ティーチング　323

T.Tの組織と運営　323
学習集団の編成　324
T.Tの効果　324
文部科学省の動き　324
知的障害学校の生活科………279
　特別支援学校における生活科
　　279
　学習活動の工夫　279
知的障害児の特性……………184
　知的障害児とは　184
　知的障害の医学的分類　184
　知的障害児教育の理念　184
　心理的な面からの特性　185
　情緒発展面からの特性　186
　運動機能面からの特性　186
　感覚機能面からの特性　186
　教育実践面の特性　186
地方公共団体と教育委員会…25
　地方公共団体　25
　議会　25
　地方公共団体の長の職務権限
　　25
地方公共団体の定める法………4
　条例　4
　規則　4
地方分権………………………16
　地方分権の推進　16
　中央教育審議会の報告　16
地方分権と教育関係法令……17
　地方分権の動き　17
　地方自治法改正の要点　17
　教育関係の改正の要点　18
注意欠陥／多動性障害
　（ADHD）………………195
　ADHDの概要　195
　ADHDの症状　195
中核市と特例規定……………31
　中核市とは　31
　中核市の事務　31
　研修特例規定の課題　31

中学校1・2年の特徴と指導
　………………………304
　中学1年の特徴　304
　中学2年の特徴　304
　指導上の留意点　304
中学校卒業程度認定試験……161
　中学校卒業程度認定試験制度
　　と受験資格　161
　制度の弾力化と留意点　161
中学校2・3年の特徴と指導
　………………………305
　中学2・3年の特徴　305
　指導上の留意点　305
中等教育学校（中高一貫教育校）
　…………………………46
　中等教育学校の設置　46
　学校の形態　46
　中等教育学校の目的・目標
　　46
　一貫教育のメリット　46
長期研修……………………133
　長期研修の派遣と法制　133
　長期派遣の研修制度　133

[ツ]

通級指導……………………180
　通級指導の意義等　180
　通級による指導　180
　配慮事項　180
通知表………………………487
　通知表の意義と工夫　487
　通知表の性格　487
　通知表作成の留意点　488
　通知表に対する問題点　488

[テ]

適応指導教室 ……………425
　不登校への対応策　425
　適応指導教室の扱い　425

[ト]

道徳教育 …………………248
　中教審答申の趣旨　248
　道徳教育推進上の留意点
　　248
　道徳的実践力の育成計画
　　249
特色ある学校づくり………283
　教育課程の編成方針と各学校の創意工夫　283
　特色ある学校づくりのために　283
特別活動の改訂 …………396
　特別活動のねらい　396
　指導上の留意点　396
特別活動の授業時数………256
　特別活動の意義と役割　256
　小学校　256
　中学校　256
特別休暇の事由と期間………116
　公民の権利行使　116
　官公署への出頭　116
　骨髄移植関係　116
　無報酬による支援活動　116
　職員の結婚　116
　出産の予定　116
　出産した場合　116
　生児の保育　116
　配偶者の出産に伴う入院付添い　116
　配偶者の出産に伴う幼児の養育　116
　幼児の看護　116
　親族の死亡　116
　父母の追悼行事　116
　盆等の諸行事　116
　地震，火災等　117
　事故で出勤困難・危険回避　117
　地震等の災害時　117
　妊娠中の勤務軽減　117
特別支援学級………………177
　用語の定義　177
　特別支援学級と指導の対応　177
　教育内容と学級編制　177
　設置義務と補助等　178
　特別支援学級設置校の努力事項　178
　心身障害児とともに　178
特別支援学級への入級………179
　特別支援学級の意義と対応　179
　教育的観点からの入級措置　179
特別支援学校………………173
　特別支援学校設置の意義と目的　173
　特別支援学校の概要（視覚障害）　173
　特別支援学校の概要（聴覚障害）　173
　特別支援学校の概要（知的障害）　174
　特別支援学校の概要（肢体不自由）　174
　特別支援学校の概要（病弱・身体虚弱）　175
特別支援学校の教育課程……233
　特別支援学校・（知的障害）特別支援学級　233
　特別支援教育関係教育課程の特例等　233
　小・中学部の教育課程　233
特別支援教育………………164
　特殊教育から特別支援教育へ　164
　特別支援教育の推進　165
　就学奨励費　165
特別支援教育の充実…………167
　教育的ニーズの保障　167
　特別支援教育における基本的視点　167
　学校における支援教育の進め方　169
特別支援教育の制度…………166
　旧制度の見直し　166
　学校教育法の改正点　166

[ナ]

内申書（調査書）……………489
　内申書の持つ意義　489
　内申書記載内容と裁判　489

[ニ]

認定就学者…………………170
　障害程度の判断と就学校の指定　170
　認定就学者　170
　就学指導体制の整備　170

[ネ]

年次有給休暇 ………………114
　用語の定義と法制　114
　年次有給休暇の内容　114

年次休暇の日数　114
年次休暇の請求と判断　115
非常勤講師の対応　115
休暇の承認　115
年少労働　……………476
　年少労働の保護と措置　476
　年少者の就業制限　476
　福祉面からの就業制限　476
　労働条件等の特例　477
　使用許可にかかわる証明　477

[ハ]

バズ学習と授業　………328
　バズ学習の定義と由来　328
　授業における活用　328
発見的思考を練る指導過程例
　………………………296
　指導過程の共通点　296
　探究の過程……創造・発展の
　　指導過程　296
発達障害者支援法　………171
　法律の趣旨と目的　171
　法律の定義　171
　国及び地方公共団体の責務　171
　早期の発達支援　172
　教育に関する支援　172
　地域での生活支援　172
　発達障害者支援センターなど　172
発達段階　………………297
　心身発達の段階　297
　発達段階の区分　297
　ピアジェの発達区分　297
　クローの発達区分　297
　一般的区分　297
　発達段階と個人差　298

発達段階を理解する　298
発達課題とその起因　298
発達課題と適応　298
発達課題の達成条件　298
児童期の発達課題　299
青年期の発達課題　299
発達課題の特徴と留意点　299
発問・助言・指示　………352
　授業と教師の発問技術　352
　発言と発問　352
　発問・助言・指示の機能　352
　教師の発言　353
　発問の役割　353
　学習活動に即した発問機能　353
　発問の原理　355
　児童生徒の実態に応じた改善＜学級の場合＞　355
　児童生徒の実態に応じた改善＜個別の場合＞　356
話し合い活動の具体例………348
　小学校低学年　348
　小学校高学年　350
話し合いの指導　…………344
　学習を進める話し合い　344
　教師の立場からの活用　344
　話し合いで子どもの得るもの　344
　発達段階から見た話し合いの問題点　345
　学年段階の指導の実際　346
板書　……………………358
　板書の教育的意義　358
　板書の機能　358
　授業過程で板書をする時期　358
　板書の持つ原理　359
　板書の分類（型）　359
　板書の時期　359

注意事項　359
授業展開と板書　360
発達段階と板書　360

[ヒ]

PTAと生徒指導　…………470
　PTAとは　470
　PTAと生徒指導上の役割　470
　PTAに期待される役割　470
非行と教師の守秘義務………453
　要点　453
　守秘義務の規定　453
　児童生徒の非行と照会　453
非行防止　………………458
　非行の定義　458
　最近の非行の状況　458
　児童生徒の育成の留意点　458
　早期発見のチェックポイント　461
非常勤講師　………………94
　非常勤講師の任用　94
　勤務条件　94
　初任者研修に係わる派遣職員　94
　所有免許状と非常勤講師制度拡大　94
肥満症　……………………367
　肥満　367
　肥満の判定　367
　肥満度の分類　367
　小児肥満の判断　368
　小児肥満治療の必要性　368
　小児肥満指導の要点　368
評価と評定　………………492
　評価と評定の定義　492
　目的　492

価値基準の見方による分類 492
特性を活かす改善方向 492
「標準法」と教職員定数………38
　「標準法」の見直し提言と一部改正 38
　特例を認める事例 39
　一層の弾力化推進 39
開かれた学校……………………62
　開かれた学校への転換 62
　90年代の各種答申の提言 62
　教育改革の新しい課題 62
　開かれた学校は創造的である 63
　実践例 63

[フ]

部活動……………………………273
　部活動の意義と位置づけ 273
　指導上の留意点 273
福祉・健康教育…………………264
　福祉・健康教育の重視 264
　指導上の留意点 264
服装・髪型………………………457
　髪型と基本的人権 457
　髪型・服装の教育的配慮 457
服務上の願・届出………………126
　身分 126
　職務 126
不登校……………………………420
　不登校の一般的定義 420
　不登校の態様 420
　不登校の原因・背景 420
　指導上の留意点 421
　考えられる不登校の仕組み 422
　学校不適応児の民間施設にお

ける対応 423
不利益処分の救済………………143
　不服申立て制度の意義 143
　対象となる不利益処分 143
　不服申立て 143
　審理 143
　判定 143
不利益取扱いの禁止……………149
　団体職員の権利保障 149
　不利益取扱い 149
ふれあいの養育…………………263
　自然とのふれあい 263
　地域とのふれあい 263
　人間とのふれあい 263
プログラム学習と授業…………326
　プログラム学習とその経緯 326
　プログラム学習の特徴 326
　学習の成立と個別化 326
　直線型プログラムの原理 327
　枝分かれ型プログラムの原理 327

[ヘ]

変形労働時間……………………108
　勤務時間とその例外 108
　勤務時間とその割振り 108

[ホ]

防災教育…………………………384
　防災教育の意義 384
　緊急事態に必要な能力 384
法体系の解釈……………………6
　形式的効力の原理 6
　後法優先の原理 6

特別法優先の原理 6
法の大別 6
法と慣習……………………………7
　慣習法の成立要件 7
　労働慣行 7
法の体系的構造……………………2
　憲法 2
　国の定める法 2
　自主法 2
訪問教育…………………………176
　訪問教育の定義と法制 176
　訪問による指導 176
保健委員会と保健主事…………365
　学校保健委員会 365
　保健主事 365
　保健主事の職務内容 365
補助教材…………………………245
　補助教材の意義と法制 245
　教材の種類と使用の手続き 245
　使用上の留意点 245
ボランティア活動………………270
　ボランティア活動とその意義 270
　ボランティア活動の五つの視点 270
　答申に見られる提言 271
　重要な活動として位置づけた背景 271
　ボランティア活動の活動計画 271
　社会奉仕体験活動の充実 271

[メ]

面接法……………………………409
　意義・目的 409
　形式・種類 409

面接者の配慮事項　409
面接の事前準備　410
緊張をほぐす導入　410
聞く姿勢で展開　410
失望のない終末　410
研修の必要性　410

[モ]

問題解決的学習……………313
　問題解決的学習の要望　313
　学習のとらえかた　313
　問題解決的学習の配慮事項　314
　学習を進める観点　314
問題行動と教師の対応………452
　問題行動と事情聴取　452
　問題行動とマスコミ等への対応　452
問題行動の理解と指導………414
　定義　414
　問題行動の分類　414
　問題行動の性格　414
　問題行動とその特徴　415
文部科学大臣と教育委員会…24
　文部科学大臣　24

[ヨ]

良い発問の技術……………357
　子どもの発想に合った問い方　357
　言葉の調子　357
　間の取り方　357
　正しい言葉づかい　357
　完全な文になる話しかけ　357
　タイミングの取り方　357
　応答の処理　357
　指名の仕方　357
養護教諭と保健カウンセリング
　………………………366
　養護教諭　366
　専門的能力の活用　366
　保健カウンセリング　366
幼児期の発達特徴と指導……300
　幼児期とは　300
　特色的傾向　300

[リ]

領域・教科を合わせた指導
　………………………275
　特別支援学校の特例　275
　指導の形態　275

[ロ]

6段階の学習過程例…………295
　学習過程の性格　295
　学習過程　295

[ワ]

ワークブック………………343
　教科書とワークブックの関係　343
　学習目的から見たワークブックの系列　343
　ノート形式　343
　ドリル形式　343
　テスト形式　343
　長所　343
　短所　343

著者略歴

花輪　稔（はなわ・みのる）
　　　1927年北海道に生まれる。北海道教育委員会指導主事を経て
　　　北海道内養護学校長を歴任。現在，教育関係の著述に専念。
　　　理科教育に関する著作あり。
　　現住所　〒060-0004 札幌市中央区北4条西17丁目1-13-701

―――――――――――――――――――――
第三版　学 校 運 営 便 覧
―――――――――――――――――――――

1993年4月30日　初版第1刷発行
2000年1月20日　初版第7刷発行
2001年1月6日　二版第1刷発行
2007年2月5日　二版第8刷発行
2010年11月19日　三版第1刷発行
2012年2月8日　三版第3刷発行

　　　著　者　　花　輪　　稔
　　　発行者　　小　林　一　光
　　　発行所　　教育出版株式会社

　　　〒101-0051 東京都千代田区神田神保町2-10
　　　電話 03-3238-6965　振替 00190-1-107340

© M. Hanawa 2010　　　　　　　　　印刷 藤原印刷
Printed in Japan　　　　　　　　　製本 田中製本
落丁・乱丁本はお取替いたします
ISBN978-4-316-80303-6　C3037

┈┈┈┈┈┈┈┈┈┈┈┈┈┈┈┈┈┈┈┈┈┈┈┈┈
本書の内容の一部あるいは全部を無断で複写複製〔コピー〕することは，
法律で認められた場合を除き，著作権および出版社の権利の侵害となり
ますので，その場合には予め小社あて許諾を求めて下さい。
┈┈┈┈┈┈┈┈┈┈┈┈┈┈┈┈┈┈┈┈┈┈┈┈┈